博望
BROADEN
VIEW

丝绸之路人文考察手记

第一辑

蒙新考察日记

陈星灿 主编

黄文弼 著
黄烈 整理

甘肃人民出版社
甘肃·兰州

图书在版编目（CIP）数据

蒙新考察日记 / 黄文弼著；黄烈整理. -- 兰州：甘肃人民出版社，2024.3
（博望书系·丝绸之路人文考察手记 / 陈星灿主编. 第一辑）
ISBN 978-7-226-06014-8

Ⅰ. ①蒙… Ⅱ. ①黄… ②黄… Ⅲ. ①考古－西北地区－1927-1930 Ⅳ. ①K872.4

中国国家版本馆CIP数据核字(2023)第208114号

项目策划：原彦平
责任编辑：张　菁
装帧设计：马吉庆

蒙新考察日记
MENGXIN KAOCHA RIJI

陈星灿　主编　黄文弼　著　黄烈　整理
甘肃人民出版社出版发行
（730030　兰州市读者大道568号）
广西昭泰子隆彩印有限责任公司印刷

开本889毫米×1240毫米　1/32　印张22.625　插页4　字数490千
2024年3月第1版　2024年3月第1次印刷
印数：1~2 000

ISBN 978-7-226-06014-8　　定价：116.00元

黄文弼（1930年摄于北平）

刘复（半农）题辞

黄侃（季刚）题辞

马衡（叔平）题辞

车站送行

集合在考察团团旗下

赫定团长的帐篷

其他团员的帐篷

安营扎寨

团部前临时集合

赫定和他的骆驼

德国团员的篝火晚会

蒙古草原上的天主教堂

蒙新道上的悬臂桥

百灵庙外景

百灵庙的喇嘛舞

善丹庙佛塔

善丹庙内景

额济纳古塞遗址

额济纳哈拉和图附郭之塔（里侧）

附郭之塔（外侧）

哈拉和图附近的波斯式建筑

沙碛中废塔

迪化的街道

迪化的五色旗

考察团队员与新疆政界要人合影

考察团队员在迪化合影

焉耆明屋佛窟群

佛洞之一

佛洞之二

库木土拉佛窟群

库鲁克山中南善不拉克之地穴

塔城中的庙宇

西湖的关帝庙

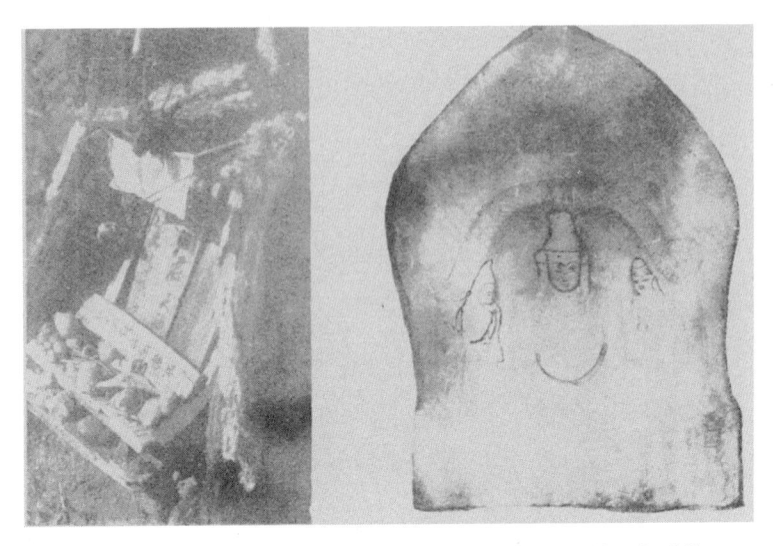

蒙古草原上的神祀　　　　　　　　鲁克沁所出正始二年造像

蒙新道上的藏文鄂博

凡 例

一、尊重作者行文风格及时代语言习惯,均不按现行标准和习惯改动。

二、书中涉及的专有名词,如人名、地名、术语及译名等,均保留原貌。

三、书中所引文献有简称的,遵照原书,不作改动。

四、原书中凡作者笔误等,本书予以改正。

五、作者对于民族、宗教等方面的表述,符合当时的客观情况,均不按当前的民族、宗教政策和法律法规修改。

六、原书前言、后记为黄烈先生撰写,对相关问题进行了说明,本书予以保留。

七、原书图版为黄烈先生整理,置于全书最后;本书保留原图,重新布局,置于正文前,以便读者阅读。

原书前言

呈现在读者面前的,是已故考古学家、西北史地学家黄文弼教授第一次内蒙古、新疆的考察日记。起于1927年5月9日,即从北京出发的前一天,迄于1930年9月5日,即绕道西伯利亚回到满洲里的第二天。在三年零四个月的考察期中,除了1929年至1930年之交约有3个月系在迪化休整,没有记日记,其他时间的日记均连贯下来了,因而是相当完整的一部记录。

黄文弼先生是以中国西北科学考察团团员的身份随团到内蒙古、新疆考察的。说起西北科学考察团,现在知道它的人大概已不太多了,可在当时,它的出现,在中国学术界却是那样的不平凡,那样的动人心魄。

从19世纪末叶起,形形色色的外国考察组织和个人,打着科学考察的幌子,活跃在我国内蒙古、新疆、甘肃一带,他们把发掘到的,收买到的,以至骗取到的珍贵学术资料,无条件地捆载而去,在艺术宝库和文化遗址中留下来的却是斑斑伤痕和残毁弃余,这一段灰暗的往事,刺痛着觉醒了的中国学者的心。当1927年春天,曾经数度来我国考察的瑞典地理学家斯文·赫定博士再次率领的一支由欧洲人组成的所谓远征队来到我国准备到蒙新一带活动，腐朽的北洋政府容许他们像过去一样无条件地进行考察时，受到中国学术界激烈反对，在北京的各学术团体联合组成中国学术团体协会，寻求对策。他们权衡了当时的形势，确定了有条件地与斯文·赫定联合考察的方针，经过反复交涉，达成了共同组成"西北科学考察团"的协议，由中国派学者5人、学生5人参加；中外团长共同负责考察团的工作；中国团员负有维护中国主权利益不受损害的责任；中外团员的采集品均归中国所有；全部经费则由斯文·赫定负责筹集。这样一个既维护了国家权益又有利于中国科学发展的协议，在我国学术发展史上是空前的，是我国学术界的重大胜利。负责交涉的刘半农曾戏称为"翻过来的不平等条约"。

日记中涉及一些中外团员，为了便于阅读，现将中外团员的名单介绍于下：

中国团员共10人，他们是：徐炳昶，字旭生，北大教务长，团长；袁复礼，字希渊，地质学者；黄文弼，字仲良，考古学者；丁道衡，字仲良，地质及古生物学者；詹蕃勋，字省耕，地图学者；崔鹤峰，字皋九，马叶谦，字益占，李宪之，字达三，刘衍淮，字春舫，四人为气象学生；龚元忠，字狮醒，为照像员。

外国团员17人，他们是：斯文·赫定（Sven Hedin），地理学家，团长；兰理训（Larson）又译拉尔生，管理旅行事务的队长；郝默尔（Hummel），医生，人类测量学者；那林（Norin），地质学者；贝格满（Bergmen），考古学者，以上5人均瑞典人；哈士纶（Haslund），副队长，丹麦人；郝德（Haude），气象学者；米纶威（Muhlenweg），会计；李伯冷（Lieberenz），电影技师；钱默满

(Zimmerman)，大佐；海德（Heyder），大佐；韩普尔（Hempel），大佐；马学尔（Marschall），爵士；华志（Walz），大佐；狄德满（Dettman）；马森伯（Massenbach），伯爵；冯考尔（Von kaull），以上12人均为德国人，其中8名为航空人员。

考察期间又陆续增加了几名中外团员，在日记中未曾涉及，故在此不赘。

西北科学考察团是一个多学科的综合考察团，团员虽各有专业，但也兼顾其他方面。黄文弼先生的专业是考古，由于他毕业于北京大学哲学系，其后又在北大国学研究所研究目录学，转治考古学，有比较广泛的治学基础。他继承了自清末以来的西北史地之学，接受了新兴的科学教育，他的学术视野已触及到尚在幼年时期的社会学、民俗学、民族学等方面，因而在他的日记中包含了考古、地理、社会、民俗、民族、宗教、艺术、政治、物产、商业等多方面的考察内容。当时中国正处在政治大动荡的时期，内蒙古、新疆由于所处地位特殊，政治风云更为复杂多变，这些都不能不影响到他们的考察活动，因而在日记中也有所反映。

从北京到迪化，黄文弼先生是随大队前进的，在这样一个中外混合的大型考察团中，友好合作与矛盾斗争是交互出现的，斯文·赫定博士在他为此次考察所写的一部书中说："最后还得感谢北京的反对派——中国的学者们，他们由我的敌人转成了我的朋友和合作者。"这话大体上是对的，但不准确，应该说，他们是朋友和合作者，而且逾到后来合作得逾好，友谊也逾深，但在涉及国家主权利益受到损害的情况下，他们并没有改变"敌人"的地位，不过这样的事已不多了。在黄文弼先生的日记中，前一阶段较多地反映了这一类的内容。

黄文弼先生随团前进的阶段，没有太多的机会作大量独立的考察活动，但也有过不少有价值的发现，例如在内蒙古地带发现了大量石器；在姥弄苏木发现了马扎罕之子八都帖木儿至大元年的碑记；在黑柳图汉兵营遗址发现大量铁器、骨器、陶器；在额济纳河古址中发现藏文文书；在天仓古堡中发现汉简；此外对秦汉故长城也有过探测。这些还没有写成专著或专文发表，但在日记中却有简要记述。

从1928年4月起，考察团分为小队进行活动，黄文弼先生单独率领一支考古队在吐鲁番盆地、塔里木盆地、罗布泊地区进行考察，大约工作了2年半的时间，他的许多比较重要的发现都是在这个时期取得的。虽然他的《高昌砖集》《高昌陶集》《吐鲁番考古记》《塔里木盆地考古记》《罗布淖尔考古记》等著作已从日记中摘取了一些内容，但日记的连贯性质以及多方面的内容都是这些书所无法取代的。因而这一阶段的日记仍然有它独特的价值和意义。

时间已经过去了60年，不仅社会的变迁翻天复地，而地理上的变迁也十分巨大，特别是沙漠地带河流湖泊的移徙消失，道路的改变，废墟遗址的湮没，文物艺术的毁坏，"沧桑之变"用在这里毫不夸张。我们从这一份60年前的记录中可以找到许多已经消失了的痕迹。

这部日记不仅直观地记录了所见所闻，由于作者随身带了不少参考书，因而能够随时参稽古籍，对照研究，提出不少有学术价值的见解，二重证法在考察现场加以应用，又是别具一格的发展了的治学方法。

这一部日记是在历遭劫难中保存下来的,"文革"期间的大抄家,几使它险遭毁灭,所幸抄而未焚,得有今天。随着岁月的流逝,钢笔和铅笔的字迹已退色到模糊不清,难以辨认;又加以是在旅途中疾书而就,有时是在月光中写成的,字迹草率更增加了辨识的困难。所幸 30 年代曾有过一个誊抄本,原稿虽不完整,两相对校尚可不失其真,但仍有少量难辨之处,那就只有靠查考其他著作和理校加以解决了。在整理过程中,力求保真求信,虽有些文字与作者在其他著作中所引用者稍有出入,但仍不加改动,以供读者对照研究。为了醒目,日记间的小标题系我所加。整理中的缺点错误当不会少,尚希读者不吝指正。文物出版社的同志为这部书的出版给予了大力支持,在此谨向他们表示衷心的感谢。

黄 烈

1987 年 8 月 8 日

目 录

从北京出发（1927年5月8日）　1
瑙包的石器（5月11日）　3
百灵庙访古（5月30日）　14
王傅德风堂碑之发现（6月6日）　17
河套图西行的决定（6月22日）　27
往探秦长城（7月4日）　31
德国团员的聚会（7月17日）　39
百匹骆驼惊散（7月22日）　42
黑柳图的古兵营（8月5日）　49
向善丹庙进发（8月14日）　55
乌托海的旧石器（9月8日）　76
向额济纳河前进（9月19日）　91
黑城之探查（9月26日）　100
古居延泽之探查（10月7日）　109
不断出现烽墩（10月21日）　122
找到了汉简（10月25日）　128

离开额济纳河西行（11月8日）　137

乙弗泊与乙弗敌国（11月22日）　149

粮食将尽（11月25日）　152

迷路记（12月14日）　160

新疆兵防阻之实情（12月28日）　171

在哈密期间（1928年1月7日）　181

继续前进（2月12日）　193

路过吐鲁番（2月28日）　204

迪化政界见闻（3月11日）　211

从迪化东行（4月19日）　218

去焉耆途中（5月18日）　231

明屋古迹和佛洞（6月13日）　245

往访巴龙台（7月13日）　267

探寻乌垒城（8月3日）　279

轮台一带（8月8日）　285

到达库车（8月26日）　307

库木土拉佛洞（9月4日）　311

龟兹古城古址（9月20日）　325

克内什佛洞（10月28日）　370

在库车的日子（11月9日）　386

库车、拜城山中之行（11月19日）　393

刘平国治关城诵（11月26日）　405

克孜尔佛洞（11月29日）　411

拜城至阿克苏途中古迹（12月17日）　435

在阿克苏受阻（12月25日） 444

访查三河交汇（1929年1月28日） 458

逗留在库车（2月11日） 470

横穿塔克拉玛干大沙漠的准备（3月22日） 477

进入塔克拉玛干大沙漠（4月5日） 481

和田河畔之古址（4月21日） 495

大沙漠南部之古迹（4月25日） 500

喀拉墩古址（5月23日） 518

由于阗折向西行（6月4日） 529

什斯比尔古址（6月20日） 538

皮山、叶城山中古址（6月25日） 541

不尔项石刻（7月9日） 548

拉一普古址（7月16日） 552

莎车古墓（7月29日） 562

托和沙赖古址（9月3日） 575

阿克苏至拜城（9月24日） 586

轮台至焉耆一带古迹（10月15日） 597

返回迪化途中（10月28日） 607

雅尔湖发掘（1930年2月24日） 614

吐鲁番东部访查（3月24日） 630

库鲁克塔格山中行（4月8日） 636

罗布泊岸边古墓葬（4月14日） 640

土垠烽墩与汉简的发现（4月26日） 651

天山行（5月16日） 659

迪化至塔城（7月7日）　665

取道西伯利亚回北平（8月21日）　676

黄文弼著作目录及简略年谱　679

后记　689

从北京出发

1927年5月8日　余等承中国学术团体协会之委任，为西北科学考查团团员，担任考查古物等学科。先是瑞典人斯·文赫定组织大规模之远征队，拟往我国西北考查古物、地质、气象等等。中国学者表示反对。交涉结果，中国派学者5人，学生5人一同前往考查。余亦为学者之一也。故余等职务，一者为监督外人，一者为考查科学。

当合作办法签字后，出发日期即定，在京师友纷纷饯行，又购置应用物品，连日忙极。今日以寓中箱物搬运存校中，书箱存研究所，衣物箱存储藏室，桌椅书架存地窖内。时研究所书记李德启为帮余清理，直至深夜2时，故亦寝于此。余此次旅行前之一切料理得助于李君者甚多，此余之不能忘者也。

5月9日　晨，学者、学生齐集研究所，余育三、沈兼士、沈士远、沈尹默、朱遏先、刘半农均至研究所送行，并摄影志别。沈先生并置酒饯行，旋即出发。大车五辆，拖箱笼先行，余等乘汽车五辆后至。余与沈兼士先生、庄尚严君、常维钧君同乘一辆，至京绥车站。后李仲揆先生亦带地质系学生至，拟往包头考查地质，约与同车。后徐森玉、周肇祥亦来站送行。后斯文·赫定同其医士亦来，余等遂同瑞典人同乘一辆三等车，箱物亦存于内。至12时余开车，同人皆鼓掌相送，而余遂走上征途，接受自然界知识，与俯首窗下，在故纸堆中讨生活者暂别矣。

12点50分抵沙河车站，往妙峰上香者由此下车。2点20分抵南口。3点20分抵居庸关。4点抵青龙桥。自南口至青龙桥，火车傍山而过，经山洞四，桥边立詹天佑铜像。盖京绥铁道均由詹天佑一人规划经营而成，为不藉外力之第一条铁路。詹君年30余而殁，设天假之年，其成功决不止此也。6时抵下花园。由此至宣化山势崎岖峭峻，火车所过之地远见黑渣弥满地面，据李仲揆先生云，此皆火山所喷出，自此至外蒙皆为远古火山岩区域。7点10分抵宣化。8点40分抵张家口，即在车内寝息。

5月10日　晨早5点半抵大同。车停一小时，同人多下车盥洗，购买食物。阴山山脉至此渐低落。7点出得胜口。7点半抵丰镇。丰镇即古辽金丰州，距归化城40里。在今丰镇之东，以望远镜窥之，犹见古城遗址。10点15分抵平地泉。3点10分抵绥远。瑞典人有部分住绥远者，群来相迎。车站书警语甚多，如重名誉，尚道德之类。6点20分抵萨拉齐。7点半抵包头镇。住包头之瑞典人骑骆驼来接，并派大车数辆搬运行李，8时抵寓。寓包头城内车市街，共10余间房。中国团员住南房，南房共3间。学生另住东屋，亦3间。料理行李既毕，又与瑞典团员聚餐，餐毕已11点半矣。

瑙包的石器

5月11日　连日忙碌，拟稍事休息，故未出门。上午将在京经手账目结算清楚。下午试骑骆驼，游行一华里余，颇平适。晚闻李仲揆先生云，包头东北地名瑙包，出石器，拟明日往视。又致沈、刘两先生一函，报告抵包情形。

5月12日　早7时同徐旭生先生、李仲揆先生及丁、詹诸君出包头北门，沿东河畔东北行，约10里许，至二道坝子。土凸起如阜，遍地皆碎石陶片。又东北1里许，土名肐脯沟，余在此拾石斧1件，庄永成在此拾陶片数块。回沿河畔东北行至周窑子，对面土名瑙包，即鄂博转音。鄂博为分界址之义。复转东北2里许，在山沟内拾石棒1件。回循故道。过刘保窑子至东沙梁间，有开垦为地者，瓦砾遍地皆是。余拾石斧1件，陶片数块。此地残陶片石矢镞甚多，下午风大极，未及细检，乃负之而归。是日共行三处，而皆有所得，心大慰。第一次出门考查，即能有如是成绩，诚快事也。明日李仲揆先生拟离包头，往萨拉齐附近考查地质，赫定为之饯行，并摄影志别。

5月13日　早6点起，为仲揆先生送行，至站，车已开。

因昨过劳，休息一日。晚饭后与徐先生同赫定谈论考古事甚久。赫定并以记载楼兰遗址所发现古物一书见示。楼兰即鄯善，在今罗布淖尔附近。所发现者有写本木简及石瓦诸器。有一木简上书"泰始五年九月"等字，泰始为晋武帝年号，则楼兰地名至晋世犹存也。写本多为六朝人之书函，以比唐人写经，更胜一等矣。

5月14日　早起，复同徐先生、白君、靳君考查西瑙包。出西门约2里许即是西瑙包。古器物不如东瑙包多。前白君在此地发现石矢镞多件，余等至，则一无所得。乃转西南行，过兴坪村，至黄河北岸。黄河水竭，渡口处颇窄，余同徐先生拟敛裳而过，河泥淖颇深，惧陷入，返至泉源处濯足焉。上岸有茶饭馆，稍息，并啜麦面两碗。以望远镜视河西，沙山如带，询之当地人，据云，此沙梁距此约200里，起东胜，直抵宁夏。宽约40里，不生草木，惟有蒙古人居。然此地累发现汉器，据本地古玩铺云，此处所售之铜器多出河西约300里许，疑即是处。又云，包头东五座塔、托城等处亦出古物。惜余行色仓促，不及前往考查也。

5月15日　上午同徐先生上街买布靴一双。又至中学校，遇校长陈君，赠包头城厢图及后套图各一幅。陈君为中国大学毕业生。学生有50余人。至教育局遇一王君。返寓时已2点多钟。忽大雨雹1小时，沟渠皆盈。晚略商明日事务，早寝。

5月16日　上午补写两日日记。下午料理木箱，钉铁条，并登记连日所得古物。所得者以碎陶片为最多。大都发于东沙梁一带。西瑙包亦有，其所出者以石矢镞为最佳。登记时，凡最佳者以红线缠之,俾便识别。物上并粘以红纸块,以便检查也。致沈、刘两先生函报告一切。

5月17日 上午在家未出门。下午同崔皋九游转龙藏。出西北门,有土山,泉水清洌,汩汩下流。山坡有龙王庙,为光绪二十六年所立,泉水出焉。庙前砌方池以潴水,池侧穿孔,泉水交错流出,居民汲饮悉取于是。池之四周,丛柳含青,翠黛如画,宛然若江南风景也。包头风景,以此为第一。庙之前有戏台,已毁。西北军住此,置无线电台。今犹有残机,未尽撤也。庙之中央供龙王,左为河神、风神、药王、佛祖,右为河神、土神、孙膑。药王为药店所祀,孙膑则为鞋铺皮匠所祀,盖孙膑削足制甬以行,皮匠鞋店因祀之,以为始祖。其侧供有送子奶奶,即鄂中所谓娘娘也。每年六月十五日为龙王会,四月二十八日为药王会,五月二十九日为玉皇会,每会必三日。凡包头城内外居民皆聚此行乐也。

庙之东南有山,名玉皇顶,上有玉皇庙,匾题通明殿。登顶四望,阴山障于东北,黄河带于南,乌拉逶迤于西北,为之呼应。内有东河环之,形势雄奇,洵山河之要冲也。顶之北有炮台1座,西北军于民国十二年住此。所筑台前,马福祥题"巩固"二字。台门已封闭,遂不能往游。是日风沙弥天,乃下山,与崔君沿东河而北行。一里许折回,经东沙梁而归。

张慰西先生《塞北纪游》云,北出石门,障河水出焉,即今昆都仑河。河之西有古城遗址,疑即汉光禄城。今以询之本地人,据云,出包头西北门25里有澜水泉,泉自地中涌出,再西10里即昆都仑河,河西有旧营垒,疑即古城遗址。疑即赛泉城。"赛""澜"音近，或因澜水泉而得名也。本拟明日前往考查，而行期甚急，明日必须收拾行李出发，终未能如愿，识此待异日重游。

5月18日　前日搬运行李出城，塞北关包头分关留难，谓必须纳税。几经交涉，纳390元了事。故今日晨起，即往城外搬运行李，归已下午2点。又致理事会一函，报告行期。寓中行李搬运殆尽，5时出寓移至西瑙包骆驼店暂住。出西门时，统捐局又复刁难，余往交涉，始放行。

5月19日　上午住西瑙包店，因骆驼未配齐，故未出发。下午统捐局又复刁难，团里派余及丁道衡与其交涉，结果纳税140元了事。晚间，抄至理事会函二封，报告与塞北关及统捐局交涉经过。并请理事会据理与财政部力争，要求偿还本团。

是日下午5点，由统捐局归，路经后街，遇一报庙者，其俗甚奇，且据所闻以记之。此地凡人死后3日必须告城隍庙，以死人魂牌置轿车中，最前有两火盆为之引导，其次灯笼，视家之贫富以为多寡。家人均哭于后方轿车中，以白布蔽头，盖取其充耳不闻，蔽目不见也。告庙后，置于家中诵经，7日或3日再出殡。盖以人死后，其魂入庙，待家人迎之而归也。前置两火盆者，为死人开道也。告庙之礼，无论贫富皆同。又闻此地丧礼甚薄，男子未成年者，以席捲之填于野。老人其棺木衣服，无论贫富，均不华丽，犹有蒙古之旧习也。

5月20日　晨3时即起，收拾行李，8点25分由西瑙包骆驼店出发。向西北行，10里至二道沙子。又15里过毛姑神窑子。又15里公忽洞，又15里抵乌拉山脚，即昆都仑岔口。停留时，3点25分也。是日共行55里，皆傍乌拉山而行。同人抵此后略休息，并撑帐篷，料简行李。

4点半，同徐、白、庄及5位学生，到昆都仑招，即法喜寺游览。蒙古谓庙为招，庙在昆都仑河之西，距岔口约六七里地，望之即在目前。同人去时，经昆都仑河，河水甚浅且狭，以一木搭之而过，谓之独木桥。始过者觉胆怯，后亦行若无事矣。同人笑谓唐僧向西天取经过独木桥，而吾人今与之同，或可以达登彼岸也。过桥后约4里抵庙傍，庙之建筑，仿西藏式，与内地庙宇形式不同，远望之，如香山招庙也。庙前有树林，葱翠青绿，颇清雅。庙中住持喇嘛约80名。大喇嘛年40余，住山后。小喇嘛年8岁，亦住后山。领徒约千余。庙正殿9楹9进，共81间。四周墙壁均绘佛像，正中供千手观音塑像，壁正中绘宗喀巴像。正殿外绘四大天王像。二层正中挂释迦像，外面均绘诸天神像。三层即平台，左右有铜塔2座，各有一铜转轮。左有许多空房，为喇嘛住房，又有经堂一。右亦有许多平房，为喇嘛居室，亦有经堂一座。同人往游时，正有2僧在此念经。房之建筑悉用砖，而上涂白灰，故悉白色，而间用红色作纹。地皆铺以石，故极雅净。在后山中有小庙，为喇嘛念经处。余等以时晚，且均未食饭，即归，已7时矣。

是日之访昆都仑招庙也，其意在探询有无古城。盖慰西先生云，河西有古城，即汉光禄城，累识之不忘，思欲藉此一探其遗迹也。乃越昆都仑河，碎石虽多，皆为山中冲出下流，非古城遗址，心疑之。乃询之当地人，据云，由此往南30里，地名毛缠子，即东河口，有许多古城遗址，均为土筑，大料为宋人城堡,现不过有一点形迹耳。乃知所谓古城,虽在昆都仑河西岸,而不在昆都仑招处也。余等明日将折而北行,古城之访查,俟异日耳。

5月21日　早5时起,7点30分由昆都仑岔口出发折向北行。10里至昆都仑口。20里至沙坝子。下骆驼,在村后山坡下,觅拾汉代陶残片数片。沿山坡步行约半里,拾麻石1块,上有金色若雨点。渡河,改乘马,遂追及大队。又15里至昆都仑后口沙坝子,有山道至后口。余等沿河行,乃大道也,河名昆都仑沟尔。《蒙古游牧记》云,昆都仑河源出和岳尔伯尔克山,西流,经官山,入乌拉特旗界。疑即此处也。过和岳尔伯尔克山约四五里,有茂明安山。对面,为茂明安村,居民约10余户。入茂明安旗,伯尔克山与茂明安山之间,设有封堆数起,为茂明安山土默特、乌拉特两旗分界处。又10里至河南五分子,又名王营塔五分子,因五分子有二,此为前五分子。在河南岸住次。

5月22日　上午7点由前五分子出发。5里至三分子。又10里至四分子。5里至后五分子。又15里至公义明。又5里至六分子。又8里至瑙包店。时已2点45分,即在此住次。

自茂明安山以北,山势渐低落,冈峦起伏,土肥沃,地多开垦。产莜麦、荞麦、小米等。居民络绎棋布而居。公义明、六分子均住数十户,均以种地为业。余在公义明处拾汉代残陶片数件,此处沙梁甚多,皆黑土,必为古人居处。若在此细寻,必能得若干古代器物也。

是日下午风大极,气候顿冷。同人到瑙包店时,竟披皮衣。

温度降至9度。塞外风光今始领略其趣矣。赫定唱法国军歌，以壮志气。同人精神亦焕发，不以为苦也。

5月23日　早5点起。昨日夜风大，晨始息，而寒气逼人。同人均披皮衣出帐，宛若冬天矣。7时向北出发。15里至九道塆，两峰壁立，中显通衢。又15里贾格齐沟。又25里红瓦子公中住次。自瑙包店至贾格齐沟官地40里。是日共行55里。

红瓦子公中者，大地名为前王碾房，盖固阳官地也。前为蒙古嘉王牧地，后改属固阳县发垦，每亩约纳二三十元不等。自贾格齐沟至此，居民络绎而居，10户至数10户。地产莜麦、小米。自此向南交易，均至包头。居民亦均由口内移住于此，本地人较少也。

自瑙包店北行，约3里许，至茂明安山前口。据本地人云，由瑙包店入于两山间，小道崎岖回环，约行20里方出路口。在九道塆前约2里许，半山间，以石砌为塞。盖汉武出师征伐匈奴，逐斥于幕北，建塞起亭障，筑外城，设屯戍以守之。从塞以南，经深山谷，自临洮至辽东，延袤万余里，所谓匈奴失阴山，过之未尝不哭也。此地仍为阴山山脉，深山穷谷，形与相近。则山上之石城疑即汉代防匈奴之长城也。余同徐先生均至山巅查视一周而返。

5月24日　早5时起，由红瓦子公中，即前王碾房出发，15里至白彦瑙包，居民10余户。又5里至山九子格八村，在路西。路旁有牛王庙，内有供奉牛王神之牌位，余摄一影焉。又10里至二猪兔，居民10余户，悉以垦荒为业，生活极苦。门口驴马粪堆集如山。在此又摄一影。4里至河奁滩，旧名察罕赤拉岭，有天主堂1所，居民百余户。筑土墙为塞，台雉俱全，若城。终日有人在屋顶瞭望以防土匪。大队过此，居民咸登塞观看焉。又5里至白彦布拉住次。白彦言富，布拉言泉，盖富泉之义也。

抵住次后，闻赫定被教堂牧师邀进塞，刘春舫亦与焉。教堂有牧师2人，一为比人，呼为丁神父，一为荷兰人，此教堂亦呼为荷教堂。据云，1904年建，居民百余户，完全奉教。左右村落居民亦奉教，记名教徒约2000人，咸听二牧师指挥。内有民团数十人，自为守望，亦有枪弹，为牧师所发给，服装与兵士略同。又有小学校及邮柜，设备亦颇完密。余同徐先生、崔皋九前往参观，时牧师已被赫定邀至本团住次茶话，余等至此，由一排长导引参观。内第一层咸为居民，第二层为教堂及学校，有一土垣围之，若内城。教堂，即礼拜堂，虽为土筑，布置雅洁，东正中及两旁，全供十字架，下铺毯垫三，为牧师礼拜处。中为教徒礼拜处，亦有铺垫，西为供格。四壁挂耶稣死难故事及教义，布置尚庄严整肃。复参观小学，有教员一人，姓李，年20余，尚朴实。教课为国文、算学及《百家姓》、杂字之类。每日上午，均须到礼拜堂念经，至11时方读《四书》，下午5时亦去念经，每日除从事宗教活动外，读书时间不过三分之一。若唱歌等项，亦为赞美耶稣之词，可谓完全为天主教化教育，是亦当注意者也。参观完毕，护兵以马来接，遂各乘马回团。

自贾格齐沟东北行，冈峦起伏，无高山峻岭。盖此地已穿过阴山，山后邻于蒙古草地矣。盖阴山山阳，峻峭壁立，而山阴则平陂，便于开垦。询之居民，此地前属旗地，现已收归公有，由固阳县发垦，每倾约二三十元不等。

5月25日　上午7时半由白彦布拉出发，约行30里至苦列迭纳苏。次亚不干河畔。是日行路甚少，时间较短，盖过此，皆为蒙古草地，无水草，故在此住宿焉。

苦列迭纳苏居民约30户，亦是垦地者，每户约垦三四顷不等。去年，因天旱收获甚薄，又经独立队之惊扰，居民悉感荒欠。致有茹草根者。地种莜麦、小米。每亩可收莜麦一斗，与红瓦子公中贾格齐沟同。交易至包头，每年约须去四五次。故包头小票，此地尚能使用也。

5月26日　上午温度摄氏14度，正午升至34度，两日来均如是。信如谣云，早披皮毛晚穿纱，手抱火炉吃西瓜。庶几近之。

晨5时起，7时出发。过草地，冈峦起伏，青草生于沙石中。羊马成群牧于野，淘塞外风光也。5里至固阴，有二蒙古包，住者为汉人，在此放牧，每年纳租给蒙古人10元。蒙古包购自蒙古人，每具约80元。内撑木架，开合自如，外裹以毡，顶有圆洞透光，有雨则以毡覆之。门亦以毡为簾，中空置灶，周围均铺厚皮毛，寝卧于是，旁置什物。包内颇清洁，余等至，主人招待颇殷，每人均款以茶。另有一人看狗，盖蒙古狗咬人也。又10余里至亚母塞河畔住次，时10点半也。

5月27日　晨5时起，本拟西行，30里即住次。因骆驼掌柜失马，牵骆驼之人皆去寻觅，遂滞此处。余亦未出门，检箱中图籍，并考求居延故城，据《蒙古游牧记》所云，在居延泽西南，去今张掖县东北千五百三十里。下午同徐先生及刘、马、崔、李诸君应二蒙古人之约，参观其住处。乃为篷帐，并无蒙古包。据云渠有马约四百余匹，每月每匹须纳草银二两。前在张北贸易，故食物起居与口北汉人同。盖为汉化之蒙古人也。又从学蒙语十余句。归与徐先生、希渊（袁复礼）登记所采古物。

5月28日　早6时起。因此处水不好，拟西行二三里住次。与绥远出发至百灵庙（贝勒庙）一队人集合。余因移地甚近，乃以箱物托徐先生料理，遂同希渊、白万玉、庄永成寻觅古物。

东渡亚母塞河，东行3里许，小山上阳坡，拾残陶片一块。昨日靳世贵拾石斧1件，即在此山顶。又东北2里许高岭上，庄永成拾石斧子1件，白万玉、贝格满拾陶片、细石若干件，则此处必为古人居址无疑。乃折而西，越亚母塞河，北山上有石堆瑙包一。与庄、白登山观之，下围以石砌，上堆柴草为圆顶，顶下石砌若屋，前出若平台。据云，系蒙人在此设祭者。瑙包前约三尺许，石砌为屏垣，上插铁三脚叉，又两旁树长石块各一方，两端各有木竿，据云，当祭祀时木竿上悬挂黄布旗帜。瑙包两旁石砌小堆，排列成行，作为旗界标识。盖凡有蒙古人住处，即有此鄂博以行祭祀也。又鄂博有二种；一单以小石堆砌为包，前无竿叉等物，一即有竿叉等物。有竿叉者瑙包甚大，直径约一丈余，或二丈不等。小者不及一丈。疑前者完全为分界之用。后者则除分界之外，犹行祭祀之礼。故大者，蒙古人称之为庙也。

今日午后，由绥远出发之外国团员，已由百灵庙来此集合。

据云现只购得六十余匹骆驼，尚欠百余头，必须购齐方能出发。则在此停住恐尚有两星期左右。在此期间，余等拟到百灵庙一游。百灵庙距此尚有 90 余里，约两日路程，往返计 4 日，时间较有裕。

5 月 29 日　上午复至亚母塞瑙包山上摄一影。下午函致兼士、半农、叔平三先生，报告出发经过情形。又致毛目县一函，倘有致西北科学考查团函件，请暂存。又登记连日所得古物。晚大风雨。

百灵庙访古

5月30日 下午郝默尔打第二次防疫针。先是闻百灵庙庙宇甚宏大，且有许多汉人商店，拟同徐先生等往游，藉以调查风俗与宗教。后外国人那林、贝格满等亦拟前去，乃议决，余同庄考查古物为一路，那林、贝格满同丁仲良为一路，考查地质及古物。徐先生同龚狮醒同到百灵庙后先回。

5月31日 早6点起，9点半出发。由住处向东北行，悉为戈壁，冈峦陂陀，蔓草弥绿。45里至布彦卡八住次。此地有蒙古包一，喂放牛羊。蒙古人喜客，邀余等至其家饮奶浆。蒙古包圆形内支木架，外裹以毡。顶有空穴，透射日光。中置锅灶，内温酪浆，围铺厚毡以资寝息。其状俱与前同，惟其西南隅供设宗喀巴神像，以木匣陈之。前设供品、香炉。香烟犹缭绕满室。因摄影一。蒙古包旁沙梁上布满铁块、铜片，一碎镜片存"五科"二字。盖五子登科镜也。前康熙征准葛尔驻节百灵庙，则此地亦为驻兵之所，故有遗物也。

6月1日 上午9时，发自布彦卡八。北行过归化大道，往来商队甚多。皆来自甘、新至归化者。货物以布匹药材为大宗。

下午3点至百灵庙前，有河名爱不干河。传说此地有所谓龙气，康熙征准葛尔时，遂驻此以压焉，后遂建为庙。后同徐先生游街市，约有商家十余，山西人居多，业米面，多来自归化。蒙人以牛羊皮与之交易亦颇亲密。时百灵庙正粉画，尚未竣工，因购画师匠人所绘之佛像，以作标本。

6月2日　上午9点同徐先生往游百灵庙。庙分五部，有喇嘛千余，一大喇嘛总管其事。到庙中略视一周，开一殿门，内容略同昆都仑招，而庄严不及。四周皆绘佛像，其正殿中上绘三佛像，左右为八菩萨及二天王像，下为宗喀巴像。东西墙绘园林，南北墙绘四大天王，顶绘佛像。正殿后进为泥像，衣彩锦，此绘像之大略也。后徐先生觅绘画师购画一份，以作风俗之采集品。正殿颇宽大，可坐二三百人。后要求五庙全开，不果。因在庙外摄影一张。

6月3日　6时起，8点又至百灵庙，参观壁画，多近来重修。惟正殿西旁配殿窗上所绘，皆清初式样。又内殿东壁绘园林，杂红顶花翎人像，是为清初所绘无疑。下午庄永成寻访古迹，沿爱不干河上流约行里许，河右岸土山上拾石器若干。又五六里许，拾石器及压纹陶片数块。又靳士贵拾石斧一、铜矢镞一。又至对岸（河东岸），即百灵庙山势尽处一土陂下，约三丈见方地，拾石器甚多，内有石斧、石刀之类。6点归帐。同徐先生清理所得，收入箱内。

6月4日　早6点起。徐先生拟今日回团，俟骆驼不至。下午2点，余乃同庄永成至百灵庙东山寻觅古物，发现石器甚多，并拾有红底黑花瓦陶片，极有价值。6点归。至集义公略坐片时，云老弄苏木有古城及石碑，不可不往一观也。即回帐，而徐先生已去矣。

是日为阴历五月五日，即端午节。在京照例游逛一日，宴饮欢歌，颇极乐事。而今余则以一人帐居河滨，时徜徉于山阿，披石子，拨蔓草，寻远古之遗物，觅故瓯之残片，为苦为乐，余亦不之知也。今日托徐先生代二邮片到包头邮局。一致罗膺中，一致庄尚严。

6月5日　上午那林、丁、贝格满西去。余于11时许即到百灵庙左近查看有无古物。在女儿山对面小山上拾小石器一。百灵庙背后山上拾小石器二。渡河返至百灵庙市集义公小息。又转至东北小山拾小石器。见庄已由住次骑骆驼来矣，又同回至集义公，向东北行，觅老弄苏木故址。沿爱不干河行，河于市侧折西绕山而北流，余则从山中直向北行。3里至门谷张毛，即百灵庙山后口，而爱不干河亦从此过。余等乃折向东北行，渡岗越岭，5里至塔布毛短。沿爱不干河东岸有蒙古包10余。复沿河东北行，五里至察罕赤诺住。是日自下午4时发百灵庙，6时止，计行15里。微雨。沿河一带，榆树成林，然多为人铲除，河水清冽，蔓草弥绿，气候和畅，无酷寒热，亦塞外之胜地也。

王傅德风堂碑之发现

6月6日 昨晚微下雨点，今晨天霁。早饭后即动身，沿河畔东北行。约3里许，庄永成见有已颓故庙基在河西岸，邀余往观，则为清代之喇嘛庙也。惜已颓废尽净，无可查看者。复东北行，约20里许，折北行，渡大岭，余下驼步行，略拾些残陶片及石刀片，此处古代必有居民，而现在则一片蔓草沙石，询之牧羊妇，曰，往北行至王府大路也。北行10余里，久不见目的地，又问之小孩，乃导余等东行，约10余里，即见土堆累累，同人欢欣，故城即在是矣。

渡大岭而东，转北行，是城即在岭之东麓，爱不干河西畔，北3里即为阿乌格鄂博。城为土砖所砌，城墙残垒屹立，犹可考见古城模样。此城为长方形，东西长，南北短。庄永成以步度之，东西约1040米，南北约643米，西南北均有城垛遗址，可见此城坐西朝东，面临河畔也。入城循视一周，残瓦片堆积如山者10余座，散瓦石遍地皆是，乃建筑房屋遗址也。余在东堆下见有断石碑数块，审视乃王傅德风堂碑记。碑文不全，字迹模糊，乃叙述元代一王之世系及功业。中有"自至大元年"

等字，尾署"□□□岁次丁亥十一月"。按元有两丁亥，一为元世祖至元二十四年（1287年），一为元顺帝至正七年（1347年）。至大为元武宗年号，此庙必建于元武宗之后，即顺帝时无疑。此地蒙古人呼为老弄苏木。苏木汉语为庙，疑为古庙。按若为古庙，则庙之四周宜有幡塔遗迹，内中亦当有泥塑或木塑铜塑神像及壁画，或蒙藏经卷残片等遗迹可寻，而此中凡可以考见其为庙之遗迹毫无。而人民常用之石槽、石轮、石臼，及宋瓷碎瓦，古代陶片满布地面。其为古代人民所居无疑。考《蒙古游牧记》称四子王西北有故金净州城。询之百灵庙商人，亦称喀尔喀东北百余里有故城。此即金净州城遗址乎？按之碑文叙述元代世次，则非金元故城莫属。此处距四子部落尚有三百里，与游牧记所云又不合。且此地横直不出三里，不类古代城池。疑此处即元顺帝时某王（齐王）在此建牙筑土为塞，非即故净州城遗址。又按碑文撰者为前净州路儒学三山杜子良，书者为净州路总管府提控案牍侯彦礼。则此地或者属净州路所辖，是否即金净州故城，尚待古物之发现以为证明也。

是日发现此地，忻悦非常。支帐篷于河干，已9时。

6月7日　早饭后即调和笔墨扑子上山拓碑文。碑已断为数块，大块长英尺五尺七寸，上宽一尺五寸，下宽一尺二寸，背面一尺；第二块长四尺，下宽一尺八寸，上宽三尺，中宽一尺二寸，背同；第三块长一尺四寸，腰宽九寸，背面长一尺六寸，腰宽七寸；第四块长一尺三寸，背面三寸，正面一尺七寸，腰宽八寸；第五块长一尺三寸五分，背长一尺七寸，腰宽六寸，宽五寸五分，厚均同。两面镌字，正面为碑文，背面则为题名。

此碑已不全，然残石断字，犹可考证蒙古王公世次，其有补于元史者不少。凡碑之在蒙古者，拓本绝少流传，渐至湮没。今幸为予发现，拓而流传之，亦幸事也。

是日风大热极，而碑又为矾石，字口甚浅，久经风沙，拓之匪易。上纸即干，拓未及半又为风摧，数易纸不成一张。及一张拓铺毕，风即吹之去，搏扶摇而上，许久不下。又见西南有燕飞来，啁之而去，仿佛到大队报信者，亦奇也。下午乃移篷帐于此，以蔽风日。遂拓三石，各二份。然拓亦不佳，字迹仍模糊，不过略以见形迹耳。时已8点半，撤帐归。庄永成告又见一蒙文碑，方知此中碑文必多，恐为瓦砾所掩，设除此瓦砾，当必有特别之发现也。

6月8日　上午清理昨日所拓之件。下午复拓三石，各3份。今日所拓较昨日为佳，总嫌字迹模糊。有一石，面甚平，所拓之字亦明了。则字之不清，非拓手之罪也。拓完后，又抄录大石碑文，知此地为马札罕之子、八都帖木儿领地。德宁、砂井、净州、集宁等路皆属焉。马札罕原为赵王。马死，八都甚少，其弟怀都袭赵王位。及八都年长，乃以德宁四路与之。称王傅者，以为赵王之辅，非正王也。此堂，即八都所建，故曰王傅德风堂。然此堂是否即建于金净州城遗址中，尚待考核耳。

6月9日　早6时起。昨日有一蒙古喇嘛云，今日到百灵庙，故托带一函致徐先生，叙述发现此地经过，并请派人来测绘发掘，而蒙古喇嘛竟不至，遂亦搁置。又有一蒙古人，送箭头四件易烟叶半包而去。下午又拓蒙文碑，正反两面各拓三份。

碑面尚平，拓之尚易，而字迹亦较清楚也。蒙文碑，长英尺三尺六寸五分，宽二尺二寸三分，厚五寸，青石四正无缺。外有碑头一，上盘龙，无字，必为元代之碑无疑也。晚，蒙古喇嘛送来矢镞及马饰计6件，易面粉一洋铁筒而去。

6月10日 早6时起，略进茶点即去，拓中文字碑头。碑头已分两半，合尺二寸许。上盘双龙，下镌篆文"王傅德风堂记"六字，字迹尚明。先拓字，各二份，后连头额盘龙亦拓上，各二份。盘龙甚不易拓，今日又无篷帐，若上湿纸，风日一照即干。乃另设法，先上干纸，用海绵粘白芨水，花纹显露。凸凹之甚者，纸即破，然无碍，俟干即上墨，约二次即足。塞外风日最剧，不干上墨，又患浸润，及其既干，纸即离石而起。若上墨，则字反模糊，余拓数纸，皆犯此病。然总以湿纸速上墨为佳。余拓皆用扑子，所谓腊墨粘插皆无所用之。腊墨到塞外皆出油，不能用。此地石碑面悉不平，用墨用插皆不可。下午将拓中文石碑之反面，但石颇沉重，约千斤，非有十数人之力不能使之反过。庄永成乃于石处掘一沟，沟深、广大于石，自高推下，反下甚易也。余往审视仍为题名，可考当时官职。然亦有鲜见之官职，若阴阳教授是也。而阴阳教授与儒学教授品职相同，诚儒学教授之不值钱矣。余先录题名，明日再往拓字。碑文字迹极浅，石又不平，拓出每每模糊，即突然视之，亦不易识，余乃以细沙土洒其上，以手摸之，土沙入印于字中，而笔迹显然。余审碑文皆用是法。故拓本不明，而能录其文字者职是故也。二石宽、长、厚，均与正面同，不另具。是日中午热极，不能作事，在篷中略息，至4点方工作。有风颇凉爽，傍晚并落雨点，盖塞外天气之无常，有如是也。

6月11日　早6时起。饭后即拓大石背面题名。第一石为经历、都事、令使诸职，第二石为断事、经历诸人。令使汉人居多，断事蒙人居多。余所带来之纸已不多，只剩四张，若拓双层，不够拓1份，乃拓单层。先上干纸，再以水温之复显，毛巾抚拍则与扪纸同。每石一张纸可拓2份，4点即拓毕，各拓2份，惟纸过薄，揭之不易。余拓三张皆破，思之，用墨过浓之故，乃用淡墨拓，较前拓近易揭耳。午饭后，休息2时。即同庄永成试掘几处，皆不见古物。先掘灰土堆，约二尺，内有驼毛羊骨，疑堆积秽土之处。又掘黄土堆，内中沙土与河坡土同，非人所住者。后至砖瓦堆基上，亦未发现何物。细思此地砖瓦堆皆后代重建，沿用前代残砖瓦。例如有几个砖堆砖墙尚未尽颓，而墙中由碎砖砌成，中夹残片破甓。可见后代重建者。又许多石块上镌图案花纹，而置之砖墙脚，颠倒反正不一，可见石为元代物，而后代以之护墙脚者。又按砖堆上除旧砖外，尚有许多新砖，及清代新瓦片。疑明代或清代所建者。又量残余之墙，围宽广不过二丈，疑为从前之庙基。此地名老弄苏木，苏木蒙古称庙，老弄大之意，合谓之大庙。则此地曾建庙，亦未可知。然除砖墙堆之外，尚有灰土堆，上间有唐宋古钱，及宋元碎磁，又有许多墙脚如井巷，必是古代，或即为元代城内建筑之遗痕。又有石人、石猴，在城北约半里。石槽、石磨、石臼、石棍之类，亦为明、清之物，可见此城为小城，或即王傅所住之处。后颓败乃因缘为庙，至今庙又颓矣。所见者惟此累累之砖堆耳。

6月12日　上午拓蒙文碑额。余此次所带来绵纸只剩一张，不够拓一份，乃用皮纸。皮纸免强可用，不过无绵纸之显明耳。若拓粗大花纸用皮纸，较绵纸为宜。拓法亦上干纸，余两日所拓皆用此法。下午饭后热极，略休息，即往照相。余只带来一打胶片，明日还要到阿贵鄂博去照。在此处只就重要者摄留一影耳。照毕，同庄永成测绘城围。余按南北，每五十丈画为一寸，东西每三十丈画为一寸，南北共计三百丈，拟明日再量东西。此城坐北偏西，自南偏东约15°。背绕大岭，面向河流。阿贵鄂博在其东，水亦东流。盖塞外古人居住，无论城镇或村落均临河，面向西南。凡发现古物，皆在山之西南坡，可为例证。盖塞外多东北风，向西南所以背风沙也。又此处蔓草甚绿，驼马遍地，故当中午燥热之时，而蚊蚋苍蝇扑面，无法驱除。昨、今两日拓字即以是为苦，后效蒙古女人以毛巾遮蔽头耳稍愉。晚间清凉，蛤蟆虫鸟之声，呦呦震耳。月夜步行河干。远望广漠无际，山影月色，交映成趣。塞外景光，不亲至不知其美也。

6月13日　上午同庄永成量城，计南北300丈，东西184丈，内有倾颓庙基5，残砖塔4，此有迹可寻者也。余皆砖瓦堆，为庙为塔不易考查。庙基多有以土砖为基者，疑因沿旧基而上加砖墙耳。砖塔则全用砖，大不及一丈见方。庙基则竟有长至四丈者。然在庙基及砖塔上，除有整块麻沙石及碎砖瓦外，毫无他物之发现。不惟无古人所用之器具，即佛教之画像用品亦觅之不得。或以庙之将倾，即将佛像、供品、壁画转移至他处耶。否则非为古庙者，然横直不及一丈之地，亦非为人民所居。除庙基及砖堆外，犹有不少灰土堆及黄土堆，形同街巷，疑为古人建房遗迹，余在灰堆上拾宋元古磁碎片，古残瓦、唐宋古钱、碎铜片甚多，皆可证明为前人所居，后建为庙。若从事发掘，则注意不在庙基，而在土堆，或许有珍贵之古物出现。余绘有一砖堆分布图，可供参考。下午拾残瓦数十片，携回作标本。复将庙基及砖塔石座石人测量一过，归，日已垂暮矣。燃烛收拾今日所得，拟明日返至百灵庙回队。

6月14日　早6点起。收拾什物妥当后，同庄永成到老弄苏木之北约10里许阿贵鄂博视查有无山洞。及至，非山洞，乃喇嘛念经之石窟。大者高不过五尺，宽约一丈。内尚有许多黄泥质，僧帽式供品，窟口有以砖砌为壁者。洞口散置残砖瓦甚多。盖从前住老弄苏木之喇嘛静居修养者也。余观数庙，若昆都仑召，若百灵庙，除大庙之外，尚有许多小庙建于山中，为大喇嘛习静处，谅此亦与之同也。石洞北山头有一鄂博，为本地蒙古人在此祭祀者，阿贵鄂博之名由此起。调查毕，复回老弄苏木，而篷帐均已拆收。在光天炎日之下略食面条，即打尖回百灵庙。时为下午1点，至7点抵百灵庙，住于百灵庙河之东北焉。此次驼行甚速，平均每小时行8里，此次仅6时而行70里地，为从前所未有也。路遇一蒙古人，问余等私行在此掘地，须先取得百灵庙王同意，欲余等转至王府。余等则答以有话至百灵庙再说，后彼亦无话说而走，余等亦直至百灵庙。是晚，托集义公代余等打饼及菠菜汤，此为塞外美餐。饭后倦极，和衣而卧，直至天光方醒，为10日来最舒适之一日也。

6月15日　上午写信6封，托复元魁至归化邮寄至北京、汉口。寄北京者，一为致沈、刘、马函，附拓片1包，报告发现净州城事。附致庄、刘函，请代购纸绸。及函致新蒙藏委员会，请求保护大碑。二为致张、罗、骆函，并附提及姜叔明事。三为致离明函，附致寇、姜函，请转寄。四为致汉口谷锡五函。五为致涂字生函。六为庄永成致贺凌卿函。又购绸哈达、茶叶、点心之类。

6月16日　早起未及洗盥即到康熙营处。营在庙南五六里地，两边山岩壁立，百灵庙河自西南流入。营设于河西山峰巅，缘山碎石为之。三角形，宽约十余丈。山坡皆有天然石障以蔽枪弹。北为河流入口处。山西南皆草地，山东北皆崇山峻岭，直至门谷张毛方出百灵庙山口。百灵庙山重叠盘旋约10里，亦险要之区。康熙在此立营，亦颇知地势也。

下午4时半开始向西行，25里至打格住次。路遇商队，乃自古城子至归化，货物以羊毛皮为多。彼等二月初间从古城子动身，已行四月余。据云，去此30余站之后，有一段四天无水，有一段三天无水。四天无水处地名连四旱，三天无水处名连三旱。在四旱之西，驮水二站，即到三旱之地，宜早为预备也。

6月17日　早8时起。9点半自打格南行。渡一大岭，约10里，又折向西行。下午6时方抵布彦卡八。是日绕道而行，亦无所获，明日直至本队住次。

6月18日　早7时起。9点自布彦卡八起程，西行20余里，过那林、丁仲良处，再西南行20里抵大队。本团徐先生暨学生均握手为礼。收拾行李既华，复与徐先生见赫定，谈数句。见渠等放氢气球一枚。晚饭后同人蹲跳为乐。

6月19日　今日清检所采集之物，中国团员频来观视，后郝默尔亦来观玩。午后，翻检辽、金、元地志。此地在辽金均属西京路，属丰州，金属净州路，隶中书省。《元史·地理志》于德宁、净州、太宁、集宁、应昌、全宁、宁昌、砂井七路八县皆缺考证，颇难知其沿革。今以此碑考之，王傅既领德宁、净州、集宁、砂井等路，而王府又建筑于此，则此七路必当今之喀尔喀右翼及四子王茂明安等旗地。

6月20日　上午赫定来帐，问及余之履历，因见余方清理古物与拓片，乃一一给与观赏，并为之说明。彼看毕，至为欣悦。

下午复与徐先生研究此碑与元史之关系。后检徐先生所带《元史》，有《阔里吉思传》，即此碑所述之高唐忠献王也。又查《诸公主表》，阔里吉思为君不花子（《列传》为爱不花子），显与相违。然此碑以阔里吉思与术忽难为同母兄弟，皆爱不花之子，与列传合。表以术忽难属之爱不花，而阔里吉思属君不花，是不得为母弟也，与碑文不合，当从列传。又此碑第六行，阿剌的纳八剌上阙，义意不明。今检《阔里吉思传》，阔里吉思于至大三年袭赵王位，尚晋王女阿剌的纳八剌。彼此互校，意义更明。又此碑云，阿剌忽都尚赵国公主吉剌实思，《列传》《公主表》中均阙，亦可据以补正。又《公主表》中字要合拜哈字答皆一人，史分作三名，致失明显。今附于此。又如爱牙迷失为齐国公主，后加封赵国，《公主表》称赵国大长公主，皆误。亦当据碑文考订。《元史》错乱乖讹，为诸史之最，补订修正，是不得不有待考古碑文之发现也。惜此碑残缺而高唐忠献王碑又遗失，无考为遗憾耳。他日当更来蒙古，专访求之，当有所获乎。

今日丁仲良返，清理所拾诸物，并为之包裹置于箱内。随写一信致理事会报告发现古城事。并请转蒙藏院，通知百灵王设法保存石碑。又附函致庄尚严，并蒙文拓片正面一份随函寄去。并请代购《老子》一部。晚间，又与徐先生商保存残碑事，拟再到百灵庙见百灵王，陈述其事。并绘一详图，带龚去照相。

6月21日　今晨因骆驼未备，而余又因诸事未了，致未起程，拟明日去。午后天气阴沉，大风蔽日，恐有暴风雨，后只掉雨点，而风则竟夜未息。当风将起时，同人竞将厚毡围于帐篷之四周，以大石压之，或沿篷挖沟，即以其土压棚之四面，恐风大而棚被吹去也。

河套图西行的决定

6月22日 今日天晴,风仍大。徐先生来告余,设法保存石碑事,非送至北京不可,若只会百灵王,恐不济事,或反将碑售于外人。因此,余与徐先生议竟相左。后拟仍往百灵庙,不过不提碑事耳。徐先生私函致理事会,余函亦改,与徐先生同。遂订明日即去也。然初意本去绘一详图,请崔皋九去,崔初允,后又不去。转请丁仲良同去。晚间那林又约丁26日向西行。复与徐、袁召丁会议。决定不到百灵庙,一同西行。余同袁、丁、龚、白、庄五人一同西去。每20里一站,袁测绘,余考古,丁考地质,慢慢前行,较为有意义。而余再至百灵庙之游遂打消矣。

6月23日 天晴。余既不到百灵庙,乃清理什物,预备长期之旅行。复将所采集之古物改包登记,至晚未完。

6月24日 上午继续登记古物。庄、靳包,余写,至午方完。遂装箱存储。后又清理书籍及衣物之带去者。是日与外人易一铁床以便携带。

6月25日 上午查阅书籍,检查西去一带之古迹及居延海之故城。在记载上之古城固多，然寻觅则颇不易。以地理度之，此西去即乌拉特地，为秦九原北境，汉之北假，当有亭障。又秦之长城，虽起临洮，而《史记》又有渡河迤逦而北，据阳山。阳山，当今之翁金朔龙山。如长城经阳山北麓而东，必可循觅。据采集员庄永成云，傍江北，乌得南部，有长城遗址，并有秦砖。后询本地蒙古人，亦云然。是秦之长城在此，与起嘉峪关至山海关，经榆林，过大同、张家口为非一矣。《汉书·匈奴传》云，汉使光禄徐自为出五原塞数百里，远者千里，筑城障列亭至卢朐。卢朐必在翁金朔龙山之北，若自西往南，或可觅汉时遗迹也。

晚补记数日日记，夜半1时寝。

6月26日　天晴。上午清理绘图仪器，拟将古城图重绘。午后试绘一古城方位图，至晚方就。古城在东经110°11′；北纬41°9′。城坐北偏西7°，拟明日再绘城图也。

下午有花鼓戏班五人在此演戏，表演与唱词均极下流，然传播甚广，南至长江流域，北至塞北皆有此戏踪迹。在汉水一带，每于神节会期即演此戏，平常则否。

现南政府已禁止表演，以图改良社会风俗。今在塞外沙漠之地，犹见此戏，深以为辱。而外人为之照活动电影，拟至海外映出，暴露中国民族之落后面，可耻孰甚耶。余极力主张禁止，而徐先生不以为然。可叹。

整理者按：27、28日缺记。

6月29日　今日晴。袁、詹、丁等均往二十里地绘图，徐先生亦随去。余在棚拟画由百灵庙至老弄苏木路线图。用五十万分一原尺，5公里地合1米达。后又划两条至百灵庙线，一由本站去线，一为归化去线。而百灵庙至归化为商队大路。凡甘肃、宁夏及新疆古城子之至归化，而归化之至新疆、甘肃者均须经过百灵庙，是为商道要区，在此寻老弄苏木甚易也。

6月30日　上午拟重绘昨日所画之路线图，适赫定至徐先生处，约商希渊及余出发事。此次出发，分两队，那林、贝格满，两德国人赫德、马森伯、丁仲良、靳士贵及厨子共七人，沿大道北西行。余同希渊及庄、白又厨子一人，计五人沿大道南西行。余等带一月粮，那林等带一月半粮。大队随后至，在善丹庙会齐。总以不离大队200里为限。议华，赫定去。而天大风雨，午后方霁。

下午8时接北京理事会致徐、赫先生函，附与财政部往来公文。前在包头纳税事已经财部许可退还。并报告静安先生死耗及各校均已放假。又袁又收到一函，附有《顺天时报》一份，知张作霖已为大元帅，潘复组阁，刘哲为校长。南军已至临城，冯军已至郑州，预备北攻。恐两三月北京必又有变化也。

晚与徐、袁、丁谈闲天，至11时半寝。

7月1日　上午10时，丁仲良同那林、贝格满、赫德等西去。丁带袁、詹之帐棚去，旋袁、詹搬入余帐棚内。晚间，徐先生邀领月贴。

7月2日　今日将百灵庙至老弄苏木路线图重绘就，系用五十万分一之经纬度。至下午而图成。傍晚赫定索阅两图，颇为赞美。晚间与袁希渊商量发掘事，意见不合，明日不走，待询问路线后再说。

7月3日　先是本拟与袁希渊一队同行，徐先生亦劝余与袁同行，余终恐不妥，余与袁工作不同，总以分开为宜。后徐先生亦允分作两队，袁与龚狮醒为一队，余与詹省耕为一队。袁先去，余后行，此其大略也。

往探秦长城

7月4日　上午，袁希渊西行。赫定到徐先生帐，商询余出发事，以无蒙古人牵骆驼，又无水桶为辞，不欲予行。后允借余二马，遇有故城古庙时可骑马往探。余之所以必要单行者，欲访古长城故迹也。《辽史·地理志》称唐天德军北有秦长城遗址。阅悒吾《沿革图》秦长城由高阙至辽东，中经云中、九原北境。天德军即秦九原地。是《辽史》之说可信也。拟往探之，而阻于外人，实为愤懑。后以长城既经云中、九原，此地亦必可以寻其踪迹，乃请庄永成向蒙古人打听。据蒙古人公博所云，百灵庙西南40余里，即见遗迹。此城自滂江来，经四子部落、布鲁图，西南行至百灵庙南。此城在滂江南15里。又南180里，亦有一线城迹，均与张家口长城非一。张家口城转西南行，经大同、宁夏至嘉峪关，即今地图上所绘是也。此城由西南至辽东为最古长城。余按此长城必为秦筑无疑。云中、九原原为赵武灵王置。赵即在云中、九原北边，筑长城防胡。后秦并六国，仍赵之旧。至蒙恬北逐胡人，括地千里，因赵之旧，重为修筑，以防胡人。当战国时，燕、赵、魏均有长城。燕在辽东，魏在宁夏，秦乃连三城而一之。汉沿秦之旧，重为修理。汉初境不出河套，以魏塞为限，后卫青北逐匈奴，括地千里，乃至赵塞。称赵塞为故城。故《史记·蒙恬传》云，筑长城，起临洮至辽东，延袤万余里。于是渡河，据阴山，逶迤而北。说起临洮，中指连魏长城也。据阴山逶迤而北者连赵长城也。今图上所绘之长城，自山海关，经张家口、大同至嘉峪关。乃元以后之长城，非复旧城矣。乃决往百灵庙调查。公博又云，此处西南20里，亦有长城遗迹。疑与百灵庙前为一条，非亲历不可，如与彼处为一，则为赵城无疑矣。徐先生亦赞成之，明日骑马往探。

7月5日　上午徐先生与赫定商议，往百灵庙探长城事，期以五日。四马，一驼不与，且多漫言。云此城在欧洲地图上已有。余疑赫定系对付中国人之言。先时与赫定言时，渠尚不知。后告以秦长城，则为已有。岂其不欲中国人先时而作耶。然中国现时又无此巨款经理此事。无法，后余等雇五匹马，以一马载食物，四马载人，决往调查。晚，马至，略带食物，明日即行也。

7月6日　晨6时起，略作收拾。拉尔生亦派蒙古人公博来作引导。余同庄永成、詹省耕、一蒙古人及一工人骑马向西南行。先是余拟往百灵庙调查，后因该地不平静，时有小股独立队出没，乃折而西，由西往东考查。9时出发，30里至红花瑙包，前往又15里，渴极，而公博已前去。乃往西南至骆驼帐棚要水吃，而棚主人正取水未回，水井在红花瑙包。至棚尚有八九里地（放骆驼以草为主，水虽远无伤也）。余等即在帐棚内略食点心等候茶喝。而水久不至，乃骑马前去。5里至伊克诺尔骆驼棚内吃茶。其掌柜郭姓，前当余等自包头来时，是骑渠骆驼。因旧相识，言谈颇为款洽。询以边墙事，渠知之颇悉。据云，此城自张家口北第七台，经十二台、四子王部，转西南至黑沙图，经搭尔浑河（百灵庙前70里）转南，（河又西流）至民地，（附近有庙）折向北往西，至二里半，狄成荣瑙包、恒升毛短、阴路司、搭布瑙包、爱不干河、伊克诺尔至瓦窑往北。又云，百灵庙北尚有一道边墙，经外蒙古。余疑为元代边墙。复至伊克诺尔巡视古代边墙，现只微存遗址，高者不过三尺二寸，或迄与平地等。宽一丈八英尺，内系黄土、紫色土、夹石灰所筑成。秦前尚无烧砖之法，汉亦只有墓砖，而无城砖。故古时筑城，均用夯筑。夯筑之法，系用板相夹，中置木柱，灌土灰于中筑之，及拆板而成墙矣。故云板筑。余虽未发现木板，观其土质松疏，中夹浆泥。必古时铺一层土石与灰，再灌一行泥浆，逐渐垒积至高，方用木棒或石捣之使坚。再以椎试之，椎不能入者为合格。赫连勃勃筑统万城，入一椎，即杀一人。盖欲其坚也。此秦边墙，均在沙漠地。此地为沙土质，掺合碎石，不适于筑墙，而长城尽黄土及紫土，决非此地所出，必运自远方。搬运之法，皆用人力，所以劳民伤财也。至若泥浆，则取自近墙处。凡城边不断有洼形处，疑取泥浆灌城者。今土中泥浆皆沙质，与附近土质相合可为证明。而城边洼形，在古时必为大坑，可以盛水。故古人有"饮马长城窟"之诗句。宽既只一丈八，合英尺不过一丈五。城必不高，且易崩毁，故历来皆加以修葺也。

今宜继续考查者三事：一、城在山上者如何建筑；二、城遇河水如何建筑；三、筑城为何种木科。余等至边城处已7时，不及细考，摄数影，复于城阙处取土数块即归。途中詹省耕落马，幸无危险。后与詹徐行而回，已夜12时半矣。今日天气盛热，水壶之水已饮尽。渴极，往骆驼棚内饮水数碗，方解渴。

7月7日　早6时起。昨日睡晚，今日起早，一日不愉。腿痛，决休息一日，明日再出发也。徐先生告曰：贝等在白云瑙包发现石器千余件，赏洋二十五元。窃忧中国此次考古，难操胜算。余则安慰云，待将来结果比较，再定优劣，此时尚无胜负之可言也。下午7时，合衣卧，次日晨5时方醒，倦极之故也。

7月8日　早6时起。收拾行李，预备出发，等候驴至，12时方动身。先本拟詹省耕同走，以詹要到白云瑙包绘图，只余同庄永成带一工人前去。以二驴载棚帐行李，三马骑人向东南行。沿河东山岭大道，15里至阴路司，越爱不干河，河由北来，向东北流（疑会搭尔浑河）。又转爱不干河，又5里至恒沙毛短，住高姓院内。已4时，余略食点心。庄即到爱不干河沿岸觅石器。余带兰小子沿长城东行。长城即在恒沙毛短背后半里地，仍只有土埂，与伊克诺尔同。惟余在伊克诺尔未及细考，今审长城，每隔二里地，即有一营垒。大小不一，原形已湮灭无可考，现只有土石堆，大者横直约四五丈，小者亦有二三丈，为古代城边屯兵之处。每营距城约二丈远，而散土石则直抵墙脚。此一带小石甚多，不尽为黄土，亦有用黑土、沙土者，每一二里地，即有坑沟截断长城，或为洩水之用。墙外亦有坑形，则为古时取土地也。余自恒沙毛短起，5里至黄泥夋，又5里至十老王沟，城至此向东南行，至二里半，距恒沙毛短140里。而由四子王来之长城，至百灵庙前70里黑沙图，沿塔尔浑河南，至土眉公亦至二里半。长城至此，均向南行，未知何故。疑古时塔尔浑河以东为赵地，以西为魏地。赵、魏均有长城。而秦则连贯之而已。《史记·赵世家》称：武灵王境地西至九原。按赵地初不及五原、云中，以今之大同为北境。故筑长城亦以云中为限。后置九原郡，故复筑之也。

7月9日　上午庄永成往爱不干河沿岸考查古物。余带二工人量长城。由恒沙毛短往东，此地背后有一营垒，距长城边约570米，宽1200米，长2100米，以此为第一垒。往东约18300米又有一垒。对恒沙毛短东坡，距城边约450米，宽长均1500米。尚未量完，而风雨旋至，即骑马归，而衣已透湿矣。时方2点半也。当在东垒量地时，在垒坡上拾石钵底块一件。发现石器地点为山坡，现已垦荒为熟地，土甚肥沃，种莜麦及荞麦，方望下雨，而雨即至，可期以丰收。石器即耕地而得，掘地不及三尺，然亦无他物。归又遇雨，未能继续工作。晚雨霁。是日又雇一工人，临时照料驴马。

今日在第一垒见一小冢，询之本地人，知为孕妇死后犯了墓虎，家将遭不祥，循阴阳生之请，用火化，恐其反生害人也。此俗为南方所无，特为之照像，亦风俗之材料也。

7月10日　昨夜风雨频仍，上午9时方霁。而天仍阴沉欲雨。庄同兰小子至铁司盖调查古物。余沿绕搭布老包至阴路司边墙，转至恒沙毛短东坡一带，查视边墙，均不见有何古物。在搭布老包山坡下，拾有瓦片一块，上有云雷形花纹。下在东坡台，又拾瓦片一块，即归。而庄等已回帐，拾残瓦片甚多。后本村人来谈，云，南70里，甲色庙滩有一古城，甚大。鲍姓愿为引导，决定前往一探。并着工人回队，要求展限，并要口粮，以作继续考查准备也。

7月11日　庄永成因生疮，不能出门。派兰小子上大队送信，取口粮。余同一工人往东，继续量地，至红泥井前边墙开掘。现出两边边墙，外现一壕沟，宽二英尺，深一英尺四寸。城墙宽十四英尺，高二英尺。除上面浮土九英寸，下十四英寸为白灰，即古时边墙也。壕为黑沙土墙，两边均有手涂痕迹，知非板筑。余在此照像多张，并将墙脚土挖一二块带回。

傍晚，兰小子由大队至。带来徐先生回函一件，及李德启函一件。徐先生函称冯考尔已回五六天，后天定走，15日一定归大队云。

7月12日　庄永成因疮病不能同探古城，乃请恒升茂鲍银保为导。9时动身，下午2时半抵甲色庙，寓鲍姓庄家。此村名荷叶沙，住户六七家。因去岁冬被独立队骚扰，房屋多被焚毁。鲍家昔有屋十余间，而现只存正房三间耳。现全家均移至恒升茂，此处不过留一看房人耳。余等数人悉住于马号火房内，宽不及一丈，长约二丈，食住均在此，颇以为苦。到此略食点心，即到城边。余同鲍捡拾瓦片甚多，尚未量城，明日再往测量也。

恒沙毛短1里至杨有芳；5里至少青窑子；5里至二连庆沟；3里至龚先生梁；7里至盐海子；10里至地结格巴；5里至吉盐格打；5里至遥湾；2里至大少赛尔胡洞；2里至红中干子；5里至大百里壕；2里至毛早胡洞；6里至乌兰胡洞；4里至荷

叶沙住次。1里至甲色庙滩，1里至故城。故城在庙南偏西，内有河，名城窟略河，西南流，出半山图沟，至固阳。自西北土儿胡洞、乌兰胡洞来，穿城之西北隅，向东南流也。

7月13日　仍住荷叶沙，早6时起。饭毕，八时向故城出发。是日余同一工人照相测量。鲍君同兰小子捡拾瓦片。后又雇工人二人，帮同捡拾。余在甲色庙滩山上，望甲色庙，照一像，即至城根，照相数张，再量地。先量东城，由北至南共946米，河在第5次尺（每尺50米）中过，再量南墙，自东至西共1650米。自第6次至第40次尺皆为高岭。岭上瓦片极多，皆为汉残器，疑为古人坟地，间有掘处，疑有人窃掘。此地发现有陶仓残底，及许多残器。若在此地发掘，必能得许多陶器。再量西墙，至第9次尺入河滩。城遗址湮没不明。第17次尺至19次尺为河沟。由第20次尺至40次尺，又上高岭，遗址甚显。在高岭抵河边，工人拾残砖瓦甚多，必为阳宅。据此地人云，在此处发现小石磨一方。后又失去，可见为居处也。在此地发掘，必得许多家用器皿。再量北墙北头，仍为高岭，至第12次尺抵河沟。此河北来，名招滩河，入城东流，至第19次尺处与城窟略河会，会处距城墙1200米。又北墙至第18次尺处为城门，门宽14英尺，城宽8英尺，门东壁凿有圆洞痕迹，疑即古人以为门栅者。至第25次尺，城窟略河由南来，边城西偏南行，与招滩河会。至第37次尺抵东角城中，现已开垦种莜麦，唯西南河滩，尚未尽辟也。

此城年代因无碑碣可考，不知何时所建，又不知何名。然以发现之陶片证之，疑为汉城。因陶片上之花纹均与汉器同。

其陶仓形式，与河南洛阳所出亦同，其为汉代无疑。此为汉之何城，以地形论之，此地属固阳，在固阳县北50里。即汉稒阳地，疑此城，即汉稒阳城。稒阳为汉要塞，在九原、云中之间略北，与此处地势颇相当，俟详考之，必可得一结论也。

7月14日　早6时起。预备动身回恒沙毛短。先是闻漫得毫庄户家耕地，拾有瓦碗1件，铜器1件，晨派人取来。碗如今之沙碗，黑黝。铜器为古代灯盏，因索价甚昂，未购。9时半动身，至龚先生梁，略休息。又北行，至恒沙毛短，则已下午4时矣。

隔壁赵姓小孩在长城附近拾有许多陶片送来，内有一块上有花纹似秦篆，与汉瓦不同。疑为秦代之物。若此，则此边墙为秦之边墙无疑。

7月15日　6时起。收拾什物回大队。仍由鲍银保子护送，又雇小驴一匹专载陶片。8时半由恒沙毛短动身，11时半到大队。徐先生及四学生咸来欢迎。饭后同徐先生见赫定，报告一切。即将驴辞退，共费洋37元，可谓巨矣。晚拟写一函，致沈、马先生报告，尚未就，因连日过劳，倦极，早寝。

7月16日　今日清理采集品，并编号登记，共34包，装两小木箱。托黑教堂带至北京，交理事会暂存。正午热极，饭后到河中洗澡。复又致函哈密、迪化邮局请其有致本团函件暂存，并拟报告沈、刘、马先生书，未及半，风雨如晦，时为午后8时。饭后，稍霁又雨。余在棚帐作报告书。又未及半，忽头目晕眩，不及详写，直至夜深方就。托蒙古人交黑教堂邮柜转寄。又致庄函，托购德文书。

德国团员的聚会

7月17日 昨夜风雨，今日晴。刘春舫来坐，谈及团中德国团员俱是德国旧党，国家观念极甚，且均抱军国主义。前日外国团员文学会，所唱者均是战歌。会毕，又演操。其尚武精神，殊可佩服。然当民主主义兴起之际，此种亦不适宜。又云，彼等此次旅行目的完全在飞行。昨日徐先生亦云，彼等极欲飞行考古之成功。余以为此项绝对不能承认。因天空航路权，有关国防极钜。设许航行，则德国可直由中亚细亚，经帕米尔高原直达中国内地，不须绕道海上。中国内河航行失于外人，至今犹为遗憾。设更将天空航路失去，门户既辟，盗贼在室内矣。德国旧党仍抱侵略政策，其野心处处表现。例如有一德人云，以前各国均重视德文，因为德国战败，德文就不为人所注意。须知德国不数年后，将要恢复所有侵地，赔款须退还。其夸大之状犹不减昔时。赫定亦与德国旧党接近，在欧战时，赫定曾帮助旧党讲演，为英国所逐。故彼辈对于英、苏极不满意。英为协约国，战胜彼辈，苏联主政者为新党人物，为布尔什维克主义，与德国旧党之帝国主义相冲突，因此，亦痛恨苏联。例如外蒙古现方与苏联接近，其政体亦改为民主主义国家，故彼等极不愿走外蒙地界。鉴于上述各情形，故余对于此次旅行颇有隐忧。内蒙、甘、新均与苏联毗连。新疆西南濒接英国属地，设东亚战争复起，西北一带皆为战场。犹以新疆及甘肃北部为最重要。甘肃北部如居延海为甘肃门户，为通苏联要路。甘肃又为山、陕屏蔽。所以历来在居延海均置重镇。现外国人拟在居延海仔细调查绘图。其用心如何，不可不知。然居延海为中国西北重镇，宜设法禁止精密测量，此当注意者也。新疆北为苏联，西南为英属。英、苏之冲突殆不能免。若东亚战起，势必危及新疆，德人居间左右英、苏。此次测候、气象、绘画地图，由新疆北部至南部，其用意颇为深远。余意凡关于军事要枢，均当禁止。

昨日闻徐先生云，赫定意，外国拟添派两科学家，一为文学家，一为语言家。则中国亦可加派二三名科学家。赫定意，倘李仲揆、刘半农能来更好。余以为中国方面尚缺两种人：一为天文、气象、航空人员；一为人类、动植物人员。宁可多出薪资，选择有学识经验之人前来方合。

晚间又谈及关于电影事。外人拟分批送至德国冲洗，即在彼国先行开演。如此，则与协定之须先交与中国理事会审查，先在北京开映一次之条文相违。又电影可以谋利，其红利之分配如何，亦当注意。徐先生意，中国及日本之红利，统须交与中国理事会。欧洲各国之红利交与本团。余意关于红利就如此办，亦未为不可。至若条约上之须交理事会审查者，万不可放弃。若谓送北京审查费时太长，可由理事会派一专员来团审查。

或指派中国团员就地审查亦无不可。总须先将审查结果及记录簿报告理事会后，方能放出。又凡影片须交十份与中国方面，以便分配于中国、日本境内。所得红利，即作为保存古物之用。然徐先生过于软弱，亦一虑也。

7月19日　大队明日将往西出发，今日蒙古人捆箱笼颇忙，余等亦收拾箱内物件。午后天阴雨连绵，至晚未止。夜间绘古城图，未绘完。下半夜为余更班，早寝。1时复起，至晨5点方毕。

7月21日　决定明日往西出发，今日上午检拾箱物，随身带箱一口，余均由大队先发。下午至晚写信数封，一致沈、刘、马先生，报告发现汉古城经过，一致郑介石转马夷初先生，报告此行任务。一致寇先生，请设法介绍甘肃省长并肃州镇守使。写毕，请刘春舫便带至黑教堂付邮，时已夜深。

百匹骆驼惊散

7月22日　早起，预备向西出发。木箱为第一批，先行。棚帐及人为第二批，随后行。及第二批尚未出发，第一批已行至中途，距此地约10余里，驼触物惊散，百余匹骆驼均四方奔驰。余等得信，即登高山眺之，见许多骆驼，或一个，或三四个不等，有带木箱者，有箱驮均落者，或盘旋而走，或急竟奔驰。后李达三前去追寻骆驼及箱物，约行40里而返。马益占、崔皋九继去追寻。晚饭后，余同李达三前往查看点检本团箱物。中国团员的均不短少。唯本团公箱原有四，现只有三，尚差一口，意料或不至有失也。见赫定略谈数语，复绕西北而归。并捡拾木驮一个交蒙古人。后徐先生亦去，未及遇也。发生此事，总为团中不幸。现距新疆尚2000里，途中挫折当不会少。

7月23日　上午徐先生及益占、皋九、达三先去帮忙点查大队箱物。余在此清点什物，并照守行李。下午2时，大队复派骆驼及蒙古人来。乃以五骆驼载行李，命福狗子在前牵，庄、王在旁照料，余绕南山，慢归大队。是日搬运三次，皆未受惊。前两次，皆福狗子拉。可见昨日骆驼之惊，由照料之疏忽也。

盖蒙古人牵骆驼之法，以一人骑骆驼，带数十骆驼前驱，其余人骑驼在旁照料。此次由于一骆驼不就范，骑驼人驱赶，反使受惊，又触动其他骆驼，以至全惊。而各骆驼均载有箱物，彼此碰触，互相惊骇，哗然分散，不可收拾矣。且各骆驼皆新购，很不合群，膘又肥，故不易驾。闻徐先生云，骆驼队长拉尔生知其如此，深以为忧。然既知之，何不早为之防，而必令侥幸一试，使之惊散而后已耶。幸箱物未大散，没有遗失，是谁之过欤。闻现在决定雇中国人牵至善丹庙。意料若早如此，决不至有昨日之事也。晚住河交图山坡，此地距旧地约10里，帐棚均扎于山坡。余到此间检查木箱，全未遗失，亦幸也。

7月24日 先是，徐先生请米纶威教德文，达三、皋九、益占均加入，今日为第一次也。是日，庄永成同福狗子到东南30里采集古物，晚方归。略拾石器、陶片数十件。并云，距此东南百余里，地名小儿突，出龙骨，拟往调查。然此行，非五日不可，而大队将行，只好留之以待将来。又云，距此往南地名荷叶瑙包。在边墙附近，有一营垒，距此只40里，可以当日来回。拟雇马往探，或即长城边之守捉城，亦未可知。又云，小儿突一带长城附近，尚有二古城，距此百余里。然大队快行，只好留之待回来时，由包头往东调查也。

7月26日 因本地人贾姓称，去此往南约40里，名荷叶老包，有达子营，拟往一查。贾姓愿为前导，订今晨即去，久候而贾姓不至。下午，庄永成复到红花瑙包捡拾古物，晚归，彼拾有铁矿石一块，云在河套拾得者，必古有铁矿。晚写信三封，托黑教堂付邮：一致谷锡五函，请介绍甘肃当政者；一致大兄函，报告近况；一致庄尚严函，报告惊驼事及团中情形。

安觉斯在《东方时报》《远东时报》7月17日发表谈话，对于中国学界反对赫定言中之"远征"二字加以辩护。又云，中国初不知石器，至安特生始发现云。余对此颇为愤慨。中国最初采集石器为地质调查所谢君。发现陶器为刘、庄二君。安特生初于石器不大明白，皆购自当地人及中国古董商人，何得云安发现耶。信写就后已12点半，寝。又，是日鲍姓带来龙骨1枚，乃鹿角也。

7月27日　下午施老大由京回。带购来抄本墨水等件。旋分至各学生，又带《群强报》一捲，至7月20日，略知北京大概。后复将致庄尚严函略加改正。傍晚，庄永成自山上归，拾石器甚多。又询及安特生发现石器情况，其说颇长，且谈及安所购陶器情况。余拟就所述编为中国发现石器小史，函致北京，则安觉斯之说，不攻自破矣。是日晨北风起，突冷。8时半小雨纷纷，至晚未息，亦塞外之罕见者也。

7月28日　上午天阴，时有雨纷，颇冷。下午晴。王殿丞在河夋图西北山坡上拾细石器数十件。后庄同厨子又去，厨子觅古钱一枚，上镌"天盛元宝"，天盛为西夏李仁孝建元。按此地在宋为丰州北境。庆历初丰州为元昊所陷，遂隶西夏。天盛元年，即宋绍兴十九年。则此地隶西夏久矣，故能发现西夏故物也。并又拾陶片及石器数十枚。是夜为余更班，至午夜后2时方寝。

7月29日　上午6时，箱篚先行，外人则有米纶威、拉尔生、李柏冷三人先行，大队仍拟明日行。闻是日行50余里至成德门驻次。此地距长城10余里,余明日拟步行往考查也。下午,再致庄尚严函,补述安觉罗斯事。兼说明安特生发现石器经过。是日,庄永成调查铁矿归。据云,此矿石出于西北30里某山上。该山满布黑石,分量均重。晚,兰小子来,送来陶片数十块,有8件,有札花纹。并从之抄歌谣数首,皆民不聊生之词。

7月30日 晨4时半起,6时早餐,8时半向西出发。20里至红花瑙包。风雨如昨,余之雨衣甚薄,衣皆透湿,沿途未能考查。下午3时方抵成德门驻次。距河窊图约55里也。此地西北一带皆山,有干河床,大队即驻于河滩上。成德门蒙古语,汉文河套之意。到此雨尚未霁,至蒙古人帐中稍息。时蒙古人正大锅炖羊肉,徐先生、益占、皋九先至,余后至,围炉烘火。先是由河窊图出发也,益占先行,随氢气筒走,皋九、达三随德人次之,余同庄又次之,雨渐大,皋九同达三又分途,将抵大队约10里处相遇,遂同至成德门。及余等棚帐至后,方换衣。自上至下无一干衣矣。午饭后,赫定告余,此地有古坟,在西约4里地,可往观之。并由瑞典人拉尔生指其处。余即往探古坟,在山坡下平地。距山脚三丈余,为长方形,周围约八丈余,东西各二十小步,南北十四小步,皆栽以石,在北(横方)树大石三块,俗以为标帜。坟表平铺小石块。南及西面有发掘痕迹。疑那林、贝格满在此发掘也。余后沿山脚走,由西至南循视一周,共发现五冢,或在山脚,或在山脚下。头面有树石者,有不树石者,皆为较小者。坟面铺石,坟,蒙古语为"博达西",如为新坟,则名牙牌。余颇疑此坟非汉人葬所,疑为喇嘛坟。欲在附近觅一佐证，未获。归帐，告徐先生，复同查看。并由该地往西北，渡沙河，有一小山，山上有一小瑙包。余等登瑙包上望之，山之东北脚下，树立二石，疑为博达西，乃与徐先生下山往探，果然，与河右岸山下之古坟同。唯树立者为二石，皆长方形，南北向。由此往西南，接连皆是，共约十冢。在东北有沙石栽立如碑状，半现地面。在东南有三块石，若"凵"状，疑为石碑石，所以系马者。此"凵"状者，为祭祖时上香纸处。在中间者，有四方形石围，疑为祭祀时陈列猪羊处。在坟之西北约半里地有山，山上有一瑙包，名□□瑙包，下有蒙古包二。山下现大沙梁，坟即在沙梁上。调查毕，归与徐先生商议，明日决发掘一冢，一探究竟也。

7月31日　上午8时起，预备发掘古坟事。并请拉尔生派工人三名同庄、福掘土，余照相、画图。而达三、皋九，徐先生时予照料。10时开工，发掘西第一冢及东冢。另有一人掘石碑石，约三尺深，无字。东井掘一尺七寸深，抵白灰土。又掘至四尺五寸深，抵黑土层。复下掘两尺，皆黑焦土，不见古物。疑此非坟。或云，蒙古人坟，有以物陪葬者，有不用物者。或云，须掘下一丈五尺深，方见古物者。然据一蒙古人云，曾见安特生掘坟五尺深，即见一面石头，石下即为古物，且浮土极松疏。此坟绝无古物。余亦疑此坟不宜掘也。初，余意本在掘西面第一冢。徐先生以东冢为四方形，颇特别，遂掘之。后因明日即走，遂弃西冢，而专掘东冢。及至下午，此地蒙古人派一人来，阻止掘坟，徐先生派余同斯老大往与交涉。此人在明安贝子处当差，住于瑙包山下，此坟即在彼住处前不及半里，讲话颇客气，请求说，此地不必发掘，并云，前有一外国人在此璐包山拾一块石，即死去六只羊。又云，在此住二百年，均看守此璐包与此坟。言词颇婉转。余又以此坟既未见古物，乃应允不掘。余先归，庄等掘至下午7时方归，亦无所获也。东冢四周三丈二尺，西冢四周约七丈余，余画一形势图，并照像数片，以为纪念也。

8月1日 晨4时起。8时动身，西南行，一带皆石山绎络。20里至哈利河，河东岸为明安地；河西岸为东贡旗，即乌拉特地，俱属固阳县管。又5里，至哈利察罕赤诺。汉语哈利为羊，察罕为白，赤诺为石，合云羊白石。因山上石为白色如羊，即以名地也。时不过11时半而已。晚饭后，往观此地民房，皆山西人来此作小买卖，如米面马料之类者。盖此地近来已发垦也。询之此地人有无古城。据云，去此地往西北50里，地名八拉格苏，有古城一座。有二河流经过古城，规模甚大。拟明日前往探视也。

又此地人筑围墙，亦用板筑之法。以木横四根，直四根，内外两层，中填以土，四根树为一板，约一尺高，填满后，以捶筑之既坚，再易一板，积累成墙。余因此，遂悟古时板筑之法。

8月2日 昨日因失骆驼，今日未行，乃赁马三匹，余同庄永成、工人一名往探古城。遵大道行，20里至西拉布路格，转走西北大道。此道东至固阳，西至城窟略。余等乃循大道，20里至古城。沿途皆山石，山石崎立形态甚奇。城周围皆山，内有一河穿城过，由东北至西南。穿城河无水，然当河流处，即现关口，意古时水势必大。城墙现存一半，高丈许，至高处约二丈余。城门犹具原形。全为土砖所砌成。脚下已为风水所浸蚀欲坠，而城墙风蚀之窝洞，半为飞鸟窠穴。城东北南三面尚存墙壁，而西南西二面则已倾圮，只留墙础耳。城门惟东南两面尚具原形，北面为河流所过，城门消失，西面亦无痕迹。城中荒芜，蔓草遍地，间有开垦者。城中东南面瓦片甚多，乃嘱庄采集，并发掘一处，约二丈深，亦只见残瓦片，取有花纹约数百片而归，时已10时矣。

8月3日　晨5时起，向西南行。20里至十拉布经格。前有河，名宋红带河，沿河行，15里至六大股，蒙古名搭布毛得。转东南，至羊肠子沟东口。穿山过，山路崎岖，河流蜿逶，若羊肠，故名羊肠子沟。约17里至西口，抵末利河。出口，皆平原草地。30里至阿布灯台驻次。时已8时矣。出末利河后风雨交加。先是余之工人牵骆驼，后因张厨子坠驼，乃命工人去扶持，而易以王殿丞，后王去拾木竿，乃自牵，或与徐先生迭换牵拉，如此走40里，亦云苦矣。是日约行80里。

8月4日　上午9时，又往西行。余同徐先生查看山势，大队10时方动身，50里至西利土阿，尽草地。到丁仲良处驻次。先是距西利土阿8里地驼惊散。余同徐先生恰在中路，见驼惊，即下驼，工人拉了三驼，庄拉了二驼至丁仲良处驻宿。

黑柳图的古兵营

8月5日 上午9时，自丁仲良处西行。沿山30里至哈拉乌台因果尔，合大队。昨日大队已至此处，余等因晚，故今日方来也。此地前有河流，自西南流至，即哈拉乌台因果尔。哈拉汉语为黑，果尔汉语为河，故汉名黑柳图河。驻处为高阜，古陶片极多。余适到此，庄即以陶片献。而昨日大队到此，有厨子姓鲁者，已拾陶片甚多，交赫定矣。详查陶片花纹，皆为汉代之物。后有一工人拾五铢钱1枚。后庄又拾五铢钱1枚又半枚。其为汉代地点无疑。不过为汉代何地，讫无确定。疑此地为古营垒，即所谓亭隧也。在东20里山上，据说有古烽火台，未知确否？拟明日往观。下午大家拾捡陶片甚多。庄同一工人掘龙骨2枚，一为鹿角，一为牛角。均妥为登记，约200余件。

8月6日 晨，丁仲良等来谈后，即派庄永成等从事发掘。先掘东坡，即发现铜箭头1枚，纺轮1枚。后欲考查此地古时究为何地，闻北有烽火台，乃同马、崔前往调查。至西利土阿，见前面一道山如城墙。时断时续。后面又有一道山脉，较高，骈列，连续如壁。前山之间时露小土山，上累石如碑状，傍有土堆，犹存土砌痕迹。疑古时戍卒守望之处，即所谓亭也。当两排山脉之间，现洼沟状，时有小土堆，疑为古时燧之遗迹。凡设戍处，皆在山中，以蔽人目，所谓"少所隐蔽"也。此处距发掘处约20里，疑大营垒在此，而戍卒置于山中也。调查后，复照相四片。适刘春舫已来，驻前面，约五里也，乃往访之。而刘、崔已在此地拾石器约百余块，归。询及此地发掘事，成绩甚优，发现有铜箭头、弩机等件，则此地为古营垒无疑。此日连开三穴，东北二穴，南一穴。东北第一穴口，除上面浮土约五寸，即见砖台，宽二英尺四，东西长四英尺三，距井口边约二英尺。当砖台四围，皆有三角瓦器。疑此为古时作灶处，瓦器件不知何用。拟明日再取砖下掘也。第二穴口，掘下一尺即见铜铁，若矢镞铁片之类，必古时兵卒住处。第三穴口发现龙骨数枚。连陶片，共约百余件。晚登记、包裹完毕。

8月7日　今日请靳士贵帮同发掘。仍工作第二穴。上午即发现铜箭头。微雨未能照相。下午晴，乃照砖台相。除去砖后，复往下掘，即见黑灰土，不见古物。今日又拾铜器、铁器、陶片约200件。晚登记今日所得，并包裹完竣。

8月8日　今日丁仲良绘发掘图，庄、靳仍作第二穴。工人帮助王殿丞亦开一口井。结果靳、庄拾铜箭头共8件，碎片2件，骨锥1件，龙骨（鹿角）9件，陶片79件。王殿丞掘出瓦瓿1件，已破残。上午，刘春舫带来石器约数百件，皆在西利庙前拾得。7日，余同益占、皋九亦至此处，时刘同庄已拾石器甚多，余亦拾1块，惜天晚，不及细寻也。

下午，希渊亦来清理石器，及收拾登记物品，忙了半日，因大队明日出发，余等留此发掘，点检食物，又忙一会。至晚方竣事。

8月9日　上午8时，徐先生及中外团员出发，略予周旋。既去，庄同一工人发掘，余登记昨日所拾陶片，并包裹，又点检石器，整一天方清楚。是日上午，庄等仍在第二穴发掘，无发现。下午转在南坡第三穴处发掘，拾箭头1，古钱1，铁器数块，陶片20余件，所见陶片花纹，颇为特别，与前、昨两日陶片不同，如回纹花、剔花，皆未尝见也。余在山顶，亦掘出陶器残底1块，亦颇别致。

8月10日　上午10时，丁仲良等西去。余测量兵营，南、北67米，西70米，东87米，北、南两面皆为兵房，南面兵房西横15米，南长67米，北面未量。兵营东面临河，西北两面均为岭，有沟绕之。西亦为岭，不见沟之痕迹。在营之西北为小土阜，亦有陶片，疑有古亭台。东面坡下，有三条直埂，疑亦为住房。在北面发掘时，出现灶砖。砖为黑土所作，为未经烧炼之土坯。灶之东南发现兵器甚多，其为兵房无疑。右面为陡坡，外有沟，必无人住。余命人在西北山根发掘，上为浮土，掘下一尺深为白沙土，中含红土，若再下掘，必为红土，则此处必为古时山之原势。从此往东南30米即变沙土，与河沙土同为古时所冲积而成。再下20米，即为黑土，为古人居处。疑此处原为河滩，后经河流冲积而为山。营垒傍山而设，兵房在营垒傍亦依山势而建立。发掘时，深度相同，而底质渐高，可见此处依山势建立为确实也。距此约20里为西利山脉，自阿不灯台至此，绵延数十里。据闻，此山脉自东至西亘300里，黑柳图河发源于此山大庙后，水势极大，南流入河套，亦百余里也。河滩宽约5里，时现土阜，皆浮沙，必为冲积所成无疑。上午在第三穴工作，无发现。下午詹、龚、白等至。仍命庄在第二穴工作，白帮助，又发现铜器数件。

8月11日 上午9时，继续在第二穴工作。白同二工人帮助，合庄及二工人共6人。饮食请袁之厨子代办，骆驼请蒙古人代放，余绘工作图。结果共发现铜器10余件，陶片、鹿角共约数十件，成绩亦斐然可观。是日晨，余在帐棚外散步，又拾五铢钱1枚。

8月12日 今日上午，白等帮助袁希渊绘地图。发掘为庄及余之工人二人及袁之工人一人。先是在第二穴之两旁原掘有二口井。余乃命将此二井口与第二穴打通，发现铜器数件。此地铜器入土不深，约一尺许，即见灰土层，亦有在黄土层者。据今日所得，以在灰土层为最多。如带钩、鎏金铜器均在灰土层内发现。骨针骨锥则在第二层黄土或灰土层，盖必为最古居民所居。第一层距地面约一尺余。第二层较深。若以地层中所发现之古物，来定时代，则第一层灰土者为汉器，第二层黄土及灰土者，必在西汉以前，第二层灰土内未发现铜铁器。则设堡垒，必在秦汉以后。秦汉以前则为古代人之住处耳。

上午共发现铜器10件，有带钩等物。铜器鎏金，均甚希见。下午又发现3件。在面积直不过1米，横亦不过6米，其深不过60厘米即得80多件铜器。而瓦片、鹿角在外，不可不谓此地古物之富也。晚8时，大风雨雹若弹丸，棚帐毁，被褥衣服书籍之在外者全湿。约半小时而雨止。山下水势汹涌似海潮，亦是蒙古地之仅见者。本拟明日赴大队，因衣物全湿，又停住一日，后日决走也。

8月13日　上午8时起。乘天晴即将雨湿衣物书籍等件出晒。书籍至下午亦未晒干，只好收下，明日再晒。下午余同庄收拾古物装箱。又命工人掘昨日未完之处。距地面尺许，发现铜镞3件，铁矛2件，及铜片、铁片之类10余件。费时只2小时而已。然因急于赶大队，明日非走不可，只好留之以待来日也。余等发掘，自5日下午起，至今日止，共八天半，发掘区域，第一穴（图A）为六英尺见方，深一尺，黄土杂黑炭。第二穴（图B）横16米，直10米，深一英尺至三英尺二寸，面为黄土层下为灰土层，以上均在东坡。第三穴（图C）在南坡，有二，东穴宽2.4米，直2.7米，深二英尺。西穴横1.9米，直1.8米，深一英尺二寸，均灰土层。第一日即5日下午，先掘南坡第三穴，从事人员黄文弼、庄永成及一工人。计掘出牛角、鹿角、羊牙各一。又在地面检拾及掘出有花纹陶片129件，瓦器残件59件。玩具3件，瓦球5件，五铢钱1枚又半。第二日发掘第一、第二穴。从事人员徐旭生、黄仲良、庄永成、王殿丞及工人3名，厨师1人，计发现铜器13件，铁器22件，龙骨4件，连采集计陶片98件，残瓦器79件，玩具4件。第三日仍掘第二穴，从事人员黄、庄、靳、王及工人2人。计发现铜器14件，铁器18件，龙骨12件，陶片等7件，残瓦器106件。第四日仍作第二穴，从事人员同昨。计发现铜器10件，龙骨10件，陶片60件，残瓦器18件，瓦当1件。第五日发掘第三穴，从事人员黄、庄及一工人。计发现陶片21件，铜器1件，铁器8件。又拾残瓦底1，五铢钱1。第六日从事人员黄、庄、白及2工人。计发现铁器11件，陶残片11件，陶片14件。第七日（11日）仍作第二穴。从事人员黄、白、庄及3工人。计发现铜器13件，铁器64件，骨器4件，玩具12件，残瓦器11件，五铢钱1件，瓦器8件，龙骨7件，木器9件，石件15件。发现以此日为最多。第八日仍作第二穴。从事人员黄、庄及二名工人。计发掘出铜器12件，五铢钱1件，骨器1件，铁器30件，残瓦器43件，陶片23件，龙骨1件。第九日（半天）仍作二穴，从事人员黄、庄及工人二人。计发现铜器3件，铁器14件，瓦器10件，玩具5件，木炭及泥涂纸各一小盒。共计1039件。内计铜器70件，铁器170件，骨器42件，瓦类766件，杂项26件，分陈两箱。第一箱为瓦片，计79包。第二箱为铜、骨、石，共125包。箱面书汉军营Ⅰ、Ⅱ号等字，以便认识。特总记如上。

向善丹庙进发

8月14日 早6时起，准备西行赶大队。9时出发，希渊等亦南行70里，调查煤矿。西行约15里地，大路两旁古坟甚多。南约四冢。前行约二三里地又见数冢。此地土作黑色。南面山脉迤逦不绝。古坟在山附近土阜上，或平原上，咸为长方形，有石围之，首树大石数块，与成德门同。又西行10里，尽平滩草地，青翠丛草生于沙冢间，骆驼过此求食，不能禁止。傍有河西流，在五阔尔台者为五阔尔台河。又10里至红果尔瑙包。梁、靳等在此发现石器甚多。成件者约石刀、石斧、砺石、石镞之类。或打制已成或未成，式样俱极特别。又有陶片，红底黑花。类似仰韶期物。据云，此地有灰土坑，可作发掘工作。彼等甫掘三尺深，即得石块极多，意此地必为古时制造石器之所，若详考之，所得必多也。又15里至五阔尔图住焉，时3时半也。丁仲良等亦住是处，他们昨日来此。余本拟再行20里，因骆驼不能走，时躺下，故暂住此。明日非赶上80里不可也。下驼与丁仲良谈许久，随至贝格满处看石器。后那拉亦归，约晚餐。谈及此地东北数十里有乌兰瑙包，有边墙一道西北去。

疑即秦长城，与伊克诺尔同一条也。赛得坡母云，套内三道河出古物甚多，沙窝内皆有古坟墓，彼等得二瓦罐及马鞍等项。由此往西至宁夏府，古迹甚多。其云然也。

8月15日　早6时起，7时半与丁仲良及外国人周旋后，向西出发。行草滩（山脉在南10里）约20里至黑山头。山水冲积，碎石甚多。北面有沙梁，余与庄下驼考查有无古物。庄傍北，余傍南，至山坡下拾石块1件。上山，见石质甚重，中含铁质，乃取一块试指南针，而指南针随之转，则山上有铁矿无疑。取数块归作标本。计有三山头，傍北铁矿极丰富、品位高。傍西南铁质稍差耳。矿山前有古坟3冢。余在此摄影二张。时有一着黄衣人在此照相，疑为本团团员，或即为那林队中之德人也。复前行，傍山坡，冈岭起伏，无一居民。惟见马牛成群放草耳。30里至黑沙图。自阔尔台至黑沙图本为一站，而余等赶路且觅居民，又前行约偏西北10里，至今晚所住地。在此地东北10余里有蒙古包及棚帐十余，疑为大队住地，观望不清，而时已11时矣。自起程至此约行10余小时，人马俱困，乃拟在此住下，而不见水源。适有包头商队经此，询之，乃云去此20里方有水，同人愕然。余等观察傍山坡有河滩，乃沿河寻觅，不数武，见水坑，有泉眼，草亦佳，乃住北山坡，掘井取水，水亦甜净，亦大幸也。

8月16日　上午风未息，而天气已晴。晨派工人到西面探帐棚究竟，且问路。骆驼两日均未食饱，晨即放出，8时半邀回，再向西出发。9时抵大路，傍山北行，冈岭起伏。20里至毛骨庆滩，有自包头来买卖家，询问至善丹庙路，乃知误走。

通善丹庙路在山南，距此10余里。乃请其派一人作响导寻觅大道，后东南行，过毛骨庆小沟，两崖壁立，中现大道，有河流从此过。毛骨庆即河口之义。河北面有二蒙古包，有井，马牛成群，在此饮水。口南有一买卖家，出口往西，即上至善丹庙大道。并拾纸烟一盒。西行10里，至察汗脱罗海。又20里抵老河口驻次。皆傍阴山后面行。沿途蒙古人甚少，多汉商，卖米面马料。或为包头商人，或为后套之买卖家。抵老河口后，余即巡视此一带山势，见山中极宽敞，间有蒙古人居住。此处有包头买卖家五六户，亦卖米面及马料者。此地有古冢约十余，疑为古代坟林。据商人云，过山口往南即两狼山，传说为杨家将坐困郎山处。当晚驼夫以尚欠三驼不知去向见告。晚饭后派二工人搜寻，一夜未得。次晨在驻地北20里地方找着。因驼夫于旅行无经验，故有是失。

据此处商人云，由善丹庙至东海子，若行北道，即一直向西行，经土格马庙，再过去尽沙窝，不能走。不如走南道。傍山南走宁夏北面，过甘凉北境，至毛目县，过二里黎子河，往北而行。不过走南路要远十余站，且有局卡。北路新开，商人为避税，多走北路。

8月17日　昨晚因失驼，工人一夜未眠，二驼晨亦未放，乃拟迟走。余在此摄影二张。12时出发，沿山沟西行，顽石填路，行走颇艰。两旁尽小石山，约8里出口。经山岭过沙河，河无水，行人以手抓沙成坑而水出焉。余驼夫过此伏沙吸水。行40里至察脱驻次，时已5时矣。蒙古名达哈巴。有商店三家，卖米面与料。即借商家牛粪炉灶煮饮。商人云，由此往南约百里为两郎山，传说杨继业碰碑处。并云，山上有石碑，忽隐忽现。有铜锅亦为杨之遗物。杨死后尸骨移红杨洞，距此约二百余里，在善丹庙南一站。按此传说遍传中国北部，即蒙古人亦云然。又云，在两郎山南约二三十里地有古城，现有土城基础。当地人在此掘取古物，发现一古井，井口镌有"玉泉井"三字，传说为唐时旧城。城在今高油坊附近数里，或即唐西受降城也。又隆兴长处，即今五原县城，亦有一土城，疑即五原旧城。又东当黄河边有一土城，疑即中受降城。又云，在两郎山西北山上有旧营塞，现犹存遗迹，即古鸡鹿塞。又云，在两郎山有一边墙西走，北面又有边墙二道，皆汉唐以前之遗迹也。惜余须赶大队，不能一往调查为憾耳。晚早寝。有至宁夏商人亦驻此，系贩卖烟土者，今晨早去。

8月18日　晨6时起。8时由察脱（蒙古名达哈巴）向西出发。25里至瑙包泉，有包头商人数家。附近有土阜，堆石为鄂博。余疑有石器，下驼前往寻觅未获。又西行经草地，35里至庆得门。有商店三家，询问小泉子，据云，去此不远。15里至小泉子驻次，时已5时也。小泉子有商店三家，皆作包头与临河买卖。有一家堆积棉花10余包，据云，自新疆来，运往归化者。棉花肥白类陕西花，而细洁不如，惟不知出于何地耳。前有沙河，傍阴山西行，沙中微有积水可饮牲畜。人皆食井水也。由此至善丹庙有两道，一道傍沙河，走山南，为南道。一道过高岭，走山北，为北道。南道至善丹庙130里，北道150里。然南道，山路崎岖，北道平坦，故明日仍拟走北道也。

8月19日　早6时起。8时20分向西出发。冈岭起伏，40

里至松道岭，有商人三家。又30里至苏且驻次，时已5时半矣。此地有包头商人一家，山西代县人，卖牛羊骆驼及酒糖生烟之类，系作蒙古买卖者。羊肉1元买2斤半，真讹人也。将至此地时，天气忽变，风沙扑面，微滴雨点，棚帐支起后，而雨霁矣。

据本地商人云，此地属临河县境。蒙古属东大贡乌拉特三旗，以东大贡为最大，东贡旗次之，西贡旗又次之，东贡旗最穷，东大贡最富。自大石头往西至阿布登台为东贡旗，往西至三德庙均属东大贡，宽约400余里。西贡旗在其西南。自三德庙往西，则属阿拉善旗矣。内地人多在草地作买卖，以米面生烟为大宗，在站者并卖马料。每年纳票银32两于王爷，有牲畜者，每头每年纳税1元，今年将税银豁免。除此外，尚有差使费，每年滩派若干米面草料，以供纳蒙兵。若蒙古王公或官府经过，要略备礼物。贸易为卖米面于蒙古人，蒙古人以牲畜易之，均按银价折算，但无现银过脚，春夏卖出，秋熟还人，常有拖欠。然商人贸利甚厚，亦未有亏本者也。每家约有伙计十余人至二三十人不等，皆能蒙语，藉以行走蒙古人中。蒙古人与商人情感亦恰，未有若何恶感发生，亦边地中之佳象也。

8月20日　上午9时由苏且出发，向西南行，冈岭起伏，颇艰行旅，然较南道中之山中小路则为坦道矣。40里至拉胡图格。闻大队仍住善丹庙。因外国团长病，致未行耳。驼已乏，乃步行10余里至善丹庙。庙距此尚有五六里地。此地有商家30余家，以售米面为大宗，皆山西太原人。货物均运自包头及甘、凉等处。贸易甚大，然皆住蒙古包。据云，因东大贡旗不准盖瓦房，恐占其地也。亦愚矣。余抵此后，徐先生同学生去游庙未归。傍晚，乃同徐先生见赫定，报告一切。赫定亦高兴，约谈一小时。又访郝默尔方归帐。此地前有一河沟，商家皆住于沟之两岸。沟无水，商人掘井吸饮。四围皆冈岭重叠，本队住于岭下，距商家约2里。此地无大河流，然为蒙地中之大商埠。盖此地东南通包头，西至甘、凉，西南至宁夏，东南通五原、临河。绥远、包头之往宁夏、甘、凉、新疆者，必经此。反之，新、甘货物之运包头、绥远者，亦在此过站，故为东西交通咽喉。甘省设有税局，征收来往货物税。此地水草甚茂，蒙古人亦多，均以牲畜为业，商人以布疋米面交换牲畜，获利甚厚。则此地商业之发达，一以交通之枢纽，一以牲畜业之兴盛也。乌拉特三旗，以东大贡为最富者因此也。过此往西，为阿拉善旗地，尽沙碛，不如此地之肥沃矣。此地在五原县西，属临河北境。临河新置，皆缘用汉代旧名也。距后套120里，距黄河150里。东南距乌拉山70里。山南已开垦为民地，山北尚未开也。按如山北开垦亦优，虽间有石山，仍可种树，亦良地也。此地温度最低摄氏15.4°，最高至28.1°，雨量亦颇充分。故自善丹庙以东均宜于开垦，且固阳、五原之煤矿（红山口），白云、西利之铁矿，皆极丰富，均有开采价值。

  8月21日　连日路途甚苦，今日起略迟。大队拟派人往黄河。余初意愿往，后知大队明日往西出发，乃易益占同春舫去，余同达三随大队先行。此队德国6人，郝德（气象）、狄德满（天文）、冯考尔（无线电）、米纶威、马森伯、李柏冷（电影）。此外，还有瑞典人拉尔生。中国3人，余及庄、李而已。当余等加入西行时，拉尔生颇有留难，后徐先生同赫定说，彼方认可。

下午，到各商店串门，并询路程，及商业情形。购皮帽一顶，皮裤一件而归。晚草执照一文，带在路途，其文如下：

中国西北科学考查团为发给执照事

此次本团受中国学术团体协会之委托，赴内蒙西部及甘、新一带调查科学材料，并在索果诺尔、哈密、迪化等处设立气象台。因此先派中国团员黄文弼等三人，外国团员米纶威等六人，沿途考查。并在索果诺尔筹设气象台事宜。所带箱笼，俱属食料书籍仪器等件，并无货物及违禁品，应请沿途官厅局卡查阅护照及此执照后，准予放行。并请特别保护，实深感荷。须至护照者，右给黄文弼、米纶威。

中国西北科学考查团团长斯文·赫定、徐炳昶8月22日给。

写好后交徐先生签字盖章。后又写信二封，一致袁希渊，一致丁仲良，告诉经过，毕已夜深12时矣。

8月22日　早5时起。7时20分向西出发，约5里过善丹庙。前庙同昆都仑招，不如百灵庙之宏阔远甚也。再西行约10里，尽石碛，高者为山，低成泊（无水），草不多而肥润，多在低处，山上尽沙耳。约35里至沙海子，四围皆沙山，中积湖泊，积水不大，草甚茂，蒙人多牧畜于此。过此往西，沙山起伏，然山上草甚茂。间有黄土地，面覆浮沙。20里至中山丹，驻次于山坡，时已2时20分也。午茶后小息，至6时方醒。晚饭后，补记数日日记。至晚11时寝。今日天气极热，下午4时微雨，后晴。

  8月23日　早5时起。6时半向西南出发。20里至陀拉黑沙图，汉名坑坑井，因大路南土坑内有井，故驼夫以此名之。20里至乌龙黑沙图，河名阿莫乌苏，有商人2家，在大路南。20里至瑙包将，蒙名哈察布齐。驻于高原上，时1时半也。西2里有商人4家，为宁夏人。亦自包头运货，专以米面烧酒为业。后有一山，山上有瑙包，南6个，北7个，为阿拉善与乌拉特分界处。西属阿拉善，东属乌拉特。此地商人，每年须在东大贡纳票费30元，阿拉善官厅纳20元；又官府差费10元。瑙包南有河岔无水，若大雨，微积水，霎时即竭。此地在阴历九月中即下雪，不大。十冬月即下大雪，深四尺，地冻。直至明年二月方无雪。惟此地为沙地，地燥，雪下后约十余日，即消融。因系沙地，不便开垦，又为石山，余意可以种树。自此往西北无大山，往南为阴山山脉，山南为民地，已开垦。再南为磴口，距此200里。自沙海子至此，虽悉沙地，然水草茂郁。北有一道沙山，绵亘百余里，往西白彦毛得，积为盐滩，地形至此渐低落。阿拉善多盐池，亦因此也。甘肃北部之水悉北流，传闻居延海为甘、蒙西北最低地，不为无理。余按此行所过，自河岔图至黑柳图皆为高地，自黑柳图至善丹庙渐低落，至此愈低。路线也偏西南，至阿拉善地以西至居延海必皆向低处行。而宁夏地势较高，则地势初向西南低，后转向西北低落为曲线型也。今日余命庄在瑙包山上考查有无古物，及归，检拾陶片极多，间有花纹，不一致。以蒲纹论之，为汉；以绿釉及形式论之，为唐。后者与十拉布路格之古城瓦片同样，蒲纹者与汉兵营同，或非一代之地也。

8月24日　早5时起，6时向西出发。余同庄到瑙包上查看出瓦片之地，工人带驼俟于山边。山上有瑙包十余，左右分别，为分界之用。中有一大瑙包，在山顶，以石砌之，前有祭杆三，包上堆积枯草，前有石龛，以为神祉，承祭祀。西北有二小石堆，并列于其前，陶片即拾于此。余后循山坡下，又拾数十片，并拾铁片一。余疑此处古建营垒，即建亭于山上，年久毁败耳。瑙包之右，小山四周，石堆如障，与百灵庙之康熙营、西利山之古烽燧台同。或此为戍卒瞭望之所。在此照相数张。往西行，时已8时矣。

行30里至中布拉皆过高岭，两旁间有沙山。余尝步行，登小沙山四眺，骆驼成群，不见人烟。沙山重叠如水波纹，履行如走海滩。南望沙山山脉色白如银，日光照之，骄艳鲜洁，塞外风光，亦有其趣。复前行数里，至盐滩，有蒙古人4家。其地，蒙名总布拉。复西行经盐滩，青草翠郁，转沙成窝。大雨浸漫，水凝为霜。油沙壅泥，膏腴现于地上，可种菜蔬。有枳兰草高过人头。有白刺草结仁果可食。远望四周，榆树成行，而山脉绕之，风景之优，为塞外所少有也。西行20里至布彦毛得高坡上驻次。远望盐海，如在面前，实距此尚有七八里也。午茶后稍息，复偕达三及庄往探盐海。出盐处长10里，宽约5里。本地人云，深者不过三寸，任人取掘。盐白细如淮盐。大雨积水，日光蒸发，乃变为盐土泥，上黄下黑，油滑细腻，须慎步而行。近海处，污淖更甚。在此照相两张。以作纪念。海之南为沙山，宽数里，长数十里，寸草不生，日光照之，与盐海映结一色，极显其绰约之态。余等流连甚久，乃返。滩北有商家二。其掌柜为镇番人，亦作蒙古买卖，货物亦运自包头。据云，此地距镇番约六百里，在其西南，距宁夏约六百里，在其东南。此地属宁夏管辖区域。阿拉善王府在正南约四百里。每年须纳票银45两（半票），无其他杂税。此两家商人，一为土房如内地式，一为蒙古包式，亦土砖砌成，高敞亮爽，内设供奉伏魔大帝，福禄寿三大财神。两旁书对联为"宝马驮来千倍利""钱龙引进四方财"，文理虽不雅，但用于大路边之商店则甚合也。据云，往西20里有土格马庙，阿拉善官府，设有局卡。凡路过此地者，每头纳草头税二钱，即内地所谓落地税也。

8月25日　上午5时起。6时向西出发。过平岭。10里，至榆树林。大者盈拱，远对沙山，风景绝佳。余在此照像数张。又10里，至土格马庙。庙正殿一座，有东西二院，院两旁有喇嘛房约十余栋。庙建筑形式与百灵庙同。四周亦树幡幢，为喇嘛庙普通规式。庙前阿拉善设有征草头税所，余等过此，有一瞭望者频呼收税。余告以任务，且给名片一张。仍驱驰前行，20里，过草滩，经行高岭，山势起伏，多黑沙石，水冲洗成溜，草滩在其北。西南两面为山，伸入草滩中形同半岛。沿山西南行。约10里，大路两旁石上多凿字。有凿"走路君子看"数字者，又有凿藏文字者，甍于瑙包之中，此或为宗教上之含意。又有石如鼓状，如瓢萎，表甚光滑。类似人工所作。5里，驻于山坡下。有蒙古包一，地名因土斯太沟儿。沟儿译为河，盖在北有河，前为草滩，因以名其地耳。余到此地后，略用午餐，即上山拓字，连指路石及石刻，计拓八张，至晚方归。庄永成在河西面山上，拾动物化石极多，均如蛤蚌海螺之类。计四十八包，一洋铁匣，约数百件，亦一大发现也。晚将采集品清理清楚，乃寝。已10时半矣。

8月26日　上午4时半起。6时向西出发，余带庄查看昨日化石发现地点。此地距本队驻处约半里，在草滩西岸，山坡。山为焦黄土，不大，若崩危，在山东（阴）附近，时起小土阜。至东北（阴坡）石色焦红，化石即出于此峰之西南。（阳坡）土色青灰，显为海底之沉积物。余在焦红石上面，拾介壳数块，类动物。再掘下三寸，土为灰色，与山阳同。拾爬行类动物、虾类化石数块。在此照相一张。复西行，穿山过，约1里许，入平地。沙阜累累，青草葱郁。又数里，经沙窝，榆树繁多，亦有不少自焚，或枯倒于地者。又10余里，至草滩。厥土黑壤。与因土尔斯大草滩同。余等偏西南行，经高冈，草滩在其西北。约10里，见蒙人牧驼于此。询大路，知在其西北。乃偏北行数里下坡，见本队帐棚，乃偏北行，10里，至西利乌苏住次。在大路西北有土房一间，为商人冬日住处。在大路西，有蒙古包二。有井水，颇洁。是日约行50里，2时方到此地。正午热极，达摄氏32度，午茶后小息，至暮方醒，连日疲劳所致也。

昨夜驻处，有蒙古包一。包前有杆，上悬布条，为喇嘛风俗。后一蒙古人至，询问是否为喇嘛，果然是在王爷庙出家者。

又询以山上石刻藏文之义，据云，上为阿弥陀佛，余又问曰，喇嘛衣须作红色或黄色，你何衣紫色，岂阿拉善喇嘛不同于乌拉特耶。渠曰：喇嘛习俗，衣红、黄、紫均可，唯不能衣黑色及青灰等色，以不便念经也。余按蒙古风俗，黑人多衣黑色，女人亦有衣黑色者，唯喇嘛衣黑色者绝无。渠等称不奉教者，为黑人，盖以色分也。阿拉善蒙古人之服饰与乌拉特人之服饰间有差异；乌兰部人喜衣黄背心，红或紫大褂；阿拉善人不多着背心。乌兰人均有腰带；阿拉善亦不尽然。其大褂扣绊整齐，有如内地人所衣，有时大褂镶边，如清人服制。头所戴者，男人均布笠或凉帽。然阿拉善人亦有戴布帽，前面折下，后面上叠，如内地工人所戴者。女人帽，阿拉善人不同于乌兰部人。盖阿拉善女人均戴软胎布帽，或以青网为之，形如教会人所戴白布帽，惟无带。乌兰人则多以黑布或青布裹头焉。阿拉善女人耳戴玛瑙环，垂肩。盖乌兰蒙人穷，阿拉善蒙人富。故阿拉善蒙人服饰均整齐华美，与乌兰人之衣服污浊，衣饰不整者殊异。余在百灵庙时，凡驻帐棚处，即有乞食者。怀抱小木碗一，与之茶，则以木碗盛之，与之馒头或残食料，即坐食而去。盖乌兰蒙人既为喇嘛后，更不理家事，尝骑马各处游逛，不带食料，饮食均取拾沿途蒙古包。故要食喝，并不视为丑事也。包中养牛羊，均女人为之。至六七月间，挤乳、煮乳、作乳皮以备冬食，捡牛粪以备冬烧，除此外他事不多。蒙民见面，以鼻烟壶彼此相贻，以为礼节。腰中均挂旱烟袋，到处即携出旱烟自吸之，亦不请人也。阿尔善人习惯如何，余尚不及考查，然见蒙古包内置铜瓶，内陈水，若有远行，在马旁或驼旁必带陈水铜瓶及铁炉。此为余在土格马庙途中所见者，必不如乌兰蒙人之游食者众，盖阿拉善地肥草茂，人民富赡，无需仰食四方。阿拉善之牲畜，以驼马为最多，而乌兰蒙人，以牛羊为最多，牛羊之价值，不如驼马远矣。乌拉蒙人婚丧仪节，犹沿古昔。据云若育女子至长未嫁，而有孕生子，乃向蒙古包前马桩上叩头，意以为与马桩配婚。倘有外人骑马至，即系马于桩，当系马时，必合抱其桩，义取于此地。婚前男先至女家，与女同回男家，拜马桩，又拜来宾，即成婚姻。丧事，人死后即用马挽至荒野，遗弃地点，先由喇嘛勘定。当弃时，喇嘛念经，孝子在后。如弃时仰面，则子孙大笑，以为先人升天堂。如俯面，则以为入地狱，乃大哭。弃后三日，如鸟兽未食，以为此人罪恶甚大，复请喇嘛念经。必至兽食尽而后已。葬后，乃在旁树石为圈，葬其先人之服饰或马鞍之类于地下丈余深，上铺以石，树二大石于旁。上书死人名字，谓之牙牌。如古坟则为博达喜也。阿拉善人丧仪如何，尚未调查，或亦相差不远也。

8月27日　连日旅行，人驼俱困。今日休息，明日再行。上午余乃至买卖家调查。此地有内地商家二，一在山后，一在此，均以米面为业，米面亦来自包头者。据云，此地距王爷府约四百里，有盐池，今归冯军。此地又出甘草、苁蓉。商人赠苁蓉一枝于余。据云，此地三四月为产苁蓉之时，七月即谢。苁蓉以未出土者为佳。一出土即无用矣。掘出晒干后，每个重半斤，亦佳品也。专有商人在此采购，约10余元100斤。采购者亦必须在王爷府打票，运至包头，可售30元左右100斤也。又云，去此往西，打不诺过去，有地名十拉塞，冯军由俄运械，设站于此。冯军自去岁退西北后，即修由宁夏至大库伦路转运枪械。由大库伦13站至半山图庙站，半山图10站至十拉塞站，由十拉塞至阿拉善王府7站，由王府至宁夏约10站。去、今两年运来最多。运至半山图者，每次千余驼。现已有汽车道，由宁夏至库伦，专为转输之用。土格马庙、善丹庙之局卡，皆冯军所设，收税甚重，每驼2钱银。落地税、货税在外。闻每驼，驼毛纳银14两（此说恐不确）。余过此时，初要纳税，经交涉始免。是冯军胜于塞北关矣。又云，前两月有女学生20余人由库伦汽车道回甘省。疑系自俄归国者。观此，则冯与俄尚有关系也。按宁夏一带，西晋后诸族迭据。唐宋归西夏，至元方灭。此地累为割据之区，土地尚肥美，但交通不便，致与内地阻隔也。

8月28日　本拟今日向西出发，以昨晚又失一驼，致未行。又停住一日。中午热极，达摄氏28.5°。哈拉河地高土结，此地底落，且为沙碛，吸收热力最易，故较旁地为热。当在哈拉河时，中午虽热，至晚则凉，而此地至晚亦热，地形低洼空气不易流动故也。据本地商人云，此地春季大风，冬季雨雪，雪深一尺，气候本较乌拉特地为暖也。今日庄永成在北面河滩上拾石器极多，成器者约百余件，石块约三百余件。凡在河边及山上均有。又同时发现陶器，极粗拙，多红土胎，间有黑花纹者。

8月29日　上午4时半起，5时半向西出发。30里至他那乌苏驻次。沿途皆平野。然为红土石子地，草不茂盛。因昨日此地大雨。路上有积水。山径现水冲痕迹。有井一，水臭不可饮。今日本应驻察罕迭纳苏，距此地20里，山前后均有井，水极佳，因骆驼不能行，故驻此。午茶后，余步向西南探查，亦无所获。

8月30日　上午4时半起。5时40分向西出发。20里经海拉哈山中间。山形似蛤合，故名。余在此照像一片。又5里至察罕迭纳苏驻次。此地有商家一，房屋颇净洁，前有小院落，种瓜菜，如南瓜、西瓜、大椒、冬瓜之类。余索取南瓜一枚，以两盒烟卷酬之。乌拉特地商家，皆驻蒙古包。据云，东大贡官府，不准盖土房。阿拉善则不然，故此地商人住土房，其房屋形式与百灵庙商家同。每年纳票费100元。又有取票小费，较乌拉特地重三倍多。故商人均苦之。商人多为甘肃镇番人，卖米面及草料，每年可得万余元流水。春季放出，夏秋收入。大抵皆以毛皮牲畜为抵偿。无现银出入。运货亦自包头。此地距包头十余站。由此观之，则包头乃西北部重要商埠矣。此地山上有鄂博，名"哈不台鄂博"。其北大山为古儿格腿山（古儿格即三个之义，取其形似三条腿也），山石多被风蚀。在瑙包山下，拾类似化石1块，似青苔结晶而成，姑取之，待地质家之考订。并拾石数块以作比较。又拾石器2件。出化石处，尽红沙石及灰土，与因土斯大沟儿土质同。出石器处为一冈岭，满布黑石碎块。庄永成等在瑙包山下西北滩上，拾半成品石料多件，疑取材必在于此也。此地有井二，均在大路旁，水颇佳。据商人云，掘土三尺即见水，水不旺耳。

据商人云，阿拉善女人装饰与乌拉特不同。乌拉特女人发髻，珍珠珊瑚垂额；阿拉善女人发下垂，以网络笼之，戴耳珠，以珊瑚夹银花饰之，富者用真珊瑚，贫者以假货充之。若婚丧则蒙古人皆同。唯男女见面，以鼻烟壶互换为礼。新妇人向梵神叩头，不必向马桩叩头。颇为近理。此地尚未开垦，然商家院内既可种蔬菜，则他处种植亦必生长。且石山中及沙窝皆有树木，则地下水分必甚充足。掘下三尺，即见水，可证。

8月31日　上午4时半起。5时半出发，向西行，至瑙包东北。查看石器发现地。地在大路北，地势略高。西边有干沟，无水。地面尽黑碎石块，黑沙土拥堆成窝，石器均出于干沟之东沙地内。以绛、青诸色玛瑙为最多。盖新石器时代之人制石器，均用玛瑙等石，剔作精细之器具。与旧石器时代专用打制，形状粗劣者不同。此地距余拾化石处约半里。一在山南，一在山东北。大路旁山边过。盖旧石器时代之人，多住山上。如白云瑙包、红果尔瑙包山皆发现旧时代石器。新石器时代人，多住高岭（沙梁），旁河边。如包头东沙梁，百灵庙东沙梁，及沿途采集之地皆是。旧石器时代洪水泛溢，人民多居山上。及新石器时代，洪水既平，人民逐水草而居，故傍河流。余在此拾石器约百余件，后向西行，经平原，至爱克苏怀驻次。约行35里。自8时起程，至12时住，共4小时。余在大路北山下沙内，拾红陶片2件，石块2件，惜未细寻耳。晚收拾今日所得，登记于簿。是地有井一，水臭。是日下午大风，沙子扑面，塞外之不易居也如此。

9月1日　上午4时半起。6时，自爱克苏怀出发，向西行，经山旁，过平原，25里，至统根乌苏驻次，时9时半也。此地有商店一家，镇番人，亦系作蒙古买卖者。下午，余同达三前去探询气候及市面经济情形。据云，此地今年雨水甚差。去年雨水颇好。冬腊月下雪，雪深不过一尺。以西南风为最多。

每斗米40元。面百斤24元。货皆自王爷府来。王府设有局卡。每驼取毛14两。布疋每百元货抽2两。此地如盖瓦房须取票，票费120元，半票60元。植物以榆树为最多。兽类以骆驼、羊为最多。此一带草不佳，牲畜均不肥。地多浮沙，强可种菜。商家有菜园一，种白菜、韭菜、包谷之类。有山脉，在大路北，自察罕迭纳苏西行绵延数百里，山名哈布台乌拉。当至山根时，余下驼寻觅石器。得石料数件，是此地必出石器。后庄永成拾石核1件，口已钝，上有烟薰痕，为火山岩质。下午余在山根下察看地形，发现古生物化石极多，余择拾数件，拟携归质之古生物学家。

9月2日　上午4时半起，6时向西出发，经行平原。30里至哈拉格林，有商店一家，亦为土房。在商店东北，山下土质与爱克苏怀同。余拾木楠1件。复西行，经山径，为泥沙冲积而成，上布碎石块甚多，间有山岩，为红沙石者，不如石灰岩之广。山径中间，有榆树峙立。约15里，出口，行平地，约10里，至打不诺驻次。北有商店一家，旁有井二，掘土二尺即见水，水甚佳。南首井水臭，据云，为旧年所掘。商店掌柜为山西太原人，颇精明。据云，此地年来贸易不佳，因皮毛不能销售，费用甚大，税款前归王爷，现归冯军，解宁夏。如商家欲建土房须纳取票费90两。写票费10两。亦不准多筑。又每年需摊派使费，如蒙兵费，及特别招待外兵费等等。此地西有到库伦汽车大道，为冯玉祥所修，由库伦运子弹至宁夏者。由此西南20里有萨拉在庙，为冯军屯驻之所。去年曾运来两千余驼子弹，前数日尚有汽车三辆北去。庙内前驻有兵，现已移至八音毛得。彼此尚能相安也。乃返，商家以乳皮饼赠余，味甚美。

9月3日　闻骆驼疲乏，拟休息两日，故今日未行。上午10时同达三到西面山上查看，据商店人云，山上有铁矿石，故前往。适微雨，即在石旁避雨。约十余分钟，雨霁。约行10里，抵山根。山尽黑石，以为必有铁矿，仔细考查，其石表虽黑，而石内无铁质，且比重亦不大，亦不见上锈，大失望。在山上略食饼干，冒雨归。达三先归，天又晴。余带一工人到南面山上查看山石，与西面同，远望成绿色，石亦带黑，破之，全为青石。下山，即见宁夏至库伦汽车道。此地原有由宁夏通库伦大道，可通汽车。由此往南至萨拉在庙。故冯军以萨拉在为屯储军需之所。大道上有汽车轮迹，其痕迹有三道，故疑每次汽车有三辆同行。旁有铁轮车道，是同时尚有大车也。汽车道经山处，略有修理，其凿石平途之迹，尚可见也。然行岭坡时，道路并未加修，车行必不平复。余在凿石处照相一张。又此处有藏文界碑二，蒙文一，余又合摄一影，归已5时半矣。

9月4日　今日仍未行。上午有汽车三辆自此过。驾驶者为俄人。据云，系自库伦来，到八音毛得，迎接俄军官者，因此处有许多外国人，故来询问。本队德人冯考尔能俄语，与之谈颇久。随同至50里外拍电影。4时后，乃向南去。下午，余带工人拟到萨拉在庙观看藏文石刻，拓字二张。复南行，经深山岭，蜿蜒南行，约10里谱。四围皆山，中现平原。有二河沟南去。榆树成行，风景颇佳。余俯首拾石器一块，石质极鲜明，知此地石器甚佳，乃同工人捡拾约百余件，6时半乃归。据蒙古人云此地为东都者得格，距庙尚有五六里。余登山望之，见其巅矣，然不能去也。循盘道归，已7时40分矣。

上午商店人来坐，谈及蒙古人风俗。又谈及出产。此地出苁蓉及发菜，每10斤约4两官票银云。

9月5日　上午5时起，6时半起程，向西出发。15里，至乌兰托罗海。有商店一家，镇番人，现方做土坯，建筑房屋。王爷府至库伦汽车道从此经过。复西行，30里至哈拉木太住次。此地有商店一家，现不再经营，只有一蒙古人看守房屋。有井一，水尚好。闻自此往西，水均不佳。下午5时游北山，见有白灰洞穴，土质松疏。以杖捣之，中有声。沿山行，又有一穴，穴口均有白灰，疑为鸟鼠洞穴，盖塞外无树林，鸟兽均巢穴于山中，古书谓鸟鼠同穴，在沙漠并不希异也。倚山南望，山旁有河沟，河南岸有低梁，为黑沙土，疑有石器。先是拉尔生已来此地拾石器数块赠余。余乃下山，经河北岸高处，亦拾二块。又随手拾数块。此地石器颇多，若细寻之必不止此也。

今日据一本地人云，喇嘛有二。一为在庙喇嘛。一为不住庙喇嘛。住庙者，不可娶妻。不住庙者，可以娶妻。又山上所刻之藏文石为"唵嘛呢叭谜吽"，为喇嘛教观法所常诵者。

9月6日　上午5时起，6时起程，向西出发。45里驻次。今日所过皆平原沙地，草木极劣，无水。前日据商家云，距阿拉木太30里为古卢巴胡图格，有井水味苦，今日未遇见。此地无水，以昨日带来之水充饮料，故任何人不能滥用水也。又听人云，此地四年无雨，又无井水，故不能有居民也。此地四面皆山，局部为火成岩，然大多皆为水成岩，地势渐形低落，海拔1200米。今日较昨日住地低180米，昨日比前日，又低100

米，故河皆西北流。疑居延海较此地更低也。下午，余到西南山上去查看山势，皆为水成岩，其最高处为麻沙石。下有石岩，后面及左右为大石所砌，宽约一丈余，高亦二丈，下填碎石，及沙碛。沙为后来所冲积。以木杖捣之有声，疑中空。其旁又有一石崖，宽约三丈，下亦填沙碛与碎石。凡此皆在山腰，疑为古代人民之居住，然无居住遗迹，如石器骨器之类遍觅不获。山下鄂博皆随地拾石堆积，规模不大。其西面山有一瑙包，上架一枯木若人形。东面山石树立亦同枯木，上置石数块。昨日住处后山瑙包上置一骆驼枯骨。凡此疑皆行路人所为。祈求行旅安宁，树木茂盛之意。与蒙古人所建立之鄂博岁时祭祀者，不同也。是日住处为乌兰铁不克。

9月7日　上午4时半起，6时向西出发。经平原，沿途满布黑渣，皆为远古火山喷出物。在大道北，山上土石作流动状，山距大道约35里。据商人云有阿拉善乌诺，山上奇石极多，距大道约三站，计百余里，只好留作第二次之踏查。50里，至阿拉杂格，有商店一家。井水咸不能饮，商人均在阴路司驮水，距此地，还有15里也。大队即驻于距商家西5里地之河滩上。余在商家前步行，经沙梁。在沙梁西陡即大道两旁，拾石器陶片甚多。东北为榆树林，西北为河沟，南为不断的小山，中现一平原，石器陶片即出于是。陶片悉为黑胎红面沙瓦片。据商人云，此瓦片镇番三角城中及枪杆林镇最多，当地人呼为沙锅。完整者用作烹调器具，至为相宜。余拾一块瓦片，旁有耳，据云，为锅之两旁耳钩也，以作提携之用。瓦片上间有压纹与汉代瓦器同。石器则以刀片、石核最多。皆新石器时代之物。余在此约拾数百件。据本地商人云，去此往西20里乌托海火石（即燧石）最多。此处虽有，不如彼处多。午后有一商家童子来棚，询及，为镇番人，家尚丰盈，父母弟妹俱全。因冯玉祥行征兵制每百石粮，即须有十二人当兵，由县长担任征调，富家不愿当兵，即买贫民充之。彼系避兵役而来帮人者。掌柜姓赵，阿拉善富户，亦卖米面与料，彼之工资每年4两银，或5元，亦云苦矣。据云镇番东40里有苏武山，山上有苏武庙。镇番北100里有涂山，山上亦有庙，皆为乾隆间建造。镇番东北150里，有枪杆林镇，亦有庙。当康熙时，有温公治镇番，平水土有功，人民称为禹。故涂山下又称为禹顺沟。镇番属凉州，设有两等学校，及女子学校，工厂。凉州（武威）则有师范及中学，是边远地区教育亦见起色矣。镇番在北，凉州在南约四百里地，马站三日可到。商家均春日来，冬天回去。人均朴实，语言同于内地。见余等至，即出问好，若旧相识者，盖漠外不易遇内地人，有一过此，不啻若亲人也。询及沿途水草，答之亦甚清晰。是地较昨日低200米，海拔1000米。

乌托海的旧石器

9月8日　上午4时半起，6时向西出发。经傍南山坡，又经平原。20里至乌托海山前，又5里至河滩驻次。此地蒙名达海乌苏，又名乌托海，未知孰是。汉人名曰三尖山，因其东北之山有三尖峰，故名。山为石灰岩质冲积而成，大道旁及山下多黑碎石块，亦有火成岩石渣。自土格马庙往西大道两旁山脉皆火成岩与石灰岩，绵延数百里，至达海乌苏山往西10里，方入沙碛。在此一带山脉之中，虽间有麻沙石，及青石、红沙石，然多在山高处，向下则为红土层，或石灰岩，故余疑自因土斯太沟儿至达海乌苏西皆为古之湖底，或即海之深处。今日比昨日又低60米，可证也。先是余闻哈拉杂格商人云，去此30里，三尖山坡下，有火石极多，余至为注意。至山前，余下驼步行，在河东岸沙碛中，拾石器6块。见河南岸大平滩，河沟绕其北，复有沙山绕之，滩之西南两面，又有沙山绕之，可说四围皆山，中现平原，余意此处必有石器。乃步渡河，上平滩，即拾石块数件，时大队亦驻于此滩上。傍河沟有井一口，水颇可饮，故驻此。余乃嘱工人牵驼去，余即在此寻觅石器，不及一刻，而两袋盛满。时庄永成亦在滩之西南捡石器前来询余，余告以已拾两袋，器具甚佳，彼尚未拾有完整器具也。拉尔生亦拾许多小件石器至，交余。余复同庄努力工作，至晚为止，共计得1600余件。皆打制石器，无一磨制者。鞄制小件亦少，不过间有之耳。式样以石刀、石核为最多，刀如巴旦杏仁形，有打制一面者，有两面均打制者，有打制甚工者，有粗劣者。余若鱼叉、剥皮刀、石锥、石锯之类，至为繁多，皆为打制。颜色有绛、黄、青不一。然如玛瑙、水晶为新石器时代人以制器具者，无一有也。新石器时代之物，以磨制鞄制居多，打制者绝少，此相异也。又新石器多在河边，而旧石器多在湖底及高山。余断此处为海底，上面已述及。尚有一证：滩之南傍，有一石灰层小阜，满布青石板及泥层，必为海底沉淀之物无疑。余前在因土斯太类此泥层中，拾有鱼骨化石，则此处亦必有同类之物，惜余未及寻觅。又此间山脉皆为青石灰岩，山顶有礁石屹立，或古时出于海面者。在东为一高岭平原，南北皆山脉，则此为海之深处无疑。本队瑞典人贝格满在白云瑙包、红果尔瑙包山上发现石器，与此同一形式。据云尚有灰土岩，则必寓居于山洞者。再从形式上观之，亦可知此类石器为最初人类所制。1.如斧刃、刀刃最初打制，后磨制之。2.最初刀斧器具均大，盖用以叉鱼杀兽，并以之与猛兽格斗，后猛兽渐减，不用大件，不过专为割肉刮毛而已。3.最初刀斧无柄，随石形打制成刃，后遂有柄。器形愈变愈光滑，愈巧妙。又如鱼叉、锯子，在新石器时代不多见。以石钻论，最初者粗大，后来削小。最初，有的带刃，后遂无刃。此类石器，疑早期人类除用作兵器以抵御猛兽外，还作钻石穿洞之用。后来移住河边，构木而居，用不着穿洞钻穴，故渐削小了。余所拾后期石器，以小刀片为最多，皆鞭制；最初也有鞭制，不如后来之细致，此又一别也。准此诸证，则此地石器为旧时代石器，毫无可疑。又余发现旧石器，始于挖拉塞庙附近乌兰铁不克地方。然彼处新旧均有，不如此地所出之多且佳。彼处为黑色石或红黄色石，绝无与红果尔瑙包石器颜色相同者，疑此类为居山洞人民所用，因取材之方便，故所用亦异也。此地在滩之东北尽为石器或杂碎石块；在滩之西南甚多大块黄红色大石块，有打制者，有未打制者，皆未作成器具。则东北必为石切场，西南则为陈积石料之所。又往西南五六里，沿途皆有石块。再西南经山岭五六里，亦有许多碎石块，有打裂者，以未打裂者居多，由此而知此一带，皆石切场取石处无疑。过此往西入沙碛，遂无古人居住踪迹矣。

　　是日午后大风沙，2时至4时方霁，致予等少拾数百件石器。是日住处，名昆仑都伟。

　　9月9日　上午4时半起。因此地旧石器甚多，决定迟走。庄采集，余绘图照相。及天明6时开始工作。按步数定长短，以10步为1格，步量结果，形如桃。先自河边瑙包，即东头抵河处，由大道步至中间，即余等驻扎处，140步。由此往北抵河边100步。由此往南抵泥灰层土阜140步。土阜50步（宽）。又160步抵山下泥灰层土阜，阜长270步。再由大道往西300步，自小石堆往北162步抵沙阜。又45步临河。边此沙阜，在河南岸一直往西北，与滩南山脉会合了。再由大道边小石堆往南140步抵山边（约50步又有一泥灰土阜），再由大道往西2000

步抵山口大道。向西南入口，经山曲蜿蜒而行，石河滩当在大道西北，未抵山边也。滩中东部高，西部低，西南部碎黑石甚多。又有黄红紫碎石块甚多，与制石器之石质同。疑即古人在此打制石器之处。西南脚抵山边，有树木，半已枯槁。四围之山，上覆火成岩石，下为积沙，间露泥灰土，是此地原为冲积层，后因火山爆发，故上复火成岩。9点由住处动身，50分抵山口，滩倾西北，大道向正西行，经山曲，傍山坡，约行7分钟，下山坡，经沙碛，又行37分，入平滩，滩面满布黑碎石。又行1点钟，11时34分抵萨拉湖卢塞，路南有三小山，山上有瑙包，前有湖泽，水味咸。又行26分抵沙漠，沙山横前，如蜂窝，约半小时抵大队住处，时12时半也。见大队尚未扎帐棚，因此地草好，又掘地出水，乃决定在此住一日。此地沙碛松软，颇不易扎棚帐，用木桩乃稳定。其沙细洁，余等仰卧沙中，远眺沙山环绕，不啻乘船浮游于海中也；时旧历八月十九，夜中月色如银，光照沙山，沙山起伏如波涛，仰承光辉，心神为之爽怡。晚登记今晨所拾石器而寝。

  9月10日 上午7时起，因大队现不走，乃拟重去拾石器。然此处距出石器处尚有30里，拟骑骆驼前往，商之管骆驼的拉尔生，彼不与。后乃偕庄步行而往，约10余里至萨拉胡卢塞东平滩上，即发现石器，甚妙。遂沿途往西采集，亦得数十件，多石块，成器者绝少。至高坡见一骆驼至，前有一蒙古人骑驼牵之，知大队已至，此即外国团长赫定也。与之语数句，即在北坡上拾觅石器，且等徐先生等。此地天然石甚多，间有作成器者，亦拾十余件。未久，而后队至，春舫同厨房在前，徐先生亦到，即与徐先生同行回帐，述别后经过，至晚12时方寝。

9月11日　上午6时起。偕庄及王殿丞同一工人骑四驼直去寻觅石器，9时出发。约行20里地至山坡，见大道北小山上有石器与乌托海同。乃在此觅拾，成器者颇少，拾一大打制箭头颇佳，又拾数十件石块，亦经人工所凿。约在此停一小时，复沿途往东考查，至山口入河滩，已12时矣。乃放驼于草地，余在大道南寻觅，王殿丞在大道北寻觅，庄在东头寻觅，工人照料骆驼。由12时至下午4时，各拾数百件。余复在打制石块处照相一张，此处石块甚多，皆打制未成者，亦间有成器者。回行，5时10分抵山口，15分出山口，山上岩石尽黑色，间有黄红色石，与乌托海石色司。又有打碎者。25分下山坡，大道北小山阜为余拾处，前面沙碛横列，55分下坡入平滩，为余昨日遇大队处。6时40分至萨拉胡卢塞。时天已傍晚，而黑云四布，雷声隐隐，恐有大雨，急行，7点至沙窝，电光闪闪，复滴雨点，沙窝中又不易识路，乃沿北山坡行，逐驼迹，7时半方抵驻处。饭罢，徐先生及学生同至余棚坐谈，至11时方各归寝。

9月12日　因昨拾回之物全未登记，且天大风，故未出发。乃登记昨日所得，至日中方就。先是10日晚，大队在善丹庙所雇一牵骆驼之人，盗窃两驼而逃，昨日晨即派蒙古人往追，昨日晚即寻得，在东南约百余里地，今晨带回。余以中国人不自爱，而有此失体面事，实余等之辱也。众均往观之，余独坐于棚内思余等之过，且筹处置之法，乃决定以送官所为好。后与徐先生言，亦以为然。盖余等主张送官所惩办，按法律定罪，则外人不得运用私刑。一则中国人犯罪交中国官所办理，物主既不损失，且表明中国人尊崇法律及名誉之尊严，计无过此也。闻已决定如此办矣。据一知情人云，彼之欲走已多日，因多支薪金，且无法偿补，而蒙古人又每多虐待，常施打骂，故彼欲逃。然此人年已五十，步行困难，故盗二驼，一以驮载衣物，一驼自骑。除自己衣物外，惟窃面包之类，亦未动重要之物，是此人为窃，乃一时糊涂无知出此，并非惯贼。然外人已脚镣手拷加之矣；打骂加之矣；照相照了，其辱国如何耶？此贼盗驼之外，又窃蒙古人衣服数件，洋烛一包。及追回，蒙古人将衣拆乱，洋烛亦不受。后询之为何不受，据云，蒙古风俗，凡盗窃赃物如有受者，即罹灾殃，即银钱衣物之类追回亦以与人，若牲畜则发卖。此一风俗亦有道德上之意义，盖若无受赃物之人，则偷者自少，故蒙古地少盗贼，与此习俗亦有关也。又蒙古风俗，饮食甚简易，若贫寒之人，到处游食，人不以为耻，偷窃则不许，此亦良善风俗。余行蒙古地约千余里，不见有盗窃之事，未曾遗失何物，或以箱笼置之外面，无人看守，亦不见有何损失。在此一道，内地人不如蒙古人远甚也。蒙古人亦忠实勇猛，又有此美德，设使工艺进步，文化提高，岂非最理想之民族耶。

9月13日　上午本拟再到乌托海拾觅石器，闻大队明日行80里，若今带骆驼去工作，则明日驼不能行路。乃变更计划，派庄到北面山上往东行调查有无与乌托海同样石块；余则到南面山上看岩石。后外人派余11时至下午2时看守盗人，卒不果去。下午5时庄回，报告山上岩石多为青石，打碎者甚多，成器者绝少，并拾石样数块回来。余瞻视与乌托海之青石器不大相似。乌托海青石器颜色老而暗，此鲜而亮，则彼处石器，绝非在此一带山上取材。是日装木箱一口，交大队存。计142件。此次发现之石器，余就其地势、所含文化土层及形状，已断定为旧石器时代之物。以余连日以所得，细审古人用器之法，盖用石器多以右手为之，现所得石器手握处皆有特别形状，拇指、二指、三指压处必凹下，于手心处必凸起。其刃必向外，刃之状，有直形，有三角形，有半月形。凡刃皆有打制痕迹，刃齿口有一坎或二坎，即所钩有向外者，有向内者。向外者用时必往前割，向内者必往后割，此专就剥皮刀而言。就余所采集者以右手试之，皆相合。若左手则不适用于握拿，且用时亦不便利。虽间有少数石刃可用左手，然同时亦可用右手。次若小石刀，即石匕，不用手握，惟以大指与第二指压之，盖古人用以刮毛或切肉剖果之用，不定专用右手也。其次若石枪头，人皆以为兵器杀人者，萨田订为石枪头，余甚疑之。后又发现一打制枪头（前拾枪头皆鞔制），四方形，两端均为钝角，无枪峰，即鞔制枪头每亦无锋尖，决非可以作兵器者。然此类甚多，新旧石器皆有，究作何用耶？后发现石锤（人均称为大枪头，而以天然石块为石锤，误。古人石锤多长方形，且打制甚精），以石锤打石枪头极便，后又观于棚帐之木桩与铁钉，乃恍然。所谓石枪头者，即以代铁钉与木桩之用。盖古人生活极单简，除钻穴凿洞之外，即割制兽皮。割皮时必以右手握捶，左手按枪头，方为合宜。其次若石锸，用以掘土者，则完全用右手。若石斧，以作掘地宰兽之用，其形状不一，有长柄者，左右手皆可握之，又有三角形柄及宽柄者，则以用右手携握为最多。其次若兵器之类，有戈方铀，其用法虽不可知，大抵皆以手握之。盖尚未发明用木及铜铁作柄，皆赖手直接运用，故每种石器之打制，皆因手之便利以为方圆曲直，此毫无疑问者也。盖旧石器时代人多住山上，尚无屋室，唯知掘洞凿穴，以蔽风雨。然此时禽兽繁殖，草木畅茂，唯一急要在战胜猛兽，除艾草木，山中石头遍地，取携极便，乃以石制成兵器以与兽斗，并掘凿住处，故人类能用石器，为人类知识之一大进步，亦文化史之开始也。据今一般博物学者，推论人类之原始，为自类人猿转变而来，若以人类运用石器之例证之，亦可得一确据。现今猿猴类攫取食物，或与他兽格斗，每以后两足直立，前两足攫取食物，或石子土块，其攫取之法多用五指抓握，人类早期与之相类似。惟人类进步，知用不锐利石块，不足以抵抗猛烈禽兽的爪牙，乃打制石头，使与禽兽有同等的锐利，故石器中有如齿者，有尖锐如獠牙者，有齐口如门齿者。人类愈进步，器具愈完备，而锋利猛烈禽兽卒为人类所屈服，遂食其肉而寝其皮。而剥皮刀、小匕遂随之发现。古代人类工艺遂又进一步矣。故又有雕刻、绘画以表明人类之战功，人类遂与禽兽彻底分离。孟子云，上古之时，洪水横流，泛滥于中国，草木畅茂，禽兽繁殖，兽蹄鸟迹之道交于中国，舜使益掌火，益烈山泽而焚之，禽兽逃逸。此记述古代人类生活状况，然用火攻之法以抵禽兽，余在古物上尚无发现，然观现在兽类均畏火光亦或者为古时人类以火服禽兽，而禽兽惊骇火光之遗传因素耶。且上古草木甚多，禽兽均藏匿其中，不易驱除。其时用火已发现，两石相碰即出火。古人既知用石器，亦当知用火。现在当地人称石器为火石，行路人亦多碰石取火。孟子所说益以火驱逐禽兽之说，亦为可信。孟子又说，太古之时穴居野处，又说与木石居，与鹿、豕游。以余此次考查，及外人对考古的记述，皆可确信为事实。古人居山洞与湖泽，余前日已说明。兽类之最驯者惟鹿、豕，当太古之时，气候甚热，驯鹿、河马最易生殖，致古人每喜与鹿并处，常于兽牙上镌刻驯鹿形状，故西人称此时为驯鹿时代。则孟子与鹿豕游之说亦可信。

  9月14日 上午4时半起，6时10分向西出发，经行40分钟至沙碛。6点50分又缘山径，山中满布黑碎石，亦间有沙碛。7点20分下山坡，入平岭，沙碛与石间杂。至8时余下驼步行，寻觅石器，间觅得一二大石器，与乌托海同。未加工者居多，得一小斧，为剥皮刀，尚成器具，若细寻之，必有所得。10时半，约30里谱，见有沙山在前，过沙山即为河滩，余在山岭北望即见此滩。有井一口在山下，水颇好，草不大佳，余等即在沙山下驻次。余独横卧沙中，作昨日笔记。此地名乌库乌苏，亦说为乌库尔湖图格。午茶后，请达三为予理发，即毕。又至沙山观察，沙纹如水波纹，悉向东，而大沙窝则微偏东南。是此地必多西北风，盖成沙窝非大风不行，沙窝既向东南，故知西北风甚强劲也。昨日所驻之处，在西南面，全为沙窝，约百余里，即镇番北境之沙漠也。其形势远望势如海中大浪，向南偏东汹涌而行，盖亦为西北风所成者。由各地沙窝之构成，而推测一地风力风向，其法甚善。沙碛中有寸草不生者，其洁白如镜；亦有有草者，在库伦都柽之沙碛尽芦草。芦草必生于水地，虽上为沙漠，其下则为湖泽，故大队在此掘出水来也。

此地植物以柘甲为最多，柘甲属木本，高不过四尺，树身如木槿，其材不能作器具，其叶绿，形如粉条，驼最爱食，沙碛中以此类为最多。据赫定云，俄国沙碛中种此树以防沙碛流动。然余在阿拉善见沙中此树，其叶虽青，而其干近沙地处悉烧烤成黑炭色，则此树在沙中生殖时期至为短促，盖夏荣秋枯之类也。盖沙地最易吸收日光，树木易为热沙所烧毁。而水分蒸发过快，植物难以成活。大队役夫常取回作燃料，最易引火，虽青葱未枯者亦然。是此树保蓄水分既少，故生长亦短。沙碛中又产苁蓉，亦云，出沙面即烧毁，其理正与此同。此一带居民极少，竟无牲畜，盖以水草均恶之故。惟见一二小鸟飞行河碛中，生息于芦草内，是亦沙碛中之仅见者也。

9月15日　凌晨5时起，6时出发，不数武，见前队在此居住之迹。过土阜，经行平滩，闻大队偏北，余等偏西行，取其径也。滩上满布白细小石子，间有小石块，色与乌托海同，然未加人工制作。9时半，至哈格台好来滩上，拾石枪头1件，极佳。又拾刀片及石钩约十余件。往西前数里，有红土冈岭一道，横亘西南。蒙名甲子拉胡胃里，亦红土阜之义。10时经过此处，距起行约30里也。土阜上有三小土坡，徐先生将往观之。又10余里至半得内沙子，即沙窝之义。横贯沙窝，骑驼蜿曲而行。沙窝西北柘树成林，有枯槁而倒者，有半生沙中半出地上者，柘树之高者可五六尺，此为仅见。苇草亦茂，极目远眺，颇感清新。余在此下驼，步行出沙窝后即入草滩，柘树多枯。滩上多硝质，行时如履盐滩。盖此地已属拐子湖之边沿，其形势渐低下，若发大水，亦沦为湖泽，与拐子湖相连也。行

10里，至顶格胡格洞格驻次，时下午3时也，共行五十六七里。此地有井一口，在大道，水甚好。先是在沙窝前亦有一井，水亦佳，惜为沙所覆盖，掘穿方可，故不如多行数里而至此也。然彼在道旁，有今人居住痕迹，驼粪甚多，疑必有商家或蒙古人曾在此住，见地为沙覆，遂迁移耳。此地临大滩，滩在西北（即拐子湖边）。亦有沙窝在大道南北地。沙窝构造亦多东向，然亦有南向者，可见此沙窝除为西风所构成之外，北风亦可构成。其沙纹在沙窝外者向东，在沙窝里者向南，可以沙坎为佐证。由此亦可知风向与风力矣。由沙窝入草滩即近湖滩。

是日共行约56里。下半夜为余更班，早寝。上半夜为医生值班。

9月16日　昨夜为余更班，至12时半，尚未睡，而3时蒙古人均起，后厨师亦起，4时半早饭，5时20分出发，时天尚未明也。6时日出，吾人已行五六里矣。余自出发时即步行，经平滩，一直往西。7点25分过一土阜，阜上有一枯树，旁围石块作瑙包。道南有一沙窝，生柘甲。复前行，至8点7分上驼，8点50又行沙碛，约30分又行平滩。余于9点半复下驼。10点半至一树林，树大非一抱所能围，树干直立宛然如樯，近视之其干似榆，其叶如杨而厚，蒙人目为杨树，或然也。沙漠中以柘甲最多，其次为榆树，如塞拉在庙一带榆树亦多，然见此树，则到蒙古来为第一次也。树之高大比榆树犹过，同人咸止步观赏，并折枝为记。复数武，又有一林，树木枝叶繁茂，滩上苇草葱郁，旁有一井，水亦好，乃驻扎于此。棚帐咸扎林内一圈，风动树声，枝叶飘摇，漠外之林，真不减江南。晚饭后同徐先生、益占、春舫漫步沙山。沙山距此约七八里，时已 5 点半钟，至山前小山，已傍晚。余同春舫止于是处，春舫绘画余作笔记。徐先生同益占至南面大沙山，距小山约三四里，至夜尚未回，乃在山上燃火作信号，此地柘甲极多，已枯槁，最易燃烧。余掌火，春舫寻柴，或余觅柴，春舫掌火，火焰冲霄，光照数里，时大队亦燃火，彼此相对，亦漠北之趣事也。后徐先生同益占来，又添枯柴焚之，沿归途燃火，火光一线。及近帐棚，隐隐有音乐之声，人影围于火光圈中。视之，乃同人燃火团坐，放留声机助夜兴，或躺以静听，或披衣起舞，或寻觅茶水食料以充饥渴，时已 10 时 20 分也。不一刻而月出，光照树间，如火焰之燎于地上，余叫春舫，春舫叫徐先生共同赏月，因月出东北，而徐先生等面向西南也。及闻余等叫声，同人竞回视，月在丛树林中，方腾腾而起，如婴儿之堕地，赧赧然欲出不出，亦沙漠佳景也。及见月高树枝乃寝，而同人尚徘徊于火光中，留连忘倦也。是日行 18 公里。

是日庄去拾石器，至此地北 10 里地河滩，拾石器数百件，以小块刀片为最多，亦有瓦片，皆新石器也。

9 月 17 日　晨 6 时起，今此地草好，再放骆驼半日。下午起程。上午休息，作诗一首，云："九月十六过沙滩，芳林青草留赏玩；南登沙山看落日，东望明月出树端；大地黑沉焚枯木，歌绕风声催梦酣；安得夜夜复如此，阿南道畔且盘桓。"以示之徐先生及同学，相互推敲而欢，徐先生为余易一"催"字最妙。乃墨书树干，以作一乐。又拟再摄一影，而相匣毁，乃罢。下午 3 时出发，而余驼箱之驼困乏，乃换一驼，停了 20 分钟始行。仍为湖滩，4点20分，滩上硝如霜，间有积水。30分，在大道南有蒙古包一，帐棚一，盖蒙古人所住。苇草葱郁，又沙山一道络绎而西，沙山巅均向西，疑为最近东风所成。坎高尺余，或四尺不等，坎下坡仍向东，疑此带沙山仍为西风造成。山之两翼亦东向，不过受近日之东风，山巅随其转变耳。流沙亦西向，与沙坎同。盖此地已为湖泽，东北皆湖滩，现又为秋天，东风正多，因又变其方位也。又曲行至6时半驻次。今日共行3个多小时，不及25里。先是本队粮食缺乏，派德人行佩儿同器宝满二人，于13日赶前队取食品会合于此，在此等候本队已二日也。此地有瑙包一在道北，瑙包为柘树构成，外涂以泥，建于山坡，与蒙古普通建于山上者不同。瑙包上悬挂红布极多，如"有求必应""神灵保佑"之类。上款为年月，下款为挂红书信士弟子人名，悉与内地相同。其人民有山西代县者，有甘肃肃州者，盖为内地人所挂。亦有藏文经印者，盖为蒙古人所挂。又有一道红布上书"宣示中外"四字，可见此瑙包为汉人与蒙古人合祭之瑙包。瑙包神龛内有木牌数个，中间书"马王真君神位"，左右木牌上书汉字极多，多已模糊不清，揣其大意为商家伙计所书一段歌曲或故事，右一牌书"神灵保佑"，一书"……等于二月内……逃难于六日……"上下均有缺文，恐亦为人们向神灵诉苦乞求之词。上有一木牌书"活泼源头"四字，下有一木牌书"民德万应答报神恩"，上款为"民国十四年拾一月上浣祈"，下款书"信仕弟子肃州䵻叩"。牌位前设碎石块极多，疑以此当供品，牌前有青钱十六枚，以铁丝贯之，横列于位前，龛下又有立石一个，高尺余，似人形。

瑙包上插枯木条极多，如棘丛。又有木制剑形枪供于其间若干，或即蒙俗瑙包上枪杆之类也。春舫取红布及番经布石块各一以作记念。瑙包下有泉眼，作泥墙围之，泉水极清洁，自入蒙古以来见泉水以此为第一，故此地亦名瑙包泉；亦说是为阿拉善瑙包，未知孰是。泉水即在瑙包下东约四尺，疑瑙包正为此泉而设也。惜余到此已傍黄昏，未及细查，仅略记于此，是日约行13公里。

9月18日　凌晨5时起，6时半出发，仍行河滩，余步行至7时上驼。道南沙阜上有柘草，再南有沙山脉一道，悉西向，疑亦为东风所成，与阿南逃西之沙山相同。8点，大道两旁茅草丛生，高可隐人，间有积水，蒙古人饮驼于是。道南有蒙古包三。9点10分又有蒙古包二，此一带茅草随风飘摇，宛如麦地，土为泥沙，色黑，必肥沃，假如开垦当为良田。而今蔓草蒙茸，殊可惜也。11点草渐稀，午1时半驻于道南岭巅。到后略休息，食饼干数块，即到南面土阜下寻觅石器。土阜高丈余，上为麻沙石，已风蚀，又有火成岩渣。以余拾石器经验，凡泥灰土层而有火成岩渣者其下必有石器；盖古人居住非山上即河边湖滩。此处为湖滩，山上岩石为泥沙所成，则古时必为湖底。水下落，滩露出，新石器时代之人遂住于斯焉。若乌托海若统根乌苏皆然，此亦为考古家所宜知也。惜时间迫促，不及细觅，拾得数百件，而均以小刀片、石匕首为多，大若枪头之类尚未觅得也。归，饭已开过，乃食面片两盘。闻明日行路又改时间，午夜后2点出发，10时定驻。盖夜间凉爽，骆驼喜行，白天放驼亦便。此项办法与商队旅行相同，商队均夜行，白日放驼。惟启程则在下午 4 时，至晚 10 时住，稍异耳。明日只赫定、徐先生、春舫同行，以照相画图之故。赫德，狄德满，冯考尔因放气球亦同行。中午放驼。

是日住处为库伦哈冷，亦名苏纪。

是日约行 80 里。

向额济纳河前进

9月19日 午夜后1时起，3时出发。余等住在大道南，3时半方上大路。时月光如银，在昏沉之中照耀着荒凉静寂的草滩，凉风漫漫吹来，骆驼一步一步随红灯行进。前面仿佛有人影，近视却是枯木，忽焉大山在旁，忽然变为云烟，模糊景物漂移而过。好在队中中国人甚多，同几位同学谈闲天，不觉已是5点20分，漠外景物也显现了，至6时，红日已在我们背后冉冉欲升，霞光万道，乌云接之，如大军出征，旌旗前导，大队后随，月光星光渐隐蔽不现，黑沉的大地复变为光明的世界，我们也借着他的光辉，领略路上的景物了。这是我黑夜旅行第一次。7时5分，道南芦苇高丈余，同人竞折取作记念。余嘱达三代折一枝，叶如竹而厚，茎如芦，中空。余断一段为管，吸纸烟，若有清香。此一带芦苇极茂，晨风鼓动，颇为凉爽，蚊蝇未出，故骆驼亦不回头，缓缓前行。至9时，芦苇渐稀，地渐高，柘甲又现。时余又步行，10时半见道上弃有洋纸名片，疑为前队住处，取视之乃李伯冷之名片也。本团哈士纶（Haslund）应蒙古人之请，前往治病。大道北有井一，水颇佳，乃驻于是。余帐扎沙滩外，而渠等均扎沙滩里，虽然蔽风，可是太热了，昨晚9点睡，1时起，只睡四时。到后本拟即睡，而哈士纶又代余治骆驼，略与周旋。下午茶后拟就寝，而徐先生等至，遂谈天。彼此互换看林中日记，悠忽间天也晚了。晚饭后，登记连日在路上所拾石器瓦片之类，早寝。

是日约行50里。

9月20日　因连日大站，人驼俱困，乃休息一日，故今日未行。在所住之北约20余里有高山一线，矻立湖中，余拟往探之。上午10时带一工人出发，经沙滩，滩上满布柘甲，或青荣或枯槁。约10里起上阜，过此即为盐坑。一片混浊白色，若除面上浮沙，即白盐，颇细洁。据云用水淘后，再熬，即可成良盐。盐层分布南北约3里，东西约2里。过此，又为小沙梁，满布红沙石片或黑石渣。又10余里抵山根，山岩为青石，间有泥灰土。余在此小息，远观北面，浩无边际，隐约有山脉环绕，以意度之为60里。北面湖滩无大树，草亦不茂，地面间有泥灰土层或红沙石岩，其仍为湖滩无疑。在东北有岭遮蔽，不知边际，所在稍东即有大沙山，与南面西面沙山相接，环绕此湖。在西北亦隐约为高岭或山脉，总之此湖面积南北约百余里，东西亦百里。北部有一线山脉横亘湖的中间，成为小岛，岛为青石岩面，黑焦黄土，间有黑石。2时回旋，4时抵住所。住在大道西南。南面沙山疑仍有三四十里，尽为沙窝柘甲所散布。此地若设一小盐场，取滩上枯材熬湖中盐，亦颇有利，而阿拉善人未加利用。

9月21日　上午早茶后，请钱默满（Zimmerman）代余修理照相机，机中贯入沙子，致启闭不灵，按丝不挂入不能抽出，审视许久，后乃冯考尔（Von kaull）设法抽出。此器为旧器配合而成，多不相称，角度亦不准确。下午3时出发西行，经湖滩时赫定先行，徐先生、春舫次之，余同大队次之。余步行在队前数里，望之不见大队至，乃躺卧沙中以俟。经一小时仍不至，疑走错道或后面有事故发生。乃转返探视。见气象队骆驼，询之，方知大队失一驼，庄及二蒙古人赫施隆往寻未归，驼在此等候也。盖驼上有一麻包坠下，致惊而逸走，及一蒙古人跟追之，将及矣，团中黑狗又逐龀其腿，驼复逸，二人又紧追之，至东北十余里之沙山下方捉获。时大队等候不至，乃行，至6时半，而蒙古人以所失驼至。乃留二驼与庄等，复前行。7时至沙窝，沙山综错，时天已晚，不辨大路，惟跟驼迹行。8时见西面隐约有火光，知徐先生等已驻于彼处矣。又半小时，抵住处，约行30里。此地有柘甲，无水草，施隆及蒙古人亦至。盖庄同一蒙古人到东北，赫同一蒙古人到南面，不同方向而至。此地蒙名萨拉杂格。萨拉义为黄，杂格沙滩之义，盖云黄色沙滩也。道旁有井一，井边有枯柘甲一丛，井口亦以枯柘甲框之，井水颇好。在本驻处附近，晚间住一商队，为镇番人，在土格马庙贸易。彼等系到蒙古地收帐者。所带驼毛、羊毛约十余驮，皆蒙人以此抵债者。每驼约值90两银。据云此地距爱金诺尔约300里，五站可达，从此过三站为博尔特金，又一站为哈拉河图，即黑城。城至毛目百余里，至东海70里，在合黎河旁。额济纳王府亦在河附近。合黎河入东海子，即蒙名沙金鄂模。西有额济纳河，即昆独仑河入西海，蒙名索果淖尔。上流为弱水，即张掖河，盖自张掖流出也。此地南直抵甘州（张掖），东南为镇番，约十余站。此一带沙山直抵镇番及甘州北境。由此往西，至少不淖尔有水，亦生柘甲。前去至博尔特金方有好草，沙窝亦尽。此一带沙漠即巴丹札兰格大沙漠。此地为拐子湖西面尽处。自15日顶格胡洞至此地（萨拉贡格），共行五日，约195里。据商人云，此湖为东西湖，则南北亦应百余里，内生柘甲、苇草。湖东、南、西皆为大沙窝，则此湖正位于大沙漠之中也。地势昨今两日亦渐高，约900多米。

此地沙窝，其坎与纹均西向，疑亦多东风。侧面坡纹间有南向者，是间有北风。凡沙窝之正面，其纹与坎相向，侧面与背面不一。盖侧面之风小，故不能成沙窝，而可以有纹，风或旋转则成两翼，而为新月形。然沙窝以如新月形为最多，长直埂极少见，沙窝大体如此。从此处经沙窝，坎及纹均变为东向，则又多西风矣。

9月22日　昨日疲甚，达到后略食茶点即和衣而卧。至上午8时方起，略与商队闲谈一会，回写昨日日记。午饭后收拾什物。赫定及徐先生、春舫，时半出发。时热甚，骆驼不能行。本拟3时大队出发，乃改为4时半出发，余步行20余里，方上驼。所经尽沙窝。在5时半以前所经之沙窝，略有东向者，6时以后悉西向，沙纹亦同。时沙窝纵横崎岖，骆驼环绕沙窝弯曲而行，余等则徒步越山而过。余等行十分钟，骆驼须三十分钟方能到。以余裕时间，或躺卧沙山，或登峰远眺，看骆驼队如扁舟之浮于大海，随波浪而高下。沙山或高或低，或左或右，或张两翼猛扑，或成一字横列，或平陂可徐步而登，或陡坎若将崩陷,峰如利刃,色黄而静洁可观。柽甲丛于山下,芦苇杂生其间,若舟行浪底岌岌将颠复者,诚为浮海之奇观也。乃今在寂寥广阔之沙漠中见之,孰谓荒凉中无乐趣耶。约行20里至来胡洞。闻前面大水,有由古城子来商队亦从此过也。有井一口在道旁,在此带水四桶,复行。折向西南时已8时半矣。余等急上驼,复穿沙窝,只见黑影横前,不辨大道曲直。星光微明,北斗遥望若隐,看不清大地。余等南行,登高坡,攀峻岭,若是者数。又经柽甲林,又数里,又穿沙山,沙山之难行与前相同。出沙山口,即见火光,知前队已驻于彼矣。于晚11时半方抵驻处。自4时半动身至此时,已整行7小时,约33里余。平时每小时驼行7里或8里不等,此则每小时不及5里,观此可知道之难行也。此地东、南、北尽沙窝,远望无边际,西南为柽甲林。沙窝峰亦西向,其坡则两面或平。其峰或由最近之东风所成,而窝则为东或西风所成也。无水。在驻处北约2里有积潭,水浅而秽,不可食。据云此地有井,终未觅得。幸带水来,致无乏水之虞也。

是日住处为萨包冷诺尔。23日住处为苏金杂格。

9月23日 因昨日寝时甚晚,已1时,故今日8时方起。未及漱洗即踏查沙山,转了几个山头方归。漱洗早茶罢,拟作一站地表,分日期、地名、时间、里数、高度、起止、水草,并附说明。未作完,与春舫又谈几十分钟。午饭后收拾什物毕,到柽甲林中写昨日日记,颇凉爽,沙漠林中生活亦饶兴味,在于是否能感受耳。至4时10分随大队西发,偏北行。初为柽甲林,约10余里为黑沙碛,亦间有柽甲,幸地平坦,无高冈陡坡，故行走甚顺。初余步行，至7时上驼，时天已黄昏，饿极，食所带面包2枚，复乘驼行。9时又遇商队，询知徐先生等已住，距此不远。又行数里，望见前面隐约火光，按光进行，10时乃至棚帐处。与徐先生略谈一会儿，早寝。

是日所行尽大沙窝，自昆伦伟起，至沙不淖尔止，共百里，中包括拐子湖，自9月14日至22日，除过拐子湖外，尽行沙漠。据本地本商人云，此沙漠南抵镇番城外，北至外蒙，询以沙漠名称，咸不知。按地图（参谋部）北纬40°至42°，东经100°至104°为巴丹扎兰格沙漠，余所行正在北纬41°左右，则所经之沙漠必为巴丹扎兰格沙漠无疑。至于沙漠产物，除苇草外，只有柘甲林，其他无可生殖者，故此一带罕见人烟。汉族商人自萨拉格至此竟无一家。据徐先生说，博罗寸金有商店一家，然亦不在大路边，而沙漠已过此。沙漠中则无人居也。如此，余等在沙漠中亦未觅得一古物，岂自古即无人居此耶。此一带沙漠，自拐子湖东，沙坎东向；自拐子湖西，沙坎西向。盖拐子湖地低，因气流变化，湖东多西风，湖西多东风，因风向之不同，故沙窝亦有变易耳。然沙窝变化甚易，例如沙窝两面平坡均有水浪纹，必受两面风之影响，至侧面风又来，即为两翼。亦有原无沙窝，经风向之变易而忽成沙堆。例如拐子湖以西一带沙窝，多压大道，故大道数改易。而旧大道之积沙已高达三四尺或七八尺不等。则沙窝在十年内，如风力无变化，即可累积一丈高。沙质极易流动，起大风则腾起旋转为飓，故沙窝之峰巅，以足履之至髁，而沙即下，如水银泻地，尤以沙窝之背面为甚。至沙窝之正面，有水浪纹者，颇紧结，可以承足，因此而知沙阜新成者必松疏，多年积累者必紧结。迎风者必紧结，背风者必松疏，此沙窝构成之大略也。至若沙质，在拐子湖东者色黄，质粗，在拐子西沙不诺尔一带，沙细白如银，柔软可爱。余步行时，凡遇此沙，必躺卧片刻，以苏困憋。有一种黑沙碛，布地面甚浅。凡大沙窝以黄沙为最多，黑沙极少也。又如沙间平地，若非芦苇即为盐滩，地上硝土履之粒粒有声，草尽枯。拐子湖初必极大，后为西南来沙碛所淤阻。拐子湖疑即昌宁海，在东为鱼海，童世亨地图有为长宁海，南另有昌宁湖。又据《蒙古游牧记》称镇番甘州直北有长草湖，生芦草柳木，产白盐，故亦称长草湖。长草、昌宁一声之转，是长草湖亦即昌宁湖。小者为湖，大者为海，故亦可称为长宁海。童图长宁海在北纬41°左右，与拐子湖纬度同，位巴丹札兰格沙漠中。与余等所经过皆相符，彼此互证，则海为长宁海，沙漠为巴丹札兰格沙漠。

9月24日　下午3时出发。向西经柘甲林，约5里，复西行，经平原，微有沙碛，约5里许。又10余里，即见一大平滩，杨树成林，又见土垒数个，屹立其中。余知其必为古迹也。先是大队派蒙人斯老大到前队取物，在此等候，见余等至，远远相迎。而赫定合徐先生、春舫早已到此地矣。徐先生等帐棚均扎于树林之中，余亦扎于其旁，而各据一株焉。时已7时半矣。晚茶后即寝。

9月25日　上午7时起，未及漱洗，即到前面土阜上踏查，益占亦同予去，及将至，而徐先生已踏查归矣。土阜在余等住处之西南约半里，距大道167步，如土磴。上有方高柱如烟筒，咸为土坯砌成，高约十英尺，南北宽十四英尺，东西宽十五英尺。高柱下至平台约十四英尺，悉为枯草、柘甲条及泥土所堆积，疑为后人建筑鄂博或房屋之处。余等在此处拾瓦片极多，上均有"口"形花纹及蒲草纹，若以瓦片花纹证之，则为汉代古物。而砖草枯木何近也？岂建房在前，而土柱及枯草、柘甲乃后人所加耶？是不能无疑。泥封堆下即为平台，红泥筑成，周围 350 步，高五十英尺。又至土堆漫处，高十五英尺，周围 463 步。在台之西南脚，瓦片极多，半腰有炭灰土洞，宽广约三尺，土黑，疑为灶，必古时有人住于此台上也。台之裂处，观其下层露出沙土，是古时本为沙阜，后遂因缘作台。又此似为二台，第一台上有方砖柱及阶，第二台则颇平坦，形圆。每台直径皆 40 步，而两台连接若一。疑古时屯戍之所，一台住人，一台了望，而方柱及柴堆乃后人所为，或以之为鄂博也。余颇疑此处为汉代所置之遮虏障，或即居延塞亦未可知。自此处西南约 200 步有土阜一，四周有若土垣围之；又 800 余步有土阜二；又 340 余步，有土阜一；又 400 余步有土阜连接，若冈岭，上有瑙包，为碎沙石片堆砌而成。顶横木棍，形若小庙，在民地之大仙庙与此相同。土阜之高度悉同，均为红泥土所筑成，亦间有瓦片，与方柱台前所拾者同，或与彼为一时物也。阜四围土多崩陷，其崩陷土块多四方形，小者横直三尺五，厚一尺七寸，大者直六尺，横四尺五寸，厚四尺三寸，大小与汉黄肠石相若。其面甚整齐光平，疑为有规划之建筑，故崩块形同。此类土阜，从此往西及北，绵延若半圆形，或即古时所筑之塞坦也。余在此地踏查完毕，已下午 3 时。大队又西发，路过此处，余即在此上驼，随之行。大道沿半圆形土阜直径行进。3时半由东土阜出发，6时即抵西北土阜。时土阜往北行约五六里即完，则长亦不过20余里也。又土冈宽140余步，即见一平滩，四周皆土阜连接，若城墙，直径950步。又100余步方出阜岭外，地形略低，多柘甲，沿于城圈，若濠沟。此一带土冈其顶平，土色与博罗寸金同，且形势相接，疑为古塞城也。此地当甘州、武威北境。汉时，休屠王降汉，筑塞令居。在张掖者为东塞；在敦煌者为西塞。在东北部都尉治疑即北部塞或称张掖塞也。未知是否？记此存疑。出塞后又行2里余即抵大队住处，时已7时矣。此地名苏怀胡洞，有井一，水臭。略与徐先生等谈星月，即寝。

黑城之探查

9月26日　夜1时起，3时出发。此地无水，距哈拉河图30里，拟行20里住次。不料行至萨拉胡略迷道，乃停止前进，俟天明再说。此地井水甚臭，然较无水为佳，乃住此处。未久而徐先生等亦至，乃于10时同徐先生、益占步行往觅哈拉河图。往北偏西行约七八里，出柘甲林，上高岭，即望见一土城。初以为土风岭，未即以为真也。对准此处直行，经几次冈岭，及柘甲林，而城中之塔及城垛均显现矣。复前行约10余里，即至城也。先是达三同德人郝德（Haude）先行，彼时渠等已到半小时矣。即息于城西南破庙中。

庙顶圆形如蒙古包，坐西向东。门如中国庙式，旁有二柱，内凹入成门楼。四围皆有窗牖，内半圆形。下有砖砌之座，内四围均莲花式，计六层，上有葡萄式缀花建筑，雕刻形式不类中国，或自西方传来。余憩息于中约半小时，即踏查城墙，城四方均为土筑，上有横木痕迹。城垛为圆形，悉完整无缺。在城脚渐有水冲痕迹，然颇宽厚结实，不易倾颓，且年代又近，故能保存至此也。据本地蒙古人云，城中庙宇在民国以前均完整，佛像陈设均全，额济纳官府并派有人看守，及民国中有俄人自库伦来携物而去，至今毁坏，遂无人看守，因以倾塌。城西门296步，北门328步，南门320步。西门积沙颇少，东、北、南均积满。西墙南脚有破庙，已如上述，西城北脚附近又有一土墙，一破庙，内陈泥佛供器，中间悉有洞，皆为俄人所挖，以盗取古物也。有旗杆台二，空无一物，只剩围墙。北城东脚附近亦有庙房，悉颓破。北墙附近土埂纵横，间布满破瓷片，疑为古人居处。东门附近亦然。惟沙碛堆漫，无从考查古人居住痕迹也。亦有已倾番幢台二，盖大庙四周均有旗杆台，亦称番幢台，若百灵庙、塔土格马皆然。此可以类推耳。在东城东北约1里有塔一，中穿一穴，亦为外人所挖。后有一房基，周围约20步，四围尚有横木埋于地内。据说是喇嘛坟，未知然否。南墙亦有几个旗杆台，已倾颓也。城之东南北约1里余，有干河绕之，河无水，满布柘甲，间有沙山横亘其中。据本地蒙古人云，此河亦名额济纳河。初时水极大，居民甚多，故在此建城。民间传说曾有蒙古一王子居此，称西王。后有中国蛮子带兵自民地来，与之战，不胜，乃在距城南六十里巴得格博伦处，堵塞河之上流，水遂竭。此城遂为中国人所占领。又一喇嘛云，此乃明代之事也。彼河与此河（即余等住处）会合后入东海。言虽近无稽，然亦可备考此城沿革之一说。余四周踏查完毕，即自北墙小门入，在西北城隅有塔，极完整。塔上下均有洞，为外人挖破盗取经卷处。有一平台，内均为佛像泥供器。下城即见外人在此发掘痕迹，宽四五尺，长二丈余，深五六尺，上二尺为黑土，下均为沙土。是否取出古物，尚不知也。

城正中有土筑庙基颇大，疑为正殿。殿前有多方形小塔，颇有刻画。城东南又有已颓庙基三，馀悉倾颓。然观其土色，窪隆处，古人居住之迹犹可辨也。余嘱刘春舫绘一略图，已著其大概矣。余等在此踏查时，于隆起处拾有古钱及碎铜片诸物，然皆以唐、宋钱为多。所散布之碎瓷片亦以宋、元瓷为多。可见此城建筑必在明以前也。余在城内又拾纸片一张，内有"课程已"数字，又有"十三年二月"诸字。惜朝代建元诸字缺失，无由查其年代。又有文书类梵，文字待考。闻俄人科兹罗夫在此地携取经卷极多，或亦是类欤。

是日天气热极，及至古城，各人所带来水瓶之水已尽。下午4时而春舫携水至，急燃火煮之，真如饮甘露也。晚饭于西墙外平原上围坐而食，郝德分咖啡，冯考尔分馒头及饭。野外生活亦饶兴致。饭罢均露天而卧，惟余及郝德居于帐棚，恐露宿致病而不能工作也。余是日因行路太多，且疲倦已极，早寝。

9月27日　早起即从事照相与踏查。后庄永成等亦至，又捡拾古钱及铜片等若干。大队过此未留，复前行。赫定在城上绘图略，耽搁数刻，复前行。余与春舫仍在此处，因嘱春舫绘城中图，未完。余与王殿丞测量，春舫绘图直至下午4时，乃离开黑城西行，然图仍未完也。行约五六里，又见土城堆垒垒，乃急往探之，而庄及赫斯隆、冯考尔亦在城中，群以所拾古物请评辨，余一一为之检择。据庄云，在此拾古钱六，一为五铢，余均唐、宋钱。此城周围不及2里。城有二道，外城已颓，只剩土埂，内城尚有形迹可寻。城口尚有筑城时所用横木。疑此城与黑城为一城，黑城内修庙为居民所住，此为王府所住，未知其然否也。时天已傍晚，余今日尚未进饮食，乃急回帐棚。云明晨又将西发也，饭后即寝。是日住处为雅恨都怀。海拔966米。

9月28日　凌晨3时起，5时出发，6时又见有三塔，一塔后有已倾土筑庙基，余步行往观之，与黑城东北喇嘛塔同。途上又见半截石柱，上凿有孔，与黑城中所见者同。或为黑城移来，或为塔中之物也。又路过岔北去，疑与黑城之河岔为一，即古时额济纳河也。又10余里，蒙古人公博至，告大队住河边，距此约五六里。复前行，见一河流不大，有水，对岸树林甚茂，有商人住此。又里余，乃至额济纳河畔。大队住西岸，余等乃涉水而过，河宽约十余丈，水深处及驼腹约四尺左右。两岸杨柳树高者五六丈，大者盈拱，其叶似梧桐，驼夫称为梧桐树林。余家乡此树呼为乌蕉树，然不结子，仍从蒙古人称为杨树也。河水西南来东北流，约90里入索果诺尔。此地风景佳甚。同人至此咸欢呼好风景！好风景！盖久未之见也。然余家乡，宅临湖滨，此类风景亦所常见，至起故乡之思耳。8时抵河边，余帐棚即扎于树林深处，白昼不见日光，只见树枝摇曳，而风不落地，亦佳景也。据蒙人云，此河过去往西60里又有一河，即磨郎河，入西海，即所谓加孙淖尔是也。东海水淡，西海水咸，风景亦以东海为佳。大队拟住此处，派人寻觅设立气象台处。又一蒙人云，从此往东北80里有果什根古庙。王爷府即在东河之间，有大庙名搭士掘林庙。又云东尚有边墙一道，渐为沙碛所埋，未易探知也。其所说如此，再待证实。是处海拔为958米。

9月29日　余连日倦极，今日上午方将所采集物品登录完竣。下午拟写近日日记，然懒极，仍放下，与徐先生等闲谈尽日。

9月30日　今日外人将盗骆驼者捆绑演电影，春舫告余，同告徐先生，及徐去而彼等已演完矣。外人对于中国咸取侮辱态度，轻慢实甚。唉！余今日仍不舒，中午发热，恐病将作也。

10月1日　病愈。将连日日记补写告竣。余虽在病中，然计所写亦有4000余字。

10月2日　余明日拟出发探居延城。今日始将采集物品换箱，另行改装。计装五箱，第一、二两箱为黑柳图河采集品；第三箱为因土斯太化石；第四箱为乌托海石器；第五箱为自阿拉善以西至额济纳河所采集之件。上午装毕，下午又同徐先生议双十节纪念国庆事。旅行茫漠之中，无可罗致，然亦不能不有所点缀，以表示民族性。拟于树林中悬挂"民国万岁"的布匾，外以树叶扎之。并制国旗一方，以致敬礼。是日汉人、蒙古人联合志庆，并请赫定演说，蒙人及学生演节目助兴。委刘春舫办理此事。虽居塞外，不忘国家，亦吾人所应为尔。惜余明日即出发，不能恭祝，实为遗恨。又书信稿三封，一致理事会报告经过及抵此处情形，一致新疆杨鼎丞及甘肃刘郁芬请其保护。草毕交徐先生，由到毛目之人办理也。

10月3日　上午早起收拾什物，拟今日下午1时出发。又书致杨增新函一封，已12时矣。饭后与赫定告别，专等骆驼，待至三时，骆驼方至，皆乏，卧地不能起。如此何能行远道，乃决定今日不走，与赫定交涉换骆驼，辗转数次，方交涉妥贴。大队乏驼共二十余，在此中选择好者带去，还要留下到哈密之驼，又因牵驼者不能蒙语，反复换易，直至晚间方就。徐先生颇费唇舌，可感也。

10月4日　早起即收拾什物，俟换骆驼及牵驼者均办妥，于11时出发。先至东北1里许蒙古包处探询道路，乃顺河流西岸北行。满地柘甲丛林，无路，乃穿林而过，披棘斩草，行之甚艰。约14里许，渡一河岔，乃东行，亦无路。至直河边，又边河东北行。柘甲林中有小道，沿之行。远望河对岸山上有一瑙包，与蒙古人所说相合，乃自此过河。宽约半里，中有一滩，滩上沙山柘林横藉。初骆驼过西面河沟，水浅颇顺利，及过东岸，河沟水较深，然最深处亦不过三尺，惟沙泥沉淖陷驼足，将及峰矣。一驼陷于泥中，由三人扶之，多方乃起。驼既不力，又行河道泥淖，宜其陷也。乃驻扎河东岸草地，时已4时半矣，余即至瑙包上一视。瑙包有二，距河边里许，均在沙山顶上，柘甲丛茸，山下望之，皆用柘木条圈围而成，中树一竿，竿头有经幢，无幡巾，是与乌拉特又异矣。在瑙包东略南里许，有白塔一，若新塔。前有破庙基一座，土砖所砌，已颓然。庙中砖瓦尚有存者，皆近时之庙。庙南有土房一间，蒙古包一个，皆住蒙古人，马及驼甚多，颇富豪。拟明日同老杨往探，借询问一切也。又河边至庙，处在柘甲林中，道路纵横，皆为沙及柘林所掩，疑此处早先人烟必繁稠，且有由哈拉河图至东海大道，后河水偏西，此路乃塞耳。（二三年前西河水大东河水小，一二年来东河水又大矣。）又闻庙东有一道干河，是否即哈拉河图之河，俟明日探问方知也。归已7时，食羊肉拌面条，补写昨今两日日记乃寝。是日约行20里。住处为察罕苏不拉。

10月5日　上午7时起，饭毕，即收拾行李出发。余先去破庙，旋至白塔前视查。塔周围24步，每方6步，塔形与京中白塔寺相同，惟较小，塔台座四隅有兽头。塔上无藏文字可异也。昨有蒙古人二家住此，今往视查，已杳无一人。蒙古包及土房咸关锁，似远徙者。然包中及房内之什物还存在，且有一驼在前，必此地人闻余等至，惊骇以为外国人来，暂避之耳。昨日询问古庙于河边附近蒙古人，据云：此地人最畏惧外人，因外人常至此地发掘古物，败坏风水，然亦无力阻止。故每见外人至，不告道路，不说真话。余乃河套内蒙古人故告之，他人不告。则此处蒙人之避走，或亦为此。不得已，乃东行，有干河岔北去，然无大道。至一河边，河北流，远望对岸有一群羊，一蒙人骑驼牧放。遣老杨渡河探问，乃一小孩，不甚悉。后余同杨同往蒙古包，及至，见蒙古包二，一住喇嘛；一住蒙古妇女，年三十余，有三个小孩。妇女出，迎进包中坐。此地名借里格拉。哈拉河图在东南约80里，果什根庙在东北15里，路极不好走，余雇一喇嘛引导至庙上，工资洋2元。下午1时自借里格拉出发，东北行，两旁皆胡桐红柽。1点45分渡一东北流河岔，沿之行。又偏北行，2点15分至一无水河岔，两旁间有沙滩，沿途皆胡桐柽柳。西行至杂格诺尔，住于河东岸胡桐林中。据喇嘛云，此地距果什根庙还有20里，在该处问15里，行三个半钟头还有20里，蒙古人之里数不可凭如此。此一带无大道，满地树林柘甲，若无引导，万不能行。此地蒙古人不多，而又深藏于树林中，寻之极难，然沙中驼马之迹，似非无人居者，深可怪也。林中每有用柘甲圈围之方栅，高约三尺，前留一门，中驼马粪甚多，或即在此中圈放牲畜。旁有泥涂土灶，必为放牲人所用。间有汉式土房，多用柘甲作架，再涂以泥。苏不拉庙则墙基均为胡桐木料，上加砌土砖，用石者甚少，与乌拉特异。此一带河流甚大，虽不深，然尚可行小船，而蒙古人未加利用也。此地胡桐大者盈拱，高约三四丈，以之建造房屋极为适宜，然枯木遗弃满地皆是，或有锯断者亦抛置荒野，宁住蒙古包，而不室居，亦习俗使然。此地蒙人喜衣长衫，腰或系红带，或不系，其边缘必镶二条，一宽一狭，青色镶白布，白色镶红布。女人发辫左右下垂与阿拉善同，然阿拉善有布缦套之，此地无，风俗稍异也。

10月6日　上午8时出发，8时45分即抵果什根庙。庙为土砖砌成，墙犹存，墙基似夹有枯木。中为正殿，两旁有二配殿，东西皆喇嘛房，约二三十间。庙西北隅后有一圆土墩，必为已败塔基。庙中间有残砖瓦，皆为近代之物，中有木炭。相传此庙为回变时所焚毁，事在同治七年也。是时新疆回民回流至甘肃，左宗棠、刘锦棠尝率兵平之。甘肃赴新疆之路必经此地，则此说或为可据。至此庙建设，相传在清雍乾间。余在废纸堆中拾残经卷甚多，中有非藏非蒙文字，喇嘛谓为唐公字纸，必为唐古特文字之音讹。雍正中，奇特至唐古特还，梗于准格尔，乃表请西藏达赖求牧地，乃赐额济纳河，则此地有庙，中用唐古特字，亦为当然。其字为西藏草书变体，效藏文笔画另行组织，犹西夏文之仿汉文笔画另行组织义同。其连缀式，略同于拉丁文字，若不知者，误以为外文也；与蒙文也根本不同，蒙文直行，此横行，此其大异也。惜余不识唐古特文字，略述之以待知者。下午3时饭后，乃出发，沿大道至桑古都儿驻次。

此一带间有沙山，满布红柽胡桐，驻处滨都沟儿水，水北流入东海。驻地前（东北）有一草滩，约广十余亩，额济勒官府在其西北约 10 余里。此地人服装大体同于阿拉善，惟有人眼睛有呈碧绿色者，身躯亦不如阿拉善乌兰布盟人之高大。本地土居蒙人甚少，乌兰东大贡人及鄂尔多斯人尝移徙至此。此地蒙人亦有懂汉语者，惟胆怯甚，见外国人则阖家徙避。据一蒙人云，前者俄人（加什诺夫）来此，蒙人多避，官所亦逃，他曾为之引路。又云东海边有山，名诺阴博克达，为哈拉罕所属。东海至西海约 80 里，至末林沟儿有大道至甘、肃二州境内。

古居延泽之探查

10月7日 上午9时40分自东都沟儿出发，沿河北行。所经皆红柽胡桐，道路为之隐蔽，颇难寻觅，驼过柽林，刺刺有声，衣服箱笼遍落枯枝，行25里至草滩驻次，已下午1时矣。此地距海约20余里，可以遥望。此一带略有沙碛，不大。沙窝之东即海。海呈青色，形如半月，即《禹贡》所谓流沙也。《水经》云：流沙地在张掖居延县东北。注曰居延泽在其县故城东北，《尚书》所谓流沙也，形如月生五日。弱水入流沙，流沙，沙与水流行也。《元和郡县志》云：其沙风吹流行，故曰流沙。按此地水北流，沙窝亦必东北向，因地形北低而南高，多东南风，故沙流偏西北，而水亦西北流，故曰沙与水流行也。又额济纳河即《禹贡》之弱水，出山丹县与张掖河合。张掖河出经张掖县，谓之张掖河，又名黑河。西出合黎山，又名合黎水，出边墙流入亦集乃界，通称额济纳河，入居延海。按《史记索隐》云：《水经》曰，弱水出张掖山丹西北，至酒泉合黎水入合黎山腹。《史记正义》云：合黎水出临松县东，而水流经张掖故城下，又北流至县北二十三里，合弱水；弱水自合黎山折而北流，经沙碛之西，入居延泽，行千五百里。观诸书所云则弱水亦即额济纳河也，然郑注《禹贡》云：众水东流，此独西流，似与北流之说不同。余今亲履其地考查探访，乃知其故矣。额济纳河下流至苏不拉格苏木处分为二支：一支往西流偏北经额济纳王府西南，西北流入喀巽淖尔，故此河又称喀顺沟儿，郑氏所谓独西流者指此河而言。一支北流经昆独伦入索果淖尔，故又称索昆独伦河。昆独伦乃此地地名，当额济纳牧地北段，河水自此过，因以地名名河，并非河之原名也。在南段（上段）谓之果勒穆伦河，亦以地名名河，与昆独伦同。主河水小，名甚多，随地而异，如杂格沟、东都沟儿、索果沟儿，皆为一河。犹同为一弱水，有张掖河、羌谷水、合黎水诸异名也。《会典图说》以额济纳河自肃州北者目为昆独伦河；齐召南以分支西流之小水为昆独伦河，皆失之也。又按此地有二巨泽，东为索果诺尔，西为喀顺诺尔，何者为古之居延海耶。据诸书所谓居延海在居延城东北，现居延城即未觅着，则居延海亦不能定。然以意拟之，似以索果诺尔为居延海。按诸书所说皆本《禹贡》流沙即居延海。《史记正义》又称弱水经沙碛之西入居延泽，沙碛均在索果诺尔东，则沙碛之西即居延海，可为一证。弱水即昆独伦，而弱水所入为居延海，则昆独伦入索果淖尔，为居延海，可为二证。郦道元注《水经》云居延泽形如月生五日，索果诺尔形如半月，正与郦说合，可为三证。至喀顺淖尔所入者为木林河，现已无水，旧时亦合于额济纳河也。一说二河古为一河，后分为二，未知孰是。

下午饭后，闻知额济纳官府距此地不远，拟派人先送礼物，再亲去拜访。计哈达一方，供品一盒。余偕庄游庙上，庙在府之东南，中正殿一，左右皆喇嘛房，略同土格马庙。据本地喇嘛云，此庙系由察罕苏不拉格庙移来，现正修理。庙之西滩上有陶窑一，系造庙烧砖瓦者。又有二僧坟，内系土砖砌成，坟上满布石块。王府在庙之西北，左有二土房住兵，府前有蒙古包一，后为土房一院，约十余间。此地凡换易牲畜，必往王府。余等送礼去，即问你们骑牲要不要换？

10月8日　上午8时半，余偕庄及一牵驼者骑驼到湖边观察，路遇施老大，知渠等已游喀顺诺尔归来，再游索果诺尔。据云两湖未联结，中亦无河为界，满为沙碛。余等至湖之南岸偏西，绕往北面，至一瑙包上休息。时已下午1时矣。瑙包两旁为石块砌成，后有木栏围之，包上满插棘戟，中有一竿，悬挂幡布。包前石砌一小神龛，插二木剑，并陈马羊豕牛泥俑贡品，前有一土台，陈泥制蜡台酒杯之属，前面悬挂哈达多方，包两旁小石堆甚多，或为分界之用。余在此摄影二张。在瑙包上西北望，可见喀顺诺尔中隔沙碛，然此一带土质尽泥灰质或红泥质，并有冲洗痕迹，疑古时此地皆海，后水涸，高者成为沙碛，低者潴为湖泽，居延海遂一分为二矣，古本为一湖也。现索果诺尔有水处四周不过60华里，南北直约10华里，南东西约20华里，北东西约30华里，形如覆盆，水淡色，青浅处时露水草。瑙包西北隐约有大山脉绕之，据本地人云为诺阴博克达，距此地400余里。2时半始返，直西偏南行，经沙碛之西，在湖两旁约10里许，又为湖泽地面，硝土履之，刺刺有声，产苇草及柘甲，可见此地亦为湖泽。距湖边不过三四里地，水大时亦必漫延至此也。后又经湖水西北沿，距河边五六里皆见水。余等乃绕西北行，复向东渡河归帐棚，时已5时40分也。归时王府已派人送礼物来，早来一次未遇，晚又来。贝勒遣其子送来一双幅哈达，其人衣喇嘛衣，镶边、便帽、帽尾有红须，亦喇嘛也。并告以见公爷事。彼云，已70余，耳聋目昏，不能多言语，如一定要会，亦未尝不可。又谈及庙中事始归。

10月9日　上午7时起，遣老杨请施老大，适施等已移动，未来。下午1时渡河向庙西，余乃至郝默尔驻处，并托郝斯隆带信给徐先生并邀郝默尔等同至王府会王爷。先至王子府，亦土房，守卫人以王爷在北上房，又至北府。进入王爷宾馆，有四五人在熬油，余等乃在南面坐。有小土台告入内报告，不一刻而王子至，以王爷名片来问候，辞以目昏不能来。余乃道明来意，请派人作向导。承派一人，4时同自王府出发。上驼西北行，经红柽林，约行5里，见一红土磴，磴为红土坯砌成，疑即古之遮虏障也。复前行约1里余。鄂博沟儿自东南来往西偏北去。过此，红柽渐稀，经行沙碛，又偏北行，6时又见河流，6时40分至河岸驻次。此地有沙土堆数个屹立沙碛中，地名撒开。饭后蒙古人到前面瑙包处宿。今日西北风颇大，冷极，衣冬衣犹凉也。在南方约12月中方如此，在北有诺阴博克、达托斯达二大山，山上已有积雪。托斯陶距此地二日程，诺阴博克达四日程。喀顺当在西也。

10月10日　上午7时起，饭后拟出发，适蒙古人领引导者来，渠要回王府，乃偿洋2元，纸烟2盒。余等乃西发，时已

10时也。约数里，11时至蒙古包处，临河边，余等骆驼已疲，不能过水，乃雇蒙人的骆驼渡余等及驮箱笼过河。1时由河南岸出发，向西略偏北行，经红柽林，约40分钟过水。鄂博沟儿至此，水入平地，四散于道北苇草中。间有污泥，余等乃正西行。道南间有沙滩，不数里，下午2时经行一干河川，由南至北亦入喀顺诺尔，疑为鄂博沟儿之故道或其分支，水向东入海，故此沟遂竭。复西行，间有沙碛，约30分钟经行海滩之北，为苇草，已临海边，滩之南为平滩，黑沙。又行1小时30分，即4点钟，抵穆伦沟儿驻次。河中无水，据云，从前尚有水，惟今年水未至也。此处距海不过20里，惟海边污泥难行。拟明日往西转北看海也。自撤开西数里即见海，据本地蒙古人云，海东西甚长，自西南角至东南角计三日程，约三百里谱。此为弓弦，若弓背则更远矣。以蒙人所述形式似弯月，则《水经注》所云，月生五日，系指西海也。又鄂博沟儿即大队驻处，爱金沟儿之上流，因经苏不拉格庙侧鄂博往西，故云鄂博沟儿，经王爷府前西北入西海。余疑郑康成所云，众水东流，此独西流，即指此河，然则此河即古弱水之下流矣。又此河西流两岸皆沙碛，亦与弱水经沙碛之西一语暗合。据此，则古人所说之居延海，或指西海，亦未可知。否则，两海古为一海，亦有理由可说。索果诺尔西部距喀顺诺尔东部，相距不过20里，中间虽无水贯串，然据蒙人云，地为平滩，间生柘甲，地亦有水冲洗痕迹。再就余所见者证之，在索果诺尔西南地低下，平滩中有苇草及硝土，再往西至鄂博沟儿北，亦高岭大山，虽撤开一带地略高，有沙堆，然在北地较低，为柘甲滩，再往西行为今日所行之硝滩，更为浅水之处，是古为一海，亦可信也。又昆独伦河入东海处，至鄂博沟儿入西海处，相距不过20余里，水大时有会合之可能，且中又无高岭之间隔，后因水小，遂因地形之高低而分为二矣。至鄂博沟儿之西流，而入西海者，余细考之，盖额济沟儿至苏不拉格处东面皆沙山，阻水东行，故偏西，又经王爷府前之高沙岭，故水道西流，又经撒开一带之高沙岭为之阻，故水复西流入于西海矣。而东都沟儿何以人东海耶？亦苏不拉格一带沙山为之障也。额济沟儿被阻于东，遂西北流，鄂博沟儿被阻于西，遂东北流，至王爷府前又经高岭为之分，遂一由前往西，一至侧往北，而府北又为平滩草地，无沙山峻岭为之障，故入于东海。此两河分道之由也。因两河分道，而海亦遂分为二矣。海之形在古本为一新月形，必两边下垂，而中间亦窄，在水大时本可连贯为一，水小，而高低之形遂见。以现在情形观之，在东海望西海在其西北，在西海望东海在其东，若连贯之，适如弯月，然因中间窄小，故风吹沙起，叠积为阜，而水不至，地遂日增高，两河又不同道，各至所至，海遂分为二矣。又以河之故道证之，东都沟儿水本自苏不拉格庙侧过后渐趋东，是偏向东也。穆伦沟儿故道，在鄂博沟儿西里许入海，现偏西了，是古时两河入海相距更近，中间20里高下相等，后因各种因素，遂各分离，而居延海乃失其故迹矣。古时居延海之形势既定，则居延城在何处亦不难推知。余前以为在东海西南，实为错误。居延城为汉时行军必由之区，若在东海南，则北伐匈奴必经西海，西海长三百里，污泥坎陷，何能行军，匈奴以千人阻于两海间，虽百万士卒不能过也。且汉时出军由北地郡往西，故右贤王断其右臂。右贤王地当今之乌里雅苏台科布多大道，正绕西海之西而过，则居延城必在西海西南角，可断言也。至居延塞则疑为南北墙，昨日余见道上一土墩，疑为其北部。又据一蒙人云，在大队住处之西，乃任克尔有一土墩，疑其南端。筑塞，所以防东面敌人，即左贤王由东海东面绕来，故筑塞以敌之，而可一意西伐，故汉代北伐匈奴平西域，不见匈奴之扰乱后方者，一则为居延海为之障，且有塞以防之也。居延之所以为历来重视者，因此。至若遮虏障则在居延之南矣。

  10月11日　上午早起。雇蒙古人三骆驼，余偕庄、老杨及引路者渡穆伦河向西北行，所过皆苇草盐滩，地面呈硝质。据蒙古人云，水大时亦可至此。西北行约4里，至一干河沟，沿干河沟西北行约四五里，干河至此入海。据蒙古人云，此河在上流80里地，由穆伦河分支而来，河宽驼步五十步，较今穆伦河沟儿为宽，疑此干河为穆伦河故道，后水向东移，此河遂涸，今穆伦河又竭矣。又半小时约行5里，抵海滨。海自驻处亦可望及，惟海滨污泥甚深，水漫草中不能至也。此处海滩颇大，因地形略高，滩呈白色，盐浮于面，间有水草壅积，时天甚寒，水凝为冰矣。日照之发光，尝之味咸，下即黑泥，驼不能至，乃步行至水处，照相二张，一摄海北之托斯达，一摄两海间之诺阴博克达。复西行，至一沙梁，余见水层石极多，略为注意，遂于石灰岩中发现动物化石甚多，命彼等照样采集，自12时至午3时，乃采集数百片，惜皆同一种类。余采得一化石，小孔如峰窝，与海绵颇相似，疑为海绵化石。义有一化石带蛤壳者（失之），此其异者也。然此处沙梁横直数里，此类化石多极，惜无暇仔细检查耳。此类化石在古动物学上属太古期,据此则此地之为海自太古已然矣。余等照相之地即托克达南,宽不过数里,往西则渐大,古人谓为弯月形又误,不过后来水向西北积,而海西北遂宽大耳。3时回路,5时到帐棚,饭后略休息整理采集品,而天色无光矣。

10月12日　上午7时起,今日本拟向西出发,沿喀顺诺尔西行,至大道,据蒙人云,须两日,无水。后乃改向木林河南行。上午10时向西偏南出发,渡河,西至草滩沙碛。12点25分至干河川,从干河川中约行20分钟,转南行,即两河之中间也。所在皆河滩,苇草、茅草、柘木皆已枯槁,滩上间有硝质土,踏之有声。间有草根被沙水浸入,上壅泥土。枯草之曾被水冲过者,咸东南倒,因此余疑干河为木伦河旧道,河水向东转也。当初水大时,水可两边流,因此滩旁发现有许多小水沟,皆分水所致。及水小,遂分为二,又小遂归东而不入西道矣。下午5时行近木伦河畔,5点45分驻于河旁。河东岸有沙山,水遇阻,不复东转。沿岸胡桐成林,如额济沟儿,当有水时,风景亦佳。此地有蒙古包一,自哈拉罕界移来。此地名阿都博克,往南为东都博克,再往南为乌兰伯里根阿都克。此地距沙拉夫鲁松约60里,在其西略北,为余等明日所至之地也。

10月13日　上午7时起。自阿都克向西北出发,经平滩,红桎柘甲悉已枯槁。约1小时许,又经一干河沟,至12时皆为草滩,地形亦渐高,地面有小石块,旁间有小沙滩。自4时半,地形渐低,亦为沙碛,草水俱无。5点半抵沙拉夫鲁松驻次。此地距西海西南边约30里,有大道数条,均由海至察拉盖入莫伦河边。从此往西约 10 余里有大道至肃州。有至乌里雅苏台大道至爱克苏怀与木伦河大道会合，又有一道至固尔本山。此地有一汽车道，据蒙人云，今年 3 月方开。有俄人自大库伦行汽车一次，后无继者。自大库伦绕海西边，经此地，至王爷府，转至甘州。此一带虽为戈壁，然为甘肃至科布多、乌里雅苏台、大库伦通衢。左为居延海，右为固尔本山、舍利本山，北为托斯图山，形势险要。在汉时为出兵攻右匈奴及至乌孙要道，历来均颇重视，故在此建城池。本山疑即毕道山。明永乐攻下亦集乃路毕道山，询之蒙人，无此山名，疑毕道为笔架之误。本山形似笔架，故取名。元亦集乃路在居延海西南，亦即旧土尔扈特阿拉布珠尔牧地，后始迁至额济纳河畔耳，故余疑居延城亦在此地也。然余等骆驼不能行，不得踏查，奈何！此地大道旁较低，有柘甲沙包，一泉流于沙碛之中，疑为古河川。不然。古代均为交通要地，无水岂可耶？昨、今两日所行之地，均为海滩，今日地形虽高，然沙碛中外现硝质，呈白色，低者掘下为污泥，可见此一带古亦为海，后为风沙所积，地渐增高耳。余经此之踏查，颇疑海北转，水故小；古代水大，渐向南；古时河西边出，后亦东转，因余所过自东海边至西海边，距河 70 里地皆为海滩可证也。

10 月 14 日　因连日大站，今日休息一日。上午 10 时余等偕蒙古人共四人到西海西南部查看。顺大道北行，道两旁皆以堆集鄂博为识。此路绕海西隅至托斯图。又西 20 里有一道至固尔本山，至乌里雅苏台。据蒙人云，去此 40 里大道边有土墩，疑亦为遮虏障之类。沿途皆沙碛，初行 10 里，地形渐高，又 5

里，至 12 时，道西有土堆累累，疑亦为古遮虏障。余踏查一遍，摄影一张。1 时半，又北行，2 时半方抵海隅。地形亦渐低，然高出海面亦约四五丈。海滩白硝遍布，时有水成岩及青石。余在此摄影一张，乃转走，时已 4 时矣。见驼迹甚多，步大而无指甲，据蒙人云，此为野驼之迹，远见有驼数个，似避余等，疑为盗，近视，乃外蒙商人运皮毛至甘肃者。因此地时有盗匪出没，掠夺骆驼，故相疑耳。老蒙古人分道寻水，觅得水颇佳，晚间饱饮一次。此地西临马兰戈壁，而有二日无水，故仍拟由此向南行也。

10 月 15 日　上午早起，蒙古人因马逸，要归，乃遣之去，给洋 5 元，又奖洋 1 元，面粉 2 斤。余等于上午 10 时 45 分沿大道及沿车道南下，大道两旁均有木竿作标识，间有上书蒙文者。又有木牌画两手掌相对，或用木柴堆积小鄂博，亦为指路之用。至 12 时见一东西大道，乃由归化至古城子者，并有驼迹，疑此二日来过商队。归化至古城子道甚多，此为北道。又沿大道南行，据老蒙古人云，如前行见土堆上有鄂博，即有井，可驻。至下午 5 时，方瞭见鄂博，乃离大道东南行，5 时 30 分止瑙包下，驻焉。今日所行沿途皆沙碛小石块，红桗多已枯槁。先是，蒙古人云，由沙拉夫鲁逊至瑙包 20 里，今行 7 小时，以每小时 6 里计，亦有 40 余里，蒙人里数之不准如此。余等骆驼全乏，不能行，余今日步行 4 小时，亦苦矣。

10 月 16 日　上午 10 时向偏南方向出发，11 时上大道南行。1 点，有许多干河沟入木伦河，1 时 15 分抵察拉盖，渡木伦河，即驻于河东岸，时 1 点半也。木伦河大道在河东，至此，则入木伦河大道矣。大道旁有井一，水好，余等驻于河畔，掘水汲饮。此地有蒙古包一，饮驼于河坑。据云，南去毛目须六站，在天仓附近有古城，一半在坡上，半连马宗山。西南则古城甚多也。余等驼乏，欲向彼等雇驼，不可。盖东家不在，放驼者不敢作主也。

10月17日　上午8时半出发，向南行。9点35至残塔基，中藏泥佛像供品，又前行半小时，抵木伦河畔。复前行一小时，至巴把尔海驻次。此地有蒙古包二，一蒙古人年六十五，名末林，为额济纳老财。养驼二百，羊六百。在洪宪时代曾充当一次委员，曾到北京十八次。北京话极佳，人亦通达。余等向彼等雇驼，适驼外放，不得归。乃代余等雇得一驼。雇彼之马一，并托存箱两口，乏驼三匹于此，候归队后再来取。余等可以轻装就道至大外城矣。此地西约6里地至乌兰参记，为一红土堆。派老杨向蒙古人雇驼，余同庄到红土堆查看。土堆为土坯砌成，为一新建筑物，与博罗寸金土堆同，而无其大，且无瓦片，必前为土阜，后在此建瑙包者，非古代建筑也。归后与老蒙古谈，据云，王府前在者格得河边，即西庙附近。西庙对东庙而言（即新王爷府地），蒙名胡芦诺苏木，两庙均同一名。光绪中（三十四年）始迁入今地，盖易王也。

10月18日　早起与末林将诸事办妥，交洋7元赁马，外交订洋10元。自阴历二十三日计算，每驼驴日费洋1元，存箱二口，驼三匹，送胰子一块，生烟一包。乃向南出发，2点20分至西庙，蒙名霍叶同胡奴鲁，霍叶同为西，胡奴鲁为庙，盖指王府庙为东庙也。西庙自东庙分来，新庙建筑未久，与东庙大小相同。正殿二层，与昆独伦同。庙后（南）有白塔一座，后有瑙包庙，东有钟台一座，晚有上西藏拜佛者驻此。余等即驻于台西坡下平地。者格得水亦为旧王府所在，光绪中始迁至昆独伦河畔也。傍晚巡视一周，无他物，惟见土砖委地，系建庙所遗。又有旧瓦片，则为旧王府之遗也。又拾残字纸一张，为光绪四十年贝勒与肃州协统往还公文。

10月19日　晨7时起。为庙及赴藏拜佛喇嘛之棚帐照像二张。8点45分向南出发，由庙西傍木伦河分岔中间大道上行。木伦河在庙之上游，分为二支，一支偏东，一支偏西，庙适在两河中间。庙东南4里有旧王府遗址，位于东支河畔。巴图永东为者格得水。府址不大，约当北京小三合院一所，咸为土砖砌成。复前行，沿途皆枯桠胡桐，左右两河犹时可望见焉。12点5分经西支河旁边，1时25分为两河分支处，宽广百余步，余疑分支处即为下游两河也。据云，水大时两河均有水，然下游支沟颇多，水由西支至东亦势之所许也。西河间滩地形颇低，树木成林，然因河畔之沙堆，故亦能阻水，分为两支耳。复南行偏西，地形渐高，3点25又经戈壁，至5时天即傍晚，乃转向东南，至木林河套驻次，时已5点45分也。河内有积水，大河东坡高出水面约五六尺，西为平坡，西庙河亦同此，亦河向东移之证。此一带树林甚多，除胡桐之外尚有酸枣树，蒙名者格得，果实形如枣而小，色黄红，上有粉刺，味酸甘。叶扁长而绿，高者亦三四丈，与胡桐等，在阿都博克见到一株，未结实，至此地方茂盛也。此地鹊鸟亦多，巢于树上，自旅行来，从未见鹊巢树上，至乌兰参记始见。由该地往南，鹊鸟亦渐多，早晚大乌鹊喧声震耳，亦近日所仅见也。

  10月20日　上午7时起，8时50分出发，向西南上大道南行，穆伦河在东，途中犹时可见。仍为沙碛、红柽，至1时50分至青山头。按参谋部地图，当为察冈托罗盖山脉，东西横亘，广数十里，汉名中郎山，山为沙积，青石崎出。山脉东面环绕，大道经行其中，全为草滩，地肥饶。至4时30分见道东山上有土墩，即拟在此驻次，而不知山在河东岸也，5时乃驻于河西岸。此地沙堆甚多，上覆枯草枯木，疑非自然形成，或为出征兵士住地，亦未可知也。草深数尺，高可隐人，密结塞途，盖此河边常如此。河中现已有水，不如爱金沟儿大，在上游20里许间有水，时断时续，至此方为长流水也。

不断出现烽墩

10月21日　上午早起。饭后同庄乘驼,拟渡河至郎心山下查看小山上土墩。庄驼在前,余驼随之。渡至中流,初余驼陷入,旋出。后庄驼亦陷入,水中多污泥,不得出。杨等乃卸衣赤身下水,拉驼许久方出险。9时45分出发,驼先行,余到蒙古土房略视一周,墙已破,无人居住。后有一废纸堆,有许多泥质供品,并有残经卷,皆新印,无足取,藏中间树一木竿,上卷藏文字纸一捲,疑即佛家所谓转轮藏也。复急前行,至10时半上大道。旁即有驼房,天仓人在此放驼者。复前行,远望东岸有土墩数个,于11时半乃转东行,12时至河畔,而土墩正在河东岸也。水甚大,无渡口,鉴于上午陷河之事,亦不冒昧骑驼过河。回环许久,余乃先行下水涉探,水深处及臀,然底平,不陷足,乃嘱彼等以驼在岸,留一人守之。余同庄、杨三人渡河,时正午,天尚暖和,然余之下衣已浸水透湿,庄、杨上岸后即燃枯材烘烤待干。查看土墩,初看以为塔也,细视之乃烽墩。后又发现古瓦片,上有绳纹,与黑柳图同。后庄又拾铜箭头3枚,其为古烽墩无疑。余乃北行,又发现烽墩二。在北烽墩附近有房基颇多，由墩往北约六百步，土包时见，疑皆古时屯戍驻兵者，烽之前宽广十余丈处，乃为古都尉住处。余疑此一带烽墩，即汉之遮虏障也。据蒙古人云，此烽墩直至黑城南。又余在王爷府西亦发现烽墩一个，据云西南还有。是王爷府之烽墩，乃南北立者，此处之烽墩，乃东西立者，皆为遮虏障。汉时出兵攻匈奴即由此出，李陵以九月出遮虏障者即此也。此处又为通居延及外蒙通衢，自汉至今皆如此。观今在墩附近尚有古时车迹，可能为元时由甘肃至额济纳和林之车迹也。余踏查地形后，始悉古代中国内地通外蒙，舍此道外实无法走。因西为大碛无水，东为沙山，而居延湖泽屏蔽于此，且汉家出兵，每北向攻匈奴，必经甘凉北境西北行。故此地筑塞，以防虏。此塞跨甘肃肃州境，地居额济纳，额济纳为居延旧地，故名居延塞，取以防虏，故又名遮虏障，实皆一也。

余此次考查颇费心力，即以此次发见烽墩论，下水涉渡，上坡复赤足履戈壁 10 里，痛如刀割，步步维艰，然为踏查古迹计，忍痛前行，卒达圆满结果，方回转。今日天气尚暖，虽涉水两次，而不觉冷。上岸休息片时，5 时又起前行，约 10 里，至 7 时抵老树湾宿焉。路遇一放骆者，天仓人，拟回家，驻于余等帐。乃问天仓之事，据云，天仓亦有旧烽墩，直至金塔，并有古庙甚多，皆住道士。毛目附近又有一古城，疑即毛目旧城，为元时修筑，余等此去之大外城，亦为元时所修，此或然也。

10 月 22 日　上午 7 时起，9 点 40 分出发，向南偏西行。后见道西有红土埂甚多，余步行往探，知为河滩冲积而成者。

10点40分乃上路，转至大道西南行，大道旁修有汽车道，为今春3月俄人有汽车一辆行驶甘州，蒙人为之修理者。两旁掘有濠沟，并栽树为识。此一带为草滩，油黑土，极肥沃。滩上有田界遗迹及古沟渠，是古时此地已开垦种地，及入蒙古时期，遂荒芜成为牧场耳。至12时见有红土阜大小十余，大者周围约六十步，高二十步，小者周围约十八步，高八步。面敷红泥，内悉沙质，间有木炭黑灰，余初疑古营垒，或古窑，后仔细考查，乃树生沙阜上，久之，自焚毁为炭耳。此在沙漠中时见之，因沙质枯燥，树得不到水分营养，又经日光曝晒，故自焚，亦不足奇也。复西南行经沙碛，碎石与沙搀合，所谓戈壁也。远见土墩屹立东边沙漠中，乃转向南微东对之行，至河畔，乃知在河东岸。河身甚宽，水势颇大，无法渡，乃折西南行。时河边沙山壅塞，攀缘而过，后上大道前行，仍是戈壁，虽有枯草，可说等于零。至下午5时，路遇天仓商人驮面粉至合黎河者，询及，乃知不远有水。转东南行，5时45分抵沙家道之西端，有小井，水不佳，然此地距河二三里，取水不易也。河东岸有烽墩一屹立河边，西岸有沙窝，绵延10里，沙坎及纹成东北向，知此地西南风最多，盖此一带西南高而东北低，故水亦东北转流也。即以此河论之，现河东岸崩坎，水从此流。河西岸滩宽里余，抵沙窝。疑最初河流尚在西边。金斯图山、大红心固山东为平川草地，间有红泥冲积地层，可为水浸之证。及后河身东转，后有沙窝为之障，故水遂东移，直抵西面戈壁耳。

10月23日 上午7时起，饭后登河边沙山远眺。驼收拾妥当后向南出发，沿大道经行沙碛，至11点30分又见河东岸土墩一。至4点30分又见河东岸有土墩一，土房堡一，土房若干，皆无人住。又望见西岸有土墩二，乃步行往查。西边土墩垒于山旁，土砖所砌，中夹木棍，疑为明代所修筑。量之，东二十英尺，南十九英尺，西二十一英尺，北十八英尺，高约四十英尺。西南间有崩颓，在地面拾瓦片数块，皆不甚古，其为元明所筑无疑。又至东墩约行一千一百六十步方至。周围六十五步，高与西墩相等。余在道上又拾铁滚子半边，为古代居民所遗。时驼前行已远，乃步行觅棚帐，在红土堆和河滩上拾红瓦片数块，则此地为古代居址可定。庄永成后在道西亦拾瓦片数片，上有绳纹。若此则为汉代遗址也。又按此一带辙迹纵横如织，有为近人行迹，有已湮没，在红土滩中尚留辙迹者，有辙迹深尺而为草所掩蔽者。盖此地为出嘉峪关通额济纳及外蒙与金山要路，故辙多也。又按古代安置烽墩，即以为塞，人民悉沿塞居住。汉筑居延塞，以处居延人民，故在烽墩附近发现了汉代瓦片。此处墩虽为元明间物，然瓦片为汉代，则自汉代即有人居处也。也可能为明代安置番众之所。昨日在途中发现古时沟渠田界，必为古代垦殖之区。至元代蒙古进入遂成草场耳。又此处烽墩与河东烽墩成为一线，此处距大外城约三四里地，则此烽墩正为此城而设。究为何城？俟明日前往考查，不难明也。至日没方至棚，棚扎于河边，距城尚有里许，城门东西各一墙还存，谅破坏尚不久。

今日途中遇金塔局卡上人，询觅本大队，仿佛为军官，想必甘肃省政府闻知大队至，将与本队为难矣。

10月24日 上午7时起，饭后即偕庄先到大外城探查，嘱驼后至，扎于城南草滩上放驼，步行里许即至大外城。城西北两面尚完整，东南两面半堕入河中。城为土砖垒成，无垛，及挣。南北有门，西无门，东半倾毁，有无城门不可知。城内被水冲洗，空无一物。内有房基可见者约十二，亦为土砖所砌，不大，间有瓦片，皆近代物，疑为明代所筑。城堡之一以尺量之，北墙约150米，西墙174米，城门宽13米。东墙105米至河溃决处，南71米抵河边，大半已陷入水中。城门宽13米，高4.3米，城上宽2米。后量城西烽墩，墩西5.51米，南2.3米，东5.5米，北3.2米，台周176步。庄等在北墩下拾瓦片甚多，有压纹者，类汉代物。有红色瓦片，则为近代物。疑此烽墩本为汉代古墩，迨明代重加修理耳。墩基为土垒积而成，墩上全为土坯砌成，此为后代所重修无疑。余在郎心山下所见之土墩亦然，盖汉墩至今两千余年，不过略遗根基耳。后人防边，仍沿汉故路线，略加修理。此处烽墩甚多，此墩往南约5里地又有一烽，墩北5.5米，东6.3米，南5.6米，西6.4米，屹立山坡下，无瓦片，亦为土砌成。往西约五六里地，又有一烽墩，北6米，东6.1米，南6米，西6.14米，亦无瓦片。据本地人云，此烽墩北至海上，南接肃州，每10里一大墩，5里一小墩，小墩不可见，大墩尚巍然犹存。按自天仓以西至嘉峪关皆明代杨溥所重修，故皆历历可数。额济纳境内未全部修理，故有存者，有湮没者。据此，则自肃州以东，若金塔、天仓、额济纳等之烽墩，皆谓之遮虏障。跨甘、肃二州境地。在甘州者为居延境（即今之额济纳境内）地，故称居延塞；在肃州者为内地边境，故称遮虏障。《通典》于张掖、甘州著居延塞，于酒泉、肃州著遮虏障，实皆一类，因地而分耳。至居延塞，与路氏所筑一乎？二乎？余以为一也。按《汉书·匈奴传》：太初三年，使强弩都尉路博德筑居延泽。然不云为筑县城乎，为筑塞乎。另按，师古注曰，居延匈奴中地名，张掖所置。居延县者，以安处所获居延人而置。则县必置县筑城，专为安置居延人民。然安置人民，非一数里之县城所能容纳。今以余探烽墩所示，每烽墩均多少有居民，则置烽障即以安置人民，并派兵戍守，以防敌人掠夺。汉既得居延地即置烽台，设戍守，以安降众。则路氏所筑之城为居延塞城，而非县城也。现余在湖上犹见古烽墩遗迹，是筑城湖上，乃为烽台，即遮虏障无疑。至于居延县城在何处，尚未发现，余颇疑黑城即是。黑城西有一小城，疑即居延县城。现城为土坯砌成，为后人所修。砖城外有一土城，根基即古城也。余等在上拾有五铢钱，并有汉瓦片可证。至于黑城，则为元之亦集乃路也。据本地人云：此塞直至黑城。则与师古、阚骃所云，武帝遣伏波将军路博德筑遮虏障于居延城之说相合。然尚无确证，未敢决定必然也。

下午余画图既毕，复至南面土堡处巡视一周，量北墙 21 米，东 20 米，西 9.3 米，门宽 2.5 米，高 9.8 米，堡上宽 2.8 米，下宽 5 米。堡门尖盖已崩颓，堡东与南角有崩陷，然墙壁坚固且厚大，故保存至今，犹为完整。余入堡内拾汉瓦片数块，复在西北隅高坡上以手刨之，见一木简，上有汉文字迹，惜近漫灭，以笔画形势度之，其为汉晋木简无疑。若是，则此一带为汉晋旧障，无可疑者也。余考查土堡毕，又至西旁土墩下巡视一周，归已 7 时矣。

找到了汉简

10月25日　早饭后,余偕庄先到土堡。8时40分动身,9时40分方至,系驴于门前,乃进内发掘。命庄发掘昨日所掘之处,余掘次地。自上午10时起至下午3时止,共工作五小时,所掘地面东西十一英尺,南北十二英尺,深三英尺。上为浮沙土,尺余抵红泥冲积层地面,下为黑灰土,木简即出于其中。黑灰土深尺余,即抵灶灰土层地面。再下掘,土质颇结实,疑为老土。中层土内并有木屑即树棍、残草,必为古时戍兵所住房地。然除木简外,不见他物,颇为怀疑也。计所得残木简三根,一为庄掘出,上有阿本二字,余模糊;馀二皆为余掘出,一为双行字十余,字迹为土所掩,不易辨识,仿佛为"七足下闻子口必为书翰以通旁经"者。后寻许久,方觅见另一简,有数字,但已模糊,尚有无字木片数段。此地如细掘,必可多得木简,决不止此也。详考字迹,与斯坦因等在玉门旧障所掘得者,疑皆汉晋故物。此堡即得有汉瓦片,又有木简,则此一带为汉之遮虏障毫无疑义。下午3时半由土堡动身西南行,上大道。约1时,过山坡,下坡为天仓民地。人民悉在山坡下,环河滩而居，约数十家。田地亦在河两岸滩上，地肥沃，树木成林，全仗河水浸灌。近年河水不大收入亦薄。田旁均开有渠沟，亦备河发大水时浸灌也。种小麦、小米，地狭人多，故近来渐有迁移至他处者。余等至天仓探询毛目大道，知至毛城尚有40里。天仓属金塔，过河即为毛目县属地，毛城则尚有数十里。据本地人云，河东尚有一古城，为双城子，疑即古连城也。时已傍晚，乃驻于天仓南头沙坡渠旁，明日再设法渡河也。

10月26日　早起派庄永成量二道庙土墩，余等收拾什物，又雇大车载箱笼渡河。10时半由庄户前动身，约20分钟抵河边。河宽约半里，水深处及臀。惟泥淖甚深，车行至河中，轮陷泥中，老杨赤身下水帮助推拉，许久方出。共雇大车二辆，余等亦搭大车过河，车亦陷，直至下午1时半方完全渡河。又前行经沙碛草滩，至3时至双城子。此地有古城，中有一墙间隔之，分为二，故名双城，城内有汉瓦片极多，亦汉城也。乃驻次于庄户前，再往考查。城为土筑，墙有崩颓，而存者尚有丈余。城外圈悉开垦成地，城内仍荒芜，中间一墙已颓。据本地人云，传说此城东南住汉人，西北住蒙人。又云，有石碑，悬赏觅之，公然寻出。乃一交界碑，上镌"汉人□蒙人□交界"，末署"乾隆五十二年五月重立"。知此碑为清初所立，而此城一半蒙一半汉之说为可信也。

10月27日　早起本拟带老杨到毛目城一探，因毛目附近有一古城，恐即毛目旧城。适闻本庄人云，刘、马诸人已离开毛城，现往马连井子，距此不过四五里地。乃急派老杨前去追赶，并往取信件来。余同庄去量古城，北306.7米，南225.3米，东

355.2米，西358.5米。适杨回，而刘、马及外人马学尔（Marschall）至，余等相见甚欢。随带来信四封，一为罗膺中，一为李德启，一为庄尚严，一为谷源瑞等，得悉京内外消息。李函关于九校改组事谈之甚详，而余事尤为关怀，可感。复与刘、马等谈许久，遂留食中餐。饭后马学尔同马益占先回，余同刘复去画图。至5时，刘方归，余送至郊外，以天晚水滩又多，恐去远难返，乃折回。但终因路途生疏，水滩渠沟众多，竟上行甚远。见不是，又折回西南行。至双城子大庙前，遇一拉驼者，询之，乃折向西行而归。时已9时半矣。饭毕，又函复李君及庸中，又致沈先生等函，均托此村魏家带至毛目城付邮。因明日即行，复收拾行装，乃寝。

10月28日　今日预备回大队，向东北出发，而余等驼乏，请刘代余等雇三驼，至下午1时方至。上午9时后到城中查视一周。下午出发，10余里方出双城子。地近戈壁，见有边墙一道，自南至北。乃徒步沿墙北行，又有双城向东北行，与大道作平行线，约五六里至红土墩子。墩子至墙约24步，周围32步，高约丈余。自此，北边墙乃越过大道向东去了。又前行，5时半抵山龙。山龙东有土墩二，亦有汉代瓦片。7时至的龙，而天已黑，不复见破城矣。至7时半乃驻于下的龙。而刘等亦在此处住焉。

10月29日　早饭后让驼先行，余同庄查看河东古城。行1时，约8里，至古城。城外即有许多汉瓦片，沿城查视一周，乃汉古垒。垒为土筑，墙尤存。城外有墙基，为长方形。城隅现厚土墩，必为古之望台。以尺量之，北墙71.2米，西墙102

米，南墙23.5米，东墙17.2米。抵门墙，又有一外套墙。在城东又有一旧城基，东基158米，北基167米，南基82米，西基有墙。在城东、西、北均有旧沟迹，疑即古时之壕沟。此城建筑颇怪，城外墙基甚多，东西北皆有烽台。疑古时都尉住此也。此城可发掘地甚多，惜时间所迫，不能仔细考查。归，驼已前行，时已12时半。下午2时乃向前进发，约10里至下的龙处考查巡视一周。形势马庄子同，瓦片亦同，而墙整齐，比较马庄稍晚也。适商队亦至，乃同行，时已4时半矣。前队行已远，仍往前追赶，昏黑不见大道，迷路两次直至夜12时方到，是日住查树湾。两岸即沙家道，为余等浮水过河处也。

10月30日　早饭后，余同庄及一工人先行。沿途查视烽墩，自上午10时50分出发，下午6点30分至察果尔得，拉骆驼人称此地名爱力斯托，驻次。共发现烽墩七个，多已颓。即余在河西岸浮水来探者，上次未量，故今复为之步量。墩有原基者，红土筑成。有土砖砌者，为后人所重修。断垣中夹有枯胡桐木。台前后或左右均有住址墙基，乃古时戍兵住处。台上四隅遗留木炭渣甚多，必为古时举烽火所遗也。今日住处距狼心山不过五六里，山上下均有鄂博。小山上立有烽台。此处亦为蒙古人往来所必经之地，亦属险要，旧墩迹颇多，或亦古时交通之遗存也。

10月31日　上午7时起，未及漱洗即在郎心山下查看土墩，约45分钟方至。墩在小山上，亦为红土筑砌而成。墩下无瓦片之类，未足以证新旧。乃归，路经山下瑙包，丛材一束，四周以木架之，前挂哈达及红布甚多，红布上书"有求必应"

"神灵默佑"之类，下款多书驼户某某，经理某某。此必为汉人之拉驼及商家所挂，而哈达则为蒙人所挂也。归后，10时半复牵驼出发，向东北行，沿途查视土墩，共查出七个。土堡旁有散落瓦片者，亦有无瓦片者。疑皆旧基重修。土堡西18.7米，北18.5米，东19米，南18.6米。至下午7时半，驻次于河西岸。地名促士伦达来。今日全偏东北，或偏东行。在狼心山前为戈壁，草不佳。过狼山，即间有柘甲枯草，沙碛中有红土滩，据云可以垦殖，然现在已成荒原。河水已枯，盖上流引水灌渠，已无余水下行。

11月1日　上午7时起，本拟今日分队至黑城，而驼户不欲，据云，至黑城亦须沿河岔，难行。乃与刘等同行，10时55分出发，仍行河东，至11时50分见一破土堡，正东向，东面42米。堡内西头有一土墩长宽6.5米，为沙石夹土所砌成，间有木柴杂于其中，疑为后代建筑物。而破城内瓦片不多，间有一二压纹者，或为汉代之物也。复转北行（即东北偏东），1点45至察罕参纪。有土墩一，周围13步，高约四丈，环视一周，乃至郭家驼棚内休息，准备渡河。河身甚宽，而水不大，但泥淖甚深，余驼初陷入，后福狗子之驼亦陷入，许久方牵出。至下午3时15分再向河西大道进发，6点45分驻次于河畔树林中。

11月2日　上午7时起。因昨日余等有一小驼甚乏，不能行，乃置于后20里地草滩上，今晨派老杨去寻驼，公然无恙。乃牵归，又灌面二斤，随余队而行。即遣老杨到乌兰参纪巴图永处办理取回驼物，及还驼等事。此地距乌兰参纪一日程，在其北偏西，经过西庙。乌兰参纪至大队二日程。故余以三日限期至大队。余等乃于11时25分出发，向北偏东行。经沙碛时，河边树叶已枯落，至下午7时乃驻于河畔之树林中，河岸间有沙碛窝，悉东向，盖亦西风所成也。

11月3日　上午8时起。因连日劳顿，微不豫，今日方苏。至11时出发，向东北行。下午1时15分见大道西有土墩一，其上障已颓为土堆，若二墩相连。周27步，高约二丈余。地名不拉斯托。余查视一周，瓦片不多，然亦汉代物也。墩前有烽火墩块甚多，为古时举烽所遗。其色如铁，亦有作黄色者，疑古时烽火多用松屑也。烽炭堆聚地距墩约二丈余，地略凸起。墩旁微有土堆，疑古时戍兵住处，有警则登墩上瞭望，贼至则在平地上举火。墩原为方形，有坎可攀缘而上。所有墩台皆建筑于戈壁上或山上，取其可以望远也。1点55分又见一墩，形同前，略大。周57步，高二丈余。又见一墩，周37步，高丈余。俱有瓦片散布，及烽烧余烬。2点35分、2点50分皆见土墩。以须赶路，未便逐个测量。3点30分又见一土堡，每面12步，门向正南。土堡前亦有古人居住痕迹，若小城围。本地人称之为营盘。盖古垒也。墙已颓，现剩不过四五尺高耳。过此，至3点40分，又见一土墩。55分又见一土墩。转东入苏槐林，视线受阻。然4点45分犹见一土墩。以后则沿河畔行丛树林中，至6时方抵大队。而刘、马等则到之久矣。及见徐、丁诸人均在丁棚内，坐谈许久，至夜深方归帐。

综观今日所见土墩，颇有益于余之分析。盖土墩至察罕参纪分二支，一支由诺尔参纪转上戈壁莫鸡湖山上，直至黑城；

一支则渡河直至湖边,即今日所见者是也。在察罕参纪之前者皆经后人重修。渡河之土墩,现已成土堆,是未经重修,而为原有者,以其有瓦片及烽渣,故决料其为烽墩也。

11月4日　上午起床后,见外国团员均道好为礼。将所采集之物,请徐先生过目。又将采集品一一登记。复与赫定、徐先生谈许久。午饭后,因连日劳顿,困极,午睡直至下午4时方起,为分配工作事与徐先生议许久。先是拟与丁为一路,后因工作性质不同,略予变更。最后决定余到吐鲁番踏查及发掘三个月,明年3月到省城。再会同大队出发,经阿克苏、和阗至罗布淖尔然后回京。此今日拟议之大略也。多日因候袁不至,徐先生颇焦急,盖袁不至,则工作无法分配也。来时雇"正兴隆"三驼,当付5元,今日又加付3元,共7天,每驼每天约8毛。余又有致半农一函,托带至毛城交邮。函内所述为前拟拨刘衍淮项下薪水每月5元给李德启,适因拨兑不便,而崔皋九回京,拟托彼交带30元,乃去函止拨。并复理事会函,请购物事。连日因卧地潮湿,身体不豫,精神非常困乏。

11月5日　大队订8日起程,皋九订7日起程,所有采集品均须整理登记。而团中各人所采集之件,亦全送来,故今日将采集品登录,收拾妥贴,直忙了一整天,方告完竣。前在喀顺诺尔所采集化石,请丁仲良检视,渠颇以为疑,乃请丁君选择拾余块,待回京后研究。今日王殿臣送来石器多包,据云系在索果诺尔瑙包东南海滩上所拾。石器中有打制者,有鞄制者,其器甚佳,是湖边亦为古人所常居。然此湖现为盐水,不可食用,故湖周围无居人。然既有石器,则古人饮水岂饮盐水耶?

抑掘井耶？又《蒙古游牧记》亦云人民沿湖而居，因此，余颇疑此湖古为淡水，后渐为盐水耳。在索果诺尔北部既有石器，在喀顺诺尔南部亦有石器，余曾拾石兵器及石刀二件，即杂于海滩化石中，是喀顺诺尔南部古代亦有居民。则古人沿湖而居之说，为不误。庄永成又在两湖边拾螺壳一匣，螺蛤现生于淡水湖中。两湖均有水草飘浮水面。余疑古时水大，故不盐，后分为二，水小而蒸发量大故盐化耳。余非地质家，存疑待证可也。而张、魏等亦交来许多采集品，又收一大批古物矣。

连日晚间均在驻地焚枯木，火光冲天，中外团员悉围火而坐，歌谈欢笑至夜半始散，颇为有趣也。

11月6日 明日皋九要走，据说那林也要走。徐先生嘱予拟致理事会函稿，并答复会中8月6日及7月8日两函。所述拟就后，与徐先生略作商议，将文书及执照各一份交崔君收执。余便中书一函致庄尚严，并带30元，托交李君，又10元托购书籍、笔记簿等项，至晚方办妥。徐先生意以团中有所发现者应加奖赏，以资鼓励。其标准为：发现一地给洋2元；拾瓦片一百者给5毛；铜铁诸件为百与十之比。贝格曼等已统计共发现遗址121处，古物1.2万余件；靳发现遗址70余，拾古物90余；余等除百灵庙及此地所考查不计外，共遗址21，庄13，余获古物亦1.5万余件。若以石、瓦及遗址与贝相比，曾不如渠之多，然渠因方向不同，故多见遗址，余等则就大遗址论之也。此中又有一意，因贝为外人，要予以优惠，故除去首尾，只计中间阶段。结果赏靳70元，庄50元。后赫定亦知此意，故云，设发现一楼兰，赏洋500，即5000元亦可。徐先生笑云，此话若黄先生知之，定觅二古城得一万元。赫定云，此话万不可让黄先生知道，而徐先生回首即告我矣。我则笑曰，发现一城不计甚事，余到新疆希冀发现一国耳。那林欲画居延海图，徐先生未许，赫定疑余作梗。初那林欲画湖，后又拟走南路，余曾表示不同意。又打算走北路，停留三日，候余等行后再走。其意如何虽不得知，然当他们密谈时见余至则止，而余等亦只好装聋算了。余将诸事办妥，已夜深，乃寝。

11月7日　上午即将各件交崔君，崔君饭后启程，外人为之摄影作纪念，送至河边而返。因明日大队动身，乃收拾自己箱笼，忙了半日方办好。夜间同人在火光中，彼此祝酒饯行。赫定对留守气象台人员讲话直至夜深，方各归。这两日公私事极多，忙碌异常，日记也未记许多，都忘了，只好敷衍说几句，以后宜每日记也。

又昨日有一俄人动物学家来此看赫定。据云，为前同科兹洛夫来此发现黑城者。现受库伦博物院委托重来采集动物标本。今日又同其夫人来此会见各团员，握手为礼。然外人在此出入，如入无人之境，中国边警不备，国力之弱可羞孰甚耶。

离开额济纳河西行

11月8日　大队订于今日下午11时出发。上午收拾什物，捆绑箱笼，颇为忙碌。徐先生又嘱取洋50元留交希渊。余自善丹庙存洋200元，现存50元，贴钱考古惟余为乐。饭后正准备出发，而额济勒王府派王子来送行，并赠中外团长哈达各一。余在王府时亦曾谒谈两次，相见亦甚欢洽也。盘桓许久方去，余等遂出发，时1点53分也。

初沿河边西南行，2点57分转向西略偏南，经过胡桐树林，及草滩戈壁，见土墩，3点15分见道西北约四五里有土墩一，50分又见土墩一。其墩形状皆与前同，故未往视。此一带土墩直往北行抵湖边，即余所拟遮虏障之南北线也。55分即住于河畔之草滩中，今日不过行10余里耳。

11月9日　早起8点45分向西出发，上至新疆大道，西偏北行。沿途皆戈壁，时有红柳。9点37分过一干河沟，12点30分过一小湖滩，地斥卤，苇草柘甲丛生。时大队驻湖之西岸，历20分钟方至，时12时50分也。湖中苇草向南倒伏，枯木涂泥，土胶结，履之有声，旧日必为水所浸者。后以询之赫定，云：亦可说曾经被水浸洗者，然地下水蒸发亦可有此现象。证明旧为湖与否，还须看动植物之遗迹，余颇以为然也。是湖东西约1500米、南北约2000米，碛中如此积水湖亦多也。抵大队，饭后即小卧，直至傍晚方起，连日劳甚，至此方息，故睡眠甚甜也。晚饭后，焚枯木火光冲霄，同人悉围火而坐，徐先生与赫定互学中德文，余以毡布地，盘坐写笔记。盖余欲将额济纳作有系统之叙述，约分位置、疆域沿革、山脉、河道、土质、交通、关隘、人口、人种、宗教、礼俗、古迹等项。现只写了山脉、土质、交通、关隘数项，约千余字，欲以数日之力写完，预计1万字。余从晚7时至夜半11时，方写完数项，拟以后再续写。

11月10日　是日早起，8点12分出发，仍西北行，沿途亦皆戈壁。及至9点35分，进草滩，在滩边有许多沙阜环绕，间有枯柘甲，高丈余。自此后为湖滩，苇草、柘甲遍地，地有斥卤，有红泥。红泥滩上有水裂纹，显为水冲洗者。土质因硝卤浸透而变坚结，履之有声。在硝泥土中间杂有材草，盖经水浸漫，及水竭又为泥浆所胶结。余疑此处即古居延海旧地也，古海在今海之南。余尝踏查木伦河与爱金沟儿之间，往南70里地皆同此。今查此滩自木伦河往东、南、北皆如此，而河东西边皆戈壁。可见古时海即位于今两河之中，沿海边即戈壁也。现杨惺吾绘古居延海图，两海为一，亦绘于两河之间。盖两河古为一河，后因水竭，遂分为二支，因所入不同，而海又分为二矣。又居延古称为泽，人民围泽而居，是必在东西二河边。现在两河沿岸居民亦众，若居于盐海，岂可生活耶？此两河中间皆为草滩,中无大山高岭为之障,当水大时,河水散布,积为湖泽,亦事理之常。且当木伦河西南两方面皆戈壁地,爱金沟儿东面为沙窝,皆足阻水之四散,故聚集为湖,毫不足怪。至现今之海何以转移于此,余仔细踏查,度其故有二:一、河水下流多壅泥沙,此处丛草树木又多,极易阻泥沙之流行,故多留滞,及水竭而地遂成冲积层,日渐增高。凡冲积层土上极疏松,下为泥水,试在滩上掘下数尺,而泥水即现。是上虽为陆地,而海仍潜存于地下,故地上间有硝质者,皆下面海水蒸发于上也。二、在今海之东北、西北两方面皆位于山下,地形亦低,此处即因冲积增高,而河又分为二,水又小,海中之水遂归河中行,故灌入于今海之处。灌海日积日高,今海遂停蓄而为泽。往北又是山脉戈壁为之障,西南又有戈壁为之塞,而湖水遂不再北转矣。今湖之移转在何时耶?余疑湖之移转为海当在千年前。因汉时筑城尚为一湖,分为两,必在汉后无疑。且路氏筑城于泽上,今览其遗迹,皆在河边,又可分为二河,即为古泽之证。又问观今滩上草泥似新被水浸,非可溯之千年前也。余答曰:芦草本含盐质,又经硝质土浸润,故视之如新。其柘木虽枯,若时以硝质土泥浸灌,亦可保存永久,观之汉墩之枯木可知矣。故今所见泥土之木草或即千年前之物也。今本上诸说,断定此地为古海遗迹。至海面大小形状若何,四方约至何地,非亲踏查不知也。下午饭后,余复至草滩中踏查一周,欲觅一海中动植物而未得,真扫兴也。

今晚阅斯坦因书,称斥堠下小垤束芦为积,纵横叠之,粗沙细石交错其间,此乃古代所积,以缮城垣者。以余所见,殊不谓然。余今所查之汉烽墩,其下亦有木材,然此材乃古时戍兵建房之遗。墩上亦间有木材纵横置之,夹以沙石。盖古时筑墩,有纯用土者,后有用土砖者,有用木材者,视其地产之便宜,本无一定。但决非积堆木材为缮城垣之用也。且筑木为城余未之见,在古书中亦无根据。余踏查藏明旗境内秦长城,发愿欲寻觅古时筑城木料,终未获得。盖古代筑城时,或者用木,但架木为城决不可能。烽墩下或左右数里之内,间有土堆,上积有材草,即余在印山西岸所见者,然最多亦不过居民建屋舍之用耳。盖古人设置烽墩,亦考虑到安置居民之计,故每墩下均有若干民居杂处其间。一者得戍兵之保护,一者有城塞为之荫蔽,可免敌人之侵凌也。

11月11日 是日上午7时起。甚冷,晨为零下14℃,手僵不能伸曲,焚火烘之方回暖。饭后8时45分向西北出发,初经苏槐林,约15分钟过一干河岔,又13分钟又过一干河岔,疑皆木伦河支河。过此又行草滩,地斥卤,时有沙碛。约20分钟为红泥滩,10点5分又过一小河沟。按木伦河西有一干河川,上次踏查时干河川距木伦河不过10余里,此次未见,乃偶尔不经意之故也。或此小河沟即干河中之支沟亦未可知。忽然错过殊为可惜。然上次踏查由木伦河至干河,有二次。第一次沿海岸由木伦入口至干河入口,共行二小时。第二次乃由木伦河至沙尔夫鲁游,亦经干河岔,需时一小时。今以小河沟为干河岔,时间为1点20分,相差20分,然二河在下游,距离宽,上游距离窄,则干河或即在此一带。11点15分行进小沙滩,满布苏槐。至11点40分钟乃进至戈壁,地形增高,而草滩遂告终结。

自昨日 9 点 35 分行进河滩，至今日 11 点 40 分止，除停歇不计，共行 4 小时 40 分，约 30 余里。此由东偏南至西偏北者，若由正北至正南，止于何处？未经踏查，不能断定，然亦必在 50 里外矣。3 点 25 分至沙尔夫鲁游驻次，此地即余上次所住之地。而余等略偏南，此在北也。驻后略食干面包，即小寝，至晚方醒。晚饭后与徐先生等谈天许久，记了日记已 11 点半，乃寝。

11 月 12 日　上午早起，温度零下 9℃，比昨日要高，但感觉比昨日要冷，因今日风大之故。早饭后于 8 点 30 分出发，向西北行。经行戈壁，至 10 点 30 分进入草滩。地斥卤，呈白色，枯柘甲点缀其间。至 11 点 30 分经行沙碛，地面满布细黑沙，地内为老红土（即紫色土），土极松疏，驼迹深入约四寸，地面亦微硝。至 12 点 50 分皆然，惟在道两旁即有红泥土阜，自此后黑沙壅紫泥成海中波浪纹，经行其中，如飘游大海，乘波浪以为高下，红土阜则犹海中小岛屿也。登屿四望，辽阔无际，惟见青波对我徐徐流转而已。1 点 20 分至鹊伦参纪驻次。此地有井一，水微咸，尚可食。午饭后略息，即踏查此滩。在滩北，即红土阜下，见青泥层，拾石块一，与在喀顺诺尔海滩上之石，质色均相同，惟不见化石。初颇疑此地即古海，后与丁仲良细加研究，丁以为古亦陆地，因其沙质系风成岩而非水成岩，且无生物以证明为海，徒有青泥岩片不足为据。余对地质虽无研究，然古代海之位置不在现今之处则无可疑。晚饭罢，与丁等诸先生又谈许久方归寝。是日风甚大，余初上驼时只穿一呢外套，后冷不可支，乃衣大皮袄方暖和。脚冷欲步行，临风鼓勇向前，颇费力，不数步，仍乘驼。初本拟画今日路线图，手僵不能握笔，乃只记方向、钟点、地形、土质，驻后补记也。

11月13、14日　两日大风，余等蛰居五尺高的布棚内，除在徐先生棚内吃饭外，未能出棚一步。只闻狂风怒吼声，棚布鼓荡声。沙尘吹来，被褥皆蒙尘，自出塞以来大风当以此日为第一也。然我们中国团员三人，时聚谈天，时翻阅书籍，亦足以解此烦闷。

11月15日　今晨风停，乃预备出发。早茶后于9时10分向西北行，仍经波浪纹之沙滩。9时45分过许多红泥小垤，即为戈壁。11时30分又是红泥滩。12点25分又有许多小土垤向正北行，地亦渐低，紫土地面，为黑石子布满，枯草间之，宛然似一湖底。2点35分至固尔本山前，小阜迭起，余等即从此过。小阜络绎棋布，悉青色泥岩或红色岩。至4点10分前面呈露一大平滩，红泥冲积，现冰裂纹，疑四围皆有小山绕之，如一小湖已涸者。此处在居延海西部，距现海不过六七十里，此山脉亦与西海北部湖边之山脉为一，其土质亦同，疑此处亦古海，几经移徙，遂变其位耳。总之，古时海大，今时海小，古时水淡，今时水盐。以余在湖边所拾之化石及螺壳（生长淡水湖）可证余说之必然也。至如何迁移？古海之范围若何？余非地学专家，不能断定，然湖之北部及东部阻于山，西南隅阻于戈壁，惟西部及南部地低，时现草滩及红泥滩，或为古海之西角也。余现在又有点疑惑，以为居延海即今之西海。东海即昆独伦河河身。本西流以入西海者。后水阻昆独伦河道乃凝聚为湖泽，与罗布淖尔相似。未知然否，姑志之以待考证。4点20

分即住于滩上，时那林亦至。

11月16日　早起，8时向北微西出发。仍行平滩，滩之西南北三面皆隐约有山脉环行。至8点30分西部山脉距大道约20里，东部平滩一望无际，无有山脉为之障，至九时方重见东部山脉。自8时至9时间所行，即此滩自西徂东处也。至11点15分东西山脉相会合，即固尔本山脉，湖滩亦至此尽矣。此滩于15日行10分钟，16日行3小时25分，共行3小时35分钟，以每分钟行73米计算，南北直径为15.7公里。以后经行山脉中，忽远忽近，丘陵起伏，中显通衢，地面满布黑石子、土质色红，丘陵亦有作红土者。自1时至1时20分地转洼下成坑，后又转为戈壁。至3时5分驻于小丘之旁。远望前面若两山脉之交会，而实非也。是日无风，天气晴暖，故行之亦速。约行31.8公里。

11月17日　上午7时50分出发，向北行，仍傍山脉。9点35分，道西之固尔本山显露于旁，山峰甚锐，形若笔架。至10点10分方尽。亦蜿蜒数里。在大道近旁亦有小丘陵，络绎不断，至此亦尽。于10点5分复入平滩，行二十分钟草滩，入戈壁。戈壁尽黑石子，至11点25分驻于草滩上。有草，有小河沟，略有积水，已结冰，水咸不可饮。闻附近5里有井，当往取水也。在滩之北面大山横陈于前，疑即托斯图山。盖此路为额济纳由海西部至托斯图之路。前据王府引导者云，海西有二路，一至托斯图，一至乌里雅苏台。至乌里雅苏台者，经行固尔本至扫利本山之间，是出西北，此由正北行而至托斯图也。是日共行3小时35分，以每分钟73米计算，共行15.7公里。

是日风大，颇冷，余晨起即披大皮袄，尚可保暖，但一伸手即僵矣。午饭后在帐内翻阅丁谦《地学丛书》，益我甚多，惟武断处亦不免，尚待亲自踏查以证实云。

11月18日　早茶后，于8点10分出发，向西北行。经草滩，约行二十分钟，道西有二井，水颇旺。二井中间以枯木架成一小庙，中悬一红布条，上墨书："五湖四海九江八河龙君之神位"，上额书："甘泉永旺"，下联书："心诚泉自美，意善水常流。"旁有一石，上书律诗一首，云："吾辈前行至此间，重握双井得甘泉。诚心虔敬修庙宇，并无砖瓦令人难。行人至此勿争先，敬奉神灵井不干。千驼万马都饮道，且看存心慈和善。"上额书："心诚则灵"。盖此为归化城骆驼队人所立，以敬奉此泉水者。盖由沙普夫鲁游西北约百二十里皆戈壁，无水，至此方得双井，人马饮此，悉得甦活，喜可知也。复西北行，至9点30分入戈壁，至12时进驻一草滩，9点以前地多柘甲黑沙。此后入戈壁，虽间有微草，而小黑石块满布地面，至10点30分又进入草滩。自8点10分起程至12时共行三小时又三十五分，每分钟以73米计算，共行15.7公里。

又今日初绕固尔本山背面行，相距约七八里，在大道西，后固尔本山一直蜿蜒西微偏南去了。度其势，固尔本山乃为东西行，亦绵延数十里也。在道之东北有托斯图山，在固尔本山东北，亦东西行，相距约五六十里，中为沙碛平原，即今日所行者是也。在托斯图西偏南有一山，东北西南行，横陈于大道前，大道即由此山穿过，不知其名，疑即阿济山，或为博穆布山。此按参谋部地图所云也，未知真实。余下午前去踏查一次，以头晕不达而返。然远望托斯图山东北形势，正与诺音博格多山相接，由三音诺颜部往东去了，固尔本山尽于西海，西部疑即阿济山之分支。阿济山与托斯图山来源于何支、自何处分脉，尚未及踏查完竣，未敢臆说。今据《蒙古游牧记》何秋涛引《一统志》云："自哈密北踰天山，至巴里坤池，又北度九沙碛，几三四百里，有阿济山，亦曰阿吉山，山脉自西北阿尔泰山南来，蜿蜒东趋，横带瀚海中，起伏不断，为喀尔喀西路之南境，其长殆三四千里。"据此是指托斯图、诺尔博格多皆为阿济山，其来源自阿尔泰山。今按翁泳霓所作《中国山脉考》云：以地层组织订山脉系统，据费塞氏之图，分中国北部北脉为二大类，在北者多断层山脉，在南者多褶曲山脉。例如阿尔泰山自西北西走向东南东，山之北，断层陷落者先后相接，且愈陷愈深，湖泊之生即源于此。

　　自北纬45°以南褶曲作用渐渐重要，天山山脉于焉发生。所谓天山者，在迪化以西为博罗霍落山，至汗腾格里山间之诸脉。或作西北西至东南东走向，或作正西东走向，大致互相平行。迪化以东山脉，在北者为博格多山，向东南东延长至东经96.5°，在南者为阔克帖兀山，延长至哈拉泊附近，此皆褶曲山脉。据此，则此一带山脉皆属天山系统，与阿尔泰山非一系统也。盖此一带山脉皆在北纬43°左右。泳霓又以地质之构造为断云：凡属于地垒者，大抵为时代甚古之结晶岩石（断层山脉）；凡属于地堑或盆地者，大抵为中生代或新生代之沉积。今观固尔本山，其洼地及山脉多为老红土层，至有全峰尽红者，石多青色。又托斯图西南之山多为沙土堆积，岩石亦多为青色，或即翁氏所谓褶曲山脉也。总之，天山山脉东来者分为二大支，南尽于哈拉诺尔。北支即翁氏所谓东西行一支，至东经 96°分为二：一即固尔本山，尽于喀顺淖尔；一则为托斯图正支，绕海北面向东趋，而海之形成亦与此山脉有关也。盖海之西南部为戈壁，因受戈壁之迫挤，故山脉与戈壁相映而成平行，介山与戈壁之间中显陷落地带，故积为湖泊，而居延海古之所以成东西长弯形者因此也。余前经鹊伦参纪时，其地形低下，16 日又经行之小湖滩，是古时沿此一带山脉之小湖泊甚多，不过现惟居延海有水耳。

11 月 19 日　今日大风，上午 10 点微雪，未出发。余在帐棚中翻检丁谦《地学丛书》考额济纳民族来源，盖额济纳在古代民族亦极复杂，在汉初完全为月氏人所据，及匈奴冒顿单于逐月氏，而大月氏遂奔葱岭，未去者保南山羌，谓之小月氏，亦称月氏胡，额济纳遂为匈奴所据。及汉霍去病由居延攻收小月氏及河西之地，列为西郡，而额济纳遂归汉有。匈奴遂居于此，氐羌退守于南，故史称断绝胡羌交通之路者此也。时氐羌皆在今甘肃肃州一带，匈奴（胡）皆处今乌里雅苏台、阿尔泰一带，往来内地必经额济纳，汉攻匈奴，先取月氏之地，以断匈奴右臂者，完全在此。清攻准葛尔先收抚额济纳，亦循汉之旧步也。然汉虽得其地，未尝移其人民，故在当时留居于此土者仍为羌胡。及晋代后诸胡迭据，除张轨外，先后为苻氏、吕光、沮渠蒙逊所据，再归元魏。及唐复为吐蕃所有，而吐蕃亦出于羌种，及宋为西夏所据。至元太祖灭西夏，封其子孙于此，至今不绝，故此地遂为蒙古人所有。今所居留之人民大多数皆蒙古者因此也。然其中犹有吐蕃遗俗及各族遗人杂于其间，例如古吐蕃妇女以红土涂面及披辫发，以缦萦络之，今额济纳妇女犹然，与阿拉善及乌兰察布之普通蒙古人皆异，此其证也。又额济纳人面狭而瘦，亦氐羌之遗，故额济纳人种可说是羌胡混杂未为不可也。

本拟作笔记，太冷，下午已零下5℃，而狂风未息，鼓荡心灵，遂罢。记于日记，俟暇再作笔记。早寝。

11月20日　今日风息。上午9时10分出发，向西北行，皆平滩，10时方进山口，在山中迂曲而行，沿途皆沙。至10点30分方出山口，而小山仍起伏不断。至1点20分经柘甲林入戈壁滩，遂无此山脉遗迹。在道两面山脉，距道皆在30里外。在大道右者，即东西行之托斯图山；在大道左者，即西北东南行之舍利本山，疑即阿济山脉。山脉南面（即阳面）陡起，多青石板。山阴平坡，多花岗石。尚有黑石渣散布地面，据丁君云：皆火山喷出者，断此山脉为最古老，因山间皆小盆地也。与余昨日所记稍异，然丁君为地质学者，其言或然也。下午3点47分方住次，约行40余里。到后又捡出《观堂集林》五本交徐先生。晚饭后修理风镜，及补昨日日记，已11时矣，乃寝。

11月21日　早饭后8时出发，向西北行。经过沙梁，沙梁旁有井一口。出沙梁沿山坡行，岗岭起伏无常，两旁山脉环之，大道居于中间，蜿蜒而行，至12时经行戈壁，满布沙砾。1点20分又经山坡，山完全为石灰岩，青石片最多，亦间有花岗岩，显被风化，直至1点35分皆然。至此时往南，于40分住于干河岔之旁，此为第六十站也。此地四围皆山，中显一块戈壁隆起若营垒,南北约8里,东西约5里。沟在垒之旁西南隅,无山,为河道所过。在垒之周青石片甚多,疑有化石,饭后特去踏查,未之见也。时庄永成在此山坡拾石斧一块,为半月形,背径长一尺,宽亦六寸,疑为旧石器时代之物,在石器中颇为难得。晚饭后以示徐先生及赫定,悉异之也。

乙弗泊与乙弗敌国

11月22日　早6时起，饭后7点45分出发，向西微偏南沿河道行。经戈壁即地垒后，转正西行，9点20分即驻次。今日所行不足10余里耳，因此地有水草颇佳，故住此放驼。昨日所云：四周皆山，中间隆起成地垒形，今日所行皆地垒也。到后余又至西南山上踏查一次，回时已下午4时。时天忽冷，降微雪，余在帐棚内检地学丛书《元魏外国传考证》。据云，吐谷浑北有乙弗敌国，有屈海，海周千余里，众万落，俗与吐谷浑同。考证云：乙弗敌国在今嘉峪关西北；屈海即今玉门县东北花海子，因泊形屈曲故名，《隋书·突厥传》上令柱国冯昱屯乙弗泊即此。按乙弗敌国即今额济纳地；屈海即古居延海，今喀顺诺尔也。额济纳河元代称依弗尔古河，必沿袭旧名，而误以敌为尔。居延海形如新月，本属屈，今形犹弯曲，屈海亦称乙弗泊者以河名海，犹今以索博沟儿（河）名索果诺尔（海）同一意义。吐谷浑地在青海，然至阿柴奴强盛时兼并氐羌，逼近甘、凉二州，时凉州兼及肃州境地，故吐谷浑势力已及今甘、肃二州。今额济纳适在甘、肃二州境，地望相若。若以花海子当屈海，花海子在玉门西与哈密接，则北交凉州赫连之关不可通矣。且花海非屈形，名为乙弗亦无根据。盖丁氏不知额济纳地，故强相比附。且隋时沙钵略来寇，上令冯昱屯乙弗泊时，沙钵略建牙都斤山即唐之郁督军山，元之和林，即今之杭爱山。独洛河即土拉河，今地图作阿普伦河。沙钵略内侵必经托斯图山，绕居延海西部至甘、肃二州。此行军所必由之路也，故隋帝令屯居延海以备之。所谓饬修缘边保障者，即武威、张掖、居延之塞障也。冯昱兵败，而突厥兵遂至甘、凉州境，而武威、金城俱尽矣。由是突厥内寇，乃由北而南。若乙弗泊为花海子，则必先向西再由西转南至玉门、敦煌，再转向东，恐不如此屈绕。额济纳为由杭爱山西来、阿泰山东来甘肃要路，往来由之，古今皆然。突厥南侵，决不取道玉门可断言也。故余以为乙弗泊即居延海，额济纳即古乙弗敌国，记此以待将来工作证实之。

11月23日　早起，8时10分出发。初行沙碛，至8点35分沿两旁山脉向西行，过干河沟。10时西行微偏南，道北之山脉已尽，而道南山脉东西行，正勃然凶猛也。大道沿山旁过，冈岭起伏无常，间有沙碛，至1点20分南边山脉为高岭所遮，不可见。道北山脉又现。至2点复行于两山之间，中为戈壁，隆洼起伏，2点45分遂住次。此地有水，咸，余饮之泻肚。下午颇冷，略检《地学丛书》。晚间补日记及笔记而寝。

11月24日　早饭后，8点30分出发，经行草滩戈壁。至9点20分沿北山坡行，10点15分而道北山脉尽。路线又西微南，沿山坡行。至11点40分南山脉为高岭所遮蔽，忽不见。经行皆戈壁。至2点过一盐硝沟，苏槐丛生，有旧田围沟渠，及旧埂，有小沟，水颇清澈。2点15分驻次。下午风大，晚更厉。余在棚检《蒙达考》。

粮食将尽

11月25、26、27日 因驼俱乏，停三日，在此放驼。又粮将尽，派米纶威（Muhlenweg）先到大石头购买米面。规定每日下午3时出发，行40公里，然第一日只行20公里也。余在此三天未出帐外，均在帐棚内作笔记，拟将额济纳作一有系统之记述。第一日成疆域约千言，第二、第三两日均作沿革，现已至魏晋。对张穆《蒙古游牧记》略有增订。额济纳居民在汉为匈奴呼韩邪所辖，后汉为南匈奴所有，并非全为匈奴人，多有匈奴所掠羌胡奴婢。盖汉时匈奴地与羌胡相接，常相互通往，故掠取羌胡为奴。及匈奴衰，遂居于此，谓之赀虏。魏晋以后，种族繁殖，复为各族豪酋所统领，如苻坚、吕光、秃发傉檀、沮渠蒙逊其例也。沮渠氏于元魏太延中亡于北魏，此地复为北魏所有。《魏书·蠕蠕传》称蠕蠕盛时，东至朝鲜，北度沙漠穷瀚海，南临大碛，常所会庭直敦煌、张掖之北。小国皆苦其寇抄，羁附之。则居延亦为柔然势力所曾及。

11月28日 早起，9时20分出发，初向西偏北行，后西行，尽行平川。至11时半，道北略有小山，山络绎于平川中，至 1 时半方渐近道南山脉，而道北亦有小山。山脉环接，至 2 时半，过一小山，住于山之阳也。此处四围皆山，中显盆地，直径（东西）约 50 里，南北当相若。据丁君云：此一带地层之岩石极古，且红色岩层极多。若此，则翁咏霓所谓东经 96°30′皆为摺曲层之说为可疑矣。下午 2 时 20 分抵此后，又检阅魏晋书，关于额济纳在六朝时种族何若，又有进一步之明瞭矣。

11 月 29 日　上午 7 时半向西北出发，两旁均有山脉环绕，中显平川，地质家名为盆地。大路即穿行于中，地表全为黑色碎石块散布，无草。至 9 点 40 分山脉渐合，大道经行其中，委蜿曲折，多因山势。10 点 15 分缘山过，曲行山径中，约 25 分钟，至 10 点 40 分出山口。当穿行山脉，山岩壁立，峰尖竞峙。自后，山脉渐向南去，地渐平缓，虽时有小山，亦属末余耳。山悉青石，远望为黑色或绿色，地质名称为石灰岩。山势棱角颇锐，渐次积累增高，旧时绘图家以三角式绘山脉，盖肖形矣。至 2 点 25 分遂住于两山中之河沟焉。午茶后又检史书作额鲁特沿革及人种考，至夜分始寝。

11 月 30 日　今日因风大未行，余在帐棚内仍作额鲁特考，翻检诸书，颇得端倪。自早至晚约作千余字，已至清代矣。近日来大队粮不足，人皆饥饿，今日杀驼一匹以佐餐，现只有两三日粮，而此去哈密尚须 20 日。望至大石头方可购买，然至大石头亦须旬日，骆驼已疲，能否到达，尚成问题。谋之不审，遂危及全团。

12 月 1 日　早起 7 点 30 分出发向西偏北行，经戈壁滩，道南山脉仍继续。至 9 点 50 分，路近山傍，10 点穿山脉过，缘高岭数道，忽上忽下，约十分钟出口，10点35分又穿山脉过，沿溪行，至10点45分驻于溪中。是日晨下雪，地面及山阿皆深一寸。此地无水，余等煮雪煨水以解渴，厨房亦化雪煮饭。是日不过行20余里。据云往前8里地有井，为何不驻彼处也。此两日晚间作笔记故晨起略迟，徐先生很不满意，晚又因故口角，至互不相让，真不值得。

12月2日　早起7点10分出发，向西南行，经山径。约十分钟出山口，傍道北山脉行。至8点30分至有井处，卸载饮驼，至10点10分方出发。向西北行，至11点30分驻于山阿。午茶后，余又赶作笔记，至晚方将沿革作完。又作了一段王府，补记累日日记而寝，已9点50分矣。

12月3日　早起，7时15分向北偏西出发，经行山径。至8点25分道之西山脉硝石壁立，渐离大道。约五六里地，道东山脉渐薄，雅有几点小阜，丘陵起伏而已。至9点30分两旁山脉又合，中显平川。至10时住于河旁，此地名沙拉胡鲁松，有泉水。两旁均有山脉，约半里许即出口矣。此地草极繁茂，大树林立，有二大道，一出口北偏东行至外蒙；一西偏南行，至大石头（八站），余等当去西南道也。此地山巅立有瑙包，兼有分界之作用。据商队中人云，此处为外蒙与内蒙交界地，所谓三不管也。北戈壁名斯不斯台戈壁，此一带山脉外国地图名博克泰山，但中国参谋部地图在大道北者为阿济山脉，在道南者为莫克塔山脉。额济纳北与外蒙交界为阿济山脉，则此处即交界地也。然参谋部地图沙拉胡鲁松在外蒙地界，高出额济纳约20′。额济纳北纬43°，阿济北纬43°20′。下午作笔记约千余字，至晚而止。

12月4、5日　因此地水草好，休息两日。上午余缝补已破中衣。下午复作笔记；王府及居民部分昨日已作完，今日则作河流湖泽。5日仍未走，大风降温。晨五时有归化城商队亦住此，早饭后至该商队询路程，乃询连三汗道，自合黎河数起，据云：合黎河至红柳格打70里，无水；至芦草井子70里，有井水；至红芦（连四汗第一站）120里，无水；至甲格毫来80里，无水；至障防山90里，无水；至十板井有水（出连四汗）；至红柳井20里，有井水；至野马井子80里，有井水；至九三十八湾（连三汗第一站）；又一站至火烧井子，有井水（自野马井子至火烧井子共220里）；至挑胡70里，有井水；至卢格子80里，有井水；至野赐60里，有泉水；至明水80里，有井水；至多尔赛90里，有井水；至干站70里，无水；至佳二渠60里，有泉水；至二甲吴桐100里，有泉水；至小石头50里，有井水；至大石头20里，有井水（有商家）；至刺梅花图100里，有泉水；至千站70里，无水；至红泉50里，有泉水；至头胡盖20里，有水；至拱博60里，无水；至野赐60里，有泉水；至韦达子梁60里，有泉水；至十庄河50里，大水；至河山70里，有水；至巴里坤70里，至古怪泉60里，有泉水；至骆驼泉60里，有泉水；至十泉子60里，有井水；至卧龙珠50里，有泉水；至黑山头90里，无水；至子鸡湖90里，有井水；至三庄子90里，有井水；至古城子90里。

又云：合黎河70里至东河有水，至大东河（匣尔夫尔逊）70里有水；至斯不斯台戈壁三站，共210里，无水；至七个井子，有井水；至伊克沟儿130里，有河水；至沙拉夫鲁松100里，有河水（即余驻处）。又云：此处至大石头八站，约560里；大石头至新城百余里，大石头在新城东北。此处另有一道至哈密，不走大石头，而余等不知也。又云：由古城子至吐鲁番不过六程，由济木萨亦可至吐鲁番。崔鹤峰于11月9日至搭拉胡同，交商人一名片报告平安。

12月6日　早起7时出发，西北行，经两山中间。八点道东山脉尽，西面山脉仍蜂涌前来。九点道东突起一山脉，道西山脉亦北行。9点10分又经山脉中，山势起伏蜿蜒，高下而行。至9点40分乃出山口，经行戈壁道，西山脉仍伴行，至11点40分驻于山沟河水旁，此地山脉仍为西北东南行，在山沟之西北山，即东南山脉；而沟东山脉，亦自东南山脉分来；实为一脉。此地水极优，沟旁胡桐成林，标草深数尺，惜沟草滩为商队焚毁耳。旁有一房基，必前有人在此居住。闻商队人云：此一带不平静，常有盗贼盗驼，非大队不能走也。此地之北，烟雾成云，仿佛有山脉在。山岭前地形洼下如海。山为火成岩，岩石屹立，皆甚古老，经风刮水洗，亦甚清新。此一带山无尖峰，类皆巨石，可说为石山也。到后适有商队人来坐谈，据云：自此往西五六十里有井水，不能饮驼；再过去有二干站，再一站方有水。自此地至大石头须八站，约五百里地。而余等驼已乏，今日又乏三驼，每日悉如此，驼既不行，粮草又尽，焉能至大石头也。今向商队购驼毛带一条以当围颈。晚无烛，在月光中书写日记后寝。

12月7日　上午6点45分自沙拉胡鲁松出发，西南行，初经草滩，苇草塞途，沿山沟行。两边山岩壁立，中显通衢，宽约百余步。石峰甚锐，高下大小，玲珑奇雄之至。7点10分至30分，石山如壁，极为壮观，大道宽处亦渐有草；可以食驼。至10点20分，山脉渐薄，草渐茂。11时后唯小山起伏，绎络于道之两旁。12点25分驻于草滩，此地无水，唯有小山棋布。据商队云：出此五六里红柳内有井水，而余等未至也。此处草颇优，骆驼食之最佳。商人又云：驼食苇草愈乏，不如食红柽较苇草耐饥也。余等之驼在沙拉夫鲁松一站，及前一站，皆食苇草，而一日乏四驼，是商队说亦可信也。此一带皆片麻岩或红砂岩，皆为最古老岩石矣。两山沙碛自10时后为白沙碛，微布红色碎石块而已。到后补写笔记，关于额济纳考查日程已写完。计除工作时间外，共行23日，约计93小时，每小时以7里计，约630余里。回程乃由河东走，回大队至双城子为止，亦400里，共约有千余里矣。

12月8日　上午7时出发，向南西30°而行（昨日亦为南西，未查度数），两旁有许多杂乱小山，起伏无常，中间草甚茂盛。至8点30分两旁山势开展，中显大红泥平滩。约行20分钟，又有许多乱小山绎络于途。9点25分又开展为红泥滩，10点乱山杂于丛草之中。10点25分又进一大草滩，地多硝卤，草为苇草及红柽，与东大贡之白彦布拉同，至10点50分驻于草滩中小丘旁。此地有泉水，水虽不佳，可以饮驼。今日所过之红泥滩及草滩，据商队人云为海底。度其地势，此处古代亦为湖泽，今竭耳。据参谋部地图，在东经98°、北纬43°，有小湖泽，名乌诺格特，在沙拉呼鲁松之南微西约70余里，今以方位及里数计之，亦颇相合，故此湖即乌诺格特也。下午茶后追记此两日日记。

12月9日 今日因赫定病，此处有泉水，故在此休息一日。余在帐棚内作额济纳笔记，将居延海部分写完大半。昨晚到一商队，乃外蒙古人到安西购米面者。由马宗山来此，回外蒙。盖此地即安西北部与外蒙交界地也。今晚又有商队驮米面过此，大队向彼等购面，1元3斤，可谓昂矣，然亦得购数十斤也。

12月10日 凌晨3时起，5时出发，向南偏西30°而行。道两旁时有小山，绎络不绝，中杂苏草。至6点30分经行丘陵中，攀缘而过，丘陵杂乱，起伏无常，直至10点方尽，而余波犹时起伏于道西也。道东已成大滩，丛草生于滩上。然今日自7时后西北山脉直向东去，距大道五六里或七八里不等。余等今日所行之高岭，其下坡直抵此山之下坡，盖四围皆有山，中间忽起，顶若地垒。今日所行即贯地垒而过也，至上午11时欠10分即驻于岭上。此地无水，草甚优。赫定至下午3时方至，路上曾休歇二次，时欲呕吐，及到又呕吐，已两日不进食矣。下午余仍作居延海笔记，至晚10时方将居延海一章作就，已数千字矣。

12月11日 晨5点20分向南西30°出发，经行戈壁。东南山脉均行道左，渐行渐与道近。7点又过丘陵，绵延道两旁，道右山脉又起，直上西北去，道左山脉亦渐完。道左右马蒿丛生，7点40分又进戈壁，9点45分驻于戈壁上。初为南西30°，后略向西为南西50°，至8点后转南35°。是日因赫定病，遣人请那林，适遇于路，故住于此。下午拟作河流笔记，终未能下笔也。

12月12日　晨5时出发，向南西40°行。经戈壁，至7点20分道东渐有丘陵起伏，8点15分经行于丘陵中。委蜿曲折，至9点10分丘陵略平。至9点50分又行山径，10点50分方出山口。有一草滩，有泉水。时那林等住于泉西，余等亦于泉西戈壁窝中驻次，时11点30分也。此山东西行，南面地洼，显为一湖叉。北面为高岭丘陵，北部为小丘，南部棱角甚锐，作多角、三角形。山南坡下为老红土渐杂白灰，据丁君云，其中恐有石膏。此山与西北大山脉不连，显为突起之山，长约四五十里，山名不知也。到后略休息，即自煮饭食。昨晚睡眠不佳，然今日亦未睡熟也。晚赫定等方至。因病不能乘驼，遂由十余人更迭抬来。据云精神甚疲也。

12月13日　今日休息一日，未行，亦未作事。下午3时后大风，冷极。

迷路记

12月14日　今日迷路，心中极不平静。先是此地有三条大路：一道往东南，疑至安西路；一道向西微偏南即至大石头古城子路；此即所谓东西二路也。还有一条中路，直至沁城者。余等昨日系驻在东路上，然余昨一日并未出门，不知有此三路。晨5时，天尚未明，虽大队驻处距余驻地仅百余步，但其向何方向出发，余并未留意。及余驼已收拾妥当，余乃单身先行，直上东路，时5点10分也。据队中人云：当余行东路时，春舫跟余行，厨房鲁子明亦跟余行，及彼查觉此路不对，叫我，未听见，仍前行不已。及余已行4里，回头不见余驼至，颇以为怪，往前看亦不见大队行踪。此时月色仍朦胧，仿佛前有驼叫声，以为大队一定在前面，似乎还见到一条黑影；大路上驼迹纵横如织，岂非大队从此过乎。乃继续往前赶，又四五里，仍不见大队，所谓黑影者乃小山也。忽然又闻西面驼叫声，以为大队必定在西面。在月色中拿指南针一看，正南正北也。然我们今日应向西南走，向正南当然不对，欲折向西去；但寻思此路也许由南绕西，再走几步再看。又四五里，天已明了，前后仍不见驼影。余甚奇,今日大队何以走得如此快,莫非我的骆驼出了甚么毛病。正好前面有一道山脉,乃上山瞭望,四围均寂静,不见一个人驼的影子,换登西边较高的山四望许久,只见大湖滩内几株枯黄的马蒿柘甲,分布于红泥滩上,仍未见人驼的影子。下到滩上,东西探望,仍是没有边际,时已8点多了。回头看大道两边,有用柴叠的鄂博,是为指引行人的标识,前面还有一灰堆,并有许多骆驼粪,说明商队在这里住过,其为大道无疑。然何以大队不从此过?岂到大石头别有一路?假定此道不是到大石头,究是到哪里去?到大石头的路又在何处?心想即使赶不上大队,能够将这两条道路弄明白也是有益的。主意已定,心中转而高兴起来。随即往回走,细看大道上驼迹,全是上北去的,再看驼粪,都是干的,我团大队的皮靴足迹、哈德门香烟盒、奶油糖纸等则无,说明大队没有经过这里。在我们前面曾有一个大商队共1000余驼到古城子去,这些驼迹难道是他们的?但想想又觉不对,商队到古城子须经过大石头,与我们走同一路线,我们既不经过这里,他们岂经过这里。参考参谋部地图此地在安西北部属甘肃管辖,前两天有外蒙古商人到必力贺格,相遇于淖尔,据说是由安西来驮米面的,显然这些足迹就是他们的了。由此知此路是到安西的,乃往回走,先看道上有无支路及别道。一面走,一面看,不时取指南针察视,原来此道已在南偏东40°,而大石头在西边。判断清楚了,就决计再往回走,但走了许久也不见支路,看看要到原驻处了,见有了若干足迹西去,但非大路,到大石头路又在那里呢?看看表已到10点20分了,不免着急,就是觅得大路,此去大队驻处已远，而余已疲乏，忽然想到那林等在此处工作，赫定先生同医生亦在此，此处亦有蒙古人，不免前去询问明白再走。此时口渴身乏，寸步难行，强忍着回原驻处再往西去找余驼。驼迹渐多，再向西北一望，在红土坡下见一条白路，上西北而去。高兴起来，道在是矣。适医生在山上眺望，见余在此处回绕，呼余，余即前去，随医生到渠驻处觅茶，后医生同余见赫定先生。时那林等均在赫定先生处会餐，医生告以故，赫定先生见余披头大汗，喘息未定，曰，先休息吃饭。众人递面包、羊肉、黄油、牛奶、刀叉，气氛热烈融洽，余亦饱餐一顿。赫定问我驼子在哪里？我告以在前面已走散了，我是步路来的，现在乏得很，请给我一匹驼，派一蒙古人送我一程。那林答应了即派人去抓骆驼，而骆驼已放远，来回要 10 余里，余躁急甚，又到那林帐内谈 20 分钟，终于盼来了骆驼。余向赫定先生告辞，又与那林等道别，即同一蒙古人上大道行，那林等亦打黄羊去了。从那林处往西走了几十步，就接上了西去大道。原来出山经过泉水，路分为三支：一支向东南，即由那林等住处往南，走上了戈壁，即余等住处往南；一支向西行，即那林等住处往西，走过戈壁下坡，往正西行；一支向西北去。余同老蒙古走到西支与西北分岔处，适有灰堆障西北路，复划一线，知为余队中所划指者。上西路走了几步，皮靴足迹及香烟盒、牛奶糖纸次第显现，说明大队从此过了。同老蒙古一直往西，过了一个山岭，又一岭，又过了一峡，又过了一湖滩，远望一条白路往南边山上而去。老蒙古说那一条路远，要走西边一条近路，又沿湖滩往西走了一点来钟，上了戈壁，远见前面来了二人，老蒙古说，那是你们的人。余心中甚喜，必是大队派人找我。不多一会，乃见蒙古人施老大笑嬉嬉走来，余亦喜相迎接。施说大队怕你迷路，遣我来找你，并怕你晚上冷，带来皮袄。我问大队驻处，施曰，不远，前面四五里地即是。走了不几十步，庄永成又从南边来了，开口第一句即说：你怎么大清早一出门就走错了路，我们好找哇。福狗子、蒙古喇嘛去追你，一会儿就没踪迹了。庄又说，王殿丞尚在南边山上放火呢，徐先生说你一定是走了中路，所以叫我们到山上放火，谅你看见火光，必要前来。走了几里，到达大队驻处。丁仲良亦迎上来，告以徐先生说你带了指南针，一看不对，必然转走，我就怕你在乱山中绕圈绕不出来，所以叫他们在山上放火等你；一面派人到后队送信，我们明天要走，若你赶不上队，就随赫定先生到哈密。余曰，只要有骑乘，不会走不回来，今天要没那林两匹骆驼，就非摸夜不可了。福狗子送茶来告诉我曰：你要是不知道路，可看驼粪，粪是干的必是从前骆驼走过；是湿的，必是新近走了的。我先也是走了东路，一看粪不对，又走了中路，一看粪又不对，再走西路，俱是新粪，所以一直就来了。余同徐先生笑曰，此一旅行审路之经验也。后又与徐、丁谈了好多一会方散。住地为阿颂博罗克乌兰博罗盖。

12月15日 凌晨3时半起，4点25分出发。向西经行戈壁，6点30分至乌兰呼都克，有泉水，未驻。傍山坡向东南行约五六里，及天明，见不是路，复回故道，沿山坡向西南走，道南为山岭，道北为斜坡，下为草滩。远远的还有一条山脉东西行，9点30分又经戈壁。10点又进入重山之中，经行山沟，时风大，冷极，余在山峡披上了大皮袄方回暖，10点45分即驻于山坡下。此地无水，水皆自乌兰呼都克带来，下午补昨天的日记，写了1000多字，尚未及半。此余戈壁中旅行佳话一段，倘编剧亦为绝好素材。

12月16日　上午5点15分向西出发，经行戈壁。6点道略有小丘，又35分道两旁丘陵绎络。时向西80°行，至8点15分转折向西南，经行山岭。9点又进行于两边山谷之夹道，9点半又上山岭，缘山过时，又偏西行70°至75°，时两旁山脉略开，中显一路，有草。至10点30分又缘山陂向西南50°行，以后起伏无常，时西时南，而大多数偏西南，至下午1点以后竟至南西30°，1点35分为南西25°，即驻于山阿。此处亦无水，估计距察罕赤诺不远了。今日风仍大，冷极。先余步行，后觉疲乏，骑骆驼上又冷，乃披上大皮袄，手不能伸出，出即僵矣。余自行塞外以来，以此二日为极冷也。下午补写前日日记，又写昨、今两日日记，寝已9时矣。

12月17日　早6点10分出发，向西南30°沿山坡走，丘陵起伏。6点30分又转西80°，7点又转西南50°，地势愈走愈高。至8点下行平滩，道南戈壁，下抵湖滩；道北仍有丘陵起伏。至8点20分又全行戈壁矣，时西南风甚大，迎面吹来，水气霏霏化为云雾，百步以内不见人驼，9点30分乃驻于戈壁中。西风犹劲，人皆皓首，嘘气为冰，及视骆驼头毛尽白矣。下午作额济纳河笔记，张掖河作完。晚，早寝。

12月18日　今日因风大未能出发，余在帐棚内作笔记，对于旧说多所考订，至晚9时半方将昆独伦河作完。今日风大，雪花纷飞，下午转晴，而风仍未已也。

12月19日　今日风大如昨，雨雪纷飞，较昨日为甚。出帐棚观之，天与地接，雪飘戈壁，如腾云雾。午餐时在帐内，而衣裳尽白，被褥箱笼悉雪厚寸许。余自早至晚均在棚燃火取暖，幸戈壁中枯柘颇多，拾取颇易。燃材取火，煮雪熬茶，一日之中以此为最大之工作矣。连日因粮食不够，今阻于雨雪，更感缺乏。每日早食白米粥一碗，面包一块，煎油饼三个。午餐食干面包三块，汤一盘。晚餐食黄羊肉拌面条一浅盘，面包一块。两日无黄羊可打，又食罐头，亦将尽矣。然每顿均不能饱，聊以充饥耳。夫役则食之更少，嫌言频闻，然处此绝境亦有何法耶。据商人云，此处距察罕赤诺约二三十里，察罕赤诺距二甲吴同二百里，有一家商人，然何时可至也。

12月20日　今日天气如昨，留住。连日皆西北风，据云雪自西北来。无雪时露日光；而雪花纷飞时地下却无雪。余今日上午作笔记，将河流作完，计1400余字。午后预备写山脉，终未能下笔也。

12月21日　今日风较昨日小，拉尔生与徐先生议，行李，人驼先走，驮子留在此地，俟我们到哈密雇驼购米面来接济。先是大队米粮将尽，派米纶威到大石头购料，迄今20余日尚无消息。赫定在那林处亦只7日粮，现已8日了。我们虽有点罐头，而夫役日食驼肉，尚不能饱，余等亦未尝一日能饱也。今日闻新疆禁止米面出口，二甲吴同、大石头未必有米面可购，则非至哈密不可。若不能出口，交涉尚须时日也。午后天晴，风亦小，收拾什物，箱子全交拉尔生留此。徐带一箱，余同丁带一箱，共一驮，明日早行。驮今日先发，运至前面2里许大山下，聊以避风，明日余等再走也。

12月22日　今日风住，有日光。8点40分向西85°出发，沿途冈峦陂陀。9点半略偏南行，经冈岭复入平川，满布枯柘甲，四围亦有冈峦络绎。至1点10分又入平川，柘甲满布，1点50分乃住于小丘之旁。今日有二驼不能行，外人及余等均主杀之以充饥。蒙人头目巴图不欲，宁饿死也不杀驼，此乃宗教迷信的力量。下午风渐大，然无雪，至晚风更剧也。

12月23日　为骆驼放牧计，拟正午12时出发。上午虽有风雪，尚不大，然已雪雾纷飞。于正午12时欠10分出发，向正西行，经平川，两旁冈峦陂陀，时风更厉，雪雾飞腾，二十步外不见人物。余等向西南行，时亦西南风，风雪扑面，衣衿皆白，嘘气成冰，鬓发如柱。12时50分抵一干河川，可以避风雪，乃驻于河沟中。急取材燃火，与丁仲良围火坐谈。见帐棚外雪雾纷飞，徐先生尚在山中吟诗，亦饶雅兴，笑谓在家无此境也。余同丁仲良煮雪作汤，冲山药粉充饥。丁出奶，我出粉，食之味甚美。然在寂寞戈壁之中，数百里内无居民，际此风雪交加，粮食断绝，不幸之中，偶有乐处，至觉愉快倍常也。晚餐除每人一小盘豆羹及牛肉外，尚有四个煎油饼。今日食之尚饱，亦十余日之第一次也。

12月24日　早茶后蒙人到徐先生帐棚处，告数日来未尝进食，每日只饮两杯奶茶。余等主张杀驼，而渠等不欲。然除杀驼外亦无别法，结果发给面4斤，吃了一顿。今日风雪如昨，下午更大，然粮食已完，不前行亦无办法。且赫定在后面亦将绝粮，非紧急到哈密办米面前来接济不可。而天天风雪，人驼均难于前行，奈何！于正午11点50分出发，向正西行，渡干河川，缘行丘陵，冈峦起伏，约一小时至察罕且录。有泉水，旁有沙堆，枯木成林，驼粪满布，驼迹纵横，盖骆驼场也。时雪花如飞瀑，大道湮没，蒙古人拟止是处，余等以为出发未久，又停止，不可。仍继续行进，经行丘陵，复上大道，向西北行，仍是冈峦起伏。时风更大，雪雾飞腾更甚。余初步行，耳目激痛，乃坐驼上。迎风又冷，乃侧坐，以一手拉绳，稍可避风。而骆行未久，即卧于雪中。余即下骆，又步行至2点20分驻次于冈陵中。风雪仍激，燃火烘之，许久方回暖，而衣被皆湿矣。

12月25日　上午起已8时，早茶后预备走。今日天放晴，有日光，又有虹二道，然西南风仍大，而无雪花，故仍可走路。蒙人来告有一驼卧地不起，徐先生告杀之，蒙人不欲，辗转数次，而驼已放走三四里去矣。时已10时半，订11时起程。徐先生云，今日非杀驼不可，不然不走，乃命丁仲良同赫德往宰之。迟至12时驮先发，及丁归，余与徐、丁后行，时已12时半也。午后风劲，仍迎风行，向西偏北走，经行戈壁，两旁均有丘陵络绎，至4点30分乃驻次。闻商队亦今日从此起程，据云此地距二甲吴桐约五六十里，一站路。距大石头150里，由大石头到沁城120里。前队刘先生已过去四日，谅已过大石头也。二甲吴桐有一买卖家，不常住。大石头有一家，数日后即可购面，无匮乏之虞矣。今日余坐驼上，未走一步，侧坐稍可避风，然已冷气刺骨矣。到后饿极，冲山药粉一碗充饥。连日均未食饱，上午出发时虽食饭一顿，然不够一盘，三人不过一人食耳。晚上食三块面包，何能充饥。然在此中途无处买，只好忍之而已。

12月26日　今日天晴转东北风，于正午12时向西偏北20°出发。风虽大，然背风而行，亦不觉苦。经行丘陵中，至12时半转西偏南85°。12点50分经行戈壁，然大道附近，仍有冈峦陂陀。2点正西98°行，3点缘戈壁下行，3点10分进入平滩，滩为老红土，极疏松，地面满布黑碎石，隆洼无常，洼者满布梧柞蒿，雪地深者盈二尺。梧柞蒿之戴雪者，形同琉璃。沿树边缘而过，衣衿皆白。有死驼弃道左，雪积其上，如小丘。4点仍向正西行，时商队已起驮前行，遇于途，与之谈半小时。4点40分住于平滩中。此处距二甲吴桐尚有10余里也。

12月27日　今日天气亦好。早9时，派丁仲良先生至二甲吴桐购买米面。余等于上午11点30分出发，向正西行，仍行平滩，至下午1点40分进山口，即为二甲吴桐。此滩昨日共行1点半，今日自11点30分起，至1点45分止，共行2点15分，合昨日所行，共行3点45分，约华里25里谱，此东西直径也。此滩南北行，目之无际。滩西有一山脉亦北西南行也，滩东为戈壁冈峦，中现此滩，疑为旧湖泽。盖两山之间多为湖泽，水竭而风沙浸之，火山喷石，漫布其间，又成为戈壁。进山口转向北行，后略西，至2点35分出山口，仍是丘陵起伏，冈峦陂陀。至3点35分驻于山旁，商队正由此起驮西行也。此山脉之东面，即山阴，为陡坡，山石崎立，山峰亦锐，前面即为湖泽。与沙拉夫鲁松及乃利舍不斯太一带山脉，山阴为平陂戈壁，山阳为陡岩者不同，然在陡岩下为湖泽平坡而兼戈壁则皆同。二甲吴桐往西属沁城管辖，则此地已为新疆领域矣。有蒙古包4座，据云新自沁城移来。后询其人亦为土尔扈特人，原在马宗山住，后移至此，亦拟移往他处也。先是余等未出发之前即派丁君购粮，丁君至二甲吴桐时已空无人居。时昨日所遇之商队恰驻于二甲吴桐，丁乃向彼等购糖及砖茶，适有二蒙古人至，云有羊可买，距此地约10余里，丁乃随之去。后余等过此，商队即以相告。余等过此出山口，经行冈峦中，拉驼夫卧地不肯行，蒙人鞭之使行，遂至争斗。驼夫云，余等已两日不食矣，又无骑乘，走不动，在此略休息片刻再走，尚不许耶！余等即同意休息一会再走，并告以丁先生已在前面去买米面去了。后蒙古头目巴图至，询其状，责骂蒙人，驼夫等乃复行。约五六里见有商队方起驮、询之，系在沙鲁夫尔松所遇之商人也。云此地有蒙人4家，可购羊同米面，乃派庄永成同巴图去。适丁仲良已购面粉百斤，羊五头驮之归，同人相见喜形于色，竞先庆贺，蒙人曰"色、色"，色即好之义。盖自11月24日宣布绝粮，至今日已1月零4日矣。在沙鲁夫尔松向商队购米面共合七八十斤，后又在商队上购一次，合共亦不及一百五六十斤。中外团员等共有10人，夫役及驼夫蒙古人共21人，共31人，160斤米面能食几日耶！余等不食米面，日啗干面包数枚已数日；蒙人及驼夫不食米面已10余日，食驼肉二次，然蒙人不习惯食之，咸云肚痛。一驼亦仅够一日食，岂可每日杀驼耶。其饥馁之状，亦曷可忍言。每当分食之时，分两计较，务必平均。团长发令，有饭大家吃，要饿死都饿死。然夫役等有料不敢多食，私自蓄积，谋度一日之命，如此者亦有之矣。举凡平日之遗弃及不食者，今皆视为珍品。余一日腹饿极，距开饭时间尚早，回想从前福狗子曾给余几张白饼，饼食完，尚余残沫。乃寻出，而灰土已裹满，即用水煮食，然当饥饿之时，亦觉津津有味。团中王殿丞，集干面包沫甚多，然亦不肯多食，留以度命耳。嗟嗟，戈壁难行一至于此。前者天气晴好，尚可打猎供食，虽无米面，日食黄羊，尚不觉苦。自本月18日以来，风雪既加，野兽绝迹，人亦不敢出棚，黄羊亦不可得矣。此10日来蒙人唯食酸奶，夫役食残余；而余等除一顿粥、三块面包外，日食牛肉罐头不及一匙，欲求半饱，亦不可得矣。今日丁仲良偕一蒙人去商队购面、羊，时商人正食面，蒙人不顾，抓碗便食，连食六碗，商人咸目注之。饿极岂能有礼让耶！今日买来羊，分蒙人二只，煮尚未及熟，而一只已尽矣。今日若非有此接济，前途何堪设想。此地距大石头虽不过五十里，然大石头无米面可买，非至沁城不可。沁城至此尚有一百五六十里，尚须五日行。如此何能维持五日。

新疆兵防阻之实情

12月28日　今日午前11时半出发,向西45°行。经历丘陵,50分缘丘岭过,向北西35°走。12点35分进山沟,转正北沿沟行。1点又略偏东,1点25分抵小石头。有二井,山沟中亦略有集泉,大队在此饮驼,停25分钟。转向西北20°行,经山坡,有麻石屹立,所谓小石头者殆指是欤。2点5分出山沟,冈岭起伏。40分又向西北15°行,大道旁有一山沟,沟旁马蒿丛生。3点15分又转西北30°行,至4点抵大石头。有商店一家,土房。店主为陕西西安人。前望商队尚未走,余等即在山阿驻次。又有蒙回兵数名在此守候,云奉杨督办令,在此迎接。余等正苦不识路,今有人引导,深以为庆也。晚间向商队购办米面,未妥。归又食面饼一枚,遂寝。

12月29日　上午10时蒙回兵至,有一排长名戴尔台来谒徐先生,云在此守候二月余。此人为乌苏人,盖亦旧土尔扈特蒙古也。颇漂亮,后余等请食午餐,并赏洋10元,只留蒙兵二名、回兵二名作引导。余等到大石头时,即闻刘春舫等已为回兵迎去猫儿沟了。猫儿沟有二营人,营长姓陈、姚,盖亦待余等至也。向商家购米面后，乃于1点欠10分出发向正北行，沿山曲回环。1点15分经山沟向西北40°走，沿小河沟转西走。2点10分又出山口，向北西20°行，两旁丘陵起伏，冈峦纵横。3点向西北30°行，3点10分西偏北10°行，3点45分驻次山阿。当余等行距此地四五里时，即闻米纶威已带米面回来。彼等走山北，余等走山南，相距不远，请蒙兵去追赶矣。未久米纶威之引路者至，旋米等之蒙人又来，遂驻次于此。约十余分钟米纶威带了许多面料至。据云：杨督办对于余等疑惧非常，派兵二千驻于各要隘，名为迎接，实则监视，并说中国团员有国民党人。至此余等方知回蒙兵之来迎接并非善意。时刘春舫等已至猫儿沟，亦察知其情，致函徐先生。云：新省对于余等此次之来，谣言甚多，蒙回王公闻讯，急上书杨督办，阻止西来，杨既电京，而余等已在途中矣。又一函云：当余等在河上时，新省即谣传马二先生带了二百打手夺取新疆，杨大惑，故有调兵防边之举。增加稽查，严密防范，故郝德等之来亦被软禁；渠等之至猫儿沟，亦软禁之意。综合刘函及米纶威之报告，是杨督办态度颇值注意，而外人更为畏惧。然蒙回兵对于余等敬谨备至，似无他意，乃询之与米同去之张某。据云：当张和米纶威与大队分手，购办米面料，至途中遇自安西来商队，向之购米面，以价昂未购。拟急赴大石头，因夜行生路，遂至迷途，本应西行者，乃转南行。当南行时，迷大道，米同蒙人寻路，张看守驮子，如是者数日。乃得南路大道，寻大道西至大明水附近，遇守卡新疆兵，盘询去路。问有几人，答以有三人：一外人，一山西人，一蒙古人。因大队缺粮，来办口粮的，大队尚有二三十人在后面。新疆兵云：我们奉杨督办令，专来迎接你们的，请你们的官解除武装，随我们到大营。张不通西文，乃以蒙语告蒙古人转告米缴枪械，米不肯。张告以此系公事，不如此恐不能走，乃交枪械。时蒙人骇甚，以为土匪也，惧欲逃者数次。张极担保系兵非匪。初随兵走时本行大道，后转行山路，蒙人又骇极。当日歇于山阿，蒙人一夜未眠，张因彼未眠，遂亦不眠，盖恐蒙人惧祸而逃也。次日乃与兵同行，见村旁有许多驼来，以为大队中人，藉口前去探寻，乃转山遁逃。时随米者为一连长，见有驼至，亦骑驼前去查看，及连长归而米不见。知其私遁，乃派人追寻，亦10余里未见。张乃将米行旅等件交连长点收，张复被带至大营私问。问张是否马二先生的人？张答不知甚么马二先生。后张随兵至猫儿沟，兵云，外人已在此地。张乃将前后细情告旅长，米先生的话亦请电话局长翻译，乃将此事说明。并发还米之行旅等件，米面亦由军队代办，招待颇为殷勤。当在沁城时，闻人言，赫德等之至新也，路遇卡兵，要赫等驻下。赫等不可，举枪实弹，欲行射击。卡兵共有一连人，见势不妥，分两排站立，作防御状。赫等遂住下，卡兵乃至前，非缴取武装不准过。后赫等将枪械收藏，方至哈密。将至哈密也，回兵蒙兵严阵出迎。并云：奉杨督办电示，外人均须至迪化（俟赫定到后再说），赫德等说无钱，不肯去。不知究竟去否？其所云如是。总之，此次吾等来新，声势浩大，新省疑惧，不欲吾等来也。传云所谓有国民党员，此话出于外国人口，乃欲以此加诸中国人身上。又云谣传马二先生带二百打手夺取新疆，杨督办调兵二千防堵，想俱属无稽。若冯玉祥带兵打新疆，决非二千兵所能抵御；若为防御二百打手，用不着二千人。杨督办决不如此之愚。当晚余同徐先生、丁仲良商议，宜请徐先生函致赫定，报告实情，恐因传言之误，致起分裂，盖此事之发生，完全为误会。因外人不懂汉语，且不明中国情形，致有种种误会，一经解释，不难明了。观现在蒙回兵护送余等颇谨，谅无他意也。

12月30日　今日于下午1时10分出发，向西北30°行，两旁丘陵起伏，中显平滩。1点40分向正西走，冈峦陂陀。2点20分转西南10°，经历丘陵。3点缘山坡中大道行，3点半又行戈壁。4点西偏南行，4点半又经丘陵，约10分钟。4点40分驻于山阿，时正西南15°。此处有井一，当余等行中途时，遇马学尔回去，带有驼轿，回迎赫定先生。据云，刘春舫已由下河回猫儿沟了；还说购办驼面，军人颇为帮忙。惟设立气象台事，恐难办到。今日米纶威亦与余等同行，驼面由巴图带往也。

12月31日　今日因行山路，非一站至小铺不可。距此地约60里路。路崎岖，颇不易行。乃于上午10时20分出发，向西南行。初则冈峦起伏，至11时经行山峡，向西北行。12时后上坡下岭，升降起伏，左右回环。时雪深数尺，虽驼践成路，而积雪成冰，山路颇滑，一步一溜，每遇上坡，驼多倒卧雪中。因此行距小铺四五里许，蒙古头云：到了，到了。然转了一个山头又一个山头；下了一陡陂又一陡陂，转了几转，时天已晚了，白雪映着微微月光，朦朦之际到了一个山头。往下一看，泉水淙淙，土屋覆上白雪，星布河边。沿河一片树林，已闻水鸟声和驴叫声。土房上映出微微的火光，知下面定是一个村子了。引路的说，今日住小铺，大概就是此地。沿山坡下行，渡河，驻于村中焉。

1928年，元旦　昨日驼乏，死7头，今日休息一日。上午微有飞雪，下午渐晴。我的帐棚系扎于维民家之门前。上午维民邀余等进宅吃茶。余等藉此亦可观其风俗，乃随至该家。墙为土筑，房前有大院、旁院。有墙作格栏，以喂养牛马。正室在后，为住室。中布土台，台上铺厚毡若干条。中置洋炉以取暖（按此较进步者，一般多在坑下，或墙柱中装炉）。墙上有许多空格，置衣服器具之类。灶设于门旁。墙中空格长方形，宽三尺，高二尺，深尺许，陈碗壶之类。碗壶多江西磁，亦间有俄国磁。家虽中资，然极整洁。什物之类，均求洁净。据一商人云，维民用饭，必先洗手，碗洗后，又用水冲，以布抹之，恐其不洁也。今观此家，其言益信。男女同住一室。吃茶时，毡台上置一方矮桌。余等均盘坐。徐、丁坐上首，余旁坐，中置大面包一盘。茶毕而去。此地有商家二，均由口内去者。一商家姓尤，天津人，在此地已10余年，买卖米面草料。余等到其家，谈及新疆情形甚多。盖新疆现银甚乏，通行纸票，每1元换3两5钱。纸票1两当红钱400文，麻钱600文。纸票有1两一张者，上写凭票取足红钱400文。尚有油布票，系以油布制成。均印有汉维文字。人民通用纸币，现银来往颇少。余亦换洋1元作在路零用。谈了许久，王殿丞来，说邻居又请我们去吃面条，已熟。又转回至该维民家，每人上羊肉面条一碗，亦颇净洁，口味亦佳。又以1元购母鸡2只，清炖。适厨房备餐。先是邻居女孩至棚帐探望，仆人即以空匣予之。渠亦以馒头一枚相赏。后又有一女子持一馒头换一洋铁盒而去。后维民悉以馒头来换空盒,盖彼等器具缺乏也。馒头,维民谓之馕。圆形,中微凹,面制,火烤而成。其味酥美。维民女子衣服尚红,镶宽边,腰围红裙。天足,穿鞋袜,巧者上织有花。头部双辫下垂,中系青线,妇女皆然。戴帽,帽上钉一排骨扣,以为饰。音声清亮,类江浙人。此村约20余家,皆系种地者。汉人在此种地者只有4家,余皆维民。此村有达儿瓜一,即村长之义,村中有小事即凭达儿瓜评断,大事方至官厅。故达儿瓜在村中权力甚大,一切差使亦达儿瓜办理。我们此次雇驼,亦达儿瓜代办也。闻回王颁有印信与达儿瓜以为凭证。尚有毛拉,如蒙古喇嘛,管村中死葬之事。又有阿訇,权同牧师。维俗尊称从事宗教职业者为阿訇,是阿訇又为普通称呼。维族与汉族杂处,从前维民为汉民所欺,现已非。地方官府对维民亦多维护,盖不欲失维民之心也。下午,又同徐、丁往踏查高山,盖驻地即在山阿中,四围皆山,即沁城雪山脉也。雪山在小铺之西约五六里,望之如在目前。余等登河东小山,回首望北部山脉,山峰嵯峨,绵延数十里,白雪覆之,景致美丽。回想昨日穿踏50里山脉,甚非易事也。石皆花岗岩石,为火成岩。晚闲谈许久方寝。

　　1月2日　午12时出发,向西南行。由小铺到哈密本有二路,一路至沁城,至哈密;一路至猫儿沟至哈密。后者远40里,因刘春舫在猫儿沟等,故取道猫儿沟。沿河南行。两旁山势低落,丘陵起伏,冈陵陂陀,亦不觉行于群山之中也。1点50分住于三岔河,亦称上河。此地住有蒙兵一营。营长名色格赛，东土尔扈特人，年33。又有一书记官，姓卢，安徽寿县人，颇达事故。及余等方下驼，营长即迎徐到屋吃茶。后又请徐、丁及余晚饭，招待颇殷。菜为火锅一个，沙鸡一碗，白菜一碗，谈话之间颇为融洽。饭罢归，又赠羊一头。余等赏来人银1两，又回赠罐头两筒、沙丁鱼两盒、纸烟一盒、牛奶二瓶，着王殿丞送去。以后交涉多得彼卢君之力也。先是营长送羊来，名片一交外国人，一交中国团长。后拟还礼，外人不肯出东西，以为营长未请彼等也。后将羊牵去，德国人才肯拿出东西来。

1月3日 近午11时50分由三岔河即上河起程。先是营长同卢君来送行，与之谈片刻。向南沿河行，12点10分至下河，有住户二家。据云，此地驻兵一排。又向正南沿河行，两旁山脉络绎。1点5分又进山峡，河水穿山中过，两边岩石崎立，壁立千仞。2点10分山脉渐开，而山行如故。2点50分至头工，沿河有居民数百。3点40分出山口，即为二工地。在山口，闻山峰上有石击之声，如钟，故名此山为石钟山。出山口即有一旧城，盖从前驻兵之所。山口外之地悉开垦，故二工农户亦数十家。4点20分驻于二工兵营旁。营长为北土尔扈特人，姓巴，去年2月由塔城移此，亦转徙数千里矣。此地山上有小塞城，为往时屯兵之所，盖此地南通甘肃、安西、敦煌，西通沁城、哈密，北通外蒙，形势险要，亦属通衢，置戍兵在此，亦甚必要。然引外人来此，觉非所宜也。晚上营长送一羊来，但未还礼。晚饭后与丁仲良谈许久，又追记三天日记后寝。

1月4日 近午11点25分出发，向西南45°行，经戈壁滩，雪已不厚，大道无雪，驼行较平稳。然石子仍多，道西仍有山脉环绕。大雪山则雄崎于北，视若在旁，实尚距四五十里也。12点横断丘陵，仍行戈壁。12点30分向西南40°，50分转35°进入草滩，转30°行。2点10分至猫儿沟，驻于草滩中。此地扎兵四营：蒙兵一营，营长为巴图那生，号玉山，44岁，乌苏人，所带者为北土尔扈特亲王旗蒙古马队。营长为土尔扈特亲王女婿，曾充杨督副官，为人颇诚实。一为缠回兵营，营长为尧乐博士，号景福，哈密人，40岁，系哈密亲王府长史，兼官车局坐办，所带者为回部亲王旗马队，极干练，此次招待事务皆彼办理。一为汉兵营，营长为李成祥，号吉甫，甘肃皋兰人，系陆军步兵中校，补授玛喇巴什游击，所带者为陆军骑兵第二营，年近50，来此地多年，盖新疆老人也。一为陈某所带一营，陈某，甘肃人，沁城守备。每营以百人为满额，实不过数十人耳。当余等方下驼，尧、李二营长持片请团长及诸团员吃茶，余等三人先去，尧、李、巴、陈迎于门外，是为尧营长住宅。尧为维族，故屋内陈设与汉人异。屋内全为土炕，上铺以毡，中置矮桌，放葡萄干一盘，白方糖块一盘。余等盘足围桌而坐，诸营长下坐相陪，谈话颇为款洽。后外国团员亦至，遂即开饭，全为回部食法。先以湿巾擦手，继上两大盘羊肉，各人以手持肉而食。食毕上饭，饭为羊油和炒，碗陈之，上置羊肉数块，外国人用匙，中国人用筷，此是特别安排。维民即用手抓之，故谓之抓饭。饭罢，尧营长即提出收缴外国团员枪械事，言奉将军令，照章办理。赫德初不欲，以陆军部护照见示，后亦认可，即告辞归。后各营长又回看，随即收械，相约共同加封，派人看守。又为余等雇30驼，费30元。明日换驼赶赴哈密。

巴营长又代雇 50 驼前迎拉尔生。先是刘春舫为雇轿车事，留在此候余等到来，彼报告经过情形，乃知所谓国民党者，冯玉祥者，皆属于子虚。不过新疆对于设立气象台极端反对耳。

1 月 5 日　近午 11 点 20 分，由猫儿沟动身。昨日本拟 9 时出发，因新雇商队骆驼至 10 点钟方来此，故推迟。初出山口，行进戈壁，而道南仍有丘陵起伏。12 时又向西偏北 20°走。35 分转南 35°，道两旁丘陵起伏，冈峦陂陀。至 12 点 50 分出冈峦口，经行戈壁。从此均向正西行，地渐低下，雪已绝迹。远眺平滩无际，烟雾相接，右顾雪山耸峙云霄，白雪似云，青峦如带。日已没矣，犹有红光返照山巅，彼此相映，益增骄艳。3 点 15 分至碱泉子，有土堡一，至此方见由哈密至沁城电杆。此后均沿电杆西行，至夜 12 时出戈壁，有坎井，土杂泥沙，意必肥地，惜黑夜之中，虽有月光，究视之不明，然道旁小沙丘，犹可见也。至 11 点 50 分抵大泉湾驻焉。此地有维民一家种地。泉水颇大，沟渠水颇旺。白杨树成林，树身有至七八丈者，树枝悉向上，与内地异。此地距黄芦冈不过 10 余里，护送兵士拟住黄芦冈，而外人不欲，后仍住此。即然火煨茶，又食粉一碗，烤饼充饥，遂寝，已 1 点矣。今日当出发时，余同丁未持片辞行，稍疏略，后当注意也。

1 月 6 日　因昨日到晚，今日拟 12 时出发，故起稍迟。日光之中，微飞雪花。天气颇冷。12 点 50 分出发，向正西行，沿途皆有维民庄户，络绎而居，悉以垦地为业。此一带原为湖底，芦草丛生。有开垦者，有未开垦者。田旁掘有坎井，有如内地小塘，宽长不过丈余，旁有渠，现因坎井中水不多，已冰冻，必储雪山之水以为灌溉也。2点15分向西微偏北15°行，道旁有土堡一。时有支道东南去，至甘肃兰州。又有沁城大道自北来会。2点50分抵黄芦冈。冈又有安西燉煌大道来会。进黄芦冈村庄，亦有维民垦户约20余家，汉民只数家耳。此处驻兵一营，营长老董特着人来请余等茶尖，时方急行路，递一片而去。出黄芦冈又向西偏北10°行。居民渐少，地亦未辟，满地芦草。拉驼者云前面树林，即一棵树也。下午4点20分抵一棵树村庄。时尧营长在此等候，余等亦进尧处吃茶。此屋为此村达儿瓜之屋，陈设颇整洁。坐后献茶，复请食面。先食羊肉，后食面汤，每人两碗。食罢，告辞。归时前队在村西放驼，余等帐棚亦扎于斯。时日已垂暮，回视雪山，红光反映，乌云相接，亦塞外奇观也。

在哈密期间

1月7日 上午7点50分出发,向西偏北10°行。经行草滩,土质同于一棵树,惜未开垦。9点后悉向正西行,10点45分抵兴庄子。住户约三四十家,类多汉人,皆以垦地为业。从此往西,庄户络绎不绝。11时40分至材呼略,亦多汉人庄户,内有城隍庙一座。大道东西有土墩,疑为清代建筑物。再往西有小河,自滩中流出至哈密。1点进旧城,军队前导,直至旅部下驼。刘旅长在门口迎接,各营长亦先期到达,在此招待一切。旅长40余岁,甘肃静宁人,名希曾,字绳三,湖北武备学堂毕业,彰德会操时,彼曾参与,为人颇长厚。及进门,各团员东桌坐,各营长西桌坐。寒暄后,旅长说明杨将军交下三条:一、解除武装;二、检查;三、不在哈密停留。一条已作过,今乃进行检查。查毕,略谈数句,乃告辞归至官店。店在旧城西关外,即新城。方住下,有县衙门兵持片来说县长请吃饭,在馆子里等。及去,县长不在。乃一小饭馆,如北京天桥小馆一样,等了许久,而县长不至。乃知系教我们自去吃饭,并非请客,真可谓滑稽。菜颇可口,食毕而归。购洋烛一包,纸烟二盒。

洋烛2两2钱一包，纸烟5钱四分一小盒，较内地贵几倍。店门前有兵卒把守，出入皆有军士护从。名为保护，实则监督。哈密非可留之地矣。

1月8日　上午飞雪花，颇冷，未出门。下午同丁、刘拜访邮务局长陈某。浙江人，便谈多时，并出点心及哈密瓜相贻，颇可口。据云，点心新自迪化带来，哈密瓜储之颇久。从前回王进贡皇上之瓜，并非佳品，不过是回王自种者耳。瓜形如内地西瓜，稍长，皮青，色味清甘。瓤子不多，食时去之。谚云：吐鲁番葡萄哈密瓜，库车秧哥一枝花。秧哥即维民女子，惟库车最为佳丽。葡萄，4日在尧营长处已先尝之，无籽，较北京为甜。此后凡招待余等者，皆以葡萄干、白糖为上品。

1月9日　上午未出门。余等数月未理发，乃觅一理发匠推头。彼四川人，来此多年，手艺极劣，且不会推平头。先为徐先生推，极丑；次为余推，中蓄一顶搭，余命悉去之，成一光头，则较顶搭为胜也。后刘春舫借渠剪刀，请厨子代理，较好。剪毕，每人给银一两，比本地人则增加数倍矣。下午，又同丁去洗澡，澡堂在本街北头有三四家，极糟，进而复出。在街上略为浏览，即归。疲极，又小憩数时。起，拟写信给柯劭忞先生，复搁笔。晚饭后，又补记昨、今两日日记。今日接袁电，已至二工，着人去迎。是一二日内袁、詹、龚亦将到也。昨日接马叶谦电，称甘省当局不让留蒙，马赴肃交涉，尚未见头绪，祈速汇300元。如此，是甘肃气象台又成问题矣，本团真多难也。今日向王爷府领票银1万2000余两，暂做用费，明日，当有1500银元送来，谅可应急需也。

1月10日　今日天晴，未出门。余连日因饮食不洁，发胃火，口牙生疱，疼极。买了4钱银的青果，含之，亦未见效。身微作寒热，目眩头胀。塞外羁旅，饥寒之后，继以病疼，真苦死人也。夜早寝。

1月11日　今日头胀牙疼如昨。下午同丁仲良购黑紫羔马褂1件，票银55两。又购线布及洋布各六尺，作一棉裤。线布每尺5钱，洋布每尺4钱。棉花7钱银1斤。黑紫羔本出新疆，以库车为佳。据邮务局长云，黑紫羔以迪化为好，哈密微有酸味。傍晚方归。今日共用去63两银票。今日领津贴，余得月金82元，合银票287两。旧票乱极，不知新疆当局为何不收旧票换新票也。

1月12日　此两日为检查外人箱笼事，徐与德人马森伯等有抵牾。今日天晴，仍未出门。在家写信给柯凤老报告一切，藉请电新说项，书写一半，复与徐、丁诸人谈天，无大事可记。今日牙痛稍愈，然仍未见痊。下午同丁仲良上街游逛，即归。购2两邮票，共百二十分。

1月13日　上午将信书就。下午同丁、刘出游，藉迎袁希渊。由西门至东门，经柳桥，未见袁等来。刘春舫到桥上观河流，余同丁先回。先是余等每出，必有二兵相随，今日亦然，与刘分手后，一兵随刘，一兵随余等。此兵为甘肃高台人，颇谨慎，引余由傍路归，随至荣盛馆食面，复代余购物，颇勤谨，余赏洋3钱，非常高兴，监视者成为余等之马弁矣。复至邮局投函，丁仲良又购邮票1两，与刘局长谈片时归。至晚7时袁等方至，詹、龚均至。直谈至夜深1时方寝。袁等系走南路至镇番；发掘三角城、连城，所得不多。又由镇番横过沙漠，至河上，转连三旱路，至哈密。肃州之事，袁亦知之也。为走沙漠事，詹、龚与袁颇有误会，亦团中趣事也。

1月14日 上午飞雪花。袁来调停徐与马森伯之争，未能弥合。12时为袁接风，请至荣昌馆食六样菜，颇可口，猜拳助兴，拳罢猜谜，直至下午3时方归。今日为送灶君之期，关内俗食白糖，湖北则为廿四日，此风俗之各异也。

1月17日 今日天晴。下午外出，购直弓呢马褂面一件。七尺，每尺7钱。随即回家，鬼混一天，无所事。晚议派人先到迪化，徐先生派丁、袁及余三人同去，探听情况。上午，邮局长来，称余致柯凤老函已奉命转至迪化去了。

1月18日 今日晴，早饭后同詹、龚游龙王庙。出新城北门，经行至巴里坤大路，约四五里，至农林试验场，进场内往西北即至龙王庙。踏雪而西，抵庙门。庙建于戈壁山下，上二层殿门锁未开，殿前有亭一座，题曰"养元"，光绪中所建。泉水环流，桥梁横置，杨树成林，景致颇为幽雅。余与龚各摄影一。南面有藏字塔一座，又摄影一。龚、詹与余带一夫役复西经戈壁，查看土墩。墩为土砖所砌，高约四丈，半圮，四周有墙围之。疑为清初征准葛尔所修，最早亦是明代之物。走南路归，经回王花园，园中有亭楼，据一维民云：此为回王夏天避暑处，冬天入城，故此时无人住。远眺西南二三里地，丛林之中冒出回陵建筑。询问维民，答曰圣人宫殿。又转而东，经沟渠，泉水甚旺，混混滂流，无地可过，沿行里许，将至城边，乃越跃而过，又连过几道渠，方抵城根，复行故道而归。晚饭后，略憩，为过春节，大家写春联，寝已10时矣。又今日所游之龙王庙，庙在湖畔，湖名苏巴什。

1月19日 今日晴。早茶罢，同龚坐车至回城。回城在新城西南，距此地约5里。余等所住之处为得胜街，由得胜街往东转镇番街，至旧城西门首，转西南，柘树成林，泉水淙淙，约里许，至回城。城悉土筑，围大约2里。进城往东即至王府。府前悉中式，当将名片交门者，辗转许久方出，称王爷今日吉日念经，挡驾。即转车至回王坟。坟在回城西里许，沿途树林盈拱，泉水环流，景致颇为幽雅。抵坟前，有小墙围之，建筑极为辉煌。坟周围俱用磁砖砌成，白底蓝花，上为圆顶，四围有栏，顶系绿磁，四隅四柱。每方约十三步半，高约六丈，门向西。请管坟者开门，两旁有回文碑2座，入里，而坟在焉。大者共10冢，有4冢为磁砖所砌，四周还有小冢。据守坟者云，前面两大冢为老王夫妇，磁砖墓为其祖，盖回王先人均葬于是。守坟者云，今日为吉日，回王要来念经，故急摄一影出，赏守坟者银2两。旁又有两院，内陈土冢甚多，必王爷旁支，复摄影两张，遵故道归。晚饭后整理途中所作额济纳笔记，11时方寝。

1月20日 今日晴。距阴历年只有两天。为筹备过年，举余同詹专司其事。每人派票银5两，七人共35两；公家又贴出35两，共70两。中国下层人员赏钱每人47两，约12元；厨子每人10两，夫役每人4两；外国人支津贴一月。余亦领得10月份津贴287两票银。议毕诸事，面请刘、龚二人司买办之役。晚上又作了几个灯谜，一为："生公说法"，打书名一（《语石》）。一为："出自圣裁"，打古书名一（《独断》）。一为："说文部首"，打书名一（《文始》）。一为："军皆左袒"，打人名（刘向）。至12时方寝。今日对联亦均贴出，已进入年节也。

1月21日　今日为除夕，买办猪羊肉之类，备齐。下午又向邮务局长借麻将牌一付，我、徐、丁、刘四人作戏起来。饭毕，余已倦甚，未再加入。彼等又打四圈，又食水饺，方寝。外间鞭炮之声迭起，亦同内地。盖哈密为汉回杂处之地，回、维民虽不过年，然初一日亦不作生意。傍晚有所谓太平狮灯会来闹年，二人顶狮，一戴假面具，衣猴衣，手执拂尘，在狮前调戏，亦颇为有趣，余等赏洋2两。又有大戏班来，辞去。

1月22日　今日阴历元旦，余等尚未起，詹、白即来，后厨子夫役等亦同来贺年。余等亦至各处答贺。在徐、袁房中，而邮局长适至，谈许久。晚间赫德等与徐先生争辩于赫定之前，赖赫定一言而平。余看小说，至晚1时方寝。

1月23日　今日为初二。因昨晚睡迟，今日起迟。午饭后，又同徐、袁、丁打牌八圈。笼箱行李今日午方检查毕，悉搬回。

1月24日　上午同丁到局长处贺年，谈片时归。晚同徐等商谈在新工作之事。余拟走天山东路；袁拟走伊犁、塔城，阿尔泰、古城子。徐不以为意，以为非到省办好亦属白劳，亦不主张余天山之行也。

1月25日　早饭后收拾行装，下午追记五日笔记，至晚方就。本队拟将蒙人完全遣回，厨子3人亦回北京，盖要分路考察，实行裁员减政也。

1月28日　今日写信数封，一致黄离明，请他汇百元来新，拨庄尚严50元。一致李子开问余之书籍现存何处，倘无适当处，转存图书馆亦可。一致庄尚严语与电同，请设法购胶片40打寄迪。拟再写信致袁守和、罗膺中二人。晚间谈许久，方寝。

1月29日　今日为陈旅长、沙亲王请客之期。上午略将昨日未完之件补写完竣。下午1时即至尧楼赴宴。宴计三桌，中间以赫定博士为首席，沙亲王陪。东首为徐先生首席，陈旅长陪。西首为赫德首席，朱县长陪。余等中国人同坐东席，余坐适比邻旅长。彼云："郎甲依为浩罕种。俄灭浩罕，其余种流落新疆，即安集延缠回也。"又云："杨督军著述甚多。读书笔记除《老子》外，尚有《庄子》《吕氏春秋》。其命僚属也，必令读书，每日先看几页书之后，再办公事。又令作日记。其行为有古疆吏风。为人俭约勤慎，亦良吏也。"直至傍晚方归。又谈数时，至夜深方寝。

1月30日　今日为本团酬谢营长及各机关之期。本团所请者除军部人员及各营长外，又有沙亲王、县长及四商总。下午1时诸客悉至，颇极一时之盛。本团为中国4人，外国7人。余因足疾未到，在家写信至京。今日龙王庙唱戏酬神，詹、龚等均去看也。

2月1日　今日为各营长请本团团员之期。余本拟不去，徐先生大早即约去游城中风景。昨日晚，即说了一遍，余辞以足疾，临时徐先生又来邀，乃同去。余同徐、龚及赫定四人，乘三辆车，余同龚一辆。向东南行，进旧城西门，至左文襄祠。祠为一大间，前为火院，殿中供左文襄公牌位。上书"诰授光禄大夫，追赠太傅，谥文襄，世袭一等……"牌前有塑像一，穿马褂、几根深黑胡须,隆眉,风骨凌峻。余等进殿,均脱帽致敬。赫、徐并深深一揖。殿之东首有亭一,内供袁垚龄神位及潭上连牌位,上书"诰授建威将军、头品顶戴、喀什喀尔提督骑都尉世职、伯奇巴图鲁、潭公讳上连神位"。又一上书"诰授资政大夫、追赠内阁学士衔、二品顶戴、喀什喀尔兵备道、那尔浑巴图鲁、袁公讳垚龄神位"。殿之西首,有戴宏胜、徐占彪二牌位。上书"诰授建威将军、头品顶戴、记名提督、陕西汉中镇总兵、骑都尉世职、额尔克巴图鲁、戴公讳宏胜神位"。又书"诰授建威将军、头品顶戴、记名提督、巴里坤镇总兵、骑都尉世职、哈西巴巴图鲁、徐公讳占彪神位"。出殿至王爷忠烈祠,看庙者不在家,旋出门,回至定襄王庙。殿中供长沙城隍匾额极多。殿前有戏楼一座,颇庄严。出殿、仍出西门,向南行,经回王城,西行桑树林中,清泉淙淙,田园尽辟,景致极幽。约3里至回王陵,陵之建筑俱如前述。游览毕,又至后大礼堂。堂纵横各九楹,四壁均绘有回族圣经。书写阿拉伯文字。殿中壁有一小亭,为王爷祈祷处。东首有一小亭,倚壁有一椅,不知是否为一说法地也。据云:回教规条,每于大年小年,全回教徒诵经于此。三月初一、初二、初三为大年,六月初一、初二、初三为小年。平日则诵经于其家,每日五次。回王届时命阿訇登高台诵经,全城教徒,应声祈祷,无或后者。又出陵回至回城,观九龙树。树盘旋地面,形如九龙,回民甚以为奇。然大树多根,根根发枝,枝复有根,彼此穿插,故形成九龙,亦事理之常,并不奇也。观玩许久,乃回至尧楼赴宴,时诸人皆在,略坐即归。休息时,丁、刘等看戏已归。

2月2日　上午徐先生邀会谈在新省工作安排事。命余由古城至鄯善至罗布泊，取道阳关回京。袁希渊走天山北路。丁仲良走天山南路。余初意本拟由吐鲁番至库车转和阗，徐不欲余单独一队。余则谓不能单独出队，余即回京。后晚间复议，乃采斯路，盖亦回京之路也。下午，余复到龙王庙游观音洞，及明春祠。盖此庙为光绪六年明春为哈密办事大臣所建，在龙王庙之西隅。日前来未见观音洞，故今重游焉。

2月3日　赫、徐等拟明日赴省。余等亦将陆续出发。故收拾什物颇为忙碌。修箱子、理书籍，忙了一天才完。晚上又书证书二纸为遣返蒙人回平者，又拟致理事会函一封，至夜深方就。晚为存放箱子事，徐、袁冲突一次。

2月4日　今日预备送多统领礼。又赫、徐等，今日动身上省，扰攘一日。下午4时，徐、丁、赫、郝等，与余等告别，即坐大车去，余送至门归。写信致刘半农，盖上午收到半农由京来电，知尚在京也。

2月5日　上午接马叶谦由凉州来电，称被送至兰，请设法等语。当即派人送至三铺交徐。今日为多统领40生日，余等昨日已送礼，今日午即前去拜寿。未几，王爷亦至，旋开宴，至傍晚方归。又将致京中各件，整理一番，至1点方寝。计刘半农一函，内附致庄尚严函，由施老大带回；一李子开函，内附致黄离明（黄建中）函，并笔记19纸；一袁守和函；一黄永兴（即家书）函；共计4件。明日交邮发出。

2月6日　今日追记数日来日记。又车上棚帐，余同龚已作就，花银42两，各出一半。下午至晚，校阅《读〈老子〉日记》30 页而寝。《日记》为新疆督军杨增新所作，在北京雕版付印，王晋卿先生曾托余带至新疆者。并嘱余校误字，藉以缓和杨之误会也。

2月7日　余等本拟明日赴省，因款已汇来，决定同外人一起走。尧营长来，交涉款项及官车事。亦必须至阴历正月二十日方能齐备，故余等又须再等 3 日。下午及晚均校《读〈老子〉》，至晚 11 点共校一本，约有 20 余错字。

2月8日　今日上午至邮局发家信一封，又致袁守和一封，便与陈局长谈天。据说，杨畏冯颇甚，恐其来谋已地也。欲练兵又恐患生肘腋，不练兵，又不足以御外敌。彼亦深知，自己兵力不足以一战，故日为逃走之计，现东北至塔城汽车道已修成，因是故也。杨又遣其子为俄国领事，倘有事，即取道俄国至天津。彼储蓄现款甚多，皆为终老计。又云，现王爷亦然，亦储许多现款。嗟乎！亦愚矣。又至点心铺随购一两银点心。此铺掌柜为陕西西安人，同治年间随白彦虎来此。据说白彦虎造反时只 2000 人，均用刀枪，并无火器，且均为未经训练之农民，故官兵一至即逃，使有枪械，官兵不能御也。晚又校《读〈老子〉日记》一卷。

2月9日　上午略看了几页《读〈老子〉日记》。心中烦闷非常。午饭后即带蓝福狗出外照相。出北门，经新城，往东北，踏查戈壁。福狗子在哈密河旁山梁上拾瓦片数枚。又往东经演武厅，旁有土墩一，为明代所修。往东尽回民坟地。回坟形为长方形隆起，外有圆顶形屋罩之。大者周围约 16 步，小者亦及 10 步，下方而顶圆，巧者四隅起棱角。屋内陈坟数冢，旁有洞门便出入。据说冢中尸首,以布缠之,无棺椁。盖回俗如此。过河往东折回至村中礼拜寺,摄一影。并登寺中高台,台高约二丈余。每日早、午、晚,阿訇即登台诵经,左右维民,闻声至堂中礼拜,无或后者。寺中宽广约二丈余,可坐百数十人。去诵经者咸脱履于门外。适正为念经之时,余观其仪式,初参拜时,静默五六分钟,讽诵数句,即俯伏一次,共5次,或10次,不等。寺中有二空龛,亦无神像,望空祈祷,亦无若牧师之类在中指点。只念经而已。每日5次,辰、午、未、酉、戌也。据说仅哈密一城,就有四个礼拜寺。又云,新疆有四大阿訇,以吐鲁番为最大也。晚饭后略看《读〈老子〉日记》数页即寝。

2月10日 上午同袁、龚至尧营长处照相毕。龚回家,余同袁又至东门外。袁亦先回。余带夫役乃至柴胡庙查看该地土墩。在道南有土墩一,明代建筑。庙后又有土墩一,亦明代建筑物,均有红瓦片。审视甚古,为土坯所砌成,以色灰白,明代土坯皆如此也。汉、晋土墩均用红土版筑,为长方形,唐为土坯,但色白;与此有异。汉魏陶片多青灰色,唐为粉红,由遗物可证也。瓦片亦不同。又此土墩墩旁围墙还在,必非多年,塞外建筑多用红砖、红瓦及缸瓦,至今犹然。土墩旁有一秃土埂,长方形,周围300余步。踏查毕,又观查庙内部。庙中道士正诵经,所供者为大罗天仙。庙旁殿有二,前殿为龙王、牛王、马王。后殿为观音庙。前殿为光绪年修;后殿去年方修建,已竖起屋架尚未竣工也。余在此摄影一。此庙后枕戈壁,前临湖滩,庙前有大树二株,景致极幽静,暑天在此消夏,亦不亚于龙王庙也。西北行30里至马庄子,有破城墟,墙壁房屋均存,城楼岿然,临哈密河边。周围约480步,每面108步(余步南面135步,东西102步)。其中缸瓦砖及磁片甚多。疑为明代所建之哈密卫城。然据一回民云,原为回王夏日消暑处,自经白彦虎之乱。遂不复至此。若如此,则此处乃回王府第也。然余在其中见有女人小足鞋,回民不得有此。其房屋中无土坑、四壁,亦无疢格,不类为回民居者。且城四隅均有烽火台,城北亦有土墩,与柴胡庙土墩适成一线,此城适在其间,其为卫城无疑。且此地一片戈壁,又无树木,在此消夏,亦不见佳。不过城墙甚矮,高不及一丈。类园墙,然守捉城均如是,如肃州北之上下的宛皆然。其瞭望台则高至二丈余,便望敌人守捉,完全为军事建筑物,与普通居人之城有别也。余照相一张。即绕龙王庙而归,开始修理杂件及购物,共用去10两。晚即躺下,至夜半方醒,复寝。

2月11日 明日即将起程赴省,上午同袁到邮局拜辞,随打一电报给刘半农报告明日动身,请购胶片40打,铜墨盒2个,款先垫即汇来;又函致李子开,请购《国学月刊》《歌谣周刊》,考古会各种拓片各3份,寄迪,一送陈局长,一送朱县长,一送刘旅长。随将函携至邮局交朱局长看后,再发。归,大车已至,饭后收拾箱笼,至晚方就。傍晚维民来装车,未完即归,尚须俟明日再装也。晚书一函,致刘旅长,请代分给守卫兵士赏银160两事。又追记两日日记,至11时方寝。

继续前进

2月12日　今日出发赴省。上午继续装车，此车为公家所雇之官车。车户为回王派遣，俱垦户，并未曾摇车，故对于装车不熟练。有一兵久于车行者，乃使之指导，装陈颇好。随后朱县长、陈局长均来送行。又刘旅长亦派人送来名片，后尧营长亦至，并带回王名片来。尧营长并派其子照料一切，且送至回城。余等于下午3点半出发，4时至回城。在官车局停半小时，4时半出发，经行戈壁，时天已傍晚，外间景物视之不明，乃蒙被而卧。今日初次坐大车甚觉颠簸，头目昏眩，欲吐，仍和衣而卧，直至头堡方觉。车户正嚷店里人在哪里？水在哪里？又无草，你们干些甚事。余惊觉下车，已皓月当空，雄鸡争鸣，视时已3点半矣。余同庄、詹、白等住一店，袁、刘及外人又住对面一店。庄等烧水煮面未熟，外人处才点着火。在店内饮茶数碗，又食干牛肉数块，干饼半块，乃上车解衣而卧。余同龚为一车，颇拥挤也。是日行官道70里，实60里。此地汉名头堡，维名苏木哈剌灰，以明代哈剌灰人曾居此也。

2月13日　早起出店，在村周围踏查一过。街中有车店三家，汉民五户，贩卖米面什物之类；回民十七八家，以种田为业。堡城甚小，多统领营帐驻于其中，并驻兵一营。闻多统领昨晚过此，随带三营人赴迪矣。维民均住于堡东南。有泉水二，下流汇为积潭。维民藉以溉田。现住维民约三四十户，种地数百亩。堡北为戈壁，南为湖滩，杨柳成荫，亦佳地也。余等早饭毕，于上午10时出发，西行草滩，荒草弥漫，土杂油沙，洵膏壤也，皆可开垦种地。20里至二堡，维名阿斯塔拉，村柳成林，渠水交错，溉田数百亩。堡附近汉维杂居。过此又为戈壁，间有丛草。35里至白杨沟，泉水甚旺，淙淙下流。据车户云，上有二泉汇合，下流约30余里，溉田数百亩。维民滨水种地，约四五十户。土质极腴，真好地方也。又10里至三堡，时已4时半矣，住。堡市维汉杂处，汉人五六家，业商者三家，余均为维民种地者。堡城在市东北，已颓败，据说堡内尚住有维民二三十户。堡市北有白骨塔二，为光绪十年所修，皆因回乱战死之官兵，聚骨修塔以藏之。谢彬谓为同治五年所修，实误。三堡，维语为托哈齐。据说，道东有地藏庙，道北有回教堂，其傍回冢累累，皆有圆顶罩之。晚食中餐，昨日在车上睡未熟，今日在店中歇也。

2月14日 早饭后，因车户修理大车未就，乃出店踏看四周。在街东头有礼拜寺一，街西有庙一，惟不见地藏庵。复绕白骨塔观泉水，水淙淙泻地，凌结为冰。登高岭南眺，平原无际，黄草枯萎，杨树络绎水滨，北则戈壁冈峦交错。瑞典人拉尔生，德人米纶威亦散步到此，闲谈数句。遇商人至古城子者，据云，渠同余等至七角井方分路，彼等由七角井往北，经大石头、木垒河至古城子。余等则由七角井往西南至吐鲁番到省。又据一商店人云,由三堡往南,经四堡、五堡、十三间房,至吐鲁番,为从前所行大道。因十三间房每当春夏之季,风大极,行人不敢走。并说光绪初年,左文襄征新疆时,有十三车饷银,因风刮入沙窝中,后遂辟此道,所谓山南道也。按由哈密到省有二道,一道经镇西、古城子,谓之北道;一经十三间房、吐鲁番,谓之南道。取道三角井者则小南路也。又据一商人云,十三间房若在秋冬则无风,可以走,维民常从此经过,惟许久不通行,不能行车耳。

9点出发,向西北行。经行戈壁,10里至柳树泉,维名舍拉苏,《新疆图志》称三堡。过10里至沙枣园,维语呼哲克得里,询之当地人,不知也。此地大道南北,均有居民。泉水淙淙,土质肥沃,黄草弥漫。已垦成地者,约百亩,而未辟者尚多也。过此,又经戈壁,约40里至三道岭驿,维民呼塔纳奇。此地有车店六,官店二,维、回各一,汉人二户。据说为穷八站之首。自此至辟展,水均咸不可食。下午4时驻此。

2月15日 天尚未明,车户即催走。急早餐完,车即出发,时方8时也。余步行至市,观关帝庙侧之泉源。泉水由地中涌出,如鳝鱼鼓浪,带泥涌泡,周围约20余步。下流,清澈而甘,乃转上大道,向西北行。经戈壁,50里至梯子泉,有大泉一,小泉五,居民一家,有破院落杂树数株。折西南行,3里至红庄,有破屋二,院墙为红土所砌,成红色,故名红庄。无居民,有泉水。自此后,冈峦陂陀,碎石漫野,车行轰轰有声。又15里,至沙墩子。墩在道旁,时天已晚。予闭目静卧,只闻车声振振，前后俯仰，知行石碛冈峦也。晚 7 时方至瞭墩，饭后宿于车上。

2 月 16 日　早饭后，巡视瞭墩一周。墩在岭东关帝庙北，下大上小，有木梯，陟之而上。墩为土坯所筑，疑近代之物。市有大店四，小店二。维、汉杂处。市西头有统税分卡一，关帝庙左侧泉涌甚旺。

上午 8 时出发向西北行，碎石弥漫地表，沟阜相间，车行时，磷磷有声，高下俯仰，颠殊甚。傍晚 6 时抵一碗泉。北距天山，咫尺间耳。传说薛仁贵征铁勒，发三矢，杀三人。军中歌曰："将军三箭定天山，壮士长歌入汉关。"即此。此附合之说实不足信。由此往南为十三间房，多大风，可飞腾车马，称风戈壁。此地称山风戈壁。然余等过此，不觉有风。山南多风，山北即多雪。据说，今年山北雨雪不大，或亦与山南之风有因果之关系欤。

2 月 17 日　上午 8 时发自一碗泉。沟阜相间，碎石遍布，车行升降犹昨。20 里入鄯善界，路稍平，小山陂陀。35 里抵车毂轳泉。有官店一，民店三。居山峡中，山石壁立，绵延 10 余里。道南岩石多风穴，万窍玲珑，极为美观。道北山巅建小关帝庙及山神祠，为行商集资所建，与道南之石窍相掩映，亦颇有致。是日到店，日傍午也。

2 月 18 日　早饭在庄永成处吃，并拟加入份子，取其便利也。上午 8 时出发，向西南行。10 里出山峡，行戈壁滩，山脉左右开，中如釜底。50 里至七角井。是地有县佐一人，名锡钧，北京人，在新多年，前年来此。有电报分局，送吐鲁番转发。

有小车店三四家，除过往商旅外，无他事。县佐兼稽查，如清内地之巡检也。

本拟由此走北路，县佐以将军有令走南路，不得更改，亦无如何也。

2月19日　早起由七角井出发，余先步行，西北行草滩。3里有小关帝庙一座，前竖石碑一，上刻：右走小南路，左走吐鲁番。适有采樵者，关内甘凉人，谈及汉、维、蒙在新情形，颇有意思。与之边走边谈，据云，汉人多在古城子、大石头一带种地及经商；在山南者则以维民为最多。汉人亦间有种地者，惟山南多恃坎井灌地，山北则恃泉水。大石头、木垒河一带水草极优，汉人最多，间有哈萨克游牧于此。据云，维民甚忠谨，苟汉民不欺维民，维民决不欺汉人也。25里至东盐池，沿途皆戈壁草滩。东盐池有官店一处，未开，东首住有分运官盐委员一人，局丁一人。余即憩息于此。探知七角井日来大赌，然余等住此之日则未见赌也。局旁有回冢一，前有庙，后建一塔，传闻颇具灵异。庙中匾额甚多，皆往来过客祈福所挂者。塔中有冢一，据云，此回民为黑胡子洋大人作引导，死于此。后有驿站人失马，祷于此，失而复得，遂传灵异。后有一马姓者，祈祷一事，亦具效验，故在此修塔建庙。询黑胡子洋大人为谁，传者不知。后询之吐鲁番高小校长杨重熙，云即同治间之杨某也。庙旁有一营垒旁山麓，谢彬说是湘军旧垒。余因旧垒或与所谓洋大人有某种联系，乃详查旧垒一周，亦未发现唐宋故物。垒之周围微有瓦片极厚，类老弄苏木之瓦，其碎磁片亦多清初之物。据此则此垒必不古。又垒之正面有许多空穴，如小砲眼，备窥伺敌人者。据此则为清初所筑用以攻准葛尔者。在古垒前，有数小土墩，土砖所砌，所谓湘垒者疑指此，前面营垒则较早也。盐池即在山麓周围十余里，上层为硝，下层即盐，厚四五尺，专运哈密。春季开挖，随时运输，不取资。若交通便，大加开掘，运输外地，亦新疆之利源也。

余到此颇早，在此午饭，傍晚出发，至山根即寝，惟觉车行颠簸，磷磷有声，至一山峡，忽不走，车夫云，马乏，即住此。然其他车辆均已行之甚远，余乃说：非走不可。盖此处即三十里山峡也，路才容轨，过此即平坦矣。又加增二马，晚抵西盐池。共行 130 里。四围皆山，有旅店一，无居民。盐出在北山麓，质不佳，已停采矣。

2 月 20、21 日　清晨，余方抵西盐池。早茶后，巡视后山一周，又在车上稍憩。午饭后，预备出发，直至傍晚方动身。南入山峡，蜿委升降，碎石填途，狭处只容方轨，车行甚缓，15 里出山峡，时天已暗，不复见境外物矣。入戈壁 90 里方抵土墩子打尖，时天已向明也。当夜行时，车夫睡于车头，余屡起促之，时促时睡，后连人亦不见，狮醒乃起赶车，许久方至。盖由七角井至土墩子两大站，约 270 余里，车夫两日两夜未眠，其困倦亦宜也。抵土墩后，在店早餐，复与店掌柜谈许久。询及由胜金口至济木萨路，据云：一站白杨河，二站石窑子，三站四道桥，四站孚远，不通大车及骆驼，惟驴马可过。因一处须爬石梯，又一桥，惟驴马方可越过。按此即宋朝王延德由前庭至后庭之路。复谈及东盐池、回冢事。据云，传说为唐郭子仪征西时，军士不服水土，多死之。此人为郭引导，亦死于此。

至同光间，此处设有军塘。兵士每晚见一回装人在泉旁汲水，忽不见，知为鬼。军塘马新购自巴里坤，不驯熟，乃祷于回冢旁，曰君若有灵，能保我马驯熟，吾当为尔传名。后马果驯，随主人鞭策。军塘人大惊，以为神也。乃告于鲁克沁回王，派人修墓立庙，后屡具灵异，故祈祷日多。与前说稍岐，此事虽妄，但系地方遗闻，故存之。又谈及辟展有一商家，黄姓，湖北黄陂人也。以棉花贩运为业，富至百万。吐鲁番有杨姓者亦湖北人，亦大富翁云。下午复出发前行，仍为戈壁，20里入草滩，10余里抵七克腾木，店一家，居民20余户，汉民亦数家。沿泉水居者数十家，汉人亦有20余户。此地未开垦者甚多，惜不能多掘坎井也。市旁有古营垒城，一为安集占所筑，以抗官兵者。余视查一周，外有矮围墙，内有复城，城中有一瞭望台，竖立高杆，旁有一小庙，泉水流灌其间，周围不及一里。盖安集延于同治六年筑城居于此。十三年刘锦棠兵至，遂逃。在此住有7年。吐鲁番之达阪城亦渠所筑者。当时山北为白彦虎，山南为安集占，时中国鼎沸，新疆亦大乱之秋也。归，有一马姓回民云，对面有一古垒，外人在此发掘古物甚多。乃同去查视一周，土阜高同博罗寸集，形式亦同。上有旧垣，已颓，后为土坯补砌，疑非甚古。其下瓦片甚多，疑唐代物，与末郎河瓦片相似。据本地人云，在北坡下掘出铜佛一尊，瓦缸一个。在南坡下掘出泥俑甚多，为辟展县长收去。又掘出古经卷甚多，为外人购去。铜佛只15两票银，而经纸则一二两即售也。外人在中国境内，或掘或买，其便宜如是。余查一周，在此阜之东南，又有土阜，房基遗址犹存。余疑此处古代为庙基已颓，后明清两代复在山上修守望台耳。外人在此只掘两日，所出之古物不多，内中尚必未尽，倘细心发掘，所获必多也。瞻巡许久方归，已傍晚矣。饭后追记两日日记后寝。王延德《高昌记》云：鬼谷口，西至泽田寺。疑即七克腾木之转音。齐克合读为泽，腾木合读为田，以古地名名之也。

2月22日　早起，发七克腾木，西南行草滩，26里至六十里墩，维语曰塔兹，间有小阜。此处有店一，居民数家，泉水甚旺。沿途居民甚多。入平地，行进戈壁，地间有可耕处，遥望数里外，村舍林木，荫绮如带。戈壁上坎井满布。傍晚抵辟展，住城外店中。有一同乡张君，湖北黄陂人，民国中来此开质当，现已为富人矣。与之谈言家乡事，甚欢。

2月23日　住辟展。上午游观城市一周，一条街。汉人在此为商者居十之六七，两湖及直隶、安徽者多有之。湖北人在此为商者5家，皆黄陂人，有一黄姓者在此业棉花，成巨富，值产数万，牌名黄兴和。余皆当铺，亦赚钱，有一张姓者在此业当，股本1万，六年之久，除费用外，已累至3万金矣。盖此地利息颇重，每年4分、5分不等，可谓厚剥也。又出城绕一圈，城周约2里，土筑。下午至黄兴和家谈天，随留午饭，谈及新疆田赋事。新疆钱粮凭红票，不办转户。故田地块册与种户往往不符，田地有更移而红册无变更。征粮时由毛拉一人上下其乎，官厅只问毛拉，而毛拉索之种户。名目繁多，转易其手，弊滋生矣。故新疆粮有压至次年春尚未清者，职是故也。又此地田亩全持坎井，倘掘一道坎井，即可垦熟地数百亩，亦有就旧泉开垦者。官家征税，只照原册，故有地无粮者甚多。

分上、中、下三等，而维民多报地为上等，取其体面也。其次为乱票，亦当整理之一也。又有同乡说十三间房南有一古城，掩埋于沙漠之中，每当晚间闻鸡叫犬吠声云。附近尚出水晶，但从无人寻觅得者也。直谈至日晚方归，同乡张姓来谈许久。车夫唱偎郎为乐，直至夜深方散。

2月24日 昨日闻之同乡张某云，七圣庙有一木匾，乃本地人由哈拉和卓古城中掘出者，献之刘谟，乃悬于庙中。余早饭后即往照相。后邀龚去拓字，共拓2张。中书"神灵感应"四字，旁有刘谟跋述原委，字亦苍秀也。归至白、庄处吃饭，随在该处稍憩。后有厨子张姓介绍一同乡卖经卷，余阅之，零碎破乱无多内容。据云，出自土峪沟。后袁欲看，即买去，花了160两。余看之，即买亦不过一二十两足矣。当初来卖时，亦只要百两也。晚追记二日记而寝。

2月25日 早7时发辟展，出北门，沙窝横于南，回望北山，若隐若现。10里入戈壁，平旷杳无人烟。23里道北高阜下，有土洞可憩行人。过此北望村舍，树木衔结成线，有渠数四，水声淙淙，皆自汉墩流出。20里至二工，村舍数十，桑杨夹途。10里至连木沁住次，时下午4时。饭后同龚、詹游巡街市，住户数上，商店不多，皆以垦殖为业。泉水甚旺，清泉流响，终夜不绝，瀑布下流用于水磨。登高阜，望连木沁适为釜底。四围高而中间低，诸流交汇，田园满布，亦佳地也。有山脉横亘于北，即连木沁沟、土峪沟、胜金口一带山也。连木沁之水下流灌鲁克沁地。土峪沟之水，下流灌洋赫之地。胜金口之水下流灌二堡、三堡之地，泉水均旺。山呈红色，四季不见雨雪，在山之南气候极暖，所谓火山者是也。山峰直耸，渐成纹理。山颠土结处，类雕刻之佛像，亦天然之妙也。

2月26日　上午8时，车先行。余同袁、刘骑三匹马，带一引路者，及一蒙兵，向西南出发。沿连木沁沟行，沟两岸山岩崎立，水流其间，潺潺有声，间有由山上下坠之土块，上刻佛像，惜多已残毁，不可辨识。约20里至沟西，村名塔木和塔石。有佛塔一座，高约四丈，围亦二丈，四周皆雕塑佛像，头已为外国人残毁。借梯攀援登塔，盘旋上升，可至顶。及半腰转弄处，有朱文字迹，可辨者：一为"贞元四年，辩真画"，一为"僧辩真画九月三日……"馀多不可识。按贞元为唐德宗年号，则此亦唐代物也。后西南行，经戈壁，沿火山南，远望树木成林，烟云笼罩，必有庄舍。询之引导者，即洋赫是也。30里至土峪沟，泉水南流，树木成林。沟口悉种葡萄，已下种矣。屋舍多沿山阿为之，或在山腰。溯沟东行约半里，洞口林立，如蜂窝。洞有砖墙废址，下必有洞。洞口有土掩者，有门栋开辟者，洞壁均绘佛像，十之九已毁。据云，皆为外国人铲去者。外人又多在佛龛下或房中掘发经卷甚多，具已剥蚀捆载而去。余等看洞时，有村中小孩数十竞拾碎经片，顷刻成握，交偿洋1钱、2钱不等。回至一毛拉家，煮茶食。又有一人拾一块经来，给洋1两。经纸反面有蒙文、畏兀儿文字。时引导者归，余等乃骑马沿溪行，转北至胜金。路过达坡，再西北行。盖上达坂时，有歧途三：一为至连木沁路，东南行，在沟南；一至苏巴什路，向东行，在沟北；一至胜金路，在沟北，即为余等所走者也。此路辙深四尺，宽亦三四尺，盖为古人所行之大路通衢也。至下山陂时，日已傍晚矣。余等绕山后小路行，马行甚速，20里至胜金。村舍树木甚多，泉水下流，转西南行，进山口。沿溪行，时有一道由北去，余疑即至绥远或古城子之道者。20里抵胜金口，住次。时天尚未黑，1点钟行30里，可谓速矣。此处亦有佛洞，惜无土峪沟之善也。本地人掘出畏兀儿文字经纸2张来售，给银1两，亦云廉矣。

  2月27日　上午8时发胜金口西行，余坐车行，探视左右山洞皆未经人开发，洞亦不少。盖由土峪沟至此皆同一山脉，泉水亦旺。余因昨日疲极，在车中蒙被而卧。时天色昏暗，风沙亦大，扣帘静卧，竟不知车外景光。惟觉车磷磷、风潇潇而已。50里出戈壁，村舍回冢相望。又数里，有高塔一座，堆砌极其玲珑。又数里，进吐鲁番街市。商民壅道遥观，途为之塞，住于旧城东关外店中。时已4时，即在旧城绕一周，略购什物数件归。

路过吐鲁番

2月28日　是日住吐鲁番。早饭后，赴澡堂洗澡。系北京人所开，尚洁。洗毕，购新衣一件归。后乘轿车一，同夫役出旧城南门，观回民礼拜塔。开门入，先瞻礼拜寺，殿宽四楹，直七楹，式同哈密。旁自小门入，上砖塔之上，高六十余尺。约六十阶，每阶约二尺，螺旋上升；每数步，有牖透光，故不黑暗。及巅，已两腿胺麻矣。登巅四望，南及三堡，东北至葡萄沟、吐鲁番二城，如在眼前。摄一影。寺内有石碑一方，系清乾隆四十四年其受封始祖额敏和卓建立。谢彬称为鲁克沁王苏刚所建，未知所据。是塔费银七千两，皆瓦砖堆砌而成，颇为宏大。礼拜寺门有匾额一方，为民国十一年杨沅所立。额云："真一不二"。据看守人云，是处为杨大人修理者。旁有旧城一，土壤满野。据云，为昔时王爷所居。余查此城非近代之遗，问其为何王爷？据云为鞑子。又云，渠族原为鞑子，后因回人来，始改奉回教，故此城旧亦住鞑子。余询其城曾发现经卷否，据云，未经发掘过。彼云当土峪沟、葡萄沟之间，有一地名西仿，有佛洞，经卷亦多。则未经外人发掘之地，尚不在少数也。归至旧城农林试验场一游。至新城，城为安集延所筑，颇宽大。贸易甚盛，百货云集。大抵皆维商，有俄商数家，亦与维俗同。其铺面前无柜台，交易多在窗下，与津商微异。余巡视一周，归已傍晚。

2月29日　早茶后，即雇一车参观各学校。先至旧城，内两等学校，计两班。高等一班，约40余人；初等一班，约20余人。校长姓杨，四川人，办学甚勤。据云，于光绪三十四年来此，已20余年矣。时县正堂为曾炳璜君，最热心学务，创办此校，初有五班之多，后因市面不景气，遂渐减退耳。经费由省拨来，每年约3000元谱。校长每月40两，正教员每月30两，副教员每月20两至25两。学生不纳学费，还贴补火食、灯油费2两5钱。高小学生在校内寄宿，初小在外走读。每日共上课5点钟，课程有维语、修身、国文、俄文、算术、音乐、图画、体操之类，惟无理、化及英文耳。此校尚洁净，学生亦整齐，教员讲授亦认真。盖杨君为人亦勤敏，故能得斯成绩也。与之论谈多时复至新城国民小学，原设有汉语班，因无学生停办。小学学生约20余人，精神比旧城两等相差远矣。两等有教员3人，此只一人兼之，只可当一私塾耳。复与之谈维民情形，此人于维、回知之甚悉。据云，维、回两种，宗教虽同，而言语文字均异。彼族因宗教守旧心重，教之读书，则逃避不惶，以为读书是为汉人当差。然彼族则自有学校，由阿訇教之，《古兰经》为主，间有教写字者。私塾甚发达，人数亦多。维民每到五六岁，即上私塾，习彼文字。教书者称为老师，月供柴草及面粉，亦无学费。欲深造者亦可。又云，维族有乡约，管一乡事务，与官厅接近，其印绶由地方官给与。有毛拉二：一掌教毛拉，如吾乡道士、和尚之类；一仓库毛拉，管一地钱粮出入，受乡约节制，并由地方官给与委任。尚有大阿訇掌宗教事务。吐鲁番钱粮多由毛拉收入缴官，每年分夏、秋二季，夏季上麦；秋季上高粱，豆麻不上。每家每季应完纳多少粮，维民自不知，皆由官厅撒下税票，交毛拉，毛拉即到乡间收粮，税票上并不具明亩数，及每亩应征数，只写某人此季应纳多少粮。未免太简单了。田地时有转手、增减，而粮不过户，故官册与维民田亩实数不敷。若遇一刁顽毛拉，上下其手，官民皆无如之何矣。此新疆田赋之弊也，此属暗者。若明者，维民上课至仓，必经风斗，有时维民不自上，交毛拉代送仓，必多交十之四，即一石者，必交一石四斗于毛拉。是一石之中，即明赚四斗矣。故毛拉人争为之，凡为毛拉者，未有不富者也。复至维民私塾参观，即设于礼拜寺内，一阿訇教之经典。从前有一俄人教文字，现已无。每日上半天，每七日休息一日，学生年纳赘金 10 余两。故教经阿訇，每年亦可收三四百两赘金。还有大学，由大阿訇教之，讲演经典。每日大早讲一茶时节，不限大人小孩，均往听讲。讲时一阿訇中立，余学徒均环立而听。在吐鲁番大学有三处，人数有多寡。余写至此，深感维民宗教性之深厚。若化宗教而为科学，余思之只有二法：一、即彼寺中设立学堂，亦注意宗教，惟须加入各种科学，汉文亦须注意。复将汉族故事与维族故事混同编为教科书，渐渐移转其迷信穆罕默德心理，提倡科学，提高维族知识水平。欧洲当中世纪迷信耶教亦深，及文艺复兴科学兴起，而宗教遂衰，亦是例证。

二、宗教与政治务必分开，掌教的除礼拜念经之外，不得兼办公家事，凡办公家事者，须有知识，如乡约、毛拉之类，非在如上学校毕业者不得充当，亦不得同时当阿訇，毛拉。如此行之，当有成效，复至王县长处，知纺纱织布厂已停办。归，作日记而寝。

3月1日　早饭后发吐鲁番，经旧城，过新城，西南行。本应由正西走，因西路沙碛太大，不便车行，故改由西南行，稍绕路。15里，至贾郎子（维语）。有河，名雅尔果尔，水流甚细，流于碎石戈壁中，如沟渠。又5里至雅尔湖村庄，有100余家，树林塞途，泉水亦旺。由贾郎子至雅尔湖，道北土阜绎络，山上有旧庙颓基一座，山腰有一、二洞口，或亦为佛洞欤。谢彬游记云在雅尔河畔有古城一座，为唐之交河城，即在此。出雅尔崖，碎石塞途，车行甚艰。40里至根特克，汉人名为硿硿子，有泉水细流，本地人呼为硿硿沟，左右皆土阜，有土墩一，屹立于土阜上，时天已暗，余未及往查。此地有官店一家，农户一家。

3月2日　早发自硿硿子，西北行。今日风颇大，微凉。经行戈壁，碎石塞途，车行磷磷有声。余扣帘静卧，未尝外窥。日傍晚，至三角泉，宿店一，亦无居民。自雅尔湖至此皆戈壁，寸草不生，惟有碎石土阜满布地表而已。

3月3日　早饭后发三角泉，西北行，遍地小卵石，颇碍车行。两旁山脉环拱，多呈黑色。40里至白杨河。有店二，附近均为红土山。据云产石膏，复西行，土阜陂陀，踰二干沟，又30里至后沟住宿。后沟水势极大，据云自达阪城来。北山诸沟水合流，绕达阪城西南麓，东南流，经吐鲁番之托克逊，合自西北来之一水，入于艾丁淖尔。李光庭《西域图考》名为托克逊水，近是。河岸桑柳如织，荒草密茂，有店一，陋甚。适居于天山之中，四山环绕，亦险要之地也。

3月4日　早发后沟，向西行。穿桑柳林，碎石塞途，杨柳如织，几不辨路径。缘溪行，至山口折北，入达阪。有水一道，缘溪行，可至达阪城。现已冰解不可行，故必须翻达阪行山坡上，坡不甚峻。7里至小达阪巅，凿山通道，峻峭如壁。下峻陂，车行甚急，车户挽之，使徐行。数里有空房一，同人均在此休息。回顾天山，白雪封顶，凉风峻急，雪花纷飞，余等冲风步行，未数武即避风行于石岩中，缓一口气。时车行亦迟，数武一歇。余等复登大坂，陂陡甚，车行时加骖驱策，更迭而上，5里至巅。过石门，峭峻壁立，余摄影二张。车悉憩山陂，复缓缓下陂，10里出峡口，渡托克逊水。有土垒在北，清代安集延酋所筑，以抗官兵也。有店二家。复沿山陂，边草滩行。10里至达阪城，居民数十家，有街道一。晚，追记两日日记而寝。

3月5日　今日风大冷极。车夫不欲走。上午同詹游达阪城一周。有旧城一，墙垛多毁。闻为安集延所建，官兵克复后所毁者。城内居民百余户，有街市一道，多为甘回。驻守备一，统税局一，为迪化所属。此地西通库车，南通焉耆，东通吐鲁番，为南北要地。故安集延在此筑城。近亦驻兵一营，以资防御。库车、焉耆的皮毛，吐鲁番的棉花亦常经过此地外运，故亦为关卡要道。四面皆山，达阪为南北交通险隘，城即筑于达阪之北。故此处亦为军事要地。据谢彬云，此地有粮仓。驻迪化县委员，就近征粮（罗千余石）。有水绕之，地亦优沃。现居民数百户，而未垦之地仍多也。此地宜设一县，割吐鲁番之托克逊属之，亦为可发展之地也。

3月6日　早发达阪城，树木村舍，密如织。5里入戈壁，遥望南山，积雪如银。山麓有盐池一，即达布逊泊，本地人呼为盐海子。30里破城子，有土屋数家。其南有小海子，滨海边，荒草密茂。30里又有一大海子，位于南山麓，即鄂门淖尔也。与达阪城海子、柴俄堡海子若断若连，而以此处海面积为大，周围约二三十里。回顾北山，云雪锁岭，黄草红柳，点缀其间，颇饶幽致。又5里柴俄堡。堡居民数十户，亦以甘回为多。南有海子不大，与鄂门淖尔相连，有小泉二，流归于海。是日共行80里，官书所载为85里也。

3月7日　上午发柴俄堡。是日天气晴和，余时步行，时坐车，遥观旷野，道平如砥。微有沙碛，车行甚易。道南略有沙窝，迤南黄草岌岌，绵延十余里。40里冈峦陀陂，车行升降不一，时有摇动。10里芨芨槽住次。此处距省城约40里，本可一日赶到，因军队欲先去报告，遂作两天走，明日上午当可到也。

3月8日　天尚未明即驾车。蓝福狗叫余早餐时，余正在梦中。车中进食后，复卧，直至日出方起。时雪化及半，泞泥成冰。车行如走石路，期期有声，马滑足，行之甚艰。10里入岗峦，土阜升降迂回，12里方出沟，又7里至十七户。土屋数家，杂树成林。自是村庄绎络，6里抵迪化。经陆军骑兵第二营营房，过此，即为俄租界，商人以俄籍维民为最多。3里至道胜银行门首，即本团住处也。时徐、丁等均在门口迎接，余亦下车与诸人为礼。随至徐先生处谈叙,据说诸事皆无问题。复商中国人出发路线,多如原议。惟余初本拟取道燉煌,后因恐杨不允,乃由罗布淖尔转至库车回迪化。后又谈及人员问题,余不想请庄作助手,想再觅一学生作助手。及包尔汉至,又谈许久。在徐先生处晚餐,归已 10 时矣。

迪化政界见闻

3月11日 今日杨将军请客。早饭后，即在徐先生处聚齐，略商工作分配问题，以及考察路线。11时乘车至将军府赴宴。道上泥泞，深三四尺，与喀巽诺尔沿岸相若。车轮马股，肮脏之甚。新疆街道与军队可谓世界双绝。12时抵将军府，门前有许多卫兵排列，次有二招待员，照料一切。进大堂门，有一白发老者，门旁站立，握手为礼，即杨将军也。身材不高大，但精神甚佳，颔下须髯微白；从外表看，似为忠厚长者，又像是冬烘先生；相其面，亦不过一能吏而已。声音甚亮，言辞亦清爽，惟觉脑筋太旧耳。陪客有樊、刘二厅长。樊为湖北公安人，刘为湖南岳阳人。余与樊谈话最多，皆京人琐事。中菜西食，食毕，看署中石碑，共三块，一为唐经刻石；余二为麴斌造寺碑，乃北周时碑也。字均秀逸，面请杨将军允余拓字，蒙允。约日往拓，即先辞归，已4时半矣。

3月12日 上午预备回拜樊、刘二厅长。适樊、刘二厅长至，与谈话数小时，至下午1时方散。余饭后，又至樊处往拜，谈论关于本团外国人拟在新疆飞行事甚久。归已6时矣。晚接李子开函及照片若干份。函云，会中津贴洋每月70元，照相寄洗均归会中开支。又追记数日日记而寝。

3月13日　杨将军请徐先生午餐。余于下午至挹清池洗澡归。知将军请客，完全为联络感情，并无他事。

3月14日　午后1时樊厅长请吃便饭。先是，上午袁等往拜樊、刘，余未同去，至袁小桐处看古玩。归后樊请余去，即往，与谈话甚久，归已6时矣。

3月15日　上午同丁往拜刘厅长，随至阎厅长处，谈许久归。时正疏通街道溢水，南关水大极，三次未能过。绕出西门，山水环城根如河，房屋多倒塌。当11日杨将军请客时，谈及迪化街市水道，每至夏季冰融，街市成河。杨将军询及有何办法，余云，迪化市为盆底，山水流入市中，故成河道，但东门外仍低于市。可挖沟泄水出东门，杨将军极以为然，命人疏通渠道。

3月16日　上午将军招宴中国团员。11时出发，午12时到署，时樊、刘二厅长已在。是日完全为中餐，并飞花觞酒，宾主颇款洽。将军并宣言，我对于南北政府均无成见，倘今天南军打入北京，我明天即悬青天白日旗，我是认庙不认神的主义。言辞甚为爽利。我等发言略谓新疆僻处边陲，民族复杂，现在中原鼎沸，中央势力尚不能顾及于此，将军在此，为中华民国维持领土，其功非小云云。4时方走，归已5时矣。拟写一函致李子开、刘半农，报告。

3月17日　是日在家写信，致李子开、刘半农。（手稿日期有误，此条为著者校订补入。）

3月18日　今日预备到将军署拓字，方清理家具。适传将军将来,乃住。11时半,而杨将军至,随带骑兵一排,坐一辆旧轿车。白发银鬓,谈许久,12时方去。下午复清理傢具,至晚方就。

3月19日 今日天阴微雪。然已与将军约定之故,仍往拓字。11时出发,到时已12时矣。布置许久开始工作,只拓一份。复到副官处,又面告将军,复谈许久。并为余讲《中庸》,以为《中庸》之书为宗教之书,归言于敬天祀鬼,相信上帝。在城中修上帝庙,土人不知,以为将军庙也。余视杨将军书房,正当中,有二红纸签,一书"昊天上帝",一书"孔子先师之神位"。盖老先生欲以孔子配祀上帝也。时阎厅长在座,谈许久出。归,饿极,在徐先生处食肉包。

3月20日 上午10时,再去拓字,又带龚去。不久,龚他去,余拓至下午4时半方归。至徐先生处,知上午徐同赫定到樊厅长处交涉飞机事项,樊未允诺。赫又提出杨宇霆有承认之意,盖欲以杨宇霆吓将军也,可笑之甚。樊说,我们新疆与内地情形不同,外交财政,不过照例报部而已。就令大元帅命令,也有时不承认也。就是说,即使大元帅认可,也不行。词婉而意重,樊真不愧为外交家也。晚袁小桐来,知蒋、冯、阎俱已至北京。若是,则北京局面变矣。

3月21日 上午风大极,未往拓字。下午至徐先生处谈天。因谈及北京现在情形,民军到京后,必有许多逆产充公。遂欲为本团拨一笔款。乃拟一函致理事会,报告经过情形,并索款10万元。倘一时措不齐,即在公产中拨出云云。即在徐处晚餐,归已8时,大雪纷飞,已三四寸深矣。

3月22日　上午天晴，再同龚到将军府拓字。并发信二封，一致李子开，一致刘半农。今日天气颇冷，纸不易干，用洋炉烘许久方能工作也。至5时拓毕。赏补过斋（杨增新书舍名）下人银4两，又赠杨将军拓本一份。杨将军随请余食百合一碗，余求赠《新疆省志》一部。不久即归，已6时半矣。

3月23日　上午微雪纷飞，至徐先生处谈天甚久。下午丁仲良往将军府取款。晚袁小桐邀晚餐，并出旧拓虞文恭公碑及绛帖相示，上有钱福图署。至夜深方归。

3月24日　天晴。上午在家写信，适丁仲良来，与看地图。下午至徐先生处，又研究地图。适袁小桐至，直谈至夜深12时半方归。是日为维族年关，维族妇女均着新衣，街市无车。早到包尔汉处贺年，未遇。

3月25日　上午至江浙会馆接洽拓碑事。时为春雪之后，地已冰冻，车行甚艰。到会馆后与住会馆之陈君接洽，陈安徽人，在两等学校作教员，并兼高等审判厅事，极老成。转至樊署长处谈许久，归已晚矣。

3月26日　上午带蓝福狗往江浙会馆拓字。由渠自拓，亦能成帖也。江浙会馆初名四江会馆，连江苏、浙江、安徽、江西省所立，后改名江浙会馆，规模宏敞为新疆会馆之冠。此碑为张怀寂墓碑，出吐鲁番三堡。光绪中发现运省，砌于戏楼东壁中。拓时亦易也。

3月27日　上午又去拓字至12时。李达三至，随同至交涉署赴樊、刘之宴。直至5时方散。

3月28日　上午又去拓字。陈介绍潘某，为前潘厅长侄儿，曾任若羌县长。亦嗜古董，对于考古地点知之颇晰。遂在陈处便饭，毕，赏银4两。归至徐先生处，惊悉德人活动进行飞行事甚力，杨将军意颇动摇，意料于中牵线者为包尔汉。为系铃解铃之计，乃同徐先生至包处，藉考人种为名，便谈及飞行事。渠态度亦佳，并云德人贿赂各事。归已夜2时半矣。

3月30日　上午11时至政务厅。时李局长已至，先在办公室谈许久。内务科科长杨君，湖南人，亦藏有古印一方，出沙雅附近。惜余未之见也。碑于民国十年四月在土峪沟出土，现移置省署办公室。今因余往拓字，乃移至总务科会计股内，俾便椎拓。金厅长并派王吉人科长招待，后金厅长亦至，谈许久方出。

4月3日　上午仍至政务厅拓字，余则至补过斋，抄《麹斌造寺碑》原文。3时出，赏下人银5两。

4月4日　今日拓《唐经碑》，略拓数份即完，乃检一份送杨将军。见杨将军时，阎厅长亦在座，张警察厅长亦至，谈许久。并谈及新省政治问题，及杨将军个人态度。至5时半方出，至徐先生处谈许久归。

4月5日　今日本团宴请杨将军及刘、樊二厅长，至12时均至。宴饮甚欢，至席终方散。余亦在丁床上卧许久方归。

4月6日　上午丁来约同参观纺纱厂。下午1时同丁去，丁骑马余坐车，中分途。余至厅长家时，闻丁已去，复转至纱厂，而徐先生已在，丁尚未去也。纱厂在西大桥即巩宁桥畔。北边有红山，河水环绕，树木成林，景致极为幽雅，现辟为公园。亭桥台榭，俱极美丽。将军生祠在其南，祠里有铜像一，屹立园中，殿宇颇辉煌，为省中第一胜地。工厂中织布机 200 余架，纺纱机 1000 余锭。机器为美国购来，已装置就绪，尚未完竣。开工约在阴历八九月间也。参观毕，至一工头处贺娶新妇，随在该处饮酒。归已微雨，旋由西南走戈壁至南关，在徐先生处谈许久方归。追记数日日记方寝。

4 月 7 日　上午 8 时樊署长派一差官来说，11 时前有空接谈。乃即同丁往拜。余坐车，丁骑马，先后到署。关于飞行事，谈颇久，又涉及本团缘起问题。至 11 时乃告辞出，转至同乐公园游览一周。山水波漾，复有杨柳台榭点缀其间。亦省中第一佳景也。园之傍为杨公生祠，前有铜像一，修亭以覆之。楼中设像一。祠后有烈士祠，为阿尔泰山之乱，周统领死事而立。右为烈妇祠。余在纪念楼上摄影二张，又转至红山嘴眺望许久。循河上游而归，已 7 时矣。

4 月 8、9、10、11 日　连日预备出发，购买物件，订做什物器具，颇为忙碌。8 日徐先生同赫定见将军，进说飞行事，被拒绝。甚快。连日德人回德声浪颇高，然不足以吓吾辈也。徐先生有电致理事会报告，而将军亦有电至外交部矣。星期一樊署长亦为此事招余同徐一同谈话，藉报告外人飞行事件商谈经过。并云杨将军有意购飞机，刘铭山为牵线。然于新疆究何益欤？

4 月 12 日　上午因丁、詹等出发，乃谋商决团内各事：（一）甘台事先电蔡先生（元培）请疏通，再议派人到兰说项。（二）分配工作事。下午丁、詹等出发。

4 月 13 日　上午 12 时至张科长处闲谈颇久。转至钱绘辰处。钱君示以古玩颇多，文字亦有特别者，多出沙雅皮山一带，并各印 2 份作纪念。6 时方归。

4 月 14 日　今日宴请樊、刘、阎三厅长于同乐公园水榭。余等 10 时到，至下午 1 时均到。直至 6 时方散，亦盛会也。是日余大醉，归即寝。

4 月 15 日　上午在家抄汽车道笔记。昨闻包尔汉对余言，杨将军拟赠余《新疆图志》傍晚方送来。适检阅《图志》，而袁晓桐至。包又至，盖德人回国，须清查彼等笼箱也。复返至徐先生处，谈至夜深 1 时方归。

4 月 16 日　上午拟访杨将军道谢辞行。适笔记尚未抄就，下午 1 时方去。杨将军甚为客气，并托余，凡地方情形，及官吏良否，政治得失，随时报告，以凭改良。余已允诺矣。辞出复见樊署长，谈甚久，归。晚请医生治足，医生取出肉丁，痛非常。前本拟星期三起程，医生嘱迟一日，故改为星期四出发也。晚骑马归。

从迪化东行

4月19日　早至徐先生处，将前垫款及考查费均领出。考查费5000两，存3000两于徐先生处，前垫款66.6两亦领到。拟下午1时出发，候医生不至，龚拽驼先行，余至下午4时方出发。晚7时半住芨芨槽，时龚等已先到也。

4月20日　早起，7时半发自芨芨槽。经行戈壁，20里至小盐池，有土墩一，及营垒三，故土名三个庄子。余派龚同亚生往视，龚在破营中拾瓦片2，乃唐代物也。则唐代亦在此设防矣。土墩时代较近，疑清末白彦虎所建以抗官兵者。破营土筑，非砖所砌，则较此为古耳。下午1时至柴俄堡，店户示以二古坛，云出自海边土堆。余下午饭后即往巡视，瓦片极多，并有人骨，余命福狗子掘之，出头骨一，复埋去。周围约300步，上覆红泥土中，为土砖，有人骨处土呈黑色。拾有花纹瓦片而归。又购古坛二，费银3两5钱，已陈一箱矣。此地距柴俄堡约半里，滨海边。

4月21日　7时半余乘轿车先行。5里至石营盘梁，有石柱二，长约五尺。有大土堆一，又有小堆数个，民间相传太平年间，四十有九年，黑鬍子洋大人征西，系马扎营处。地颇宽敞，中陈石头甚多，相传即以此地架帐棚垫脚者。余在此处巡视一周，未见有何遗物可资参证，然相其地势，宜于驻兵，其为古营垒亦或有之。然所谓洋大人者何人耶，太平年者何朝代之年号耶，皆不明。又25里土墩子，余相其墩之结构，下为红土所筑，上为土砖，中夹材草，疑亦近代之物。土墩对面有小海子，水清如镜，微波荡漾，南山倒影其中，亦饶景致。小海即鄂门淖尔，维语"剎格打西"，译为圆石也。10里破城子腰站子，有店一，脚夫在此中餐。又有土墩一，亦无他物。30里抵达阪城住，已4时半矣。

4月22日 7时起，将轿车打发回，余骑马，8时半出发。向南偏东行，经两次大坂，走径道至白杨河。大车路由石沟至白杨河，此走直径，不过石沟，近20里。到白杨河略息，复南东行，至三个泉子住，已6时矣。

4月23日 上午7时40分出发，经行戈壁滩，沙石揽杂，颇碍马蹄。20里头道沟，有店一家，居民二家，余同龚在店略息。复出发，20里至盐山口。略视盐山一周，转至驿站，有小店一，在此吃面一碗，复前行。30里至磜磜，维名"根特克"，20里至雅尔湖。经行崖后，时风沙蔽日，面不见人。土崖上有旧城一，本地人云为靼子所筑。按吐鲁番人称信佛教之畏兀儿为靼子。此处为畏兀儿月仙帖木几所住，故云。或谓即唐交河故城，盖此地高昌时代为交河郡，唐设县，元因之未改也。途见土垣横陈，庙宇破房甚多，亦考古佳地也。17里至吐鲁番新城，时已6时半矣。丁、詹二君仍住此地，现已出发至木头沟去了。

4月24日　上午往拜访崔县长，谈多时。随至两等学校访杨重熙君，因知渠藏有三堡旧城中出土之墓砖1方。彼并云此地当铺有墓砖2块，因托代购来。又谈及交河城，以雅尔崖之旧城当之，城旁有二水交绕，故云交河。城西北有二干沟，即古交河也。古时水大，后因坎井发达，水遂涸竭。二干沟皆源出天山。复询本地脚户，据云，由雅尔湖东北之干沟旁有大道直至光圈子。由广安城北去之道，至泉子街，再至光圈子，中隔一河坝，遂成二道。按王延德使高昌，由交河，经柳谷，至后庭。现吐鲁番通济木萨之道，系由广安城北至泉子街、光圈子，至济木萨。《新疆图志》指此即王延德所行之路。按当时高昌前庭为交河，则所行必沿交河之大道也。今审视交河旁辙迹如织，深尺余，可见为古时之大道。泉子街至济木萨，亦过达阪，有天池之险，与王延德所记亦合。杨君又云，鲁克沁东南50里为马厂，再南4站有古城一座，未经外人踏查者。此时天热，不宜去，宜在冬天雇马厂猎户作引导，带冰前往方可。此城必有古物。余疑此城即龙城之墟，龙城在牢兰海东北，适与地望相合也，余思待日后踏查之。又云连木沁有旧城，即古后庭，余以为非是。杨君亦博雅人也。

归，午饭后略息。

4月25日　上午11时复至杨君处，见墓砖2方：一为武周时，年月不明，为□□妻马氏墓志；一为范法子墓志。乃前杨县长之侄某，携出买之小押当，余费银6两购回。又以渠所藏者赠余，为唐垂拱二年汜建墓志，极佳。余即携归。后崔县长至，谈片时。即访木苏巴依，商请帮忙售驼事，渠皆允许。归收拾连日所得古物，至夜半方就寝。

4月26日　上午带亚生至雅尔湖访交河旧城。城距广安城约15里，在吐鲁番城之西南。城垣已为水冲除，而庙基房址尚存，形如扁叶。有两河交绕城旁，故名为交河城。东西约2000步，西南当与同，共当有5000余步。西南部皆房址，中间为街衢。东北有塔一，大古坟二，坟林甚多。又有二营垒遗址，庙中佛像已被本地人挖去。凡屋基上为房，下为洞。盖此地天气干燥，暑天人悉避处于洞中也。

余在此审视地上遗物，唐代瓦片极多，间有汉者，则为车师旧都无疑。中外人士，游新疆者屡矣，均未提及此城，似尚未经外人残破，故犹为完璧。城南佛洞三四，皆无壁画，西有蒙古坟林甚多，亦可资研究也。

归购驴6匹价300两。老赵来云，尚剩29驼，丁已挑出12，尚余17皆不能起者。余拟悉售出，买驴。

4月27日　上午同一驼户至沙梁上看骆驼，现存26头，已有3驼垂毙，1驼丧，只余12驼可用。其余须放至秋季乃可。

4月28日　上午有一维民送哈拉和卓出土之物来，计有古文书残纸及玉石之类。古纸为状、牒，惜残破，索价50两。余出价3两，不卖。倘以10余两，即可买得矣。

4月29日　上午侯郁之来谈多时。因询及回汉情形。据云，回民与维民有矛盾，与汉人亦有矛盾，而上层者复鼓动之。去年回民谣言汉人欲杀尽回民，回回掌教者即以之宣示礼拜堂。幸杨将军措施得法，得以无事。然回民家中均储有枪械，一旦暴发，汉人之留居此地者，无噍类矣。回回又有新旧教之别，新教原以马化龙为首，马在甘肃，前年预备起事，因地震而死。在新疆者，以哈密鄯善一带为最多。头戴白帽尖角者是老教徒，以吐鲁番为最多；头戴圆顶者，是新教徒，马绍武为首领，现任提督，住喀什，前数年打马福兴者即彼。马福兴为旧教，马绍武为新教，而杨将军利用之也。去岁谣传马绍武在喀什有独立之意，以欲驱逐在喀汉商，及挡县长驾为证。去年欲调哈密，未准。新教称之为圣人，盖亦首领之意。据此则新疆有二大虑。即一为蒙古南部落盟长多布栋策棱活佛，一即马绍武也。

后同维民至伊家看壁画、石碑之类。归。木苏巴依派人来云，现有人欲买吾驼，出银150两。已电迪化询问矣。近天气渐热，驼行不宜，故卖驼买驴也。

4月30日　上午崔县长请客，订为12时。余届时去，而他客均未至，县长方起床；等一会，县长出为招待，相其面漱洗方毕也。闲谈多时仍不见客至，直至下午4时客方至，望之非人样，中有鄯善卸任县长李某，鸦片满容，两目浮肿。崔问，你昨天又哭了么？可见哭已非一日。旋入座，安席毕，崔即外出赴其他之应酬矣。

当诸人来时，崔君第一句话即说，我今天尚有别的应酬，一统税局长马某说可不是么，我们应酬忙着呢。崔县长问，某人过喜事为我搭份子没有，一人曰，为大人加入了。听崔君言，乃一七十多岁老头，娶一个十三四岁女孩。余始终未发一言，亦未与诸人谈一句话，食了两碗走了。官场腐败如此，可悲可叹！回店即蒙头而卧。

5月2日　早起赵及驼户来，均称，只交了13驼，又死去2驼、交银1300两，复加税50两，实收1250两。余气极，本拟今日出发，决定不走，乃带蓝、亚去查看死驼，傍晚方归。驼致死之由，乃由看骆驼者不喂料，不给草水之过。即带老王来，将渠开除，彼上省找徐先生矣。

是日午詹省耕回，据云，丁明日可回也。

5月3日　上午预备出发，收拾什物，带龚及亚生、厨子、引导者1人，留蓝福看家。于10时动身，出旧城东门，向东行，经戈壁，20里兔儿泉，有破屋一，无人住。由此北行至胜金口，南行至三堡，余等走南道。行戈壁，20里土墩子，有破土墩一，店家一，在此打尖。又前行，沙碛塞途，30里至三堡，住于维民店中，靠近旧城。

三堡回名哈拉和卓。传闻此地初为蒙古人住，哈拉和卓自土尔其来传教，与蒙古人打仗，不胜，死于旧城中，后维民寻出一指，葬于城旁，立一拱拜，如是奉为圣人，即以其名名地。此地古为高昌国，唐贞观十四年设西州，并置安西都护府，亦为要地也。高昌者，取其地望高敞，人物昌盛之义。高昌附近20里，土质为白壤，农林茂郁。现麦出二尺，而桑椹已熟矣。店户进以桑椹，白色，清甜，味甚佳。

晚饭后，店家以旧城出土之砖示予，上有花纹，盖房屋铺地之砖也。

当白日行路时，维民阿不多哈得告余以吐鲁番情形，称彼等与回回老财不和，回回老财心太狠，以放账屯储为业。放账月利必6分，商家至有1钱者。利上又生利，故时有500银本钱，而利钱至1000者。屯贼卖贵，巧取豪夺，所在有之，如维民坎井典于回回老财500两，照例生息，而坎井亦为彼所用，二年即将坎井水用枯而还。又如放青苗，如棉花价50两，先用钱者只付20两或30两，麦苗亦如是，维民至为吃亏。又如维民坎井有水，彼等复在附近决一道坎井较深，而维民之坎井遂竭，因此维民恨之刺骨。现统税局长马少岑亦放利及屯贼卖贵者，此人为鄯善回回，属新教，与马绍武同为一党。渠又云，维民对于汉人并无恶感，然因种族不同，宗教不同，言语文字不同，亦难说很亲密。

5月4日 饭后骑马访查城北。城甚大，周围10余里，多半已开垦成地，而庙屋颓基，犹有存者。余审视良久，颓基中有元人重修者，有唐人建筑者。唐人筑墙多用红泥，以版筑成，每块约二尺见方，且厚约尺余，上宇下洞，与交河城同。元代颓基系用土坯砌成，多用黑沙泥，多在东南一带。

本地人掘土，发现回鹘文书残纸甚多，余略购一点。与现蒙文不大同，乃畏兀儿文字。盖此地元仁宗时封纽林的斤为高昌王，居此，故多见蒙文字。

西北隅有旧庙宇，本地人称为"学堂"，亦为土坯所砌。下砌墙为弄，有类今之窑房，亦有作穹庐形者，类如维民之拱拜。墙壁加粉，间有着五色彩画者；亦有里为彩画，而表面涂泥者，必为后人所涂。余均短墙，类居民庭院，疑皆非唐代之屋，或元以后所建也。又此地汉时置戊己校尉居高昌壁，魏晋因之。今审视西北隅建筑宏伟，墙壁皆红泥土筑，疑为校尉治处。本地人掘土，曾发现汉砖，上镌"五"字样，与洛阳所出汉砖同，亦为汉校尉治之证。凡为屋基地均高，低处均为田园，疑古亦如此也。余摄影数张即归。

5月5日 上午带二维民出外测城。随审视周围情形，东墙外有庙及古坟群；东北为戈壁，古坟甚多，为本地人发掘者亦多；东南及南部皆田地；西及西北为戈壁，古坟极多，戈壁直通二堡，张怀寂墓亦在其西北二堡之旁。据本地人乃提利雅司云，彼曾下墓审视，发现石碑一，且有木人、瓦器之类至今仍存藏其中也。又旧城西里许有破庙基一，高十余丈，宽亦数丈，中间绘佛像，已残毁，疑即麹斌所造之寺也。碑文云，在城西，以地准之，适合。然西北密近三堡，民户甚众，未便丈量；城北亦边街市大道，间有古坟。城基高者十余尺，宽亦数尺，至今尚不颓。予视其形大致类正方形，南北墙短，东西宽。东墙1234米，南墙1239米，西墙1350米，北墙1230米，共5053米，约合10华里。据本地人云，大城中有9个小子城，余仔细踏查，只见小子城2，一在西北，一在西南。虽已不全，尚可见子城遗迹，余均不见。盖此地曾为都护所住，于旧城之外不断扩建，亦理之当然，若谓有9子城同时筑则非也。即其外城亦非一时所筑，时有修补，例如有为土砖砌者，有红泥筑者，其非一时可知。按汉城多作方形，后来扩展，故形制不一耳。量完归店，又购得古砖及残纸数件。

5月6日 上午将北墙测完，又绘一城中形势草图，归店略息。下午2时出发至胜金口，龚押驼由大道走，余同阿不多哈得到城东查看破城基。旧城东五六里地有一破城，城基尚存，据本地人云，为安集延人所筑，以抗官兵者。大亦七八里，现城中已开垦成田地矣，亦无房屋旧址，疑专为守御之用。在此城东南里许颓基满野，间有垣墙遗址，审视瓦片，为唐代之物，亦有古坟三四，不知何城。按据谢彬《新疆游记》，二堡南有玉门峡，亦名磨子城，其在是乎。余疑此处为古代屯田之地，校尉及都护住高昌，而田官住此地，如伊循之白屋，轮台之千屋也。汉唐屯田西域者三处：曰高昌，曰轮台，曰伊循。故吐鲁番汉置校尉，唐置都护者此也。再西北行至二堡，上至胜金口大道，沿途树木密茂，泉水流畅，其声淙淙。在胜金口水东土山腰，有庙基一，墙壁垣址尚完全。转北又有洞二，在山腰，甚小。又山脚下破庙一座、破洞一，壁画间有存者。水之西北有一洞，余不及至也。

夜憩店中，楼上热极，食桑椹一盘而寝。

5月7日　早饭后带两维民巡视胜金口破庙。胜金口在两山中间，有泉水，一自木头沟，一自胜金，二水合流，下灌二堡、三堡、东乡之地。与土峪沟水灌洋赫、连木沁水灌鲁克沁同一例。此山维民呼为克子尔塔格，即红山之义。此山自鄯善口（北通至古城子）至西途子，至冰达阪，至番阿甫，至大龙口，至泉子街，至古城子。自鄯善口往西，至五库山，至达阪城，至柴俄铺。按此为一维民所云。又据本地汉民杨某云，此山东南自辟展，往西为连木沁沟（鄯善水灌富百沟，次为坎水，入右尔海），水下灌鲁克沁；再西为土峪沟水，下灌洋赫；又西为胜金口水，下灌二堡、三堡；西为西安宫，又西北为木头沟，水流至胜金口，与胜金水汇合下流；又西北为葡萄沟水，灌沙河子、洋沙、大河口、雅尔巴什；又西为桃儿沟水，下灌玉林宫，渡戈壁（南 10 余里）为雅尔崖，三个泉子，至盐山口而极。自辟展至桃儿沟，约长 360 里。皆为红土山。其说近是。

余于下午 3 时向木头沟出发。沿溪行，溪东有佛洞三四，耸立山腰。余上去拾得绘片 3 块。先是上午在口南沟东山顶上得壁画数块。佛像下均有字迹，疑皆畏兀儿时代所制。复沿溪西北行，循木头沟水而上，时走山腰，约 10 余里，至柏则克里克。略停，往西北 5 里即木头沟，住一阿訇家中。

5 月 8 日 上午 6 时带二维民至栢则克里克勘查佛洞。计洞 18，皆在沟西半崖，鳞比而居。自北往南数，一、二、三、四、五，皆无画。第六洞口向西，宽 3.3 米，深 3.9 米，高约 6 米，圆顶，形如蒙古包，上绘菩萨像，有汉字题"菩萨摩诃萨"数字。下方形，绘佛像已呈黑面，均残毁。第七洞，中为殿，两旁穿二小弄，与后弄相连，后弄宽长 9 米，北弄长 6.5 米，宽 1.1 米，南弄长 7.3 米，宽 1.2 米，高约 1.5 米。殿宽、长 7.4 米，天花板上绘团花，下绘佛像及楼阁，均残。第八洞宽 4.3 米，深 9.8 米，高 4.1 米，均绘佛像，每像下书文书一条，为回鹘文。第九洞，宽 3.8 米，深 7.3 米，高约 4 米，顶绘佛坐像，下绘佛立像 7 尊，两旁为 3 菩萨像，中为释迦像，均残毁。第十洞，中为殿，两旁有弄，形同第七洞。南弄深 8.1 米，北弄深 8.2 米，宽各 1.3 米，均绘五色佛像，手法不高。第十一洞，深 7.7 米，宽 3.1 米，高约 5 米，上绘小佛坐像，下绘佛立像 7 尊，均残毁。第十二洞，无画。余等在此休息。第十三洞，深 9.8 米，宽 2.2 米，高约 3 米，上绘佛坐像，下绘佛立像 7 尊。第十四洞，深 14.1 米，宽 3.7 米，高约 4 米，顶绘佛坐像，下绘立像

16 尊，均已涂泥。第十五洞，深 12.1 米，宽 4.1 米，高约 3 米，上绘佛坐像，下绘立像 12 尊，残，涂泥。第十六洞，深 18.4 米，宽 4.2 米，高约 4 米，后层为套房，无画。墙壁上多有回鹘文题记。在南壁亦有，下有洞通间壁，疑即库房套房。门墙已毁去，窥视泥墙隙里，壁上仍有回鹘文题记。疑外层壁画为后人所绘，非特非唐，且非元矣。此壁上回鹘文题记为墨笔所书，余系红笔双钩，中填绿色。第十七洞，宽 1.3 米，高 2.2 米，深 2.5 米，后有套房，无画。洞内全为烟薰黑，洞中有黄米甚多，其为仓库无疑。以上洞口皆东向。第十八洞，宽 3.55 米，深 6.15 米，高约 4 米，顶绘佛像，已涂泥；下绘 6 尊大像，已残，洞口东北向。此地位于木头沟东南约 5 里地，在胜金口西北 10 余里，有树木，无居民。沟东有土山，西为平坡。此一带山脉均作红色，疑即《明史》所称之火山也。

下午 2 时工作毕，即至木头沟东北 10 里地之死海子，有旧庙基 3 处，无壁画。归已 6 时矣，饭后即寝。

5 月 9 日 早 6 时出发，龚病，拟早行。哈得尔先走，余押驼次行。负红山之背，经行戈壁，细石塞道，遥望天山，白云银岭，天与地接，而吾人则挥汗如雨矣。相距不过百余里，而天气之迥异如此。20 里，戈壁中有一土墩，建筑形式如甘肃的宛之营垒。余骑马往探，疑亦唐代之物。然据引道者云，为安集延人所筑，未知然否。此地有道通煤窑沟，即至天山。复西行，时已正午，戈壁中热风扑面，人马回头。又 40 里至葡萄沟。

沟水量颇大，皆自雪山来，下灌沙河子、雅尔巴什地者也。

居民，名为 600 户，实 1000 余户，边沟而居。树林密茂，葡萄最佳。吐鲁番居民每至暑天，均游葡萄沟。有水，有树，凉爽宜人，故此地维语名为"不赖克"，泉之义。居民以果园为业，约 2000 余亩，随意灌水，不轮班次。下流均有班次，每一月按 30 天计，羊沙大河口两处灌水 11 天，约 1100 亩地；雅尔巴什 11 天，约 1000 亩地；沙河子 8 天，1000 余亩地。水流之处，树林丛生，青枝绿叶，下结地荫。

余到葡萄沟后倦极，在店家果园中憩卧数小时。下午 5 时去查看古佛洞。洞在东山腰，约 5 个，原有画已铲尽，存一洞西南向。据本地人云，民国五六年时有一外国人至此，掘出一木箱而去，中为何物不得知。本地人取土亦尝发现经纸泥佛像之类，现已没有了。盖有水之处，即有居民，有居民即有佛洞。木头沟、土峪沟皆然也。

5 月 10 日　上午驼先回，余带两维民查视葡萄沟迤西诸地。踰越小岭，2 里有破庙二。又 3 里至西傍，有西向破庙 3 间，昔日人在此发掘 8 日，得经纸甚多。越二山梁，有一干沟。沟西有 3 佛洞，二洞有壁画，已毁。山上有破庙基一。沟东有破房二，南向。又踰山梁一道，约 3 里至塔提利克布拉克。有一干沟，沟西大洞一，小洞数个，均无壁画。靠南一洞，土塞其半，洞壁似有画。又山腰有类似蒙古包房二；土房二；一东向，一南向，均有壁画。又破庙基一，小洞一，洞中有壁画。画旁有回鹘文字迹。又山顶有破房一，有壁画。沟南有破房一，无画。余照相 3 张，乃西至桃儿沟憩息于维民家中。维民年六十余，招待极殷勤，临行时酬给银 5 两。又查视沟西土墩及坟地，循沟水而归。

时丁仲良已到此 7 日矣，相见甚欢。又接徐先生来电，嘱驼即买老王，给银 60 两，遣散云。

5 月 11 日至 15 日　天气极热，上午 8 时即达摄氏 32°，午后至 38°。连日整理采集品，购买驴子，现已有 16 头，拟购 20 头，买就即出发也。

去焉耆途中

5月18日　上午收拾什物，下午4时出发，循红山南坡西行。丁、詹送余于途，阿不哈得随送余至中途而返。余乘轿车随队行，驴为新购，不熟驯，东奔西窜，颇难扶持。有一驴在前面行，被一维民窃去，追获。乃住于野木什店中。此地有庄户数10家，店3家，走托克逊所必经之地也。

5月19日　上午雇驴夫二人，于早6时由吐鲁番出发，向西南行。经行戈壁，20里至腰站子，空房一间，无居民。又20里至布干台，居民10余家，不边大道。土确卤，不生稼禾。有坎井二道，属侯公爷所有，水甚大。行30里，至下午2时达托克逊驻次。托克逊驻县佐一人，姓王；守备一人，姓哈，系维族，住城内。城为安集延所筑，周围约里余，树木甚茂。城外有一小街道，居民约百余家，悉维族。有店二。余到店后即至县署，未遇王县佐。转至哈统领处，又见一李君，据其所述，知达三过此已二日矣。李君父有疾，拟进省就郝默尔医治，乃为之介绍。归，因余驴鞍不佳，均改用布口袋以免伤及驴皮。

5月20日　上午驴鞍子配毕。雇老回回引导，下午4时发自托克逊。向西行，未5里，驴四散逃逸，或卧地不起。回回不善赶驴，余带来之维民更为外行，驴又为新雇者，忽快忽慢，快则逃奔，慢则卧地不行，致使照料为难。有二驴卧地，回回抚之起，即赶之前去；余驴由他道奔，方收拾一起，而天已昏黑。回回引导又已前去，道路不识，乃住于途中。派人追回回，至近亦拉湖5里地始及，乃以箱置之维民家，李三守之。回回来，余查点箱笼，独缺银钱箱。乃同回回至李三处，箱即在此，乃同寝于该维民家。维民作面食，翌晨方走，此晚上事也。时龚、蓝、亚生均住戈壁中，未进饮食，亦苦矣。

5月21日　早起出发，命住戈壁之驮先行，余处之驮次之，相遇于途。约行6里，至亦拉湖住次。设法雇一引导及赶驴者。知路线者均畏缩不愿去，且云沟中水大，山路崎岖难行。余带来工役均有难色，不欲走此道，又不敢言。余意只要考查方便，岂避艰险，事非目睹，人言何足信，乃决定走此道。并申言云，只准说想甚么办法走此道，不准说此道不好走就不走。众论亦息。据一知者云，苟有引导，知水深浅，亦不碍事；如发山水，住一二日，水小再走亦可。此路亦为大道，蒙古人常往来于斯；又为通伊犁及红庙子间道，且可由山中直通库车。山内水草均优，蒙古人亦众，除沟口两站难走外，余均大路。据此，余乃不惜重金雇引导者，愿出2两银一天，盖重赏之下必有勇夫也。

5月22日　住亦拉湖。李乡约为余雇就一人，山中道路甚熟悉，然听他人言，又犹豫不肯去。乃亲访李乡约，请其速办。适有本地维民兄弟二人愿去，然不识由狭尔沟至哈拉沙尔道，拟雇至狭尔沟再想他法。晚间与李掌柜谈及，彼称引导人以艾地为最好，乃决计请之来。李掌柜代去一次，不肯。此事未有头绪，颇为焦急，然亦无他法，只好忍之。

5月23日　早晨李掌柜又去请李乡约找艾地来。余云：如李乡约不能雇来，则吾亲至，渠方答允。乃急收拾什物，预备出发。又余有一驴伤腿，换了一驴，找银18两。于下午1时半出发，向西行，约5里，入戈壁。中有一干沟，据说有一维民，欲引阿拉癸沟之水灌亦拉湖田，费银15万而无结果。余等沿此道而行，审视渠身高，而河水低，又为沙土所雍，焉能引水。然亦拉湖坎井甚多，均出自阿拉癸沟水。阿拉癸沟水下流，约30余里，即伏于沙，故掘坎井甚是。至晚9时，驻于托湖尔克庆河床中。有水甚甘，无草木，有小窑房一，便行人憩息处。时明月当空，凉风徐至，颇为舒适，即扎帐而卧。同人均露天寝息。

5月24日　早7时出发，向西行，仍为戈壁。沿水沟走，11时50分至打斯土儿（石塔）前住次。石塔周围百余步，高二丈余，全以石垒。城隅有高墩一，亦为石垒砌而成，相传为安集延人所筑。城中有房屋，形式与甘肃北部之营盘相同，疑亦为古营垒所置守望处。此处东为榆树沟，西为阿拉癸沟，北为注尔木土，南为乌斯土沟，再南为口口乃克（内为博尔图沟），更南为阔斯提乃克。进榆树沟，有路可通红庙子；进阿拉癸沟，至狭尔沟北，过洛克达阪，亦通红庙子。西南至阿拉癸沟，通焉耆；进博尔图沟，有间道察罕通古，至曲惠。此处为四通八达之区也，故在此置守望台。脚户同艾地去看水，水甚小可过。吾等所行者为榆树沟，无草，乃驱驴至阿拉癸沟中放草。每沟相距约三四里，惟博斯图沟在南，距阿拉癸沟50里地也。

下午带汗木多发掘土墩内破房，惟拾残履及帽缨，皆蒙古人服饰。又拾带黑花瓦片数枚，余多为红瓦片。据此，则此城非安集延所筑，乃蒙古人所建立之城无疑。

5月25日　晨6点50分发自打斯土儿。过榆树沟，越河滩，绕一山头，约3里到阿拉癸沟口。向西行，沟水深约二尺，北宽丈余，两旁树林密集，顽石充塞。密树林中露出小路，间以顽石，驴驮进行甚艰。沟两旁岩石壁立。余等从小道走，约二里即渡口，自此忽向沟南，忽走沟北，共渡水六次，上峻坡一次，驴为之乏。上午11时即住于阿拉五塔喜拉竿（弃车义）。距苏木大坂尚有10余里也。马行平时每分钟约60步，此则40步尚不及。因过水耽搁，故一点钟约行7里，是日行4小时，尚不及30里也。

饭后同艾地探道，山腰树木，似尚平坦，至一山峡，乃闻野兽哮吼。据艾地云，沟南山后有一大道，从沟口绕山背后，至修途大坂，路极平坦，无水，约90里，便冬日行。然骑行一日可达，驼行亦佳。修途大坂与苏木大坂相对，修途在南，苏木在北也。回视沟南岩壁，距修途大坂约10里地。沿岩有石洞五，似曾居人，检视无一遗物，略有瓦片，亦为新近所建，或蒙古人所居也。岩壁屹立，细石泥土塞之，有砌堆痕迹，其为人工所作无疑。看毕始归。

5月26日　晨6点40分出发向西行。先是帐棚扎于沟南，7时渡河，倚山坡行。岩石壁立，马行其上，水声淙淙于下，俯视心悸，乃下马拽之步走。8点40分过苏木大坂，山不甚大，虽颇陡，但不费力。过大坂后复行河滩，渡河，旁南岸行。9点过修途大坂，又 45 分渡河行北岸，有鄂博一，蒙人垒以为标识。10 点又渡河南岸行，10 分又至北岸行河滩，滩中有小道成槽。11 点 35 分，又渡河南岸走。

下午 1 点至塔学垓住次。此处两旁岩石壁立，水流颇急，行至此，须过四次水。昔时水大，有一回回溺没于此，故以石垒垣墙，隔断行人。塔学垓亦即此路不可行之义。余住后，即巡视水道，颇浅，尚可过。若依北山坡略加修治，伐树填路，别成一道，即可减除两次渡水了，这是一件功德。据艾地云，倘水大时，可绕山背后行，不过稍远耳。

下午风甚大，微雨，天气转凉，衣夹衣。后雷声隆隆，据云，打雷即无雨。

5 月 27 日　早起，审视见有道路一处，路宽二尺，下临悬岩，骑行尚可，箱不易过。复带艾地将山坡树木斩除，路洼处以树枝横叠，加铺石土，奄然成一坦道。毕，于上午 7 点 30 分出发，昨日脚户烧毁道旁树木，今日烟火未灭，自岩下上腾，驴马过此，拽之方行。次第递度，颇为平安。平常须渡水往北，复渡水而南，今减除两道。8 点渡水而北，复渡水而南。经行林中，8 点 45 分，复渡水而北，往复达 4 次。9 点 30 分，又当渡水两次，水流颇深且急，乃沿山腰行。山腰路狭，下临悬岩，险峻非常。余履视一过，颇为心悸，然捨此亦无他法。乃命一人拉一驴，次第递送，驴每至险处，坚不肯行，必须二人一推一挽，方走。余在西招抚已渡之驴，龚在东招抚未渡之驴，约 1 小时方毕。经行山坡，转入草滩。11 点 20 分，复渡河而北，有破石垒甚多。复行里余，有破城，予审视一周，城中已种麦，除陶片外无其他遗物。略检陶片数块，红而薄，且有花纹，当为远古之遗物也。约1小时归帐，时已下午1点20分也。

5月28日　今日休息一日。下午微雨。余带二夫役测城。城南北87.2米，东西76米，墙宽4米，高1.75米，南城门宽4.6米。量毕，又勘查石垒，疑为蒙古坟，微有红瓦片。又有破屋基一，中有发掘痕迹，除几许红瓦片外，亦无其他遗物。因雨下渐密，归。今日购羊一头，银8两。

5月29日　上午8时15分，发自阿拉癸沟。渡沟而南，向西偏南25°行。沿山坡走，微有碎石，尚不碍行。11点半至乌兰乱梗草滩，有蒙古包二，土房一座。先是在沟口西约10余里，往北有红土屋基二，疑为古庙基，因行路未往查视。复前行草滩，转过山坡走，下午1点渡水，北行草滩，2点30分住巴克斯因沟口。至此沿途均有蒙古人放羊、马、骆驼，见余等至，咸出外观看，多能汉语，亦佳事也。此处沟名巴克斯因，即以名地。塔斯干大坂距此10余里，明日可过。

5月30日　早起，嘱脚户打驮。8时，余带亚生先至买卖家探问。傍沟西偏南行约8里地，沿沟丛树成林，买卖家为一老回回，姓马，西宁人，初在罗布泊，后至哈拉沙尔（焉耆），在此贸易亦已数年矣。卖布匹米面，代收牲畜捐。据云，焉耆牲捐总税局共包出2万余两，彼包蒙古塔斯干一带，年亦2200两，尚云有亏欠。人颇老诚，为西宁降回，彼辈由罗布迁此甚多，散布各处。因余等拟过塔斯干大坂，请渠指路，渠乃骑马同行，约5里地，至山口。此地有大坂三，西为克些大坂，上有海子，通乌拉斯台察汗。此地为通伊犁、红庙子要路，现汗王由红庙子来牧地，亦驻节于此。由塔斯干口往西，过二小大坂，入小裕都司3站，又3站至王子营盘，为大裕都司，马行6站，至汗王府。过大坂西，至哈萨地，入昆谷斯，6站至伊犁。由王爷府过大坂，向南，4站至库车。由此往西过克些大坂之路也。西南，即塔斯干大坂，为吾等所过，通和硕特小札萨克地，南向任塔斯汗大坂，通大札萨克地，故塔斯干即中间之义。山北皆汗王地，山南皆和硕特地。汗王管54苏木，汗王下有托斯拉吉管理营务诸事。下有古子打，每一古子打管10苏木，1美利，2札伦。1札伦管5苏木。下尚有昆的掌文诰，受古子打指挥，办理粮马差遣诸事。汗王大庙均在巴龙台、峡尔沟一带。此地蒙古人不富，而大小裕都司有茂草大水，畜牧繁荣，故该地蒙古人颇为富足，通汉语者亦多，然苦于应汗王之差遣也。

余于上午10时由买卖家动身，12时抵大坂脚下。回回告余云，今日要走即急走，翻过大坂，住王子营盘，否则即住此，明日再走，因大坂时下雪，颇冷，前日尚冻死一人。余以时方正午，此去大坂约六七里，可以赶到，乃决定前去。然上大坂，均在沟中走，沟内大石横陈，箱笼不易过；走山腰而下临悬岩，一驴自山腰坠下，箱笼均碎，幸驴受伤未死。约行四五里地，驴均疲，不能行，时卧下。又勉强赶了一二里，余亦执鞭相随。前途石块更甚，时天气已变，微雪飘飞，冷风刺骨，夫役咸向余抱怨。余曰，今日已至残途，只能前进，不能后退，恐一经风雪，人畜均冻死沟中了。余独上大坂探道，距巅只里余耳，大坂极平，下亦平坡。待余转首，而渠等已住于沟中矣。余大为焦急，设今晚再加风雪，人畜俱亡，如何是好。余此行所带夫役均未出过门，一见风波即畏惧，何能旅行。余暗中祝愿不再下雪，但傍晚风雪频至，惧甚。乃将马驴聚于石窝，外围以木箱及帐棚，视温度计，已零下5°矣。余蒙大被皮衣，和身而卧，只听外面风声呼呼，水流淙淙，夜不成眠。时视温度计，又有回升，半夜风雪住，皓月当空，余喜明日可有好天气，便于过大坂了。

5月31日　早起。天气晴好，同人皆大欢喜。即收拾起程，上午8时动身上大坂，9时半即登巅。顶上雪化泥泞沮洳，宽约七八里，余先骑马过去，沿沟向南行，至山下。10时行山坡。时又大雪纷纷，并下雹子，打得驴马惊跳。余等乃冒雪沿沟向南偏东20°行，驴马皆白，至下午1时50分，至可根托罗盖住次。此地属和硕特旗管辖，和硕特有3个札萨克，此属小札萨克。王爷已死，现王子名木胡儿特，住焉耆。西自六斯更，东塔斯干察汗通古，共2苏木，1古子打。此地蒙古人与旧土尔扈特言语习惯相同，共一活佛，即多统领。仍以巴龙台为宗教总区，和硕特在巴龙台亦住有大喇嘛，不过庙宇各一耳。其权力与汗王互不相属，然均属于焉耆。外尚有大札萨克在北，管4苏木，蒙人称为北四王子。和硕特人均穷，居于沟内，无大草场，王爷亦穷。然差使甚多，蒙人苦之。

余住后，大雪。傍晚，蒙人来谈。

6月1日　上午蒙人送酒乳来，余回送纸烟4盒。因昨日淋雨，帐棚毡子均湿，乃晒半日，11时出发。闻沟中草有毒，牲畜不能吃，须急走。1点15分过王子营盘，计蒙古包6个，与普通蒙古包无异。2点入沟，顽石填途，驴驮擦石而过，时闻箱碰石声，时走沟南，时走沟北，虽沟水甚浅，然遍地圆石，驴马过水，亦颇吃力也。于下午4时，脚户闻一蒙人云，前途更不好走，乃住；及余等至，而彼等已下驮矣。余大詈，然亦无法，只好住下。余乃寻视途径，沟中圆石嵯峨，万不能过。回视山腰，有小道一，大喜，是可过也。乃返。

6月2日　早起，赶驴人欲逃走，余大詈之，复行，于9点40分出发。初向东南行，约半里，有深沟，顽石横陈，不可过，乃沿山腰走，余在此照相数张。每至木箱难过处，派两人扶持，鳞次递渡。下山后又过河，忽沟南，忽沟北，问以圆石梗塞，箱驮时卸。余等带来有二口大箱，陈炊食具者，行至山腰，碰石，驴箱下坠至沟下，箱中碗瓶多毁，幸驴尚未受伤。乃弃木箱，以布口袋装之，盖以驴为重也。又行，其路之难走如前，每转一山头，即须渡水，攀缘石块。山头崖石壁立千仞，被水冲洗，空穴生风，玲珑八面，颇为壮观。至下午5时，人驴俱疲，乃住于沟中。

余前去探路，距沟口不过七八里也，沟口甚狭，有大圆石，不易过，故暂住云。沟中有植物长约三尺，其穗似青稞，青扁叶，白茎，根如乱丝，马食之即醉，重则头足肿，至死。故当地人称为醉马草，亦称药草，以其有药性也。昨日一驴略食数口，醉卧不走，两眼下垂，且呃逆不止。驴户乃以草烧烟燻之，立愈，然终无力。此草多生于石缝中，有时夹蒺藜而生，不易辨识。蒙人牲畜不食，过路之人不知，故多受害者。此草自王子营盘至沟口均有，惟自王子营盘至东10里最甚耳。余采取数株，以为博物标本，陈于箱中，而药气薰鼻矣。

6月3日　上午9点20分，由沟中出发，沿沟曲折而行，11时抵沟口。沟中顽石崎峙，沟两旁岩石壁立，如双阙，高数十百丈，门宽约二丈，沟中大圆石填满，驴马均攀石而过。距五六丈又一石阙，较前略低。沟中榆树骈立，瀑布飞流，颇饶幽境，余及龚均在此照相甚多，以兹纪念。11时30分出口往南行。下午1点至察汗通格。此地有庙一，土筑，不大，外有土房六，蒙古包七，散居附近之蒙民，据说有三四十家。余抵该处，即有会汉语喇嘛来迎，告余前途尽戈壁，无水无草，不如暂在此住一宿，明日再到曲惠。乃住于庙旁草场中。

有能汉语之蒙人云，此地通托克逊，不过3日路，道路平坦，有水有草。由托克逊2站为郝修途不拉克，2站为哈得拉冷，3站即至察汗通格。在此行路稍曲，而道好走，然余不知之，且必至狭尔沟探古城也。余等到此，传闻王爷来迎，实王爷在红庙子，来者为王爷之父亲，惜不通话，无法讲说。其父年40余，大高身材，约六尺。头戴瓜皮帽，红顶，青布小坎肩，紫布棉袍，布鞋。余等米面已罄，乃在此购。此地米计量用斤，1升米约2斤，乃购5斤米，10斤面。戈壁中能得米面，亦不可多得也。余等帐棚扎后，蒙古人咸来观看，习俗与口北蒙古同。惟此处蒙古能种地，以麦、青稞为大宗。塔斯干沟水经察汗通格下流乌沙塔拉、察汗，蒙古即引水种地。行之渐久，或能改变游牧生活也。此处为札不是儿苏木牧地。还有保纳苏木住焉者。此地昔时设驿站，后裁撤，今观察汗西南有破土垣，或即驿站废址欤。

6月4日　早起，一能汉语的喇嘛同一大喇嘛代表王爷府来送行，应酬数句即去，于7点40分出发。经行山坡，又翻了两个大坂，下沟，尽小碎石块，曲折而行，于11点30分出口，向西南走入戈壁，平广无垠。2点至曲惠住次。曲惠西北半里许有破城一座，余本拟今日赶到清水河，及见古城中碎瓦片甚多，均有花纹，乃住下。饭后同龚先生带福狗子、汗木多去发掘，不见一物，惟朽骨甚多。余量城围，东西墙98米，南北75.5米，高3.3米，宽5米。东西开门，门宽3.7米。在城中西墙有土墩，横、直12.5米，高5.4米，红土所筑。顶为土砖所砌，已颓，砖中夹有木材、树枝。据本地人云，此城只出瓦罐，不见他物。有一维民拾玉石牌一方，不及一寸，厚二分，正面剔一方圈，中剔王字，背面有小孔穿绳，疑为小孩装饰品。然正面为汉字楷书，疑为后人所遗也。余又拾小铜片数块，铁数块，欲觅古钱一二以为考证而终不得也。城北距曲惠山约30里，东西向，南面临海，或为古代危须国之遗也。然无遗物可验。

6月5日　上午8时出发，向西行经戈壁，细沙填途，10点至他加其。有庄户四五家，维、回杂居，又有一小庙，或为龙王庙。过此，杨榆成林，沙阜枕籍，中夹丛草，极类厄金河景致。12点20分至清水河。河宽丈余，水不大，由北山中克尔沟水下流灌此。盖吐鲁番、焉耆均恃山水下灌田地；达坂城水下灌托克逊，阿拉癸沟水下灌亦拉湖。翻山南，塔斯干水下灌乌沙他拉；曲惠沟水下灌曲惠；克尔沟水下灌清水河；何腾苏木水入博斯腾淖尔。时水溢流于地，这一带如全开为稻田，获利无穷。

抵清水河时，刘春舫亦于昨夜到此，住店中，谈许久乃别。

复同龚向西南大道行，经草滩，飘草漫衍，高约三四尺。约行10里，由西转南，绕过湖滩，盖此处为何腾苏木水溢流至此汇为小湖也。复南西行，至下午5点30分抵六十户驻次。六十户住民均种地，有店二，维民种地者约50户，回民20余户，汉民亦有10余户。以麦、高梁、包谷为主。皆引开都河水灌溉，每月灌一次，好地灌一二次即足，至多不过灌三次。土质为黑沙泥，肥美非常，真天府之区也。

6月6日　上午8时出发，向南西行。沿途村庄络绎，又过草滩，约30分钟即至焉耆县城。附郭田野悉辟，麦穗葱葱，10点40分抵焉耆城东关。东门城曰日升门，门前竖一牌坊，额曰"新华门"。两旁有小房及街市曰新华街。遂回想北京新华门流血之事，不胜感慨系之。11时至城西门外前街店中住下。店在道台衙门下首，北房约五间，院颇大，而污秽已极。据说，道台衙门亦是店也。

时刘（衍淮）等已到此半日，谈许久，知道省内及京中许多事。

下午往拜道台汪步端，即汪文端公孙。年70，今年3月曾庆寿，写画均佳，又善戏曲，亦风雅人也。谈许久，颇畅达。告别不多时，而道台来回拜。即去。又往拜县长魏君名承耀，年40余。去时适审案，谈许久，颇恳挚。返至邮务局陶局长处，亦谈多时，归已傍晚矣。

6月7日　上午致省上徐先生一电，报告抵焉耆。随访电报局熊局长，熊为湖北汉阳人，谈许久，归。知县长已至店中回拜，随去。予又在刘店中叫嘣嘣戏数则，乃归。适道台请晚餐，乃于3点半前去，直至傍晚8时方归。同席者有陶、熊二局长，王商总。王、熊均湖北人，并有山西帮子随酒。汪道台又唱汉调一曲，工极，龚先生亦唱一曲。余同外人各赠银5两，合10两给唱戏人。归已8时半矣。

6月8日　上午汪四少爷来。随至刘处，华（Walz）、刘方将出发，话别。归料理事务。

下午又访王商总，谈许久归。而王商总适来，又谈一会，于回汉情形，及古迹地点，所得颇多也。

6月9日　上午同龚到道署照相，随留早饭。适间壁马成德招赘，道台邀余等观看风俗，去坐片时，回至道署午餐。傍晚归，而道署人员若科长科员之类皆来谈。

6月10日　上午道署各科员约游逛河边，即至一维民家园内，树木扶疏，地结绿荫。有平台一座，铺以毡毯，同人憩息其上。随至河边，过河，宽约半里，水深三四尺，清流不急，下为细沙，落水下陷，往往沉溺不起。现官方设有渡船三艘。旁有一狭河叉，车马可过，水大时，即连为一河矣。此河俗名通天河，即开都河。水源为大小裕都斯河，发源北山，至焉耆为开都河，入博斯腾淖尔。后分支西流，经库尔勒入渭干河，汇塔里木河，泻入罗布淖尔。此为新疆四大水之一也。其水量可行帆船，惜未加利用也。复归园，食抓饭毕，乃归。

上午有同乡李君，业裁缝，亦邀余早饭。同席皆同乡也。

6月11日　早起写信三封，一致杨将军，一致樊署长，一致徐先生。信发后，即至道县处辞行，并请道台通知县长，派人至四十里城子及河岸照应。先是，拟雇一中原人赶驴，不去，又雇一维民，又不去，乃请乡约派二人引导至四十里城子。于下午 4 时半出发，道署四先生，及孙少爷送行，并派有兵士二人护送至河边。在河上游渡，可免过小河叉。船宽丈余，长约三丈，头尾如一，底面平宽，每船以四人用槁撑之，无桨。渡约 40 分钟方毕，每船户付银 1 两。河对岸即抚回庄，约三四百户，皆为西宁降回，由罗布泊迁居于此，悉富庶。出庄往南，经行草地，渐有开垦者，然未开者仍多。此处为蒙人和硕特牧地，藉以养牲畜，使悉开垦成熟田，可辟地数十万顷，惜蒙人未利用也。30 里至四十里城子，时已 8 时矣。先是乡约已代余等觅一店，至店中，倦极而寝。

6 月 12 日　上午未出门。乡约送羊肉来。县衙及赶驴人均遣回。赠县衙人 2 两，脚夫各 1 两。午后，同二维民查看古城。城在四十里城子东约三四里，位于草滩之中，周围约 6 里，《图志》称十余里非是。现城垣雉堞已毁，惟余土埂。城中漫草荒芜，洼处浸水，水含盐硝，土质僵结。有二土阜，视其发掘痕迹，必从前为砖砌房屋。迤西北有一土墩，本地人名为炮台，高丈余，亦无其他遗迹。余夫役在小土堆上拾有半边开元钱 1 枚及碎铜片数块。有一小城距大城不及半里，周围 3 里，城垣已颓，内有一小城类府第，与黑城附近之小城形相同。尚有一小城在村附近，余尚未去查勘也。按此城，徐松疑为员渠城遗址。余审视瓦片及铜钱，皆唐以后之物。且员渠遗址在河之洲，四水之中，此为平原，四周并无河水经流痕迹。且焉者为佛国，城中必有旧庙基，此无。是否为员渠城实可疑。然则员渠城在何处？待考。

明屋古迹和佛洞

6月13日 拟至明屋（千房之义）一看。后在知明屋距七个辛不远，乃决定巡视一周，限以10日。带一引导者共计5人，于上午9时出发，向至库尔勒大道行。10时转向西南走，沿途皆草滩，草深三尺，高可隐人。间有土圪塔，旁多浮沙。余在沙上拾螺壳数枚，知此地古亦为湖底。约20里，经戈壁滩，间有石砾。又5里，12时至千房处。庙基甚多，皆已倾颓，墙基之存者犹高丈余，审其形式，颇类哈剌合图之庙。盖每一间皆作圆顶，形似蒙古包。周围有墙围之，排列成行。凡大殿左右必有一甬道，此与柏孜克里克同。高者两层，上下贴壁均有泥塑佛像，或绘画，已毁。往西约半里的土山中，有佛洞六七，有壁画。洞上为浮沙所掩，厚约三尺。盖藉此以保有数千年古物也。在此山中佛洞甚多，疑皆为沙所掩。余游览一周，乃从事发掘。掘河西大庙右甬道，出泥佛像碎件甚多，并古钱1枚，为"建中通宝"，其为唐代之物无疑。惜已发掘过，见一碎块上书mixi等字，且有洋纸，其为外国人所掘无疑。据一引导者云，有一外国人（指斯坦因）至此，雇30人发掘40余日，所未掘者有限也。然余等考古，已落外人之后甚远，在此时欲如外人初来时之便利，已不可得矣。庙中多有焚毁遗迹。然此庙何年所筑，何年所毁，为此地民族更替之一大关节，亦为有趣味之研究问题也。乃决计雇人发掘，以决斯疑团，或可验员渠遗址之所在也。

6月14日　昨日失马1匹，二人寻觅一夜未获。今晨又派福狗子回去请乡约雇人。后亚生同一维民来，乡约代雇6人，供饭，每天一两。余乃同二维民掘井。此地本有泉水，淤泥甚深，水咸苦，乃在旁新掘一井，水亦旺，微咸，较旧井之水略佳，下午2时动工掘南一僧房，只出一枚木碗，已碎，无他物。此地潮湿甚大，古物多毁。又掘一拱拜，向中下掘，见有绘画墙壁三方，每方约三尺（二尺八寸谱），见有残木器片，上有花纹，及人牙骨，又有残瓦罐，是此地必为僧坟。内井坑为陈尸骨之所。外砌一圈顶式蒙古包，类今维族拱拜，外有小垣墙围之。掘深丈余，见沙底乃止。适雇人已至，再作第二日之发掘。

6月15日　上午6时派四人发掘大庙，以汗木多领之，龚先生指导。以三人发掘一塔，余指导之。在塔中发现木柶一，白布小口袋内陈石子及纸片，余无他物。后发掘一拱拜，发现带字瓦片3块。后下掘深1.5米皆沙，底铺土砖。是修坟时外砌以土砖，内垫沙，至1米多高，再铺砖。拱拜西北隅有烟燻遗迹，中有灰土及木炭，可证后又住人。午后余拟绘一图，定二十分之一，自南至北绘，适下雨乃止。看发掘拱拜处不见一物；而大庙处又发现古物甚多。大庙侧有一巷，内积红灰土甚多，几与庙平。工人在此发掘，出现泥塑像模型甚多，皆石膏质。

又在旁庙内发现木盘之类亦多。同人大喜，采集品可陈两箱。雨霁，余复绘图，至晚方归。点查所得，不下百余件矣。

6月16日　昨晚，附近村庄又来了2人，又有2行人参加，连昨日共10人。上午6时起，以6人掘庙，4人掘沟西佛洞。龚先生及福狗子监工，余绘昨日未完之图。适有四十里城子张君来访，谈多时。张为黄陂人，随带一少年萧君，湖南安化人，其父曾为县长，渠7岁时父死，有一兄嫂种地为业，渠年17赶车马驴为业，欲投余任役，余允之。傍晚渠等归。是日10人发掘，奋勇异常，但无大效果。惟在17号庙佛像侧，拾经纸一小捲，为古民族文字。又一小串珠，下垂银饰。后将泥塑残件收集，壁上绘画均不完整。今日所得如斯而已。

6月17日　上午6时，派6人掘大庙，4人仍掘洞。庙中发现泥塑佛像甚多，惜已毁，而佛头均尚完整。在门东隅三尺见方之地，而佛像已数十枚矣。洞中不见一物，据一老维民云，此洞原无上塞，后因有人盗窃羊牛，藏匿于此，乃以土没之。余等发掘至底，见鹿角1枚，及瓦片，亦属近代，且土极湿，可见维民之言可信。即有古物亦毁于水湿矣。又云，此处非千房，在东北土墩下，古洞甚多，即明屋也。余绘一形势图，东部方就。

亚生购皮纸棉花面粉之类送来，傍晚又同龚先生回去。因昨日有贼进住室，思盗箱物，被李三捉住，乃一甘肃人，彼等痛打后，放走。然余之银钱衣物均在四十里城子，恐其盗窃，嘱龚去搬，并随购什物带来。晚微雨，后晴。

6月18日　上午，停掘佛洞，派彼等掘庙后房基，掘大庙者仍旧。余乃绘一大庙图，至午方就。龚先生等亦来。是日大庙中所出泥塑残佛像更多，且有象、马、猴之类。余疑此处为罗汉堂，然未能定也。中有高台，必为一尊佛像，已毁。僧房未出一物，除去上面三尺深硬土，下悉灰土，且有木炭及成灰烬之残木块，可证此房亦被火焚。我等在此处发掘，专捡被火焚处工作，因未被焚之地悉被外人掘尽，被焚者外人所不顾也。火烧后犹有残余可寻，而外人发掘后片物无存，此余等来晚之苦衷也。如此累累佛像，虽颜色改变，而形貌犹存，审其残余，可证明者一事，即中土佛教，由西域传入，而西域则来自印度也。凡佛像皆目斜长无珠，头有髻，身披缨络，细腰，姿势窈窕，与中土尚大腹齐腰，姿势庄重者迥别，故余订为印度式雕刻。后唐代明器均仿此者也。有一女人像，发前顺而面庞宽，则全属西域式，为中土所无。焉耆为古佛国，玄奘《西域记》称好小乘学。然观其供养佛菩萨像，亦非尽尚小乘者。然佛教由印度以至和阗，北行至库车，东行至焉耆，再东行即至高昌，以入中土。高昌为苻秦、吕光、沮渠安周迭据之地，且均好佛。故中土佛教，在六朝时大盛者，吕氏、沮渠氏等为之媒介亦为一重要原因。

6月19日　上午仍分两队发掘大庙，中已空虚无物。大庙殿中间有土台一方，有一洞。余等发掘于内，亦无遗物。乃迁至沟西掘小庙，略见遗物，惟掘僧房中，发现已毁木器，并有油漆彩画者。僧房连三间，前为大殿，房底为烧砖。迤东有土台，长丈余，四周砖砌若池，疑此间为花园。惜为火焚，整物已不可见也。昨今两日余绘工作图，地层、土色略为表示，大致不差也。

6月20日　晨6时亚生来，称袁署长到四十里城子，云徐先生有话带来，急请余去。余即骑马去，相遇于市。渠已升阿克苏县长，此去赴任者。据云，南军已至天津，晋军亦过涿州，日本出兵九千于山东，冯军坦不介意，然张大帅气运恐从此终了也。随在彼处午餐，于下午5时返，至明屋已8时矣。此处可工作之地方不多，乃决去6人，只留5人工作。

6月21日　遣散6人，领工资去讫。乃派留下的5人工作。余绘沟西形势图，百分之一，至午方绘一半。同乡张掌柜送来酒肉。下午倦极，未出工作。傍晚同汗木多往看东西窑洞，约五六，或山腰，或山脚，均已被外人发掘，谅无遗物。惟有一洞方开一半，明日可试掘也。缘此地自天山分支，有一山脉东西蜿蜒，复有沙梁数道，土阜一道，与山脉骈列。在沙梁半腰，显有冲洗痕迹。现沙梁之南为一干河床，北为平原，地亦低洼。拟此处本有一大河流，源于哈拉木登山中，下流经此，入于哈玛沟，与大河汇也。此处庙宇均建筑于沙梁上，若无河流，则此许多僧徒饮水将何所取耶。此地有泉水，甚小且咸，决不能供给此许多僧徒。又沿此土阜沙梁西南行，时有古代建筑。由此沿山东北行，有许多土墩排成一线，当今尚为蒙古地通库尔勒大道。疑古时博斯腾淖尔在西，水且大，现在之平原，皆古时之湖底，余曾在平原沙碛中拾有螺壳可证也。因此古时之大道必在现在之北缘山边走。这一条线的古碛，即显示古时道路所经也。后因博斯腾淖尔东转，因风沙之阻积，地遂增高，河亦改道，汇流干哈拉沙尔之开都河，此河遂涸。又员渠城，据

《水经注》云，在四水之中央，河之洲。现四十里城子东北旧城，一般人均认为是员渠遗址。然余在此城中拾有唐代开元钱及碎铜片，确为唐城。然唐郭孝恪攻焉耆时，焉耆恃险不设备，孝恪浮水而过，是员渠城在唐仍在四水之中，河道湖泊亦未尝改道也。现四十里城子，四面皆平原，所谓在河之洲，四水之中，今已不可见了。若非沙漠中螺壳及明屋之古迹，昭示余以古道，几疑四十里城子非员渠旧址矣。

6月22日　早萧有娃雇一大车来，将所掘出之佛像等件运归，由龚先生押运至四十里城子。下午派汗木多等到西头发掘佛洞，余画此地西部图。傍晚渠等归，发现残经纸一帖，皆西域古文字。有几残片贝叶书，至堪珍贵。在土墩下大佛洞内，掘出一排佛洞。此地本有一道沙梁，西北行连接霍拉山，支脉在泉水东，沙梁上均有庙。在沟西有一二破庙，去2里许，即为红土梁。佛洞七八，或在山腰，或在山脚。其形势与柏孜克里克同。曾见一洞，被沙梁所掩，后为外人掘出，壁书若新。故余颇疑在此沙梁上为沙所湮埋未经发掘者必多也。当时修建庙宇必同时修建佛洞以住人，或为僧侣习静之所，此处既有许多大庙，则洞亦必甚多，惜多被沙土所埋耳。

6月23日　上午余复将连日工作图绘就，又照了几张相，适龚先生等已至，乃转移地点。于上午10时50分出发，循沙梁北面北偏西20°走，至下苊槽，转西北行，循霍拉山支脉走。沿途野草葱翠，沟渠如织，于下午1时住于七个辛渠畔。此渠水自哈拉沙尔大河来，灌此地蒙古人地。此路即由哈拉木登南至库尔勒之路。此地有居民10余家。汉人4家，湖北2家，湖南2家，均在此卖酒，且种地。回回1家，余悉蒙古人。据一同乡云，此去约五六里有一破城。乃于下午4时带维民往视。城周围约里许，墙高约五六尺，城中曾被水冲洗，面呈僵土，试掘一土堆，内现湿沙，决无古物。城基址亦为土坯砌成，疑为唐以后之物。审视其中瓦片红且厚，又有青瓦片，时代较晚，故余疑此城为元代所建，亦无他据。城中无街市遗迹，然西北有一土墩，本地人呼为砲台。则此城或为古代守捉城也。城外西面红泥滩一片，高低不一，间有红瓦片，必为居民之地。由此处走戈壁至四十城子不过30余里。由此地入山到哈拉木登约90里，亦为古时交通之路也。

6月24日　上午派萧有娃送木箱一口及零件回去。随赶驴3头来，又派汗木多等复到古城发掘，竟一无所获。余等在此休息一日。余因上火牙痛甚，在树荫下睡一日。傍晚有娃来。

6月25日　上午5点10分，发霍拉山支脉，向西北走。沿途青草麦蒿丛生，间生榆树。6时过一干河川，进戈壁，向西偏北20°行。傍山边全为戈壁滩。8点30又傍干沟，至此干沟甚多，顽石填之。石出霍拉山，被水冲下。傍沟东行，10点20分至察汗通格，又转至沟西，至霍拉山口驻焉。此处有蒙古人5家，属巴龙家。沟中水不多，下流灌地虑不足。驻后，蒙人来访，赠水果一碟，余亦还赠白糖若干，纸烟1盒。据云，此处山中有大路可直通库车，不经轮台，但路甚难走。前有一湖南人亦对余言由霍拉山里，可直通阿克苏、库车、轮台，均有水草。昔郭孝恪攻员渠，员渠人走入山中，则此处有路可知。不过非熟于山路者不至也。又据维民云，今日所过之干河川，水大时可至七个辛、明屋。余初疑明屋修筑庙宇既如此之多，必有河流，又见沙梁旁似有河川痕迹，今查勘此路，宜信前说。此河流在昔水势颇大，远源于大山，宜以霍拉山之水，沿霍拉山之北面东南流，过七个辛，复南流，至明屋入海。现七个辛路北约5里有归城一，若无水亦不得在此建城，古时博斯腾淖尔在今之西，现已东转。两河入口处，必一在北面，即今开都河入口处；一在西面，即此河入口处。今由海西南溢出之水，入哈玛沟至库尔勒者，疑与此河相连。海水大，则合为一河，水小则各自分流耳。今上源水竭，故下流竟成一干河。山水悉归今之开都河耳。故古时焉耆四面皆水，东北为开都河，东南、南为博斯腾淖尔，西北、西为此河。此二河均源于大山，出山口遂分流；一沿大平原东北面；一沿大平原西南面。故《水经注》称员渠在四水之中，河之洲。因四面皆水，中显平原。不然河洲无法解释也。《水经注》曰，敦薨之水，二源俱导。西源东流，分为二水。西南（徐松疑为东南误，非也）流出于焉耆之西，经流焉耆之野。屈而东南流，注于敦薨之渚。右水东南流又分为二。左右焉耆之国，南会两水，同注敦薨之浦。按右水即今焉耆城南之开都河。则此干河川，为西源西南流之水无疑矣。余自发现此河后，心大慰。凡历史地理上之关于员渠不能解决者皆冰释矣。

下午查视旧庙遗址。庙址在山口，计18处，或山腰，或山脚。下填石基，以红土砖砌之。墙宇多毁。余等试掘，间有灰磋。盖毁于火者，木料已变为焦炭。相其房基形势，与明屋异样，疑为元代故物，亦无壁画。有一塔，形式颇别致。此地蒙人云，此庙与西藏庙宇相类似。余等在此发掘半日，不见一物，据云在二三十年前有一外国人在此发掘多日，存者悉为彼带去。按即斯坦因也。未掘之处已被火毁，及水湿之厄。故试掘无物，即归。是日下午微雨复霁。

6月26日　上午据一维民云，沟内有小城一座，乃带一蒙民往探。至沟西山上乃一石砌鄂博，非是。复东转至沟口，约行半里，至石壁下，乃遣一维民上山探视，据云，山顶上乃许多小石堆，上插木条，疑为营垒也。据一老蒙古云，昔此地住一王子，后有敌人来攻陷庙宇，乃退入沟内。山上石堆，皆王子所砌营垒以御敌人也。此虽传说，姑记之。今观庙址所遗多木炭，乃已毁残木，可证此地昔被火攻而毁。此沟可通布古尔即轮台道。又由此往西北进大山，西可至库车、阿克苏，西北可至伊犁。伊犁在汉属乌孙，唐属突厥，库车古之龟兹。汉唐用兵乌孙，突厥每取此途。则此处为通西北要道，故派一王子驻此，以资镇守也。今据一蒙古人云，此干河源出霍拉山，名霍拉沟，下流至察罕通格，名乌拉斯台沟儿。正西北有水，一名察罕乌苏，入大河。大河水有二源，即大珠勒都司河，上源出于二山，一为哈拉格图，一为哈拉尔，下流会合，称珠勒都司。绕王爷府，即巴彦布拉克东南流，即名开都河。又哈拉木登有一小河，即哈哈尔水。疑即唐之鹰娑川矣。旁有旧城三。河东二，河西一。是否即唐鹰娑都督府地，待考。下午派汗木多再去试掘旧庙，余在家稍憩。未久，渠来报，称发现壁画甚多。乃亲去查视。

6月27日　上午带有娃同去，余画地图。有娃见瓷砖角露出，乃试掘之，为绿瓷方砖。细思此处既用瓷砖，必为达官贵人所居。下午乃添人掘之，又出瓷砖数块，墙角以木作架，砖即嵌于其中；又见门框残料，略似房屋，大门花砖即门两旁柱础也。又福狗子在西北边随以锹剔之，又见许多木栏杆残料，并泥塑佛头像，知此处为庙基也。余将火图绘就，复绘工作图而归。已7时矣。

6月28日　上午复派人在大庙基上发掘。将南北二洞掘通，亦不见他物。下午乃掘此庙以北庙址。出木制佛像一座，又残壁画数块，乃罢。此处庙基与明屋相同，惟不见其他遗物，未知为谁氏之作。据蒙民云，20年前有外国人至此发掘5日，所出佛像经卷颇多，皆在山上佛塔中。今观各庙遗址，发掘痕迹甚多，皆外人所为也。

6月29日　晨起，雇一蒙人引导，于6点20分向北偏西出发。经行干河岔，7点上坡，坡高数丈。回首俯视，俨然一河床也，自霍拉山流出，向东南去。上坡后，经行戈壁，冈峦起伏，小石陵铄。8点10分下坡，踰干河沟，青草蔓蔓。迤逦而行，前望平原，青草葱翠，海都河岸树木连成一线。两座旧城、土敦、白墙败壁，历历在目。9点10分抵七个辛大渠，渠水深达马鞍，维民恶俱，欲住下。后蒙人探得一渡口，在上游稍浅，乃从此渡河。先将驴驼卸下，一件件背负而过，再赶驴过去，尚平安。维民脱下衣服，浣衣水中以为乐。渡毕，于上午11时复北行，30分抵旧城下驻焉。

旧城在沙梁上，北墙屹立沙梁南，东墙已颓，边于干沟岸。先是开都河自出山口，经行平原，水东西流。东水，即现在之开都河，在此山岭之东北，漫流于平原中，至哈拉沙尔、四十里城子渠、波罗海渠。一水西南流，绕于此沙岭之西南下注，至七个辛、波罗海至紫泥泉子入海。现西流水竭，犹有干沟遗迹。七个辛大渠，犹能昭示昔时水行之路也。昔时开都河亦绕此岭东南行，岭麓之旧城遗址示以河流之所经，现已东北转10余里矣。

岭旁树木结荫，翠草隐人，余扎帐于其中，头枕驴鞍，藉青草而卧。饭后同蒙人汗木多往观河南岸旧城遗址。先是闻在余住扎地往北约三四里有土墩一，乃绕往观。转北偏东约六七里，抵旧城。汗木多急以镐掘之，出泥塑佛残像，身有红绿色彩绘，画一女人像，知此亦庙基也。余步城一周。南北202步，东西150步。唯南墙间存，余悉倾颓，只留石基。城中已开垦成地，惟西南隅土墩岿然，间存旧房基数处，皆庙也。城之东面傍一小城圈。墙址尚存二三尺，南北62步，东西140步。房基荡然无存。外有套墙石址，距土城约14步。两城中瓦片甚多，皆红色。北距开都河五六里，可望及之。东、西、南皆熟地，麦穗飒飒。再南五六里即沙岭，与沙岭旧城正南北斜对过也。再望河北岸旧城，历历在目，审其形势，颇为壮观。傍晚方归。约行1小时，距余等住处约10里也。

6月30日　上午蒙人回去，赠银2两。7时，余驮先发。余晨起往绘此处旧城图。城为椭圆三角形，南墙在岭上存高三尺，北墙滨干河边，已无存。南墙188步，东墙160步，北面未步，当亦为188步也。城北有大渠一，来自大河，下流20余里即没。开都河源于此城之西北大山中，转东北流。由此西望墩墩尔旧城如在目前，盖距此约七八里也。此城之南，即在岭南，有巴龙家大渠。东南流，入七个辛地。据本地人云，博罗海有一干河，来自大河，下流经七个辛至博罗海，转西南至紫泥泉子。若此，则岭南似有一故河道矣。城之东有一故城，土墩棋布于沙岭坡下，滨河而立，与大河两岸之城，遥遥相对，蔚为奇观。

余在此处绘完图，即趋至故城中，时余大队已至该城中俟余矣。城在岭北坡下，北面滨大渠，为长椭圆形。北墙遗址间存，长1320步，宽80步。西有土墩一，破房基二；中有大土墩一；东有土墩一，破基二，中多瓦片，悉红色，掘亦无他物，疑非旧城，或古时在此屯田，为田官所居也。此城与河岸归城斜对，相隔约五六里，城中为官长所居，此屯户所居，故不以城形也。

余在此勾留半小时，向东行。南沿沙岭，北滨平原，渠水迤丽而行。至11点转东南行，经沙岭北麓，入岭，高阜起伏。又南偏东20°，至下午1点30分，下岭走戈壁。3点30分傍七个辛背之戈壁中走，有干河岔转东南入草地。5点40分抵博罗海，有沙河一道，西南去无水。据说此沟自大河来，下至紫泥泉子云。或即《水经注》所云之右水由大河西南流入海者也。6时，全为田地，青草麦穗阻塞路途，沟渠如织。于7点30分抵四十里城子本店。今日约行百余里，自哈拉木登至此亦有90里云。

7月1日　今日休息未出门，静卧店中。一维民云，此地有一名那卡的维民曾在旧城拾金子，且拾有碎铜片、古钱、古印之属。又云，距此 15 里地有不少土墩，彼尝在此捡拾。随带来一八分重的白色含金小环圈，疑为古金，乃以 8 两银购入。碎铜片亦给予 3 两银。拟明日再同彼审视其地。

7月2日 上午8时，余同维民那卡及汗木多等前往查看土墩。盖自四十里城子往南偏西，有大道至库尔勒，土墩即在大道傍，距此约 5 里地。遍地沙丘，上生红柳，时现红土堆及红泥滩，滩上广散古瓦片，红土堆中多出现用土块砌成之墙壁，或为古坟，或为烽墩，本地人称为炮台。自此南至紫泥泉子，西至明屋，东至盐池，东北至白土墩子，即海。宽长 30 余里地，皆为沙阜及土墩所散布。维民每于大风雨后，在红泥滩上拾金子及古器，皆有采获。余等在此一带审视地形，且拾碎铜片及古钱若干。若以古物验之，此地自三代迄唐均有居民。何言乎三代也，以余等拾有蛤壳贝 2 枚，又石镞 1，又红厚瓦片及瓦鬲，询为汉以前之古物。何言乎唐也，因拾有唐开元钱也。此地正当博斯腾淖尔之北面平原，土壤肥沃，允宜耕殖，在古时此盛产鱼鲜之湖边，定有居民无疑。又此地为员渠故地，唐代亦在此设都督府，此距唐城不过数里，或即在此屯田，亦未可知也。其沙窝中之墩垒，非即所以捍御敌人保卫垦殖乎；沙窝之旁时露石磨残块及残瓦器，犹足以昭示其为耕种之地。闻紫泥泉子犹存旧渠阡陌遗迹，则此地为古屯田区无疑。

余写至此，颇疑四十里城子之旧城为古尉犁城，员渠遗址当在哈拉木登河南岸也。《汉书》云，焉耆南百里为尉犁。四十里城子适在哈拉木登南百里，里数相合。又《唐书·西戎传》张植破焉耆，伏兵于遮留谷，进据尉犁。遮留谷即哈玛沟，铁门关即紫泥泉子山口。《新唐书·地理志》云，自焉耆西五十里过铁门关，又二十里至于术守捉城，由哈拉木登西南至紫泥泉子约五十里。若四十里城子至紫泥泉子则为 30 里，里数不符。且焉耆四面皆山，二水夹峙，惟哈拉木登之旧城可以当之。若四十里城子之旧城屹立大平原，距山甚远，不得云险阻易守。河水距城 40 里，又不得云夹峙，审夺形势，以此处之城址为尉犁，较为妥当也。

由此往南约 15 里地有古坟地，在盐滩之旁。令维民试掘之，有人骨，出铜镜 1，金叶数片，皆古时殉葬用品。以铜镜或玉圭镇胸，头戴帽，金花即帽上物。时水竭，渴甚，乃归。明日将大举发掘也。

7 月 3 日　上午派 6 人前往发掘。出铜镜一，瓦罐数十。时天热甚，饮料甚乏。余于上午将图绘就即归。时倦极，静卧多时方苏。未久彼等亦归，乏水故也。乃决计停止工作，诸人悉遣之去。

发掘地维名土子诺尔，即盐池之义。坟堆即在盐池旁，高约丈余，宽 25 米，长百余米，俨然如一小丘。上生蒺藜，土白坚结，发掘极费气力。然人骨与古物常保藏在此坚结土中，被盐质浸炙，形如胶漆。盐池滩中，芦苇丛生。疑此地本为湖，水竭而积为盐滩。拭去面上浮沙，盐质即见，色黑杂以硝卤，不可食。沙窝棋布。此种沙窝皆所以阻海水之西溢，而使其东北转也。在沙窝中常存远古贝壳，红泥滩中时露冲洗痕迹，皆为远古被水浸入之证。自盐池往东南，地势低洼，北则渐高厚，则古时此地有小淖尔，与博斯腾淖尔相连也。在盐池西北面有土墩六七。维名土拉。皆用砖砌，惜多倾颓。然本地人犹在此拾残遗之金片及碎铜器焉。昔日攻焉耆者有二道，一出银山道，由东来；一出遮留谷，由南来，皆总至此地。故筑烽堠以为防卫。西北皆阻大山，且与乌孙接，无后顾之忧也。然则此土墩者抑焉耆所筑，以防汉兵欤。

7月4日　上午汗木多与福狗子包裹古物装箱，余同龚狮醒登记。暇时略检《新疆图志》及《水经注》关于昆仑山地点及所谓黄河初源，欲有所研考，俾便考查。统核各书，均以黄河初源有二，一为开都河，一为叶尔羌河。开都河西源大珠勒都司河，发源二山，一为哈拉格图，一为哈哈尔。二水南流，会大珠勒都司河，绕巴彦布拉克东南流，会察罕乌苏水。察罕乌苏发源于察罕山即白山，故水亦称白水。黄河初源色白，其指此水乎。《穆天子传》云："天子次于阳纡之山，为河宗。"又云："天子急驰至巨蒐，过阳纡之尾。"巨蒐即焉耆境地，则阳纡山即哈哈尔一带山也。所谓河出昆仑之东北隅者，疑昆仑为山之通称，犹之蒙古名河为沟儿，山为乌拉，后人不察，遂在沟儿下加河字，乌拉下加山字，普通词变为专名词了。此虽余之臆说，然昆仑决非专指一山，《山海经》昆仑数见，皆非一地，可证。蒙名昆仑为横之义，凡属横的以昆独伦名之，如横水为昆独伦河，横山为昆独伦山。昆仑即昆独仑之简称，以此论之，亦不能指为一地也。说河出葱岭又太宽泛，古时称葱岭山，犹之后人称天山，绵延数千里也。《新疆图志》谓葱岭即昆仑，此为大误也。俟考查完毕，作说以辨，今试质疑于此。

7月5日　上午仍同龚登记采集品，已陈6箱矣。回视堆积尚多，非10余箱不能存完也。昨日下午接汪祥炳来函，称丁、詹二君已至，彼亦拟同来。余当即回一片。称在此候驾。然渠等须三五日方能来，余何能久候耶。近几日天气颇热，午时不能工作，蚊蝇又多，日惟暂避帐棚中看书，时检突厥、回纥、吐蕃各传，莫不与西域有关，故新疆民族变迁消长，大有研究之价值。所谓突厥也，回鹘也，吐蕃也，蒙古也，畏吾也，均几经变迁。以宗教论之，所谓佛教也，摩尼教也，回教也，亦迭为消长。馀若印度人、波斯人、希腊人、土耳其人均与此域有关。故新疆西以喀什、和阗，东以高昌、楼兰为东西文化交通之枢纽。故喀什、和阗传递西方之文化，高昌、楼兰传递东方之文化，其传递之遗迹，犹可于古迹古物上见之。惜此地种族之复杂，变迁太剧，要彻底弄清，殊属不易，又尝检桔瑞超氏《中亚细亚探检谈》证以曾侍日人之汗木多利所言，其考古能力亦有限，共成绩亦不如英、德人。使余等能得是机会，其成就决不止此也。又彼原意为探寻斫句迦国，即子合国遗址，无所获。子合国当在叶尔羌之南山中，余将来拟细探之，或能补外人之所不及欤。

7月6日　早起，一维民来称，有人云：距明屋10余里地有一庙，为外人所未见，内中有壁画，洞口为沙所掩。拟去探之，后未果。在家整理所绘地图。并书写连日日记。至晚方就。

余本不熟于制图，然考古而无图，无以表示。故以苦心求之，诚难为也，然大致尚差不远。因木箱未作就，在此无事，明日拟至哈拉沙尔转至哈拉木登也。

7月7日　上午7时发自四十里城子。带维族工役3人，汉族工役1人，余同龚共7人，并驴8头向东北行。9点半抵抚回庄，10里抵河边，将渡河，而丁仲良来，遇于渡口。丁往库尔勒探煤矿，自在吐鲁番分手不见已月余。闻渠在亦拉湖附近坠马伤背，今尚未痊愈，故余特往探，而不知其来也。立谈一会乃别。住于旧店。道署小孙子来，与龚同去后，大儿又来，邀余去。汪老头候迎，谈一会，出。访詹，詹又病足也，谈许久归。

在道尹公署时，会计科长告余云，你们走了，新疆政局也变了。现政为委员制，改督办为主席。余见任命状云："新疆省政府委任状"，下书"主席杨增新"。彼又云全国现已统一云云。据说张作霖已逃走，南军已至北京。新省道改为行政区，道尹改为行政长。然不援引国民政府命令，且主席如何产生尚不明确，抑变相之独立欤。然得此好消息，与吾等前途颇为有利焉。

7月8日　上午7时20分出发，向西北行。皆民地。8时50分至分道处；由此往巴龙台者向西北大道行，余等走向西小道至哈拉木登。行进平川，蒺藜高四尺。11时20分，又过一草滩，蔓草弥绿，蒙人牧畜于此。边草滩北西有沙窝绕之，拟为湖边。此为草湖底，当地名为草湖滩，或曰苇湖。土黑沃腴，最宜耕殖。北为哈不齐垓山，当水大时，亦尝浸灌至此。现水小不能至也。下午1点20分，道旁有一小渠，蒙人掘以引哈不齐垓水灌地者。后沟口塞，未能疏通，现已为废渠矣。1点30分向西偏北20°走，入沙窝。有沙梁一线自北来，仿佛为湖之边界焉。南望平原，极目绿草葱翠，皆大河边已垦之地也。旁干渠行，又过小草滩。2点40分至哈布齐垓水。此水发源于西北之哈布齐垓山，东南流入开都河，水宽丈余，深四五尺，两旁苇草密织。在树荫下略息，3点复西北行，3点50分抵渡口，在蒙人水磨旁住次。

是日热极，麻蝇乱飞，人畜俱困。晚间转凉而大风起矣，于是蒙被而卧。

7月9日 昨晚大风怒吼，今晨风犹未息，且下小雨，余等悉穿棉衣，不宜行。然此地不可久留，乃于10点半冒雨出发，向西南进行。1点半抵一商户家，黄陂人，来邀余到伊家中坐谈许久，知烧房距此尚有10里路也。3时10分复前行向北，至4点30分抵哈拉木登烧房，住于段商总家。段亦黄陂人，其父祖来此已三世矣。颇有积蓄，人称段八爷。开烧房兼种田，颇有才能，喜接纳。惜晚年目盲耳聋。因谈及回汉状况，深为忧虑。又云陕西回回皆白彦虎之流裔，现多富豪，与维民亦有不睦。此地有汉人10家；8家为湖北黄陂人，以段、胡、熊为最富。地本为蒙古人所有，或买来，或与蒙人伙种，均已富豪。每一家除种地之外，兼放牲畜，马、羊、骆驼、鸡、鸭均备。各家聚住在一地，仿佛为一村落，余笑曰，此地可名为黄陂村。

7月10日 7时起即拟出发。段家又留饭，饭毕，送彼糖1包、银1两。渠又送盐蛋25个。于7时半向西南出发，走民地，8点30分直向南走，经戈壁滩，9点30分抵破城子住次。破城子在大河北岸，周围1900步。内有小城，周围600步。墙高三四尺不等。城内为水冲洗，地面散布小石块，住人遗迹已荡然无存。小城内有发掘痕迹，必为本地人掘金银者，谅亦无物。间有瓦片皆红色，与曲惠及阿拉癸旧城相似。本地人称为唐城。唐于此地设都督府，余疑大河南岸大城为都督府城，则此城或都督所辖之小城也。城北戈壁中有土墩4，下午令人掘之，发现有破残佛像，盖庙基也。据一蒙古人云，此处直西百余里，察罕乌苏旁有旧城一座，相传为太平年间所筑。内有房基七八，又有旧庙亦在察罕乌苏旁。因沟水甚大，驴子难以通过。据脚户云，由此可通库车，不过路难行，须过70大坂。余颇疑此路为古代焉耆通库车旧道。今以古迹证之，由紫泥泉子即古之铁门关，往北为明屋，绕霍拉山尾，即七个辛旧城，过岭，即哈拉木登旧城。三过河，经登登尔旧城，往西，循白水至库车。今哈拉木登蒙人到库尔勒亦走此道。故四十里之旧城疑即尉犁旧城。哈拉木登河南岸之旧城，疑即员渠旧城。因在大河南岸，故《晋书》称河南城，与河北旧城遥遥相望。唐攻员渠，其王逃龟兹，正走察罕乌苏道，其证一。又此地往东南均属草滩黑泥，即古之苇湖，不能走。据段君云，老人相传，今哈拉沙尔古为湖底。唐时军行道路，均由明屋、七个辛、哈拉木登向西行，与余所考者暗合，其证二也。又古时以开都河为黄河初源之一，开都河大源为珠勒都司，《山海经》称敦薨之山，敦薨之水出焉。其上多黄金。今闻珠勒都司山上有金矿，且有温泉，是珠勒都司确为敦薨之山，开都河确为敦薨之水。然《水经注》称黄河初源色白，汇众水乃黄。现察罕乌苏亦注大河，察罕白也，乌苏为水，是白水亦为开都河源之一，换言之，亦所谓黄河源之一。古时交通顺河流，故此地为古交通地，其证三。再由此通伊犁、库车，尚有一道，即进哈布齐垓山口至巴龙台往西偏南，通库车；往西偏北通伊犁；往北通迪化。似为四通八达之地。然由哈拉木登旧城至此须绕道向东北行，不如走察罕直接。且涉苇湖之尾，亦不易行。今由哈拉沙尔至巴龙台者，均取何腾苏木沿山坡行也。且巴龙台无古迹可证其为古交通之道。又此地西望，小丘横陈，南北皆大山，仿佛特开一面，以流水者。迤东皆平川，所谓天倾西北，地陷东南者指此欤。所谓黄河发源于昆仑山之东北隅，其横陈之山即昆仑山欤。而开都河适绕行其东北隅也。又《新疆图志·山脉二》载：开都山，开都河出焉。是开都山即敦薨山矣。如以开都河为河源，则敦薨山为昆仑山矣。又云，开都山有大石洞，相传准噶尔避兵于此。然则开都山亦当加以研究也。

7月11日　上午8时向北行。经行戈壁，约5里至土墩处，即余等昨日所掘者。有破佛身，是为庙基。9时向东北行，经行民地，麦苗飘飒，青草弥绿，桐杨参拱，即哈拉木登也。过小梁数道，10时抵鄂人村。复到段商总家小憩，询及乌兰托罗盖旧土墩。据云，传说有一神仙到此种麦，日收十万粮，聚集为墩，故墩形如麦。10点30分向北行，走草地，芨芨高丈余，人马穿丛中过。11点30分过河流，一河向东南流入大河，来自哈哈尔山，故此水亦名哈哈尔水。河身宽丈余，水深三尺，驴马渡此甚易。11点20分抵交伦土拉克，有蒙古包二。蒙人种地，能汉语。此地有土墩一。沿沙丘北行，沙梁旁有泉水一，极清冷，余在此饮一杯。两岸绿草茂密，形成小平川。西亦有一沙梁向西北去，与东沙梁不相接，而相续。仿佛为此泉水冲断者。渡此泉水北偏东行，旁行沙丘之北，1点20分转东北走，入草滩。有蒙古人一家在此种菜。1点40分入戈壁，向东北走，远望哈不齐垓山口，如在目前。而愈走愈远，上晒下蒸，颇觉难受，暑天不宜走戈壁也。3点25分抵山口住次。此处有小渠一，即引以种菜者。哈不齐垓沟水，一向东流，至何腾苏木；一东南流入大河也。此地蒙古人云，有黑土墩及石埂，然已泯迹不见，则此地亦古防御之地欤？

7月12日 上午9点10分出发，时天气突凉，风大极，同人穿棉衣。向北行进沟口，北偏西旁水西岸山坡走。虽间有石块，不觉难行。10时20分渡河，河宽丈余，水深三尺余，一人递拉驴子而过，亦不觉难也。沿河东岸直山坡走，至10点30分有小道一，入山口可直至何腾苏木。当水大时，驴户均由此道行，不过较由沟口外走远10余里耳。时天雨甚紧，于12点20分暂憩。下午2点40分复北行，沿山坡态。4点半有萨萨克水自东来汇入。50分过一木桥，向河岸走，山坡、石坎纵横颇难行。5点15分抵河岸，时山水暴发，不能过，乃缘山腰走。5点40分抵河岸。余见一维民过水，水没马脊，且流急。乃着余之夫役骑马探河，后知别有一道，由山上走。一来一往，下驼上驼颇费周章，于6时30分走山腰，7时抵河岸，8点抵巴龙台后沟。有支路西去大山，即至巴彦布拉克，向西四站至库车，向北8站至伊犁。哈不齐垓水亦自西来，故渡河，抵巴龙台水滨。水大极，宽丈余，深五尺，流湍急。因昨今大雨故也。乃住于树下，以俟明日。哈不齐垓有三水齐汇，一巴伦哈不齐垓，即巴龙台水，由巴伦山来，上源复有三水：东谢米尔水，西为察罕淖尔，即巴伦哈不齐垓正源；再西为博克逊沟儿，亦汇入此河，故水势甚大。汇诸水后，南注入乃任哈不齐垓。乃任西也，巴伦东也，《新疆图志》谓巴龙为西，乃任为东，适颠倒耳。查汗淖尔维名沙不斯太，出于萨萨克山，即为巴龙台水之上源。山脉亦相衔接，西哈不齐垓上源，为乌拉斯台水，距此百余里，故下流哈不齐垓水，亦称乌拉斯太河。河出沟口，半至何腾苏木，半至大河，《新疆图志》谓汇乌兰乌苏疑误。此水均汇入焉耆大河矣。此路虽经修治，颇便旅行，然发大水时，亦不易走。有石坎数处碍马蹄，然较阿拉癸沟则坦平矣。

往访巴龙台

7月13日 上午水大极,不能过。有二蒙民由此过,亦惮水势而返,但余等米面已罄,乃派人到此地买卖家购粮。此地有商家二,一为山西人,一为维民。又有牲税局一人。商人邀余等至其家中坐。据云,彼等去年均在巴龙台贸易,今春3月蒙人将彼等赶走。县府差役极凶狠,什物不准清理,亦不准逗留,否则以鞭挞之。商民不知其故,自问亦无犯法行为,何以驱遣如同盗贼,乃同禀于焉者官厅,道尹说是将军命令,没法挽回。后月余,又不驱遣,维民亦渐来,亦不禁止也。先是此地有买卖10余家,自经此遣散,或走大山,或到焉者,均已四散,唯彼等尚在此耳。余思商人之受此苦,乃因余等之故也,必恐余等至此勾结商人,有不法行为,故悉遣散;然当政局既变,杨将军亦知余等无何阴谋,故又招之来,噫,何其多心软。

午饭后拟骑马至巴龙台观查庙宇。时水势减杀,以二人邀驴过,一人拉余马过,水及马腹,皆平安渡过。3时由河东岸出发,向北沿山头转。30分至山阳面,往东行草滩,旁有沟水自狭尔大坂来,西流至巴龙台山口,与乌拉斯太水汇,西南注乃任哈不齐垓。乌拉斯太水自克邪大坂来；大坂东水流阿拉癸；大坂西水流乌拉斯太，蒙名查罕淖尔。至巴龙台沟口与巴龙台水汇，同注乃任哈不齐垓水。乃任哈不齐垓水则源于哈哈山之阴，亦即哈不齐垓山也。昨记源于乌拉斯太误。

余等自3点半循河旁草滩往东偏北走，至4点20分渡河，巴龙台庙宇在树林中已隐约可见。又20分抵巴龙台衙门。时巴龙台大喇嘛及有钱者，均入大山，留此地只有看门人而已。衙门即汗王所居。汗王暑天入山，八月出山，所有喇嘛及富有蒙人亦如是。衙门住有一念经美伦，后又来一喇嘛，强留余等饭，并住一宿。乃辞不获，在此吃面饭。三碗菜：一炒羊肉，一炒萝卜，一炒韭菜，颇可口。饭后游观各庙，均极壮丽。盖汗王管54苏木，每10苏木有1庙，在此尚有各苏木私庙，共计10余座。外有一大庙，为54苏木共同之庙，距此还有10余里。衙中有一美伦，导余等参观，先观汗王公馆，后进为佛堂，乃汗王念经处。左右为东西花厅，陈设均仿中式，器具亦来自口内。如钟、寒暑表及美术玻璃镜悉备。故入花厅，犹入中土旧式府第也。佛堂内所供佛亦不多，中供金身佛，旁堆经卷。壁上无彩画，殿门外卦虎皮一圈，则此中土所无。出前殿门上挂一匾，上题"吉祥如意"四字，为杨将军所题，以赠班第活佛者。并有跋语，其词已忘矣。门前有桥一，左右皆树林，大树挺拔，蔓草弥绿。东园果木甚多，杏子已熟，美伦曾摘给余等食之。出衙门至佛堂。此庙颇大，建筑仿中式，与口内大庙形式相同。中为佛堂，四壁悉绘佛像，后壁开门进后殿，佛像及经卷甚多。又参观庙宇数个，最东一庙，规模不大，而内部极富丽。先至大殿，与各庙均同。由大殿往后至东配殿，佛像均为帐幔所遮。佛像全披锦绣，其像几不可见。佛案上所陈设器具悉为银器。大门绘四立像，门簾内供小石狮二。房屋建筑亦为汉式。所观诸庙，以此庙最为富丽。闻为现米尔蒙古所修也。

出门复至佛堂，观喇嘛念经。既至，有三四十喇嘛在大殿台阶下院中念佛，面向外礼拜，悉披红袈裟。有一人执锡杖，绕行殿露顶上，有一人鸣锣作号。念毕，齐戴雄鸡冠式帽，肩手偏袒，三五人一聚，大声叫唤，声促而坚，如鬼叫。或立或坐，立者向坐者击掌道好，或坐者彼此相道，喧哗嬉笑，乃念毕后之余兴也。佛堂内念经，亦用锣鼓铜钹，凡诸仪式，与口内佛教均异。焉者本属土尔扈特蒙古，为额鲁特之一，本尚黄教，迁此后仍相沿不替也。道教人死作斋，有破血河池法事，多与此类。执锡杖，降鬼也，鸣锣，寻鬼也，叫唤，作鬼语也。均与清静法门相背也。

7月14日　上午七时复至各庙照相。余摄影4张，龚亦摄影数张。返府。府中美伦强留余等饭。饭毕，即拟回帐棚。而汗木多仍未来，颇为焦灼，乃骑驴而归。抵沟畔时汗木多已过来，早晨水大不能渡也。检视什物，忘一水瓶，下午又派沙起漠送白糖纸烟，往觅水壶，已不见矣。

于下午3时出发回走，9时住于沟中，去木桥约六七里也。在木桥处水甚深，两旁皆石，至为险峻。汗王修二木桥，人马皆从此渡。如过二木桥，所走者皆平地，惟须过一次水。今只过东桥，依南山坡走，稍行石坎，少过一次水，即余等所行也。木桥下有一沟水，名亦齐格克里克图水，出于萨萨克山，故亦名萨萨克水。沟中亦可行走，初入颇窄，渐走渐宽，内中榆树成林。木桥下10余里，有一干河沟，水大时驴马均从此走，较走沟中远10余里，然无水，道平易走。路旁有树数株，有泉水一，脚户均于此住憩焉。

7月15日　上午7时40分由沟中出发，9时20分进干沟向东走。随势曲行，渐走渐高，10点50分，过大坂；转向南走。有泉水在其东北。此一带山名霍拉山，有泉水之义也。沟名塞拉土诺。此后山势渐阔，沟甚宽，沟西山势险峻，沟南山势平缓。11时10分向东南走，经过红土层岩。12时30分出口入戈壁，1时20分抵察汗通格之破城。此地为一土城，北37步，西35步，门向南，北有红土墩二。相传有一王爷住此，麦积如山，有一神仙化为小孩，过此借麦，王爷不准，当晚麦悉变成土块。此为蒙人告余者。抵此后见有红瓦片甚多，墩为土砖砌成，必为烽墩，即本地人所称炮台也。命汗木多掘之，墩顶露房屋一，顺城根掘深六尺，均为土块，墩下有一洞，为人所掘者，伏钻入，皆为苇草，似为房屋痕迹，然无他物可验也。小城中亦被水冲洗。此处为焉耆至天山之口，形势险要，或昔时住兵于此，此其营垒也。3时30分，复向东南出发，即至察罕通格。有破旧房基一间，有维民一家，在此种菜。4时过哈不齐垓水。先是哈不齐垓水自出沟后，分为二支，一水南流经乌拉斯太注入大河，为乌拉斯太水。一水东流，灌何腾苏木民地，至六十户入海。余等前由清水河往西约20里，有水积为小海子，修土桥二以渡行人，即此水也。不过现水小，只够灌地之用耳。4时10分发自水西畔沿沟行。40分水向东流，余等东南行入戈壁。6时10分抵何腾苏木。此地有店一，有街户约20余家，附近庄户数百家。汗王府在此北，有小城围之。据云，建筑甚固，余未去也。有庙二，为喇嘛念经之所。

当余抵何腾苏木，有本地乡约至，稽查行人。复有汉人、回回继至，告余省上有变，杨将军已遇刺身亡。余大惊，询此言是否属实。渠云，此衙门消息，如不属实乡约不至如此吃紧。并云，均说是樊厅长所为。然以后情形，知之未详也。

7月16日 上午7时30分出发，向南偏东20°行。经民地，11时抵哈不齐垓水。水自西向东南入海，时水涨甚大抵水滨不能过，乃用马驮箱物来复递渡。渡毕驱空驴过水，漫驴背，曳之方行也。11时50分，复自水南向东南出发，12时20分过草地，中间有一沙窝。1点40分至大道，旁沙窝西去，即至哈拉木登之路也。2点又过小渠二，已抵哈拉沙尔民地。村户络绎。2点40分过北大渠，水势甚大，有双桥以渡行人。3时半至后街店中，即丁仲良所住之店也。时丁仲良等已归1日矣。

7月17日 上午余同丁仲良合拟一函，致徐先生报告经过。且建议向北京索款。今午本拟请丁仲良午饭，饭后即回四十里城子。道署又约午餐，乃派汗木多等先回，余留此一日。下午3时赴道署宴。除丁、龚外，有一常君，自省城来，便谈及省城为将军开追悼会事。直至傍晚方归。

7月18日 早余购腌肉盐菜诸物，花银数十两。下午1时发自哈拉沙尔，午后3时，方抵四十里城子。时余马因钉掌受伤不能骑，转骑驴。木箱已买就。尚欠铁叶，派汗木多至城中购铁叶，复将铁匠请来也。

7月19日　午，汗木多回，铁匠亦至。午后仍装箱，又装6箱，铁叶尚不足，明日再购。

7月20日　上午余尚未起，乡约即派一兽医来，为伤马扎针毕。下午余等复登记装箱，忙了一日，至晚方罢。

今晨余派一维民到城里购铁叶，接丁仲良函，并北京寄来书一包。丁函云，有照相胶片2盒亦寄来，款汇来200元。不见北京邮包数月矣，今复睹此，盖时局有易也。

7月21日　早起又编号装箱，直至晚方毕。共计22箱；10箱泥塑佛像，1箱石刻模型，1箱木雕器，外有铜器残片另置。

余等于4月20日由省中出发至今7月21日，历3月。连吐鲁番4箱，共采集26箱，仅用款2000两。适为预料所不及，颇为欣慰。

7月22日　上午7时，以二牛车拖运采集品至城内。余及龚先行。余11时抵城中，与丁仲良相晤。收到北京刘半农1函并胶片2盒。函云所购物均寄来，相匣亦寄来。不知如何至今未收到。关于团中事凡三件：一为德华银行存款，赫定讫无电至德华通知继续照发；二为外人惯用手段须严密预防；三为余等留新究何时返京。又称国军山西军于6月8号上午11时进京。张、吴遁至奉天，被炸身死，亦说未死。又徐说要回去筹款，余等以此时情形变迁亟剧，宜有人在此主持，请其勿归。又云寄来汇票1000两，当以400交邮局，600交汪道台。请汪先垫600两交我，俟邮局寄到直接交汪。下午3时方将款项拨兑清楚。

下午车到，道署房屋甚小。不足容纳，乃觅城西门外财神庙内陈储。庙内看守人为甘人,名吴得胜。内设有女子初等小学校,汪道台女公子为校长,时时照料,或不至有他故也。晚归即写回信与徐先生并刘半农。致徐函报陈物及收款经过,并将刘半农函转去,请其答复半农。并说明徐先生不宜回京之意。至次晨3时方写就。

7月23日 上午至道署辞行,约汪道台之子,人称汪四爷者下午4时至四十里城子相见。龚先回,布置一切。复转至魏县长处,又谈多时,彼请余明日早饭,予以下午即返四十里城子辞。又至邮局,谈片时归。略息,至汪家午餐。归。出发返回四十里城子。抵河边,须臾汪亦至,同詹探视建河桥处,因欲在此修桥通行汽车,选择最适宜地点也。过河,适有艾少爷大车,乃乘之行。至晚9时半,方抵店中。饭后又谈至12时方寝。

7月24日 汪走,起送行。复寝。正午12时由四十里城子出发,向西偏南20°行,2时抵土墩,3时紫泥泉子。自四十里城子至此,皆碱滩,多小沙窝。紫泥泉子有店二,居民三四家。自此后入沙碛,细石夹沙,路亦平。地势渐行渐高,间有小沙梁。土阜重叠,盖此处即霍拉山脉分支。一道横沙梁自明屋蜿蜒,由北而南与南山相接。此为沙山之余气也。5点至一峡口,两旁土阜耸立。并有许多小土山,重复相叠。其即所谓铁门关欤。过此复西行,地势渐低,下路平坦,为细沙子。远见有水自东来,两旁绿草青青,为博斯腾淖尔溢出之水至库尔勒者。旁水流西行,6点半进沟口,旁炭灰土阜间走,10点抵店中。店为甘肃老回回所开,彼在库尔勒种地。此地有居民四五家,官店一，民店一，即此店也。污甚，乃扎帐棚于院中。

7月25日　上午派维民去巡视炭窑，归无所得。余复去审视，炭灰堆处有许多瓦瓶，内空外圆，类铁匠熔铁炉罐。据一维民云，此处在太平年间，为一铁厂。按此地出炭，又在水边，则为设立铁厂好地。此处石块多空眼，色黑如胶，甚脆，余疑为硫磺松香所结成。深黑者光可以镜，石色多涂炭汁，是经火熔者。在此地掘视甚久，皆为此二物，无其他。乃转至煤洞处，有铁匠在此掘煤，洞深数十丈，掘煤处有井，井有水，煤即在此淘出。一人掘一人往外背负，洞口宽约三尺。负煤者俯伏而出，每口袋售银5钱，一天可掘20口袋，约值10两，每人各5两，然亦太苦矣。

下午4时50分出发，向西偏南20°行。沿沟水走，两旁崖石壁立，沟旁路甚宽，皆沙，亦甚平。以比阿拉癸沟、哈不齐沟则平坦多矣。6点15分至铁关口，有一牌坊上书"古铁门关"。旁有房一，为税局分卡。过此沟水绕山南。余等循大道，缘岭西南走。6点30分下岭入戈壁，南望沟畔，庄田，及库尔勒村落，历历在目。7时抵库尔勒村庄边，树林水草在一片碧绿中显现，真为佳境。行未几，遇那林（Norin）手下人，知那林由山中来。8时抵巴札店中。店为天津人开，颇轩敞。到后略息，而汪四爷来，县长亦派人来看夜，营长亦派人来守护，真可不必也。

7月26日　上午往访汪四爷，转道访艾统领，回来后又往访艾营长，转至县署。艾为库车王爷，大王爷已死，应归艾统领袭爵，而将军尚未报部，彼请余到京为之说话。然新疆蒙回王公去留问题，确为重要。汪四爷说，因宗教关系，不如虚与其名，而夺其实权。不过国民政府之下，此等王公制度能否容纳为一问题也。下午1时至汪四爷处，一同至阿老总园中赴宴。在坐尚有县长、阿老总、陈局长等等。菜素甚丰，一切仪式同汉人，惟不置酒耳。傍晚归。

7月27日 今日那林赴省，在此雇大车2辆至哈拉沙尔，换驴至迪化。早起往送行。汪四爷并有一介绍函与那林。谈甚久，且借余地图一张，至11时渠去，方归。略息，即至陈局长处赴宴。在坐除汪及余外，尚有王、魏、何等。陈局长与汪家新联亲，即汪四爷之侄女婿也。

7月28日 是日县长介绍一通事名阿子来，议定月薪25元，先支20两。上午同汪四爷到龙口一游。龙口在回城东北，即开都河出山之口也。距回城约10余里，骑行50分钟方至。水出山过石峡，中分，一水南去尉犁，会库车之水，东南流入罗布淖尔；一水灌库尔勒地。此处山势陂陀，有平顶山，南望库尔勒，树木、禾稼、庄舍，历历可数，如在目前。据云，此山出金矿。前数年和阗人，尚在此掘金。余巡视一周，石英遍地皆是，全是麻片岩，在此岩层下，或许有金矿也。返至阿克打石树荫下稍息，有庄户送水及面包来。后转至水磨处，有水磨约60余座。余在树下坐片刻即归。下午1时赴阿老总约，在坐如前，傍晚方归。据通事云，此地有三旧城，余当次第访之。

7月29日 上午与汪四爷同去玉子干旧城。玉子干在回城南约3里，城墙已颓，中有土墩一。墩内掘土成一窑洞。余等在此休息，颇凉爽。本地人又送水、茶、毡毯来。并云此地出有铁条，类门上物，已失。现尚存有一石碾。余等复至庄上看石碾，形长，长三英尺八寸，围三尺二寸，两端有孔，与现在碾相同。又着汗木多查视地面，捡瓦片数块，均与唐代瓦器相类。此城亦唐代物也。城旁有干河，污泥极深，故河道也。复至羊达克狭尔旧城，在回城东北约6里。城中已成湖底，污泥极深，城墙已颓，周围约550步。审视瓦片不古，未知为何代之物。看罢即归，已12时矣。及憩，而汪四爷同县署人来催请，复同车往阿老总园内赴宴，傍晚归。

7月30日 上午带三人考查狭尔乱旦旧城。7点55出发，出南门，往南转偏东行，8点20分抵玉子干旧城。往南大草滩未辟。8点40分过大渠，南偏东20°行，9时抵狭尔乱旦旧城。城周1800步，中有土墩，四周为积水，荒草蔓衍，绝无遗物可验。城垣上有许多维坟。墩为土砖所砌，瓦片是青色。审视良久乃归。

7月31日 上午拟出发，汪四爷留之勤，乃决计下午走。上午方将驴及轿车雇妥。12时赴汪宴，席设商总花园。2时去，时统领已到，客多齐。园中果木悉备，葡萄成荫。中有亭楼，宴饮于上，民族乐作于下，颇觉热闹。下午3时，云起雨下，雷声轰轰，复移至篷下。

是日全为回餐。先之以羊肉及面包，迟许久乃吃抓饭。饭毕各归，已5时。

汪名祥炳，号季华，汪道台（步端）之第4子。在塔城经商，雄于财，人亦厚道，待余等极殷勤。

8月1日 晨6时40分出发，向西北行。7时10分出库尔勒村庄，入戈壁，向西偏北 10°行。沿库尔勒山坡，一直西行，此为通库车大道，亦即汉代之北道，所谓"随北山波河"者是也。9 时 50 分抵上户地，居民五六家，店二，过此，道旁居民络绎。10 时 30 分道口旁有沙窝如小丘。登山南眺，青草弥漫，极目无际。抵大河边，见树林密织，村庄络绎；在河北岸者为沙亦列克翁拉其，在河南岸者为托务其，距此约 20 里。托务城有旧城一，余未及往踏查，以意断之必为古之尉犁，距库尔勒有 60 里也。大道畔有大渠一，自龙口至大墩子引水灌地，此渠为前张县佐所开，现已成良田矣。然此渠略向西北，地势渐高，水势不大，具有竭乏之虞，此一失耳。大河两岸土地肥沃，若悉开垦成地，可容民万户，而当地人尚无力顾及也。11 时 50 分抵大墩子，有小街市，约 20 余家，店二，官店一。下午 3 时，巡视大墩，墩周 47 步，高约六丈。据云，从前高极，现因掘土种地，遂小耳。墩旁有土堆一圈，掘土痕迹甚多，疑此地为古营垒，土墩即瞭望台也。余等在此掘出瓦片，色红，无花纹，亦唐以后之物。下层潮湿甚大，必无其他物，晚归。

8 月 2 日　晨天阴欲雨。6 时 50 分发自大墩子，向西偏南 20°行，皆戈壁，途中细雨绵绵。10 时 10 分，道旁北有一砖砌破房，南有一石土堆。余日来患痢疾，未能下车踏查以验之。12 时 20 分入沙窝，间有胡桐树。12 时 50 分至羊达胡都克腰站子，有店一家，未住。时雨已霁，复前行。1 点 40 分过小沟二，因天雨山水下冲，漫流于戈壁中，若顺导之，可成河流。过此皆石碛。2 时 30 分行黑泥滩，有草。3 时 10 分抵库尔楚，维名查尔赤，旧有查尔赤河，现已无。道光中杨侯经营此地，复开故道。同治中安集延之乱又湮没。光绪六年左相平定南疆，檄陕甘补用提督督带精骑后营王玉林屯兵此地，会同焉耆知府黄芸轩重修库尔楚河道。于西北山根河源处掘渠40余里，灌库尔楚地。由是居民渐集，田畴渐开，约有居民四五十户，田百余顷。库尔楚有街衢。当山口有麻札一。据云，若水小则群至麻札处念经，而水即至。盖迷信使然也。《新疆图志》称库尔楚古坟甚多，经者多病。余审视此地，非特清代屯牧于此，即汉唐亦在此屯垦。此市附近有土墩一，在红土泥滩中，多发掘痕迹，本地人在此掘土作肥料也。中有人骨及古瓦片极多，可见为古坟地。在此墩西北皆红土泥滩，洼隆不一，红青瓦片，散布地表，青瓦片上有刻花纹，类汉瓦。岂汉代亦在此住兵欤。此红泥滩广约6里，余之夫役在此拾铁块甚多，是必古时营垒。近就湮没耳。西去野云沟70里。据说在沟北胡桐窝中有旧城，也许为乌垒故城，则此处为古时屯兵之处更可信也。又库尔楚西南约1里有大墩。夫役在此拾瓦片，又拾矿石2块，上有金质，疑为山上冲下者。前据库尔勒人云，龙口之金矿源于云沟。一外人云，野云沟有金矿。则此矿石即野云沟之遗欤。

探寻乌垒城

8月3日 上午未走。余带三人去绕圈巡视左右各地。余曾息于树下,观本地人掷毕喜为乐。盖用毕喜4枚(即羊骨也)掷下,如四毕喜均立则赢,如皆伏亦赢,否则输。人不论多寡,掷钱于地,赢则悉取之,类内地之掷色子也。

下午3时出发,向西偏北10°行入戈壁。时10分经行胡桐窝,沙碛浮集。4时30分入碱滩,沙窝中苇草丛生,杂以红柳,洵沙窝中之特产也。5时30分又经胡桐窝。6时40分过一干河川,循干河川行。7点干河川往北,余等即至腰站子,有破店三家,无居人,亦无水,谓之小野云沟。

据云,小野云沟往北约30里地有大墩,本地人尝于此掘瓦罐,盖古坟地也。小野云沟南3日程地名霞尔克达格,沙窝中有古城7,均为沙窝所掩,不易觅也。有洋沙尔人,尝于此掘宝,亦得珊瑚之类。并云,有一门,推门取物,出皆成灰,天忽昏暗,不能见路,置之复现光明。在此一带皆碱滩,苇草不生,且无水,热极。本地人则于冬天载雪往寻,即由小野云沟之干河去。干河可通霞尔克达格,但未至河迹即散没于沙。若洋沙尔去则较捷，且易行也，只要一天半即至。

余以其位置论之，必为乌垒故城无疑。一、据说此处干河川甚多，必为古东川水故道，现渭干河已偏移矣。《水经注》东川水东南为乌垒国治可证也。二、乌垒西去龟兹三百五十里，东去尉犁三百里，以地望准之，适当策特雅尔地。按策特雅尔无旧城，且偏北，古时旧道依山波河，沿塔里木河而西也，开都河、渭干河均注斯水，故古道必在河畔。今河畔沙窝累累，致使古道湮没。然现今之大墩子，从库尔楚、野云沟一直至轮台，犹时有所见，即古时烽墩。盖其时此路犹为匈奴、乌孙领地，未归都护管辖，时此处各山沟皆可达匈奴地，故设戍以防守耳。后郑吉兼护北道，此地亦中枢，是乌垒旧城必在此一带也。此城英人不知，日人知之而未去。余明日当往寻之。

8时天已黑，远眺道旁皆戈壁，余静卧车中，惟闻轮碾石砾，车摇轮转之声也。10时抵野云沟，即寝。

8月4日　上午派汗木多等巡检此地，去未久，悉拾瓦片来。花纹与库尔楚同，均为剔花，皆汉物也。又有铁块甚多，疑为饭锅之残遗。则此地为古屯兵之地也。后余去，先查视土墩，墩在庄南约半里。墩为浮沙所集，芦草茂密，高可隐人。有渠穿墩过，曾在此拾红瓦片数枚。稍息，复至庄东北里许，有大红泥滩一块，直900步，中宽约400余步，两端尖锐，中有小土台，周200步，疑为官长所居之房基。其中铁块甚多，瓦砾遍地。红泥滩上亦散布不少瓦砾。余命汗木多在小城中试掘，有碎木块，多被焚毁。可证古时此城系遭火劫。岂为乌垒国旧治被贰师将军所屠欤？方审视间，而云合雨下如注，蒙雨而归，衣衿皆湿。4时雨霁。本拟出发至策特尔，而云气犹沉密，驴鞍多湿。本地乡约自轮台来，称路上山水颇大，不好走，乃决定明日出发。因询及此一带古迹，据说，策特尔有旧城一，窑洞一，或亦乌垒国之遗址欤。

  8月5日　上午9时40分发自野云沟。西行，经村西河川皆田地。10时40分经胡桐树窝，沙碛弥漫。12时渐转向西南行，多碱滩红柳。过小干沟二。12时40分抵策特雅尔地，过一河川，有庄户一家。自此树林如织，中显通衢。50分抵策特尔街市，又连过河川三，1时10分，住于村西一店中。此店为策特尔头目住房，颇高敞。院中有树数株，房后有树林。房主不在家，家人让上房房间与余等住。开窗远眺，亦为幽境。

  闻野云沟乡约言，可洛卧儿旁墩有旧城，城基为烧砖所砌。余先命通事与福狗子往探，来云，中无一物。后余复去审视良久，并无旧城。乃二黑沙堆，堆上及旁边，虽有掘痕，然亦不见遗迹。此堆即在黑太亦铿之旁。黑太汉人也，亦铿为渠，约在庄西南6里地。四周皆红柳苇草，地悉碱卤，疑经过大山水冲积而成也。沙地虽可种麦，而水不至，故亦荒蔓耳。此处有渠三，西曰黑太亦铿，中曰特斯干亦铿，东曰沙亦拉克亦铿。三渠均由策特尔山口来。又有一渠曰满拉亦铿，水流市中。北30里有可可塔克山，山西口之水流洋沙尔，东口之水流策特尔。初出口为一水，及至村旁，始分为三渠，灌策特尔地，下行约8里即没入戈壁中。盖往南地皆浮沙，不能蓄水故也。

  此地居民约五六百户，上粮六百石，实千石地也。地多碱卤，然亦能种麦、高粱。因水小，故多旷地耳。余尝询之本地乡约，据云，天雨沟中有水即可灌地。倘不雨，水即竭。又问有无山中积雪水。据云三四月间，水来，三五日即竭。余审视此地，浮沙深尺余，不能蓄水，亦势所必然。但苟知蓄水之法，亦未始不可多灌田地。今观雨后，则山上之水浸漫戈壁中，故戈壁中干沟分歧，山侧戈壁甚高，下滩甚低，又无一定河川，故水横流，到处皆是。水极溷浊，中含沙泥极浓，故水冲过之处即积为沙滩，而水道亦多更改。水既非长流，时有时止，故不能应期灌地，是此地之大患也。余以为此地不乏地低处，当水大时，可掘大塘以蓄之，彼此连贯，无水时开以灌地，有水则仍储之。此地灌水每季不过3次，而本地雨水亦极充分，余来五日即遇雨3次，雨量亦大，用塘蓄水以补雨量之不均，又多栽树木尚可致雨，若是则荒凉可悉化为垦地，未始非开发新疆之一法也。且此地旧曾屯垦，古人不无善法；又此地有旧河流，若掘其故道，亦致水之一法也。

8月6日　上午本地乡约巴务登来谈片时，于10时40分出发。过村西西河川，经行碱滩、红柳、芦草丛生。据乡约云，倘有水，此地亦可开为熟地。2时至洋沙尔村边，桐树成林，地亦渐辟。有土墩在道左，下车观之，仅存土阜，中有掘痕，间有红瓦砾，知为唐墩。3时抵市西头，过大河即至街。20分住于店。

当出发行10余里后，天即阴沉欲雨，抵店后大雨如注。驴驮后至者，均遇雨。店为新房，尚未开门，余等为首批客人也。洋沙尔居民颇多，约千余户。水亦自可可塔克山来，有卡尔雅河，水势颇大。街市东头立有牌坊，上题"洋霞镇"，反面题

"玉古通衢"。盖此地通轮台要道也。洋沙尔地大，与托克逊相埒，本可另开一县，自库尔楚以西均属之，又割轮台以东至苇湖为界，湖滩中有河流，河东属洋沙尔，河西属轮台。在此一带植树开渠，不数年亦可化为繁盛之区也。在汉唐时，此地北为乌垒，南为渠犁，故不特为政治中心，且为屯垦之要区。今地虽荒漠，而遗辙犹存，可覆按也。又据一维民云，自洋霞往南约50里至一麻札，再由麻札向东80里沙窝中古迹甚多。又说有一旧城，为红土所筑，房屋木门限尚存，此人已106岁，不能任引导之责。此地全为沙窝无水，天气又热，不堪工作，故亦作罢。然亦知此城必为渠犁或乌垒故址也。又闻市西北约20里卡尔雅河畔有旧城，城中有碑，半为汉字，半为蒙文。余喜极，乃悬赏寻觅，找得石碑者奖银5两，当晚果有人知之，愿作引导，余明日即往考查也。

8月7日 上午9时40分，带引导者及工役4人，向东北出发，10时30分，抵五胡拉特。有麻札一，以土垣围之。中有二土墩，出人骨颇多。余视间有红瓦片，亦古坟地也。麻札四围均有木栏干，上插羊角、白布、羊毛甚多。疑以作祭礼者，与蒙人鄂博上悬哈达其一用意。余在此摄影一张，此地即旁卡尔雅河，有水东南去。余等乃转向西，循卡尔雅干河川直西北行。盖卡尔雅河现向东转约半里，河流旧道，顽石填之，只显其为旧时河床，无滴水以流也。西北约五六里许，间有红水细流，再西北行，水势愈大。1时20分抵破城处，并无城，只有破房数间，在河畔崖岸下亦有。旁有红泥滩，已为黑石子所掩。昔德人尝在此发掘3日，料其亦无所获。余在此稍憩，引导人同福狗子往寻石碑，已不复见。后余亲往寻之，觅遍山岩上下，亦不见。乃转南至红泥滩处，有土埂一圈，无瓦片可验。转东南遇一老维民，据说石碑不在破房处，在距此不远之地也。乃引余等去，顺河崖西岸行，皆红泥滩，间有古渠道及破房、旧田埂，疑此地为古田官所治之地矣。骑行 15 分钟即至石碑处，亦在红泥滩中，此滩与破房相接，距离里余，是古时必为一地无疑。碑圆形如石鼓，半入土中，半露外面，惜为本地石匠铲除成平面，字已不全。刻字均在鼓上，系钻字，极浅。文体屈折，非蒙，非藏，审其笔势，又似中土古籀文，余不能断，乃定为不明文字。

余拓出三纸，留待研究。时已 6 时，光线不够，不便照相，乃归。7 点 20 分回至市店中，如约赏银。审视拓片亦足自娱耳。

轮台一带

8月8日 上午7时50分向西出发，8时10分转西南行，经一草滩，沿途树木夹道，村庄络绎。9时出洋霞庄地，入戈壁滩。地斥卤，多红柳芦草，然新雨之后，道水成渠。10时道中泥泞深及尺。10时30分，过二小干渠，自此地势渐底下。10时50分过一大河床，中有细流水，色极红，两旁沙泥滩，表暴硝卤，白如秋霜，时无风沙，弱日照之，如行水晶天宫，四望无际，惟见芦草数栋，飘摇白硝滩上，点级成趣。11点30分，又遇一大河流，水红同于前河。河左岸沙窝隆起，棋布若营垒城郭，乃策马观之，皆沙窝也。寻河归大道，复西南行。12时30分出泥滩，地又渐高，硝土僵泥，履之有声。有维民男女数人在此掘盐，盐质色白而细，厚约三寸。此一带人均食此盐也。1点又抵一草滩，芦苇颇茂，时马行甚急，1时30分抵轮台村边，庄户络绎。40抵河寿桥，木结构，上立木牌坊，一边题"河寿桥"，一边题"汉苇桥"。西头木坊，一面题"古沙海遗址"。另一面字忘。坡上有碑二，上刻修桥原委；乃因《后汉书》称焉者有苇桥之险，班勇与焉者王广拒战于此，即以轮台东北草湖上之桥为古苇桥旧址。昔为苇草及泥所筑，后焉耆王县长至，改修木桥，时民国六年事也。复西南行抵东关，亦有同样牌坊，上书"南疆要区""西汉旧屯"，即轮台之东关也。2时住店，店为某商总所开，尚清洁，余到后1点多钟驴驮方至。下午4时，往访县长。县长名王学通，字伯平，伊宁人，前在省相识于阎厅长处。谈多时归。县长复来回拜，谈至夜深方去。

8月9日　是日休息，未出门。上午南乡乡约来，称县长嘱来引至有旧城处。据说，县南40里，在那巴庄南有一旧城，再南20里，有一大城，愿为引导。

因向之调查风俗，据云，本地庄户家约600余户，悉土著种地者；城市中多外来人，以哈什、和阗、天津人为最多，均以贸易为业。本地住户，男为耕种，女勤纺织，织用木机。冬天颇冷，雪深尺许，每当十一、十二月下雪，次年正月即消。此地土质硝卤居多，故雨随下随消。雨水亦甚充分，普通一月有二三次之多，最多者如五六月每隔三四日即下雨一次。然种地专靠雨水不行，因地硝卤，必须大雨之后，山水下冲，或雪水中加泥沙灌溉乃可。自库尔楚至此，无泉水，山水皆雨水或雪水也。无雨，河水亦竭。因此下雨时，遍地是水，漫流戈壁，无雨浊洿干涸如燋，非良地也。出产以麦、高粱为大宗，亦有棉花，不如库尔勒之佳耳。高粱五月种，九月收；麦子二月种，七月收。又有谓冬麦者，八月种，次年七月收。良地一斗种可收二斗麦，卤地连种子尚不足。菜蔬瓜果均产，而乡下只种萝卜也。树木以柏杨树、柳树、桑树为最多，沙漠地则有胡桐、红柳，榆树亦有，较少耳。家畜有马、牛、羊、鸡、鸭、驴、狗、猫，南路以狗为最甚。此处有河，来自西北山中，下流为二支；一支西出南流，名第那尔河，在轮台之西；一支东出南流，名克子尔河，在轮台东，绕东南门而过。二河流东南流，至可可确尔海子即四散于草湖中，距此地约七八十里也。所谓旧城，即依克子尔河流域建筑。按此河疑即古之东川水支脉也。当可可确尔草湖旁有干河一道，至库车东流至尉犁，即古东川水之旧道也。此地除大道通库车、喀什外，又有支道甚多；南至罗布淖尔，夏天水大，惟冬可去；东至尉犁，西至沙雅尔，皆可由草湖行之。北有山道，由山中亦可通库车。此地每七天有一"巴札"，明日即"巴札"之期，四乡之人均到城上贸易。此日为主玛日，即维民礼拜之期，如学校之星期日也。城乡之人，群至礼拜寺作"乃玛子"。此外若洋沙尔、穷巴格亦有"巴札"，不过旋聚旋散耳。至若其余一切习惯风俗、语言文字均与普通维民同。

　　午后，大雨不止。乃思将风俗调查表重条列之，以为调查纲要。又写信数封，一致库尔勒县长及统领，一致徐先生报告经过情形，一致汪四爷道谢，至晚方书就，乃寝。

　　8月10日　上午将各函发出。又调查维民风俗，关于习惯方面，据说维俗子女呼父为"大当子"，呼母为"阿郎子"，兄为"阿康子"，弟为"富康子"，嫂为"阿匡子"，叔为"慎乃"，祖父为"穷打卯"，祖母为"穷勒"，伯父呼同父，侄呼为"内弗乃"，妇人为"羊冈子"，父母呼子为"八郎子"，女为"克兹儿"（即丫头）。子女对尊长礼节与对普通尊长同。拍手礼，即双手扪胸前弯腰，口呼：使那木礼，即你好之义。

父母死，洗净赤身，以布口袋笼之，首尾缺口，系以绳，置于木架内。木架形与轿车相同，脚稍短，以四人抬之。死之次日，即抬至阿訇处，阿訇念经毕，即抬野外埋之。掘土为洞，置尸身于内，以土砖封其口，上作"拱拜"，识其处，免遗忘也。拱拜有长方形者，有圆形者，外置木板，上书死人名姓，葬后每于主玛日，其子女及亲戚均至坟前作"乃玛子"，即汉人之祭礼，所谓拜跪也。当死之时，本村人及亲戚朋友均至其家，行拍手礼，以表哀悼之意。行毕，均坐于毡上。至7日，主人乃宰羊宴请本村庄人。富者于死者葬后，请毛拉在坟旁诵经若干日而罢，此丧礼也。

婚礼极简单，当女至十二三岁时，男至十五六岁时，即结婚。男家为女家作一身新衣、一头羊。及期，女家送至男家，有阿訇为之证婚。阿訇先问八郎子说，你愿娶她吗？答：愿娶她。又问女方，你愿嫁他吗？答：愿嫁他。乃以面包一个，分为两半，沾盐少许，各食一块即散。娶妾之风亦甚，女子无生育即重娶，仪与前同。奴婢以钱买亦可，约在百两左右。贫家致有赠送女子作奴，不取分文者。夫妇不和亦可离异，惟在6个月内所生之子，应归原夫。

维民盛行男女社交，每于果园宴饮时，维民乐工打鼓唱歌，许多女子即来跳舞，所谓偎郎是也。有时男女同舞以宴嘉宾，此在内地无之，有类西俗。然富贵家女子，出入以白巾遮面，不欲人见之。余在库尔勒，汪四爷宴艾统领，其羊冈子回避诸客，即此也。穷户女子则不然，其社交不太拘束。

今日为轮台巴札之期。轮台七天一巴札，每当星期五为巴札期，亦即维民主玛日也。所以四乡来人，群聚礼拜寺中念经作乃玛子。维民作乃玛子，每日五次，五拜跪。早起一次，谓之保母打提；午后一次，谓之皮些母；黄昏一次，谓之第格儿；及夜一次，谓之卯麻些母；夜中二更时一次，谓之和探母。男至礼拜寺作乃玛子，女在家中。家离礼拜寺远者，男亦在家中作。回回亦作乃玛子，然俗与维民不同。回回作毕，必以左手竖起一指于额，以表示天只有一个，维民无此。其所谓之天经，文字声音亦异，不过同为天经耳。其他如丧婚诸仪式皆同于汉人，中略有小异。即男女结婚之期，父母化装为恶神像迎接，汉族无是习也。

余调查风俗后，即带通事去游逛巴札。有粮食市，乡民带来高粱、米、面来卖。卖了买布匹而归。红绿男女或骑驴，或骑牛，满于街市，皆乡村妇人也。观毕又至河寿桥一观。桥在市东北，约5里许，建于克子尔河上。原有旧苇桥，民国十三年轮台县长王汝翼重建木桥，桥两端竖有牌坊，外面均题"河寿桥"三字，两内面东为"汉苇桥遗迹"，柱上朱墨书联云："苇动风和，桥横永日"，西为"古沙海名津"，朱墨书联云："海晏河清，沙明水净"。桥梁上并有火签刊字云："桥当轮城冲要"。旧梁刊有"光绪癸未，安远左营"等字。距今已40余年矣。兹重加修理，识其略于此以备考。旁竖木牌一方，为民国十四年轮台知事安大荣立。申述筑木桥之原委，其文不足取，兹从略。归，县长请客，在座皆其幕友。据说现政府已定都南京，改直隶为河北，改北京为北平，是化北京为文化区域矣。

余得此消息甚喜。然北京恐终非南政府所有矣。

8月11日 上午收拾什物预备出发，适县里湖南同乡来写功德。因有湖南益阳人名龚以文者死于轮台，欲搬柩回籍，无款，在此地湖南同乡乃为之募款，余捐银10两，龚捐银4两即去。余于上午11时30分出发，向东南行，11时50分至那巴庄，略憩，并购甜瓜一个，复东南行。12时出那巴庄入戈壁。路东有渠一道。旁有红泥滩，及土坡，似为古人居住之迹，乃骑马往探，亦不见遗物。红泥滩中埂界犹存，其为垦地无疑，究为何时代，不敢定也。沿红泥滩东南行，1时10分又转南走，1点50分抵一土墩，周围56步，高约七八尺，掘处颇多，四周亦散布许多红瓦片并人残骨。2点转东行，2点30分抵旧城边。城为六边稍圆，城墙高者有丈余，低亦数尺，土砖所砌。周1560步，城中完全成碱地，中约有小土堆，而房基遗迹已荡然无一存，惟瓦砾及碎铜片颇多。夫役拾之，审其状为唐以后之物，若网、若线鞋、若帽缨，皆为蒙古人装饰品，岂蒙古人居此耶。此一带为汉屯旧区。傍晚一驴忽被刺鲜血流如注，何因致此，未得其究。当以棉花烧炭敷之，血即止，然驴亦垂毙矣。

8月12日 早起派通事邀病驴回去，随带水来。又龚狮醒牙痛要回，亦派引导者送之归。余乃同汗木多等发掘此城。试掘下六英尺，上二英尺为浮沙，中有黑炭土一线，下四英尺皆为黑泥沙土，多唐代瓦片，亦无花纹。其碎铜片，及印花瓦砾，均在浮面，下四尺深即无。由此知此城原为唐代建筑，宋元以后，代有居人。考《唐书·地理志》有轮台州，置轮台都督府，即是城也，决非汉代仑头之旧。下午1时通事至，乃预备出发。

于1时30分由破城出发向东南行,皆红泥滩间有红柳。2时转南行,有小沙窝,亦为红泥。旁有干沟东南行,即旧渠,引克子尔河水以灌田者。3时抵破城,时驮由别道先行,余骑马带2人巡视此城。周1554步,城墙已颓,略留基迹,中有土台,高约二丈,全为土筑,非砖砌,四方已颓。审视瓦片皆红黑缸瓦片,间有黑花,疑为汉仑头国都城。西及南皆有旧时流水沟渠,亦必为克子尔河之水也。再西南20余里为乌斯托胡拉克,有庄户约30余家。此为由轮台经草湖通至库车小道,城中浮沙淖泥深几及尺,陷马足,面呈碱霜,决无古物。然土墩中挖掘痕迹甚多,皆本地人找寻镪物者,略停半小时,于3时30分复东行,过干河,枯木构织,浮泥陷足,驴行甚艰。滩中干沟甚多,俱无滴水,疑皆古时屯田旧渠。4时向东偏北20°行,旧城土墩可望及之,然距此尚远也。盖此平滩除数株红柳及枯柘甲外,寸草不生,一望无际。复转东北走,至7时半方抵着果特旧城,即住于城之东北隅。此城与卯巴庄之旧城正东西对直。中尚有一土墩,名卡梗不拉克,与其南之旧城西南东北对直,相隔约40里也。城四周泥土甚多,疑皆河流所冲积者。在城东北约2里有旧河道东去,必为今克子尔河古道。今克子尔河自轮台庄往南,复转东流,经此破城之北约10余里流至可可确儿,水即四散。水大时凝集为潭,本地人称为可可确儿海子。当克子河畔,有庄户数家,田亩多辟,轮台大户到六七月收麦时均在此下场,故颇有人烟。余扎帐棚于此。驴马均赶至河边放牧也。此处亦为碱滩浮沙泥与前同,地面呈白沫如霜,与天山巅积雪,遥相映影,颇为美观。是日热极,午至44℃。晚大风解凉。

8月13日　是日仍住旧城旁，派通事到河边放驴，余等在此工作。此城周1000双步，合约4华里，城墙已颓，只余根基，皆为土筑。中有大土墩一，周112步，合168米，高5米，审其形式，疑为衙署。上有掘痕甚多，必为本地人掘拾锅物者。左有一小土堆，掘之，内多裸麦壳，必为仓库。右有一小土堆无物，均在大墩后面，围一小埂，若垣，必为居人无疑。在城东北隅土墩若小丘，周208步，合312米，高7.2米。余之箱笼均置于墩巅，帐棚则扎于墩下。若门楼则无此高大，疑为古之瞭墩，当地人所谓炮台。在古城中多见此台，如四十里城子旧城亦然，不过不如此高大宽广耳。城中亦浮沙所积，深尺余，陷马足及踝，人亦没履，皆后被大水冲洗者。城外东面距城基270步有土墩一，周114步，合171米，高2.4米。中洼地有发掘遗迹。城西有土墩一，周68步，合102米，高3.6米，形圆。余皆形若长方。在此东尚有一小墩，疑皆为古营垒守护此城者。

余步量此城毕，审视此间遗物，有红瓦片，带黑花纹，与仰韶村同。安特生断为三代之物，然此城决非周代所遗，红底黑花纹瓦片在西域旧城中尚见之，疑为当时西域之流行美术品，不可据此类花瓦片即断为新石器时代之物。又拾箭镞一。铁质，三角形，中实有柄，为汉以前之物。据此二者，即可断定此城为汉代遗物。考轮台为汉时小国，李广利屠之？此为一地。《汉书》又云轮台、渠犁皆有田卒数百人，置使者校尉领护。昭帝时以赖丹为校尉将军，田轮台，又为一地。故吾疑着果西耳之旧城，为屯田校尉所居之城。因城旁有营垒，为屯兵所住者，城中有粮仓，在城南及东皆红泥土，渠畛犹显，皆为垦地者。

若玉斯托胡拉克之旧城，则为古仑头国城也。故城名着果西耳，地名可可确土胡拉克，可可确指此一带，土胡拉克译为胡桐树，旧城北有胡桐树数株，因此为名。可尤克西耳旧城，即余所说仑头国城，在着果西耳西偏南20°，40里地名阒玉斯托胡拉克，犹言有三株胡桐树也。往北15里，即黑太西耳旧城，译为汉人城，即余等昨日所住者，在那巴庄南20里，故地名那巴庄土胡拉克。城西约5里地为西土垓，有土墩一，名梯母。余等考查路线，系由梯母至黑太西耳，往南至可尤克西耳，经湖滩，至着果西耳。据说由着果西耳有大道至黑太西耳。因余等要至可尤西耳，故绕道草湖也。

时天气热极，又在草滩中，地既低下，又为戈壁碱滩，无草无水，亢极。正午12时至44℃，仑市不过28℃，相差竟10余度也。正午余等悉避于土墩窑洞中，傍晚方出治事。盖每傍晚即有风，戈壁中每然也。下午龚先生雇一人来，此人回去。

8月14日　上午前引导人归，余送银5两。于8点10分出发向东南行。初为湖滩，及行五六里地，地势渐高无碱，或红泥土，或黑沙泥，颇肥沃。红柳苇草丛生，高可隐人。过了几个干沟，忽不见道。引导者亦茫然，忽南忽北，忽东忽西。余及通事骑马前行，后队即不见人，彼此叫呼为号，后余等觅得大道，乃招彼等至，而引导者又西窜矣。盖此人食麻烟，头目昏愦，不知所措。乃遵大道西北行抵河边。略息，于11点半转向回程。由放羊处出发，向西北走。时克子尔河正在其北约3里地，往东南去也。此河自流经轮台庄东往南，即转东流，至可可确尔下约10余里，四散于草湖中，即此处。余观其水平而浅，下面平滩，无河道，因而四散；然观其旧时大河川、旧渠，古时犹为大水也。往西北行道上均为红泥滩，略有小沙窝棋布，多生红柳。道东有草湖，苇草丛生，此地人及羊霞镇人，皆于此割草，因苇草中含盐质，羊最喜吃。道西为泥沙碱滩，远望卡梗不拉克土墩，如在前面。乃于1点20分别大道，经行湖中。浮沙泥盈尺，直西行，40分抵土墩旁。周围约200余步，墙间有存者，中露掘痕甚多。余等至此后，检拾古物，亦有铜片及瓦片之类。然墙为土坯所建，时代必不久远。

余等在此约停留2小时，于3点20分遵墩旁大道向西北行。旁有土垣一道，由东南往西北，直至那巴庄边。余等沿之行，土埂两旁均有红泥土，宽一二里，两旁皆湖泽旧壤，中忽隆起若冈岭，大道由此过。据云此土垣南通至可尤克西耳，长约40里。土垣为旧渠乎，为土桥乎，必有所谓。据本地人说，当水大时红泥滩上均可种地。此或者为旧时种地渠道，引克子尔河下灌者。然此土垣中，无泄水渠道，形如墙根，在北有一小段有渠道，然与土垣各异。又据一人云，水大时此堤或筑以御水者，此说亦有理。盖东为草湖，疑即古之苇湖，西南即轮台国城，故筑此堤以防水患。余因此遂疑及一事，即焉耆有苇桥之险，而《新疆图志》引《轮台乡土志》说轮台东并无苇湖，亦无苇桥。现轮台市东筑河寿桥，证明此即苇桥，遂以为桥为苇草所筑，故云。余思古之苇桥，若为苇草所筑之桥，如河寿桥，有何险要，必不如此。因思苇桥者即苇湖之桥也。自洋霞尔西南，轮台东南，确有一小草湖，此为余所亲历而不误者。现着果西耳及可尤克西耳两旧城，均在苇湖中，湖中浮沙泥深及尺许，则古时此湖，且必有水，泥淖甚深，人马难行，故称险要。适中有高地隆起若长虹，故即此建筑一土堤，以通行人。欲至仑头城，舍此再无他道，故为往来要津，即现在亦然。当有水处，即作桥，故土垣上时有沙窝，疑为修桥梁之处。此桥恰在仑头国城北面，如由西东往至轮台必过此桥，舍其无他途。此等建筑，余在新已见二条，一为柴俄铺南，有一小海，水竭，中有一土桥，宛若长虹，横梗海中，乃由柴俄铺以通南山大道，驼驴尝由之；一为由洋沙尔至轮台所经草湖中，亦有小长土埂一道，车马之迹甚多，亦为水大时便行人者。在湖滩中修土桥，为便交通，亦理之所必然也。故疑苇桥，即苇湖之土桥。也许在卡梗不拉克所见之土桥，即古苇桥之遗迹，未可知也，亦存之以备一说。

4点又见一干河沟，由西来，流于草湖滩中，此沟必由克子尔分支，而流经黑太西耳旧城者，黑太西耳即以此为灌溉也。5点10分，见干渠，两旁有一二破房，系从前在此开地之庄户所住，今无水，故亦无人在此种地，只剩昔时房基沟川耳。6时抵那巴庄，沿途庄户络绎，田亩相望。正当收割时期，麦子堆集如山。7点10分到店，而余驮已早至矣。

8月15日　今日休息，上午到县署接洽。下午又写信二封致库车县长及本团刘春舫，为余等前往作准备。派汗木多等二人往探北山中古迹。余在店关门作日记。

有魏姓者来售玉器，渠亦小学校长，穷极，强欲将玉器售余，给银20两而归。又一前引导者来，因谈及草湖事，据说由可可雀尔往南只一天抵海边，即遵余所觅得之大道南行即至，惜余当面错过也。湖中放羊人其多,向之探听无有不知,倘余欲再去,渠可引导。渠等所说之海,即恰阳河,维名恰阳博约。此河自库车来,喀什、叶城之水均汇于此。据说再往南一站又有一大河。然恰阳河是否即渭干河往南之河,又是否即塔里木河均为问题;而恰阳河又是否即古东川水,或西川水,又为一问题。余疑恰阳河即西川水,所谓东川水者,现已沦为草湖。据《水经注》东川水来自库车东,以地形考之,即今之铜厂河。现铜厂河在库车东,往南折而东流,为密尔特彦河,沦入于哈沙里克草湖中。本地维民亦如此说,故不东流,至渠犁即入海。然遗迹亦有可考,库车哈沙里克草湖与轮台草湖若相连接,必为古东川水所经流之地。盖下游壅塞,川水不能入大河,大水改道南徙,并入西川,即所谓恰阳河。观英人斯坦因地图在草湖之南恰阳河之北故河道甚多,皆为河水南徙之证。本地人亦说草湖南戈壁中,旧河川甚多,必为东川水改道之遗迹。其未经南徙之水则凝聚而为湖泽。又时汇库车东之支河,及轮台县之第纳尔河、克子尔河、苦水河等水。东川水经流入河时,诸水汇而东流,故轮台旧城均在第纳尔河旁。及东川水并入西川水,改道南徙,留者凝为湖泽。而库车之水入哈沙里克草湖,轮台之水亦入此地之小草湖,不复东往。故当水大时,水满山谷,古城就湮;水落时,浮沙冲积为丘,现古城中及四围皆为冲积层,浮沙集三四尺之厚。现城仿佛建于湖中者,谅古必不如是,盖古时建城每在河边,及成湖泽,而古城则遭湮没耳。又《水经注》称东川水经乌垒国南治。乌垒城余已断定在轮台东约 150 里地,即野云沟之南 100 里,霞耳克达克地。据说,城在沙窝中；又说彼地干河川甚多，所云干河川必为旧东川水所经之道。所云沙窝，必为湖旁或河旁之沙窝。余之经验，凡有河水之地，在河旁及湖旁，每有沙窝，盖河湖地必低，风沙至此即旋转成沙窝，犹足为河流及湖水所浸之证。《水经注》称东川水经轮台乌垒，而轮台乌垒旧地，余已探实，则东川水之变迁，亦大略如此矣。其次汉时屯田渠犁、轮台，又称乌垒亦饶水草。今观此地全为碱滩沙窝，焉能开田。然在古时东川水东流入大河时，在河两岸必饶水草，土地亦良，犹今之开都河沿岸。今水小，污泥成碱，故无人烟。然在两县草湖中，水草亦优，近今放羊人甚多，若在草湖开渠灌田，亦可成良地。且可可确尔往东，亦无碱，皆沙土或泥，均可开地，不过无水。古时第纳尔河及克子尔河水大，且当时人居住亦稍偏南。及南面成湖，故移徙于此。河水遂在上游灌地，不复下行，故下游遂成荒地。余思若由密尔特彦河依草湖之北开一运河东流，恢复旧东川水遗址，则此一带可开成良田万顷，是古时轮台乌垒，亦可复见于今日也。又碱地，倘有水亦可开垦，观轮台之地亦碱地，而麦苗甚茂。一维民告余云，碱地中若有大水冲洗两次，与良地一样。又红泥土中亦可种地。若此，则水利之兴，为新疆之急务矣。

8月16日　早起，县派草湖乡约来接洽引导事。彼愿引由草湖至库车，此正东川水经流故道，亦余所愿考查者也。决定后日出发。余今日乃作小行，探查克子尔河与第纳尔河分水处。乃于上午9点30分由城向北偏西20°出发。沿途庄户络绎，11点抵何吉庄九龙树旁。时王县长老太爷在此游逛，其下人识余，招之坐谈许久。王县长之父年61，甚健。闻王为轮台县长，由伊犁越冰达坂至此，共行27日。甚道伊犁地之好。于12时复由此行，沿第纳河渠水北行，此渠自第纳尔湖来灌轮台市中。1点至克子尔河畔，时克子河与第纳尔河分道后，偏东而南流，到此河床宽而深，高约二丈，宽亦半里。惟水势不大，上为红泥层，中为细石层，下为黑沙层，知此河床年代颇久，且旧时水亦甚大也。轮台旧城均依克子尔河旁者以此。现惟于大河床中，细水条流耳。复沿渠行，2点离村庄入戈壁，初由河中行，3点渡河，向西偏北行。4点20分抵土墩下。戈壁及河沟均填满小石块，行走甚艰。抵土墩后，巡视一遍，审其状，谅不甚古，疑为准噶尔所筑以防汉兵也。墩旁有用石围成圆圈之迹，显为蒙古人居住痕迹。此地有水无草，不可牧畜，必为准噶尔屯兵之所。余在库尔勒时，闻一维民云，此地有一古井，上盖一石，旁有土墩。余今只见土墩而不见井，亦传闻之讹也。略停，向南行，经戈壁，5点50分抵土拉。有土墩一，略有古代红瓦片。旁为红泥滩，颇宽广，高低不一，也许为古人居住之地。至是已抵穷巴克村庄北边。田野渐辟，庄户络绎，附近有倾墙数段，审其形为古营垒，皆土筑而非砖砌，必汉代之物。附近有二黑土阜，或为古墩。余未去。复前行，渡一小河，时天已断日光，路途分歧，口询目探，于7时30分抵第纳尔河。河宽里许，水势颇大，深者及马腹。时天已大黑，不辨路径，树木村舍，络绎不绝。余等惟照有路之处直向东南行，马驰甚急，将抵城边，马惊，余坠马，幸未受伤。10点至店，饭毕即寝。

是日约行 150 里，《新疆图志》称轮台市至穷巴克 35 里，而余骑行 4 小时，每小时行 15 里，计 60 里，何相差之甚耶。一说大道直行，余由北来，故较远也。

8 月 17 日　今日休息，预备明日出发，购备一切。上午县署二师爷来谈甚久。下午余至县长处辞行，便谈一切。晚县长来送行，又谈许久。据说蒋在汉口，阎、冯在南昌，政府在南京，北京改为北平，设政治分会。县长送索伦烟叶来，称此烟叶在伊犁如是名，在他处谓为伊犁烟。原系关东烟，由索伦人携来种植者云云。其叶黄而扁长，类荆州烟，而口力不如，味亦清香，即北京烟叶，满人所吸者。现北京人通行此烟叶。即切为末，装纸管吸之，惟满人为尤甚，盖此烟叶原出自满洲也。索伦亦满人之一种，即八旗之一，当清乾隆平准噶尔以后，索伦迁来此驻防者，后遂流落此地，在伊犁及孚康一带甚众。其风俗习惯语言文字，犹保守满洲遗迹也。

新疆民族极为复杂，即以蒙古论之，有新旧土尔扈特，为乾隆时由俄国地迁入者；有厄鲁特蒙古，为旧准噶尔之裔；有鞑靼，当元太祖西征时遗留于此者，现居西北界，已变为郎忧依，习维俗，而实与维族不一类；又有所谓察哈尔蒙古，缘何至此殊可研究也。又蒙古人文字，新疆与口内不同，新疆蒙古人，称口内蒙文为新蒙古文，本地蒙古文为旧蒙古文。盖本地尤沿畏兀儿文字，略变体势，而新蒙文只颁行于内外蒙古也。

余复赠张怀寂拓片于县长。补写昨今两日日记而寝。

8 月 18 日　上午 8 时由轮台市出发，草湖乡约为引导，向西南行。8 时半入一草湖，微有积水，极清澈，呈金黄色。据说为第纳尔河流于轮台之西北，其溢水成一小海子。此水又由海子所溢出者，流灌乌斯托胡拉克田地。水上建一木桥，至罗布者悉由此道。9时离轮台村庄，入一湖滩，仍为碱地。9点20分有小路通库车，此路向西行，余等则遵至罗布大道向南行也。11时30分第纳尔河自北来，河水自北山口与克子尔河分道，复经布古尔庄西北、大雅庄西、穷巴格庄东转东南流入于乌斯托胡拉克之南，入草湖。其溢水又东流。据说，直流至库尔纳西乡托务其入河。余通事云，托务其河畔有旧城一，余疑其为渠犁国遗址也。时第纳尔河东溢于草湖中，漫流于大道，行者绕避；设自西第纳尔河开一渠至东第纳尔河支水，可灌田千顷，而官厅不知务也。1时40分至胡桐树下稍息。有水南流，澄碧清澈，中生苇草，乌斯托胡拉克地全恃此水灌溉，西第纳尔河溢水亦入斯河，惜水不大，而为上流庄户所截。本地维民曾告余云，上流庄若将不用之水开放，则此地可多开地数百亩；或一月之中上流灌几日水，下流灌几日水，如吐鲁番例亦好，而地方官不为民谋也。3时40分抵乌斯托胡拉克庄边，红柳夹道，柏杨盈拱，间有庄户家在此打场。4点40分即住于庄中头目人名默思阿吉家，彼有四子，羊千余，马十余，田数百亩，亦称富户。

先是余等之至此也，本拟观恰阳河后，即由草湖至库车。后知第纳尔河水大，驴不得渡，且由第纳尔河至木鸡克无水，现天气既热，设一日无水，牲口即不能持。晚间乡约与阿吉来谈，谓倘由新第纳尔河开一渠至旧纳尔河，中不过二百弓，可开垦60里长之地，请余与县长言之。

8月19日　今日拟往观恰阳河。于上午6时30分同乡约、通事及福狗子四人骑马出发，向南偏东20°行，经一湖滩，满生红柳。7时30分至二株胡桐树旁，入草湖，第纳尔河由南草湖中溢出，转东北，经过此往东也。河水入草湖时甚大，及东流则甚少，深处亦不过二尺，水又四散，无一定河道，故中外地图均绘第纳尔河入草湖即四散也。8时10分又经红柳林，9时20分又入胡桐窝，略息。于9时40分又向东南行，沙窝棋布，飞沙篷转。盖乡约云沙窝中有一土墩，拟往观之，故不由大道往，缘山踏坡，如游鱼鼓于浪中。1时30分抵土墩，墩碱泥甚大，面呈僵质，无一物可验。2时又过一小沟，据说为恰阳河溢水，直至库车草湖灌地，此近两年事也。在河边放羊人甚多，结红柳以为室，围毛毡以为墙。余等至一毡庐休息许久，于下午4点又行，过红柳林，5点20分抵恰阳河岸。河身宽与开都河同，两岸胡桐密织，有类额济纳河景致；流不甚急，中杂泥沙，平稳荡漾。开深数丈，在此下游三四十里有渡口。本地人凿木为舟，名曰卡棚，长丈余，宽二尺余，两头尖，各坐一人，中坐一人。一人以宽板代桨，马则浮水而渡。凡罗布淖尔人至轮台，轮台人至罗布者，均由此渡河。闻尉犁河岸与此稍异，系以二三个卡棚系连一起，上布宽板以陈行人车马，两旁有长绳直达彼岸，渡者拉绳而过，不用划桨，此又乡俗之各异也。然此河甚深，水又宽，底为沙土，如用木板船，岂不更便。惜当地人不知，而地方官亦不顾也。5时20分由河岸向西偏北走，穿行沙窝，红柳胡桐密布。左岸为恰阳河溢水，傍水而行，时有由罗布来四人愿为引导，6时40分抵雅尔疏克住。有土房一家，滨于积水之旁，水亦名恰阳河，实恰阳河尚在积水之南五六里地。余等即于胡桐树下架棚。据说此水由库车湖中来，从前只有一条干沟，去年有库车维民决开草湖中河坝，湖水沿干沟直流至此。按《新疆图志》库车东有一河，名密尔特彦河（询本地人均不知）东流入草湖。徐松以密尔特彦河当古之东川水。若然，则此干河沟，即古东川水故道，今水复其故道耳。

8月20日 上午6时由雅尔疏克出发，向西穿行于胡桐林中。路南即恰阳河溢水，停凝不流，枯树倒插其中，很像湖沼。水岸放羊者，结木为舍，或架台树间，生活极为原始。在河岸间能种麦，场中麦实累累，盖已入收割时也。7时抵一村庄，有庄户三四家，居处散漫，地名恰阳。余等至一庄户家略息。此家所住之房，用胡桐树排比为墙，上覆枯叶，可蔽日光，而不足以蔽风雨。前后皆水，间种瓜果，地瘠土薄，收获亦不丰盈。

据说恰阳大河尚在南约五六里地，中隔一小洲，水大时亦尝侵漫之。恰阳河过去10余里，还有一河名渭干河，至下流乃汇为一河。

余等在此稍息片刻，摄影两张。8时半复出发，沿溢水西北行，放羊人络绎而居，间有土房。9时30分向北偏西10°走，至11时方不见溢出之水。间入沙窝，胡桐林密布。11时20分进一红泥滩，似为古河所经流，两边胡桐沙窝，点缀成岸，由西北往东南去，岂古此河（即今渭干）之故道耶。12时30分出红泥滩，入沙窝胡桐林中。1时10分至最后之胡桐林，稍息。1时20分复策马前行，入红柳滩。3点经一草湖，复见第纳尔河支水焉。3时30分至阿哈克尔湖，即第纳尔河水所凝聚，河身宽里余，青草弥漫，深处抵马腹。4时20分仍向北偏西20°走，又入戈壁，红柳林中，显出大道，即至罗布大道也。5时抵乌斯托胡拉克，汗木多等在可尤克西耳南约15里地破垒中，拾铜器瓦片少许，审其状，与可尤克西耳为同时也。

  8月21日　上午6时40分由乌斯托胡拉克出发，大队直上至穷巴克路走，余同乡约并带通事绕道踏查旧城，相约至黑太克尔彼此互等。余等经行红柳滩，泥深尺许，行走惟艰。8点向西南走，8时半上罗布至第纳尔河大道，向西北行，9点抵第纳尔河畔。河身宽约半里，水停凝，生水草。河西岸为湖滩，青草弥漫，牛羊放牧。傍河边行，9点20分转西偏北20°走，时河水漫溢于草湖中，凝为湖泽。10点向北偏西20°走。10点20分方离开河岸，入碱滩。11点10分转北偏东20°，十二点离开大道，寻觅古城。

  古城在大道东约六七里地之湖滩中，城周约270步，西北有土墩稍高，墙已颓，只余遗基。审其状为土筑，本地人呼为于什博罗久，尝在此拾取铜钱及珊瑚之类。余等至此略一寻觅，见碎铜片甚多，乡约为余拾一"乾元"钱，可知此城为唐城。城中并有松香火炭残块，为古代烽火之用，则城必为古营垒屯兵之地，所谓守捉城是也。乡约云此城曾遭火焚，举土中有木炭为证，然亦事理之宜也。

  1点20分复返大道，向西偏北20°走，转北行，仍为碱滩，红柳疏布。2点30分又至一破土房下，本地人称为"克拉巴喜"，疑为安集延占领时之破垒，并非旧城。略停20分钟，2点50分复向北行，4点抵黑太克尔。有破城围，中已储积水，余等在此略等片刻,复询村人,知大队已过去。乃于 4 点 30 分复北行,5 点抵哈拉墩村庄,仍不见大队踪迹。据说大队由北路走,疑必至穷巴克庄也。乃连夜追寻,7 时至小雅,11 时至穷巴克庄市,询之村人,均称未见。乃住一店中,徐图寻觅之。

连日骑马驰行,日行百余里,至此已人困马乏,乃决于明日休息。

8 月 22 日　早起,即闻余之驴驮在一铁铺内,派通事往探之未是。又闻自哈拉塔儿来之人,称驴在哈拉塔儿河边放牧,乡约乃早起往寻,果在小店内,即邀之至。询状,知龚于昨日至黑太克儿时,已离开驮子,同李三直奔轮台雇轿车去了。脚夫等则直邀至天晚方住一店中,当晚,龚坐轿车至。

8 月 23 日　上午 7 点向西南出发,7 点 20 分离村庄入戈壁。8 时向西偏南 20°走,间有红柳。8 点 40 分抵土墩,有干沟数道,地名土拉。有土墩 2、破垒 1 在其东,土墩周 50 步,高 10 丈余,全为土筑。迤西南土墩,周 47 步,高 4 丈,中为破垒。余等在此拾残铜片少许,是均在路北。9 点 30 分复向西南行,10 点有一土坊在路南,据乡约云,此为库车、轮台分界处。10 点 20 分过一小河沟,有小水南流,即拉依苏河。《图志》称河东属轮台,河西属库车者,即此水也。10 点 40 分路旁有一干河川东西行。11 点 20 分道两旁间有沙窝。12 点抵阿尔巴台,住于店中。下午乡约回轮台,余给银 10 两,纸烟 2 盒。适阿尔巴台乡约亦来照料,并愿明日引导至托和乃。

8 月 24 日　上午 6 时 20 分由阿尔巴台向西南出发,过干沟二入戈壁,时行红泥滩。9 点 30 分见路南有一墩,骑马往视,全为土筑，周28步，高约4丈，中空处塞以土坯，疑原为汉墩，后改也。汉墩中空，中住人，瞭望者由内部上墩墙，甘肃北部皆如此。唐以后土墩中实，全为土坯所砌，瞭望者自外登，新疆境内唐墩皆如此。知其中实者，以乡人尝掘一洞，直至墩中，欲以探其镪物，而全为土坯故也。略休息，于9点50分复向西出发，经沙碛，11点10分抵阿哈巴，有店2，居民10余家。12点向西偏南20°走，过一小渠。1点25分道南有土墩一。余巡视一周，道北有破垒1，余等在此拾碎铜片少许。在山坡有破墩屹立，余急欲行路，未及往视也。3点20分又过一小渠。4点抵托和乃村旁，4点20分住于店中。

时天气热极，余抵店后躺于坑上，半日不能言。时本地乡约来照料，阿尔巴台来人即归，给银二两。库车徐县长已派一班上名沙一木来迎接，且代引导。当晚，本地有稽查李芳送瓜果来，并约明日往观佛洞，乃决定在此住一日。

托和乃与羊霞尔相似。库车他处皆山水，惟此处为泉水，颇旺；花果麦棉，亦不让库车。此大镇市也，有街市，亦类羊霞。设税局一，稽查一，汉商数家，维民种地者约五六百家。由此向南至草湖，往北至山中，皆村庄络绎，园林密茂，亦佳地也。

8月25日　早起，李稽查来谈，随后阿訇来坐。余亦回拜李稽查及阿訇。

8点30分，同李稽查往游于佛洞。初往西北大道行，9时傍河川往北，河西岸有土墩，未往视查，转东北又折西北傍河走，10点渡河，至水磨旁。初坐轿车至此，入山陂，则乘马，

10点30分抵千佛洞。在此山之旁有红沙山,山不高大,陂陀蜿蜒,自东而西,与此山并行。在阿哈巴与托和乃间,尝有古迹筑于其上,此处千佛洞亦筑于此山脉间也。山上泉水涌出,下流成河,河南岸土阜重叠,佛洞密如蜂窝。土山中有佛洞8,中无壁。有二洞疑为土覆,中有6洞,一洞颇大,顶上绘佛像,尚未尽为外人取去。佛像多为黑墨所绘,与焉者不同。东有佛洞5,无壁画,其形式与焉者亦异。焉者及吐鲁番洞形长,上为圆顶,此则下方上圆,形如拱拜,中有一线突出,上绘万字纹,洞旁有窗牖约二尺见方,此为吐鲁番所无。又焉者、吐鲁番之佛洞多于正殿前后左右穿弄,此则洞与洞相联,有门及门限,其洞皆为上圆下方,虽有上部捲为圆形的弄道,而下亦方,惟有一洞系长弄,与吐鲁番同,为特别也。洞前后多通,可共出入,与吐鲁番皆为前面出入者迥异。盖吐鲁番、焉者所修之洞,多因山岩陡陂凿穴为洞,此则因土阜穿洞,土阜本不高大,故可穿过,亦因地势而异也。在此佛洞之西北,托和乃河畔有土塔一,旁有红泥小阜,高低不一,疑为庙基。盖凡洞必有庙,庙供神像,而洞为念经之地,无论何地皆然也。闻距此约30里地,尚有大佛洞,因急欲赴库车,未获一一观览。于12点循旧道归,过一果园,颇幽美,在此稍息。园主供瓜果为食,付银2两。归,午饭。知龚先生已先去,乃派通事赴库车查问住地。随至李稽查处游果园,园不大,颇清雅,诸果悉备,在此纳凉许久。归。

到达库车

8月26日　上午9点40分由托和乃出发,过一河流,河身甚宽而水不大,即余昨日至千佛洞之河也。10点又过一干沟,树木渐稀。10点20分入沙碛。1点经一小村庄,约10余家,又是戈壁。12点又过一村庄,约数家,远望南10余里地柏柳参天,房舍鳞比,直达库车。12点40分抵库车坎井处,两旁房舍鳞比,成一街市,惜无居人。又过小渠一,于1点10分抵库车街市。

当余至坎井街市,通事来迓于途,称刘春舫已在彼园收拾一间空房,请就在内住。乃将驮子直邀至气象台园中。园颇大,有亭台、池沼,系其乡约家所有,惟空房不多,在此暂住,别图寻觅也。到后,知龚已至,住一店中。余到店中略一查视,似不如住园为宜。随即往见县长,辞以请客未见。即归。近日来新到伊犁马队二百名住扎此处,又在此招维军40至省。盖新疆已入军事调动时期矣。

8月27日　上午拟一电致徐先生,请拨银2000两至库。又龚借出银460两,亦请扣留。下午朱邮务长来谈,直至傍晚方去。拟致徐先生函未就。

省上转来京中寄来拓片一包,并有《续四库说明》及《二程子方法论》。前寄刘、马诸人函,亦油印,寄来一份,回过头看,亦饶兴趣。以工作论之,去年较今年为勤。又寄来照像匣一具,系德国造,原为半农之物,特让与余者。机器甚精,又有胶片十打,准可供5个月之用也。

此地维民头目欺压平民,无所不至,前有所谓伯克者,其名虽裁,而威权仍旧,地方官亦多帮助土豪鱼肉平民。有一维族八爷托一维民收买皮毛,照价,八爷要找收买人二千银,但七折八扣,反要收买人找出二千两的皮毛。后讼之于官,不直。又讼于清理积案委员,得平,而反为地方官所恶,设法詈辱委员。如是类事,不止一件。呜呼!新疆官吏。

8月28日　上午写信数件。一致王伯平,并赠拓片2份:"汉石经""穆绍";一致刘半农报告情况;一致徐先生,均未就。下午拟往拜朱局长,头撞门框,鲜血直流。华志(Walz)即以药敷上稍止,诚意外事也。下午龚搬来,又西乡乡约来谈及引导事。

8月29日　上午将各函写就发出。又请县署找乡约来商议放驴事,未久,而总乡约至,请代雇一脚户放驴,彼满口承认。先是余有仆人沙一木,因省里须在库车招40名枪手去当兵,沙一木之父,亦在被招之数。彼不肯去,被关押于总乡约家。沙一木求余一言,以家中无人请释放。适该乡约以放驴事至,乃向彼言之,得其允许。总乡约为某台吉之弟,藉势欺压平民,亦意中事也。来余处时,带通事1人,下人4人,可谓煊赫矣。

据说，平常跑脚者 20 余人，势敌一官也。

8月30日　上午书一片着人送县，请觅一放驴人。未久，班上同放驴人及脚户乡约至。放驴人名图提，住比甲格乡（东乡），每月银 15 两，即以驴 12 头交彼。脚户乡约名尧老巴士，当付银 5 两，又药费 1 两，嘱好为照料，余暇补写数日日记。

8月31日　今日为巴札之期，上午在家写日记。正午往拜邮局朱局长，商议汇款之法，乃再致电徐先生，请即交银 500 两于迪化邮局会计长，朱亦电至迪化邮局。至电局，访周局长不在，乃发电而归。又往拜赵游击，未见。又往拜闻守备，谈许久。闻湖南湘乡人，甚诚恳。

9月1日　上午闻来回拜。下午 4 时朱请客，余按时到。在座有周局长、项师爷、华志、春舫，又有一瑞典女士。龚晚到，傍晚方归。适毕拟明日回国，乃与之饮酒话别，连喝二大碗。并互致祝词，他祝我很愉快地旅行到喀什；我说我们相处一年半，感情非常的好，希望以后有机会或他来中国，或我到德国再见面。

9月2日　上午余将所有采集品清理妥当并登记。适朱来谈 1 小时。李三回省，又带信一封，拓片一包致徐先生。李三本在余处当厨子，颇不务正，乃遣归，找工资银 80 两，又赏银 20 两，彼大喜而去。

午后 3 时华去，送至门首。余复清理采集品及补写两日来日记。当华之去也，余送拓片 3 张："虞编钟""穆绍""白虎在右镜"，彼送我 2 本德文书，并题字留念。

9月3日　今日预备出发。上午收拾什物，除应用之物必须携带外，凡不用者，均存于刘春舫处。后又派人送一片至县署，报告到丁谷山。又西乡阿子乡约又派跑腿者大而瓜，亦称温巴喜来照料，藉作引导。余命其先去寻觅住房。先是，余本意欲带通事阿仔行，彼因家中有病人要归，乃除工资找15两之外，又赏银5两遣之归。刘春舫送我一只镜，又摄影一张。下午4时自气象台出发，北行。沿河西北行，渡河转西南行。4点30分过村庄入沙碛，有大红泥滩由东北来，南偏西去，滩有水冲流痕迹，两旁沙阜络绎，点缀成河岸。岂东川水西出之支派耶？在红泥滩北有沙山重叠如带，依并天山，自东而西，微偏南。沙山中红土墩参差，似为古房屋，因急于行路，未及踏查。此距库车街市甚近，视之较易也。6点50分过一村庄，名于斯托拉，有庄户共7家。旁有二墩，一周86步，高约5丈；一周50步，高约6丈，为砖所砌。审视瓦片，皆唐代之物。7点10分过一渠，又过于即斯塔尔村庄。路北树木林立，路南青草弥漫，有放羊者，过此即库木土拉。8点30分抵因儿得雅。沿河（因尔河）西南行，8点40分渡河入库木土拉村庄。树林密织，庄户络绎，渠水纵横，大道宽六尺，两旁柏柳骈列，树外又是渠流，经行其中，如入西湖胜地，塞外得此，是亦足慰。9点15分抵一乡约家。乡约名那满，现已不当了。房屋清洁，有小园，果木俱全。

余等住处为一礼拜堂，四周均为高台，中有一火炉，窗牖透明，上有天井，架以葡萄。主人见余等至，招待甚周，又谈多时，饭后即寝。

库木土拉佛洞

9月4日 上午9时发自库木土拉。命哈山多同总乡约、大而瓜在家看门，余带福狗子、汗木多、沙一木与龚5人，又本地乡约2名，房东1人，共8人，由北偏西20°沿渠走。9点20分出入沙碛，道东首约五六里地似有破垒，未去。10点抵渭干河岸，已近丁谷山边地，有大渠四，皆引渭干河水以灌下流各村庄。渭干河宽约半里，上流（未出山口）颇窄而深，出口较宽，但亦深，不能渡。即渠水亦深三尺，抵马腹。河两岸均有小土房，必系守渠者之住所。倚山边河有破房一大片，似城非城，房屋已倾颓，只余墙基。按辨机《西域记》称，荒城北40余里，接山阿，隔一河水，有2伽蓝，同名昭怙厘，而东西随称，佛像庄严，殆越人工。是此处为庙基，所谓东昭怙厘也。隔河对面颓垣一片，中有二高塔，必为西昭怙厘矣。由此再往北，依岩边河，岩壁高数十丈，河流其下。时踏水行，仰望心悸，岩土间有房屋遗形，疑本为石洞，后经水冲溃。在此停约半小时，又休息20分。11点30分复向河边北行，不数武临水旁下马，人涉渡，河畔沙石纵横，马行甚艰，行约余里，上戈壁滩。

12点20分抵明屋石洞。下洞南行，行数武，又一洞西南向，再往北约半里，洞室颇密，约15洞，皆在阶下，可攀援而上。岩腰有石洞3，非梯绳不得上，均有五彩壁画，惜多残毁。隔一小干沟，沿沟北行偏东，随山势屈折，蜿蜒若羊肠。沟两旁亦有佛洞10余，或在岩下，或在岩中腰。复沿河岸，又有佛洞10，最北有石室3，中无壁画。由此上岩，岩有坎以承手足，俾便攀援，然非新作，或古亦如是。上坎后进洞穿一夹道，由夹道行达石室，计5所。中有一室颇宽广，殿西壁刻有西域古文字。又有汉文题名"沙门日"。北壁西边亦有汉文字题为"惠亲悉"。北壁东首亦镂刻汉字及梵字，东壁汉字"成香""还原"四字。谢彬称就壁雕刻佛像，余未之见。盖石室中有石雕佛龛形，未见佛像也。余到此后，命福狗子拓字。余则同乡约等遍历佛洞。沿干沟东北行，两旁岩壁屹立，不见日光。沟宽丈余，余行其中，如入九层天中。有时沟中两岩中合形成圆圈，奇峰中立，上耸云霄，为天然佛塔。有时岩壁中陷，作积椎体形若蒙古包，高百余丈。立石洞中昂首仰观，似入大罗天宫。行10余里，乃返。觅得石室数座，以无梯绳，不得上。回观拓字，至下午4时归。

9月5日　上午7时出发，带小工6人，并乡约2人共8人，复至明屋。以3人发掘佛洞，2人帮拓字，余均随我。

在佛洞左侧巷内，掘出经纸一张，上书"尊致病交公夹行书夫人不致及君礼刾公宠之过"。疑为书牍，反面书《法华经》，必为唐人所书。又有木器盖及木皮之类。掘毕，乃移掘佛洞。

洞在干沟西首岩腰间，门完全为浮沙所掩，疑未经人掘过，乃试掘之。壁画为五彩绘西方佛像，长尺余，手作法式，袒肩，面目俱全。每佛顶圆光处均有小人像，即佛书所谓法王子，非至菩萨地位不得有此，疑为佛堂也。

有一放羊者引导至一处，在西岩沟西，南面北向，前有一小沟，无水，洞在山腰，由地下不得上，余等系由山上屈折行，方至洞中。所绘佛像颇别致，均以黑色绘佛坐像，头着达帽，若宗喀巴形，无尾。手作法式，面像非慈善。佛前后左右，多绘飞鸟走兽之形。图案画均作方块形，黑白不一。洞后进门弄，亦有四方块黑白不一之图案，形同色子。一块有花，即有一方块无花，两相交叉若旗帜。在洞中间凿空同佛龛，亦绘有此图案花纹。或在此方块旗帜上画手掌纹。在河畔岩上洞中，北首 2 洞亦与此同。疑此类非佛教正宗。

余同乡约 2 人，往寻前日未看之洞。携带梯绳，在沟北转东首有 2 洞在山腰，无路可上，乃以绳拴之上，系绳于腰，以一人拉绳，得至洞前。洞宽不过 4 尺，深约 6 尺，高约 5 尺，左右前后壁上刻划汉字殆遍。审其文字义，殆此洞为藏罗汉骨处，过此僧众均题名。上有"大唐大顺五年五月之三十日沙弥法晴、第僧沙弥惠顺日巡礼至"等字。是为唐昭宗时事。然唐昭宗大顺只 2 年即改元，此为五年，盖西域不了解中原事，仍旧称也。余大喜，即将原文录下（略，详见《塔里木盆地考古记》）。按此洞在干沟以东，路东半岩，距有壁画洞往东北约 350 步，悬岩陡壁，非梯绳不得上。

又有：

惠光

任光　法诠

道

车

右刻石在上洞，沟东北里许，半山岩。依旁有洞一，无画。

仙

智月

法门

志升　法铭

惠光

以上刻字在罗汉骨洞旁，半山摩岩。

耆悟　智月　忠

太守考　仙　太宗

只向　法诚

惠演　惠兴

以上刻字在干沟东岩半壁上，只能见其仿佛。太守二字为汉隶体，甚精。下字疑考字，或为李字。

洞东壁：

　　惠增

　　　林

洞北壁：

　　惠增界

洞西壁：

　　金沙寺

六年

彦太

仙

洞东侧弄：

耶

郎

⊕

以上刻字均在干沟西山上，南向洞中均沙石，不便锥拓。

……题记之耳廿一日画金砂寺新□

大德法藏□□□□□□□

月廿四日画□□□□□□

以上为划字。在河坝东庙后干沟南岩，半壁洞中。

东壁上划字：

定

惠超

法圣

伯智到此间

戒明到

智岑

三月九日到此间目畔晏

以上在洞东壁，用红色书写。旁有民族古文字书写者甚多未录。

以上诸字均未锥拓，然其中可注意者三点。一为大唐年号，一为"仙"字。佛、仙不同道，而此多刻划仙字何耶。一为法名，疑智惠、法戒为法名排行，此效中土所立。盖此时此地佛教又由中地转输西域也。又有太守二字，此为汉官，岂汉代已有人在此居住耶。

余录毕，复迤沟东行，随势曲折约里许又有一洞，在半壁岩上。攀梯而上，临壁边至洞，洞旁有刻字（见上录）。洞西旁壁有任光诸刻字，险极不得细阅。即下。设一恍惚，即坠岩矣。复依沟行里余即返。据说沟尽处有木梯上大坂，即入山中也。返视汗木多等拓字处，收拾返库木土拉。时已7时半矣。

9月6日　上午带小工4人，共乡约8人，于7时动身，9时到千佛洞。以3人掘沟西佛洞，2人拓字。洞中壁画，余照相数张。时托克苏派一乡约来，称请至街上一谈。余回一片，应允9月9日去，并请代觅一房，且请派一人来云云。此处工作毕，即至罗汉骨藏处描摹划字，命福狗子拓字，直至傍晚方归。

今日掘洞处毫无结果，盖先本无沙子，后为风沙所入，似未开佛洞；然洞中有掘取痕迹，是早有人来此也。晚归，浪满乡约携经纸一卷求售，余阅之为古民族文字，所谓取之印度，而略加改变者也。余以30两购得，首尾均完具，或为公文书及书信之类。唐人写经，中土不乏是类，而异种文字之搜集余始注意及之矣。

9月7日　上午带5人去，3人发掘河坝洞，发现瓦片一，上录法诚2字；一人拓字，汗木多在家中清理采集品，余绘图。下午派工人移至东庙发掘。余仍留此画图。

绘毕，乡约之温把喜称有山洞，乃攀援往观。盖已为人发掘过，红泥堆甚宽广，岂即古之雀离大清净寺耶。时已晚，即归。

今日在东庙发掘，出铜片及纸片少许，并有佛像残件，知此地为庙基。《大唐西域记》称屈支国城北四十余里，接山阿，隔一河水，有二伽蓝，同名昭怙厘，东西随称，佛像庄严，殆越人工。此即所谓东昭怙厘也。

9月8日　上午带小工5人发掘东庙。余先至庄北附近一旧城中查视，地名色乃当。城周360步，一面90步，中已开垦为熟地，在东北隅有小沟穿城过。余等在此拾瓦片数枚，皆唐代物，且有花纹类汉式，有一瓦片上镌字不明，此城与色乃当炮台相隔里许，正南北对直。考查完毕，复至东庙处指导发掘。余随手绘一形势图，在A、B两穴各出铜片少许，盖此庙已为人发掘且净也。

9月9日　是日早托克苏派一差役同乡约来，余等将诸事料理完毕，又赏乡约及招呼人员共数十两，于9时向托克苏出发，库木土拉乡约相送。9时30分抵河岸，本村人在河岸帮忙过河，河宽约2里，水深处抵马腹，约半小时方渡毕，乃谢诸乡约请返。又赏帮忙渡河人银2两。复前行，向西偏南20°走。10时20分抵阿克雅尔息尖。约20分钟复前行。沿途村庄络绎，田亩阡连，柏杨夹道。12时50分抵托克苏街市。

先是县长已为余等觅一店，后有园，颇洁净。至时派有通事差役已在此照料。稍息，即往拜县佐。县佐名陈湜，号星艇，甘省导河人，极诚朴，强留余等饭，至晚方归，早寝。

9月10日　是店后面有一小花园，余移坐于园内，颇舒适。上午即将连日日记写完，适陈县佐来谈，并参观采集品。下午，县署派裕都司乡约来，询知古迹为沙雅县属，乃拟一函通知沙雅县长。县长为奇台旗人，名继，自号子诚，前众议院议员。闻昨日由库车往，今明日当接任也。函中请通知北乡乡约，请其照料，此亦不过手续问题耳。

下午4时，陈县佐又请客，并有各师爷作陪，菜较昨日为丰，至晚方归。有采集品二箱，明日拟派福狗子送库车，并借银300两来。今日为托克苏巴札，四乡均来此贸易。此地为七日一巴札。余因事未往观，料其与库车、轮台相若也。

9月11日　上午收拾完毕预备出发。派福狗子同一班上送采集品2箱至库车，即至县署辞行。于下午1时出发至阿克雅尔，下午4时半抵沙一木乡约家住。龚押驮走，误至把什何计，派通事往邀转，至晚方到。余连日不适，抵此后，头晕发热，服阿司匹林1粒，早寝，略汗而愈。

9月12日　上午8点45分带毛拉、乡约、差役共4人往探千佛洞。9时出村庄过小渠，9时10分至大、小裕都司二渠，渠水甚大，上建木桥。桥南为小裕都司，属托克苏；迤北为大裕都司，属沙雅。过渠，复沿渠东北行，9时40分至两渠汇处，称为龙口，至此已为戈壁。10点30分抵河西岸千佛洞，此地亦名明屋，然无洞，只余庙基，与东岸山边庙基遥遥相对，即所谓东、西昭怙厘也。庙基形同小城，周约300步，中有高塔一座，四周沿城边，俱有砖房遗址，疑为旧城。房址中掘痕甚多，已为外人发掘殆尽。

余等掘数处，均不见古物，余绘图一纸，于下午3时回走，至把什何计。其北有一旧垒，访查之，知亦为唐故物。墙上多为土块所砌，下基为土筑，疑为汉垒后改建者。城东南隅有土墩，颇高。城中已青草弥漫，除碎瓦片外无他物。巡视后即驰归。

蓝福狗子已由库车回，并称带银200两，胶片10打，并报纸1卷，虽已过时，然余等仍为新闻。知北京改为北平，政治分会主席为李煜瀛，未到任前由阎锡山代，阎为卫戍司令。又北平临时分会委员为李煜瀛、阎锡山、冯玉祥、张继、刘守中、王法勤、鹿钟麟、赵戴文、蒋作宾、白崇禧、马福祥、陈调元、李宗侗13人，李为主席。河北省政府委员为商震、韩复榘、徐永昌、段宗林、朱绶光、丁春膏、沈尹默、孙奂仑、李鸿文、温寿泉、严智性11人，商震为主席。又有函电甚多，无甚特别，依样葫芦罢了。

9月13日　上午托克苏班上各赏银2两遣归。10时25分由阿克雅尔出发，渡渠，向西南行。11时过一河川，本地人称为小裕都司海子，盖由小裕都司海子渠灌地，剩余之水溢而为湖泽。由此往西南行，沿草湖，路北为小裕都司渠，路南为湖滩。12时入沙雅境。大裕都司渠与小裕都司渠并行，向西南去。自此沿途村舍络绎，道路忽南忽西。12时20分抵塔克里克，柏树成林，有许多庄户人家。1时10分离开渠道，向西迳行田中，1时40分边小托卜沁渠。2点至托卜沁，有旧城一，在路南半里，里馀墙基，已青草漫衍矣。

3点至一乡约处停半小时，3点40分至一枪手家，觅枪手作导至千佛洞。彼家破房二间，有小菜园，强留余等住，乃住于此。枪手专以拾金为业，有女一，连夫妇共3人。有一弟亦为枪手，沙雅县觅之当兵，逃走，闻亦为拾金者。晚上以所拾各物检视余等，云在千佛洞西40里墩中云。余审视为汉物，则安西都护距此不远矣。

9月14日　上午10时20分由托卜沁猎户家出发向西行，经红柳滩，11点路南微有沙窝，11点15分抵小裕勒克，有庄户20余家。由田中行，间有小沙碛。12点又有沙窝，有放羊人房屋1间，此为最后之民房，过此又入红泥滩。向西南行，1点20分抵玉尔滚土墩。有墩2，迤南甚高，约3丈余，迤北亦2丈许，东西有城墙遗基，中为黄沙集满。余等在此略拾碎铜片及瓦片。墩为土砖所砌，瓦片亦与千佛洞同，疑为唐代物。在墩东北约2里沙窝中露出红泥滩，散布瓦铄铁块甚多，并有烽火遗渣，知此地为古战场。在南约10余里亦有一旧城，俟回头往观之。在此停留20分钟，3点20分复由墩出发向西南行，绕经沙窝之南。此沙窝自渭干河西岸旁白山西南行至阿克苏境，绵亘百余里。沙窝南悉为红泥滩，多生红柳，沙窝北亦为红泥滩。南行沙窝中，亦间有流水沟焉。疑沙窝之南有一河流，即古姑墨川所经入北河之旧道也。不然，此一带古城古迹如此之多，无水将何以生活。又此一带沙窝色金黄，系由沙雅、托克苏到阿克苏小道所必经之地，余疑此小道即古时由安西通姑墨之大道，故屈支城在今托克苏西南通古斯一带，正在白山南百七十里，则由通古斯至阿克苏必经此沙碛，至铁吉克入姑墨，铁吉克亦即古之所谓拓厥关也，故此沙窝即《西域记》所谓小沙碛也。

4点转西北行，踏过沙窝，转回行沙窝之背。4点30分出沙窝向西行，又为红泥滩，自此已旁白山行。7点抵白山脚，有旧坎井一道，土房1间，无居民。山腰土洞数间，据称为掘取石油者。

因此处无水，转依山西南行，抵腰站子已6时40分矣。有房一间，无店家，有过路人在此休息，水由坎井出，亦佳。询知千佛洞尚在南里许也。

9月15日　昨日由托卜沁出发时，派沙一木直接至铁吉克购草料，未归，晚间驼马枵腹一宿。今晨早起，余尚未着全衣，赤足单褂，巡视此一带山势。

在此附近有铁块及琉璜炭渣甚多，知此地为军事要区。盖库车、沙雅至阿克苏小道，必经过此地。库车与沙雅两站至铁吉克，再一站至羊达胡土克，又一站至察尔济，或至玉而滚，又一站至阿克苏。若至拜城，则自羊达胡土克往北过达坂，一站即至。此亦屈支通姑墨古道。姑墨在今哈拉玉而滚，屈支在今沙雅西北200余里裕都司巴克、玉斯家提一带，即铁吉克南微东约50里地。故由屈支至姑墨决不返东北绕拜城而西行也。以古迹证之，自通古斯城（在托克苏南50里），而羊达克沁，而玉斯家提，而玉而滚沁，而小裕都司，以至铁吉克地。据说羊达胡土克有3土墩，一在东，一在西，一在察查齐路上，若非军事要地，旅行所必经者，不能如此重视。闻兆文惠攻准噶尔刘襄勤败安集延帕夏即由此道，而安集延帕夏军败仰药死即葬于此，其部下亦过大坂逃走。此地本置有卡伦，现已撤。据此，则此地为南北通往咽喉，古今一揆。所谓拓厥关当亦在此一带也。

千佛洞在路北里余，乃同毛拉及引导者往略视一周。佛洞或在山顶或在山腰，形势极散漫疏落，现可见约10余处，外有破房基及破垒，亦均在山上，已倾颓无完基。即归早餐。又派毛拉至玉斯家提购米料。余等复至千佛洞发掘，在沟北洞内发现陶模形1件，为佛掌。又在沟畔掘出砖基地，有一块有花纹，不见他物。岂余等未得其地耶？不可解，傍晚归。

9月16日　早毛拉回，带小工2人并米料来，复去发掘破垒，无物。惟于垒东墙下掘出一坎井，中有熔铁破瓦罐甚多。又在此垒中拾有铁矢镞，铁弹子，疑为兵器。矢镞形同扁叶为明清以后之物。岂清兵打帕夏所遗耶？若然，则近甚矣。若以瓦片及该城土质和形势论之，则皆唐物也。中午，又来2人参加发掘破垒侧之佛洞，在深4英尺下发现蓝墨锭许多，木笔1支，颇不虚掘。疑此洞为画师所住，颜料即以粉画墙壁者也。

9月17日　上午复去发掘。是日大风沙石扑面，命2人发掘沟坝，未出何物。惟有小瓦瓿1件，口部有4孔，未知何用。又有佛像残身，知此地古为庙基。然已被尘土蒙塞，毫无庙宇形迹。掘下尺许方见墙壁，然已剥蚀尽净，知此地庙宇本来很多，且宏大，由于长期雨水冲积，山上土石下坠，致庙淹埋。又墙为土筑，似山似墙，颇难辨识。余在河坝掘一处，现出砖石瓦，且有灰土层，疑为庙基也。然掘下4尺，宽8尺，毫无一物可验。复命人自下坡掘穿一洞入，全为黄土，亦不能验其为庙宇，然构房木料散布地表，非房而何。总之此处庙宇必多。而且富丽，但经水土冲积，遂至湮没无迹耳。

岩内空洞成复道甚多，作何用途，虽不能决，然必不出二途：即一为流水之沟，水流为沟，土倾覆之，致成复道；一为山中之庙，由复道以便交通，疑二者以后者为是。因复道中有为圆顶形，墙有斧凿痕迹，皮面为烟熏黑，是人为而非天然，后被冲颓成流水沟耳。又《西域记》称印度式庙宇多楼房，上有平台。屈支佛教多取法印度，故此处庙宇必下为殿，而上有平台，炼砖即以敷平台上也。

又连掘数处均未见何物即罢。余将昨日所掘之地，绘一工作图，又绘一形式图而归。当晚有阿克苏商人驮米面过此，又有迎接朝汗归来之人，渠等亦尝见余，并送缠馍2块，水梨6枚，以表敬意。

9月18日　上午8时40分出发，向东南行，经湖滩全为红泥，略有沙窝。9时15分转东行。9点30分又转东南行，碱滩，枯柘甲浸以泥沙碱水，致成僵质。10点20分复东行，又为红泥滩，间有红瓦砾、铁片，知此地古必住有人家或为屯兵之所。11点红泥滩上布满红柳，路畔有水，且有水坎，以饮牲畜，此水为大裕都司所溢出者，有破房一间，无居人。12点又经枯柘碱滩，穿过沙碛，转东南走，1点40分抵伯克里克村边，沿途树林夹道，田亩相望。2点30分抵旧城，复东行，3点30分抵街市，住于店中。

店甚湫隘，潮湿甚大。有携铜印求售者，予银3两。印为"常公之印"4字，疑为常惠故物，拾自何处不可知。此地住有稽查一名，为天津人，名杜茂生，并在此营当铺。傍晚同总乡约来，余请彼代雇一引导者，且觅住房。饭后又回拜稽查，谈许久，知继孚于本月15日接印，张于17日接印。又有收粮人张君亦在坐，知于3月间曾会见袁希渊于古城子，闻已至阿尔泰矣。

9月19日 今早大雨，屋顶漏水，门外成泥塘，非人所居。毛拉又觅间壁房一间，较宽洁，饭后乃移至彼处，时雨已渐霁矣。乡约雇一引导者来，名阿西母，年50余，路途颇熟悉。又沙雅派一差役来，送公文至六区总乡约哈迭尔，命其招待。未久，而乡约同杜稽查来，谈及往大旺库木事。据彼所悉，沙窝难行。乃命彼雇马四匹，卸箱物于伯勒斯，骑马往探。明知多费周折，然亦舍此无他法也。傍晚，又有送铜章来者，各给银1两或2两而去。又刘稽查、马掌柜先后来均谈许久而去。彼等均在此业当，以放账为业也。彼等去，余整理所购玉铜之类，装陈一洋铁匣，并各批其出土地点，亦自适意也。

龟兹古城古址

9月20日　上午8点20分向西南出发，9点抵旧城。余查视一周，墙基高3尺余，已被水冲洗，面呈僵质，有墙基3道。本地人称为三道城。最中一道，土阜起伏，中现洼地为池塘，本地人传说为衙门。相隔约百余步，为次中城，即内城，形方圆，每面260步，合约1040步，城中间有土堆，均已开垦为田。由内城至外城约骑行7分钟，约400步。外城周围约6里，西北有缺口，若城墙焉。外城中土堆渐少，检查无一遗物，连瓦片也无，满地浮沙泥，马足陷泥淖中约尺余，又加新雨之后，无可工作。询之本地人，无有在此拾一物者。

一山西人告余云，此鞑子城。然城为红土所筑，一切建筑均已倾圮殆尽，必非元代之物。按《晋书》称龟兹国城有三重，中有高塔，庙千所。此城适为三道，中间高阜隆起，必为大建筑；四围小阜起伏，必为小建筑，是否为佛塔佛庙，虽不可知，然必为大建筑所倾颓无疑者。故余颇疑此城即古延城，为龟兹国都城。惟称中间庙千所，则为虚伪或误字，因在1040步内决不能容千余所庙基；或千为十之误。按《西域记》称荒城北四十余里，接山阿隔一河水，有二伽蓝，即渭干河东西两岸破庙废址，距此处在北偏东约40余里。又《洛阳伽蓝记》称国城北山上，有寺名雀离大清净。按铁吉克千佛洞在此地西北约50里地，亦与此相合。惟《水经注》称东川水支流右出龟兹国城，即延城矣。现此水虽由渭干河引来，名裕勒都司渠，而无河流痕迹。且渭干河为西川水，东川水尚在库车东，托和乃一带。东川与西川合流，更不在此。此又与载记异者也。又《西域记》称出国城西北渡河，即所谓白马河。然则在城附近，当有河流，今已不可考矣。河水既时有变迁，国都又时有改易，以今揆古，是否各半也。又《魏书》称"龟兹国都在白山南百七十里"。今此城距山不过四五十里，相差太远。近人以拜城之铜山当白山，然白山当以形言，今渭干河两岸之山色白，或即所谓白山。且古铜山在拜城北，其南尚有一道山，古人所指决不舍近而求远也。若此，更不合。《唐书》又称阿吉田山，山有火，出硇砂。按渭干河西岸之山，俗称火山。传说，此山从前有火，现已烧完，火走到和阗去了，故和阗山中现尚有火。按此处山脉与吐鲁番山脉相同，即所谓火焰山者与此相似。又此山，维名为可育克达克，据传说，有一圣人到此，在山放牧，迷道，后被寻得，共称欢喜，故为欢喜之意，此一说也。山上近代出石油不多，从前有人在此开掘，现尚有土屋一间，洞穴数个，半在山腰，已无人发掘矣。又说，昔安集延距战于此，兵败服毒，即葬于山中。有外人在此发掘，亦未掘出尸首来。此皆齐东野人之语，聊录之以备一说。

9时抵破城后略停。9点50分又向南走，10点30分抵伯里克斯村边，转西南行，傍裕勒都司渠。旁经古地，土阜上略有红瓦片。11点30分抵一庄户家住。晚上，一乡约送铜章来，亦出克子尔旧城，余给银3两。又追记昨今日记，乃寝。

9月21日　上午9时20分出发。留蓝福狗看家，余均随行，带帐棚及少量行李，骑马而行。向西南走，沿途庄户家三四住于道左，道右为白泥滩，隆洼不一，疑皆古人住地。10点20分入戈壁，沙碛狼藉，向西偏南20°行。11点40分抵一地，据说为古铜厂。在此约10里谱有一土墩，颇大，为砖砌，疑安集延时物也。50分仍向西南行，沙窝中露出红泥滩，瓦片铁块甚多，必为古时人民居地，或为屯田之所。依傍有一干沟已为浮沙所掩。循干沟北行，1点20分抵大望库木，住于红泥滩上。大沙窝中遍生芦苇，引导人在此掘井，水出颇淡，在此停留1小时余。什物仍置此，留龚在此照料，复骑马西南行，据称旧城尚距此20余里也。转南行，经走大沙窝，随沙窝高下，3点20分又转西南行。4点转西行，4点30分转南行，5点又微东行至一沙窝。时引导人在前面寻觅旧城遗址，据说旧城旁有一株胡桐树，彼去来均以此树为识，今忽不见，沙雅班人又从西南寻觅，亦未得。

时天已晚，于6时20分乃旧，8点30分抵原住处。盖浮沙流动，易掩旧迹，且沙窝遍地，入其中易致迷途，不辨东西，其难寻觅也固宜。然以此一带土阜瓦铄证之，必有古城。俟明日再寻觅，或能寻着也。

9月22日　上午着乡约达尔瓜回去，雇一引导人，且购什物来。又去考查北面土墩，9时出发，向北行，历沙窝。9时20

分转东行，负大沙窝背面行，湖滩、沙碛、红泥滩纵横狼藉，10点抵土墩。墩为红土所筑，周60步，高2丈，墩腰有旧房形，略掘之，全为土坯。新疆之墩，大抵外为土筑，中塞生砖，皆汉墩而唐修改者。在北又有一墩，周50步，高约1丈，在此停2小时。12点复转南行，过沙窝，12点20分抵土墩，周60步，高约4丈，下层为红土所筑，上为土砖所砌，亦为汉墩唐修。余等在墩旁拾古物，有铜扣及蛤贝之属。墩西约数十步复有一墩，亦为土筑，间有琉璜渣汁。在此停40余分，又西南行，约10分钟，又过一营垒。垒二重，内周90步，外周268步，东北、西北隅有沙窝二，疑土墩而后为沙所掩者。城墙只余墙基，高约2尺余，渐已灭迹。停约10余分钟，2点5分复西南行，履碱滩，滩中有小沙窝散布。3点10分抵住处。

时余乏极，仰首而卧，傍晚醒。引导之老汉回，谓已觅得旧城，并呈所拾物。晚大而瓜亦至，并携带各物。明日当再出发看城也。

9月23日　早起引导者云，由此往西偏南约10余里有破城，名额济勒克，古物甚多。乃决计先至额济勒克，再至大望库木旧城。上午8时40分经一干沟，芦苇丛生，9时转东南行，至额济勒克古城。

先是引导者至其地，忘城址所在处，同来人东南西北四处寻觅，卒于所至地东南百余步，寻得一地，在沙山纵横中，露出红泥滩一块，散布瓦砾甚多，铜钱、铁块俯拾即得，余拾五铢钱一，知为汉地。地域甚大，约横直5里，浮沙乱织。墙基，时现时隐，然形势可见，不过不甚清晰耳。有土墩基2，一略高；隔数武有一墩略低，四周瓦铄铁片甚多，且有炭渣，知为烽火台也。在红泥滩中，时有隆起小阜，必有房屋遗址，然古物均散布地面，掘下即不得物。盖累经水冲洗，质轻者均随水去，惟铜铁之类质重，且入泥中，不易去，故仍留地上也。在此勾留2小时，11点25分向南行，经沙窝，50分转南偏西20°走，沙窝中间有红柳枯柘，盖已至大沙窝之南部，沙碛已不大，然亦沙阜枕藉。12时20分转南行，40分抵大望库木旧城地。距前日所至地相差不过半里，且一偏西，一偏东，目眩流沙，竟不得见。而回视昨日山岭，尚历历可辨，但城址遗迹已不可见，惟见土阜高处四围散布瓦砾耳。铜钱散布极广，不及1小时，拾钱近百。余在此摄影二，停留约2小时余。于2点25分转东行，3点至胡桐树旁之古地，其形与大望库木相同。稍息，3点40分抵阿克苏小道转北行，时沙山已减，惟见红泥滩中，沙窝巍立。4时10分又有古城一区，形与前同。4点30分转东北走，皆为泥滩，沙窝间之。5点至一古坟地，红瓦砾散布地表，纵横约六七里，乡约及大而瓜拾铜钱及铜扣各一，余拾铜戒指一，惜天已晚，不能细细考查也。6点又经一古地，亦有瓦片、铜钱之类。6点30分抵伯里克斯村边，有空房一间，无居人。40分方抵有居民处，即前日余所过，今日由南来，俱在此耳。从此庄户二三，滨伯里克斯大渠而居。7点30分方抵余住处，盖已半月高悬矣。

回首远眺白泥滩上，高阜起伏，若隐若现，犹想见古时屯戍刁斗之声，白屋历历，鸡鸣犬吠。如闻仿佛。其地犹昔，而种族迥异，感慨系之（盖余疑自色当西耳至额济勒克为汉代屯兵之地，其一带泥滩皆屯卒所住也）。抵舍后，饭毕即寝。盖今日行 90 里路，阅地三四，自早至晚，未尝息也。

9 月 24 日　晨预备出发，房东来跪地不起，询知数日田地不能浇水，据说管水人将他的水卖了。余乃托请总乡约之大而瓜前去查问，嘱其给水与老汉。又闻山乡约藉端苛索百姓鸡蛋、银两，亦令大而瓜请来责问。

余乃于上午 10 点 20 分向东偏北 20°出发，沿途田地已辟。11 点往东北走，间有庄户家。入大道，白泥滩上红柳丛生。11 点 30 分向东偏南 20°走，时鹤计土拉庄正在路南也。12 点 50 至克子尔庄村边境，庄户络绎。1 点 40 分抵住处，即总乡约之侄宅也。

沿途沙窝累累，然地多白土，且有红柳，高阜起伏，疑皆古时种地之田，惜无水，多成荒地耳。抵此后，追记昨日日记。

饭后带 3 人查看克子西耳，在此地之南约五六里地。4 点 50 分向南出发，走白泥滩中大道。5 点 40 分即抵旧城。为二城相连，迤北之城，周 250 步。北有土墩 3，中高大，为红土所筑，中有一沙窝，城墙高数尺。隔数武，又有一城，较大，周 500 步，青草丛生，城墙略高，审视无他遗物，瓦片为红色，与大望库木同，疑亦为唐代之城。余绘一形势图。归已 7 时矣。

未出，而大而瓜同水利乡约来，称目前无水，俟水到即给老汉。乡约亦称，并无骚扰百姓事。诸事办毕，派毛拉购物亦回；又派人明日到叶现比购洋烛。分派妥，乃寝。

9 月 25 日　上午 8 点 45 分出发，考查色当沁，留龚、大而瓜在家看驴。带 4 人前往，向西南行。

9点抵一处，适一羊冈子送来木章求售，给银2两。又库车邮局送信来，称已寻觅数日矣。拆视，乃刘、丁二人函，知汇款已到。徐先生拟俟赫定来同往北平办理继续事。盖徐先生函，愿继续半年，徵询吾辈意见，及经费预算。丁意催吾等速归，商议答复。

9点20分复前行荒地上，沙窝累累，红柳丛中露出一二庄户家。10点20分至鹤计土拉。10点半抵一旧城，地面散布瓦片、铁块甚多，有一墩只余遗迹。城门向北，墙高数尺，在城东北隅有土墩，已颓，略拾碎铜片及铜钱。色当沁尚在西边，10点40分自鹤计土拉出发，经沙窝泥滩。红柳生于沙窝，枯柘布于泥滩，11点半抵色当沁。

有二城相连，以北有城墙一圈，周350单步。在东南隅有土墩一，已颓。城内已被水冲洗，略拾瓦片，又拾"开元"钱1枚，墙为土砖所砌，必为唐代所筑。南约50余步又有破城形迹，迤北土墩3，中特大。在墩旁掘挖，现土墙两面，完全土筑，外涂青灰，一墙半为土砖所砌，必系后补筑。余复命人掘墙之里面，上为生土，极结，下为沙子，墙内面现出涂泥，墙宽约2尺，中夹土灰，故结。上层之生土，必是上墙颓塌所致，下之沙子乃风吹入者。间有胡麻，知为古时仓屋。多数城之一隅有土墩，想皆为陈粮食之用，并非烽墩，盖烽墩必有炭渣，无炭渣，不能为烽墩。在何腾苏木西北察罕通格有二大墩，传说为积麦所变，亦为仓房后颓者。中有破房遗址2处，掘迹甚多，必有人在此掘取锱物者。一维民在南隅掘出瓦罐一，中陈尸骨灰。四周仿佛有破房一，疑为旧拱拜，其中之尸骨灰当为火焚余烬，盖佛教传入后之风俗矣。余等在城附近拾铜钱及铜片甚多，有五铢钱，又为汉物矣。

往南约里许有红土梗一道，亦为土筑，似城墙，其亦为古汉城墙之残余耶。2点半复往南，寻玉尔滚旧城遗迹。经行沙窝，红柳弥漫，边走边觅，或登沙窝眺望，遍地红柳，沙窝连接若城墙，近视之则又为沙窝，5点半终未觅得。据说玉尔滚与色当西耳相距不远，今已南行20余里，是已走过了。又房东说，在此南有一破城，又寻觅，未见。盖玉尔滚在色当西耳之西，而房东所说之城在西南，余等走了东南，故均觅不着也。

乃返，途遇暴风，沙尘扑面，即驰归。时家户无声，天籁寂寂，惟吾等数人旅行荒地之上，明月出于林中，照余前行，到家不觉已7时半矣。时沙一木来，又带来丁、刘二人函，知彼等又有山中之行也。

9月26日　引导者晚归，称玉尔滚已寻着。乃决迟一日行。早起，哈迭尔乡约来，将所有账务结清。于上午10时复出发南行，12时转西南行，入红柳滩。1点半抵勒哈米沁，时房东已至，系马城巅，若天马立于空中，知已寻着旧城矣。

城周350单步，城门向北，门楼向东，进门楼有一井，深四五丈余。据说前三十年有一外国人至，在门楼旁掘门限，拾字纸一块。据称此井内有宝，彼等曾自城内掘一土洞，深入井底，井底为浮土所掩，下甚深，内有一类似水磨石之物二块，不能取出，取则水上涌。余自土洞伏地爬入至井底，周围亦不过丈余，上透微光，井形圆如葫芦，疑为吸取水者，井底有木柴二根，为外人掘井以出浮土之用，余审视良久后，匍匐而出。

余等在此复拾铜片及瓦片数枚。在此休息食瓜，瓜中生奇草，为一瓜子所出，乃摘草以待博物家之考订。

3时15分向西偏北行。3点50分抵砖头城，有破房2间，瓦砾为唐物，又拾"开元"钱1枚。旁有一路，为至莫呼尔草湖之路，盖由此至莫呼尔约百里，又百余里为苦水河，即阿克苏河。先是河水甚大，直至莫呼尔，当时湖旁放羊人甚多，后阿克苏人截断此水，不使东流，故水至今不至莫呼尔，湖边遂无居民。余疑土子诺亦为湖尾，水竭时成盐地。今考土子诺至伯里克斯一带均为湖滩。故余颇疑古时姑墨川水即今之阿克苏水，必有一支东流入渭干河，一支南流入塔里木河，不然在此一带旧城，无水何以居民。今观渭干河往西即今大小裕都司，伯里克斯一带，碱滩纵横，皆为水流痕迹，古时必有大河流可知也。

时天已晚，据说玉尔滚旧城尚在西北约二十里，天黑方可至，乃驰归。明日拟派沙一木回库。据说驴子放得不好，李三尚在库车，涂县长即回省，皆须办理。乃写信两封，一致张县长，关照驴子事，一致张君，请将拓片收回。

9月27日　今早起，函致涂县长，请将队款交丁、刘或张县长暂存。乃派沙一木归。又派沙雅尔班上至叶现比通知。于9点50分向南出发，10点10分过克子尔沁，时托克苏乡约及班上4人来照料。昨日哈迭尔乡约派大而瓜送信致托克苏陈县长，故陈县长派彼等来也。于11点10分路过一水潭，在此带水，因往南入戈壁无水也。此地虽开有田地，但人烟甚少，每当六七月时，农民在此地收场，故有人，现已收割完竣，均搬回庄内居住。12时半方入湖滩，沙窝纵错，2时半抵一破城，名卡勒克。周150步，门向北开，宽5步，墙为砖砌，高2丈余。在城外拾"开元"钱2，知亦为唐代物。初疑为通古斯，及近视，知为古时住兵之地，通古斯大城尚在东南也。略停，2点35分复向东南行，经湖滩，浮沙泥盈尺。3点半至和阗大道，4点抵一草地，青草茂郁，且有遗弃麦草，可就驴马之食。

据说，在此东北不远有一小海子，有水可供马饮，通古斯旧城亦在其南，可望而接，相距若十里谱也。乡约等已先至，乃即住于是处。傍晚蓝福与哈山多斗嘴，经余劝解而罢。由是知旅行之不易应付，既要处理队务，又要工作及计划一切，故余数月来，自早至晚，未尝有一闲时间也。

9月28日 上午8点35分出发考查通古斯旧城，留蓝福狗看守帐棚。余带4人前往，循至和阗大路向往偏东走，9点20分即抵通古斯旧城。城墙巍然，高约3丈，虽破犹存，周1375步，南北开门，门楼均具。在北门楼东有破房遗址数间，均为外人发掘净尽，无可置力。乃于城内垃圾堆处发掘，亦有布巾之类，约工作5小时。复往南至不徒瓦什旧城，亦循和阗大道南走，经行沙窝，4点20分抵达。周450单步，高亦2丈，全为土砖砌成，内为水冲洗，空无一物，约停10分钟即归。远眺可洛郁干旧城在西，通古斯旧城在北，盖悉为龟兹小城之数也。

9月29日 上午复发掘通古斯旧城。9点半出发，10点抵通古斯。先依城旁高地发掘，深2尺，即土墙，断为房基，又掘下5寸即见底，干草甚多，又在旁掘出胡麻油饼，又有木屑2件。知古时以胡麻榨油，人民所食用者皆胡麻油也。其饼圆径尺余，亦用榨筒榨出，现新疆人犹然。

掘尽，复至昨日所掘之地掘寻，亦觅得木梳、布巾之类，连昨日所得，于古时人民生活状况，略可知也。古时人民衣绸，以白色为最多，其次蓝色。鞋亦用丝线底，如今之草鞋，外以丝线锁边，头亦如草鞋。知今日所穿之草鞋，为古之遗制。现山西乡村人犹履锁线鞋，皆古制也。现维民履皮革，蒙人亦然，惟汉人用鞋，则此等鞋制，可决定为唐宋汉人之遗。在库木土拉千佛洞亦发现此同样之鞋及衣巾，高昌旧城亦有此类物，是此类为当时西域人所通用，亦染于汉俗之一斑也。又有布口袋，必为弓箭袋。

又有木碗 1 个，木烩炙半根，是古时磁器尚未发达之前，人民多以木器代之，如木碗、木勺之类皆是。故可说最古人民生活用石；其次用瓦、用铜、用木，后则用铁用磁矣。

自余采集此类物件，维民多笑之，而余则兴高采烈，盖人民生活状况，随时变迁，以古证今，求其变迁之迹亦最有兴味之研究也。我国近人多崇于上层之研究，而昧于下层；西人知之，而昧于国故，是欲改革史学、地学，非以考古学作基础不可。提倡鼓吹，此余等之责也。

余将考古工作分配毕，又去考查可提尤干。于 11 点 35 分出发，向西偏南 20°行，经湖滩，沙窝纵横，马迹深尺余，行约 1 点 20 分，至下午一时方抵土墩。前距土墩里余即为沙碛，中露出红泥滩，滩上瓦砾甚多，渐有铜钱铁块。墩下为土筑，上为砖砌，周 10 步，高 2 丈，盖以捍御北夷，保护屯牧。在西南约 20 余里有一旧城，名乌斯干，小城，似卡勒克，余以滩泥难行，未去。然此一带小城甚多，皆田官所居，土墩皆屯兵所驻，由是知古时屯兵制之綦严也。

由此望通古斯旧城,在其东偏北20°,相距约12里。由此望可提尤干小城,正在其西南,相距亦约10里。乌斯干则正在其西也。据说,由此往南30里和阗道左有一腰站子,在此尚能见其树林。再往南,即无居民,完全为湖滩,本地人谓为莫呼尔草湖是也。按即当塔里木河北岸,大河水溢出,山水南来,凝聚为湖泽,今水已竭,故成泥滩。沧海桑田,变迁数数矣。眺视良久返,随拾碎铜钱多枚。

回到通古斯住处,检视今日所得,重阅旧报,记今日日记而寝。

9月30日 上午8时,由通古斯住地出发向北行,入和阗大道,经行沙窝,9点20分至小海子,实则一小沟。裕勒都司水溢出流至此,凝而为湖泽。据说,上下水甚大,惟此处为小。过此转东北行,经红柳滩。9点50分与至托克苏道分途,一北去,一东北行。又经沙窝滩,碱蒸发为霜,如雪霰,枯柘结泥,变为僵质。11点20分抵玉尔滚沁旧城。

城居于湖滩之中,泞泥若新雨后。城颇大,周围1500单步,较通古斯为大。城墙已颓,只余墙基,亦高且大。以东略有未颓者,为枯柘及土砖所砌,此为后加,本不如此。有二子城在此,与外圈相连。在中有一土墩,疑为衙门,已颓倾,表无遗物。城内沙窝棋布,僵柘丛生,泥淖深尺,面呈白霜,青草红柳,葱郁飘摇。略有瓦片,亦为红色,略拾小钱,与色当同,疑皆汉物。城门南北开,城东门外有土埂,必为城门,又有土埂一道,盖老城基也。东墙180双步,抵城门及子城;154

双步抵东墙隅，城之南北皆属英而洼提。据说在英而洼提南面有一旧城，名月勒克沁，在海子旁水磨附近，即在通古斯城东面，余等走过，未及往查，殊为可惜。

停1小时，12点25分复向东北走，仍为湖滩沙窝。1点20分转北行，1点40分抵托克苏大渠，已无水，有土房2间。据说，此地一家5人朝汗，2年未归。又说，此渠南流尚有70里地。2点转东南行，亦为沙窝湖滩。3点抵叶现比村庄，不久即有叶现比稽查及乡约来照料，住于乡约家。

今日正值此地巴札之期，人极众，群来看视，以为俄罗斯人来也。叶现比有街市，地以贸易日得名。南路计日，以交易日为准，七天为一主玛日；主玛日为"阿子"，"乃"即星期五，次为"现比"，次"叶现比"，即星期日。"兑现比"，即星期二；"善现比"，即星期三；"查现比"，即星期四；"阿子乃"，即星期五，为维民礼拜之日；"叶现比"即星期日，交易巴札之期。巴札即街市之义，言至"现比"这一日，群至此地来贸易也。托克苏巴札之期为"兑现比"日，故当地人称托克苏为"兑现比"，犹此地名托和拉克，而街市称为"叶现比"也。沙雅、库车均为阿子乃日巴札，即主玛日。亦七日一巴札。惟库尔勒七日两巴札，所谓大小巴札也。维民计日亦以"现比"为数，犹吾人之数星期也。

又自余调查库车、沙雅西部诸城，颇有一疑点，即诸城皆位于湖滩中，皆被水冲积，不见河道，古时决不会筑城湖中，意唐宋后此地当经受过大水冲积，房舍淹没，积水不消，凝为湖泽，至最近四五百年来逐渐恢复。故唐宋至元，此一带地无居民。以考古学上为证，吾人除被水冲积后之汉唐古迹，略见遗物外。若五代至元，遗物几无所见。史所称回鹘，亦只云在吐鲁番一带，以西即无所闻。王延德使高昌，称西为汪洋无际，似颇有所闻。

10月1日 早起着沙雅班人回去，随带一片问候继县长。乃于上午9点半出发考查羊达克沁旧城。向北偏东20°行，经行庄田，9点50分抵托卜沁旧城。只余城基，高约2丈，周280单步，南北开门，城中已荒草漫延，碱泥深尺，面呈僵质。略停10分，复北行，又是庄田，10点半方入戈壁，污泥滩中，青草弥漫。11点半抵羊达克沁，旧城只余墙基，高约2尺，北面渐至灭迹。城3重，外围5585单步，每里以320步计算，有17里5分；内城周850单步，土阜络绎；内城的外面约数10步尚有一城，北面墙基不明，城中荒草芄芄，沙窝累累，枯柘结泥，变为僵质。土阜上泥淖甚深，若新雨后，盐地下潮湿上升，碱化即呈白霜。审视良久，不特无铜铁遗物可验，即瓦片亦难觅一二，似未居人者。

然此城为何时代所筑耶，遗物既无，则当断之方位。按龟兹国都城见于载记者三：一曰延城，即汉时龟兹国都城；一曰荒城，即《大唐西域记》所称之荒城，为金花王引构突厥人遭杀戮者；一曰伊逻芦城，即玄奘所见者，古人多混为一。以余之观察，仍当为三。据《水经注》称东川水南流，支水右出，入龟兹城，故延城矣。延城称故，则郦道元时已不都此。渭干河为西川水，密尔特彦河为东川水，则延城当在渭干河之东，亦为库车东境。《水经注》又称此河又东径龟兹国南，又东左合龟兹川水。此河即塔里木河，是后魏时龟兹国都城，在姑墨川入河之东，龟兹水入河之西。姑墨川即阿克苏河，龟兹水即渭干河，故龟兹国都当在阿克苏河与渭干河之间。又考《晋书》称龟兹国都城，其城三重，中有佛塔，庙千所。今余所见旧城，城为三重者二；一为于斯甲提，城三重，周七八里在千佛洞南约50里。《西域记》称荒城北四十余里接山阿隔一河水，有二伽蓝。是于斯甲提之旧城，即《大唐西域记》所述之荒城，久已无居人矣。则今日所见之羊达克沁是也。《大唐西域记》称都城周十七八里，与此相合。其城三重，非国都莫属。故此城余疑其为伊逻芦城，惜无古物可证。然与延城为二，可以决然。一小，约五六里，一大，为十七八里；一居西川水东，一居西川水西，界域甚明。今此二城皆为西川水西，阿克苏入河之东，故以地位准之，有颇相似处。据说羊达克沁南又有一三道城，颇小。俟考查后再订。据此地人传说为"鞑子城"，穆罕默德未出世即有此城，已二千多年了。齐东之语本不可信，然确在唐以前也。又此羊达克沁在英尔默里北20里，此地有羊达克沁3，尚有2小城在叶现比之南，同名异地。又此城东约10里有塔什墩，城北有若家克城，西有克子尔城，南有月勒克城，皆小城，疑为营垒。则此倘非国都，决不至雄伟若此。

在此勾留点半钟，1点又出发。考查塔什墩。1点40分抵塔什墩。墙已颓，余墙基，周250单步，南面墙内外均有土堆，盖已颓之墙基也。本地庄户出瓜果为馈。略停，2点20分复返遵大路南行，归已3点半矣。

又游巴札，由北至南，骑马行5分钟，故街道亦不为小。

北首立有牌坊，上题："野买巴都"，未悉命意所在；南首题："英尔默里"，盖村庄名也，为去岁张元缜仲威县长所立，盖效王尔翼之所为也。

傍晚，继县长又派马5匹，便骑行考查。晚，沙一木来，携带涂县长函称，款决交丁、刘，要收条。又李三仍在库车，称拓片交詹带省去了。

晚，写了一长篇日记。

10月2日　今早派沙一木回库车，随带函2件，一致涂县长，请将款交丁仲良；一致丁仲良请代收，并收据一张，请交涂芝荪。

于上午9时出发向西南行，沿途皆村庄、田亩络绎。10点20分抵小羊达克沁，此地名克子尔库木，故亦称此旧城为克子尔沁。阿雀墩庄在东，相距约2里，距英尔默里巴札约10里谱，在其南也。周225单步，墙已倾颓，只余墙基。在东北隅有一土墩，略高，城中除红瓦片外无他物。有本地户家送甜瓜，剖之分食。10点40分复西南行，过羊达克沁渠，沿途亦为庄田，11点20分入沙窝滩，路东亦渐有户家。12点抵大羊达克沁，地名同，此盖以城名名地也。周约387单步，中被水冲洗，城墙已颓，惟北隅稍高，略存数尺，为土砖所砌。东南隅有一土墩，城外相距半里有二土墩。此墩高约4尺，中有发掘痕迹，盖为本地人掘取锱物所致者。城旁有庄户二家，一妇人送一铜印并诸铜器来，据说在此城拾得；又一木章，亦说在城北沙地中拾得。后汗木多在此城中拾"大历元宝"大钱1枚，稔知此城在唐大历后，尚有居民，为唐城无疑。唐于龟兹曾置安西都督府，此其遗址欤。城北西二面均有沙窝，瓦砾、铁块遍地，城外必有居民。故此城在当时亦颇繁盛。在此勾留50分钟，12点50分又出发向东走。1点过一小城，城中已有居民，墙亦灭迹，相其形势，周约288单步。向东南行，1点半抵乡约家住焉。

饭后复去考查月勒克沁，派汗木多等仍到羊达克沁发掘。余等3时10分出发，向南行，入湖滩沙窝。4点10分经二小海子若池塘，岩岸略高，过此入湖滩，雨水浸湿，蒸而为霜，表呈白色。4点40分抵月勒克沁旧城，城为圆形，已无墙之痕迹，隐若有土埂焉。中有土墩已颓，其形与轮台南之可尤克沁同，盖汉代旧城也。其瓦砾色红而粗厚，年代较古。城中已成泥淖，碱质暴露，若下雪者然。据说民国十一二年时尚不如此，瓦砾铜件亦较现在为多，最近方变耳。以东有一土墩，相距半里，本地人亦称为城，惟不知其名。四周瓦砾铁块甚多，疑为古时驻兵之地，长方形。四隅尚有颓尽之土墩，周约75双步，红瓦砾颇多，南隅有发掘痕迹，露出房墙，审其形式，疑为庙基，然无庙中遗物，若为营垒而无大墩，其形又为长方，究不知何用。余等在南墙下拾有"开元"钱1枚，五铢钱1枚，知此墩为唐代物。所说五铢，盖月勒克城居人之遗物也。审视良久，因天已晚，乃归。南50里地特木土胡拉克海子，为渭干河入大河口处，据说有一三道城沦于水，只有闻者而无见者。以西有一破城，明日当往考查焉。

按此三道城亦必龟兹国都城，据说比通古斯为小，则为最早之三道城，亦未可知。后大河北徙，渭干河西流，而城遂入水中耳。南北河东转，东西水北移，观于此亦信然。

今总合所见各遗迹皆在渭干河西岸，知西川水为汉唐威力之所藉矣。

10月3日　早晨乡约及阿訇来，称南尚有2城，惟驴不能去，可遣驮先行至胡乃玛庄，余等南行看城后，亦返胡乃玛。乃于9点半向南出发，转西，又南行，经沙窝湖滩。11点沙窝中露出红泥滩，瓦砾遍地，必为古代住人处。11点50分路北沙窝中有胡桐树三，据乡约云，城西边有胡桐树，疑即旧城所在处。而阿訇引导人直往前行，盘桓于沙窝中，四处张望，维终不见旧城，是渠已忘其路径矣。本来沙窝中寻觅旧城亦甚困难，沙窝疑土墩，红柳类城墙，连过几道沙山，即不辨方向。故行沙窝中最易迷途，况系觅寻一有地无迹之旧城，今日不能寻得亦不足怪。据见者云，此城与月勒克旧城相同，则为汉代之遗也。

据说，胡乃玛距此数十里，非至二更不得到，余大惑，乃急返。向东，于1点半向北转东行，时月勒克旧城正在路西可接也。2点折北，行于干河川中。3点15分至水磨旁，有空房数间，现无居人，冬天水大则开。有胡桐树1株，由此上大道北行，道旁渐有积水，即渭干河溢出之水也。

渭干河自出山口，经库木土拉至英尔勒克，分为2支；一支东行经沙雅之东，为鄂根河，至他拉不弄，地名齐满，入塔里木大河；一支南行，经沙雅西面，转南至齐满，合为一河，入大河。西支至胡乃玛庄东溢出为小河南流，至解难里克（齐满西南）入塔里木河。沿溢出之水，沙山屏蔽，芦草丛生。

4点渡水向东北走，4点20分出沙窝，入平滩，青草弥漫。4点半抵胡乃玛庄边，4点40分抵一户住焉，驴驮到已久矣。

时户家门外正在榨油，其法凿一树为臼，大可盈拱，高约3尺，中空，置菜籽于其中，以杵捣之，下有孔漏油。别以横木架杵，用驴或马拉转，杵上加石木之类，颇重，一人一面赶驴，一面以捞菜粉，下有一碗承油。此地用菜油，其他尚有胡麻油、棉子油之类，惟不用香油，斯其异耳。

10月4日　上午自胡乃玛庄赴沙雅。于9时半向东出发，50分沿渭干河西岸东行，两岸胡桐林立，红柳丛生。10点渡河，水不甚大，据说每当三四月间水大时抵及马腹，现值枯水，故不大耳。渡河后向东北行，又转东。10点40分至海楼庄，过渠即属以介奇。

沿途庄户络绎，畎亩相连，中间有一块荒地，青草弥漫，询以不垦种之故，则曰种麦、高粱均不生。余确知可种豆，然此地维民只种小麦、高粱、棉花3种，若青稞、谷子已不如上三项之多，若豆则通干（老回回）种之，维民多不种，然豆价每斗值300红钱，较麦贵10倍，而维民不知务，宁使地荒芜，未免可惜。蚕豆亦偶种之。

11点又向东南行，11点50分过一渠，至博朗，12点半过渠，即抵沙雅城边。时继县长已派一科员在此照料，即住于一通干房内。房甚洁，有亭园，多树木，渠水川流，颇为幽雅。

抵此后略息，即有售古玩者至。惟此城有一靴匠名土的与阿訇（叶现比）阿西母及托卜沁之老汉4人，以拾金为业。今日土的送来古物约数百件，皆在沙雅西北，裕勒都司、大望库木一带旧城中拾取者。大望库木、月勒克城为最多，可取之品不少，未暇一一鉴定，以地品分合15包，即15地点，给银20两而去。又一人送经纸来，系在通古斯巴什掘出者，中有"大历三年"年号，则其为唐城可知，给银2两。

饭后往见县长，相谈甚得。据说此地有小学校一所，维族教员不懂维文，乃私雇一懂维文老师教授生徒。彼意对于维民教育应当提倡，务使维民知识增高。从前官员，只知施威利诱，奴役维民，极不对。杨将军治新疆，完全用闭塞主义，不知开放，一旦有事，任人宰割。故其主张新疆开放，若开放，当自提高维民知识始。余极以其言为然。

但新疆可作之事，不只一项，以余所知者：一为水利。水少地广，荒芜者多，宜开大渠。即以沙雅、托克苏论，在伯勒司、通古斯西南，很多荒地，土质沃腴，倘合并大小裕都渠，开一运河，直至莫呼尔，与阿克苏河相会，可开地万顷，容民数千户。现小裕都司属托克苏，大裕都司属沙雅，两渠并行，中隔一埂，而各不相通，何不掘去此埂，变为运河，则伯勒司、通古斯，皆可为良地矣。一为航行。开都河、恰阳河、塔里木河，河床甚宽，水流平稳，设行帆船，焉耆、楼兰之货物可直运至叶城、和阗；阿克苏之米、库车之皮，可运至焉耆、罗布，由罗布运至燉煌亦不过20余日程，其利甚便。一为工艺。维民工艺，虽有佳者，如库车之铁器、和阗之毡毯，皆为新疆特产，然所缺欠者多，如木匠中之船司，日用品中之磁器，现新疆之日用品如碗壶之类，皆取给内地与俄国，而俄国来者多，然此地亦不少粘泥，何不自烧，故此类匠师，宜自口内聘来。一为交通。新疆戈壁，行走转运多驴车，宜多修汽车道，便运输。一为实业。维民生活极单简，宜加改良。即菜蔬之类，加以提倡，现维民日常食饭2次，面条一次，若请客之类，食以抓饭，即为无上珍品，又不用菜蔬，勤俭之风固然可贵，然人类生活仅如此，亦何足取。至于振兴教育当然为先务之急耳。因继县长谈及，故附书己意。然不可望于新疆现在诸公也。

傍晚即归，县长以马车送回寓。即书之于日记簿内。

10月5日　早起，伯里克斯李稽查来，因一妇人病血，予之以正气丸一粒。其后，孙商总来谈，论及此地鹿茸性质，较关东茸为和，每架斤余，值银90余两，称为草湖茸，颇不易得。最好者有30多斤重，值价千余两。最为稀罕品矣。四区、三区总乡约来，嘱雇马4匹，明日往视塔里木河。又有拾金者售古玩，不大佳，予银2两。

时余不理发已月余矣，囚首垢面，若犯人，乃唤一理发匠人为余理发。前后推光，并能推拿。匠人为维民，理发方法略同内地，其用具亦然，余颇疑渠受艺于中原人也。此地维民男子光头，女子蓄辫，二辫后垂。余疑男子光头为维民本俗，并非因满清有辫，民国无辫随之变易者。不然，虽在穷僻之区亦不见一有辫人耶。

今日本为沙雅巴札之期，正午，门外喧哗之声盈耳，乡人悉至。有所谓牲畜巴札，卖买头口者至之；有所谓粮食巴札，米面、高粱者至之；卖买牛羊肉者为一类；卖买布匹者为一类；县署门前，即为卖买皮帽革履之地。

余在家未出门，大睡一觉。方午，县长至，谈论一会，又及水利，然余对于新疆水利，亦有想法，不欲深谈，恐见地方之忌耳。下午 3 时县署来催请食饭，骑马去，在座者为本县商总及署内师爷，直谈至晚方散。

闻孙商总言，前俄使来，欲在塔里木河行船。张县长不欲，称有的地方河宽水浅，有的地方河窄水深，不便行船。俄使复要求未允，张遂与之同至库车。德人亦来观查一次。总之塔里木河航运，亦为新疆一大问题，而余之明日往考查，亦不可无也。盖现在至和阗大道过曲，需行数月，绕道数千里。此地维民至和阗均走小道，由沙雅英而巴台一直往南，至塔里不弄（地图上为塔里木）渡河，沿河边西行至阿克苏南之巴楚境，循和阗河沿岸至和阗。冬天驴踏冰过，20 余日，夏天绕水，需月余。此一带有水草，无人烟，据说冬天并可行车，和阗与库车商人，均由此道行。倘塔里木河可行船，即由沙雅可以直达和阗，于阗、叶城，可以不绕道极西之喀什；而和阗与库车、沙雅之交往，更为便捷。外人均注意于此，赫定博士亦说及塔里木河行船事，非余亲往调查，究可否直接行船，水沙之浅深若何，不能断定。然《西域水道记》称引乾隆二十四年德文奏言，准舒赫德咨称，"沙雅尔河道通叶尔羌、喀什噶尔，可否造船试运"。又《鄂对传》曰："库车城西，达沙雅尔有鄂根河，水盛可行舟。清兵备霍集占，果携贼五千余自鄂根河抵库车，为我军所败。"据此，则不独塔里木河可行船，而渭干河亦可行船矣。总之在三四月间水大时，一定可行船。秋冬水竭冰冻或不能耳。

10 月 6 日　上午 9 时 5 分发自沙雅城，考查塔里木河流。

由总乡约派一人引导，余带二人向南出发。出沙雅城即为英尔巴哈庄，沿渠南行，沿途村庄树木络绎不绝。11时至哈札克庄，12时半抵齐满庄，在本地乡约家略稍。由此到大河边须经过一小海子，有一桥已毁，乡约去修桥去了，乃另觅一人引路。1时半从乡约家出发，向南偏西30°行，2点15分抵小海子，乃渭干河溢出之水，即所谓西河。由胡乃玛庄至齐满庄东流至塔里不弄入塔里木河，塔里不弄在齐满东约10余里也。渡海子，水深2尺，宽约3丈，不流。渡河南行，经红柳滩二，中有大路，即沙雅至塔里木渡口大道。据说，此路过河可以至和阗、喀什、阿克苏。3点抵大河边，现河水不大，河宽约40余丈，两旁均有沙滩，宽可里余，水大时抵河岸，岸高出水面约五尺，水流量较开都河稍速。据说深处有十余丈，然现当水竭时，较浅。全为沙底，并无石头，底为黑沙泥，泥多而沙少，故河滩上无浮沙。

据说此河每到冬天，即11月20日以后即冰冻，冰厚5尺，往来行人，驼马均由此过。至次年2月尾解冻，水势渐大，至三四月山水来，水势极为浩瀚，来往行人视为畏途，渡船亦拉至岸上。

渡口南即塔里木庄，多放羊人，并无种地者，亦属沙雅，此河之称塔里木河亦由此也。渡船4只；卡棚2只，卡棚即独木舟，凿大木而成，前尖后齐，长约一丈五六，宽约5尺，能坐2人，一人坐于头间，一人在后以木板捞水。尚有船2只，前尖后齐，系用厚木板镶成，长约2丈，宽约七八尺，可坐四五人，驴马均能渡，亦用木板捞水，以木竿撑之，无用楫者。

据说此船可划至卡阳，不敢上行至阿克苏、和阗，以逆流故也。然考查流速不急，设有适当设施，亦可行至和阗、于阗，然目前尚无法办到。由此地到卡阳即可通行，则由卡阳至罗布淖尔行船，更不会有大问题。由此向上至阿克苏，据说河宽及深与此同，则由阿克苏至和阗、叶城、喀什，当水大时，拟料其有可能行船，故塔里木河行船，似问题不大。在卡阳一带，水大河宽，可行小火轮船，在上游亦可行载重一千石木船。至船码头，除罗布淖尔当作船坞外，若新平、尉犁，为西行第一码头；卡阳为第二码头，因现在卡阳卡庄有溢出水，可移至东10里诸河会处，即在可可确儿之南50里地，有路可至，现为渡口，有渡船数只；第三码头为沙雅之齐满庄，南有红柳滩可作船厂，即塔里木庄亦可作船厂，距沙雅不过40里地，取拾亦便也；第四即阿克苏南之英尔洼提。余所知者仅此。设通行航船，则沿岸皆可变为繁盛之区矣。

余考查此处后，已下午4时，即归。抵舍已8时矣。

10月7日　早起，即预备出发，派汗木多等先行，由县派一班人押运，余等坐轿车至县署辞行。上午12点15分出发，向西北行，1点40分至渭干河岸。河宽10余丈，水深过马腹，有渡船2艘，渡行人，马由河中过。

此河即渭干河正身，本地人称为沙雅尔达里雅。自出山口经行库木土拉庄南流，转东流，经沙雅之东转南，至卡阳入大河，地图上题为"鄂根河"误。鄂根河，据说为新出之河，在长兴之北，与此尚隔数十里地也。

渡河向北行，经红柳滩，2点40分至排士庄，有小巴札，人称为排士巴札，街道不大。过此又行小沙窝，连成一线。3点经红柳滩。4点20分又过一村庄。5点20分抵亮果尔庄边地，有街市一道，不大，有官店一家。

先是余在沙雅时，约定驴驼至亮果尔巴札会齐，住官店，至此不见驴驼前来，据说到阿子巴札去了，阿子巴札在亮果尔巴札东约5里地，乃知因大路有水，走了小道故迟迟耳。到阿子巴札时，已6点矣。

10月8日 上午8点20分由阿子巴札出发，向北经行沙碛，10点10分至长兴巴札，本地人称为"查现比"，即在查现比之日为巴札期也。街市颇大，同于叶现比（英尔墨里），有汉商数家，皆为当铺，沿途树木丛生，庄户络绎。10点20分过一河，河身颇宽，而水不大，即所谓鄂根河者是也，东入草湖。沿途均有庄户，10点40分至牌楼庄，甚大，惟无街道。11点半抵石登口，亦属牌楼，惟于一定期间有小集市，卖买羊肉。在滩上略息。树林中乞丐甚多，据说，此处每至八九月，喀什、和阗穷人均来此讨乞。又大道口亦有小孩要钱，与内地火车站旁情形相同，余在口外见此状况，此为第一次。

又于11点50分由石登口河滩出发，沿途均有村庄，田野交错。12点40分至小气盖。1点40分至其路洼，即库车边地也。2点10分东行，2点半抵库车园内。丁、刘均外出未归。

略息。朱局长派人来邀，称丁、刘均在彼处，即骑马往赴。谈多时，至夜方归。

10月9日 昨日涂面约，今日来拜。上午朱某来，朱乃喀什英领署秘书，此次为积案来，此人大有洋奴趣味。正午涂芝荪至，闲谈甚久，余送穆昭墓志1张，汉石经1份；渠藏有天山碑及于阗所出泥像，约明日往观。

10月10日　今日为10月10日，即国民政府成立日，去年大队在河口，余考查居延海一带，大队于此日曾举行纪念活动。今年在此地，丁、刘又提及纪念事，亦不可不有点缀，乃于上午邀请朱局长至，作来宾，我们四人开起纪念会来。园内有一亭颇宽敞，权作礼堂，中悬青天白日旗，旗为蓝墨水染成，下置方桌，垫以绒毯，桌上置花1盆，木椅10把，分列两旁，未开会前各摄影1张，乃相继入座。公推丁仲良为主席，因丁为早期党员也。同人向国旗行三鞠躬礼，静默3分钟，主席宣告开会，演说大义为增进吾等之国家观念。朱局长且有鼓励之词。演说毕，茶点闲谈，时已下午1时。

饭后又赴涂芝荪宴，在座仅余等4人耳。送余《姜行本纪功碑》一张，及所藏泥佛像借余摄影。省票2000亦交来，当兑喀什票300两，携归。收拾贴妥，早寝。

10月11日　昨日冯委员来请，辞以今日10时到，故今日10时即去。先至朱某处一谈，后到农林试验场访冯。场面积约半里，有土城围之，高可1丈，四隅有望台，中有亭一，匾额均为民国八年湖南陈宗器所题，乃一纪功亭也。盖民国八年，一维民仇杀汉人，连杀死数人，伤10余，事平后，杨将军枪毙6人，乃息。时库车县长即陈也，故对联中略述之。亭后有莲花池一，县署拟来掘藕，故水竭耳。树木颇多，近已凋零。房屋约6间，已颓塌不堪。冯委员住于西偏小屋中，室小而暗，已生火矣。冯君颇谙阴阳堪舆之学，据说颇有研究。以余视之，其学亦不精，遑论其惑民。

下午2时方食饭，在座还有高级小学两位教员。时涂芝荪又来函索汉魏碑，检出汉碑数种送之。涂颇嗜爱碑帖，据说家藏颇多，渠送来《姜行本碑》拓片1张，锥拓颇早，惜此时拓工不佳，字迹不明也。

10月12日 上午冯君至，谈许久去。朱局长来又谈许久。今日追记连日日记。

又发信2封：一致徐先生，因其来函询及延长半年事，余等对于延长，当然表示赞同。其以后计划：拟定由喀什至和阗，循和阗河至沙雅，转循塔里木河至罗布。据说由沙雅至新平不过7天耳。经费预算，每月以600两计（一，工资200两；二，伙食200两；三，草料150两；四，杂费50两），此不过预定计划，能否够用，尚成问题。又徐先生来函称刘半农来电，已筹款5000余，续筹。余等提议拨出一部分作为考古工作费及购买风俗物品费，估计可获赞同。此函以余与丁仲良名义写去矣。又徐先生称赫定快来，随带有天文学者一人，名安卜尔，在塔病甚；又带来汽车4辆，不久可到。刘春舫大概也要随安卜尔。徐先生有意考查和阗至罗布一带，或同赫定走一圈，皆未定云。

余今日不适，寒战，午后睡至傍晚方起，又写了今日日记，已11时，乃寝。

10月13日 上午校对地图，以参谋部地图为主，对照斯坦因地图，名称、方位差之甚远，盖外人治图，皆实地测验而得，我国人多抄写外图，又不确实考查，故多错误。

日方午，知张县长由拜城归，乃同丁仲良往会谈许久，彼并以古铜印相示，亦有佳者。据说有一大铜印，出自沙雅，暇日当往取视焉。转至王统领处，未遇。至巴札购皮大衣面及羊皮各一，合银39两，嘱天津铺志源成代为料理。

傍晚，毛拉由托克苏回，并携带有陈县长一道谢函，颇恭敬，陈亦老实人也。又校对地图多幅，直至喀什，以斯坦因地图观之，由阿克苏至阿枰、巴楚一带，古迹颇多，由巴楚至叶城及喀什均无多古迹。故余决定由巴楚至喀什，循大道至叶城、和阗、于阗，顺克里雅河至塔里木，转至罗布。由塔至罗不过7日程也。

10月14日　今日丁仲良拟起程赴拜城。上午库尔土拉浪漫乡约至，并带来古物多件。据说，均出于勒哈米沁，中有石镞、玉斧之类，还有2瓦罐，时代均早。以城论之，系唐代之物，何以出此物，是不可解。疑维民不报真实地名，胡说耳。余给银6两持归，又派汗木多请他上馆子。

上午12时丁仲良去，余同春舫送至河滩。脚户、乡约及放驴人至，检视各驴，又有3头不食草，系被打者，乃易驴3头。

10月15日　今日本拟出发，因厨子及放驴人均未找妥，后托房东，请一维民料理，每月仍给工资，驴12头，每日食草15把，料15斤；又托邮务局代雇一厨子。诸事毕，又同刘洗相片，均佳。前借涂之泥像，今日送去。

10月16日　早起收拾什物。12点20分出发，刘春舫送余于沙滩，摄影而别。向南转偏东20°行，沿途庄户络绎。2点半过一干河，即库车巴札之河，维名库车沙衣，即库车干河之义，往东南去与渭干河汇。3点至格达坑，庄户甚稠密。3点半至可可喜，5点半向东南行，过鄂根河，即渭干新河，水不大，宽数丈，疑为渠道。6点过桥转西南行，6点半抵哈拉斯堂某乡约家。

据说，向西有破城1，古地2；由此往东，有破城3，并有一大城，在沙乌勒克草湖边，由城至克内喜，沿途亦有破城，且为大道。盖由沙鸣里克至罗布有一大道，10日可至，疑即余至恰阳之道也。

10月17日　上午9时10分由哈拉斯堂出发，向东行，转向南行。9点半入湖滩向南偏东行，满目红柳碱地。11点20分抵博斯堂村庄，柏杨载途，庄户络绎。12点20分进博斯堂巴札，虽有街市之形，但人烟稀少，颇为冷落。据说，因其南30里新开一巴札，故此处为其所移。在县署时曾说住此处，故总乡约咨会此地山乡约，而乡约均不在家，遂又出发赴哈拉黑炭。12点出村庄，又入湖滩，2点半抵哈拉黑炭。住巴札某稽查家。此为新巴札，开不几年，人烟甚多，还有山西铺3家。

今日共行18235马步，合50里，费时5小时40分。此按余之步表计，每里合360步，今日行略慢，与平时驴行每1小时10里相若。昨日行6小时，合25590步，约74里。计里太多，是不可解，盖步表亦不尽准确可靠也。

此市有巡查一，山乡约一，均属满漫母和卓总乡约所管。库车有4个总乡约，而以满漫母和卓与哈不士和卓势力为大，管地亦多。满漫母管28个山乡约，盖犹袭前清之遗制也。沙雅分为6区，计6个总乡约，每总只管三四山乡约。库车亦当效之，分为若干区，每区设一总乡约，以分其势，县官指挥亦易，否则乡约变心，反乱立至矣。闻满漫母与阿卜士为儿女之亲，管的领域又大，设一谋乱，其势难制矣。

10月18日　上午留班人及厨子在家。9点20分余带3人骑马往探巴札西面旧城。向西行，沿途皆有村庄，田舍相望。10点转西北行，10点半抵一安集延维民家。此人来此已40余年，凡外国人至新游历，必约与同行。平时以贩卖古物为业，藏物颇多，检示一二示余，有铜章及唐钱之类，皆在沙雅、库车一带拾取者。见余等颇喜食茶，又食羊肉，意颇恭，余赏银2两。12点20分复转南行，尽沙碛，过渠二。1点转东行，1点15分抵阿克沁城。类卡勒克，周205步，不及1里。墙高4尺，土砖所砌，城中无一遗物。2点20分自阿克沁出发，向东行，经走沙窝，3点至一古地，略有红瓦片。3点15分至一沙窝处；据说安集延人曾在此掘出纸片，余检视许久，无一遗物可寻。然相其形势，颇类干河床，沙窝累累之中露出红泥土阜，有冲洗遗迹。此河床自西北而东南，宛然如带。复询之本地人，知为渭干河古道。据说，此干河自千佛洞出山口后，经库木土拉之北，东经阿拉哈庄入戈壁，东流于亮果尔之西，长兴巴札之东，复东南行，距草湖约十余里地而没。初时本有水，经本地人打坝后，横截此河，逼水南去，故此河遂竭。后又为浮沙所掩，故此干河时没沙窝，时现地面，非仔细查看，不易知也。则此河之废年代亦久远矣。按《水经注》："西川水又出山，东南流，枝水左派焉。又东南，水流三分，右二水，俱东南流，注北河。"右二水，即今之渭干旧河、新河也。左派枝水，盖即此干河。《水经注》又云："东川水，又东南流，右会西川枝水。"即今库车之干河，南东流，与此干河会也；所谓"枝水右出，西南入屈支城"者是也。在此一带，古迹甚多，知古时西川左派，与东川右派，水流甚大，人烟稠密；而今一片荒芜，河没流沙，若非古迹之证明，几不知此为旧时河道矣。

余近来对于河道之变迁特别注意，由此以考查古迹，证明民族之移徙，土地之变更，交通之因革，颇饶兴致。近人徒以辨证文字，排比形式，为极尽考古之能事，谬矣。

3点25分复由此干河出发，经行沙窝，往东北，4点抵村庄。绕哈拉黑炭南面而东行，4点50分抵可洛沁。据说，昔时有一破城形迹，今已无形；有一土墩，已掘为塘，略有瓦片，其迹已不可考矣。略视即驰归。

又今日据说有一打鬼人在此土墩发掘半日，因常过此，若有鬼祟，疑有宝物，故来掘取镪物。何谓打鬼人？余昨日过一村庄，一屋内么喝之声甚大，余问何事，知此地有一病人，请一打鬼者，外请五六打捧人在此地么喝。此地无医士，凡有病人，均以为见鬼，即请一打鬼人在家打鬼，此亦可怜。盖凡未开化区域，每有此类情事，余在新疆有七八个月，街市不见药店，一旦染病，即听其生死，可怜可叹。

10月19日　　上午出发考查市东北古城。8点30分向东北行，复转北，8点50分入戈壁沙窝，9点20分经一干河川，宽五六丈，与沙雅北之渭干河相似。河岸有胡桐树，并列成排。

据说，此河自长兴巴札北面可洛克地分出。一往东南，经哈拉黑炭草滩，入塔里木大河。即余等昨日所过，且在阿克沁西面也。一东流，经托卜沁之南，巴札之北，东至草湖。据说直入罗布淖尔。在此两河岸旧城甚多。巴札西之干河，即昨日所过，据说有三四破城，在巴札东之干河如满玛沁、黑太沁，在河东岸。满玛沁距此50里。以古迹证明，知龟兹西川水右派入大河；左派枝水与东川水会，径流于轮台、乌垒之东也。昨日记巴札西之干河为左派水非是。

渡干河复北行，亦为湖滩，红柳丛生。10点至托卜沁旧城。只余城基，形为方圆，中为釜形，空无一物。周约300步。昔日人曾来此住掘1日，无所获。此城位于湖滩之中，四围皆碱地，面呈僵泥。余略检视一过即归。

这一带所有旧城均在湖滩之中，且为碱地，颇疑古时某一时期曾受过地理上极大变化，疑即在唐末迄元初之间，遍地皆水，空无居民。以考古上来证明：一、吾人今日所见古迹皆汉唐遗物，唐以后迄元以前不见一物；其间人民之居住及其什物用具，中外考古学家不曾发现。二、所有古迹均在干河旁，其河多为浮沙所掩，或变为草湖，昔日繁盛之地，今已为荒芜寂寥之戈壁矣。

因此，余疑当唐至元初之间，在罗布淖尔大河入口处，形成沙窝，阻水入口，故上流淤塞成湖。又沿河随地皆有沙窝，故一河又截为数段，致成数草湖；因下流之壅塞，中间之截阻，水遂停蓄为湖。然山水有增加，而湖水无减损，水势日大，昔日所营殖田舍已没溺数丈深渊之中，故人民均徙至山边。然山边之地，不可垦殖，因自然之淘汰，当然归于荒芜。试观今日草湖之中白碱呈露，乃由于雨水之蒸发；因地下多含盐质，湖水积久而竭，变为盐湖，转而为碱滩。观今地盐质之暴露，亦信古时受大水之溺没也。在大河以北之地沦为湖泽，而以南边山之古迹又没于流沙。

和阗至罗布一带余未去过,其沙碛之组成余不能知,然此一带之沙窝甚大,可信。在河北之沙窝,就余所经历,自阿克苏东至库尔勒西,即沿草湖一带,沙窝成一线。其沙窝下,均为红泥滩,昔时水冲积之迹,时有显露,古时河床半没沙中,半露地表。其沙窝之形,均东南向,可见皆由西北风所组成。风沙阻塞河流,形成地理条件之改变,进而影响耕作居住,遂至荒芜。故南疆在唐末为一时期,至宋则变化甚大。宋时多属回鹘,然不闻回鹘与原来民族争战之事,可见当时多荒芜,回鹘由北来较易据有耳。且当时回鹘民众亦不多,除吐鲁番在古迹上可考证有回鹘人之居住,焉耆、龟兹沿山佛洞中有回鹘文字书外,而平原河岸之旁,不见回鹘人之遗辙。后蒙古人来,后维民繁衍,方渐呈繁盛耳。

余看罢旧城,费时 1 点半,驰归。饭后,1 点 35 分出发至英业。初向南偏东行,沿途田舍相望。3 点 15 分转向东行,入英业界。3 点半转偏北,又东行。住一维民家,名阿西母,亦以拾金为业者也。知古城六七,大半在东南。由哈拉黑炭巴札至英业约 17600 步,以 720 除之,得 24.4 里,费时约 2 点 20 分。以常里计,相差亦不远。今早由巴札至托卜沁,行 11620 步,合 16 里强,费时 1 点半。然马行甚快,故用步表,倘中间无障碍,一步步前行,亦准确也。

10 月 20 日 上午留 2 人在家看守,余带 3 人及引导人于 8 点半出发,向西南行。9 点转东行,沿途田舍一线,余悉戈壁滩。9 点半完全离开村舍,入沙窝,红柳湖滩,弥望无际,至此上至罗布淖尔大道。盖由此道至草湖，行于轮台之东转南，至可可确渡河至罗布，约12日可达。在此道上古迹甚多，且旁渭干旧河床而行，疑即龟兹至轮台、乌垒、渠犁至楼兰大道，亦即汉之北道也。

11点20分偏东南行，远望胡桐作黄金色，疑有河流，询之引导者，知此地有一道干河，即前日所见哈拉黑炭西面之干河，由西面东偏北行直至草湖，与现渭干河合，入大河。据说，即渭干河故道。以河旁之多古迹证之，其言或然。11点半过干河川，河宽约百余步，两旁胡桐行列，沙窝并立，中显大川，有红泥冲积痕迹。渡干河川约数百步，即为穷沁旧城。

11点50分抵破城，城在滩中，布满枯柘积泥，墙址只见痕迹，形圆，周约770步。西面有大土墩已颓，亦约百余步，上多发掘痕迹。据说，从前外国人来此曾掘出纸片，上有民族古文书。后本地人亦在此掘洞窥取镪物。

余视此土堆决非烽火台，疑即庙基及住房，与通古斯巴什略同。通古斯城北隅亦突出，上有破房基甚多，即当时衙署及庙宇所在地也，疑此亦与彼同，不过规模较小耳。

土墩两旁有二缺口，疑为城门。城四周均有湖滩，胡桐间之。沙乌拉克在其东约20里。据说东尚有一城，名满马克沁，距此约50里。附近河西尚有一城，名羊达克沁，因天晚不及去。

略捡拾瓦片，又摄一影，于下午1点半乃返。循大道而西行，3点离开大道转北行，经湖滩，3点50分抵英业之羊达克沁城。城方形，基高约七八尺许，上生丛草，外披僵泥，空无一物，周约288步，位于英业至沙乌勒克大道东边。略停，4点

10分由英业大道西行，5点至一破城，据说为克子尔沁，恐不确。周151双步，形圆，城基高约2尺，不过稍有痕迹耳。新开小渠在其西，已接近英业庄户家，余在此略停，画一形势图即去，5点50分抵寓所。时日已西落，新生弯月已高悬空际，远瞻烟雾若浮云，盖已至秋日暮景矣。

余连日所见沙窝与沙雅北境沙山迥异；沙雅北部沙山完全为流沙所积，随风迁移，性质流动，中无泥草，高者若山。盖此类之沙山为风力所致。沙雅西南草滩中之沙窝及库车草湖滩中之沙窝，乃由山水冲积而成，中夹泥沙及腐朽植物，高不过一二丈，形同小垤，类拱拜，顶圆下齐，朽物外露，掘以填地，可成沃壤。盖为历次大水冲积而成者，非风力所能移动。故此类沙窝无碍于垦殖，沙丘上红柳或柘甲丛生，远望若林木房舍也。沙山上则多不生植物，沙窝洼地多芦草丛生，旅行人常住此处，掘井取水，时有应者。盖因地湿故上生芦草也。

沙山必一面缓平，一面峻急，缓平者为向风面，峻急者为背风面，形若新月。沙雅北部沙山多东南向，盖为西北风所致成，东南低，而西北高。沙垤因不成于风力，故多为圆柱形。凡沙垤所在之地，必为湖滩，或河流所经过，故沙垤散布于河川或湖滩中，若营垒晨星，一个一个不相连续。沙山与普通山脉多相同，山与山相接成线，乱峰若锯，若见大沙窝，登高远眺，有如大海波浪汹涌，顺风而趋，或作黄金色，如巴丹格林大沙漠是也，或作灰白色，如沙雅北部之小沙碛是也。若沙垤则以所含泥而异，红泥多者其色红，白泥或黑泥多者其色与一致，此一带沙垤均为白泥及沙所组成，故其色类银色也。

10月21日　上午10时，收拾什物向沙乌勒克出发，哈西母送至羊达克旧城边而返。初向东南行，后转东行，遍地红柳，地白土，淘为佳壤，惜水分不足，致成荒城耳。11点20分离大道而南行，道南有一破城。11点半抵旧城，城为长方形，周约230步，红土所筑，基高约3尺，北、西二面地略高，掘痕甚多，皆本地人掘取镞物者。据说每至晚间有一盏明灯，光耀红柳中，又城墙中长蛇甚多，因此村人疑其中有宝物，故乘月夜来此窥掘，所出何物无人知者。余疑此为庙基，羊达克沁在其东北约六七里，相为倚角，干河川在其南也。西墙边尚可发掘，阿西母笑谓，余雇八九人发掘，有古物以赠大人；余谓金银归你们，破铜乱铁归我。

阿西母在此告别，12点转东偏北20°行。12点半入大道东行。经胡桐窝。1点40分又离大道转南，2点抵一旧城，名阿克沁城，周175步，形长方，城门向南，略有迹可寻。四隅土墩，高约6尺，城墙高约4尺，为土砖所砌，墙东南二面有高地，掘痕甚多，亦本地人所掘者。据说外国人（日本人）曾来此掘出有字木牍数枚。南外有土墩2，一墩中洼，现为烧木炭之地。传说草湖乡约司马依之父曾掘此墩获白银甚多，因以此起家，询本地人则否认，或亦为齐东野人之语。

城旁有一大道直至沙乌勒克，并至罗布城，西北约10里许有渭干干河川经流其地。3点，由旧城出发，即至黑太也拉克，义为"汉人渠"。据说，此渠由哈拉黑炭巴札之西，地名曲鲁巴哈，由干河分支东行，经英业入戈壁，一直往东至爱墨提草湖遂不见，绵长约200余里，附近古城，若阿克沁、满墨提、黑太沁、于什甲提，皆傍于渠旁，穷沁则傍于干河旁。此渠建筑之年代虽无直接证据可考，然分于干河，而不分于现在之渭干河，则必在渭干河改道之前；又其旁古迹，以地面古物证之，疑为唐代之物，凡修城必于河流，此为定例，则此渠亦必筑于唐代。渠宽处约 2 丈，高五六尺，至于什甲提东面遂分为 3 渠，均至草湖。渠均为红土所筑，其气魄规模非近人所能及。

4 点抵道旁一废城，或名"满玛克"，或名"尚当"，位于胡桐窝中，距沙乌勒克约 20 里许。故大渠经其西，四周城墙间有存者。东边尚有小城圈一道，城门向东，地亦略高，周 173 步，疑为古垒，拾瓦片数枚以作标本。城旁大道有一支路西北行，直至克内什。4 点 10 分由旧城处前行，4 点半大道旁又分一支东北行，可至轮台。5 点抵渭干河岸。渭干河流经长兴巴札东面，转南，至此又东北流，至草湖（亦流至爱墨提）。近来沙雅人、库车人每截渭干河水，不使之往南，故河东流。恰阳所溢出之水，即此故也。

河流深约 2 尺余，宽约五六尺，驴羊均可过。据说当水大时，设桥以渡行人，秋日水竭，故桥亦撤去。傍河岸有水磨数盘，皆草湖乡约司马依所有。在附近百余里无水磨，故罗布人亦尝来磨面，而乡约遂由此起家。

5 点 20 分转南行，穿行红柳中。先是余驼前行，余等历访古城，至此方及之。5 点半抵沙乌勒克司马依乡约家。本人未回，余住焉。

今日计行 40850 步，以合 56.7 里。由英业至此，本地人说 60 里，此亦相差不远也。驴行 7 小时又 20 分，每小时以 8 里计，亦与此相合。

　　未久，乡约归，询知此地有古城4，半日可看毕。又由此至克内什有道路二：在东有一道可达托和乃；略绕西有一道，经土尤包第巴札至克内什。在土尤包第道上有一旧城，名梯母沁，距此约30里。据说土尤包第庄内仍有一"梯母沁"，梯母义为土墩。因此余决计由此直至克内什，明日派沙一木回库车知会该地乡约。

　　10月22日　早晨派沙一木回库，并以一名片交县署，一函交刘春舫，随带木箱2口，并采购物品；余同乡约及3人考查附近古迹。

　　上午10时向东北出发，10点40分渡河，经行胡桐林中，远望西南有一大块盆地，匝以胡桐，绕以干沟，乡约告余，此即黑太克尔，意为汉人渠坝，而黑太也拉克之名亦由此起。循黑太克尔东趋，11点20分抵一旧城，名黑太沁，意为汉人城。城墙已颓，基犹存，高约6尺，上生丛草，表披碱泥。城门向西，中有冲刷痕迹。黑太也拉克在其北，渭干河流于其南，以渠及坝相证，必为汉人所筑，许为汉唐旧城，惜无遗物可验也。

　　12点20分由城出发向北行，沿旧渠旁，遍地皆沙窝红柳。1点40分抵一土墩处，其旁有废木料甚多，上有斧凿痕迹，必为古时房屋遗材。余审视其地，旁有烟火渣及铁块，疑此地为烽墩，以守护渠道者也。沿渠红泥地面间有红瓦砾，是古时渠旁居民必众，屯兵垦地皆在此焉。

　　2点5分由土墩仍沿渠北行，2点40分抵于什甲提，意为三道城。余审视良久，不见城墙遗迹，有土阜似为房基，三块相接，面积约500步谱。本地人之所以称为三道城者，盖谓三块房基地址耳，事非目验，几为俗语所误。地面红砖及泥塑残片颇多，疑为古庙基，称之为城，亦复大谬。3点40分乃返回，仍沿渠行，5点10分至一破房处，墙半颓，为土砖所砌，据说，初亦为圆门，后为人掘土，墙遂颓，然此房在渠边，必为古时守渠官住此，藉为分水之事。5点半渠边又有一房，大与前同，时天已晚，未及细查。据说有一放羊小孩，曾在此掘出一石磨盘来。乃驰归。抵乡约家，已6点40分矣。广漠之中，不见灯火，月照红柳，隐约树林，沙窝垒列，仿佛村舍。马蹄浮尘，烟雾踵起，不识远近与东西，惟逐马蹄之后，随之前进耳。

由沙乌勒克至黑太沁18250步，约25里强；由黑太沁至于什甲提为45180步，合为62里强；疑不确，或总自乡约房至于什甲提之数也。

余略息，议及明日工作事，汗木多主张发掘穷沁，余以不便路，乃决舍掘于什甲提，随至土尤包第较为便利也。

10月23日　上午8时50分由乡约引导向爱丁克尔出发，沿昨日旧道向东北行。9点50分渡渭干河。

据说此为鄂根河支河，正河当在其庄南，流至沙雅尔草湖，支河流至库车草湖即止。渭干、鄂根一声之转，实皆一河，不过渭干河自千佛洞出口后，流经于库木土拉之西，称为千佛洞河。自库木土拉分一支东流过一地名鄂根，因称鄂根达里雅，流经库车南部长兴巴札之北，过英业，经土尤包第之西，至沙乌勒克草湖，水大时可至爱墨提，水小时亦至木鸡克草湖，完全流入库车境内。正河由库木土拉而东南经流沙雅尔城北排土庄南，称为沙雅尔达里雅，在此分一支河东北流，经库车，东南入沙乌勒克草湖，转东流至木鸡克即没，此河即沙乌勒克乡庄西之河，亦即打坝逼水东流之河也。尚有一道干河亦自库木土拉西而东行，亦至库车草湖，疑即鄂根河故道，以后河身北徙耳。

11时抵黑太也拉克，循渠而北，1点50分抵爱丁克尔之古地，即本地人所谓于什甲提也。爱丁为白，克尔为河坝，据说此地附近有地寸草不生，土白可鉴，因称为爱丁克尔，克尔意为河坝，以其形为河坝也。

余等到后，乡约亦带工人2名至，开始工作。掘一土堆，现出墙来，房屋宛然，不见古物。后于西一土墩，又掘现房基，似为古时安置炉灶所，亦不见何物，惟一维民拾古钱半面，审视为"铢"字，其汉之五铢钱欤，若然，则此地为汉地也，渠亦为汉渠也。盖此地傍于干渠之南，相距不过10余丈耳。又此房为土筑，中夹木栅，内外以红泥涂之。余等发掘之末，发现木料甚多，又有木栅尚直立于墙中，木料纵横，以绳为束，宛然若新，上盖以草搭，与现在维民建筑相似。又中有古地二块，红砖甚多，据说当地人掘出许多，运至巴札出售。余掘之不及2尺，均沙，故此地究为何时代之建筑物，尚不能明也。明日再发掘半日，看如何耳。

10月24日　上午小工4人继续工作，掘地面破房基。掘下深6英尺，见底，现出炉形，炉前有一小土台，炉中尚有烧火遗炭土，其炉形与现在维民所作炉形极似。现在维民家中，其房内满为土坑，惟进门处为低地，在墙之北或西必有一毛炉，由墙中透出屋顶，冬日燃木炭其中，满屋为之暖，又依墙东土坑前有灶2，为冬日烹调之用，房顶胡桐树纵横为架，上铺芦草，再涂以泥，故屋为平顶，上堆集干草，每屋皆然，富贵之家形亦如此，不过墙上方穴甚多，为搁置箱笼之用。今掘出之房，其毛炉之状与今同，不过墙中既有木栅，则难于作穴，与今异，其屋顶之草搭又与今同，岂现维民房屋之形，渊源于古欤？抑所掘之房为近代物欤！然以瓦砾证之，非近代所产也。

至底，亦不见一物，至为懊丧；然在泥土堆中，公然掘出房屋，显现古人居宅，其生活之迹，容吾人千载之后得摄影审视，亦有价值也。时乡约已至，乃决计停止工作，向土尤包第出发。

于1点5分向西偏南走，2点20分转西偏北行，在红柳滩中，有红泥如带，中显通衢。然两岸地略高，中现洼地，且有冲刷之迹，疑为古河道。顺此道行，5点20分经过胡桐林，转西北行，远望此如带之红泥滩，向西偏南而去。余等乃行湖滩中大道，时已日落西山，月高树枝，不停留地行于广漠之湖滩中，时见地面，其白如云，几以为雪，实乃碱地。6时半转西行，远望前面有火光，以为人家，然无树林，及至其地，乃为过路者，由库车至罗布，有大车及掌柜在后行。彼等步行先来至此，燃火为号，以等后人，有女子小孩约五六人。7点复北偏西行，7点半抵鄂根河，8点又过红柳滩，在红柳滩中又渡小河二，据说亦为鄂根河支河，皆由西至东，且皆为自千佛洞分出者也，徐松指为西川水。尚有东川水，由北而南者有3河，一河流经库车城旁，名曰城上河，维名为沁色依，沁为城，色依为河，故合意为城上河，亦称为库车河，流小时至土尤包第之北即止，大时可流至爱丁克尔东；有一河名业苏巴什色依，自克内什庄南流至特勒克当入城上河；又东有一河，不知名，在托和乃之西，南流入城上河。尚有一河，西流于库车之西，经库图洛克哈得之西南入草湖，此即东川水枝水右出之水也。

按之《水经注》，西川水东汇东水，东流于轮台之野。今询之本地人，鄂根河不与库车河相会，各自东流，且库车城上河，河流甚短，水亦不大。渭干河流甚大，且流亦远也；然城上河与鄂根河，一流于土尤包第之北而东，一流于土尤包第之东，面距不过20余里，均为旷野平滩，水大时本有相会之可能，或古时二水合流而东，故《水经注》均以流于轮台、乌垒者为东川水。现在水小，东川水竭，不及与西川水汇，故西川水独自东流耳。

黑夜之中，又经过一胡桐窝，又经红柳滩，远见前面有一道黑影如带，闻犬吠之声，知距庄户不远矣。未久，抵庄边，见一高墩直立，四周有墙根痕迹，知为旧城，所谓梯母沁者是也。时已10点半矣，住一庄户家，茶后即寝。

10月25日　昨夜冷风刺骨，前日在戈壁中受了燥气，内火外凉，当晚即不舒适，加以睡眠不充分，故今早遍身发热，头痛鼻塞，惧风怕冷，不能出门，深卧于斗室中整日。即午，沙一木来，并带有刘春舫函，知龚已于22日赴苏，丁已至拜，西去，望余速归。沙一木并带来木箱1口，置于克内什庄上，彼单骑来。傍晚，余病小愈，记两天日记而寝。

10月26日　上午9时自梯母沁出发，向西北行，沿途田舍相望。9点50分又沿土尤包第大渠行，11点20分抵土尤包第巴札，休息于缝纫铺家。巴札新开不过2年，人烟不多，无大卖买家，颇为冷落。11点50分复西北行，出巴札，入戈壁滩，遍地红柳，1点20分抵城上河。城上河自库车城西南流，折东流。河床甚宽，约150双步，中深处亦有25步，从前河两岸为平滩，近四五年来河水稍大，乃冲洗成阶梯形。

远望河东岸有一破城，渡河，循河西北行，1点40分抵破城。城周103步，城高约2丈，下为土筑，上乃砖砌，城门向西，城外复有一小土埂痕迹，盖以驻兵者。余在甘肃北，见此类城堡甚多，皆为军事堡垒，在天仓北马庄子曾发现木简数根，亦出此类堡垒中也，其垒墙高丈许，上作齿状，为箭朵，周有炮眼，盖藉以瞭望敌人，及施放箭弩之用，外边驻兵，而中驻官长，疑此亦与彼同。但新疆堡垒中多实，塞以生砖，盖由汉至唐中经修砌者，此垒中空，犹存汉代遗形，惜无汉代遗物以验其然。间有红瓦片甚旧，较唐略早，故余始疑其为汉物也。

2点复自城旁出发，西北行，仍为湖滩，红柳稀微。2点半渡一小干沟，据说为城上河支流。3点10分有胡桐数株，又渡一干河，河床亦宽，中生茂草，相其形式，自克内什山中来，岂即所谓业苏巴什色依耶？中无水，盖库车东部之河，水源不大，故河流亦小，四五月间发山水，则洪流澎湃，八九月即水竭，是不如渭干河之渊远流长也。

3点40分抵色列当庄边，因天已晚，此距克内什尚有30余里，不能到，余乃住于一乡约家，时4点20分矣。复派人迎驴，未久而驴亦至。今日风甚大且冷，天山岭已雪白如银。

余今日较昨稍愈，身体虽病，而精神仍觉愉快也。

10月27日　上午9时10分发自舍木更苏加提，向东偏北行。9点半至路东一土墩，在田中，多被庄户家掘土至尽。转东北行，9点50分至一干沟，沟岸岩深，循岩行，复行平地，田舍相望，庄名喀郎梗，复北行。10点半又见路东一土墩，下马往视，形方，城东西两面已颓，南北两面尚有城基。四周皆田舍，其西南面，积土颇高，间存瓦砾、铜片，墙为砖砌，周173步，疑为古堡垒。10点40分又至一土墩，在堡垒之北约2里许，墩高约3丈，周70余步，土筑，岂汉墩欤！地上无遗物可寻。11点仍转东北行，路旁亦有土墩，已颓。由东北渐转至西北行，12点10分离开他加提村庄北行，入戈壁。12点20分抵托和乃至库车大道，穿大道直北行，经走冈峦中。12点40分入峡口，随峡曲行里许，又向西北行冈岭。1点10分又入峡沟中行，向西北，复出峡，而克内什树木田舍在望矣。1点半旁行于沟畔山坡，直西北行沟中，树木葱翠，涧水淙淙，盖此水由铜厂山东流经司密司马里千佛洞下流，灌克内什庄内；又南流，经行南千佛山之西面，至托和乃东而南流。据说此水为泉水，出锡衣提、克内什二地。泉水灌此二地南流，至麻札洼哈分为4小渠，东渠至托和乃巴札；又一渠至托和乃庄；又一渠至南匈奴提；又一渠南至亮果尔。在克内什东南沟畔有庄名哈吉哈勒克，附近有千佛洞，即余由轮台至库车途中所经者，今复见之。

铜厂河至亮果尔北，分为二道，一道东行经司密司马里西、克内什北、庄户南，至余住处即没，一道西行，至亮果尔龙口，分为32小渠，东渠至克内什西、锡衣提庄，第2小渠至阿户鸦；第3渠至哈郎柯庄；第4渠至舍木更苏加提，又至芦求庄，第5渠至乌斯哈拉，又至博斯当（东乡）；第6渠至五宗庄，第7渠至以勒哈庄，第8渠南至哈克提及庄；第9渠南至力色喀拉庄（坎尔子南），又至枯木勒克（坎尔子北）；第10渠至吴车；第11渠至必加克（坎尔子北）；第12渠至锡列庄；第13渠至哈拉不克（库车东半渠即是）；第14渠至苦土洛格达（库城西）；余18渠又由14大渠中细分，共32道。

库车城大河自亮果尔分出，在亮果尔处，庄户家打坝灌地，当四五月间水大时，坝废，水即溢至库车大河南流，业苏巴什亦自库车河分出。亮果尔南畔有坝，库车城上河所不容者归业苏巴什色依。又狭得让河出自盐水沟，至得勒提巴克西，至小玛拉巴克，又西至库图洛克草湖，与铜厂河无关。此皆据本地人所述，较为可信。据此，则库车人民之移徙，河道因之而变易也。

古时人民多住于库车西南，沙雅之北，故旧时城郭多在此一带，所享用者西川水也。故西川水多为庄户灌地，东流者小。而东川水既无如今日分割之多，故得循河南流。现在人民多集于库车东，即将东川水截堵，故无余水南流，反之渭干河，除沙雅借用外，若沙雅之西北草湖，库车之东南草湖，古时人民极殷盛之地，今反废弃，致成荒原，致令渭干河从容东流。反之，昔时河流淙淙之地，今悉分散为沙碛，山溪之中，反成为繁区，致令河不下流，此亦古今河流之升降，人民之移徙一大关键也。

2点20分抵克内什庄边，胡桐夹道，田舍相连，顺大道行，2点50分住一阿吉家，据说，从前外国人来此，亦住此家也。

克内什佛洞

10月28日　上午留2人在家看守，由乡约派一引导人及弄巴古，余带3人，于9点35分由克内什寓处出发，向北偏西20°行，10点半近山边，冈峦纵横，10点40分进山峡口，沿河道北行，两岸山岩高数十丈，远望岩下及山腰佛洞鳞比。

10点50分抵第1佛洞处，下马观查，在山阿有一河南流，现微存积水，河岸有草，东西岩相隔里许，中有土山，横亘如舌，在河西岸。东岸岩佛洞计13处，自南第1洞起，第一洞上有一洞，居于半岩，岩壁立，无法可至。当余至克内什时，乡约即为余言，此处佛洞，均为外人看过，惟山上一洞，不得上，盖谓此洞也。第一洞旁有坎如梯形，缘梯级而上，直达第2洞内室，高约3丈。此制与库木土拉之佛洞相同，彼处亦由下一洞旁攀梯级土坎，再迂行复道，直达5楹石室。盖山岩壁立，诸洞鳞比，若无梯坎及复道，几不足以资联络来往也。由第2洞至第3、4、5洞，须向第2洞外边攀缘岩壁，故壁上有手抓及足踏痕。余等乃如蝙蝠以手附壁，以足踏之，一步一步渐次移动，方达第3洞，4、5洞均连有小洞可通也。疑2至3洞原有复道，后被水冲洗，复道崩圮，故至者须作壁上行也。余在第5洞内摄影3张，盖洞中壁画颇具殊致，他处绘画皆具眼珠，而此独无，斯其异矣。照毕，复由原道下。沿河岸北行，约70余步，有干沟西南来，顺沟东北行，有佛洞在沟北，复北行，约60余步，又有干沟东北来，沟口北有1洞，过此，又过一干沟北行，约80余步，至第8洞。洞颇大，有后弄，前宽、长约10步，高3尺；后宽4步，长10步，高1丈。壁画多为外人取去，只存石壁，中有楼眼，亦高楼两层也。第9洞形同拱包，上圆下方，宽、长均4步。第10洞有后弄，洞前宽、长5步。11与12洞相连，11洞顶圆下方，有后弄；12洞拱包形。河从洞前过。由河滩中行，岩岸有2小洞，已颓。复北行有一大洞，为第13洞，形式略同第8洞。此属于河之东岸者。

河西岸山阿，与东岸相接，而中隔一河，横过西岸西南行，隔一沟，沟东土阜隆起，南边亦有佛洞破庙与沟西山腰佛洞遥遥相对。先述沟之东部，自北起，第1、第2洞北南向，第2洞宽、长约5步，高约2丈，粉画甚丽，惜为外人铲去。其建筑极美丽，壁上多凿锐角形佛龛，中绘佛像，洞中有一佛座为墙，四面均凿锐角形佛龛，中绘佛像。后壁有穿口，可眺洞外山沟。顶转弄，有隆起线纹，五彩绘瓜果形图案，俱极华丽。第3、4、5洞均东向，现为土塞。过此又一土阜隆起，有3洞已颓。往南有破庙基2。又南，有大墩一，土砖所砌，皆因山为之。又有一高阜与此并列，南垂有破庙遗迹，计3座。此属于沟东者。

沟西，即山脉之南垂者，有佛洞8。自北起，第1洞南向，已颓。第2洞东向，土半塞。洞中第3洞，为土掩。第4洞为大庙，高约5丈，相其坎为5级，均凿山而成。壁画均已剥蚀。前洞宽长约10余步，后弄亦宽（俟量）。半为土掩，高大过于焉耆明屋之大殿。第5、6洞，半为土掩。第7洞，已颓。第8洞，半为土掩。此属于西沟者。

综计此处佛洞，除庙不计外，计28处，当时必极盛一时。其洞之形式，与库木土拉相同，皆为同时期所建，而此略早，盖库木土拉佛洞在唐大顺间，为9世纪之物，此在建中年间，为8世纪之物。

10月29日　上午9时带小工13人，合余等4人及温巴什，计18人，前去发掘。以6人发掘河西沟东半塞之洞，6人发掘庙基，工作半日。半塞之洞，即第5洞，下为灰土，知曾受吐蕃之侵入，被于火厄，所有器具已成焦土。第4、第3下为湿土，知无古物，乃弃去。发掘沟西大庙（即第4洞），亦无大发现，惟在大土堆前掘出石环圈1，石杵1，皆旧时所习用者。后以4人发掘大庙旁之平地，亦出现1庙基。发掘大庙之人开工即发现泥塑佛像残件，此庙德人莱柯克曾掘过，在前殿掘成一圈，抵两弄，即未掘，据曾参与德人工作之役者云，毫无所获。盖在三尺深生土下即为火灰土，此庙亦在外寇侵入时遭火灾。余以其虽被火灾，犹有泥瓦铜铁之质可寻。乃于特莱（本地人称莱柯克为特莱，盖为密斯特莱之简称）发掘处，继续工作，未及半日，发现泥塑残件甚多。又此庙旁亦现一庙，亦发现泥塑佛头及残件。

此地甚湿，木纸之类，即未被火焚，亦被水湿，惟泥质之类以被火烧而益结，致成瓦质，若哈拉沙尔之明屋，其出土佛像，火烧之后坚结非常，故颜色若新，可在地下埋藏千余年不为水湿所毁，亦火烧之利也。设仅为泥质早为水所溶解成泥土矣，焉有吾人工作之余地耶。

又掘出铜钱数枚，一为"建中通宝"，知德宗时此庙犹存，故吾断定此一带庙为8世纪至9世纪之物。余在库车沙雅一带考查古物，所得铜钱以"开元""大历""乾元""建中"为最多，其他文字遗存有"大历"及大"大顺"年号，是此一带自武周"长寿"间王孝杰攻吐蕃复四镇，置安西都护府后，统于唐垂200年，惜唐势力中衰，藩镇为乱，无暇顾及西垂，回鹘得乘机据有，历宋至清又归统一。在此千有余年中，种族之更迭，宗教之改易兴灭，已不知凡几矣。

10月30日　上午汗木多带8小工先去，余同毛拉于9时去。派6人发掘大庙，2人发掘庙侧小房。房前后两进，前进有2弄通后室，前进5层，下2层约4米，通高约4米，每层有坎，为搁置横梁之用。第5层正面有上圆下方窟，其侧必有小室，然无法查看。弄宽1.8米，高3.7米，前进宽8.35米，东壁长8米，西壁长9米。有积土甚高，疑为墙壁倾土，及外人发掘遗土所积成。后进深3.5米，宽9.2米，高5.2米，自弄口至后室积土高1.2米，上层生土0.4米，下层灰土0.8米。所出泥塑佛像，均在红灰土中。

今日发掘，除泥塑残像外，别无他物。泥塑残像亦不完整，盖因地湿，佛像为泥质，多被水溶，其未溶解者，一动即碎，故除残支体外，无一全者。从土质鉴定，其佛像之多不亚于哈拉沙尔明屋之大庙，然彼经火烧甚厉，转成瓦质，击之有声，是以坚结，又地土干燥无水湿，故得保存久远，且可得全身，花纹、姿态、颜色俱全；此处泥像虽被火烧，但不猛，见水即溶，故此处泥像中木棍及草尚存，而彼泥像中之木草已成灰烬矣。两处泥像形式相同，头发均作火焰状，宽脸，手戴缨络；然今日所发现残身坐像，着衣，足不外露，与现在之塑像同，斯其异也。佛像上彩绘五色，并饰以金叶。

又倚东洞侧有小房，余等在此房内掘得木器，皆房屋建筑之具。倚大庙西侧山下有积泥一堆，疑有佛洞被掩埋，掘之，剔去山石，果有一洞壁，画壁多倾圮，其存者彩色如新。形如一拱拜，上圆下方，惜积土太多，几堆积及顶，在此一排有三四佛洞皆如此。时间太促，无法工作，只好留待二次西来也。

余复绘此地形势图，取两高墩作标，约2小时即就。傍晚归。

10月31日　上午汗木多等先去，余后至，掘地如昨。大庙后进掘出一巷，发现1残腿，1残身，疑供有佛像1尊，何无头耶？抵后壁，现出一土台东西向，疑用以供佛像者。台高0.6米，宽1.4米，台上多绘彩画，已倾。其旁有一小台，南北向，宽0.5米，高0.45米。疑此类为装案点缀，非以之供佛像者。东北隅有一石台，不知何用。

余发掘此庙虽无很大发现，然于古代西域庙宇建筑之形式，略可窥探一二，其规模之宏伟高敞，亦十分可观。其西洞前亦有一房，也被火烧，盖有洞必有房，或洞在山下，而房（即庙）在山上，或洞在后，而庙在前，盖洞以住僧侣，而庙以念经者。今喇嘛除庙之外，多在山中筑洞，以为习静处，尤沿古制也。

又此一庙宇系被火劫，然为何时外寇侵入所焚毁，亦成一问题。吐蕃侵入在"仪凤"，然吾人尝于庙中得"建中"钱，是此庙在唐德宗时尚存。或说西域佛庙多毁于回教之西来，即在明初。然明以前尚有五代、宋、元，何无一遗物之可证耶。

发掘告终，乃检其可留者装存两箱运回。当晚乡约至，据说苏巴什有佛洞，明日往看也。

11月1日　上午8时半由克内什庄出发向西行，11点过一庄，名爱勒克格拉，有庄户家三四，西北瞰苏巴什之破城，土墩颓垣，横绵河岸，东西对峙，白麻扎竖立山巅，若旌旗焉。转西偏南行，11点半住苏巴什之某水利家。由克内什至此，约需时3小时，13362步，合30里谱。

午饭后带3人及房东往看破城，1点由庄出发，1点20分即至北山南。山阿相接，中有一河，出自铜厂，西南流，经亮果尔庄南流入破城中间。南流分3河：一河东流，至克内什，北即司密司马里之南，由克内什至千佛洞必过此干河；一支南流；一支西流，入库车，所谓库车河（城上河）是也。分流处有土埂相隔，似自昔已然，现又分为14大渠，灌库车东部地，破城即在山边河岸。

东破城，其墙址城基均存，西有城墙，东临河岸，房基破塔，井理密稠，与吐鲁番之古交河城相似，疑此即唐龟兹国之伊逻卢城。《唐书·西域传》云："君姓白氏，居伊逻卢城，北倚阿羯田山。"按阿羯田山，即白山，此破城在白山之南，以地望准之，适当然耳。若于斯格提之旧城，即《魏书》所谓城有三重；《西域记》所谓荒城也。疑龟兹王自杀此城人后，即迁移于此。又此城城壁皆为土坯所砌，确为唐以后所筑，以其中瓦片证之，亦多唐代物，则唐时龟兹国都城在此可无疑义矣。

余自南北寻视一遍，多已被外人发掘，据说前20余年，有外国人在此，每日数十人发掘，凡数十日，可见外国人工作规模之巨。有高塔3，二在城内，一在城外，西北一塔与雅尔湖之塔同，而宏壮过之。其城墙中有夹道，有复室，盖为守城兵士住处。墙上无壁画，岂尽为住人之官房耶。

复渡河，河西岸有佛洞三四，墙壁上刻有古西域文字，或即龟兹国本国通行文字，《西域记》所谓文字取则印度，而略有改变者也。又绘有一人头，头上戴襆巾，类古时家仆帽，疑即《西域记》所谓巾帽，与今维民之戴六角边圆顶帽迥别。鼻高耸，类欧洲人，其绘像大可表现当时人种之姿态。又拾小铜钱若干，即《西域记》所谓货贝小铜钱者也。余在库车、沙雅一带考查，拾小铜钱甚多，内方外圆，若王莽时之五铢，盖为当时所通用之货贝也。又拾银钱1枚，无孔，圆形，上钻小立人形，即《西域记》所谓货用金银钱之银币也。

西岸有破城一，或即官署所居，中亦有破房数十间，高塔1座，前后左右还有许多破房，惜均为外人发掘净尽。在此城边，有大道一条北去，据说即至伊犁大道，走铜厂亦出此途。时天已晚，乃归。

又破城中间之河名业苏巴什河，在破城北河东庄为养格尔，破城之南，位于河中者为苏巴什庄，即余等住处也。苏为水，巴什为头，犹言水之源头也。入山口往北30里即为铜厂，故又名铜厂河。有大道3：一西至拜城；一北至伊犁；一东至焉耆。

白矾、石油均产此山内。铜厂西北有佛洞3，凿于半壁岩，不得上。德人莱柯克亦曾往观焉。由此往北山中，据说有一大老坝，水极清澈，冬夏不减，倘亦古时之所谓大龙池欤。又闻铜厂西北之佛洞，有路直通库木土拉北之千佛洞；库木土拉之佛洞又有一小道，过大坂即为克孜尔千佛洞，是东西佛洞联成一线矣。

11月2日　早起汗木多、蓝福狗带工人5名先去，余于9时同毛拉后至，沿路照像，先在河中照河西破城全影，次分照小城及佛塔4张。小城中有高塔1，在东，中有大屋2，旁有小屋甚多。城门向南，前有一照壁，城西，有高塔1，城北有高塔1，塔右侧有一排佛洞，城北大道东有小屋无数。

汗木多等在河边一小屋旁发掘，发现石雕佛像模型一具，存头部及胸部，姿态美丽，两目无珠，殆即所谓希腊派之美术也。余等所得模型以此为第一。

余在西边照相毕，渡河，又照河东岸破城。亦有高塔3，在城中者2，在城外东北者1。先照全影，次分照各1张。

在破城北里许河边山岩上有麻札1，颇壮丽，乃往观焉，循沟中行至其处，乃一维民死葬于此，外有木房，坟即在房中，四围均为亮格。坟后有戈矛之类插于架上，以铜为之，形如树叶，上凿花纹，下饰以羊马毛。据说维民死，兴麻札，悉以此为饰。房外四周均插有牛羊之角，一石刻死者名字，据说，此人名苦旺，住亮果尔，无父母及子孙，由阿克苏迁至，死即葬于斯。又说有一二千年了。此则为齐东野语，时穆罕默德尚未出生，回教尚未西来，即令在唐时来华，也不过千余年，当时屈支尚强，佛教最盛，决不让一回教徒在国都之北山巅上立一麻札也。又说，此为本地龙王管此水者，每年有一时期（四五月间、三四月间），当水小时，四乡维民约三四百人，群来此聚会礼拜，就有水了。此人只身自阿克苏来，父母均在阿克苏，因与兴水利有关，故群众崇拜焉。据说尚有一大麻札，在库车北。维民崇敬先德，最为良俗，以较口内之奉不可凭依之龙王，为良胜矣。余摄影数张，返至破城处，沿途视查，知佛洞埋于沙中者不少，或露，或未露耳。

又闻说，由苏巴什一站至铜厂，由铜厂东行一站至柯格沙（大道旁），有古地、破城及破房与此地同，本地人传说为一人所修。彼处有冶铁炉，现尚存在，铁出于是处，此地所用之铁，皆由彼处镕冶而成。按《水经注》引《西域记》曰："屈茨北二百里有山，夜则火光，昼日但烟，人取此山石炭冶此山铁，恒充三十六国用。"盖即指此地也。由柯格沙行大道而西一站至哈拉河，次一站至黑衣，又一站至明不拉山，再西一站至克孜尔，沿途大草大水，庄户家亦多，盖一草湖也。由此至拜城，较由库车西过托和拉旦为平坦易行。若不至柯格沙，则由铜厂一站即至提墨克，再一站仍至哈拉河，此小道也。

又闻说铜厂北约马行2站有老坝2；一小老坝，马行一周需1日，在老坝北山口有破房2间，四周均有门类户牖。小老坝北20里有一大老坝，马行一周需3日。有东西2河水流入，水极清澈，冬夏不减，据说若年逢水小，则库车百货昂贵，若大，则百货低落，此亦附会之言。据说，此坝四周为草湖，出名马。按《西域记》云，国东境，城北天祠前有大龙池。殆指此老坝，观老坝北山上之破房，岂即所谓天池欤。又说，诸龙易形，交合牝马，遂生龙驹，龙悍难驭，龙驹之子，方乃驯熟，所以此国多出善马。据说此处现在马亦为有名，则出善马，诚有之。有老坝处地名克格子杂塔，属库车辖，前本为漫那木和卓地。后售与库车之大阿訇放羊。距蒙古草地尚隔山岭二道，约 2 日行可至王府。是库车山里亦四通八达之地矣。

11 月 3 日　昨晚倦甚，和衣而卧，夜半方醒。因今日须派沙一木回库，乃写信、电各一，致徐先生函电报告经过，及龚事，并请电拨 600 两至库车。

今早起，即着沙一木送回采集品 2 箱至库，并换空箱来，随带什物多种。

饭罢，同毛拉至工作地，先是汗木多、蓝福狗带工人 5 人先去，余在河西岸城北佛洞处发掘。即至，彼等已掘出一新洞，洞原为沙石所掩，不见洞形，及掘去沙石而洞现，颇宽阔，中有沙石一堆，盖洞顶颓圮者。洞壁东部有 2 瓦罐，口露外边，工人见此大喜过望，以为此中必有宝物，乃掘去浮沙石仔，细掘视，知为坟墓，而尸骨及衣巾出现。此洞有尸首 2 具，东西横陈。首悉在东，足部西列，洞门南向，故曰横陈。在尸骨上衣巾缠裹均为白蓝绸，项部有围巾打结，类今日之西服，骨骼粗大过常人，审视脑部，均为中年人，外为男身，里为女身。又出木板甚多，已腐，盖以陈尸身者。在女人头部寻出红色石一粒，如心状，疑为女人装饰品。半透明，置之太阳光前呈红色，惜微损。发现时，绸巾缠满大罐，旁有一小瓦罐，上有花纹，大罐有 2 耳，可盛米 5 斗。古制，人死必以生时所用什物殉葬，谓之明器，故洛阳古坟中所出瓦罐人马甚多，吐鲁番之哈拉和卓古坟中亦有瓦罐及泥人、泥马之类，此处除瓦罐外，无泥人、泥马，盖人有穷富俭侈之别也。

洞西南隅有一小穴，亦为一门至洞中者，洞深 2 米，宽 2.6 米，洞口宽 1 米，口深 2.1 米，高 2.5 米。墙壁多倾圮，残存者以黄泥土涂之，无粉画。盖佛洞凡僧侣住处均有粉画，亦高大，墓室则素净且狭隘，盖以别幽明也。

在此一排洞中，间有小房数间，中有一长弄若街市，壁上划字甚多，盖僧侣过此礼骨后之题记耳。有中文书者：一为"惠宝题记"，一为"僧道"，馀为古西域文字，疑均系题记之辞，则此一排佛洞必均为藏尸骨处，故在洞后有高塔 1 座，即为此也。

在库木土拉千佛洞内原觅出一洞，与此相似，题辞标明"礼罗汉骨"，则凡素洞皆为藏尸骨处，无可疑者。然此骨疑非僧侣，因有女人骨也。据说，在三堡发现之墓室亦与此同，是古时墓室制度，均同此耳。既毕此洞事，又在东洞发掘，在山坡下洞中亦有墓室一排，略与此同。盖凡山中有墓室者，山下必有破房为记，掘者寻此为率，决不有失，亦考古家所必知也。

早归，赏银 6 两。

11 月 4 日　早起汗木多等先去，余同毛拉后至，先阅视城西坟地。坟地在城西里许山脚下，约数十冢，每冢上堆砌小石块成圆形，与雅尔湖旧城旁之坟地相同，疑为蒙古人坟地，前外人至此曾掘数冢，亦无他物。吐鲁番三堡坟地曾出墓砖及泥人马之类，淘唐以前之遗俗，故余疑此为蒙古人坟也。

阅毕即转至工作处，彼等仍掘大塔东边滨河之山，出一墙及土台。后余巡视山脚，在城北滨河山脚有一土墙已圮，余思此墙必为一房子，墙东已为外人掘出，无房舍遗址，是房舍必在墙东，即山脚内，是此土壁必与此山脚有关。在此山脚之南又一山脚，脚下亦有破房墙址，外人凿山脚，深2尺，发现佛洞10余，对比如市。所谓佛洞者疑古时墓室，湫隘而暗，决非住生人者，故洞门均封闭，不外显露，洞外之房舍，盖即守墓者所居也。此地与南山脚同一形，则此破壁必为守墓之房舍，而北山脚中必为墓室，故余决计发掘，以验余所疑之然否。

又疑守墓人所住必有小巷通墓室，乃自破壁处，循红土层向山脚中掘，掘至6尺深、1丈长之巷内，果然现出佛洞墙壁，余大喜，深庆余所认识者之不谬也。乃由洞壁向山中掘，至晚，原洞尚未现，盖通墓室巷道极深，有时至10余丈方至墓室，若为达官贵人墓室，则墓道更幽远矣。

归，晚沙一木携带木箱两口，并春舫一函，知致徐先生函电均已拍发，所购物均带来。春舫函中述丁仲良过拜城云，每到无聊，就去看店家鸽子，世人不知余心寞，将为偷闲学儿孩。盖人至秋冬之交，有商山秦岭之感矣。

又今日闻铜厂河自出山口分为三河，东曰雅垓额勒克至克勒洗而止；南曰业苏巴什，下灌舍格苏提六锁庄地；西曰沁色衣，即城上河，至木鸡克草湖，此河水较昔时为小，现只够库车之用，无余水南流，若水特别大时或可。郦称东川水流于轮台东乌垒之南，至尉犁入大河。或古今异势耳。

余今日绘2墓室图。

11月5日 上午汗木多等仍先去佛洞工作，余同毛拉后至。

时天大风，冷极，河已冻，立于山岩，冷风刺骨。余同汗木多略拾残壁画。

滨河山阜中洞，余已断定为古人墓室。此墓室中墙壁无画，惟多用木具或铁具之类刻划字迹，或在圆弄上或在小房洞壁上，为古西域文字，或即所谓婆罗谜文，亦即屈支所通行之文字也。在一大洞中，有小洞10，各面5洞，对峙如巷。疑此小洞中供有佛像，过往僧侣在壁上题字，以留记言。西域的僧侣，所题者为西域文字，如为汉人僧侣则为汉字。小洞外弄之题字，乃到此礼拜之僧侣留记。如依南佛洞中有汉字题字，一为"惠宝记"，一为"僧道"，一为"恙口天朝"。此山寺皆在山洞外弄，可证为过往人题字，与库木土拉罗汉骨塔洞中题字为一用意也。共小洞10，在1、2、7小洞中有字，余均无。此洞中墙壁已熏黑，地下灰土深2寸，间有牛羊粪。印度风俗，房屋地上多有牛羊粪，以此为饰，此受其影响耶。至若弄上之烟熏迹，或当时灯油香烛所熏，或为后人复住于此也。又发现古墓室旁佛洞处，圆弄上划字殆遍，有汉字题字，即上上文所述，馀均古西域文字。原为黄土壁面，抹以白灰以木具划之，故字迹甚显明，又有用刀具刻者。小洞中被外人剥取者约十分之二三。

余又至工作处，审视掘地，知昨日之高兴者，今归失败。其失败之故，乃因昨日开洞时，本以山前有土砖，故决其有洞，果然不谬，两旁均现出半洞，中有一大洞，为山石沙所填满；今日掘中一洞，仍为石沙，知此洞在若干年前，山石沙下坠，洞壁倾颓，故填满沙石。又审视山外两旁均作倾颓形，故掘出匪易，又掘出之土石皆湿，知此洞为山水或雨水所冲圮，即令有古物亦已腐烂。当掘至半腰处，山上石沙忽倾陷，幸无人在此工作，不然在洞中工作之人，将为石沙所掩没矣。故余决停工不掘。然此洞形式余已审其与依南之洞相同，在大洞口两边均有小浅洞，左右各一，现只发现依南一小洞，白壁墙若新，上绘有小人像一，依北必有此同类之绘像。惜均为沙石所掩埋耳。

11月6日　上午蓝福等先去，余同毛拉、汗木多等后至。蓝福等已发掘该处，从山腰横掘一洞入内，后派毛拉掘一旧洞，均无所获。汗木多又掘前日墓室侧，出瓦罐1，盖1。又掘数处均无所获。余画此地大图，沙一木助之，取百分之一比例，画至晚尚未及一半而归。

昨风大甚冷，今日稍暖，然河中已冰冻，至暮凉气侵骨，已近冬日矣。此地为各处守水口之人所住，皆非本地户家，亦未种有若何庄田，连日取草为难。昨日总渠长来向邻壁庄户要100把干草，昨日已送来50把，说今日再送50把来。

又我们带来木箱2口已不敷用，即雇本村木匠依瓦罐大小另作箱两口。大概在此地可得4箱古物，亦云可矣。

11月7日　今日分两班发掘，汗木多带4人掘河东废寺；蓝福带2人掘河西小城。余绘大地图，绘毕，又绘小城房屋图。大图中之小城，乃测量而得，宽、长约70米；及绘小城图，量内部约60米见方。小城房屋两层，门向南开，最后东房，疑未经人掘过，乃命蓝福在此发掘，果然发现铜钱数枚，木签1根，上书古西域文字。盖此城必为官长所居，木签当时用作文书，上书古西域文字，知住此者为西域官员，非汉人也。又发现铜钱数枚，皆小钱，为当时屈支国所通用。掘下6尺深，依壁，露出土台，宽、厚1尺。又在西边旧穴地亦出铜钱及铜器具残件。此城如过细工作，必有佳物。

傍晚归。汗木多等在河东一大庙中，亦掘出铜钱甚多，无孔，圆形，疑为大钱，余若瓦片有花纹者亦掘拾一二。此地本屈支国都，外人虽迭来取掘，尚未尽也。

11月8日 今日仍为6人分两班发掘。汗木多、毛拉带小工4人发掘河东，蓝福、沙一木带小工2人发掘河西。余画河东地图。

先是河东有破城一带为夹墙，似有小房舍，又里墙亦有小房，宽约3尺，高约4尺，红粉壁，彩色如新，掘视亦无遗物。疑附墙有房舍，而小空格或为当时搁置什物之用，观其已有颓败墙壁，其为房舍可知。又此城墙只残存一面，疑倾塌于河中也；古时河当较现在为狭，房舍当较现在为多，观现河岸岩上败壁纵横，河滩中多红泥土，则知此处墙壁倾圮于河中者多矣。吐鲁番之雅尔城，亦无城墙，谅与此同。

城墙现存高约一丈五六，合宽约4尺，塔高10余丈。城墙旁之塔，上形圆，余均方形。大房墙壁，高者约3丈，或至4丈，必有重楼，与现在维民之平顶土房，高不过2丈者迥别。河东之房舍依山而造，由山脚至山腰节节升高。有一塔建于山腰，地势最高。俯瞰山坡下败墙破壁，形若蜂窝，亦奇观也。

蓝福等在河西小城中发掘，在昨日出木签处，又掘得"开元通宝"1枚，可证此城在第8世纪之末尚居人，且仍属于唐之都护府，故唐钱仍可通行。但屈支所用者悉小钱，与"开元"大钱其比值如何，不得而知也。又在房侧掘出一瓦灯座，高约6

寸，上有窝，疑搁灯盏之用；现维民所搁灯盏为木架，与此微异，亦古今风俗之不同也。馀均瓦片。汗木多在河东掘出一瓦片为绿磁，上有莲花式花纹，与霍拉山磁砖花纹相同，疑此类为当时西域各国所通行之工艺美术，皆随佛教由印度传来者也。总之，在唐代西域各国，其文字美术皆受佛教影响；但以器物服饰论之，皆受内地影响。自穆罕默德教来西域后，除宗教建立极强大坚固之势力外，若美术、文化、工艺均无多补益。现维民能识维文者不过什一，其宗教束缚人亦为一因。

在库车的日子

11月9日　上午9时40分由苏巴什出发向西行。50分出村庄入戈壁，转西南行，循库车河又转南行，过小渠。11点半又至库车河岸，沿河行，此河维名沁色衣。12时至比甲格庄边地，道北为河，道南为渠，中现红泥高埂，高垣上有旧渠道已圮，岂又为唐渠欤。比甲格村庄甚大，家户栉比。1点转西行，1点半转西南行，2时抵库车城边。绕行试验场城墙背面，2点10分抵库车河。今日为库车巴札期，河中人马稠密，贸易交往，颇为热闹。2点半抵土诺巴克园中。

时刘春舫外出未归。有一卖古玩者来，付银3两，连前送来者合6两，得瓦罐2及铜片之类，皆出自通古斯一带也。

11月10日　今日住库车休息。上午奖赏此次出力人员，汗木多奖银10两，蓝福5两，毛拉5两，沙一木2两。放假1日，诸人皆大欢喜。

午朱菊人来谈多时。余又到巴札上缝制皮衣，及购物。随转至邮务局与菊人谈许久，并在该处吃锅贴，晚归。

11月11日　上午菊人同周局长及县署人来参观采集品。午有哈拉黑炭维民西利普及阿乌拉乡约来,称连日上柜上粮,至此已3日,终以人多未得上,求余一言。

下午余到县署见张仲威,据说不拉山有石碑,距庄尚有160里,由托和拉旦卡伦处小路直至明不拉庄,再由庄前去。碑二截均在山口,并嘱拓后赠送彼一二份。又谈及天山巅曾见御碑,即乾隆碑1方,但不易觅得。晚,春舫代余洗照片,均佳。

11月12日 上午到街上购买什物,在一天津店内坐,谈及库车出产。据说,库车以皮毛为大宗,而库车黑紫羔尤为佳品,若与甘肃、宁夏及定远营相较,宁夏皮比库车好看而耐穿不及,此地以在冬腊正月所收为上,盖天气愈冷而所收皮愈佳也。顶好黑紫羔每张约票银7两或8两不等,一袍料约需20张,计60余两银,到天津可值百余元。此地羊毛多运销俄国。又此地亦出鹿茸,然比山北玛纳斯一带为小,若较关东则有性质温猛寒热之别。关东茸性猛,为热性,此地茸性和平。据说,库沙茸为马质,天山北茸为牛质,而关东茸为羊质也。每架约值四五百两银,好者千余两,亦不多见。

年来货物与内地交往,因省政府关系,常有阻滞,故贸易日形减色。据说,现古城子送回骆驼万余,不准出口,是全完实行闭关主义矣。苦哉,商民。

11月13日 今日拟函致徐、刘二先生。及晚,致刘函拟就,写3页,报告一切经过,并附照片2张。

晚间致徐函亦拟就,请拨私款600两交库刘,余款拨喀什,公款拨巴楚。又拟一电,请拨600两至库车云。

11月14日 上午将函电发出。据说金将军密令,凡本团人函件须先送省呈阅检查后再发出。其秘令云："据秘探报告徐团长有间接与内地勾通嫌疑。凡学术团函件须先送省呈阅。"

下午余检箱中古物，适菊人来，又谈许久。既去。余同刘洗照片1打，完全走光，可惜。此打皆照草湖及克内什者。

11月15日　上午11点半余带维民2人坐桥车考查库车附近土墩。初循河向北行，45分转向东行，经附近村庄，12点抵皮郎，亦名哈拉敦。有大土墩一，在一房舍中，四周均住有人家，高约4丈，宽百余步，全为土筑，上有破房遗址。余在墩顶观玩颇久，随摄影2张，间有瓦片，亦红泥。墩旁有洞穴，口圆，深约3尺，中陈人尸骨甚多，未知何官。在墩上远见有城墙一道，南北行，据说，有四五里长。土墩附近亦有基址。据说，自土墩往东有一城墙，乡人种地掘除殆尽。乃去查看其遗留者，高约丈余，宽约5尺，全为土筑，本地人掘地，曾在城旁掘出石器2枚，又有铜器及"乾元"钱，知唐时此城还有居民。

在大墩东北约2里许有小破城，一半已倾圮，中有拱弄甚多，类维民建筑之坟墓，上圆下方，本地人称此地为佛洞，中现墓葬，地上遗留瓦片甚多，皆为红色，其形式花纹与铜厂河古城同，疑亦为唐代建筑。又拾一兽头瓦器，柄与大望库木及和阗所出者同。

据说距此不远有一麻札，墓主为宋理宗时人，曾住此地，土峪沟之麻札墓主亦住此地，与盐水沟之破城同为一类。此说若然，则回教势力在宋理宗时已达及此地也。

此小城周约里余，距大城墙尚隔2里。大城墙由土墩东行，复转北行，约四五里地，又转西行，至巴札市即无墙痕迹。从前人均说系汉屯田区，只一条直墙。余今仔细考查，知为旧城，不过城墙为乡人掘净，现只存此一道耳。其中之小城，即有破房处，确为衙署，所谓内城也。不过现在均为坟地耳。

又有一事，即库车河自铜厂河出口后流行于苏巴什西北，入库车巴札，正行于此破墙之东北隅。铜厂河即古之东川水，已有人证明。《水经注》称"东川支水右出，入龟兹城，音屈茨也，即古延城"。然则此破城，即古之延城欤。在此城东约5里地有一庙基，已悉开垦为地，现存三大土墩，审其状，即古大庙。旁有一土洞半露，疑即佛洞，据说本地人曾掘现，壁画已毁。以其形状及瓦片上花纹观查，又确为唐庙。此处佛洞必多，均已开垦为地，致失其原形耳。一庙上为圆弄，与克内什之佛洞相同。又小城中破拱拜，上作蒙古包形，下为方形，外有两大圆柱如牌坊，与维族麻札极似。余见黑城旁有一拱拜与此相同。黑城中曾拾有宋钱，后毁于回乱。故余颇疑凡拱拜式房舍皆为西域人之遗俗，疑为回鹘据西域时所推行，而佛教与回教尚并行也。

又土墩北里许有麻札1，相传为维民西来之始祖，安集延据库车时始修祠墓，房舍甚壮丽。院西廊下有匾一块，上书"天方列圣"四大字；两旁题云："古龟兹国，在宋理宗时有圣人默拉纳额什丁由西域祖国万里来传以天方圣道。化革土胡鲁库蒙部数十万众，教之时义大矣哉。藩转饷于斯，幸获谒其祠墓，爰题四字用志景仰"；下书"蓝翎直隶州用同知衔河南候补班前先知县李藩题。大清光绪七年孟秋月"。

按"默拉纳"即圣人子孙之义。"额什丁"即麻札人名。"土胡鲁"墩子之义,"库蒙"即沙子之义,合译为"沙土墩子"。现此地维民称为麻札巴哈。麻札称为"默拉纳和卓","麻札巴哈"即坟院之义。疑"土胡鲁库蒙",为当时部落名称。因有城墙及房舍遗址,故以为名。

宋理宗距今约700余年,维民亦云此麻札距今有700多年,此人即住此破房中。又一维民并说其先祖进教已400年,从前皆蒙古人也。则进教在明孝宗时,按明永乐时玛木特玉素自西域来传教,而回教之势力始大,本地原有居民全融和为维族皆自明永乐后。然自唐末回教亦渐传入,不过势力不大。在宋时,库车已为西部回鹘所据,称阿斯兰回鹘。自回鹘西来,佛教势力渐衰,故回教得起而代之。现观破城内坟院破房均为拱拜式,上圆下方,不事彩画,与现今维民麻札同。城外庙基及佛洞顶成圆弄,据说有壁画,与苏巴什、库木土拉、明屋相同,均称为犍陀罗式。可证在回鹘时佛教犹存,而回教势力尚弱,及至明初始全化为回教也。

哈密回王有一长史(即秘书)名尧乐博士亦说彼等原为蒙古,500年前有西方圣人来,始改信回教,化为维民。500年前恰当永乐初年,适马木特玉素西来之时,则佛教之在西域,极盛于唐,而衰于宋,灭于明;回教之在西域,萌芽于宋,而盛于明,至今而称极盛矣。此新疆宗教更迭之大关键也。

11月16日 今日为库车巴札,上午同春舫到巴札参观。后遇住轮台之湖南同乡何澍南,因公至沙雅,路过此处,并收捐款,乃交银10两。据彼闻说,省上又捕去嫌疑者3人,其中湖北人2，名章华甫父子，一为湖南人。后至邮局，随留晚餐，谈许久，归已6时矣。又与春舫谈至10时始寝。

11月17日　今日收拾什物一日。

11月18日　上午带3人考查盐水沟佛洞。余坐轿车于11点半由土拉巴克园子出发，北循河滩，西转北入巴札，出汉城北门，12点上戈壁。12点半有干河川自北来，据本地人云，此名夏德郎河，出托和拉旦大坂，经佛洞西南入草湖。至拜城大道，正循河而西北。河东岸有土墩，高约5丈，周约30步。在土墩东北望小山阜上洞穴棋布，即盐水沟之佛洞也。距大道不及1里，在特赖巴克庄北约三四里许，乃转东北行查看诸佛洞。洞与司密司马里相同，均凿土山阜为之，壁画多剥削不可见。

在山阜中有干沟一道，沟西有佛洞，东向者2，北向者2，一洞中有宣统二年关中山峰题识云，"此处掘获佛经二纸"等字，是此处曾经汉人掘过。复北，又东向者2，此属于沟西之支沟西岩也。

大沟西，支沟东，有一土阜，上凿佛洞七八，东向者6，南向者2。复北，沟北土阜上有洞5，东向2，南向3，一洞中西壁红笔书古西域文殆遍；东墙为白笔书，大径4寸；后弄中尚有。惜光线太暗，虽摄影数张，不知感光如何。东房有大洞一，东向，均无壁画。

沟东北有2洞在山腰，不及上。查下有佛洞5，悉南向。又一洞在东，耸立山腰，亦未去。一洞在南。共计佛洞23处。《访古录》述维岳之言，亦与此同。盖维岳所见者即此处也。余照相1打，随手绘图1张。

下午3点半返行，至麻将布拉克。在库车河东岸，距试验场约3里地，有一泉池，颇清澈，据说有目疾者洗此水即愈，每当夏日各处人来洗眼者甚众，池不大，约8尺方建，下流2里入库车河。转东北有一土墩，高约2丈，周20余步。中腰有一洞，疑后人掘以为休息之所。此墩亦土筑。

时天已晚，乃驰归。闻余之驴忽失去2头，遍觅未获。余驴在院中喂放，从不出门，此必有人盗窃。乃通知县衙请即派人寻觅，遣沙一木送信，归已觅得1头，在河西一园中后又觅得1头，全数不缺。然失笼头2，盖即盗之而复放之也。

库车、拜城山中之行

11月19日　今日预备出发。上午写信2封，一致拜城陈县长，请通知明布拉克及克孜尔乡约。一致张县长告别，并送拓片2张，又将采集品11箱存气象台。又龚之照相器具不带走，存刘处，大照相匣亦存是处。诸事办毕，又托朱菊人以喀票兑省票80两，入为31两，出只抵30两，吃亏1两也。

下午2时50分由库车出发，沿河北行，刘骑马伴送。3点50分至土墩处，刘归。余等又东北行，5时离村舍入戈壁，时天已黑，微月上升，在戈壁中朦胧前行，至7点半依库车河而行，8点半至苏巴什北之破城。余等由河中行，岸上土墩壁立，9点10分抵亮果尔住次。时已将半夜，叫门许久方开，饭后即寝。

在库车之东北约20里地，距苏巴什西约30里地，山下戈壁中有破房数间，上次过此本拟往查不及，今日又拟去，经此时天已近黄昏，又不及去，此终未得看也。

11月20日　上午9点20分从亮果尔出发，由沟中北行。9点50分进山口，边西山坡行，两山夹峙，中显河川，与阿拉癸沟相同，而河川宽衍过之。11点10分山势渐开，河川旁略有草滩。12点山脉渐次低落，间有庄户家。12点20分至铜厂庄。庄在沟西，辟河旁草滩以为田，约三四户。12点40分至乡约家。彼云，旧铜厂尚在西30里山中，山路崎岖不便驴行，今日已晚，请在此住下，明日骑马往看。

据说，此处出石油及白盐。余以欲急至可可沙，复前行，时已1点10分，循沟中行，两旁山势渐弱，岩壁屹立。2点40分渡河由河东走，渐有草滩，时有放羊人一二家。河两旁红柳丛生，皆可开为良田。四时过河西行，渐有一二户家，两岸岩石为麻沙石屹立如壁，皆水成岩。5点10分渡河住一户家，时天已晚矣。月光返照，群山成雾，前眺红山色白如银，盖山巅已有积雪，河中多已冷冻，已至冬日景象也。

此路据说北通伊犁，东通裕都司，西至喀什，到大老坝尚须翻一高大坂，约3日程也。

11月21日　上午9点25分自卡哈马克垓出发，渡河北偏西行，9点40分抵铜厂。

沿山边有洞穴3，皆掘铜处。前有破房为工人住处，旁有2洞为工人班房，为囚禁工人之所。此厂系现任满那拇和卓乡约之父所开，出铜亦旺，及至满那拇时始停。在北2里许有土房甚多，有三四间系头目人住处。据说由此向西约二三里地名铁石柱，有佛洞2，未及往视。

10点25分有沟3，均在此汇入铜厂河。一沟自西黑衣戈壁中来，循此沟往西，可至黑衣，此沟有水；一沟自哈拉柯来，循沟可至哈拉柯尔，此为干沟；铜厂河则自北大山南流至可可沙，东流，经苏不宜，绕红山西流，至新铜厂。诸水来汇。故余等至可可沙者由此向东，循河边山而行。

此山全为红土，由东约二三里而西，至黑衣始断，绵延数十里，克子尔河出其西麓，铜厂河出其东西，疑《水经注》称为"赤沙山"者即此也。《水经注》："龟兹川水有二源，西源出北大山南流，迳赤沙山。东川水出龟兹东北，历赤沙积梨南流。"所谓赤沙山、赤沙积梨皆指此山也。

11点10分折向东北行，迳行小沟，沟中已冰雪载途，沟两岸山岩，红土层中白盐显露，盐如石块极白，自沟口至大坂皆为产盐区域，绵延六七里。12点25分上大坂，12点55分方下大坂。而铜厂河自西而东流，河边有庄户家2，即名可可沙，据说有一麻札，是处出硫磺白矾。1点10分过一沟，水不大，自哈拉柯尔来汇入铜厂河。循铜厂河北行，至一旧城处，时已1点40分也。

城在河西岸坡上，黑泥所筑，城门向东，门前有炭渣及铁汁甚多，知此处古为冶铁之所。城东北隅有一炉，口径宽1尺5，长1尺，深5尺，下圆，周约七八尺。城旁有一穴口通炉中，为出纳柴草之所。城门旁有一窑洞，较此为大。城高约8尺，城墙全存，城中西南有炭渣一堆，城周550步，城北炭铁渣汁堆积若小阜，成一四方形，若一小城，为遗置炭渣之所，其中放熔铁小罐甚多，与哈马沟相同，盖彼此均为冶铁所也。余在此摄影数张，拾瓦片数片，即至附近一庄户家住次。

此家有一老汉称距此约1里地山上出铁。余同彼往视，即在可可沙之北里许，名哈垓口子，在铜厂河东岸。山上有铁矿苗，其铁成分不厚。据说，由此往北哈垓庄铁矿颇佳，极佳者在哈拉柯尔。是亘此山脉数十里皆铁矿也。余在此拾取二块作试。又此山名为梯母康，梯母译为铁，康为处，即出铁处之义也。

山上有洞穴三，皆斜行，或由下而上，或由上而下，宽约五尺，高四尺，即矿床，古人取铁处也。沟西沟东山上矿苗显露，全山皆是。前数年哈统领在此开采，即在此房后冶铁，铁质不佳，折本遂不掘。然在洞穴附近瓦砾甚多，且有土堆，为古房基址，其瓦片色红，上有压花纹，与唐代瓦片相似，且与旧城瓦片及苏巴什瓦片同一形式，同一质料，或为同一时代之产物亦未可知。

前在苏巴什一永利告余云，据其老人传说，可可沙之旧城与此地破城皆为同一时期人所作。苏巴什之破城，余已证明为8世纪之物，维民之言若可信，则铸冶亦当在此时矣。《水经注》引《释氏西域记》云："屈茨北二百里有山，夜则火光，昼日但烟，人取此山石炭，冶此山铁，恒充三十六国用。"按距此约六七里苏不宜处有一山，现尚有火，此山又出炭出铁，又有冶铁遗址，则此山即古屈茨北二百里之山矣。

据说，铜厂河水自北百余里大老坝来，老坝下有数泉，汇为铜厂河。此处山西之水自喀垓庄来，亦泉水也。今日所过之大坂名婆婆大坂，出盐处名可尔甲斯，铜厂北之破房处亦名可尔甲斯。在破房处循西沟往西可至克孜尔大河及明不拉。山中产盐、硫磺、硇沙，洵富山矣。

据说，哈拉柯尔有破城一，由哈拉柯尔至明不拉巴札一站，巴札往北半天至博者克拉格山口，岩壁上有石刻，满凿汉字，中外人士往揭拓者数矣，字大约5寸建方，按此即乌垒碑处也。

11月22日　上午9时拟往查看喷火之山，带2人及引导，过铜厂东南行，转东沿山边走。9点50分至苏不宜庄，有土房4家，凿岩穴为室。有坑井小阜甚多，为制白矾之所，因此山出白矾，本地人掘取即在此制炼，烧石灰亦在此。村后炭渣累积如山，有四五处岩裂有隙，浸成沟穴，面布炭渣及瓦砾甚多，疑即古时熔铁之所，尚存炉灶及房屋遗迹，惟多崩圮耳。地面周约5里，较可可沙之铁厂为大。瓦片作红色，且有压花纹，以各处古物作比较，断为古龟兹国所有，谅在9世纪以前也。

村后有山，名哈玛母达克温泉山，出铁及硫磺，石炭、白矾则遍山皆是。《水经注》引《释氏西域记》所谓取此山石炭冶此山铁。皆指此也。

由村庄转东北行，进山峡。沟旁有麻札1，据说所葬为养格尔麻札所葬之人的奶奶，前有石质手足印遗迹，据说为当日此女子所遗留。验视之，有数石块，一大石，长3尺，宽2尺，厚5寸，有马足迹1，称此为从前女人所骑之宝马足迹。又一石，长2尺5寸、宽2尺，有人足迹3处，小足，疑即驴或羊之足迹，但传说为男子之足迹。又一小石，长1尺5，宽1尺，有女人足迹，中尚有小孔。余摄影2张。

余按此类，疑为古时动物遗留之迹，浸久变为化石，至称此即人之足迹，则未可必也。然余在新疆所见古人遗迹，有不能以常理论者，余见诸佛洞，洞壁多以泥沙涂之，上有手涂遗迹，即手掌印是也，然今已成为石质。又观石岩缝中，有夹石沙泥层者，亦多变为石质，如河岸山岩中，可见此类由砂泥变石，皆不甚久。故此类砂泥化石，或为古代人畜足迹遗留沙泥中，历久变为石，亦未可知也。

复由沟中北行，由山石峡中徒步攀缘而上，至山腰，坑穴甚多。为本地人掘取硫磺及白矾之所。有井口外呈黄色霜沫，热气甚大，手足不可近。以西有一井口喷气，口宽3尺，长4尺，喷气处如漏斗状，口呈黄白霜沫。此井北又有一坑，类窑洞，洞口旁热气蒸腾，其处所生黄白霜甚多。余等括取一包作标本。洞内颇宽，度可容五六人，洞中热气蒸腾，冬日流汗，相传有病之人来坐洞中少许即愈。至冬天，库车、沙雅、轮台之人来此治病者甚多。洞中虽烟气稀微，而热气蒸腾之声响甚大，如大蒸气炉之浒浒作声。置水或烧饼，顷时即熟。遍山硫磺臭味甚大。《释氏西域记》所谓夜有火光，昼日但烟者，即此。

本地人称此山为哈玛木塔格。哈玛木，澡堂之义。取此山热气四溢，蒸发不可向迩，故名。硼砂亦出是中，有黄白2种。山作红色，或灰色石质，有类硫磺者，有红石者，出白矾区域亦与硫磺相间，本地人时来掘挖也。唐玄奘来时，此山已不喷火，与今时同。则喷火之时当在西纪800年以前矣。当喷气处附近有红色碎石及炭渣，遍布周围四五里地。其喷口处附近则积累为岩脉。疑皆当时喷出之物。在山下层山岩中，岩石中夹一层木炭。在山下里许之山，皆水成岩，麻沙石，山上有水冲洗遗迹。古时必有瀑布，故作此形，当时河流之大，亦可想见也。

归闻有外国人昨至苏不宜庄住，余乃至苏不宜庄询问房东，此人为谁不知。后有一通事出，邀余见面相询。据说由红庙子来，向和阗去，专打大头羊，明日即回库车。余审其名片，知即英陆军副将祥木博耳克，盖名为游历，实即国际侦探，且考查矿区也。

11月23日　上午10点5分由可可沙出发，向北偏西20°行。绕梯木康之西，顺哈格额垭北行。此处有河岔3：一为铜厂河，即大老坝河水，自大老坝来，南流，至可可沙，又东流至苏不宜，绕红山，又转西流，至新铜厂，汇由克衣来之沟水，南流，此为正源；一小水沟，自哈拉柯尔西来，汇于可可沙之南，入大河；一源自西北哈格庄东南流，至可可沙入大河，故此河亦称哈格苏河，源出克子尔和旦山中，水不大。三源既会。南至铜厂，总名铜厂河。由大老坝河行，可至大老坝，并通伊犁。由苏不宜东行，经戈壁可至轮台。余因至哈拉柯尔，故沿哈格垓水行也。

10点50分至哈格村庄。庄户10余家，散布于河两岸草滩上，河西有一山出烟，盖亦火山之喷气者。此地火山喷气有3处，连昨日所查之山，即"哈玛木塔格"共2处，尚有1处在东，约五六里地。皆喷气不作火而声响者。沟西一处，即此山，喷气甚浓，可远见之，惟此山非红石山，亦不出硫磺铁炭等等，山岩石多水成岩，渐有黑线，亦喷气者。

哈玛木山自苏不宜北至克子尔庄，绵延二三十里，皆出石炭、铁、硫磺、白矾之类。由可格苏之山往北至哈格亦出铁及石炭。在哈格庄附近尚有旧时铁厂一区，宽广约2里。在庄北沟中出石炭处，附近人及拜城县人亦尝来此掘取。此山岩水成与火成相间，沟西多水成，沟东多火成，或前山岩为水成，后山岩为火成。山上多黑尘，或作平坡冈峦，疑为火山所喷出之灰烬堆积而成。再往北之山虽多作黑色，皆不喷火与气，故火山当在此。

惟《新疆图志》称额什克巴什山常有火，多硫磺铜铁，今以询之本地人，据说额什克巴什山尚在北约200里，全为雪山，多冰，亦无硫磺、硇沙，亦不喷火。是《新疆图志》以哈玛木塔格误为额什克巴什山矣。《图志》称额什克巴什距库车城百里，实地考查库车北百余里之内喷火者即哈玛木山。额什克巴什距库车城有300里也。《讯鲜录》称，硇砂山在城北百余里，山皆培楼，多石洞，硇砂产洞中，形如钟乳。盖此山亦出硇砂，即硇砂山也。至克子尔河之东二源哈剌库勒河又出于额什克巴什之西南麓，非出于哈玛木山也。两山搅合一处，遂混杂，若非亲验，几为前人所误也。又称唐时阿羯田山即额什克巴什山，疑唐时阿羯田山即指此山。

昨日已证明伊逻罗城即苏巴什之破城，前日日记中亦尝论及。《水经注》所云屈茨二百里之说，实地求之，苏巴什距哈玛木不过百余里，里数稍异。若以额什克巴什山当之，则又多出百余里，且在苏巴什西北，不得云北也。《图志》又说额什克巴什谓小山羊头，其形式类似之。阿羯田山盖取此义。按《西域记》引西域地名多取西域原名即当时所通行之名，直译过来。阿羯田当即当时之名称，岂可以今维文之义相释耶。《唐书·西域传》伊逻罗城北倚阿羯田山亦曰白山，尝有火，则白山或即阿羯田山之义译。而称尝有火，则哈玛木山即古之阿羯田山，谅无不合之处也。

《魏书·西域传》龟兹国西北大山中，有如膏者流出成川，行数里，入地如醍醐，甚臭，服之发齿已落者能令更生，病人服之皆愈。今以询之当地人，据说，苏不宜南山中有其地，服之能令秃头生发，惟不知确处，颇难寻觅。余疑山中流膏且甚臭者，盖即硫磺也。能令秃头生发，或本地人有是迷信。昨日至大山，有人取洞口之白霜，称以此末撒在秃发头上发即重生，虽难置信，然本地人群信以为实也。此处在苏巴什北，即古龟兹国北，称为西北，或方位上有怀疑处耳。

　　复西北行，12时至克子尔和旦，有小沟水自西来，据说此水自提墨克来。渡河复正北行，沟水既涸，两旁山势低落，河滩生莉草，牛羊牧之甚利。2点转西行，称为克子尔和旦，有红色之圈义，即此山多作红色。村沟东，出石炭，拜城人曾来取掘。西行穿过一丘陵，山势高低不一，冈峦重叠。2点半过一大坂，下山，入戈壁，复西北行。3点半又转西行，两山脉中显平川，杂草丛生，有河已结冰，渐有户家，盖已至哈拉柯尔边地矣。4点20分抵一户家住次。

　　时气象台即设此处，未久张君来，吴迈来，带来物交彼等将去。张君为人谨厚诚朴可嘉，年不大，高小毕业后，入电报学堂，经吴兆熊送入学术团作观测员，亦颇勤谨。张，甘肃镇番人，住迪化，父母均亡，亦苦人也。

　　11月24日　早起往访张君，即于上午9点15分出发向西沿哈拉河行。河东属库车，河西属拜城，两县以河为界。南北有大山，中现平川，河流其中，庄舍散布。河东间有山阜，登高远眺，极类湖中岛屿。9点50分至一破垒，因山累石，旁有一小城圈，周480步，中已垦辟为地。墩南有小屋遗址，必为兵卒所住。此处为北通伊犁之路，疑为乾隆间征准噶尔所筑，兆惠所行经之地。复西偏南10°行，皆为草滩，或系冈峦。11点20分过冈峦岭，入戈壁。西南走，至下午2点20分入玉尔滚雅格。

村庄两旁皆大山，中显平川，宽约10余里，悉为田舍，树木虽已枯槁，而犹见其庄户之鳞比焉。庄东有一河西南流，旁黑山，名哈拉沟尔，南流五六里至阿克达什入克子尔河。河上源为博斯额梗，冬日无水，春夏山水大发时，有水至玉尔滚村庄。庄亦有泉水，由此河南流，现尚水流淙淙也。过此西行，3点半又过一河，名尔登沟什，亦发源于尔登沟什山，南流，至阿克达什入克子尔河。此与哈拉沟尔河相隔约里许，一在庄东，一在庄西也。4时又过一河，名博者克拉格额梗，出于博者克拉格山南流，至哈拉布拉克入克子尔河。4时40分又渡一河，亦出于博者克拉格山西南流，经克衣巴札之北，至阿克达什入克子尔河。凡此4河皆克子尔河之东源，出于哈拉克达格。哈拉克为此一带山之总名。各河所出之地不同，因各以其所出之沟名其山耳。克子尔河西有一源名木扎提河，出于木扎提山，东南流，至克孜尔千佛洞入河。

据说，木扎提山在拜城之北，与温宿为邻。额什克巴什山在哈拉柯尔北约里余，属库车，与拜城为邻。哈拉克达格在额什克巴什之西南百余里，属拜城。《西域图志》《西域水道记》《新疆图志》均称克孜尔河出额什克巴什山，或有误点，或名此一带山均作额什克巴什山耶？4点50分抵克衣巴札，住一维民家。据说，明布拉克即在巴札之西。

明布拉山在庄西约五六里地。山出铁,有铁厂2所,一名阿克更格,一名克子尔梗,现有冶铁工人在此铸铁,此处距博者克拉格尚有40余里,亦大村庄,现尚有人看守石碑也。

11月25日 上午9点35分由巴札西南转西北行,田舍相续。10点40分有干河自西来,此河名阿拉格米,出北山阿拉格米山口南流,至克衣巴札西,阿占其,入克孜尔大河。11点半出村庄,入戈壁,此戈壁在阿拉格米之北,博者克拉格河之南,相距约半里。12点出戈壁,入博者克拉格河滩。12点20分渡博者克拉格河,沿河向北偏西20°行,至榆切大坂村庄。1点10分住于一维民家中。此维民名大拐提马木,曾看守石碑者,后因有人告发,遂罢。

据说此石碑尚在沟内约30里,今日去不能回,拟明日前往查看。

当有本地乡约至,因询及此地山名。据说,此处山脉总名为额什克巴什,亦称哈拉克塔格,凡此山绵延于库车、拜城境内者,皆用是名。山有4沟口,又因沟各有其细名耳。额什克巴什在哈拉克塔格之南,哈拉克塔格为草湖名,此湖即在额什克巴什山背后,故亦称此山为哈拉克塔格。额什克巴什译为山羊头,取山中有石类羊头,故名。据此,则《图志》称克孜尔河东源出于额什克巴什西南麓可信。昨日所记大误。由是而知考查一事之难也。

克孜尔大河口即博者克拉格河,出博者克拉格沟。据说,由此沟北行6程即可至伊犁,沟口并有破城及土墩,口北一站地又有土墩,则古时此处为南北交通要地;玄奘至突厥谅亦取道于此，射匪可汗庭当亦在此处之北也。又《图志》称阿克大坂伯什克勒水出焉。西流七十里又东南流，入克孜尔河。询之本地人，据说阿克大坂之水西至伊犁，阿克大坂山距此有4站，山中有一草湖，名可格苏，哈萨克、黑家二种人游牧其中。

哈萨克、黑家宗教同维族而服制、习惯不同，哈萨戴皮帽，上插毛羽，称为英雄帽，衣服为对肩，短衣，与俄籍维民相似。疑其为旧时突厥及蒙古克鲁特人之变种，后改信回教。

据说此南由明布拉克至赫色尔道上，地名阿占其，有佛洞1，土墩1。则此处古时为南北要道可见矣。今日在途中，附近居民及此一带头目人咸奔赴博者克拉克；询问，知今日为维民会期，每年举行1次。庄户家则于九十月农暇之时举行；商人则于正二月举行。某村或某某人举行此会，邀集远方维民及头目人等咸来会所，宰牛羊为食，且议一地政事。各村轮流召集，今日为此村人所召集也。一村之中，家户均出钱请客，说曰集会后，子女无病灾。富人信朝汗，而穷人则信此会也。会名"萨黑梯米"，即聚会之义。按此，犹内地之乡会，每当农暇，借此以睦乡谊增情感耳。

刘平国治关城诵

11月26日　上午9时由榆切大坂出发，拟往锥拓石碑。向北行，9时20分道东戈壁上有石累墙圈1，疑为旧时兵营。复北行，9点半过博者克拉格河，沿河中行。河两岸黄草弥蔓，间有二三户家在此放羊。10点半始离开河道入戈壁，沙石磷磷，甚碍马蹄。近山口，两旁小山阜蜿蜒由北南趋，11点10分抵沟口。

刻石在沟西岩石上，距地尺许，因岩石之隆洼曲折，凿刻有2块：南为诵文，宽营造尺1尺2寸，长1尺4寸5分，字为汉隶，体极工，约1寸建方，惜字多剥蚀，不可尽辨；以北为题名，与诵文相距约四尺，有字处约长5寸5分，宽5寸，隶体。每字1寸2分建方，共3行，一、二两行各3字，可识者6字，三行3字，全可识。题名词云：

京兆寿□|淳于伯□|作此诵|

诵词计8行，行16、13字不等（略，文详《塔里木盆地考古记》）。

按此摩崖为龟兹将军刘平国在此建关，关城之诵词。其名曰乌累关者，以乌泥为营，累即垒，黑石作营，故即以名关，与汉西域之乌垒国，及汉都护治所之乌垒城，非为一事。乌垒国及城地当轮台之东，今策特尔南，万难飞至龟兹国北，来建关者为龟兹国将军，而非乌垒国将军，岂可混为一谈。且诵文明云，屯东乌累关，盖此关在龟兹之东也，若为乌垒国之关，当西乌累关，不得云东，龟兹国东有轮台，并不直接乌垒。又此关之东百余里，仍为古龟兹国地，例如阿羯田山，《西域记》已证其为龟兹山，此关即建阿羯田山之西南麓，此又可证其非乌垒国地。《访古录》谓乌垒当今之喀拉沙尔之策特尔，其国属地当北至今拜属之明布拉克山，而建关于此，实为大误。又此建关之山今名额什克巴什，或称喀拉克塔格。明布拉山在其南，相距70余里，亦不得云北至明布拉山。建关处今名博者克拉格沟，即克孜尔河源处。循此沟可北通伊犁及山中草地，则此沟为龟兹在汉时北通乌孙，唐时北通突厥之要津，故在此作关。汉使至乌孙亦由此行，且必过其国都，故史称龟兹有截留乌孙公主之事也，此又可为反证。总之此关为龟兹国所建，属龟兹，不属乌垒，决无疑义。

11月27日　今日派蓝福、汗木多仍去拓字，余同毛拉及房东前去考查佛洞及破城。上午9时10分出发向南行，旁西沙梁，9点40分至额克尔大坂。沙梁上有一破圆石垒，旁有一土墩，已颓，亦为石垒，疑此为营垒，或为准噶尔所筑以御清兵者。沙梁西北百余步有一石洞，面向西南，中有石座，旁有左右二弄通后室，后室北壁依壁有一小坑，其形式与盐水沟、克内什佛洞相同，疑亦为古佛洞。惜泥土已剥蚀，现只余石壁，多为烟熏黑。然未剥落处尚有黄土泥皮,为烟熏黑无画。口宽约5尺,深1尺5寸,旁有一小洞,甚浅,疑此沙梁上决不止此一佛洞,不过已为沙石所掩,无法指其确地耳。

余摄影1张,复渡河南行,河滩中顽石塞途。11点50分至明布拉庄,转东南行,至一破地,名沙亦墩。盖以石垒土墩之义。周约270步,墙已颓,满布黑碎石,在地面上多有铁炭渣,疑为古铁厂。因明布拉山多出铁,现阿拉格米沟口出炭出铁,本地人所烧之炭皆取是处。据说,从前有2铁厂,今已停工,然城附近不如可格苏、苏不宜铁炭渣堆聚之多,则此厂亦为小铁厂也。或则此处仍为营垒,此铁渣为攻战时所遗留亦未可知。地面瓦片不多,略见红瓦片。

在此停留半小时,附近村人送饼及茶相饷。12点55分转东行,1点转东北行,1点15分至一破地,有沙梁,滨博者克拉格沟边,垒石作墙,半周中有石砌房基,与阿拉癸沟之破垒极似。疑为厄鲁特人所筑,据本地维民云为安集延所筑,然皆近代物也。周约270步。地名阿占其,距克衣巴札约里余。

转西北行,约半里,至克衣巴札。旁有一破城,名黑太克尔,译为汉人城也,城墙已颓,只余东北墙基,略见其迹,余皆泯灭。然城中隆洼处甚多,且有掘穴成圆洞,询之本地人,据说此圆洞为当时班房,并非后人掘挖所致。城中红瓦片甚多,且有磨石,故决定为旧城。城周600步,城中之隆起者皆为已颓之房屋。其穴必为掘取镪物者所为,不肯明言耳。城东南隅有土墩一,南亦有一土墩,或古时以为守望之具。

此城时代若以瓦片论之,似为唐代物,然亦有青瓦片作压纹，又为汉物。其红瓦片粗笨厥状甚古，也许建城在唐前。又唐城多用土砖，汉魏多用土筑，此城亦为土筑，且倾圮，故余疑此城为汉时物。

又按乌垒关诵文，有"屯东乌累关"字样，乌累关既在博者克拉格沟口，已如昨述，既云屯关城，是必有一城。余在沟口附近踏查未见破城，惟沟东沙梁上有一土墩为石垒，下有石砌房屋，据说为安集延所建，非汉代物；今克衣巴札距沟口约60里地，直南直北，或当时建关于沟口，建城于此，因沟口为戈壁石山，不可屯大兵，此处已落平滩，可就地筹粮，且为南北东西往来所必经，以之建城甚为相宜。而将军即住于此，守关兵士则住于沟口焉。若余之所疑为然，则此城亦可云乌垒城，亦刘平国所建也。玩诵文，有"乌累关皆□□将军之所作也"，用一"皆"字，可见关与城皆为一人一时所作，而相与为一事矣。惜时间短促，无暇发掘遗物以验其然否。

考查毕，赴巴札。今日为克衣巴札之期，人甚多，然除粮食、水果外无他物。余在一维民家略息后，房东至，乃与俱归，已6时矣。蓝福及汗木多已回，验视沟中石堆，亦无遗物，可怪。

额什克巴什山在库车，山至尔登沟什沟口；在拜城则名为喀拉克塔格，亦称哈可拉木，在其南，喀克布拉克在其北。过此，则为喀拉克塔格。

11月28日　上午9时半由榆切大坂出发，向东南行，村舍相续。10点半渡博者克拉格水，入戈壁。11点又行河滩。11点25分又渡阿拉克米水，此水至克衣巴札南、阿占其入克孜尔河沟口，出炭出铁已见昨日日记。与博者克拉格沟口相距约6里，皆在额什克巴什西南麓也。又昨日记明布拉山在庄南，今询之本地人，据说额什克巴什山在北，前一道小山即明布拉山。额什克巴什与喀拉克塔格以博者克拉格沟为分界地，沟东为额什克巴什，沟西为喀拉克塔格。与前日所记微相刺谬，乡人之言未知谁是。

12点至明布拉庄，向南行，1点40分抵明布拉额梗。此为泉水，出于明布拉克庄，至东穆字塔尔人博者克拉格水。明布拉克千泉之义，沿河两岸泉眼星布，据说尚不止千泉也。渡河即接近山口，盖明布拉庄南有小山脉，东西行名额特尔达克，博者克拉格水绕其东与南。山北庄为明布拉，山南庄为特特尔，冈峦起伏，约50里。博者克拉格水既绕于明布拉庄东，又复西南行，经特特尔之东，西南流至克孜尔，又东流至千佛洞，入渭干河。2点入额特尔山口，南趋，2点40分山势渐弱，冈峦起伏。3点40分转由沟中行，沟名奇克里额梗，至可干入克孜尔河。沿沟岩岸高约四丈，冈峦纵横。5点10分至小布拉克，道东有泉水，道西有破房1，破拱拜1。据说为已废之腰站子。

6点40分至可干，转西南走，时天已黑，月色光耀，怪石崎岖，如立人，如枯树，森凌可畏。可干有旧铜厂在道东，有大道一，自东南，据说此即托和拉旦至明布拉克大道。盖托和拉旦卡伦处，有2道；一北行，即北道，一西行，为至拜城大道。由可干至托和拉旦卡处，据说有60里，由明布拉至可干尚有30里，合共90里，亦大站也。

在可干之北为克孜尔格提，因有红土山也。7点半至哈拉项沁，由此出山口西北，尽平滩戈壁。而克孜尔河向南偏西行，月光之中，仿佛一道白练，而水声淙淙，知为大河也。

8点抵特特尔村庄。8点20分住一维民家焉。月色虽浓，然万籁寂寞，几根枯树林外，惟闻犬吠，而余则手足僵冻，几不能步，夜行之苦也如此。此地有庄户家十余，高粱小麦均可种，较明布拉庄一带地为良。明布拉庄等处，只能种小麦、青稞，余皆不成，故高粱、棉花均取给于库车。

此地寒冷，高粱、棉花非其所宜，据说，每当春三月有一段极冷气候，田禾多为冻毁；库车虽亦有时候冷，然地气较暖，无害于田苗。此地人多富足，因水草甚优，可放牲畜，不少人家均有十余头骆驼，马羊之类或以百计，此又胜于彼地者也。

克孜尔佛洞

11月29日　又此村北有山脉一道，西南行，即额特尔塔格之尾麓，在山麓之隆起处，有许多佛洞遗迹，并有一庙基在山上。佛洞距村里许，余来此即闻乡约言之，早饭后即骑马往查。

约有佛洞10余，多在山腰，山上有一庙基，盖凡有佛洞处必有庙，此定例也。佛洞绵延约里余。在最北一山脚有佛洞3，其中一洞甚大，绘大尊佛像，后室5，两旁各4，与柏则克里克同。左一小洞半塞，右一拱拜形佛洞；左无画，右有画，均毁。复次一山脚，有佛洞4，中2洞有画，左北向，右已倾圮。复次一山脚，有佛洞4，均倾塌，下有破房基数处，有已掘者，有未掘者，均为沙土所掩，是山是房颇不易辨识。迤南一山脚，有佛洞3，已圮，均无画。

庙即建于此二处佛洞山上。据说有外人来此，发掘2日半即停工。余视此处可掘之处甚多，然非要地，恐亦不可能有太大价值，且余欲赶路，在此略画一图，摄影数张即归。

下午1点15分发自特特尔向西南行，1点40分离开村庄入戈壁，沿克孜尔河南行，2点20分进克孜尔村庄。村庄颇大，田舍栉比，地为红土，故屋墙田土皆显红色。按克孜尔即"红"之义，此庄之命名为克孜尔，义岂在斯乎。博者克拉格水经行克孜尔庄东南，故名克孜尔河，水极清澈，并非红水也。2点40分由村中转东南行，3点抵克孜尔河畔。河宽里许，水流甚大，顽石塞之，每当夏春无桥，冬则建桥梁以渡行人。3点5分由桥上过，向东南行，3点20分入克孜尔巴札，约50余家，村店2。余等因须急至明屋，未住，穿巴札过。3点半入戈壁，向东南走。5点渐近山坡，冈峦起伏，沙阜隆低不一。5点半方下坡至河滩。

此处有河至西来，与克孜尔河汇于明屋。即木札提河是也。即渭干河西源，佛洞凿于河北岸土山上。时已黄昏，视之不清，然黑洞密如蜂窝，亦知此处佛教之盛矣。

8点20分抵一维民家住次。维民名亦提米尔，昔曾随勒柯克2年，在吐鲁番时曾住于汗木多房中，故汗木多与之认识。余之来住渠家，亦因此也。此处有户家2，惟此家略富，每至夏天有三四家，此时仅一二家耳。

据说连日克孜尔巴札上过兵，库尔勒兵已调往喀什，前日往铁吉克去了。

又维民房屋墙壁均有毛炉，为冬日生火之用，屋顶均有木架，面铺草泥，上堆干草，余到此，从人不慎，毛炉火大焚及屋上毡，幸觉查速，未出事，亦险矣。

11月30日　此处有木札提河自西来，流至麻札和卓；克孜尔河自北来汇，距明屋约20里，又流于确尔克塔格北面。盖木札提河南岸有一道山脉，名确尔克塔格，凡三道均东南行，与库木土拉明屋山（即丁谷山）相接。河即经流南行，出山口为渭干河。《图志》称克孜尔有小道通库木土拉。今以询之本地人，曰无。河中水深数丈，人马皆不能行。据说，由赛里木有一小道至裕勒都司巴克，1日可至。然库木土拉之明屋距此地明屋约50里。在此南北两山口，均有佛洞破城。古时必有交通大道，决不至绕道西北数10里至赛里木又东南行也。必古道久湮，或即由河中行，其后沟中冲积成潭，遂不能行耳。在木札提河北岸有山，名明屋塔格。自克孜尔巴札北，地势渐高，边河东行，临木札提河，崖岸崎立，山峰耸峙，下坡有一大坂，极险峻，即余等昨日所过者。临河崖壁，高数十丈，或百尺，沿崖自西至东，或在崖脚，或在岸腰，满凿佛洞，据说有900余洞，虽为饰词，然亦有200间外也。

余等今日考查，自东至西。先看东头前山，洞皆在山腰，下有高阜，达河岸，余等同提米尔上高阜自东走西，计11洞，洞悉南向，临河。第1洞前后两进，有壁画，多毁。所云前后两进者，即前为方形中堂，东西两面墙有画，宽长约2大许，高约三四丈不等；顶圆弄，中有石座，洼雕若龛，中绘有佛像或花纹；座两旁有门，上为半圆形，通后进，宽与前进等，甚短，小者约5尺，大者亦不过1丈；墙后壁有石坑，高宽约2尺许，长与壁等，疑为供佛像之用；石座背后，有凿龛者，有未凿龛者，高不及前进，惟坑西头多有石磴，或为置供品之用。所有佛洞大多类此。过此洞，又有破洞3，均圮。隔数十步，又有破洞2，亦圮。次有一方形洞，顶圆，弄下方宽长不过1丈，高约1丈5尺，东、西、北三面壁上，均有民族古文字。前有外人来此，涂有英文甚多，并绘有西洋美术画，甚为拙劣，古今混淆，亦煞风景。第3洞为长弄，宽约1丈，深2丈许。第4洞上圆下方，方形洞门。壁上划有"惠岳"2字，洞内壁上尚有民族古文字，及西人所划之字。第5洞已圮。第6洞为一大洞，已圮。第7洞有前后进，颇大：前进顶为八方冰凌形，有画。第8洞亦前后进，略小。第9洞，前、后、外三进。所谓外层者，即在前进之外，两旁有墙壁，极高峻，后壁中有闺门至前进，门上满布泥塑红莲花；凡壁上凿有小孔者，当时皆以插莲花之用，后因莲花剥落，故只存石孔，孔上间存有木柴，即古时莲花柄之遗存也。余在司密司马里所掘之大庙前门上亦有石孔若干，疑亦插莲花者。

第10洞方形，上圆，旁有一小口，经通侧弄，此类洞之建筑在托和乃西北之佛洞见之，与此相似。盖大洞之侧有一小弄，宽约4尺，长与大弄等，由弄入，旁有一口，为3尺4尺不等之长方径，从此入大洞。大洞前门有一口径约三四尺建方，通口往外面。口径在壁之中腰，若现在房中之窗牖，依壁有如维民家中之毛炉形，壁四周上下凿有小格，若现在维民之房屋然。现维民家中依壁均有毛炉，壁上多凿小格以储什物，疑此类为古屈支旧俗，相沿未改耳。第11洞同第10洞，壁上书有民族文字。疑此类洞皆为僧侣住室，不尽供佛像，因毛炉尚有烟火痕迹，洞中并无石龛土台之类。若前、后、外三进之洞则为庙宇，因石龛及后进土台皆供佛像者。余在司密司马里所掘之庙，多出泥塑佛像可为例证。此属于前山一排者，余订为地字号。

又由山上北行，绕过一山头，在子里克额更（沟）旁，有一东北西南山崖，满凿佛洞计有八洞。今自西至东数，第1洞在沟北，沟南而西有破洞2，均圮。第1洞为方形，旁有小弄，通正洞，与地字号第10洞同。以东有一洞，下方顶圆，划有民族古文字及汉字甚多，汉文字有"天宝十三年三月十五""且作共囗祥""囗母长命无囗"（并行），"洪信""戒勤礼记""戒光"，又有划一狮子头，两脚前按，似抓一物，神态极雄猛，此属于东壁。北壁划有民族古文字。西壁有"惠岳"2字。此洞之上，半山脚尚有2洞，无画，疑上为陈白骨处，此洞为僧侣礼拜骨塔之所。余在库木土拉明屋所见有一小洞，黄泥皮上划字迹甚多，有"礼罗汉骨"等字，此亦有"戒勤礼记"等字，亦为黄泥皮，疑与是为一类也。第3洞类第1洞，惟此洞旁小弄在左，彼在右耳。略转湾，第4洞，前、后、外三进，大洞有画，已圮。第5洞方形平顶，旁有小弄通大洞。余所见方形洞顶皆作圆形，如拱拜式，胜金口、柏则克里克皆然。有作圆弄者，或八方棱角者，如库木土拉、克内什佛洞有然，即此处亦多，惟下方上为平顶者，只在此处见之。疑平顶为屈支本地房舍旧俗，圆顶为西俗。此参合着本土风俗耳，未知然否。第6洞前后进画甚好。第7、8两洞皆方洞，7洞无画，已圮；8洞有画多毁，上皆圆弄形。此两洞在半山腰，不得上，望及之耳。此属于东北头后山者，即在子里克沟之北面，余订为天字号一排。余考查自东北而西南，次第即以天地玄黄……为序也。

看毕，复由原道回至山前，前临河滩，距地高不过1丈，亦自东北而西南数。第1洞略高，已圮。第2洞前后室，旁左有一小弄，与之通。第3小洞亦有前后室。第4为大洞，亦前后进。在石柱上有汉蒙文字，为后人所画。其汉文字云"口口（乾隆）三十九年六月初六日""河色台""黄太人民焦登云"，是时正当清代征准噶尔之后，此处必为住兵之地。有数洞，洞房中全被烟熏黑，中积许多木草，系昔日住兵可知。第5小洞已圮。第6洞略高，亦前后进，门为闺门，疑外尚有一进，已圮耳。第7洞亦前后进。复西南行数十步，抵沟，沟自北来。据说从前无，山水下流为沟，乃四五十年间事也。沿沟而北，有佛洞六七，均在半崖，非梯绳不得上。一洞更高，虽梯绳亦不得上，从前外人到此，设尽方法均未能上。据说，此中民族古文字及汉字甚多。视洞为黄泥皮，必为佛骨塔，所划之字必往来僧侣之礼拜题名，然不得上，奈何。此属于沟东者，均西向临沟。

沟西亦有佛洞甚多，临沟口有佛洞2，半圮，此南向。转过来一洞，西南向。旁有2洞，壁画精美，然均在半山崖，高约3丈，梯不能达。先是汗木多等由石堆攀缘而上，后余系绳于腰。上以两人拉之，下垫以梯，乃得上。视此洞中壁画精美而完好，洞有前后二进，后进绘一卧佛，首南向，直东西，走足袒胸。卧床如西洋式之皮椅，即印度所称狮子床者也。前进顶壁绘画殆遍，顶用红色绘佛坐像，高不过2尺，颜色甚鲜，每佛像傍均绘有许多禽兽，如鸟、鹤、鹿、象之类，两壁亦有画，多毁。石柱上绘有双月，似一佛像。两弄上绘罗汉故事画。余在此摄影数张。

又旁一小弄通侧弄中，亦绘罗汉像，有一长蛇绕佛前后，又有一独脚兽，类龙头，作欲噬状。余又摄影两张。乃曳绳而下，手掌为岩石擦破。边岩下西行数十步，有已圮洞形式，现为梯米尔堆积柴草之所也。

复往西，1、2、3、4、5（圮）、6洞，均无画。第7洞为大洞。抵一小沟，过沟，第8、9、10洞半塞，未开。11洞为长弄洞。12洞塞。13洞圮。

抵苏格特沟，沟为泉水，自岩中出，绕梯米尔舍旁，沟水灌木札提河北岸河滩之地数十亩，此水为梯米尔个人所独有，故颇富。在沟之东西向，有洞8。14、15洞略高，下有破洞2。16、17、18洞圮，19洞破，20洞塞，21洞尚完整，无画。在此一排上层，于岩之半腰，有佛洞3，亦无好画，未上。

沟西亦有佛洞9，第1洞，圮。2、4洞，塞，未开。3洞破。5、6、7、8洞，均为大洞，前后进，墙壁已剥蚀，现为梯米尔堆柴草及放羊之所。9洞破。下层抵地平尚有8洞。北4洞破。洞中有石梗作梯，可至第6洞。南3洞尚完好，一洞画甚好。沟口一洞颇为高峻，未上。此处洞均在梯米尔房舍背后，有林园以围绕，似为梯米尔围屋之储藏所，洞壁之易剥蚀者亦以此也。

过沟西行数十步，一小沟畔有洞4。在沟东，西向有1洞，前后二进，画极完美。与无字沟西南向之洞相似，后亦有卧佛，前进顶所绘画同于彼洞，尚未被外人铲去，幸存焉。

时天已晚，归。

12月1日　闻之梯米尔云，山上有一旧城为外人所不见，愿导余一观。余今日乃去看此旧城，派蓝福先去拓字，余同毛拉、汗木多、梯米尔前往。自东前山，绕北山而西，均行于山上，复转西南而至古城。盖旧城即在苏格特沟西，黄字组佛洞之上，下临岩壁，旁河，在河滩上可望及之。正路宜自大坂处东去，可直达破城。

此城边山砌石而成，自东至西成一条线，约200步，高约4尺，有已圮者，内中为山。审视许久，乃清兵征准噶尔时所为塞城，以为望守之助，并非破城。检视亦无遗物，其下洞中有兵士住扎遗迹，视其题名有"乾隆五十九年"字样，正当打准噶尔前后，故知此塞城亦建筑于此时也。

自塞城东头陡下岩壁，壁高百余丈，以手拊壁，足踏岩边，徐徐移动。有陡坎手足无所拊，乃系绳于腰，以一人曳之徐放。余手挽绳而足拊岩徐下，若此者40余丈，至有洞壁处。有5洞，第1、2洞均圮，3洞塞。4洞为方形，旁有小弄通内。5洞为白泥，方形，洞旁有小弄与之通。

此5洞在最高岩上，足踏岩边，不过6寸，不能侧转，瞭望之耳。自第5洞，又下岩壁陡坎，法如前。有洞3。第6洞圮。第7洞剥。惟第8洞壁画精美无伦。洞长方，有前后进，前宽、长5步，后弄1步半，连石柱亦5步建方，高约1丈4，顶绘佛坐像，东西各三排，每排八九尊不等，中绘菩萨像，为佛教故事，俱极精彩。下两壁为2尺建方，中亦绘许多佛像。后弄北壁绘一卧佛，躺于逍遥床上，袒胸赤足，惜头部为人所毁耳。此洞与玄组沟西南向之洞，及宇字组之11洞相似，此特完好耳。

由第8洞又斜行下抵岩麓，有佛洞7。第9洞，前后进，前圮，宽4步，深2步，后宽6步，深5步。壁画多剥。第10洞圮。第11洞为大洞，旁有小弄与之通。第12洞黄泥皮无画，方形半塞。第13洞为大庙，前后进，前宽深7步，高4丈，后宽与前等，深4步，依后壁有土台。第14洞，前圮，下有2洞，已圮。此排由东而西数。再西百余步有2破洞，无可观，未去。此属于黄字号，在山之极西头也。

复转东行，有佛洞20，均在岩麓，与黄字号组相接，考查亦由西而东。第1洞为大平顶，形式极为别致，墙壁满凿圭形格，中有一圆穴斜行，通后弄，旁有2小弄通后。前宽6步，高2丈许，顶作方块形。所阅诸洞，惟此为异。第2、3洞圮，4洞塞。5洞，前后进，后塞。6洞圮。7洞为大庙，前后两进，八方形，洞旁有小弄，由洞旁石坎上入第9洞。洞方形，旁有小弄通后。又至第9洞，壁画均已剥蚀。下梯，边岩麓，至11洞。岩壁陡，不易攀援，余乃拉绳而上，约高丈余。

洞中满积干草，惟视其顶壁画精美别致。洞宽3.1米，深3.5米，高约4米，圆顶。东西棚绘佛坐像，3排，每排8尊，每尊高约1英尺。像旁绘1人或2人作供养状，或作顶礼状。又有菩萨像间于其间，亦东西3排，3层，每排8尊，作踞坐状，高约1英尺，均为佛教故事。或作与鹿、鹤游戏状，或与黑人、野兽教化状。东3层，中绘一佛涅槃像，佛裸体，微具中衣，仰卧于茵蓐上，手足绊以细绳，旁有2人，一以手据索，一以手抚蓐，面向佛身作哭泣状。东棚绘有一猿猴握抱人像，又一独角两足兽狮头，作欲噬状。又一猛兽噬人状，人仰卧于地，兽以两足踏手，而张口噬其身，或作人骑马跑状，或作人骑象状。有一像旁踞坐一女子，披坎肩，如现维民女子装束，头戴白帽,似礼帽,作供养式。又绘一老者,白发微须,若黄黎洲,作供养状。每一尊佛或菩萨像后,均绘有荷花瓣及蕊,作绿色或白色,中绘鸟兽穿行其中,如鹤、孔雀、鹿、羊之类。顶正中绘天人,披天衣。又有2飞天,人头作张口状,双手挽布带,间于2天人之中。又有作双凤飞状,两头相背张两翼,而共一尾,居于顶之正中。顶两端前为日光,后为新月光,旁绘4飞鸟环之。前壁门框上绘一佛像,交腿作坐状,两旁各有6菩萨像,披戴缨络侍坐。此皆属于顶上者。下壁为半乐工像,像均手抱乐器。再下为四方块,线中所绘诸相惜已剥蚀未得其全豹,殊可惜也。

第12、13两洞,壁已剥蚀,满储干草未看。第15洞前后进,宽、长均5步。前柱上有横额,上镌"寂然而静"四大字,填以红色,若1尺建方,隽逸非常,必唐人笔也。下有墨书"乾隆癸卯五月廿日""燕人法宝阿超""土人乌什哈达"等,此必清征准噶尔后,屯兵住此而书。东弄壁上划有"法兴"二字,东壁石刻"贾虚"二字。又有"宁郡蔡……""兆定国""此蔡""湖南湘潭""杨汉卿""弟子吉福来山一便"等。又有墨书"建口汉唐"四字,墨迹模糊不清,建旁字不可识,且为后划刻,姓名剥乱。此四字极工楷,约6寸建方,亦非近代人手笔。西弄有"惠灯坚行"划字,此则为唐人所作。盖惠灯为僧侣名,与库木土拉佛洞中略同。后无僧侣,决非人名,与"法兴"皆为一时所划也。余皆近代所作,以今乱古,可恶之至也。

第16洞为大庙,计6层,高约10余丈,前后二进。据说,外人在前进掘出经纸甚多。第 17 洞亦为大庙，前圮后存。18 洞，中有一佛座，交足尚存。19、20 洞均圮。又，由 15 洞至 16 洞须斜上 10 余丈，因 16 洞较高也。此排属宇字号。

复东北行，第 21 洞方形，旁有小弄通焉，通外半塞。22 洞为前后进。23 洞，圮。24 洞为大庙，已圮。25 洞方形。26 洞，前洞后弄。27 洞，半圮。28 洞平地已圮。29、30 洞，略高，均圮。第 30 洞旁之小房地，上凿石巢 3，长方形，约 2 尺宽，深 3 尺许，未知何用。

复东行，有一小沟北去，沟东有一墓道，口向东，高 4 尺余，宽 4 尺。中有一路，旁有四方形井各 2，约 4 尺建方，井口深 6 尺许。西头有一口井略大，被人称为古时班房，据说外人曾在穴中掘出死人尸骨及瓦罐。余按此必为墓室，与苏巴什旧城之墓室同一例，惟此凿地中较异耳。旁有已圮洞。又东有 2 洞已圮。又东一洞方形，中有石座。又东为大庙，前圮。至此已抵苏格特沟口，与玄字组接焉。

时天已晚，乃归。追写昨日日记，即寝。

12 月 2 日　上午仍派蓝福去拓字，余同毛拉看洞照相焉。先是，梯米尔舍旁有一沟名苏格特沟，北去约半里许，复转西去，在沟口两面所有佛洞均已考查完毕，惟由沟转西行，尚有佛洞甚多，均未考查，余今日须看此一带佛洞。

循沟而北至转湾处有佛洞 7。第 1 洞，大，已剥。第 2 洞，方形，上题汉、蒙、维文字甚多，皆近代人所书，有云，"道光二十九年"（此在石壁），有云，"宁属平蜀县兵丁夏桐叩"（书于门旁窗牖）。维文字亦有云"道光十九年"字样，在门壁上。可证此处为清代屯兵之所，此皆为住屯兵士所书也。第3洞，下方，顶上凸起，中为四方井口，虽有画，已被烟熏黑。余所阅诸洞，顶或为圆如拱弄，或为平顶，或为圆弄，未有作凸顶，此洞形式别致。第4洞，长方，洞门旁有窗牖，顶为圆弄，中平。第5洞为方形，烟熏黑，此皆为住扎兵士所为，可惜。第6洞，前后弄，前室石柱佛龛下石座，凿有长方井穴，疑焚烧纸香之类者。旁石柱上有孔甚多，皆为插泥塑荷花者。前室宽、深各7步。由第6洞西行30余步，有石板为梯，步之上至第7洞，方形，顶绘佛坐像，下四方花圈中绘佛像。检查与宇字组第11洞同，其方形花圈，约2尺许建方，与11洞均相若也。

又西行至一悬岩下，沿小沟而北，沟东有洞3，甚浅，半塞，未去。在此攀悬岩而上，半壁间有佛洞遗迹2排，已颓圮，尚有干莉草以麻绳系之，必为古时房上所遗。沟西大沟北有洞1，方形。此沟中洞多圮。

看毕，转行至沟口处，有1洞。据说为一二月内方发现，余伏地钻入，洞为方形，半塞，泥土有水冲积痕，或为泉水所经，石因之圮，洞中热甚，泥土作黑色，余拟试掘焉。往南有一洞，门为泥塞。

沟中之洞查毕，询之本地人，再亦无洞。是此处佛洞至此已告一段落。惟东头之洞因在陡壁上，未得上。乃复去查看。有一维民云，须用长木达于岩坎，从旁修一路，可达最高洞，余亦以为然，约明日往视焉。

归。派毛拉入巴札购来米菜。余复同梯米尔到宇字组第15

洞照相，又至第 11 洞照壁画，归已傍晚。追写昨今两日日记，已十一时矣，乃寝。

今日房东荐一邀驴人，每月工资 20 两，自明日起上工。

12 月 3 日　昨日梯米尔告余云，沟西半山岩壁上有一洞，内字迹甚多，外人均未得上。余今日试上焉，雇小工 4 人为助。

沟中有一流水岩，下截高丈余，上截高 4 丈，攀此岩可至河。下截以木梯达之，惟上截无此长梯，乃以极长树 2 根达之，树缠以绳，作踏脚之用，以一人先上曳绳，上梯者一手抱树，一手拉绳，脚踏绳梯而上，又边山凿坎为梯形，每隔 2 尺一步，8 人从事，半日方就，乃达洞室。除西弄口上有民族古文字 2 行外，不见书写汉字。房东所见之处，今已剥蚀。寻视地面，亦无遗物，想为捷足者所掠也。然房东之言，亦非诳语。东壁有"曹元洗"三字，今欤古欤，颇难辨析。乃掘挖洞外浮土，在浮土中拾破瓦碗 1，外边墨书民族古文字甚多，为古屈支遗物无疑。掘毕，乃循梯而下。

适克孜尔信差送来一函，系春舫托带来，函称徐先生来电，拨薪 2000 两至库，催余往取，余须至库一行也。

彼等又至大庙发掘，据说从前外人在此掘出经纸甚多。余掘之不见一物。又与汗木多查看掘地，此地未开洞，或被压于浮土，然浮土太多，费工甚大。乃暂定南北二处为汗木多、蓝福工作之处，在北者即北后山，地字组第 10、11 洞；在南者为宇字组第 4、5 洞。均为方洞，半塞土，或有遗物存焉。

12 月 4 日　上午 8 点 35 分，余同毛拉由佛洞出发至库车。带马 3 匹，2 人乘骑，1 马驮行李、食料。邀驴人拉马相送。8

点40分上大坂。9点半转北行，走佛洞至克孜尔巴札大道，2点半至腰站子，有土房一家。2点50分有大道自西来会。据说即至明不拉克庄大道。余由明不拉克至克孜尔，在可干旧铜厂附近有一大路自南来，据说即由托和拉旦卡后分出，一北行，一西行，北行者即此道也。在库时，张县长亦为余言之。会此路后转东行，3时至拜城税卡，卡前有一木栅，以稽过客。出卡进山峡，下一小大坂，入丘陵滩，满布小阜，或土或石，形同倍偻，大道即由丘陵中行，颇平砥，蜿蜒屈折。4时出沟口，即为盐土口驿站，有官店一家，即住宿焉。

此地有二信差传递库车与拜城邮件，一信差今至库车来，据说邮局又有一函致余，而余未及见也。

在店墙壁上满涂过客诗句。咏秧哥者十之五六，余录其一，以为风俗之资料。

日来过兵，近闻又有一大批军队将从此过。店家颇为惶恐云。

12月5日　上午8时由盐山口店出发，向东南，仍沟中行，8点40分转东北行，9时半又转东行，为库车税卡。由盐山口至此，号称20里，实15里也。沟两旁山脉，自盐山口至此亦渐低落，然两旁冈岭起伏不一，10点半始出山口。时方上午，沟中行，不见日光，手足僵冻欲裂，沟中积水已结为冰，马行溜足，11点始出沟口入戈壁。时盐水沟向西南去，即狭得让河是也，此河自托和拉旦大坂而南流偏东，迳行山中，此山出盐，因名盐山，其水苦碱，因名盐水沟，出口即为狭得让河。然沟中亦有小名，在托和拉旦，名盐水沟，在库车卡南为额济克；

南又有一沟，自东北来会，名库木什额格，在魏明附近为阿克炮台，在拜城卡地名大坂卡，在库车卡地名狭得让卡，此沟由此过，故亦名狭得让河。此山脉均自克孜尔明屋而来，故总名亦为确克尔塔格。11点复由明屋出发，下午1时至库车气象台。

刘春舫见面就说糟了，知款尚未到也。盖省款交一商人拨至库车张县长，而张不愿代拨，故又发生周折，余饭后即至县署，傍晚方归。朱局长至余处聚谈，至10时方去。得了省上不少消息。徐先生在省不自由。那林、贝格满均至焉耆被赶回。龚至乌什亦不准去，追回。是本团前途颇不乐观。只好听之而已。

12月6日　今日本拟回克，菊人强留住一日，并留晚餐。辞之不可。上午即去，直至傍晚方归，无非闲谈而已。

12月7日　今晨由库来乘轿车回佛洞，沿大道行，晚6时住一腰店子。

店甚湫隘，二炕为住人之所，炕中炉火透热，炕两头设锅灶，备行人做饭之用，余等来时，已有人住南炕，余住北炕，略食面条后即寝。炕热炙蒸，上冷而下热，遍体炙苏，余生来卧热炕以此为第一次。余在大坂卡上闻说此家炕最热，有人劝余住此，不知适与余之需要相反也。余与车户脚夫溷集一堂，平民生活亦有好处。

12月8日　上午8时由腰子店出发，经行戈壁，复转至明屋小路，迳至大坂。余由库坐轿车至此，遂将轿车发回，步行回梯米尔房子。时蓝福等正在沟西发掘，见余至，驰归，示以所掘出之物，有经纸、木版之属，皆在苏格特沟西上一层掘出，即余所编之玄字号沟，西1、2、3、4洞也。

经纸多为民族古文书,有一纸为汉文书。上有"贞元七年西行牛廿一头"字样。"贞元"为唐德宗年号,则此亦第8世纪之物也。同地又有一汉文书"囗害节度押牙特进太常卿"等字,盖官名也。同地又出有一木版,为立木,长7寸,宽3寸,厚2分,两面均有民族古文书,疑为古时之腰牌,此皆出苏格特沟西第1洞;还有石模型及泥像之属,皆甚精审。龟兹庙宇,因吐蕃之乱,多被焚毁,而此偏僻之处,故特存耳,亦幸也。

又昨今两日所行之沙碛,前人均指为"俱毗罗碛"。《水道记》据《唐书·地理志》云安西西出柘厥关,渡白马河,百八十里,西入俱毗罗碛,经苦井,百二十里至俱毗罗城,又六十里至阿悉言城。俱毗罗碛乃今之赫色勒沙碛,俱毗罗城今赛里木城,阿悉言城今拜城。《图志》复赞成此说,指盐水沟口为柘厥关。今余经过盐水沟一带,皆无建关遗迹,所有土墩皆安集延所立以抗清军者,疑辟此路北至拜城,自清代始,古时未必然也。安西都护府所在,今尚无确实地点。以意考之,当在裕勒都司巴克一带,因该地有大城遗迹,如"三道城""羊达克沁""通古斯巴什"皆大城,皆可当都护所居。若此,则所渡者为渭干河,即白马河。若由裕勒都司西出至阿克苏,可不必绕道走克孜尔也。因裕勒都司有一小道直至阿克苏,必经过一小沙漠,即大望库木一带沙漠,疑即《唐地志》所谓俱毗罗碛。《西域记》所谓小沙碛者也。由裕勒都司小道至哈拉玉尔滚,或鄂依斯堂至阿克苏。据说哈拉玉尔滚有一旧城,或为阿悉言城。又由赛里木有一小道至裕勒都司巴克,以赛里木旧城当俱毗罗城亦可通。余疑俱毗罗城决不在赛里木,而在铁吉克西、羊达胡图克一带，据说，那一带亦有旧城，当地人尝拾遗物焉。故前人以克孜尔戈壁为小沙碛，不然也。且龟兹都城在苏巴什，往西至阿克苏，即古所谓阿奴罗国，亦不进盐水沟，直由沟中取道提墨克明不拉至拜城。现此一带破城土墩颇多，疑古时龟兹北道由此，亦可不经克孜尔；且此处戈壁，除沟外，由托和拉旦大坂至克孜尔不过90里，亦不为沙碛也。

12月9日　上午去巡查蓝福、汗木多等发掘南排下一层佛洞。半山腰有3洞不得上，派2人凿山为梯直达彼洞。余乃同毛拉、梯米尔测量苏格特沟西上层佛洞。计9间。余先绘一排列图。取二百分之一的比例。洞与洞距离高下可得一概念。又绘剖面工作图。1、2、3、4洞均掘现古物，故带绘土层。5、6洞掘而无物，因形制颇异，亦绘一剖面图。第5洞口小内大，前后2进。第6洞为3进大庙。外进两旁墙壁凿有门限，内外进均为平顶。内进顶四围出双凸线芽，且绘以彩色，线下凿圭式格，形制极为美妙。石柱四周，均有龛位各一。弄上亦有一圭式格，如现维民房舍然。每圭式格中均有圆光及椭圆光，或为供神像之用，非以储什物也。尚有3洞，天晚不及绘。

归检视蓝福等掘出之物，在南排上层半山佛洞中掘出一木杆，上有民族古文书，计3根。又有乱纸1包，渐有字。南排下层掘出木马足1；铜钱2，文为大□元宝，缺1字，疑为大历元宝，为唐代宗时物，是此处洞在唐代自开元至贞元号称极盛也。此处佛洞较库木土拉为多，而古物亦过之，虽时经外人掘取，而时掘时现，与土峪沟相同，惟整卷经纸则不多见耳。

12月10日　今日以3人发掘南排下佛洞，2人发掘沟西佛洞。派毛拉至克孜尔巴札购买什物送信。先是余在库车，说在佛洞住二日即去，现既发现古物，画图照相非有一星期不能竣功。故余今日函知库车刘、朱，倘有函件及款项请于12月16日以前送来。并拟致徐先生一电，托发。电云"弼薪及龚欠，除拨600两交库刘外，余悉拨阿克苏。又队款罄，亦希筹拨若干至苏。文弼寒"。限以如13日无信，14日即发电，函已交邮差送库矣。

余乃至沟西发掘地。沟下排有佛洞4，2、3、4洞浮沙盈集，似未经人发掘者，乃试掘之。浮沙尺许，下即一层干草、莆芦与木柴，再下层即为灶灰土，厚约8寸，以理论之灶灰土中应有古物，今不然，连瓦片亦未见，而灰土甚结，拌合牛羊粪，并与草结，形同砖茶，决非近代之尘垢。审视许久，知下层佛洞本空洞无物，为居民喂放牛羊之所，经年既久，渐次迭集，边底亦尝掘出牛类，是其验也。第4洞浮沙2尺，灰土尺半，而下层甚湿，决无遗物可保存，故亦止而不掘。蓝福等在南排下佛洞中，掘出木片，尚有民族古文书2枚，布绸之类1卷。今日是一胜一负也。

余在沟西将佛洞排列图绘就。佛洞上下相排，距离约18米，梯高7.3米，可见古佛洞，上下本有路，后岩崩路毁，致不得上；又佛洞外间原形亦不同于今日，皆岩崩洞致耳。如上排1、2、3、4洞，外层均缺。惟5、6、7、8洞尚存原形，其倾圮痕迹，今尚可见也。晚归，汗木多告余西半山腰尚有3佛洞未掘，明日即去工作，又克孜尔又来2人上工，明日当有8人从事也。

又沟西上排第4洞，圆顶，上绘诸罗汉像，须眉皆红色，两目无珠，犹存印度本俗，与诸洞所绘多异。又第6洞中室之圭式格为上下两排各5格，共10格，东西墙均同，顶上石椽斜行，同于木椽角，此佛洞中建筑之极巧饰者也。

12月11日　今日小工8人从事发掘。昨日汗木多云，南排西头上层有2洞未经人掘，中层有1洞亦未经人掘过，故今早以4人掘上层，以4人掘中层。上层高约10余丈，陡壁峻绝，无路可达，乃先以一人由山顶下，后人以绳系腰悬攀而上，竟未掘出何物。中层在弄口掘出经纸，汉文、民族文均有，又有木版及纺线机残件之类，此洞全为浮沙所集，而经纸器物均在浮沙之中，沙厚约2英尺余，浮沙保存古物，此为余第一次所见也。汉文书纸中有"……碛行军押官杨思礼请取……阗镇军库讫被问依……"盖此疑为押解军械之公文书。"阗镇"必为地名，且为屯兵之地，故设有军库。阗镇不见书传，究为今之何地不可考也。又在最高层掘出民族古文书纸一张。余绘此地形势图，自西而东今日方绘四分之一，取千分之一。

晚归，据说赛里木有一破城，北一站地尚有佛洞。拜城南20里地名克拜子里克庄有一佛洞，形同此地。盖龟兹为古佛国，故佛教遗迹遍地皆是，掩没沙碛者尚多也。

12月12日　上午仍用小工8人发掘。先是南排下层有2洞，塞土未开，疑其间必有古物，乃以6人分掘2处，2人掘前日未完之洞，结果均无所获。盖下层地湿不易保存，且多崩颓，非复原貌。乃仍掘最高层之洞，搭树攀绳而上。在南排高洞中掘出木版数枚，上书民族古文字殆遍，两面均有，版长约3寸，宽约2寸，版心有孔，为系绳之用，乃版牍文书，即古简编之遗制。古时竹简，削竹为之，系以皮带，后则用木版，宽窄不一，要皆书写之用也。蓝福在上洞亦掘出有字之木版1，字颇模糊。然皆民族文字。余在此仍绘形势图，南排苏格特沟西均绘完，现绘沟东，已及半，明日或可绘竣。又今日同时掘出漆木红黑花纹杯一，西域古时雕刻漆木，为现代所无。

12月13日 上午复以小工8人从事发掘，以1日之力先将上层佛洞工作毕，俱无所获。余绘苏格特沟形势图成，后绘沟东形势图亦就。

克孜尔佛洞依山凿室，形如玉磬，沟西者，西南东北行；沟东者，东西行。沟为南北行，其岩之布列如此。极东岩脉为南北行，木札特河为直东西行。岩之中央露出一块平滩，多已开垦为地，现有户家3，在夏季有户家五六，惟梯米尔为最富，盖彼拥有苏格特沟泉水也。由沟至河滨约里余，岩之东西角濒河，河南岸确克尔塔格高耸云霄，横亘于前，每当晨夕，烟雾朦胧，隐若黑云四绕，而泉声溪溪，河水淙淙，若杂八音。村中有击拍声，回响震岩阜，若雹雨来临。冬虽冰冻，不甚寒冷，暑夏热炙，花果早熟。梯米尔云，此地同于吐鲁番也。明屋后为沙碛，通托和拉旦。克孜尔住民皆沿克孜尔、木札特两河而居，直抵确克尔塔格，东至佛洞10里许，仍为戈壁也。

12月14日 连日发掘，汗木多等颇具劳绩，乃以8两银酬赏，3人分受。次即派毛拉到巴札购买大米、青菜等项。蓝福去拓字，余同汗木多绘图，即将山后地字号及天字号作就。

又天字号6洞前，有"天宝十三年"字样。今日复看，又见"贞元十年"字样。自天宝十三年至贞元十年内，40年之中，此洞当然仍为僧侣所居守，并用唐代年号。余考查龟兹国古迹，以文字论之，皆开元后事。《唐书》称高宗龙朔间，置安西都护，号称极盛。然贞观以后之遗物不见，岂均毁于仪凤中吐蕃之乱耶。余绘毕，归。

午饭后，复至南排东头一高洞中照相。洞高约4丈，岩壁陡绝，无路可达。乃以大树2根，依岩系绳于端，攀援而上。洞中壁画甚好，下层均为外人铲去，顶画尚存，其画与南面之洞相同，惟正中间有天人3，中一人有两翼，作飞势，身披天衣，五彩金粉，极尽美丽。余按以两翼表示天人，中土无是画法；即以普通佛洞所绘飞天，亦不着翼，不过作倾斜飞舞状，头向下，而足朝上，表示空中飞行而已。惟此特异，疑来自希腊古画也。此处佛洞所绘多与他异，如绘罗汉及世俗人像，多以红色作浪漫画，类今西人之油画，自远观之，神态极生动，与唐画之飘逸，元画之工致，又别为一派。罗汉像存印度人本来面目，惟佛像及菩萨像悉为慈悲面，姿势亭匀妙好，各洞皆然也。余在此照相2张，颇觉费力。

傍晚归。赛里木总乡约至，名诗言，宣统元年师范毕业，汉语文均熟，颇难得。送来子鸡4只。询及赛里木北80里哈拉墩，有佛洞10余；拜城南20里亦有佛洞；又亦狭克额梗有佛洞10余，即在木札提河南流入沟口，出确克尔塔格（今志书称为丁谷山）至库木土拉处。在山巅有一破城，人不得上。冬腊月河冰冻，由此至库木土拉半日可至；又由亦狭克额沟东出，至托和拉旦南，库卡北，约半日程可达。据一老年说，此路本为大道，现不行此路，绕克孜尔戈壁不过70余年事也。在库卡西岩有一土墩，即此道出口处。现拉和拉旦人每至冬腊月，常至亦狭克额沟搬运木柴，一日来回，是此道现亦能通行，不过欠修理耳。准上诸事，可证河色尔大道为近年事，并非古道。《图志》乃以克孜尔戈壁为小沙碛，恐不然。

又由克孜尔至库木土拉，据说有一小道，知者甚少，亦无人走。然山上有既破城，山之南北，即沟之入出口处，佛洞又如此之多，必有小道，为古人由库木土拉佛洞至克孜尔佛洞之道，惜后就湮没耳。由盐水沟经亦苏克沟至赛里木之道较晚，疑在清初仍行此道。因克孜尔佛洞上有石垒营，塞洞中有屯住兵士遗迹，审其提字皆乾隆道光间事，设此处非大道，僻处山阿无住兵之必要，至同、光间改走克孜尔戈壁。现安集延由托和拉旦至克孜尔，沿途以石垒墩，每10里一墩，皆在大道沿岸。可见托和拉旦越戈壁之道，即今大道，皆在道光后事也。

12月15日　上午9时45分去查看亦狭克额梗佛洞，带毛拉、汗木多、蓝福3人，外引导1人，向东北行。55分至子拉克额梗，进沟口转北，偏东行。10点40分转南入沟，由沟中南行，11点出沟抵河岸。时木札提河由西而东，边岩而过也。在冬腊月河中结冰，克孜尔至亦狭克沟拉木柴皆沿岩边，踏冰行，其道甚直不及10里，时水大冰未结，故绕山中行，约远20里，其相差如此。11点20分转东偏北依岩而行，河水之浸岩边者已结冰，余等直履冰走，冰白莹如玉，时现青色，底石可见，河水结集激流中央。12点抵亦狭克沟口，木札提河亦在此转南流。入沟口40里，至库木土拉出沟口。进沟处名吴宗土垓，有胡桐数株为识，进亦狭克沟北行又偏东。12点10分至有佛洞处。

佛洞大小约 3 间，依北有民族古文字及刻一大头羊，令蓝福墨磨 1 张。依南有一大洞，墙壁上书写维文字甚多。其中有云：听说此洞有 12 驼的白银，余等 4 人来掘金银者云云。

余在此照相 1 张，复回转。据说由此沟东行可至盐水沟。此沟水盐，已结冰，沟上有一段淡水可饮。出此沟南望吴宗土垓，又摄一影。来时河边结冰，回转时，冰多解，河流甚猛，余等在岩边填石而行，达河滩。远瞻对面山阜若有古迹，以望远镜窥之，隐约为土房，本地人亦云，山阜东山顶有破城一，墙颇高，余视之，疑若营垒，审其山势，必古时自库木土拉有一迳路至克孜尔。河对岸有沟口，山亦徐斜倾，山顶颇宽平。山上既能建筑营垒房屋，必有大道，知此处距克孜尔土拉约 20 余里，由此渡河缘山行，出沟口，一日可至库木土拉，为南北交通要隘，故筑有营垒，以资镇卫。按余在克孜尔佛洞掘取一纸上有"阗镇兵库"字样，此岂即其遗址欤。《唐书·地理志》称"安西西出柘厥关"。《图志》谓在盐山口一带。非是。余疑在库木土拉山中即确克尔塔格山间，或铁吉克一带，惜无古物之证据以验其然也。

傍晚，依原路归。余将采集品均登录完毕，木箱已做就装完。又与汗木多等闲谈许久，并收拾什物，乃寝。

12 月 16 日　上午 10 时 40 分由克孜尔明屋出发。西行转北，过大坂。11 点 20 分入戈壁，有二道。北行者至克孜尔巴札，西行者至克孜尔土拉。

余等西行，12 点在道上接来刘春舫函并名片 2 盒。称徐先生来函，于本月 15 日前后取俄道东归，至北平及南京办理延长事务。据最近消息，政府不问外人继续与否，决定自行继续云云。此事关系本团前途甚大，俟与丁仲良会议后再行决定。

12点40分抵克孜尔土拉村庄。庄户多居于河滩中，河宽里许，辟滩为田，细水流灌其中。此河由克孜尔巴札转南流至麻札和卓，入木札提河。克孜尔居民均住河滩中，两岸岩高一二丈，悉为戈壁。1点20分过克孜尔河，1点半上岸。沿岸入戈壁，沿河北行，2点抵克孜尔土拉破城。城滨河，东墙已倾于河中，西南北墙只余墙基，检无遗物，周约430步，不及2里。由城西行有一小道，至赛里木巴札，乃遵之行。沿途田舍相望，2点半入荒滩，至此人烟方尽，设有水亦可开垦为地。转西偏北行，4点20分抵赛里木村边。今日为赛里木巴札，由巴札归者络绎于途，4点40分抵赛里木巴札，住于店中。

赛里木村边有土墩1座，高约3丈；在巴札北又有营垒1，据说为安集延所筑，余视之亦以为非古。在赛里木巴札北约百余里哈拉苏沟口有一洞，洞口填以石，有本地人往掘视无所获，传说为佛洞者，非也。

当晚，本地乡约同温巴什来，办以草料。余因询及赛里木有小道至裕勒都司否，据说，赛里木西由得水渡河，有一干沟，往东南可至裕勒都司，但无人行走。按拜城为古龟兹国西境，龟兹重镇均在裕勒都司一带，则南北相通，必有许多间道。又古龟兹在汉与乌孙，唐与突厥时通信使，亦必有大道以便往来也，惜古道就湮，今无从考核耳。

拜城至阿克苏途中古迹

12月17日　今日拟行80里，天将明即起，收拾箱笼，8点向西北出发。有破城，相传为兵营，墙高丈许，周520步，南北有门，中已辟为田地，检无遗物。复向西行，8点50分抵哈拉河，有一破城在河西岸，城墙已颓，现余墙基，门向南，中成碱地。边西北有一墩，中有掘痕，检亦无遗物。此二城皆在大道旁，四周皆庄户田地。9点20分转西偏南行。9点50分道旁又有土墩1，据说为安集延所筑。10点40分又一墩。11点半有房舍数家，边大道若街市，为腰站子，地名亮果尔。市后为维民坟院。12点40分至哈拉苏额梗，为一干河川，宽约2里，顽石填途，1时方出河岸。1点35分又过一沟，沟水已冰冻。2点10分过一大坟院。3点20分又过一河沟，已近拜城边。3点半至拜城，住一店中。沿途田舍相望，村户散布，无大村庄。

拜城为盆地，城居于盆地之中央。自托和拉旦而西，山势渐开展，至克孜尔居民渐多，至赛里木而西，沿途皆田舍，南北地势约可望及，而相隔约百余里也。拜城有北、西二街市，不大，房舍浅窄。余下店后略息，即往见陈县长，名修孝，号子元，陕西人。曾在省城政务厅相识。

12月18日，先是闻说拜城南，克拜子里克庄南，有千佛洞与克孜尔同。乃由县署派一人引导，于上午10点半前往考查。庄本在城南，而引导者引余由大道西行，11点20分抵哈布萨浪河。河出北山特勒克口，与木札提山口，两口南流，分为四道水，均名哈布萨浪水，至东南可赖里入木札提河。11点40分又过一河，名哈拉哈布萨郎（亦说为木札提河）。河身甚宽，冰结不厚，车马滞足，余等由上游过。12点转南行，又偏东，又转南。12点40分又过一河。1点20分抵木札提河。

木札提河出于木札提山，即木素尔岭，所谓冰山是也。西南流，至察尔齐，转折东流。因察尔齐有铜厂，故亦称铜厂河。东流至麻札和卓与克孜尔河会，经千佛洞，出库木土拉，为渭干河。此处木札提河宽里余，深处过马腹。过河即见克拜子里克庄。

询及来人，不知明屋事；又询一老者，为该庄头目人，据说明屋实有，不知是在何沟。俟明日派人查出再去，乃转回拜城县也。约行30余里，绕行西南归。行捷径，直南北略东行，2点25分由克拜子里克北动身，4点20分抵巴札。不过两个钟头而已。

归。龚至，据说省政府电催回迪化；丁仲良亦因省政府不准到喀，催赶速回省，故丁亦不久回省云云。后拆丁致刘函，确有其事，余大惊。不准到乌、到喀，或有特别原因，然可另画路线；至云赶速回迪，是不准考查之义，乃根本撤销。此事颇关重要，亦非丁一人之事，乃全体之事。惟余行至中途，进退维谷，前进，仍步丁仲良后尘，后退，何所据而退，且示弱。思之甚久，决定前行，宁可被阻而返，不可示弱。乃拟一函，内云：为学术前途计，苟非有激风暴雨来催残，吾人当任其生殖等语。并劝刘力持镇静云云。龚又说阿克苏乌什人均以龚等为南京伟人，可发一笑。

12月19日 上午龚狮醒去。余采集品2箱，皆在拜城所采者，拟存拜城县署，乃于午后至县署接洽此事，并辞行。适陈县长署内演唱秦戏，邀余观看。台设衙内。约10余人，衣服褴褛，云自阿克苏来，塞外见此亦觉异事。入座，一班子人来要余点戏，余推辞，陈县长代点"游龙戏凤"，陈又自点"太白观表"，戏虽不佳，聊胜于无，余亦乐观焉。至傍晚开酒，又调加官，余是日共费银20两。是日各乡约送县长万民伞，藉演戏以为酬谢也。

余决定明日起程赴苏，晚县长派人来问，走温巴什抑黑米仔地。询知温巴什南20里有佛洞，拟藉往一观，乃决计走温巴什。盖由拜城赴阿克苏有二道，另一北道，至火药火罗（火力峡），合阿克苏至伊犁驿道。二大道则一由拜城至黑米仔地，至察尔齐；一由温巴什至察尔齐，前为现驿道，后为旧驿道，旧道不走已30余年矣。

12月20日 上午收拾诸件，复存采集品2箱于拜城县署。12点15分由大道向西北出发。沿途田舍相续。1点41分过哈布萨浪河，2点20分过叶克布拉克，3点20分转南行，上至温巴什大道，由此西北去也。4点入一湖滩，平原旷地，漫草弥绿，设开为地，亦良田也。4点50分抵木札提河，河水甚大，有木桥以渡行人。渡河，沿河西行，渐有树木田舍。5点半至温巴什巴札，时已黄昏。巴札旁有旧时铜厂破地，黑夜中，只见其土阜垒垒，无从细看也。6点40分抵腰站子，为昔驿道店舍。7时至鄂依斯堂庄，7点20分抵一庄户家。此地名吉克地里克，已近山边。出庄即为戈壁。

据说佛洞即在山沟中，距此约5里也。又云，克拜子里克庄南山中有一沟，名可拉母额梗，有佛洞1，又有一小海子，山上有一金马鞍，能望及而不能至也。由此沟通裕勒都司巴克不过半日程，驴马不可过，惟人步行可矣。此为窃贼私行之路，行之者稀。此沟由吉克地里克庄亦可去，约30里，在庄东南，温巴什佛洞在庄西南不相通也。按佛洞确有，金鞍说为妄耳。

又今日在途中遇气象台王某，由喀什至阿克苏来。据说，允丁到喀，余心大慰。

12月21日　上午9点半向西南出发考查佛洞，带3人，外乡约1人。9点50分出村舍入戈壁。10点10分进吉克地里克沟，沿沟南行。11点20分至佛洞处。

佛洞六七，位于沟两岸。沟西1，东向，已圮。南行百余步有佛洞六七，或在半腰，或在岩脚，均圮，亦无壁画。山腰南半1洞，南向，有画，已剥毁，形同克孜尔佛洞，或为一时物。有土阜横亘沟中，上多瓦砾，似为古庙遗址。汗木多等在此处拾残铜钱及小钱，与库车境内同，是亦为古龟兹国之遗。沟东一小洞。余在此摄影1张，即驰归。

下午3时5分继续西行，仍沿木札提河，4时向西偏南20

度走,沿途田舍相续。5时20分边河滩走,道左小阜络绎。6时入戈壁,时天已黑,白色微明,凉风凄凄,颇感行路之苦。7时半至卡克其庄,8时20分过察尔齐河,入察尔齐庄村。9时半至察尔齐巴札。巴札颇大,余住于官店中,房多倾圮,无门扇,然尚宽敞,以毡御风,亦不觉冷也。

  12月22日 上午9点35分由察尔齐巴札出发,向西南行。10点出村庄入戈壁,10点半道旁有土墩一,为安集延所立。每10里1墩,此去察尔齐巴札10里故也。11时入山沟。拜城形如梭,南北有大山。东西为山岭,即东西两托和拉旦。拜城北为喀拉克达克,东西行,与库车之额什喀巴什为一脉,皆自汗腾格里山分支,绵延库车拜城,为二县之北屏。其南为确尔克塔格,由库北之盐山口,至阿北之盐山口,即东西两大坂,皆确尔克塔格绵延南部,东与额什克巴什山接。夏德浪卡伦为其路径,西转,南北横行与喀拉克达克接,此即其山口也。

  11时进沟口,蜿延西趋。11时20分转西南,冈峦起伏,即所谓冈峦戈壁也。11时50分有支路出羊塔胡土克,察尔齐人至裕勒都司拉柴火者均由此行。11点50分又过一土墩。1点至滴水岩,居民三四家,有店2。滴水铜厂在其北,依阜凿洞,形如石室,南向2,东向1,疑为工人居室,惟其穴口前面土阜炭渣甚多,必烧铜之地。一土阜上有石灰壁块及瓦片,为旧时房舍遗址,检其形势似为旧时铜厂,维名穹康,义译大铜厂。又有小铜厂,在南山中10余里。又东察尔齐南山中约20余里亦有铜厂,现均停闭也。厂前泉水冒出,细流成溪,行人过此汲饮焉。出村,向西南行,入戈壁,从此10里1墩,11时40分过一墩。2时20分过一墩。3时过一墩。3时半过一墩。由此入沟，4时至托和拉旦。

沟北有官店一，小店房舍破圮，余同毛拉先骑马至，而舍已填满大车。无房可住。北房2间，中为马圈。粪土堆积尺馀，着店家打扫此房，以毡遮破壁，苟以避风而已。

马福兴之孙带领家眷至省，亦住店中，开口即说马提台死得可惜，念念不已，形色极为狼藉，所谓可怜王孙泣路隅。

12月23日　上午8点10分由托和拉旦向哈拉玉尔滚出发，西南行，屈折山沟中。9点半出沟口入戈壁，1点过一土墩，抵大坂。《图志》称求里黑塔达坂，颇平缓。1点半下大坂，又有一土墩。折南行，2点抵哈拉玉尔滚腰站子。

居民10余家、有官店1，颇宽敞。满壁题过客诗句，有韵铜厂者，有韵神树者，还是肆语。题韵者有云，"说怎么普及教育，开通民智，弄得一群通古斯，走到各处放猪屁"。维名猪为通古斯。又有云"到学堂去学吃猪肉"，由此可知回教之影响，而新疆教育之难办也。傍晚有一坐轿车者至，询蓝福余作何事，后知为道署人解款进省者，据说丁仲良已于20日离苏赴柯坪考查矣。颇为怅惘。

此地有老杨树一株，干大枝茂，人云颇具灵验，遍树挂红布，树前有一小庙，以为祭祀。按《图志》称有古柳一株，老干槎枒，浓荫数亩。今审为杨，别无古柳，或编纂诸公之未暇考取。又云，玉尔滚谓红柳，柳荫深黑故名，即载记所称为怪柳，与胡桐、葭、苇、柘、蒿具为塞外沙漠中之特产。由玉尔滚西至札木台为一湖滩，遍生红柳苇草，有红柳为黑色，故称哈拉玉尔滚，亦即怪柳。怪柳高不过5尺，低者2尺许，枝条槎枒，中无干茎，红茎绿叶，与柳树相差甚远，塞外柳树不多，凡舍旁道左均树柏杨，干高叶茂，生殖极易也。

《图志·道路》谓哈拉玉尔滚，唐拨换城。贾耽《四夷路程》云，拨换城一曰威戎城，一曰姑墨州。《建置志》以阿克苏为姑墨，辨证甚详。然古姑墨，即《西域记》之跋禄迦国，东西六百余里，南北三百余里，称为大国。则自玉尔滚至阿克苏皆其属地，亦未可知。据斯坦因地图，称阿尔巴特附近有一旧城，余未及往考查。阿尔巴特与哈拉玉尔滚南北相直，相距约80里，或为姑墨都城所在，亦未可知。旁有河，出于盐山口，出口东南，流于玉尔滚之西，分为数水，20里为五洛克雅尔，又5里为铁干达雅，又8里为穷可儿即拉格，均下流30里伏于沙。徐松谓为唐之拨换河。《图志》又辨谓拨换河即阿克苏河。此姑置不论。《图志》谓滴水岩四十里之沙碛为小沙碛，徐松《水道记》亦同此说。是皆不明于古道与今道之别也，小沙碛即莫湖尔大湖滩，与此有别，此为大道行于山中，由铁吉克至羊达胡都克，至玉尔滚并不经行山中，今以山中之冈峦为小沙碛，非是。且古载籍于沙碛、石碛微有分别，沙碛者碛多流沙，石碛者碛成冈峦。玉尔滚以东滴水岩一带皆为冈峦戈壁，并无流沙，称为流沙名实未符。《西域记》曰："由阿奢理贰伽蓝，从此西行六百余里，经小沙碛，至跋禄伽国。……西北行，三百余里，渡石碛至凌山。"是石碛、沙碛显有区别。盖由屈支国至姑墨，经行莫湖尔一带，沙窝流沙漫衍，时聚时散，故曰经小沙碛；由札木台往北，冈峦起伏，小石载途，故曰渡石碛。

今强相比附，非是。

又本地人称戈壁颇含混。戈壁为蒙古语，维语为确达克，即无草木之义。故本地人凡谓地无居民，荒滩石壁皆谓之戈壁。故戈壁义有四：一为冈峦戈壁，丘陵重迭起伏，面铺小石，色黝黑，如甘肃西北至古城子之大戈壁，即余等去年所行者是也。一为戈壁滩，地平如砥，小石布面，如居延海一带是也，又如新疆天山北之柴俄堡，山南之克孜尔一带皆是。是二者或位于两大山脉之间，或位于山坡下，地皆石沙，不生草木，古人以"碛"字概之，良是。一为沙漠地，原为水滩或湖泽，流沙漫衍，起伏无常，如甘肃之巴丹格林大沙漠，沙窝纵横，形同波涛，绵延百里，此大沙漠也；沙雅西北，裕勒都司一带，小沙阜重叠，或生草木，间有胡桐柽柳芦苇，此小沙漠也，古人谓之沙碛是也。一为湖滩湖泽，水涸变为原野，遍生红柳柘蒿，或树木阻绕风沙，山水侵漫，形成圆丘，棋布若营垒，如沙乌勒克草湖（库车）、可可确尔草湖（轮台）皆是。前者浮沙盈野，不可垦殖，后者设得水利，皆为沃壤；前者古人名为流沙，后者称为原隰。四者各不相同，人们概以戈壁名之，是不可不辨也。

12月24日　昨晚询之本地人，据说此地山上有佛洞六七，距哈拉玉尔滚村庄东南约4里许山沟中。今晨乃往观之。在沟西有佛洞四五，均剥蚀，无壁画。一洞中朱笔草书"胡元亲"……"图所及无间县"，余均剥离。据说前三四十年洞中壁画尚存，皆为红色汉字。又一洞，白壁红花，然均不见佛像，疑非庙基。摄影一张，归。

于10点50分由哈拉玉尔滚官店中出发，向西行，11点10分过一干沟，至栏干，居民10余家，有税卡1。又过一干沟，11时50分入湖滩，遍生苇葭草，由此向西南行。12点40分过一墩，1时50分过一河川，名伍洛克雅尔。2点10分又过一河川，颇宽广，名铁干达里雅，均出盐山口东南流，伏于沙，即《图志》所称阿尔巴特河，唐之拨换河也。3点10分又过一河，名穷可儿即拉格。4时抵札木台巴札。

由玉尔滚至札木台，据《图志》，由札木台2里至穷可儿即拉格（志为亦克其沟），15里至铁干达里雅（志为野克帖故沟），10里乌洛克雅尔（志为乌洛呼雅沟），30里栏干，3里玉尔滚，共60里。余行5小时，亦不过50里谱也。中间之湖滩为官地，据说东与莫湖尔通，设开渠垦殖，亦为良田地。又札木台有驿道，马程6站至伊犁，亦古今大道也。

4时20分过一河，名切土胡拉克，4点40分又过一河，名夏德满沟，沿途村庄络绎，田舍相续。6时至栏干尔村，居民三四十家。6点半至克孜尔鄂依斯堂，道旁有小店2，即住焉。

凡由阿克苏至拜城者均住于此，因阿克苏至札木台120里太大，乃分为2站，一站至克孜尔，一站至玉尔滚，远近适宜也。今日为札木台巴札，人甚多。

在阿克苏受阻

12月25日 今日未明即起,及亮而行,已7时也。余表停,无以定时间,余铅笔又遗失,故今日路线图不能画。南由克孜尔西偏南行,皆田舍。20里(据《图志》)至西莲花池,村旁有河名发提喀克库木,宽里余,亦来自北山,南流。25里至栏干尔,走新城者山此南行,走旧城者由此西行,新城阿克苏县及道台住之,旧城温宿县住之。余等乃南行,浮沙狼藉,尘沙飞扬,沙漠中有破屋及坟院,皆无居民,然大道如织,约30里至阿克苏县城,时不过下午3时也。

略息,饭后即往拜县长。阿克苏县长名袁晓桐,余在省时很熟悉,彼公出未遇。又往拜道台,现改为阿克苏区行政长,朱瑞墀,号凤鲁,幕僚出身,见面颇诚垦亲挚,实为一腐朽官僚也。

12月26日 上午县署何师爷来谈,据说现温宿县长为汤有光,极胡乱行。谈未久朱道台至,又谈片时去。昨日余到,朱道台送炭,县署送木柴,所谓薪炭敬者耶。傍午,袁晓桐至,谈一会去。晚又邀至署中闲谈。

12月27日　今日为本市巴札,上午去游览,藉观风俗。此地有西、北二街,以北街为繁盛。至方神庙前有维民说书者2人,一手执铜铃,一手抱琵琶,手舞足蹈,指天画地,边演边讲说,观者甚众。据说为演一莫罕默德患病故事云。街上乞丐亦多,奇形怪状,一维民头戴红色尖帽如毫帽,身披红绒织衣,叫于市中;一汉人手抱柴薪沿街乞食,商店人以墨笔为之画胡须,不知何意也。

归,县署着人来请吃晚饭。稍息,即至县署。同席者为道县二署师爷及商董。席间谈及乌什古迹,据说乌什有一柳树泉,距乌什15里,泉水澄清,中蓄龙蛇,有大鱼,人不敢捕食;又120里山中有旧城,俗称唐王塞,阴天晨夕显现城墙,沿山为塞,中存川谷,可容十万兵马,银钱宝物,不可数计,欲有借贷,诚心祈祷,后因一商民借而不还,遂不灵验。齐东野语,非可录信。按《图志》以乌什为古之温宿国,唐之温肃州,一曰于祝,则此旧城或即古之遗址欤。城墙已倾圮,只余根基。跨山为之,有显有不显,遂名为塞,实乃都城也。附近有燕子山,山石如燕子,燕居于石中,完者毛羽俱全。余在玉尔滚时有维民拾来求售,余审视亦为化石,只有头或尾无得全身。破城中还出钻石,然因瘴气甚大,不得进口。此地又为通俄国径道,现已封禁。又说巴楚至叶城戈壁中古迹甚多,旧时大道不经疏勒,而由巴楚至叶城。余按《汉书》言由龟兹出疏勒为北道,由和阗出莎车为南道;然莎车与龟兹时有争战,莎车今之叶尔羌,则莎车与叶城其间必有古道为两国之交通也。

12月28日　今日决定不出门,写数日日记,派毛拉至回城修理钟表。余写至晚方就。道署着差人持片来，邀请明日午饭。

12月29日　早起，接省上来电，由德胜祥汇来4000两，请先应用等语。下署名为袁复礼叩，俭。余去电遂致徐、赫二团长者，不知来电何署袁名。同时德胜祥亦接永盛西电。余招乎回复后方至县署。适县署派人送电报来，余接视，乃金大主席致朱行政长电也。略云：查学术团员只准丁道衡一员前往喀什道属辖境内考查，曾电知在案。黄文弼一员未经核准，碍难许其前往，应由袁县长通知黄团员勿再前进为要。主席金树仁印。余阅毕大笑，何必多来此一官样文章呢。即至署与晓桐谈谈多时。复至道署与朱行政长商回电之法。乃拟一电致袁希渊，略云：俭电悉，汇款4000两已收讫。稍息；即拟继续前往考查。适袁县长通知称金主席致朱行政长电，黄文弼一员未经核准，碍难许其前往。查喀什道属古迹甚多，半途折转，殊为可惜，恳设法，并盼复。文弼。当即拍发。今道宪请客，即入座。还有几个委员。

席散归。接收兑款，共收700喀票，200天罡。每省票100两换喀票三十一二两，每30.5天罡换100省票。比价时有不同，商民易为播弄耳。

12月30日　上午拟送道署县署拓片，道署计4种，县署5种，另送一墨盒。午后袁晓桐至，又谈多时，并遍示古物拓片。傍晚，道署又邀明晚去过新年。晚与德胜祥商兑喀票事，结果每省票100两扣喀票31.5两，扣银洋30.75两。已收喀票700两，银洋200两。先是派人至回城探问，每百两扣喀32两，银洋31两。汉城行市较低，说之至再，方成此数，商人之不易与也如此。晚拟致希渊一函。

12月31日　早饭后至县署阅丁仲良致刘春舫函，内问及余，丁拟在喀过阴历年，邀刘同回京等。此信本不足奇，而晓桐视为秘宝，索之再方拿出。余拟致希渊函内有"查喀什道属非特地质重要，即如巴楚、叶城以及于阗一带古迹古物亦甚宏富。昔东西人士数来发掘考查，掘拾古物箱以千计，官吏照料特勤，今中国人来此，反不得一过目焉，人言之谓何"。后给晓桐阅及，似有不豫色，乃削去"官吏照料特勤"及"人言之谓何"等语，发出，亦不得已也。

晚，张锡畴至，谈今晚为年腊，明日为元旦，道署于晚6时请去过年。道署门首悬挂红灯彩牌，大有年节气象。入座，在座者为张委员，贺、郑、托诸统领，张、李、袁诸县长。先吃茶闲谈，至晚10时方吃酒，12时方散，此正送旧迎新时节也。方至酒酣时，道宪立起举杯致辞云："今日过年，明天就是1929年了，愿大家，向上进，都在一条路上走……"这几句话不伦不类，实欠高明，然以捐班出身之老吏，公然能说"上进"二字，亦觉难得也。归即寝。

1929年1月1日　早起，略食点心，即至道署贺节。昨日诸公悉在焉，稍食水饺，归。略息，复至县署，赏下人银共10两。复乘晓桐车遍访诸大老。在贺协统处遇汤有光，谈片时，下午4时，复赴袁晓桐宴，盖请张委员也。

今有丁仲良厨子回库车过此，得见致春舫函，丁已至喀什去矣。余加一信致春舫，报告余事，仍仰原人带去。

晚归，接徐先生12月16日函称："明日（即17日），同赫定先生回北平及南京办延长交涉，省耕医生同去，贝格满归国。我去后，中国方面由袁希渊代拆代行，外国方面由安博尔代拆代行。经费方面，中国担负 3000 两，赫定担负 2000 两，算至明年 5 月底为止。明年二三月间延长与否当可决定；如延长，自明年 5 月起，君与丁君津贴当加为 160 元，杂费取消。明年后半年，希渊或将休息。贝格满因在罗布淖尔附近工作有困难，已商明希渊将伊犁让他考查。不过他只找石器，至于古城你可以工作。如果继续，还有不少新团员前来工作……"我接此信惊喜交集，惊者徐先生已去矣，喜者我团前途从此仍可放一线光明，继续工作下去。又说："此间省政府对于科学前途亦颇注意，如得政府允许延长，此间亦不致坚执已定期限。"是为前途光明之好征兆，然为何阻止我到喀什考查，不可解也。余当晚即拟致丁仲良函，报告此事，不知能收到否。想徐先生亦当有信致丁仲良也。

  1月2日　昨日与袁晓桐商议考查事，袁毫不负责；道宪态度亦至模棱。中国官僚完全以保禄位为主，有势力恭维备至，无势力落井下石，甚至牺牲他人以谋已利。余已观测透辟。然余在外作客，亦不便反目，思之至再，与其拖延，受人播弄，不如单刀直入。乃拟一电致金主席，请求考查，计 90 余字。准否当有回复。又致函丁仲良，报告经过，并抄徐先生原函。送交喀什邮局留存，丁仲良拟于阴历年前到喀过年。余倘能往喀什，亦当在年节前后到也。下午 4 时阿瓦提新旧县佐请道宪，邀余往陪。在座仍旧。后谈及电金事，朱极以为然，老汉事故深矣。晚 8 时归。

在阿克苏受阻

1月3日 今日拟往回城答拜汤县长，并考查温泉石碑。于上午11时由新城出北门，11点20分循卡坡向北偏东行。卡坡高约5丈，岩壁陡绝。岩边有大道一，道路西为洼地，即古河滩，道上尘土甚大。12点抵旧城边，房舍栉比。入城拜会汤县长，谈许久，并留午餐。汤为人颇爽快，虽乱行，亦不奸险，较袁晓桐为优。然汤、袁二人互相攻讦，汤说袁专造学术团谣言，藉得一知县到手；袁说汤乱报告丁仲良事，总之皆一类东西也。汤擅口才，与人谈话滔滔不绝，亦有条理，较袁期期于口，而心中用事者迥别。

饭后至温泉游览，有池方广2丈许，围以木栏，泉水清澈，微暖，全城百姓取汲焉。旁有石碑2方：一为光绪四年温宿县长湖南易孔昭所立，书"甘泉"二字；又跋语谓："以苏与宿音近，苏维名为水，温苏者温水也。"以此即古温宿之证，未免牵强。温宿为汉代名，阿克苏为近代名，古今不同；且古温宿在阿克苏西乌什一带，《图志》辨之甚详。又有石刻一方，亦为易孔昭所立，其文云："惟清同治三年五月、库车逆回爱奚丁等犯阿克苏，城陷，办事大臣福珠哩，率宾僚眷属自焚于西城隅，百姓哀之。沅州易孔昭为记其事，而书之碑。光绪四年七月朔日。"此碑年代虽不久，然与此地掌故颇有关系，故亦锥搨数份，以资考查，为研究回疆史者取资焉。

黄昏由回城动身，到新城，已钟鸣七下矣。接来信2封，关系甚大。一为袁希渊来函，内述及余等行途，除前在杨前主席备案外，近于11月26日又行备案一次，故阿克苏、喀什及和阗三道属内均可照旧工作等语。以徐团长前函参之，是余等路线及限期曾在省政府立案报可，手续已经完备。内附图书馆函，索还《尔雅》，明日当交道宪转致。又接春舫一片，称曾一电三函，均不得复，未悉何故等语。余颇疑新省政府乘徐、赫二团长去，乘间捣乱，盖不欲余等在新疆久于考查也。

1月4日　今晨派蓝福、毛拉至回城拓碑，并赠汤县长拓片2纸。余检出《尔雅》5本，复致教育厅图书馆一函，并请将借条捡出交袁。包好，即至道署面交朱道宪请转交教育厅。又示以徐、袁二函。余云：徐团长说，省政府已允许以明年5月为限。袁代团长说，阿克苏、喀什、和阗三道属内均可照旧工作，并于11月26日备案一次。余初疑敝团手续未完，今看似已完备，那么我们不能在此久等，将自动工作。道宪劝余再等3天，余已应允，三天无答复，余即自去也。

归稍息，又看《三藏法师传》数卷。晚蓝福等拓字归，据说，今为巴札，观者甚众。后县长亦至观看拓碑，稍时方去，并索拓片2份。观者以县长至，视蓝福等为委员云。

1月5日　上午派汗木多、蓝福去拓字后，余在家略理帐目。午后又至袁处谈天。报告徐、袁二函事，傍晚方归。适蓝福等拓字归，报告汤县长招待殷勤，嘱蓝福为之拓数件。然此碑并无多大价值，且年代甚近，有何可贵也。

1月6日　午接公函一件，乃道署所致者。内云："顷奉本省政府电开温宿朱行政长，并转科学考查团团员黄文弼君鉴：黄君冬电悉。查贵团徐团长函请本省政府核准前往喀什道辖境内考查者只丁团员道衡一人。兹准电请前往和阗、喀什考查古迹与原案不符，殊难准行，特电复知，即希察纳。新疆省政府主席金树仁支印"等语。余阅毕亦不以为意。然袁函称已备案，此说未曾函请，必有一误。乃拟一电致袁希渊，询问究竟。内云：接函称弼等路线已备案。阿、喀、和三道属内均可照旧工作。现金主席来电不准前往，何以两歧，务祈电复。

至袁处谈颇久，至晚方归。明日汤县长请裘子亨，邀余作陪，亦甚奇怪，何以余陪裘也。

1月8日　早起即与德胜祥结账，以每100省票扣32两喀票结算。又至玉昌厚拨200两喀票交刘春舫。即函致刘春舫说明。

1月9日　上午饭罢，带毛拉等2人游茴圃，出东门半里许即是。园周约2里，树木多枯槁，中有洋楼，名凤楼，为道宪避暑之所。前有亭1、囤1，中蓄鹿1头。楼旁有池。时当冬天，残叶满地，枯树撑搓而已。余摄影一张。略事盘桓，出。至砖瓦窑，为光绪年间烧城砖时所作。依岩窑洞鳞比，约数十，现不烧已10余年矣。

归清理帐目。又派毛拉探询此地交通。据报由阿克苏至伊犁为12站；1站至札木台，折北行；2站至阿窪提（有官店）：3站过河（即阿尔巴特河）至克子尔布拉克（有户家，《图志》称为黑拉村），东面山中有破城；4站过杆午至英儿墨里；5站至黑衣拉克（有官店）；6站至塔木哈塔什，据说山有凿字石，至此已抵木素尔岭，即冰岭；7站至哈雅亦拉克；8站过爱定格尔过小拉巴入伊犁境地；9站至火罗火依；10站过大河至扣勒；11站至土克满；12站抵伊犁。

按维民所说地名与《图志》所载微异，可以互证。又由阿克苏至沙雅道程：由阿克苏南行60里至百什提满；90里至哈拉塔尔；120里至杂拉提；90里至亦拉勒克，在戈壁中有破城一，城颓，只余遗基；120里至哈拉墩，亦作哈拉托乎勒克，入沙雅境；又一站至可洛巴，亦说自此入沙雅境。又由阿克苏至和阗路程：由阿克苏南行50里至浑巴什；60里至阿瓦提；60里至阿洛雀里；90里至亦色枯尔；110里至阿子库木；90里至薛黑；130里至仔力；130里至托洼果（由此至火斯栏干南10余里有破城）；160里至麻札；由此分三路，西至墨玉，中至和阗，东至洛浦，均1日可达。

  1月10日　昨晚接希渊函，系12月27日所书，说汇款事，而余电尚未收到也。函中询问英人向博哥是否在拜城游历，此外龚款事，余皆不及。

  今早起即往晤朱道宪，询问一切。适袁县长派人来请参与毕业典礼，予推辞未去，后知道宪已去了。即在家中写家信。下午裘子亨来谈片刻去。

  连日均不接希渊回电，甚为焦急。瞻念前途，凶多吉少，故颇有返库车之念也。

  1月11日　上午往拜朱道宪，以事未见，复至袁处，适与朱道宪遇。乃询以外人游历事，据说贝尔格去年12月十七八日已至温宿，现往喀什去了。现有一外人名博斯温仍有温宿山中之行也。又提及分队考查阿克苏区内事；拟往柯坪及阿尔巴特两处考查，朱不欲。许至柯坪。阿尔巴特属温宿，宜得汤县长同意然后去。又拍一电致袁希渊，催其复电。

  傍晚复至晓桐处，先在何师爷房中坐。稍后，晓桐来，报告一事，颇惊奇。说王云青云，余在哈拉玉尔滚时，毛拉假道台之名，在外招谣讹诈。此离奇非常，余在该处会晤王云青时彼不曾说及，今乃忽有此语，盖亦诬陷恐吓之辞也，呜乎人心。后与袁晓桐谈至夜深，十二时方归。决定日内返库待命，免在此处夜长梦多，反出枝叶。

1月12日　早起派人送卫生皂一块于袁晓桐，又还银喀票33两。复细问蓝福、毛拉等玉尔滚事。据说，有一坐轿车人王某至店，询问店家上房所住何人，店家说是一外国人，又说是一个道台。王怀疑，即诘蓝福，蓝答我们是学术团，王问是否同丁先生一道，答曰是，王说店家真胡说，又说是外国人，又说是道台。蓝福告余后，余即持片往拜，藉询丁事。谈了一会方去。此事与毛拉毫无关系。据此则王所说毛拉假道台之名在外招谣之辞为虚妄。

今日本拟往拜王，适遇何适之返，即以言告何。晚拟致丁仲良一函，并袁希渊一函，说明向博哥事。

1月13日　早起即以致袁希渊函到道署示朱道宪，道宪亦云然。后又谈及拟回库车，道宪亦同意。定明日即归。

购买各物，拟走小道。由哈拉他尔至哈拉墩以便考查破城，复请县署派一引导人，晚何来送行。后王云青及裘大亨来送行，县署又送来酱菜4罐。既散，与毛拉算帐，共找70两，又赏银5两，明日遣之去。

夜半电局送电来，乃袁来电，请再候数日，当可使兄成行，并有函另邮。既如此，明日不得走，只好等着。一场忙乱，又归平静矣。

1月14日　昨晚既接省电报，故今日不走，饭后即到道署告以此事，随在该处早餐。

据说，此地有一种黑黑仔，即布鲁特人，似蒙非蒙，似维非维，各有其语言、习惯，略同哈萨克。身躯强大，同于蒙古。又说柯坪山中有一种野人，不与外人往来，斯坦因称为铁勒人种。

出至县署遇何适之，又谈片时归。稍息，晚看书数页即寝。

1月15日　早饭后，雇来轿车至回城答拜汤、裴二人。12时方至回城。先至裴家，裴拟明后日到喀什，收拾什物颇为忙碌。略坐片时，即至汤县长处。谈数小时，又留午饭，下午4时方出，回汉城已万家灯火矣。

汤颇能谈天，思想亦开展，若能求之于实际亦是良材也。晚归，夜间牙痛，胃火之故也，身作寒热。

1月16日　昨晚牙痛，四肢作冷，终不成眠。今日早起犹觉恶冷，不敢出门。有董泽，天津人，能照相及冲洗胶片，余在汤县长处见之，今日命之来，交胶片3打，请其冲洗。下午及晚略翻《图志》数页，互无聊赖，加以病魔，可谓祸不单临也。

1月17日　今日上午仍不适，未出门，藉理清帐务。购驴24头，计银1002.5两，收售驼银1250两，两两相抵尚存247.5两。现只存驴22头，在哈拉沙尔死1，在库车死1。购买古物338.1两，工资项9个月共支出1251.5两，连存汗、蓝529两，计支出1779.5两与预算每月200两不相上下。尚有每月细账亦拟录清白。

下午接丁仲良函，对于考查期限延长问题，宜听国府、省府、理事会双方解决，吾人可不过问等语，亦有见地。当晚即复丁仲良一函,尾有俏语,因丁来问吾事,余答曰:弟初被阻时,心中颇憧憧,以为一朵鲜花忽被烈风摧残,果真红颜多薄命。后复自思,只得罢了,万事自有天安排,姻缘前定,不可强求,心中又复泰然,行耶止耶,无入而不自得也。云云。后删去俏语,改为:初被阻时心中颇憧憧,后复自思,只得罢了,行耶止耶,得行且行,得止且止,无入而不自得也。

余自入阿以来,官吏竞相报告,以为奇货到门,岂可轻易放过。升官保位,要结主欢,皆应在余身上。言语行动,无不为其大好材料,为我作起居注,为我作记录,或甘辞以诱我,或厉辞以恐吓,或藉辞以诬陷,或彼此讪其阴私以邀余之相信,五花八门,极尽社会奇观。余在校时虽曾授读社会学,未若此次经历之亲切有味也。然这种社会现象从何而起?在一专制的国家,极固闭的社会,未有外界交通,自易发生这种情形。因事一人,闻见寡少,见新潮流来,即慌乱不知所措,奸人从中利用,使社会不得安宁,更何谈生命财产之保障。子曰:"危邦不入,乱邦不居。"信然。

1月18日　今日复理清帐目,复拍一电致刘春舫,问兑款收到否。下午复清算,至晚方罢。

1月19日　今日仍清算帐目,接到刘春舫来函,称款未收到。该商向彼云:"货未售出,不能拨付。"库车既不付,此边即应兑款,乃请玉昌厚将款交还,傍晚,方交割清楚。帐至今夜算清,余之私款500两已贴尽矣。

1月20日　上午道署派人来说,午后1时请吃便饭。至时去,在座者有英人博斯温及袁、汤二县长、裘子亨诸人。博在温宿山中行猎，打去大头羊数头，将往喀什。坐谈至下午3时方散。

傍晚，又接春舫来电，称款已收到。然"止兑"函已发矣。

1月21日　早起微雪飘飞，地表呈白色。余在家中，东扯西拉，以消积闷耳。

1月22日　今日仍雪，下午有日光，亦未出。在家读《古诗源》。

1月23日　今日仍雪，未出门。读《古诗源》。

适接丁仲良来函，提及购办风俗物品事。徐先生函余会同办理，余既不得去，只好由丁酌办。又说喀什长官对于考查事务极为帮忙，以彼例此，朱、马二人相差远矣。又同日接刘春舫片，亦称喀票未收到。此为18日函也。

1月24日　今日晴。又为此市巴札期。午出门，参观巴札，市场本不甚繁荣，又加雪后，人甚少。随出东门到苗圃，又摄影2张以为纪念。归，遇适之于途，邀到县署坐，又谈许久归。

1月25日　上午拟至晓桐处谈天，闻道宪在，未果去。移时县署派人来邀，谈至晚方归。

今日为维民烧葫芦之期。阴历正月十五，即回历十四也。其烧法，以木杆长丈余或两丈，尖端系一破葫芦，内盛油，举火燃烧，火光燎天。四周绕围多人叫唤。其辞意略云："今日为吾等守夜之期，大家不宜睡觉。"至于因何烧油葫芦，颇难言之。夜间八九时，或四五家、或七八家联合烧一个，烧必在通衢。按此仪与中土燔祭之又相仿，此亦祭天地之义也。据说为一圣人蒙难而设，未知孰是。烧前请一阿訇至，食抓饭，念经；

烧后至半夜又作乃玛字，至28拜之多。全村市人通夜不眠，以至达旦，亦奇闻也。

1月26日　今日未出门，余照片洗来，毁者多。惟有苗圃风景甚佳。晚记连日日记乃寝。

又昨日新雇一通事，名玛木提，每月25两银。

1月27日　上午整理照片，下午至道署，因谈及余之问题。余意在此久候无益，拟回库车，朱老道极以为然，并说如有信电即送至。此等话不过骗骗小孩，然彼既曰善意，亦只好应之。出县署，晓桐极不谓然，宜重电省请示，然木已成舟，决计回去。随在县署留餐，至晚方归。

收拾一切。又何适之来，亦谈片时去。

访查三河交汇

1月28日 上午雪晴，诸事备妥，即至道县两署辞行。下午2时出发，道署派王云青送来酒、点心。出发向南行，10分钟出南关，沿途村舍络绎，2点40分抵河边，即英尔达雅支河。余乘车由大道行，循行河坝，驴驮由小路行较直，自3时至5时均行于河坝之中，时白雪覆地，而河未冻。余与驴驮相约至此互等，此处有人户2，余在此烘火。5点30分驴至，复前行，经行树林，田舍相望。7时抵伯什提满，有巴札1，为空洛巴札，即旧巴札之意也，以无店未住。7点40分抵英尔巴札，新巴札之意也。余到后半时，驴驮方至，已夜晚矣。寒风劲烈，若无轿车，真够受也。

英尔达雅与空勒达雅上源为一，自八当冲（距汉城北面20里）始分为二，此河发源于得喜山达哈拉木素达坂西，东流汇为阿克苏河，至阿瓦提入叶尔羌河，又东流至阿子库木（距哈拉塔有2站）和阗河来汇。空勒达雅下流至阿瓦提灌地而止，不入大河；英尔达雅水东南流至以拉列克与和阗河会，即塔里木河。余此次踏查河东南地，即欲知三河交汇处也。

1月29日 上午8点20分出发向东偏南20°行,沿途田舍相望。9点40分又边英尔达雅行,现时河竭冰冻,车行河中,据说水大时约宽2里,不可望及,岩岸高丈许,水冲洗成洞。10点20分又经行村舍,12时入哈拉塔尔境地,2点20分至哈拉塔尔巴札,巴札颇大。

既至,有本地乡约来见,随即派一人作引导。据说杂拉提往东约5里地有一破城,只余形迹,旧时沟渠还在,相传为鞑子城。前去阿格尔列为阿、和、叶三河总汇处。再去为以拉列克往和阗大道所经,有渡船,为夏日渡水之用。再过2站方至可洛瓦,为阿沙分界处。

晚有县署董君来谈,董君系湖南人,为署中雇员,在此写户口册,其人维文维语均熟练,然每月只薪资10两,不足供家食。

1月30日 上午乡约同引导人来,询及路径有无草料及食物。据说,今日住打石松,有人家,过此,尽戈壁,约6天方能到可洛瓦,沿途亦无食物可购,乃议在此购食物草料。后董君至,谈及至和阗不过多一二日,与其往库,不如到和。又购到食料许多。

上午11点出发,沿途田舍相续,12点有田无舍。12点30分入沙阜一线,中有积水,盖大河之小支也。名吉拉格,此水亦归大河,现已冰冻耳。旁河行,1点40分入打石松村庄。房舍边河而住,形成一线。2点40分抵一户家住焉。

远望大河沿岸,沙窝一线,此庄滨临大戈壁,东抵沙雅,南至和阗,北抵天山,疑即《西域记》所谓阿悉言碛也。

晚间与福狗子议及至和阗问题,询驴子能适用否,渠等以驴已乏，恐不能行此长道，且驴亦不够使用，倘有疲乏，什物将何安置？此议乃罢。然于此处经往和阗，在考查上当得许多便利也。

1月31日　早起，因既决定不至和阗，刘、袁不可不有报告。乃拟一函，着一引导者即送至阿克苏交邮。适本村头目人来招料，送鸡子及饷，赏银1两。

上午9点20分出发，向东偏南20°行，30分即入戈壁。时微雪飘扬，一片荒滩，极目无际。据说此滩与和阗大戈壁相接。然和阗戈壁有草有水，遍地胡桐，较此地为佳。戈壁土色白红，诚为沃壤，虽有微碱，亦不碍于耕作，惜无水，致成废地耳。戈壁上胡桐少，而柘甲多，车行戈壁，极平稳，至下午2时抵杂拉提。滨小沟有破房，有水，无人，乃住焉。

此破房前为阿克苏县所修，后归阿瓦提，故阿克苏不管，以致破烂耳。然此地为阿克苏至沙雅、罗布、和阗大道，宜有腰站以歇行人。距此约十余里有一破城，惜无水，乃住此。

晚翻地图，至罗布之心又勃勃欲动矣。

2月1日　上午8点15分由杂拉提出发，向东偏南20°，沿吉拉格沟行，仍为戈壁。10点20分抵伯什巴什拉母，为五渠之意也。盖此地有运河一。据说自温宿县引来，至吉格尔切克入大河（哈拉墩西二十里）。有小渠5，均引此水灌地。

据维民传说，此地有一破城名喀拉马克沁，为鞑子所修，沟渠均为鞑子引水灌地者。余审视之，不见旧城遗迹，而沟渠尚宛然可辩，田畛亦有刍形，确为古代垦地。旁有井穴一，为近代人掘以烧炭者。余骑马踏探，亦不见旧城，询之本地人，均说不见，盖彼等深讳古迹，不肯言也。

12时过一麻札。2点20分抵黑衣克，有户家10余，边河而居，与卡阳河畔之情形相同。此地均以放羊为业，冬季则猎野牲，如狐、黄羊、野猫之类，不用枪弹，用猎鹰抓捕。此地人很穷苦，间种瓜果棉花，所收亦微。然此一带土质肥腴，患无水耳。虽有大河，而水不能上，若自上流开渠，亦未始不可垦殖也。

2月2日　上午拟打驼出发，班人来告云，有一老汉知此地有一旧城名京旁。乃骑马往探，于上午8点25分出发向西行，8点10分过一河岔，为阿克苏大河之支流。9点向西偏南20°行，全行戈壁滩。9点30分过一古地，有掘块甚多，约8尺建方，深约2尺，据说为前人所居。间有木支房舍，已倒塌，确为居地。附近田亩埂界隐约可辩。9点50分抵旧地，城墙已灭迹，只余城基，高约2尺，红土杂盐块。城中已遍生柘甲，有井穴甚多，据说亦为古人房舍，以彼证此，亦或可信。城中无一遗物，盖久湮湖中，今方出水耳。城周725步，西北开门。城外有濠沟一道，据说有一女人至此，陷于沟中，后归家同家人来，忽不见。此为神话。又在城中拾松渣一块，盖此地诚被兵灾，以火弹攻陷者。

此城在伯什巴什拉母之北约10余里。伯什巴什拉母之水均流至此地，则此必与沟渠有关，岂即所谓喀拉马克沁软，急返。打驮出发，于下午1时向东偏北20°行。2点过一小沟，即吉格浑，转东北行，3点入河坝。时微雪飘飞，驴马为白。4点抵哈拉墩，有户家四五，多穴地而居，上盖以草搭，亦以打猎为生。

傍晚。有猎户队至，身披猎衣，猎取黄羊3头、狐1、猫2，皆此草湖中取得也。

又今日据一维民云，大河南畔约5程地有一破城，名喀达克沁，顺和阗河而东去，一说在西，未知孰是。此地已归和阗所属。若然，则旧和阗村庄直达河岸也。余颇疑现在大戈壁在古时或有大道，故宋云得由焉耆至和阗，乃横断沙漠而过，只说难走，而并非绝不能走也。

又此大戈壁中沙窝纵横，时露古河川，是古时必河流交叉分歧，后渐为沙窝所掩，截断河流，故和阗之水均归塔里木大河。现大河南岸有和阗河故道，并大河而东，可证也。此干河或疑为南河，余则以为塔里木河故道，所谓南河者亦即和阗河之支出。和阗河一支北流入葱岭河，即塔里木河，与阿克苏河汇；一支东北流，折东南流，与车尔成河、克里雅河汇，所谓南河也。南河与北河相距并不远，时相交流，如今之渭干南河、北河及塔里木河是也。后和阗河东支阻塞，水均由北支入塔里木河，而克里雅河、建德力河均入沙碛，南河遂消失于大戈壁中。时有草滩湖泽积水旧迹，可为古河渐湮之证。后塔里木河又北徙，而浮沙又徙而扩大之，遂成今之大戈壁也。

2月3日　上午8点5分出发向东偏北20°行。初沿河坝走，旋折行戈壁，经行柽格红柳林中。8点40分又沿河坝走。9点20分过一麻札，维民至此均下马望麻札礼拜。又东北行，9点30分经行胡桐窝。前后不见人，时余在前，驴队在后，互为呼唤。

引导人云，此即从拉勒克至和阗渡口处，乃转南趋，查渡口。10点抵库车至和阗大道。10点30分抵河边，河宽约2里，有居民1家，放羊。从前有腰站2，被火焚，旋被水冲。对岸为克列阿格子，有腰站子，有渡船1艘以渡行人。在3月至9月水大用船；10月至2月冰冻，行人均由冰上过。两岸胡桐林立，若在夏天，风景必美。岸高约6尺，深处当有丈余，均为浮沙。

和阗河入口处即在对岸，地名魁六吉。远眺一线胡桐，南去即和阗河也。冬日干竭，行人均由河中行。和阗河分二支入口，西支在薛衣黑对岸，地名业干达雅阿格子，即和阗河入口之义也。东支即由魁六吉入大河。自有西支，而东支水遂竭。克达克沁（戈壁中城）即在渡口东南5站地，位于大沙窝之中，颇难寻觅。然此城何以独在大戈壁之中，此最为有研究之问题也。

余在此照相一，复东北行，随入至和阗大道。库车沙雅之至和阗者咸出于此途，途中时遇商人由库车至和阗者，据说库车至此需6日程也。12点向东北行经过红柳林，土白肥沃，洵为膏壤。2点在大道旁有一小沟，据说为库车所开，或即卢慎伯所开引阿克苏河以灌地者，然渠高水低，亦恐引不上来也。3点转北偏东行，3点30分抵大河边。3点50分住于诸郎，面临大河，亦觉神爽。

余表在9点时停了1点半钟，住时当为5点，盖已傍晚也。

2月4日　上午8点40分发自塔里木河畔之棚次，向北偏东行，沿河旋入戈壁。9点30分过一干沟，为库车所开，引塔里木水以至草湖者，然滩高河低，恐水不能上来也。转行河坝，10点30分又入戈壁，沿途红柳密织，高约6尺，大道由红柳中行。12点又入河坝，1点至娄阿格子，始离开河床向北偏东行。

远望大河，一支东去，一支北流，据说北支仍转东行合为一流。1点40分渐入沙窝。2点至一地，道南沙窝累累，道东红柳芦草遍地，余等在此烘火，随带芦苇以喂驴马。3点驴方至，仍行红柳林中，间有沙窝棋布。4点50分离开和阗大道向北行。5点10分抵可洛洼墩。

连日所行均沿河走，至哈拉他尔到薛衣黑虽行戈壁，然亦顺河，而不离河稍远耳。由薛衣黑至以拉列克均沿河行，至以拉列克方入库车、沙雅、阿克苏、和阗大道。以后沿大道行，亦滨河边，不过河有曲折，路为笔直，因而时与河遇，时与河离。以拉列克之前，河皆东流偏南，以拉列克以后，河东偏北流，故大道有时直取东北，或北偏东。可知塔里木河与和阗河汇流后方向有所更异，本地人称塔里木河为和阗河者亦非无故也。地形上可说阿克苏河入和阗河也。

此戈壁在打石松有居民10余家，稍有田地，以后即完全为戈壁。薛衣黑、哈拉墩虽各有居民数家，然均以放羊为业，或猎取野牲，向无田地。自哈拉墩至此180里，完全红柳滩，无一居民。然土质白硬，毫无斥卤，设开垦为地，亦是膏壤。然引水处当自北来，塔里木河之水只可以为航行之资，不能为灌地之用，因滩高而水浅也。余观戈壁中时有沟，或旧或新，然均归无效，此不识地形之过也。自可洛洼当转北行，然亦无居民。至此又入莫湖尔大草湖也，此地有居民一家，以放羊为业，属阿克苏管辖，掘洞为室，上覆以草，掩然为太古时人民穴居野处之情态矣。迤北约20里许，尚有一家，亦以放羊为生，属沙雅。而大戈壁中有一二居民，可谓寥落矣。

2月5日 早起预备出发，上午9点5分向东行，缘过沙窝，9点半上至和阗大道，入沙雅界。沙雅与阿克苏分界，以可洛瓦墩为标识，可洛瓦即分界之义。黑沙阜上插一木竿，以为界标，故曰可洛瓦墩，言分界之墩也。墩东及南为阿克苏，墩西及北为沙雅，此房在墩东，故属阿，据说尚有一家在道东，约10里地，归沙雅，由此往北东行约2里地有腰站子在道东。

复北东行，经行红柳林，红柳滩中沙窝累累。10点40分转东北行，入草滩，白泥无红柳。12点又入树窝，胡桐成列，旋入红柳滩。12点半道旁有放羊者一家，余等在此烘火颇久。大道旁亦有沙窝，据放羊人云，沙雅、库车之至阿克苏者。从前均由铁吉克西行，自此路开后，遂无人行；彼又说在羊达胡土克北有一小海子，水咸，旁新掘一井，以便汲饮。小海子直西去，通阿克苏界。按即古之"苦水井"也。又说在博斯堂巴札东面有古城一座，名克子尔沁，比通古斯巴什旧城要大，并有烧砖，城中房屋已颓。

1点半复北东行，未几即见塔里木河，2点抵塔里木河边，复沿河行。塔里木河自昨日从娄阿格子东北10里地不见，今又相遇，然昨及今日均自北偏东20°走，可证塔里木河自以拉列克以东均东北流，至此处东流于沙雅南30里之齐满庄，今地图均绘塔里木河东偏南流，实为大误。然塔里木河现正在北徙，如北岸多崩颓。道路时改，如以拉列克之腰站已被水冲，子郎之腰站在今河心，现河岸距前店约五六里地，盖横水北转，直水东转，此为水道变迁之公例，不独塔里木河为然也。

在塔里木河大道，时遇库车、沙雅行人，据说今日不能到羊达胡土克，乃于2点住一胡桐沙窝中，距河边约2里地，驮水以饮，此后又与河道离开也。

2月6日　上午9点5分发自塔里木河畔之爱满克尔（昨日所住地初不知地名，在河中取水，来回约6里，今日询路人，方知在沙窝下即有泉水，而余等不知之也），向北偏东行，微有沙窝，杂以红柳。11点40分道旁有放羊人一家，已为羊达胡土克。12点过沙窝，又为红柳滩，有井水，位于道左，即所谓羊达胡土克（新井之义）也。复前行，3点20分有支路至沙雅，此处有井1，名阿拉克胡土克。先是余在道上遇到和阗商人，据说，道旁有井可住，是距博斯堂尚远，恐今日不能至也，余等在此遍觅未见，后询本地人方知。4点北行，5点半至一地，有破房1，无居民。复北偏东行，时天已晚，余扣帘而卧，任车之颠荡，7点仍不见至博斯堂，而驴在后尚远，乃下车取红柳梗烘火，藉候驴子。8点半驴至，仍前行，此时如浮大海，已到海边，尚不识灯塔所在。前行约40分钟而博斯堂托乎拉克至矣，有腰站子1，门外货集累累，驴马如林，人声嘈杂，群围坐店前，或向火而卧，盖由和阗至库车。或由库车至和阗者均歇息于此。余到后，未几驴亦至，扎棚帐以为居。

因询及古迹，知喀达克沁在旧和阗河道上，大河南岸有一大海子，干河川即在其南岸，循干河川而东约6日程即至，然浮沙漫衍，时聚时散，颇难寻觅，又无滴水，惟冬日截冰方可去。又说在库车至罗布尔道上，即轮台、新平、罗布交界处有破城，名霞尔喀达克，亦为沙窝所掩，驴马不能至，倘能寻觅，确有古物。其神奇之传说甚多，兹不备录。惟可注意者即干河川，是为塔里木河之故道欤？抑南河欤？非就此城研究，颇难解决。

到后，吃完饭，已午夜后2时。今日驴行12小时，人马均乏。又自爱满克尔出发，浮沙横陈，沙尘滞车，行走维艰。又滩中红柳柘格，遍满戈壁，此一带之戈壁较蒙古有异矣。此地有大河床1，东西行，本地人称为大海子，在店旁有小水咸甚，居民在旁新掘一井，颇可口，岂即古之所谓"苦水井"耶。然则其西之戈壁即"俱毗罗碛"，《唐书》之小沙碛也。言小者，对和阗东北之大沙碛言也。

2月7日　上午10点20分由博斯堂托乎拉克向北出发，10点半入河滩。滩中沙丘累累，棋布若晨星，湖滩河床中每每如此，高约丈许或七八尺不等。表披泥沙，乃为风水所成，与风成之沙山不同，沙山多在湖边或大河边，接连不断，若波浪；沙丘圆形，多在湖心，或河中，此处为大湖，名莫湖尔，故成圜丘也。11点半道旁有破城，即不徒瓦喜，为前次所踏查者。12点40分又至通古斯巴什大城，旁城而过，复北行。2点10分至裕勒都司巴克大渠，旁渠行。5点半抵英而洼提村庄，有居民2家，即住焉。

当在塔里木河畔戈壁道上，微风煦煦，尚不觉冷，地上亦不见雪，及抵村边，即博斯堂北，陡觉寒风刺骨，雪满山谷，盖戈壁中地低洼而土燥，温度较有居民地为高，往北，地形渐高，故亦渐冷也。余等自阿克苏打石松以来即入戈壁，至此方见人家。9日旅行戈壁，哈拉墩虽有猎户2家，亦无地亩，从此旅行于大戈壁中，扎棚帐以居，煮冰块以饮，因联想去冬旅行甘肃北部之冈峦戈壁，不觉异地相同。

按此戈壁东至裕勒都司，西至哈拉塔尔，北抵哈拉玉尔滚，即天山，南临大河，据说南与和阗北东之大戈壁接，延袤300余里。按《唐书·地理志》称，安西西出百八十里入俱毗罗碛，经苦水井，百二十里入俱毗罗城，又六十里至阿悉言城。徐松以俱毗罗碛即今之赫色勒沙碛，非也，俱毗罗碛即此沙碛，又即《西域记》所谓小沙碛也。赫色勒位于两山之间，形成冈峦，本非沙碛。古书记沙碛与石碛有别，凡冈峦陂陀，面布细石，名为石碛；凡沙窝纵横，湖滩旷野，名为沙碛。石碛多在山边，沙碛多在湖泽河流，盖由冲积而成也。现本地人不明石、沙之别，多以"喀达克"名之，即不毛之义，然湖滩中红柳丛生，胡桐盈拱，设有泉水，俱可开为良地，并非不毛也。又博斯堂循海子而西，据说有一破城，在戈壁中，或为俱毗罗城，则哈柏什克巴喜之破城，也许即阿悉言城也。

2月8日　上午9点50分自英而洼提出发向北偏东行，沿途田舍络绎，然未开之地亦多，时有沙阜。12点转东北行，户舍渐密，树木成林，然雪满山谷，农人蛰居烘火。2点抵托克苏村边，人家栉比。3点抵巴札，仍住于旧处。旧店为一通干所开，无照应之人，后县署派班人来照料，打扫房屋，安置火炉，傍晚始收拾清楚。随后即至县署拜会陈县长，留晚餐，坚留余住两天，在此过年。

盖今日十二月二十九日，明日即三十日也，不可辞，而余驴因连日行程太大已乏，亦非休息不可，故决在此住下。

2月9日　今日三十日，县署请午餐，余赠铜墨盒1个，拓片 2 纸，陈星艇亦送来水梨 1 盒，素菜 2 件，毛拉之母亦送水梨至，均回赠有差。汗木多等亦送水梨 1 盆，余给蓝福、汗木多每人 5 两，厨子、邀驴人每人 3 两，又提出 3 两加餐，阿克苏班人遣之归，赏银 10 两。县署又来催请，而鬻古玩者至，均在通古斯巴什一带及大望库木所拾，余给银 3 两，即赴县署晚餐。毕，即归。又与蓝福谈天多时，始寝。

虽然道旅孤独，亦颇自贻，陈县长为人极诚朴，与余犹相契合，故亦不觉冷漠也。

2 月 10 日 今日为阴历十八年元旦。余起后，县署又来催请早餐，鬻古玩者又至，饭后，乃赴县署贺年，随在该处卧谈许久，归，略息。而鬻古玩者又至，适毛拉亦自库车归，据说，刘春舫到山中转至克孜尔，至今未归。傍晚，县署又催请晚餐，复去，同席人如昨，归。又太平灯会来闹，即余乡之划彩船也，此地有汉民四十余家，年节亦颇热闹。

今日雇大车一辆，明日赴库，因驴已乏，不能走也。

逗留在库车

2月11日　上午9时出发自托克苏，12点过渭干河，河已结冰，驴马踏冰过，向东北行。下午4时抵库车巴札，仍住丈拉巴克院内。至时，知刘春舫病，既晤谈，知从阿克苏已有信电转至库车，准往喀、和也。

2月12日　今日本拟出往拜客，而裘子亨至，谈许久。随朱、裘及其夫人午餐毕，同刘往拜会张县长及王、冯诸人，归已8时矣。

2月13日　今日同春舫拜会朱局长，随至电局发致希渊电，拟由小道赴和阗。后至统税局，随即归。接汤有光来函云云，又和阗脚夫乡约带一脚户至。

2月14日　下午同刘到裘子亨处晚餐，时县署送一电来，不问而知为挡驾电报也。内云：既已返库，应令回省。和阗一带冬防吃紧，万难许其前往，早已函达该团矣，仰即婉为阻止云云。余看后置之不理。归，思此举颇为荒谬，我们非盗贼，管什么冬防，既已许赴喀、和考查。又说早已函达。前后两歧，三反四复，真不知诸公之用心也。

2月15日　上午拟致希渊一电，与朱商议后不发。复去一函，内云，只要省政府负责，我可以回去。傍晚，菊人来谈。至夜深方归。

2月16日　今午张县长来，并愿为余电省解释，若如此极佳。晚借来《新天津》一卷，阅之亦无甚要闻，现国民政府已分五院，分掌各部务，盖按五权宪法也。

2月17日　上午至朱菊人处谈片时，转至张县长处拜托转达事，归，又拟致希渊信稿一通。

今日据维民言，沙雅塔里木河南2日程有一于河，循干河3日程有古迹破城甚多，均未经人发掘，沙雅曾有6人前去，只回4人，2人死于沙漠，闻者惊惧，城名喀达克沁，与昨日毛拉所述之哈得墩、穷勒沁、使勒克马嗟克三城，同一区域地。又说在破城畔有一小路至叶尔羌，古时于阗与龟兹时相攻伐，在历史上有连带关系，则古时交通必有直径，不必如今日须绕道疏勒也。

2月18、19、20日　3日均未出门，在家整理采集品，另行登记编号。晚间与春舫闲谈，亦颇怡兴。又致拜城陈县长函，索回采集品，并付银4两作路费。由朱局长派一马差送去，请陈县长派班上送来。

2月21日　上午朱、裘二人来。下午余复至县署，因病未见，转至邮局，拍电希渊请示，随至裘处，略谈即归。

2月22日　今日未出门，裘来谈许久去。

2月23日　今日为库车巴札，蓝福等购马1匹，价65两。午后余同春舫逛巴札，随至朱处闲谈，晚归。

2月24日　先是闻说此地维民锡利普，安集延人，有古物甚多，余上午同汗木多往访之，他提供了一些重要情况，据说克孜尔佛洞沟北有一流水口，自此口入，有佛洞40余；又亦狭克垓往南山后有佛洞百余，壁画俱全；又和阗北2站地有破城，地名哈拉哈尔麻城，城名狭尔克达克；又吐鲁番有小路通六十泉，有破城；又说，喀达克与狭尔克达克非驼不能去；哈拉黑炭北40里出石碑一方，为人所碎，可惜。

2月25日　下午接袁电，称"先回迪，再许南行较妥。"上衔为学术团，下署名袁，又无电日，又再许南行之语似省政府公式话，疑非出自希渊之手，随至朱处，朱亦云然。

2月26日　上午拟复袁函，报告不日可东返。写就，又接袁致刘函，内称省政府公函，不便往和阗，如欲到喀，可来一电。余即加信二帖，解释此事，即交邮局。又送喀票300两乞换省票。

2月27日　上午毛拉来，带来古物2包，出库木土拉。据说，在库木土拉之西，铁吉克之东有一山洞，自口入，有摩崖，可拓1纸；又托克逊南与沙雅交界处有石碑，已残云云。下午即派毛拉去觅阿不拉维民，因彼知石碑之处也。又拟一电致希渊，内云，倘能直接往喀，可免往返省城之劳云云。

2月28日　今日下雪，颇冷。上午拜城县长送木箱两口来。又接袁希渊来函，称，如南行，可至于阗河考查，须购健驼七八匹方能济事云云。

3月1日　今日晴。余头痛。傍晚，接希渊来电称，如回省，带采集品来。南下可至于阗河，和阗河古迹不可靠。

3月2日　上午致袁希渊一电，内云，如允南行，决至于阗河考查。后又拟一函致袁。下午毛拉同一引导者阿不拉来，据说在库木土拉沟内有佛洞，旁有石碑，碑凿字3行，横书，谅亦题名字也。明日拟派蓝福去拓字。

3月3日　今致袁函发出。又派蓝福、毛拉及引导者同去库木土拉拓字，再转至托克逊去拓。

3月4日　昨日所发致袁之函，微有语句未调，取回修正。下午同刘春舫至邮局，前托朱局长换喀票，今收到省票700两，尚欠230两，系按3比1计算也。

3月5日　上午9点带汗木多去考查，向西北行。10里许转东行。3里至郎格墩，本地人在此取墩上土肥田，渐有红瓦片，亦唐代物。稍停，转东偏南行，至喀格哥城垣一段，约5里长，有谓为汉代屯田处，余按此为旧城，南、北、西三面俱毁，然南、北二墙尚有形迹可寻。由郎格墩往南犹时见土垣屹立与南面大墩处相门，必为破城废垣，城中有坟院，尚有小城一圈，必为衙署所在。库车河西南流，穿行东北、西两面，又有干河沟绕城东北面，距破城五里地，南流，与库车河汇，库车河即"龟兹川枝水，右出，入龟兹城"者是也，故余疑此城即故延城矣。

略停，又北行，入戈壁，约5里许，至麻札尔塔母，有麻札及破拱拜棋布，疑为古之坟院，时已12点半矣。在一维民家中略息，午餐。2点向西北行，急驰，经一村庄，3点50分至破房处。现存房基可见者约3间，依西一间外有垮墙，疑为府第，前面土阜起伏，余等在此拾唐"大历"钱1枚，又石块上镌花纹，并有磁砖，其为贵人府第可知。破基即在库车河畔，多被水冲去，想从前决不止此数也。摄影1张，至5时急归，到土拉巴克已6点半矣。

时裘子亨在此闲谈。饭后，蓝福等拓字已回，据说现渭干河水势渐大，冰块下流，人马不得渡，乃至托克苏，路遇探询碎碣之人，据说现碑已无存，不知下落，乃归。既如此，余西行或南行运命从此终了也。

3月6日　上午着毛拉到哈柯尔代刘春舫取气压表。午后略息，即至电局，旋出，至裘处，适春舫等在该处，即在此晚餐。归。

3月7日　上午10点同汗木多去考查，先西行抵山根前。到库木土拉时，远望山根土阜，疑若城垣，今日往访，知白色土阜全为上古冲积泥层，并非古迹。旋由山阜中北行，转东北行，过干沟，1点50分抵盐水沟佛洞。略食面包，即偕汗木多循沟北行，转东约四五里路谱，折转攀缘山阜，经行山巅，转至有佛洞处。再详细考查，一洞有字，洞中均已被掘，惟迤西一洞尚未经掘发。汗木多拾瓦片1枚，有字，为古西域文，时已4时半矣。略憩即归，归时已6时半。饭后即寝。

3月8日　今日为库车巴札，上午同春舫到巴札一游，转至裘处午餐，随看所洗照片，即同裘至本院照相，晚饭后方去。余牙根痛极，早寝。

3月9日　今日面肿不欲言语，春舫为余在裘处觅清导丸1瓶，食1粒，下午躺卧至晚方起。又接袁希渊来电，称已得允许南行，请购驼等语。

3月10日　下午派蓝福、汗木多、毛拉3人到盐水沟拓字，并发掘佛洞，且雇小工3人参加发掘。余拟电报一纸，称即购驼南行，请拨银千两至库等语。随至朱处，适钱在坐，即以电交彼代发。时天下雨雪，即归，而大雪纷纷矣。

与春舫围炉坐谈，至傍晚，而蓝福等归，在洞中掘出残字纸数块。有一片为"……并兵共臣同为一军讨击｜……回掩袭望不失机便｜"。按此为军书，惜不完全，未能证明其为何年代也。又有残纸，如"李操、张遇、陈明"，又有西域古文书。昔山维岳在此掘拾古物甚多，若再掘之，当不止此也。

3月11日　上午阴，下午晴。本拟再到库车河畔发掘，因急须购驼，闻库车一八依家有驼，查视，价甚贵，每头要250两，且不佳，乃决计派人至克孜尔去买。今日去一函电。

3月12日　早起，派毛拉至沙雅觅从人，又派蓝福、汗木多到拜城购驼，随带银百两。是日天晴。

3月13日　今日接袁函，并抄录考古图1张，函云，如南行可至于阗河考查。信为29日所发，与前日电报词多同。又同刘春舫至裘处谈天，至晚方归。

3月14日　今日为维民年节。上午至裘处晤张县长，称县署尚未接来电，请余致电省上，言语颇可恶。

3月15日　拟致袁一电，下午到电局，适接希渊来电称，已汇上2000两，俟信到照收，请再候三五日云云。今日适菊人请裘，余后至，直谈至晚方散。电未发。

3月16日　今日裘起程，上午裘送礼物来，余亦送4瓶罐头。下午裘来辞行，并托购玉石岔子石80把。付洋天罡50两。

据说岔子石以于阗七家坑为最好。

3月17日 菊人同其夫人来，午饭后，同至秋千处，人甚众多，有喂郎的，皆幼女为之，县署搭有彩棚一座，余等憩息于此，并照相若干而归。又拟致袁一电，请催省府知照库车，以便起程等语。

3月18日 一日在家未出门。菊人送《新晨报》来，检阅一过，知北京改为北平，大学内分多少院，校长为李石曾，副校长李书华，北京大学学生犹持反对态度云。

3月19日 上午收到袁希渊3月9日函，内附兑条一纸，系致沙的阿吉者，汇款2000两。下午即至巴札，路遇统税局沙局长，询之不是。后至志源成，归与春舫商议，据说此地有二沙的阿吉，一为统税局长；一为哈密维商。乃派毛拉去询哈密之维商，亦称未接到来函也。

3月21日 上午即同毛拉至沙的阿吉处验兑条，无误，惟底函未收到。

横穿塔克拉玛干大沙漠的准备

3月22日　昨日拜城赛里木送来骆驼求售，乃着蓝福去看，当晚即购就7头，价520两，驼颇可用，当交银100两，有1头生疮，换1头。随同春舫至邮局，收袁希渊来函2封。今日为库车巴札，略视即归。驼已换就，交银两讫。傍晚又接库车通知函，称省政府来代电准取道塔里木河至于阗、且末一带考查，以4月底为限云云。袁函中附有地图5幅，关于于阗河一带极精，函中除路线图外，有省政府来去公文原文。

晚朱菊人来谈，至夜深方去。

3月23日　沙的阿吉函已收到，惟款尚未措足。当致袁希渊一函，内述款项及起身事，并表示希早早回省之意。

3月24日　上午沙的阿吉交款来，皆喀票，以3.23计算；银天罡以3.43计算，共600两。适沙雅徒弟来，并带来古物甚多，付价银29两，又支工资银10两。

下午到电局致袁电，报告起程日期，随至县署辞行，又至巴札购罐头8筒，归至朱处发信，县署送来礼物4件。

3月25日　上午收拾什物，驴驮小箱不合用，改用大箱，与刘春舫交换。收拾妥齐，即赴朱菊人之招，傍晚归。

3月26日　因水桶未就，着汗木多、区六2人在此候水桶，明日起身。余今日走，上午11时出发，沿行大道，下午抵长兴巴札，时天雨路滑，复南行，傍晚抵阿子巴札住次。

3月27日　上午8时由阿子巴札起身，向南偏西行，经草湖，下午4时至沙雅，适继县长派人来照料，余复去面谒，谈许久归。又询徒弟路上情形。

3月28日　筹办食物用品及米面，拟购1月粮。今日将用品购就，明日即巴札之期，再购买米面。

3月29日　今日巴札，购米面。下午继县长又请吃晚餐。连日雇引导，未就，殊焦灼。

3月30日　闻说齐满有一人曾随外国人考查，往邀适不在。晚又雇一随斯坦因者名满提，强之方至。

3月31日　上午10时25分离沙雅向东出发，11点50分入戈壁，东偏南行，沙窝累累。1点进红柳滩，间有放羊人。2点20分路旁有一小河沟，略偏东南行。6点转东南行，6点半又东行，7时至吉黑托胡拉克住次。晚询引导及本地人，据说额济拉木渡口船小水大，不易过，且距离于阗道太远，又该处古迹不甚可靠，乃拟还至齐满过河。

4月1日　早起即预备向西行。此地有一道至齐满者，沿之行，盖余等昨日所行之道，系由沙雅至罗布淖尔之道，由额济纳木过河，由罗布至和阗道系由齐满过河，即余返行之道也。

9点50分由吉黑托呼拉克向西偏南行，经红柳滩，1点经过一放羊人家，转西行，沙丘累累如棋布。1点50分入色列马克庄向西偏南20°行，又经行红柳滩。3点20分至他里不弄庄，大道纵横河岸，余向正西行。4点转西南行，经过草滩。4时半转西行，入齐满庄，住于此。距河岸尚有十余里，在此购草料及食物，明早过河。雇一人导送至六和吉格得，约2日可至也。

4月2日 早起在庄上购买食物，并雇到1人，乃于上午9点10分向南出发，经行村庄，9点40分偏西南行，过红柳滩，过桥，即塔里木河支派。10点向西南行，10点20分沿小沟，遍地红柳，11点10分抵塔里木河渡口。此地有渡船二支，一系凿大木为筏，长丈余，宽6尺许，长方形；一系木板船，亦长方形，大小相若，尾以宽木作舵，边置一桨挠之。余等到此，先卸驮载，后渡驼驴，驼不肯上船，力极驱策，亦不上，乃先过驴，再过驼，一船一只，亭立船中不卧，乃以绳系腿曳之乃卧。最后2驼不肯上船，亦不卧，汗木多乃以余马先牵之上船，2驼乃上，复卧下，余喜以为驼亦知马首是瞻也。最后一驼重复如前，亦得上船仍不卧，二人推之迄不为动，蓝福及船户反堕于水中，驼亦随之堕水，是处水深丈余，蓝福踏驼背而起，船户亦游至岸边，亦险矣。一稽查自告奋勇，乃牵驼而过，最后过余马，马至河中央惊跃水中，浮行至岸，于是乃全渡过，时3时半也，乃命二匹护送人归，余乃渡。

下午4时复至河南岸三角洲上南西行，4点40分抵西河，转南东20°行，入草滩，放羊人甚多，草亦茂，因今日驼乏，乃于下午5点50分住此，地名伯勒克斯，有井一，为牧场。据说，斯坦因曾在前面五六里地树窝中住过。

4月3日 上午9点15分发自伯勒克斯，向南偏东10°行，仍为草场树林，9点半转南偏西20°行，10点抵阿克可尔，有积水潭，颇清澈，沿途放羊户络绎而居，稽查送余至此而返。

拟购羊不得，复南行，下戈壁入荒滩，滩中枯树密布，中有通途直至六和吉格得。10点40分入一类似干河川，红泥冲积，其平如砥，而枯胡桐间布其间。11点20分向西南行，仍行河川，惟不见崖壁。12点20分向南偏西20°行，抵一小河沟，中有积水，地名可可确尔，本地人称为小海子，又名牙苏克，入草湖。在沟两旁胡桐密织。12点20分复向南偏西20°行，仍行红泥滩，1点40分抵一小沟，名哈既麻克，有积水，沟两岸仍多胡桐，此沟自阿不拉克不弄处大河中分出，至额济拉木麻札，得斯他南流，入罗布淖尔。余等即住于此处。时天气炎热，风沙其大，能否行大戈壁。尚为疑问也。据说，六和吉格得有一干河，可至和阗，如不得已时，将取是道。

4月4日　上午8点40分发自哈既麻克，向西偏南20°行，经过红柳、柘蒿、胡桐地。9点转西南行，道右略有沙窝。9点20分又经枯胡桐，间有马连草。1点20分入沙碛，沙丘纵横。直至2点40分转向南行，3点在道左，沙丘之中有土墩一，间有红底黑花瓦片，疑为唐以前之物。4点方出沙丘滩入树林，4点40分抵六和吉格得，有放羊人一家，东侧有干河一道向西行，名阿克对雅，间有积水，并有井一，水尚甜，即住于河畔。

此河宽约10余丈，岸高2丈，与长兴巴札北之渭干河相若，据说自莫湖尔草湖中大河分出，直至罗布淖尔入海，谅为塔里木河之支河。余前疑此河为和阗河旧道，非也。明日即出发入沙窝，人皆步行，驴马皆驮物，带3桶水前往。

进入塔克拉玛干大沙漠

4月5日　上午9点自阿克对雅出发，向东偏南20°行，过河，又过一小沟，经树林、沙丘，又过一小沟，地名以得勒克，引导者去。转南行，碱滩沙碛狼藉。复南行，又过一大干河，宽120丈，沙没其半，与塔里木河相同，据说为和阗河支河，沿此河可达和阗河。以后又入沙碛、碱滩，尚有放羊路。12点50分又过一枯树林，沙丘如晨星。1点转西南20°行，1点20分出树林入沙漠，即塔克拉玛干大沙漠之开始也。沙山起伏如波浪，底为红泥滩，然沙丘尚不大。

2点沙山纵横，无可人之路，高亦10余丈，驴马上下颇觉费力，在沙山间露出之红泥滩，间有松烟渣及铁块瓦片，可知为古人防守之地，人烟必多，且有破城，不过湮没于沙中耳。据阿克苏人言，由和阗道南行5日，又转东行，即达喀达克沁，然无人知其处者，余疑即在此一带。在沙窝中时现大道及河沟，必为古时交通大通衢。今日驼马甚乏甚不食草，从人颇以南行为苦，意欲转折阿克对雅，达和阗河，然由旧和阗河行，亦恐不易也。

4月6日　上午引导老汉告前随外国人所走之道今已忘记，留此人已无用，乃命之去。余于8时半同毛拉、汗木多等探寻道路。

登高沙丘远望，在余等住处之东，似有平川，沙碛少，乃沿之行。平川旁有红柳圪堵一线，南北行，从人在平川上拾有铜片及铁弹之属，在沙丘并有螺及海绵，有铜片可证明此一带有古物，必为古人居住之地，有螺壳可证明此地古为大海。

9点40分抵一狭长草滩，东行芦苇丛生，泥淖陷马蹄，此湖干竭不久也，故余住处往南偏西必为湖，现为流沙所填耳。以其地形低洼，东北两面略高，然红泥滩中冲洗之积甚大，其坑洼处，泥底灰黑，与居延海同，可证其古为大海子。又过一小沙窝，10点半又至一草滩，淖泥更甚，乃绕道西南一带沙丘上，登一最高丘，目眺远方，平沙无际。

盖塔克拉玛干沙漠颇有组织，形同山脉，均西北东南行，每30里地即有一道沙山，山脉绵延，东面沙山之最高者亦不过四五十丈，宽约五六里许，山峰北西平缓，东南倾斜甚急，可证此一带山脉皆为西北风所组成。两山脉之间沙窝尚平，倾斜无定，时落平底，以其古物证之，塔克拉玛干沙漠之扩大，盖在汉以后也。余颇疑在塔克拉玛干内部，曾有大河流及不少湖泽，因地形底洼，湖每为风沙所光顾，河水不至，而湖泽亦渐干竭，故遂成今形耳。余回忆入沙处往南不过2日程，以余所见论之，第1日在沙碛中时露出古道之迹，瓦片、灶灰土，及铁块之类，可见有居民；第2日拾铜片，古人居住每在湖旁及河岸，则在汉以前非沙地可知。汉后扩展成沙漠，故汉代之古迹多没于流沙。唐时人民已移徙而北，河流亦改道，故唐代古迹多在北，今所见之古迹多唐人者因此也。余尝疑西域在汉后唐前曾经过地理之大变动，不过目前尚难详加说明。

再余此次探沙漠，曾经过三道沙山山脉，由干河往南约10里地，为一道沙山山脉，多红柳沙滩，满布枯树胡桐及红柳圪堵；过去30里为第2道山脉，亦有红柳，胡桐略稀，而沙滩中枯树横陈，即余等所住之地；第3道山脉无胡桐，间有红柳亦不多，沙滩上间有苇草，地为碱滩，或红泥，即余等骑马往探，照相之地。过此山脉之沙滩亦间有红柳，但甚稀少，柴草俱无。据说过此沙滩后之山脉，连红柳亦无，全为大沙山，维民称为"库木洛可"，即大沙窝之义也。然由沙雅入沙处至于阗出沙处为八百余里沙山，余所至者不过百里，中间之沙山如何不得而知，至克衣河亦四百余里谱，水草俱无，如何能渡过，且探此大沙漠，由南至北易，由北至南难；由北至南，必须至克衣河方好，倘不至，必为克衣河两岸沙漠中之白骨。

余以为欲踏此大沙漠必具四条件：一、专用大队骆驼，一半驮冰块食料，一半空着，驴马皆不可用，人皆步行；二、必在冬天，冰冻之期可带冰块，天不亢热，碱地沙滩多冻冰故易行，而人驼不渴；且能使用，若在春天，驮水有限，且风大，风沙弥满空际，不渴死，亦被沙埋，夏天更甚；三、要有熟悉道路之人，盖沙漠中旅行，不可专走直路，全凭指南针易生谬误，例如过一山脉，必须熟路者曲穿而过；四、多带夫役，日行30里，夫役为掘井之用，走路过大，人畜易乏，且宜剩出时间作探路、掘井之用，亦便考查。此就余二日之经验以为非如此不可也。

然塔克拉玛干沙漠是好走的,又是难走的,余第二次再探,必能成功。余观沙漠西南大,东北较平,将来拟走一斜行道必无危险,且可多考察古迹也,余探后返棚,眠。下午3时转偏东20°行,依原道,于下午8时复至干河岸住焉。

4月7日 今日休息一日放驼,早饭后,即同毛拉、汗木多二人骑马探和阗道。上午9点半出发,向西约里许即遇一小道,自六和吉格得西行,乃沿之而走,约三四里谱,过一井,又转西偏南行,累过干河川,经行大树林中,向西偏南20°,沿途均有放羊路。12点抵一土圪堵,复前行至破房,为放羊人住,有房无人,盖天气渐热,羊均邀至河边也。在沟深处有井一,河北岸有小路,方向与南小道同,复沿之东行,直至库望柯尔而合,余等乃作标识而归。

在干河两岸有沟渠甚多,古时居民必众,以理论之应有古迹,何一土墩而不见耶?河南道稍大,然无人马足迹,河北道稍多,知南道废弃已久,即北道现行人亦稀,盖旧时河中有水,居民甚多,故由此直达和阗,现水竭无居民,故至和阗者均沿塔里木河而西,此交通关系于地利也。

4月8日 上午9点40分发自六和吉格得。此处有二路,一往正西,沿阿克对雅之北岸直西行与和阗大道会;一南行,转西偏南行,经行于干河之中洲,据说,可直至和阗。余昨日所探乃中洲之道,今晨改行阿克对雅北岸之道。向北东行,过干河,10点40分沿河岸,初东偏北20°行,11点转西偏南20°行,11点10分有干河自北来汇,11点半转西行,进入沙丘,干河离开渐远，有井一，水苦。以后均经行沙丘中，时失大道。12点40分出沙丘入树林光滩，均为偏南20°，沿途或为碱滩，或为红泥，胡桐满布。3点10分入草滩，3点20分又沿干河行，4点半一干沟，有放羊人土房一家，4点10分又过一干河，转行红泥滩，4点半至海楼库湖麻札，遇一放羊人，遂上小路。5点有干河在道北，东西行，5点20分至一干河岸，在道南，5点半住于河岸，有放羊人一家、有井一，水微咸。

据说此河名哈齐干，自和阗河之子里分出，西东行；阿克对雅自草滩中之艾克里克大河分出，在其北也。由此至艾克里克一站即至大河岸与大道会，再过去二站即至和阗河子里，已行一半矣。

4月9日 昨日闻此地放羊人云，此处只有二干河，在北为阿克对雅至夏克里克入大河，换言之即此河由夏克里克大河分出，距此西北二三里许有一大河滩，即为水入大河之处；在南为哈齐干，为和阗河子里分出。然余等前日所见干河流三、四今何往耶？疑此南或有大河没于沙中也。

乃于上午7时半同毛拉、汗木多往南探，南10里均为红柳滩，再南即红柳圪堵，枯树横陈，间有沙碛，再南即全为沙碛矣，与六和吉格得南之情形相仿佛。余登一高沙丘望之，东南西皆沙丘，不见一树林，亦不见一河流，惟东北之大树林直行西北，即前、昨两日所经行者，是昨日所沿行之河川，即前日所探之河川无疑，不过干河东往，河身渐宽耳，乃于10时归。

11点40分复出发，初向西北行，至河滩岸。12时西行入碱滩，转西南行，仍抵昨日所行之干河岸。1点50分西偏南20°

行，抵河岸处。河有井一，沿河行，不见大道。3点10分河中有井。此处有二路，一路西北行，为大道；一路西偏北20°行。余行西道，3点40分又遇河畔大道，均西偏北20°行，河渐南曲，沿之而南，遂入红柳圪堵之中。河复北绕，4点50分乃沿河北行，5点40分又抵河中有井处，遂住焉。

余等今日错误在于尽沿干河，失了大道，故累陷沙丘树窝，盖3点10分处宜顺大道西北行也。

4月10日 上午9点25分发自阿克对雅之干河，向西偏北20°行。初行河中，随河湾曲，忽西南而西北，10点40分出河上岸沿行。初时两旁胡桐柘蒿满布，后渐稀，沿之行亦颇顺适。11点20分上大道向西偏北20°行，12点入红柳圪堵，转西北行，在沙丘中有放羊人空屋二三，现天气渐热，人均移至河边耳。1点复向西行，仍为大道，时干河在道南，初沿之行，后渐与之离，红泥滩中微显几株枯柘，最易行。2点又转西偏南20°行，亦为大道，时有干河在道北，河中胡桐满布，又经柘蒿滩。2点40分过干沟有水，3点道忽西北行，自此渐失道，忽北忽西。3点20分穿行一丛树林中，西北行，至4点半方出树林，转西偏北20°行，五点抵塔里木河岸住焉。

3点之失大道也，于路上见有二人足迹似新过者，故沿之行，遂入丛林，然斯足迹卒引吾辈至塔里木河，亦奇也。到后，见有黄牛数头，必有居民，乃派毛拉去雇引导者，未几有一和阗商人来，因向之探询，彼愿代觅一引导者。又有放羊人一家，亦同之来，云由此至子里不过2日。在途中曾遇一放羊人，他说，尔等沿干河所行之道，现不通行已四五十年矣，吾祖曾走过一次，吾父及吾皆未之行，怪尔等能达也。及抵此，一老汉亦如此说。是此路久已废弃，当日有人行，必此河有水，故沿之行，直达子里，中国古时地图，亦有此符号。然河边大道，人行之迹，尚宛然如新，有时混没，有时极鲜明，似非四五十年前所废弃者。细加研究，知戈壁中沙泥质中多含碱质，每至大雨后，碱即蒸发，及干又成疆质，而人马之迹印于泥中，遂仿若化石也。河中沿途有井，味多咸苦，为放羊人所掘，由此沿干河直至子里入和阗河，不过到西南一站地即没于沙也。河滩名哈得墩，有人处名为乱皮。

4月11日　上午9点15分向西出发，经行河滩，9点半与大河南岸大道汇，转遵大道，上岸向西偏南20°行。10点转西南行，皆穿行树林中。10点10分转南行，10点半过一干河，东偏北行，此河名拉亦勒克，据说由大河可戈洛克分出，直至罗布淖尔，宽约50余步，中填沙。11点又经树窝，旁干河北岸行，又经红柳滩。12点又过此干河湾，向西南行，沿北岸走。1点10分略有沙碛，1点半至河滩，名阿子库尔，向西偏南20°行。2点转西南行，仍为沙窝，3点入树林，红柳枯柘丛生。4点40分又旁干河。5点15分入草滩，至大河岸住焉。此地名可戈洛克，即拉亦勒克入口处也。

4月12日　上午9时发自塔里木河畔之可戈洛克。沿河岸向南行，经行树窝，荆棘塞涂。9点20分入草滩，红柳黄草弥蔓。10点入河滩中行，满生红柳。10点20分又行河岸，红柳、枯柘密布。11点10分向南偏西20°行，10点半转西南行，12点转西偏南20°行。自11点均行河滩，微有蔓草，由此直西行，2

点至柯什六洗，即和阗河干河入大河处。

此干河亦名子里河，因地而名，前5年尚有水，今竭。河中满积浮沙，其色如银，细腻粘滑，人行其中如入水晶宫，沙浪微波，其平如砥。沙浪最高不过2尺，故行走不感困难。河身宽约里余，较塔里木河为狭，然人行对岸亦不辨男女。岸高约5尺，两旁树木成行，风景极为幽致。河中处有井，放羊及行路者取汲于此。在河西北有一腰站子，初拟在此住，因尚早，乃在河中取水后，复向西南行。3点半转南，3点50分又转西，4点又转西南，有放羊人一家，据说距此不远有井，4点40分乃住于井上。

余疑和阗大道当在河边，不宜行河中，疑尚有大道在西也，命毛拉及引导寻觅，果于河西岸里许觅一大道，明日当遵之行。余等当行于大河沿岸，时同行一猎户已病，说在英尔对雅附近东西二河均有古迹，此亦意中事也。不过河流不时改道，为浮沙所掩，古迹在何处从无一人知者。例如喀太克沁维民都说有古迹，有说在和阗河南5站，再经往东3站即是；但知之者多，见之者少，竟不能得其实据也。

4月13日　上午9点15分发自干河曲，向西行，渡河至西岸，约行10分钟，又经行树林，9点半上和阗大道，在丛林荆棘中显出坦途，沙土横藉，马驴足迹，驼畜粪旦，皆可证其为往来通衢。此路为库车、沙雅、阿克苏至和阗、于阗必经之小道，虽无居民，而水草均优，按站有井，前为贩商所行，近官宦亦多由之。10点向南偏西10°行，10点50分行于红柳圪堵之中，11点又行荆棘中，时干河为树林及河岸沙窝所遮，不得见。

11时40分方见干河,从此沿河岸行,1点50分转西南行,边河走。2点半转南偏西20°行,3点河边有井3,行人多取汲于此。复前向南行,遇库车商人,据说明日入沙碛,后日可至英尔对雅。3点40分住于一井处,井在沟中,前面约10里谱有和阗县知事所修腰站,无水,行人多住此。又昨日闻一猎户云,英尔对雅东岸有干河一道,由此东行一站,即有古坟院,在干河南沙窝中,甚显明易寻,姑记之备考。

4月14日 今日须走大站,拟早行,于上午7点40分由子里托乎拉克出发,向南行。8点抵腰站子,为和阗陈县长所修,但无人居。复前行于干河边,9点入干河,游行于沙碛中,向南偏西10°走。在黄沙中印了不少驴马人行足迹,风沙所过,旋灭旋生,人行其中,望马粪以为路,因思法显、宋云、玄奘经行沙碛,均说望兽骨多处而行,由今思之此为大道,若走塔克拉玛干大沙漠,粪骨俱无,不知又何说也。

9点50分抵岸,沿河岸行。10点半转沿西岸行,2点抵岸上,有井1,旁挂红布。本可由岸上行,余等仍绕行河边,3点上岸行,边河走。3点50分边岸行,4点20分遂离河岸入行沙丘中,5点半抵一草滩,即为干河口,黄草弥蔓。旁有一小沟,据说为阿克对雅分出,阿克对雅由东西南行入沙,此干沟亦由沙中分出,入和阗河,沙雅人说阿克对雅由和阗河分出者以此,然在何处始没于流沙无人能知。在此干河之南确有古迹,惟在沙中无一人能确知者。6点20分有放羊户,6点半即住于英尔对雅之牧场。自子里至此,本为2站,余一站即至,驼马均乏,故余拟休息1日也。

傍晚，询问此地猎户以古迹，据说在沙窝中确有古迹，惟未去过，往西10余里地有一土墩，明日当往访也。

4月15日　上午7点50分，同维民往访土墩。向西上大道，即由英尔对雅至阿克苏之道。阿克苏至和阗，2站至阿瓦提，沿英尔对雅2站即至此处；库车则由托克苏往南；沙雅则由阿克苏由路至柯什六洗，即余等所行为第三路，俱至英尔对雅。春秋均行河中，五六月水大时则行河西岸树林中，据说彼道为和阗陈县长所修，沿途有腰站子，水苦，平时无人行，故余等亦由河中行也。沿阿克苏大道，9点10分至土墩，距英尔对雅不过里许。

土墩在沙窝中，为土坯所砌，已颓倾，周约30余步，高出沙窝者约丈余，无遗物可验，未知为谁氏之物。以其形证之，疑为安集延所筑以抗官兵者，因英尔对雅为新河流，汉、唐均不由此也。立于最高沙山上西北望尽为沙碛，昔赫定先生几渴死和阗河畔者非无故也。

下午憩息于棚帐中，亢热非常，若行大沙，岂不亢死。傍晚，雇猎户一人作引导。送至托洼果，银10两，先支5两。又购草料，过此即无居民也。

4月16日　上午7点40分带引导者向东南行，经羊场，8点又由干河向南西10°行，8点20分西南行，沿东岸，沟中微有积水。入英尔对雅，河中干涸无水，然沙土尚湿润，后询之引导者，据说前20日曾来水一次，3日即消，故坑中尚有余水未干，大道即由河中行，泥沙之质，其平如砥，甚好走。河两岸荒草树林葱郁，间有沙窝。

11点向南行，仍沿东岸，12点又偏西岸，2点又沿东岸，因河有曲折，而取直线也。2点半向南偏东20°行，3点20分至一横滩，为安集延人打坝处，盖此处为阿克对雅出口，50年前后此河中水不至，安集延人欲断英尔对雅之水入阿克对雅灌地，水终不上，后清兵至乃毁。由此可见50年前阿克对雅两岸居民必多，至和阗大道亦由之行，乃水竭遂废耳。4点20分住于东岸草滩中。

是日约行9小时，60余里，驴脚户以为2站也。住后，余登高沙丘环望，见东面尚有一干河岸，亦即子里干河，由和阗河分出之水至打坝处复汇为一，当水大时有渡船一支以济行人，故此地名曰渡口。

4月17日　先是闻说由打坝处往东有古迹，故今晨特骑马往观。7点10分由渡口出发入干河，7点50分抵东岸，经行树林。8点15分至一干河，25分至东岸抵沙窝，此干河宽约200步，河半为沙掩未知河床深浅，惟两岸树林排比，中显洼地一线，由南北偏东行，消失于沙窝中，疑此河即六和吉格得最南之一干河也。再东行，上沙丘东北望，遍地沙山，较沙雅南部之沙窝为大，因该沙窝有条理，此处杂乱无路，是知塔克拉玛干沙窝偏东愈小，偏西愈大，盖沙窝均为西北风所组成，故西北之沙窝为甚，且河流众多，亦为组成沙窝之一因也。

又东北10余里亦有树林一线，沿大沙窝而行，乃和阗河干河向东北行者，故余疑和阗河有西移之倾向，在昔则为东北流也。如前五六年水由子里河入大河，现西徙，由英尔对雅入大河，再前五六十年阿克对雅即今所见之干河，由此例推，则汉唐之于阗河即南河，必更在东北无疑。然非有古迹不足以为证明，而古迹古河均没于沙，沙山累累，草水俱无，倘有驾云之术，便当往访一探虚实也。

关于此一带古迹之传说甚多，前在阿克苏时，即闻由以勒列克上和阗道南行5站，再往东3站，即为喀太克沁；亦即塔里木河畔之猎户所说，其父亲曾由打坝处东行，见有许多古迹，因天刮黑风，未及多探而归的地方。又一阿克苏猎户称，他听说有几个猎户围追一野驼，往东追了两三天，遇破房2间，满储金银，及往取，又变其方向，终不可得。又说，去年2月间有阿克苏猎户4人，由麻札塔哈东行沙漠四日，遇一大城，城中房屋俱全，因水完，二人渴死，余二人归麻札塔哈取水，复去，即迷失所向，此二人亦不见。此皆和阗河东行之传说也。

按古籍载记，南河源于于阗南山，北流于于阗国北，又东流于精绝等国之北。南河即今和阗河，东北流入沙，精绝等国亦为沙所湮没，故塔克拉玛干大沙漠中确有一大河流，确有许多古墟。又晋释法显由焉耆西南行，一月五日到于阗，经南河行，是南河之废在隋唐间也。

上午11点半由渡口出发，复向南行，由东岸转由河中行，12点半又边西岸行。2点微行沙碛，仍由河中行，一直往南，5点40分又边东岸行。6点20分至博尔去的，住东岸，草甚优，无水，掘沟中水出，棚帐札于河中，因草丛中爬虫甚多也。

4月18日 上午9点5分发自博尔去的，沿东岸向南行，边傍沟中，时有积水。10点20分东偏南20°行于河中，11点抵西岸，又沿西岸行。12点又转南行河中，1点又边东岸行，有水草。2点半边一草滩，此滩位于河之中央。3点半出草滩行河中，向南行，5点至西岸草滩，5点20分住焉。此地属可彦第，在北20里谱，西岸有一腰站，系和阗陈县长所修，由英尔对雅马行2日也。

4月19日　上午9点10分发自河西岸之可彦第，向南偏东20°行。9点50分经过西草滩，沟中有积水，10点40分又经东岸草滩，11点向南由河中行，1点又经东岸草滩。1点半又经西岸草滩，由河中直南行，两岸胡桐葱郁。4点，又经西岸草滩，5点住于草滩中。

时河中连日均有大风，自11点起至下午4时止风北向河中，地低故也。此地名伯格善，由此往南，沙山横亘，直至鄂斯塘爱格子方了，皆名为伯格善沙窝，据说由此至麻札塔哈一大站，明日早走也。

4月20日　上午7点10分即出发南行，8点经行于两岸草滩之中央，9点20分向南偏东20°走，复东南行。9点半经西岸大草滩，遇二放羊人，据说由麻札塔哈至克衣河均有路可通，不过皆沙窝，非有猎户熟悉道路者不可，有曾随外国考查队者4人，均在斯拉母额洼提住，可往雇也。10点20分又经东岸草滩，11点又经西岸草滩，黄草弥蔓，放羊人络绎不绝。12点半又经西岸草滩，沟中有水，偏东南行，2点向南行河中，4点住于东岸河中草滩上。自可彦第以东河中即现草滩，惟自爱格子以南草滩甚大，放羊人亦多，大者广七八里或十余里，据说皆诺则所有也。

住后，余即带毛拉至沙窝中探视，时东风正厉，余照相2

张，亦为风沙所蔽，不甚清晰。后登大沙山望东面，知此一带沙山均为东风所成，向南峻陡，东面缓舒。因和阗河为南北河，此一带沙山山脉均边河而行，沙山高者 10 余丈或 20 丈不等，山脉宽约 2 里许，过此，沙窝多向南倾斜，此一带平舒，沙窝皆自北而南，形成一线。过此约 20 里许又有一高峻沙山山脉，疑必与河边之山脉同一趋向。沙窝中有枯树及新生胡桐，时露红泥底之冲洗痕迹，与沙雅南之塔克拉玛干大沙漠同，惟其组织之趋向不同，彼处沙山山脉皆东西行，向南倾斜；此处南北行，向西倾斜；彼处平舒，沙窝亦东西成线，惟趋向不一。细加研究，知沙山之组织虽根于风向，然亦本于河流，此处沙山之组成因和阗河之南北行，风与河流之关系，故沙山之趋向亦随之而异，河流时有变化，每河流移徙一次，即造成一道山脉，以许多大干河之沙碛形式，而知其如此也。沙雅南之沙窝现虽无干河川可证，然余颇信从昔和阗河北流后复暂东流，即所谓南河，此沙山山脉皆沿南河而成，按之古籍载记，南河自西而东入于罗布淖尔，现在大沙漠中时有螺壳及海绵，可见古时有水流之证，又其底层冲洗之迹甚大，亦可证为古河流所侵也，故以沙山山脉之证明，亦信大河之南复有大河，不过湮没于沙，致灭其迹耳。

和田河畔之古址

4月21日 上午8点半发自河西岸向南行。9点又边西岸草滩，南行河中。11点50分又边西岸草滩行。12点转南偏西20°行。12点50分沿西岸草滩，时和阗河畔之红山蓦然若接，沿草滩行。1点40分抵白山嘴，过去即红山嘴，时已2点，乃住于河东。

余到红山上破城巡视一过，审峻坡下石隙中有空穴，为浮沙所掩，乃命毛拉等去沙，看究有物否。余则循两山之间，西行约5里许，中有大道西去，或为和阗河水大时绕道之道。然此处既有破城为守御之所，必为往来通衢，余审地形，必东西有大道，西至莎车，东至罗布，古时南道出莎车，莎车正与此连。

破城即在红山巅，周里许，有三重，炭渣极多，乃被焚毁者，或系经吐蕃之乱所焚。墙以红土为坯，中夹胡桐，以形考之，年代似不甚久，然余在石穴中掘出乾元钱一枚，又木版古民族文书1枚，皆唐代物。则此城为唐代建筑无疑。又瓦片面多白色，亦唐物也。余自西至东绕视一周，山上亦有道，其为道路可知。余转至工作处，知此物均在沙砾中觅出，又仰视穴顶中刻汉字甚多，亦有民族古文刻字，汉文中有"李思礼""□印异生""卢众玉""兰口""罗宜米"。其余民族文字甚多，刻划甚浅，不可拓，有二石障于洞口，其下面亦有刻字，无法细看，则此洞必为僧侣修炼或藏骨之所，人名则古时过往者之题名也。此城与哈拉屯东西相齐，疑为南河沿岸守御之所，惜古迹多就湮耳。又此城西六七里许有破地，石子甚多，和阗卜卦人常取以为用也。

4月22日　早起带汗、蓝、毛及引导往探河东岸沙碛。于7时出发，经过树林，有干河由南北去。过一碱滩，草甚优，羊足迹甚多，知为羊场。再东，缘过沙窝，此沙山脉亦南北行，向西倾斜，亦为东风所成。

登沙山远眺，有一条红柳滩由河东微北行，宽约五六里，与和阗河身相等，延伸于沙山脉之中间。在滩东，沙山绵延一线，大者如山，直向东北而去，以大河边必有沙山之例推之，则此红柳滩必有旧河流，疑即和阗河旧道向东北行者。盖哈拉哈什自和阗河之西皆东北流，至麻札塔哈忽直北流入塔里木河。余疑古不如此，以《水经注》所记载，并引《释氏西域记》之文，知和阗河即古南河，南河东北流于于阗、拘弥、精绝等国之北，入牢兰海，今和阗河直北流入北河，必南河之东北流之一支，疑即玉龙哈什河、哈拉哈什河，即南河，至麻札塔哈仍东偏北流行于北河之南，为古时南道波河之路，以其河畔之古迹可为证明也。现自两河在伙什拉什合并为一后，两河同趋一方向，然于宽广之河身中间时露大草滩，或为两河分合之迹。至麻札塔哈因南河道阻于沙碛，不克东流，水遂全归至玉龙河北流入塔里木河，而南河道就湮矣。

南河、北河后人辨者甚多，均未得其要领。徐松以为一河，指见形言也。丁谦以车尔成河为南河。过偏东，且为南河所入之支河，不足以当南河。近人谢彬以额尔勾河为南河，询本地人无此河。惟塔里木河南有一小干沟，为哈齐满，乃自塔里木河分出东流。阿克对雅干河系由和阗河分出之新河，惟河身太窄，疑稍晚，为渭干河分出之新河，皆不足以当古时南河。今据《水经注》引《释氏西域记》之文，以哈拉哈什河为南河较为恰当。

归后，摄影2张。于11点向西南行，沿东岸草滩过河，11点半抵西岸草滩。11点10分折南行，12点40分又折南偏西20°行，西岸沙窝累累。1点半又南偏西20°行，2点10分又南行，3点抵西岸草滩，沿之西南行，4点10分向南西20°行，4点40分又西南行，经行于两草滩之间。5点20分住于西岸草滩，有放羊人一家，据说已距伙什拉什不远矣，此地名伯什麻庄，亦名阿巴什也。

4月23日　上午8点50分向西南出发，9点50分经西岸草滩，12点10分经东岸草滩南行，1点又经西岸草滩行于草滩中。2点复沿河边西岸行。3点20分行于哈什玉龙之间，已至伙什拉什。3点50分望西岸有土房若城垒，即和阗把卡处也。折南行入树林，随行草窝。4点40分入河滩向西南行，出现至托洼克大道。又经行树林，5点10分抵玉龙河畔，过河，住于东岸。

玉龙河身较哈什为小，非正源也。此处有放羊人一家，其言语形貌与库车同，声音有别，类江浙。眉眼类中原人，或为汉人，亦刁巧，非来自西方可断言也。是日风大极，走沙扬尘，十步之内，即不见人，漠北未之有也。

4月24日　上午8点半发自和阗河东岸，西行过河。8点40分转南行，入托洼克大道。9点入胡桐林，大道即穿行胡桐中。此地胡桐与库车一带胡桐不一样，叶圆，高不及2丈，枝条横发，类木棘；库车胡桐较高且直；若额济纳河胡桐高至10余丈，且为扁叶，作黄金色，塔里木河岸亦同。9点20分向西南行，沿草滩，10点向南过河坝，10点半又向西南行，入胡桐林。10点50分又向草滩中行，转河中走。11点半上西岸，经行胡桐林，向南过小水沟一。1点10分略行经沙碛，又入树林。2点25分又由河中走，行于两草滩之中间，3点半入草滩。3点40分入树林，4点40分又由河滩走，向西南。5点由河中向南行，5点40分又入树窝西南行。6点过河，远望托洼克树林若隐若现，斯拉木额瓦提在其西南，位河西，托洼克在南，位河东，地相接。而巴札则相隔数十里也。7点半方抵河东岸托洼克庄户，此处距巴礼尚有20余里。

此地人说方位与库车不同。此地以南为东，以东为北，以北为西，以西为南。如余等今日探道，说托洼克在东畔，直东行即至，实余等一日皆南行，托洼克亦在南也。余等昨日住河东岸，他说你们住河北岸。询其究竟，盖此地以河分方位，河东岸为北，河西岸为南。此地河皆南北行，故方位因是颠倒，我国古时亦以山河分方位，如山阴，山阳、汤阳、汉阳皆以阴为北，以阳为南，此处以阳为南，盖以此也。余询当地人，均说由伙什拉什往东至托洼克，东南至额瓦提，实则南至托洼克，西南至额瓦提，人言不可信如此也。

此地已用喀票，以红钱 50 文为 1 天罡，一张喀票当 8 天罡，一张小票（即 100 文）2 天罡，与库车以 25 文为 1 天罡，一张喀票16 天罡不同。此地每斗 12 斤，库车每斗 15 斤此又权衡之别也。

大沙漠南部之古迹

4月25日　上午有本地猎户名诺子头口来，彼曾随外国人。据说此地有二人，一名哈生母，对西北面情形颇熟悉，曾随斯德诺（即斯坦因）2次。据说一次同埃得由托洼克北面，夏德让腰站子东行至旦当，由旦当抵克依河，循克依河北行至哈拉屯，抵沙雅。一次同玉洗谈由克依河至哈拉屯，复回至克依河，北行至库车。彼等在旦当发掘多日，得古物1箱。一名疏不尔，于东南颇熟悉，去年有二外国人来，即彼等引导（按即德人椿克尔）。据说该外国人尝在洛浦之洛瓦克发掘甚久，采集亦多。哈生母说，掘出尸骨甚多，盖古坟院云。

傍午本地乡约脱乎打至，因维民告之曰，有一俄国人来，故来探视。后余恐其回去胡说，托带一公函至道宪，说明一切，并请转知和田、洛浦、于田等县。据说由塔瓦克有小路直至于田，后增雇维民诺则作引导，彼云5天可至克衣也。此地维民知识较高，见余等至甚为有礼，诺则说从前只有外国人来游历，所有破地方都引他们看；现在是我们中国人来游历，我们以所知者都引之看，然惜余不能到和田、洛浦也。

4月26日　早起6点45分由和田河西岸村庄出发向南行，经过村庄，沿途树林夹道。7点20分至河岸，过河南行，8点抵东岸，即至托洼克庄。和、洛分界以河为中心，河东属洛浦，河西属和田。8点半至兑现比之东面，因引导未至，特在此等候约40分钟，二引导者来，于9点10分向东行，仍经村庄，树林夹道，渐有沙碛。9点半向东偏南20°行。9点50分至入沙处，人烟已绝，惟有胡桐及沙窝，放羊人所往来之小道时现时隐，沙碛中略有驴粪，以示途经，此即至七拉县（策勒）小道也。因候驮水稍停，于10点15分入沙碛，向东南行。沙碛平舒，间有胡桐，青枝绿叶，枝条乱发，类于木堇，有扁叶若杨，有团叶边成轮齿状。10点40分向东偏南20°行，11点半入干河川。11点50分至干河川之东岸。河川两旁并列高大沙山脉，河川中沙碛低洼，沙色如银，表示为一河川，直向东北行。

据引异诺则云，此河自和田河吉牙庄渡口分出，东北行至旦当，又东北至沙雅草湖遂不见。此河即古和田大河，余询在此河岸有无古迹？据说，此河自吉牙分出时，有古城在渡口旁，城名阿克斯比尔。又有一破地，城墙俱无，惟有瓦片，现已开为田地。往东北，旦当城，即在此干河旁，至旦当者均在河中掘井取水。

若以河流线路推之，则哈拉屯亦当在此河旁。沙雅哈得墩南之破城与干河亦当归此河流，所谓古时至和田旧道也。以哈拉屯证之，大抵为唐以前之物，是此河流域之繁盛时代大抵在唐前，唐以后即湮殁，故晋释法显至于田遂沿此河，而唐玄奘即不出此途，法显已称其"沙行艰难"，可见当时河流已被流沙所埋没也。此地人称此河直至沙雅，沙雅以东即不知。沙雅人说，此干河至罗布淖尔。综言之此河为南河无可疑也。

12点复由南偏东20°行，12点半向东南行，间有红柳圪堵。1点红柳圪堵遍地密布，马草极茂。2点至哈得，插有旗竿，据说在冬天有放羊人一家。往前去，红柳间稀，惟有苇草及枯胡桐与青胡桐。2点50分圪堵旁仍有茂草，向南偏东20°走，4点40分抵胡桐窝，4点半住于一河滩上。

今日虽行沙窝，驼、马皆不觉苦，因沙山开处，中显平漠若大路然。有时虽升降沙窝，亦不过二三较大之沙山耳。盖沙窝之中原有途径，识道而行即无困难，若盲走即艰难矣。且思沙雅南部之沙漠较此处沙漠更易行，因彼处沙漠平舒，区域宽衍，时露大红泥滩与草滩，其山脉亦不宽，行之亦易，然以无识路之人，故夷险殊异耳。

4月27日　上午7点40分又由滩上出发向南偏东10°行，仍为胡桐沙窝。8点半向东南行，时缘沙山，较昨日难行。11点40分向南偏东20°行，12点又向东南行，沙窝中间有马草，12点50分抵一红泥滩，马草甚茂，沟坎纵横，地名吉格勒克，引导者请住此处，过此水草俱无。又说此处即洛、于分界处，由此往东有30里地大沙窝，俟明日早起渡过。

余住下后，单人往东南行，在高沙丘上远眺。沙窝特高，绵延如狂涛巨浪，高者逾百英尺，然沙山不是孤立的，是并联的。余在沙山巅上行，按其倾斜之路行之较好，盖此一带沙山坡均向西倾，而倾斜处不过二三尺，两旁皆平舒相接，沿倾斜面行亦甚平易，因其高低相若，无5尺之悬隔。倾面沙亦坚实缓舒，平面沙则浮松不可行也。余循视一周，其东面有一线，低洼沙碛中时露红泥冲积地，与沙雅南相同矣。检视亦无遗物，疑亦干河川，沿之西北行，时露红泥底，在其坑沟处以手抓沙，甚湿润，盖河流所伏也，直至余等住处皆然。再西北望，一线草滩绵延而去，其为干河无疑。后询之引导者，亦云然。于、洛之间河流甚多，均北流入沙。然当沙漠未南徙之时此河固向北行也，后为沙所掩，遂失其道耳。古迹之多缘在干河处，而多没于沙者亦在此。

4月28日　因今天须经过大沙窝，故早行，未明即起。上午6点20分即进入大沙窝，向南偏东20°行，虽沙窝起伏，然山脉开处，中显平沙，不觉难行，沙窝中除偶有几株胡桐树若大海浮标外，遍地荒沙，寸草无有。7点20分抵一高沙窝，回首北望，如波涛狂澜，寥无边际，余在此摄影数张。骆驼升岭下坡，有时行经山巅，有时宛行山窝。8点入平沙，向东南行。9点又入大沙窝，沙山纵横无条理，屈行沙窝中，骆驼尚可行，而马则竭力矣。10点40分向南行，沙窝较小。12点向东南行，间有胡桐树，沙山亦较平。2点半经红柳圪堵，3点，道旁有井一口，在此饮驼马。间有放羊人，草亦葱郁。4点20分复东南行。草甚茂，5时20分乃住于羊达胡土克之北面。是日共行11小时，人马乏甚。此处属策勒县，距城尚有30余里，距其最北之村尚有10余里，然其南山可望而接也。

4月29日　上午7点40分向东南出发，经行沙窝与圪堵草滩。8点向南偏东20°行。8点40分道旁有一井，即羊达胡都克，因昨日驼驴未饮，故今日在此饮牲畜。9点20分转东行，仍行圪堵窝中。9点50分转东偏北20°，仍为草场及红柳圪堵，行于村庄之北面。11点40分入树林中，有一井，向东南20°行，道旁有竹庐二三，皆为羊场。1点进入到古乃玛的小道，向东行，圪堵纵横密布，经行于圪堵之中，圪堵下生芦苇，为碱地，本地人在此取硝制皮革焉。2点半抵古乃玛庄，树林夹道，房舍栉比。闻此村北有破城，命人往访之，然愿去者寡，据一老者云，麻札去此不远，破地即在此旁。2点半向东偏南行，穿行村庄，3点40分转东偏北行，4点抵一河，横贯村庄而北，河两岸麻札累累，村人在树枝上悬挂布巾兽皮等以祀焉。渡河仍东偏北行，有村舍，间稀。4点半方出村庄向东北行草地，5点10分住于草地前半里许，即可拉克庄，为古乃玛最北之庄，已临戈壁边。据本地人云，此处之破城，与达摩戈破城为两事，达摩戈尚在北也，愿为引导。

4月30日　早派毛拉同六则至古乃玛购买食料，至午方归。于下午2点45分向北东行，3点20分等驮水，至3点50分向北偏东20°行。过一干河，据说为达摩戈河自卜纳克庄西北分出，名卜纳克河，河宽5丈许，深约2丈，流于力济阿得麻札之北入沙。4点渡河，向北偏西20°行，4点20分向西北行，经行红柳圪堵中。5点20分复沿河东岸行，5点50分又北偏西20°行，渐有流沙，沙开处即见红瓦砾。5点50分至力济阿得麻札，住于红泥滩上。瓦砾甚多，无其他遗物，皆红色间有花纹，类汉物，可证此处在从前必有居民，观滩上之纵横痕迹，皆房基也。

此处麻札为于田四大麻札之一，据说为回教首领自西来时与蒙人战败死，葬其处，后人思其功德，因为之麻札以祭之，每至3月间即为麻札大会，到者达5000人。于田大麻礼，除此外，还有吴六杂提、确畔阿塔、所不及，合此处为四大麻札，皆在戈壁中。

5月1日　上午9点由麻札之西出发，向西行，每见流沙开处即有瓦砾。9点25分向西北行，过干河，经行红柳屹堵。10点转西行于干河中，青草葱郁。10点半河入沙，转西北行，经沙碛。10点40分向北偏西20°行。11点间有胡桐，红泥滩上瓦砾触目皆是，同人争相拾取。

1点50分抵吴六杂提旁，类似破房甚多，宽广5尺许，以材泥为壁，并列成行，然旁多人骨，疑非房基，乃掘开一草盖处，下现长方洞，口径大者宽3尺，直4尺；小者宽2尺，直3尺，深4尺许，上小下大，而人骨现焉，知为麻札。又井口上置一木材，覆以草，以泥盖之，若不发掘，几不知此地有坟也。在坟旁仍有瓦片，与所拾同，然维俗葬仪，不用瓦器殉葬，惟蒙人及西域本地旧俗有之。余按所拾瓦片红色，其表面多青泥，明代如此。又拾一铜钱为西域本地古钱，在高昌旧城所拾诚与此同。据此，则瓦片所在地之居民与此麻札中之尸身为同一时代。可能为三四百年前物，此麻札时代当在是时。所传与蒙古人战死葬于此地，亦未为无因也。

余检视完毕，于3点向卡纳沁出发，向东北行，后转东行，4点抵卡纳沁城。城墙半没沙中，时露，城周约2里许，间有红瓦片，与所拾同。后发掘半日，亦未得要领，然城距麻札不过三四里，则麻札中之人亦必为此城之人，时代谅亦不甚相远也。

余等今日之考查可得一结果，即在300年前居民在距今村之北40里，均沿卜纳克河而居，300年后方没于沙。因沙碛之南徙，故居民南迁，而居民南迁，又促成此地沙漠化，相为因果，同此二因，而河流亦遂不至。在此北约二三日程即旦当城，系唐代之物，则唐代居民更在北矣。唐以前人与沙争地，唐以后沙与人争地，今日为沙之最盛时代也，其将反乎。

5月2日 上午7点40分出发向南偏东20°行，经沙碛。8点向东偏南20°，遍地红柳，间有胡桐树数株。9点向东南行，沙碛中有红柳。11点至确畔阿塔麻札，即在旧达摩戈村北。再向东偏北20°行，11点20分向东南行，沿途破房及麻札甚多。直至11点半有大渠一，即达摩戈旧渠，据说在50年前尚有居民，因罹天灾，全村俱毁，人民死丧逃亡尽绝，其所生存者俱迁于南面，即今新达摩戈村是也，据说古地即在此村北面20里许。余等在沙窝中寻觅，未能发见。于2点20分复东南行，3点向南行，至3点20分达摩戈旧地方尽，行红柳滩。3点40分向南偏东20°行，4点转向东南，4点半至马拉阿拉干庄住，为新达摩戈北面一村，距巴札尚有30里许也。

5月3日 上午9点45分带引导1人，本地1人，访寻达摩戈北面旧地。走旧达摩戈大道，向西北转北行。11点抵旧村南端，折北偏东20°行，入干河，两旁红柳圪堵累累。11点半向北行，经胡桐林。12点20分向东北行，有大沙窝一线，转东北行。12点40分在沙碛中见有红瓦片，转东行，1点抵破地，名特特尔格拉木。

破地一线，瓦砾遍地，间有破房，惜已毁，审视其遗址，街衢巷陌尚可辨，中有大道一条，由西南至东北，疑为古道。道两旁街市井然，旁有干河川，向北微西而去，干河中青草胡桐成林，为干河之表识，旁红柳圪堵密织，间以沙碛；又有一线似北偏东去，疑即达摩戈旧道，旧达摩戈村在此西南约七八里地，所不及麻札在其西约10里地。此地瓦片多，与吴六杂提相同，均为压花纹，类汉式，其质为红土泥，外红内黑，类冈瓦片；又有一类瓦片，红泥薄甚，上刻花纹，极精致，又有墨画花纹，仿甘肃所出陶器。又觅得小钱类西域本地铜钱，疑为汉钱。余审视瓦片及铜钱，此地在千年前尚有居民，不过斯坦因据其掘出之古西域文字纸，订为8世纪以后之物，余无确证，亦不敢认为非也。在此摄影一张即归。

先是询之当地人及引导均说不知，及至路上而谈论及之，乃引去，甚可笑矣。

5月4日 今早闻说昨日所至尚未尽，于上午9时40分又带一引导及通事向东北行，10点偏北行。到余等昨日所至之处复向西北行，约五六里地有土墩一，又北行有高台一座，类衙署，旁有小房基甚多，附近似有街市遗迹；再北1里许又有一块地似稍隆起，为沙所掩，疑为房基遗址。其北似古庙，周约10余步，下为棱角，在高台一带拾到铜钱。转东南行，至昨日所至之处，审视汗木多等之工作，俱无一物，房基内墙壁为白灰所涂，亦无壁画，斯坦因所取之壁画，据本地人说已毁矣。蓝福等在此拾有五铢钱，类西汉物，复转至北高台处，亦拾有五铢钱数枚，则此地在1000年前、2000年后均有居民。此地既无城址，想必为古村，而所用者为汉钱，则在古时此一带均为汉人势力所至之地。

5月5日　上午11点45分发自马拉阿干，向东南行，派班上带驮由大道行，余同引导及毛拉于12点40分向东行，入红柳圪堵。1点10分入胡桐林，林中土阜甚多，间有瓦砾散布，确为居人遗址。有一较高者类土墩，旁有高阜一圈，类城墙，或为古时守望之处。略拾瓦片若干，摄影两张。地名巴拉巴什提。

2点东南行，2点20分又过一干河，向东偏南20°行，2点40分又至一古地，名哈得里克，瓦砾甚多，发掘之迹亦多。3点20分转由一干河，即达摩戈干河，入哈拉户，顺哈拉罕小道沿河南行。4点离河转东行，红柳圪堵重迭，4点半东偏北行，5点抵哈拉罕牧地，6点入村庄向东南行，6点50分至哈拉罕巴札。

时驼已先到，本地稽查乡约均来照料。哈拉罕庄有居民千户，其发达之速可惊也。此地灌地全持泉水，河水不足故也。

5月6日　上午9点20分发自哈拉罕巴札，向东南行入至克里雅小道，路亦宽平。10点出村庄向东偏南20°行，经红柳滩，地沃肥无碱，倘有水均可开为良地。11点转东行，11点10分至拉亦疏，有庄户数家，栏干一，乡约于此备茶，略息。11点40分又东偏南20°行，仍为草滩，1点半过泉水沟，名什五额坂，哈拉罕之水至此转东南行。3点抵雅和里栏干，由此上大道东行，沿途村舍络绎，树木夹道，宽平如砥。4点半过一小河，名哈得雅，向东偏北10°行，5点40分又过一河，名沙衣巴克，灌克衣庄田地。6点20分又过一河沟，名特勒克额衣，7时抵于田城之官所，在此稍憩，7点20分抵汉城，住店中。

冯县长派人来请至县署住，余力辞。至县署谈片时，并留晚餐。接希渊、仲良、春舫及和田道台各函。袁、丁均有归思。丁函云，徐先生已任女师大校长。袁函称，可延长2个月。

5月7日　今日休息。然诸事纷纭，处理完毕后，即赴县署午餐。有本地卖古物者，送来泥像铜件甚多，均出自达摩戈旧地，其形像与库车不同，盖为隋唐以前之物也。

5月8日　今日雇引导1人，名亦不拉伊母，曾随从外人任引导，于古地甚熟悉。乃决计至克衣河访哈拉屯，再由克衣河至尼雅，再至且末。下午写信3封：一致袁希渊报告经过及计划；一致丁，一致刘。

5月9日　上午有达摩戈维民送来古物甚多，据说均出自特特尔格拉木。泥像大者尺余，均为赤身，或只着上衣，大像13件，小者90件，又有大人头1，及纸片少许。其文字类印度文而稍变其体，有为印版者，则印版在西域发达较早矣。酬银20两而去。

今日为本城巴札之期，午后同通事及毛拉购办物件。购女人装饰衣服一二以作标本，又购商店中古物2件，归。县署着人来请，冯县长要余先去，接洽一切。随至春发玉、戴少安处晚餐。归即寝。

5月10日　今日预备起身，诸事纷杂，至晚尚未清，决定明日起程。

5月11日　先是余有驼5匹在克衣河畔放牧，于上午9点命从人先至放驼处，余至县署辞行，随至春发玉辞行，转至放驼处会行，回至克衣河畔大道。12点20分向北行，1点转西北行，沿途树木村舍络绎。1点半入戈壁草滩西行，1点40分转北偏西20°行，旁边有一小沟，名可唐额提。2点半道西有沙衣巴克河入克衣河。2点50分抵博斯堂村舍，因绕渠水向西，又西北行，3点40分至博斯堂草滩住焉。沙衣巴克水泉源在大道南约10里。

5月12日　闻在此西南伯什托胡拉克庄有破城，于上午8点骑马往访。先西行至哈拉罕城，转南西行，皆行草滩，牛羊成群，羊户编芦席为室，或扎柴草为房。11点过哈拉罕支河可可默提曲梗，往南行，抵伯什托胡拉克庄。命一人引至破地处，有土墩2，在庄西北二路许。墩旁瓦砾甚多，墩南里许有破城，城基略存百步许，高五六尺，土块所建，馀均被沙浸没，渐生荒草。相其基址颇宽广，周约1840步，中有隔墙一道，外有河川绕之。由大墩东行，有瓦片一线，时有高阜起伏，仿佛城基遗址。东2里许，有较高一处，类土墩，掘亦无房基。墩旁为大道，东西行，疑似古渠。墩均在城北约半里许，城旁有河水，名哈拉罕河，此河自锡五里河分出，自伯什托胡拉克渡口处东北至曲果尔马入大河，现在伯什托胡拉克西，即为沙没，不可见。锡五里庄北10里许阿仔麻札有干河北行，直达旦当，约3日程，即锡五里干河，斯坦因即由旦当顺此河而至达摩戈也。

5月13日　上午9点发自博斯堂，经行草滩，北偏东20°行，9点50分抵河畔，转北偏西20°沿河行。10点40分行河滩中，11点10分北行，经河畔沙窝。12点又向河滩行，1点转西北行，经河畔沙窝。2点行河滩中，3点入河旁沙窝西北行，4点40分入滩，有胡桐数株，草茂密。5点半离河西偏北20°行，沙碛荒草漫野，7点抵默得格使迭住焉。

此地有放羊人一家，草颇佳。河北沙山望之如天山迤丽于河畔。克河宽里许，冬夏有水，两岸沙窝壁立如屏障，然河滩中草茂密，沙窝中平沙处亦饶草、胡桐，故克河两旁放羊人络绎不绝，较之和田河有岸无水，此为胜矣。

5月14日　上午9点25分向西北行，略经沙窝，旋入草滩，滨河。10点10分又入沙碛，向北西20°行，转北行。11点半又滨河，有胡桐数株。11点50分转西北走，入沙碛。1点入草滩西行。1点40分由河畔沙窝中行，沙窝甚大，寸草不生，回首西望，如大海怒涛，不见船只，惟见黄沙起伏于日光中耳。引导者云，此名古路默提库木，昔斯坦因由塔格克入旦当，由旦当回至麻札，复由麻札穿此沙漠直至达摩戈也。2点20分又入河滩，转沙碛北行，3点20分转西偏北20°行，均沿河走。4点50分有干河入大河，胡桐成林，5点20分至麻札住焉，此处有看守麻札之人四五家，放羊为业也。

此两日所行，均沿河边走，而河岔分歧，故行时绕曲，然西倾者多，北倾者少。今日据一维民云，此河西流至通古斯巴什特，前30年时北流，现转西流，故放羊人极多，在麻札前后有五六百家羊户，俨然一大村也。河旁沙窝均西南倾，与此河流隐相依应，又沿河沙山迤逦成为山脉，如东岸之沙山山脉，自昨至今绵延百余里尚无断绝，可见沙山之构造与河流有关系，宜信然也。

昨日所见河旁胡桐甚少，今日则胡桐渐茂，麻札前后大胡桐成林，风景甚佳，当登沙山远眺，胡桐茂草成窝，仿佛大村落之所聚，实无一人。而流水之潺潺，绿草之飘摇，除间有几匹牛羊领略此大好美景之外，并无居民。

5月15日　上午9点出发于麻札，向北行，芦草甚茂。9点半向北偏西20°行，仍为草滩。10点半滨河行，河岸胡桐成林。11点行草上沙窝，沙窝起伏如狂澜，地名拍特尔库木。11点40分又入草滩，向北偏西20°行，经河滩中胡桐树。12点50分有干河自西北来会，地名吉格得可干。有放羊人一家，一女子持羊奶及高粱酒来赠，在河岸稍停。2点转东北沿河岸行，复行河滩中，草甚茂，4点转北偏西20°行，4点25分至塔格克住焉。有放羊人一家，河东岸有一羊户，名徒弟，据说关于河东岸事，知之甚晰，请之来。

傍晚议明日到旦当事，决留蓝福、班人在此放驼，馀随同余去，什物除必要者外，均留此。克河两岸草甚茂密，据说麻札北约五六百户散布河滩通古斯巴什特一带，该地有一小海子，羊户多取汲于此也。

5月16日　上午8时20分带6人，驼5、驴3、马1，发自塔格克之牧地，向西行，经红柳圪堵及胡桐窝，9点过一干河；河南北行，系自吉格得可干分出，至塔格克入大河。9点10分入大沙窝，沙窝起伏，寸草不生，9点20分过大沙山山脉，9点半入平沙。10点向西偏南20°行，又入大沙山山脉，10点20分又入平沙。11点20分又过一大沙岭，由河川中行。11点40分过川西岸山脉，50分入平川沙。12点50分又过山脉，1点入平沙，2点入沙山山脉，中显平沙川，疑为干河，由沙川行，3点乃抵川西岸山脉，至3点半方过了沙岭，转西偏南行。4点10分又过一山脉，旋入平沙，5点住于平沙中。

今日共渡沙山脉7次，高者至数十丈，沙山脉均南北行，微偏西，略向南倾。然平川之沙亦南倾，盖北流之河，河中沙多南倾，河两岸之沙山脉则西倾，历见不爽也。在平沙川中，时露红泥冲积底，水硝石时见，余拾取一二。沙窝之中，寸草不生，一片黄色，惟此处有枯胡桐一株，藉可烹茶，遂在此住焉。

5月17日　上午7点半复由沙中向西偏北20°行，7点50分因曲绕一大沙窝，时偏西南行。8点10分过大沙山，复向西偏北20°行，沙颇平。10点10分见红柳数株，一红柳枝上系白布，谅为行人之标识。10点半过一小沙山，11点15分又见红柳数株，从人在此拾有炭渣，群以为去旦当不远矣。复前行，时风沙甚大，十步以内不见人畜，闭眼而行，沙尘击面，不能探望，乃住于红柳旁。

命三引导去探觅旦当，寻着再去。午后风稍霁，时毛拉同曲六去探古迹，直西行，久不返，余焦急，未久至，据说前五六里许，翻过大沙山有干河南北行，河两岸有胡桐10余株，东岸者已枯槁。觅旦当三人至晚未归，念虑殊甚。

5月18日　上午饭后，觅旧城之引导未归，余正焦急，未久，见三人姗姗而至，知未寻着，且几失道，后觅得干河岸之胡桐树乃归。

余同毛拉等3人复至干河处，探干河约10余里。在大沙窝之西，河北偏西行，宽约2里许，西岸有胡桐数株，距离甚远，南有红柳圪堵数处，河东枯胡桐成林，沿河而北，尽皆枯胡桐，河中沙底，时见螺壳，为旧河川无疑。河岸时隐时现，据说为锡五里河入沙之北段，直至旦当，旦当破房在河两岸。余在此照相数张即归。

下午 2 点 25 分返行，向东偏南 20°行，穿 5 个大沙窝，度已走一半。时天微雨，乃住于一干河中。此处有红柳 2 株。余连日乏极，和衣而卧。毛拉拾有大石 1 方，为水硝。从人在滩中挖盐块煮饭。时天气尚不燥热，旅行还不觉苦，故余等能步行数 10 里，若天气燥热，人畜均困矣。

5 月 19 日　上午 8 点 15 分复前行，向东偏北 20°，穿过 6 个大沙山，即到塔格克，时为 1 点 20 分也。

此次穿行大沙窝，人畜颇吃力，且甚危险。（一）沙窝中水草俱无，亢燥殊甚，热度极高，前次余去时，步行 1 日，热攻足心，痛甚，心恍惚，头眩耳鸣，驼马走数步即乏，人在后鞭之方行，如此天气走 3 日即死，余颇虑此次人畜定有损伤，幸此后天气转凉，得回河上，一幸也。（二）沙漠中入夏后风沙甚大；余前日遭大风沙，几不能前进，故探检不易。（三）沙窝中旅行最易迷途，虽有指南针然可以定方向，而不能识途径，转几个沙窝，而方向异矣，余此次之能往通者，因有一猎户，名满默提，颇识途径，指点方向，不爽分毫。余去时，第一天东偏南 20°，第二天东偏北 20°，返回时，反用此度，即至塔格克附近，距去时所行只差五六里许，盖余有意偏南走了 5 里，可避去时之大沙窝，偏向胡桐窝也。去来之所以如此符合者，盖余之猎户于走沙窝熟极，余点方向，暗识一山头，彼左右绕了许多湾，结果端端至此山头，不爽分毫，方知有本事。觅旧城之响导，方至破城转瞬即失破城所在，盖沙中旅行专依指南针不可，专依响导亦不行，因彼等不知方向也。余此次走沙窝，猎户在前，余持指南针在后，时加纠正，故能往返如一。满默提住麻札，每至冬天即在沙窝中放鹰，故能如此也。

5月20日　余回塔格克时得悉一放羊户曾在喀拉墩拾到过少许古物，余乃请其为响导引至喀拉墩。于上午8点半出发，向北行，经河岸草滩。50分滨河北行，9点半行于河岸沙碛。50分转北偏东20°行，10点50分入河滩，滨河东北行。10点40分转北偏东20°行，旁博斯克额尔干河转东行，12点10分旁河北行。1点略有沙碛，复行河滩，2点半至拉衣普甲哈马，有放羊人一家，系余响导之弟，坚要余至其家。

房以芦草杆为壁，上覆以草，宽广不过3丈，炉灶在屋外，房中以胡桐纵横格之，当炕，布以毡，家人寝处于斯。今日为维民宰羊节，放羊主人至密沙奈赴会，惟一女人在家，以羊奶饮余，味酸，然维民以此为良味也。凡有客至，羊奶一木碗，高梁馕数块，裹以布，置于面前，客即将馕拆成数块，置羊奶中，以手捞之而食，或以木勺取食。奶茶甚浓，若羹汤，再以葫芦中水渗入。食毕，两手相捧以为礼拜。有贵客在此，人皆跪食，食前必盥手，以铜壶盛净水淋之，然后以布巾擦之，其爱洁如此。时该女子置余前之羊奶，余以木勺食两口即罢，旁有两小女孩见余而哭，询其故，乃见余状而畏之，故哭。余以香烟中画片予之乃止。3点20分复前行，仍为胡桐草滩，4点经沙窝复入河滩，5点20分至托拉马斯干住焉。

维族有二大节，一为封斋节，将过年时封斋一月，间见新月起开斋过年，约在阴历正月十五六；开斋后70天又为宰羊节，即今日是也，每家必宰一羊，新朋故旧必往访，至必变一宿而返；若在城市，则耍车鼓，打鼓弹弦子，极热闹。男女必着新衣，彼等云，一年所入，平时不用，均留在宰羊节时用也。此为牧场，虽不如城市之热闹，然羊必宰也。此地有二会聚之所，一在密沙奈附近，数十里居民均集此处；一在乃当。

5月21日　上午7点发自托拉马斯干，向北偏东20°行。初行河滩，7点50分向北行，微有沙窝，8点半北偏东20°行，9点东北行，9点10分北行，9点半略有沙碛，10点10分至米奈，乃为干河自博斯克额尔西来入克河处，干河尚有积水，草甚茂。复北偏东行，40分转北行，11点50分绕河行，复沿河北行，1点40分至孔不尔洼堤，转东北行，2点10分入沙碛，枯桐密织，中显大道若通衢。3点10分至毕栏干，沿河行，4点又入沙碛，5点至甲子可洛干，住焉。

5月22日　上午7点35分发自甲子可洛干，向北偏东20°沿河草滩行，10点至托克木提。10点40分转东北行河旁沙碛，12点20分至尤干库木。转北偏东20°行，有一小干河西北流，现为本地羊户打坝阻塞。1点半经行草滩，1点40分过东西行沙窝，又入草滩，至此已至东、北二河分道处。

克里雅河由于田至塔格克均北偏西流，自塔格克至尤干库木均北偏东流，分为二大支。一支东北流，经通古斯巴什转至杜约洛克，河水遂竭，往北约一站半入沙。此支在20年前为一干河，彼时水西流，近数年来本地人将西水打坝阻塞，故复东流，此支即斯坦因氏所称为旧河身也。另一支北流微偏东，为克河正身，自尤干库木过去5站入沙，为：1.乃当，2.夏德让，3.克拜克塔列克，4.托把克额尔提，5.图格曲干（窝托其）。现河中已无水，惟坑沟中尚余积水，羊户取饮于此，北则掘井而用。另一支北偏西行，即自尤干库木打坝处西北流，在 20 年前此河有水，昔斯坦因等来此地，即住于此河畔，现因水东行，故此河干竭耳。此河距正河相隔不过二三里许，至北一站地乃入大河，此就现在河流而言也。

现东、北二支，沿河放羊人甚多，草亦茂密，羊户皆凿井而饮，冬日正河自此往北 5 站路均有羊户，东支 3 站路亦有，夏日较少。沿此一带羊户约六七百家，置二弄把什管理，河东一名叫"于生"，河西一名叫"斯拉母"，余等至此，均来照料也。

喀拉墩古址

5月23日　上午带引导3人，从人3名往探喀拉墩。7点20分向西北行，沿河中走，河干竭，红柳密织，两岸胡桐亦多。8点20分偏西北行。有干河北行，此即自尤干库木分出，北偏西行，在数年前为有水之河也。9点至也玛可可沁之西面，又北西行，经过沙窝。9点40分有大干河南北行，宽约里许，两旁沙岭绵延，枯桐成林，岩岸高约6尺许，疑即克河故道，观其势，疑自塔格克北面分出。10点渡干河西北20°行，经沙碛，10点10分过沙岭，10点半又过沙岭，两岭均东北行，沙岭中间，沙碛略低，时现泥底，或为古河道。过沙窝，胡桐红柳甚多。11点山脉略乱，转北行一大河床，河两岸岩壁时崩落，河中沙窝亦隆起矣，低洼处时露白泥底，显为冲洗之迹。

11点20分抵一有瓦片处，此址即在河床中间，旁有胡桐1株，树旁有磨石，瓦砾甚多，均为红泥，或外涂黑泥，有小铜钱，类达摩戈所拾，似为第1世纪之物。

在此略停数十分钟。复北行，约10余里谱，即见房址，沿途沙窝中时见红瓦片，可见皆有居民。余等北行至喀拉墩有房处，皆沙窝，远现干河床向东北而去，两旁沙岭亦绵延东趋。破房处之西亦有一干河，不甚宽广，南北行，疑即此河分出，故余疑拾瓦片之干河即古南河故道。盖古南河（即哈拉哈什河）由古于田之西东北流，其故道即由洛甫北之吉牙庄东北流，经托洼果之南至旦当，汇建德力河又东北流，至喀拉墩之南会媲摩川，又东流于尼雅之北，东至且末。《西域记》云，于田东三百余里有建德力河，河东有建德力城。由吉牙至罕兰沟适300里，锡五里河正流在罕兰沟之西，北流。据说，旦当城即在锡五里干河之旁，由此干河南行可直至阿子麻札，故余疑锡五里河即古建德力河，旦当即建德力城也。

又据一洛浦人（诺子玉）云，旦当有一大干河东北流，系由吉牙分出，为古和田河。在此干河中可掘出水来，是旦当锡五里干河与吉牙干河有关，故余疑南河右会建德力河者此也。据斯坦因图，土墩在其北，破城在其南，是土墩必在吉牙干河之旁，破城必在锡五里干河之旁。又《西域记》媲摩川东入沙碛二百余里至尼壤城。今尼雅北有破城名塔克拉马堪沁，在克河东二百余里，是克河即媲摩川，则喀拉墩即古媲摩川城。据一引导者云，尼雅破城北面有干河东北入沙，今踏查喀拉墩南确有河流东北行，跨克河而过，则此河必为南河，即由吉牙分出之干河流行于且当者也。在此干河两旁左右均有五铢钱及瓦片，此破城中亦出有五铢钱及瓦片，审为第1世纪之物，则此河或为汉时南道波河之河。在此河东岸沙岭横出皆东北行，在沙岭之中央均白泥冲积底，皆此河之旧道，至克河畔则沙岭为东西矣。可证在克河之北有大河昌克河而东趋，即南河也。破房在此河北岸五六里小河沟之两旁，则此地古时居民颇为繁盛，故为大道所从出，由此至和田道东南行，且与法显所经之方向适合，故汉时南道波河之河必为南河，且在今于田之北也。

余审视干河旁之房址，其形状与库车、沙雅不同，此间墙壁皆胡桐排成，外布芦草，涂以黑泥，现涂泥皆脱，只余胡桐。房子大者宽广约丈余，小者五六尺。在喀拉墩南里许，沟西有房十余间，墙壁岿然尚存，沟东亦有七八间。喀拉墩旁有房数十间，围绕一圈，有大房一所，房屋木架还存，形若栏干，必为大厅，疑为贵人所居。在墩东北有房数间，为羊户棚。余拾物之所，在前数十年房舍犹如往昔，今则多被沙掩，在墩旁之房现已成沙窝一圈也。据说，旦当及尼雅北之破地，其房基均与此同，在破城中拾有五铢钱，岂古时人民之居住均如此耶。

抵有瓦片处巡视一回，其区域颇广，约五六里，皆在沙窝中，瓦砾铜钱甚多，间有炭渣，知为古时守望台。胡桐下有土阜隆起，其地瓦片尤多，必为古时墩台遗址。又有石磨2方，为村舍用具，则守望台畔居民亦众。余在此停数十分钟。

12点复北行，沿途有瓦片，约五六里许有破房五六间，又北三四里有破房10余所，墙壁犹存，沟西亦有破房数所，零星散布碛中，被沙掩者尚多，不可数记也。复北行二三里，有破房一圈，周里许，东有大房一间，东北里许又有破房四五间，为相弟拾古物处，共此地破房不下数十间。据说，城东之大房20年前尚俨然如新，可以居人，后遂没于沙。外人来此发掘所得甚少，惟在此房中，掘得民族古文字1块，木版书1件，他无所得。斯坦因断为纪元后第1世纪之物，未免过早。

时所带之水已完，于下午 3 点半行，直向东南，至大河。经过沙岭，皆并列东北行，则此一带河流，亦为东北流河可知。距克河约七八里许，沙岭顿变其方向为南北行，距克河三四里，有小干河东流，似入东北流之大河者。下午 6 点至克河畔之托尔都马，同行人渴极。此地有井一口，遂取汲焉，复沿河驰归，时 8 点半矣。

5 月 24 日 昨日曾派亦不拉一母探东路，至晚未归，今早仍未至，余焦急，连派多人往觅，亦无回信，复派班人往寻，至晚方归。余在家置床于树荫下整卧一日，并书写日记。

昨日所见之破地，据引导者云，即斯坦因所见之城。据斯氏报告，此城为第 1 世纪之遗址。以五铢钱证之，确为汉物；以房舍形样论之，至早亦不过五六百年，此房为木料所构，用芦草及泥涂成，据说与旦当及塔克拉马堪城有异。彼处通用木材，中填泥土，类古版筑之城，其所得之古物亦多，或较此为早。然房址附近所散布之瓦片与铜钱固汉物也，是地址为一时代，而房屋为另一时代耶？非得地中物之出土，不可知也，故决计明日派人发掘，以验虚实。

5 月 25 日 昨晚班人同亦不拉归，未探得若何事情。今早派汪木多等往掘地，带小工两人前往，又派相弟猎户往探干河渡口。据回报，由此西北行 20 里谱至干河，即余等前日所过之处，由干河南行约 10 里有沙窝横亘，河床为之湮没，过大沙岭复见河床，由西而南约 20 里谱，至雅里塔克所拉克抵大河。是此干河即克河故道，现克河至此东偏北流，必系克河东徙。干河河身宽里余，与克河宽相等，两旁渐有枯胡桐并列，河床岩岸，东畔时有露出，尚见水洗痕迹，西岸被沙湮，盖亦东岸陡，西岸平也。此干河由也玛可沁之西面一直往北约10里谱，余等拾瓦片处，即在其西里许，即本地人所称孔勒沁（旧城）。再北六七里即喀拉墩破城，沿河畔均有瓦片，是此河与破城有关。

喀拉墩有居民之时，此河尚有水，与东面之干河相差里许，东干河在民国元年尚有水，现干竭不过十七八年耳，干河水竭者，盖因水北徙，冲成今之河道。东河有水，亦六七年事。现水仍东倾，西河羊户与东河羊户常因水起讼争，现经县府断为一月水东流，一月水西流，在河旁打坝以阻其东往。

按克河自于田城东即西北流至塔格克，转北流，至博斯次额梗乃折北偏东流。然北偏西流之遗迹不时可见，例如博斯坎即有干河北西流，至米奈乃入大河，在托拉马斯干、甲子可洛干时有北西流故道之渡口，可证克河旧时乃西北流之河，再证以克河旁之沙山山脉皆西北行，是为旧河所徙流之故道也。

5月26日　原定今晨沿干河而北至破地工作处查视，昨晚汗木多等均归，乃未去。预备返走，上午将诸事安排完毕。

11点半出发南行，随带相弟查看破城旁干河之分水处，12点至尤干库木，为东西二河分道处，西河即近干竭之干河也。1点20分至雅里塔克所拉克，为旧于河分水处，距新干河约10里谱，故两河水道时相接。旧干河口宽约里余，两旁沙岭均北偏西行，中显平川，微有沙碛，中生驼草甚茂，"所拉克"即驼草之义，"雅里塔克"为可恶之义。自此至破地河中皆然，惟在沙岭以北，两旁渐有枯胡桐，大沙岭以南即无也。4点20分至甲子可洛干大河，仍东北行，旁有于河，由此分出，西北行，此处为其渡口，疑此或较破地之干河为早。傍晚，过毕栏干之沙碛，晚8点半至孔不尔洼提之麻札住焉。

由毕栏干至孔不尔洼提中间之沙碛正南行，大河东北流，相距约六七里，两旁沙窝横陈，中显平川，时露红泥底，疑亦为一干河，即大河之分支也。两岸岩壁时露，高约尺余，沙窝开处时现水冲洗之迹，则古时克河水北西流时，此干沟亦受水也。沙漠之中河流迁徙非有定所，然以东倾者较多，盖与地球运转之方向有关。

5月27日　因昨到晚，今起稍迟，于上午8点40分出发南返。10点至克格拉克，有羊户一家，余等过此，渠以羊奶高粱饼迎于道。奶酸而性凉，惟春夏有之，一匹羊可出一大碗奶，羊户以此为饮料，乃贵重食品也。12点过米奈乃干河入口处，南行沙碛中平川，回首西盼，有胡桐青草一线。西北行出沙碛，入草滩，胡桐青草弥望，见有红花若杏花，清香馥郁。绵延北西行，滩两旁沙岭，亦迤逦北西去，以示古时河流之所经。回首南望，河川北来，与此干河滩作直线，今则折而东北矣。2点半转入河滩，沿沙行，时过沙窝，至托拉马斯干之南部，复经草滩，4点至拉衣普甲哈马，有放羊人一家，即前余引导相弟之戚，曾邀余沺其家饮羊奶者也，今已迁徙，独存一草菴耳。复行河滩，丛草茂密，5点住焉，即拉衣普甲哈马之南端也。

余行故道，时见余去时驼马之迹，有时宛然如新，驼掌纹理尚能辨之，此距去时已10余日，经过大风亦有数次，然其迹不被湮没，犹能复见，亦有兴味。《西域记》称，行沙漠中，人行无迹，聚散随风。而此则能保存若斯之久。又如前行阿克对雅干河时，所见人马之迹距今已 60 年，尚不灭迹，故余相信此迹设不为风沙所掩，及人畜之迹所乱，亦可保存长久矣。盖广漠之中绝少人行，河滩中泥沙狼藉，最能留迹，虽微被风沙，旋灭旋复，其迹亦不变也。倘地渐碱，变为僵质，再经沙湮，则可保存千年不变。人行无迹之处，指在大沙窝中而言，全为流沙，人行沙中，不待风至，即已灭迹。余入大沙窝时。回首即不见旧迹，故行沙窝者完全以指南针为主，本地人则看山头，无一定标准也。

5月28日　上午7点半发自拉衣普甲哈马，9点20分至博斯干，此处为北行干河渡口，克河至此，岸高水深，与由此以北之水流平滩，汪洋恣肆者迥异。岸高约6尺余，宽10余丈，往南行，岸有高至丈余者，有时沙窝迤逦，岸高沙大，如履山巅，岩岸虽为沙碛，然已坚结成块状，甚者如石，崩塌之状无异土岩，由此亦可见年代之久远也。由博斯干额格尔往北，岸低河宽，水浅如行平川，水大时即东西恣肆，克河北部之数改其道者因此。北岸有时宽里余，然尚有河迹可寻；自窝拉其而北，水入平地，旋为沙掩，若非两旁之胡桐树，几疑为河水亦由此入沙。盖凡河之末流，河宽水浅，浮沙易集。沙漠之沙，又是最能吸收水分者，如置一桶水于沙上，明日即失其半，放一瓠水，明日即竭，此由余之亲验，故行人每于水桶下置毡皮等物，以防水渗，此亦河水没于沙之原因。凡和田以东，婼羌以西，皆为沙地，河水均入沙者，亦因此。

12点10分至塔格克，即为余等前北行时放置箱物之处，今特往取。羊户名额沙，有羊数百，住在一胡桐树下，并无草菴，以毡布地，两木椿上庋一板，上置木碗及酸奶之类。旁有一木架，余等箱物，置于架下，昼夜如此。羊户野外生活类同非洲部落人。

余在此休息数十分钟后，于下午1点40分复前行，4点半至可可吉格得，住于河滩中。今日本拟赶至麻札，然此距麻札尚有10余里，须3小时方能到，驼马恐不堪任，故住焉。

5月29日　上午7点半发自可可吉格得河滩，向南微东行，经拍特尔库木，皆平沙，间生草木，不难行走，8点半行沙畔，9点半余同毛拉及亦不拉一姆骑马先行至麻礼。

时为彼等宰羊节，一维民出羊肉以进，半生不熟，连肉带骨，余略食一点。又至一看守麻札者家，其子满黑提曾随余至旦当，请余游览麻札一周，即至其房中，以酸奶及馕进。据说，此麻札为新麻札，距今不过六七十年，还有老麻札在其西沙窝中，不知多少年代，传说维民来此与蒙古人战死，即葬于此。

麻札处有一干河，即为麻札当时所居之地，亦即从前之克里雅河。老人传说从前无此河，只有二河北流，一为锡五里河；一为哈拉罕河。克河为哈拉罕河分支，由伯什托胡拉克庄北渐东移，至博斯当，又东移，遂为今之克里雅河，故克河为新河。锡五里河，据说从前为山水，后安集延人打坝阻塞，山水不至，故现为泉水。老人说，当此二河有水时，河畔皆有居民，后干竭，居民移去；现又有人居，因有水也。

据亦不拉一姆云，哈拉罕巴札东为哈拉罕河，源出普罗山西亦马母塔克，其东为拉亦疏河，再东为锡五里河，流行于锡五里庄东，源于普罗山南，因山水竭现为泉水。又庄东有一干河，北至庄北 20 里阿子勒克克尔即没；又现锡五里河北流，至阿里喜麻札北流，据说由此可至且当破城。又东为哈拉罕干河，由锡五里河东流至克衣格子庄分出，北行，经伯什托胡拉克庄破城之东，又北流至哈拉罕城，西北流 30 里入沙。又东为哈拉罕河，由现巴札东，沙衣巴克西，衣衣格拉克分出，东流，至博斯堂南入克河。又一小克河，至博斯堂北阿克特里木入克河。又伯什托胡拉克北有一干沟，自沙衣巴克分出，入哈拉罕河。普罗山南有三大河源，西为库纳卜河，南为特勒克对雅，东为六什对雅河，至普罗山南合为一河，北流，至克衣城东为克里雅河。又云普罗西山西之水为玉珑河，东为库纳卜河、锡五里河，哈拉罕河自何处分出不得知。又于田城东有一小沟为卧吉克额梗，自城南色拉癸庄分出，为泉水，北流至塔里木即没。又锡五里河源于普罗山南，库纳卜河亦源于普罗山，在锡五里河北百里，据传说从前库纳卜河水可至锡五里河，现东流为克里雅河，从前为山水，因滩高水低，水不北流，故普罗山东面之水均东流为克河，不南流了，而锡五里南，普罗山北，已为沙窝所掩，不知其所自来，故锡五里河现在之水为泉水。

今据二人所言，证以古说，是锡五里（中国地图作西河里）干河确为古媲摩川，而伯什托胡拉克之破城或即媲摩城，且当或即建德力城。自西河里河上源为沙所拥，水道东流而为克河水，媲摩川遂失其故道矣。据说两河相距，上源约 30 里，下源约 40 里，河流东徙三四十里不足奇也。

在麻札约停数十分钟即行，至下午 4 点 40 分至卜纳克住焉。中经古纳默提沙窝，驼驴均乏。一驴眼生肉丁，卧地，以刀割去方行，华佗遗法犹行于西域也。

5月30日　上午8点半发自卜纳克河畔，10点半至默得格，回瞻旧往，意趣横生。复南行，经了数次河坝及一沙碛，下午5点至阿常于善之西畔舍格子额格尔，沿河行，7时住于河畔。此处距阿克子特里木约七八里，博斯堂约10余里，今日本可赶至博斯堂，因驼驴均乏，一驴至傍晚方至。余之食品均完，派班人到户家购鸡蛋，未归。

连两日所行均向东偏南，是克河自博斯堂均向西北行，至塔格克以后乃转东北行，至尤干库木以后，水入草滩，至博斯干以后水流于甚深之河床中，河床高耸，故克河下流变迁甚多，上流则较少。又下流河岸胡桐成林，草亦茂密，自麻札而南，胡桐渐稀，草亦不如下流，惟多红柳，河中间有蔓草，下流胡麻甚多，野花遍地，此克河上下流之别也。

5月31日　上午9点出发，10点至阿克子特里木，10点半至博斯堂。有干河至甲衣庄大河中分出，至博斯堂南入大河。渡干河向东南走，12点又过木加利干河至木加利庄，是为于田城最北之一庄，时冯县长派一班人来迎，请仍住该店，余以该处不便放驼，乃转东至河畔水磨处住焉。

此处东临大河，树木成林，在桐杨环绕中有渠水环流，清澈可镜，渠生青苔，随水东西，鸟雀噪于高枝，水沫环湍于下方。有水磨数盘，现已停使，河坝中农人作界，开为稻田，此天然景物，与城市之喧闹相差远矣。

6月1日　时大风沙，余乃移至城中一店中住，藉购物品。今日有维民来卖古玩，有一泥皮绘画"和合"，诚为千年前古物。又购玉石之类。

今日四肢发冷，不豫。

6月2日　上午有卖玉器者，中有紫玉多件，花19两银购就。下午冯县长约晚餐，夜方归，又阅古物多件。寝。

6月3日　上午整备出发，于12点40分向东偏北行，经村舍。1点40分过克河，转东行，过伯什托胡拉克庄，过一干河，至阿得浪。2点20分入沙窝，3点至哈拉库木什干河，旁有一井，此河自阿羌分出，东流至牙不拉克入大河，牙不拉克之道亦会至此，故余等在此等驼驴。至5点10分向东偏南沿干河行，6点至所可栏干。6点半离河入沙碛，河旁有麻札一，7点至拉胡弄村庄，7点半至威托乎拉克，住一腰店，驼驴至夜方至。

傍晚有县署派一班人持省主席电来，请由大道走，还有冯县长附注，此着亦在余意中也。

由于阗折向西行

6月4日　昨日所雇驴驼半途即乏,今早又不欲走,似此由小道至且末甚难,适又有省电,乃西转。下午4时抵县城,适县署派人来请至县署一谈,乃以驼驴住现比巴札。余单骑至县署晚餐。归,拟至袁希渊电报,云省政府来电,请由大道回省,即西返,请拨2000两至叶尔羌。又致一函报告情况,拟就,寝。

6月5日　电、信发出后,于上午10点50分向大道西行,11点半致潘都拉庄,余之引导亦不拉一母即住此处,坚要余至其家,乃骑马去。坐片时,由庄中大道至三十里巴札,时车已到,即整备装车,下午3点半由三十里巴札西行,沿途村舍络绎。5点40分至六十里栏干,村舍至此尽,入草湖。7点入沙碛,微有胡桐。7点半至锡五里腰站子,旁有锡五里河,河宽里许,蔓草茂密,前为干河,现有泉水,河畔沙窝一线,据说此即古之媲摩川也。过河,仍行沙碛。8点半至牙尔栏干,时天色已黑,不辨方向,惟见沙窝上芦草丛生,9时入哈拉罕境,胡桐、红柳夹道。9点40分至哈拉罕栏干住次。

6月6日　上午10点10分发自哈拉罕栏干,向北偏西20°

行，经红柳圪堵，10点40分转西偏南20°行，11点15分至主尔默提栏干。道旁瓦片满地，其花纹式样均与喀拉墩一带相同，间有炭渣，当为古村庄之遗。11点50分复西行，仍为红柳屹堵，1点经麻拉哈拉罕额梗，1点40分经达摩戈额梗，至达摩戈巴札略息。

闻此地有破地一，乃于下午2点50分带引导去考查，向东，3点偏南20°行，至达摩戈河边。达摩戈水自南山诺尔达克来，至哈拉罕而没，山水必至六七月方至，不及灌地，现为泉水，自不拉和什来。在水东有干河北行至麻拉哈拉罕，现达摩戈人在中间打一坝，遏水西流，余等即由坝上过。3点50分又循一干河沟往南，4点过沟即土克巴什古址，瓦砾与主尔默提同，惟炭渣甚多，想为古时守望之所。其东南麻札，亦有古地一块，据说有破房，着亦不拉一母去，未见也。即归，7点15分复西行，7点40分过卜纳克河，8点40分过哈拉疏河，均为泉水。卜纳克河自诺尔达克来，拉一疏自卡克尔山来，均至庄而止。9点20分至固乃哈马巴札，住乡约家中。

此一带河水虽在6月中有山水一次，然灌地专恃泉水，山水不适用。山水暴发暴止，未能从容灌地，当山水大时均能流至沙中，如固乃哈马之至力什阿提麻札，达摩戈之至旧达摩戈，然力什阿提麻札及旧达摩戈均有古址，是古时水大，人民在此居住，后水竭，人民遂南迁耳。泉水亦为后起之事，盖南疆沙碛太大，河流湮没，水伏流地中，时冒露于外，为泉水，倘沿旧河掘坎井，必能开地甚多也。

6月7日 上午10点35分发自固乃哈马巴札，向西行，乡约送至七拉村庄边，沿途村舍树木，络绎不绝，1点50分至策勒县城，住一店中，县署派人来招待料理，时余头晕，着人持片问候。下午6点50分又出发，8点村庄尽，入树窝。9点半树窝尽，入红柳沙碛。10点半道旁有腰店一，为雅郎栏干，由此入沙碛。12点半又至一栏干，由此往西，沙窝渐大，大路被湮，寻觅方得。夜里2点50分方抵白石驿，时已鸡鸣矣。大车至凌晨5时方至，余寝不眠，至5时半方着，夜中旅行苦矣。

6月8日　昨天因夜行，今早9点方起。适蓝福等亦至，于下午2点15分又出发，向西偏南行，仍为沙碛。2点40分沿一干沟行，此干沟由玉龙哈什河分出，至白石驿之北里许入沙，3点至哈拉杜洼栏干西南20°行，4点向西行，至叶乙勒梗栏干，居民在沙窝中掘穴为室，上覆红柳，旁无树木，谓为旱庐。5点至英尔栏干，向西偏北20°行，沙碛渐平。5点半至阿克栏干，遂为石碛，细石载途，车行有声，地由此渐低。策勒至洛浦中隔一沙窝，由乙梗栏干渐高，至额西马栏干西，转向白石驿渐低，至英尔栏干而绝，故额西马一带沙窝最大，地形亦最高。又此一带沙岭均为南北行，略偏东，因和田河东北流之故。

沙岭在黑夜中过去，不甚辨析，然必为南北沙岭无疑，在阿克栏干时远眺路北约六七里地，有大沙岭东北行，可证此一带沙岭皆然。6点40分抵洛浦巴札，住春发店。县署派人来照料，县长约明日午餐。亦写一片致策勒县，仰班人带去，表示谢意，并述病况。

早寝。

6月9日　上午11点往访王县长，随至厚生亭午餐。厚生亭为农林试验场改建,有小亭一,官场请客每在是。归。下午6时出发向西偏南10°行,沿途林舍稠密,7点至曲拉克特拉克腰站子,向西南行。7点半转西行,7点50分过卡洼克巴札,9点半至玉龙哈什巴札,住一店,盖巴札距河沿约三四里地,夜深恐渡河不易,故在此住,明早渡河。

6月10日 上午8时发自玉龙哈什巴札西行,8点10分临河边,河宽2里许,水西边者大,疏为三沟,深约3尺许,全为石底。有维民10人照料过往人员,约30分钟渡毕。8点50分转西行,9点40分住和田新店。此店颇宽敞,后有花园,为前任陈源清所修,现仍为其私产。

正午往拜杨道宪、陈县长即归,渠等对于考查备极热心赞助,亦可称也。

6月11日 上午余在家,有本地人送玉器古物来求售,几应接不暇。早起陈县长来,次邮局长来,次景局长来,后询知为端午节,余亦回拜一过。下午筹备明日出发考查事,此地有维民二人,曾随外人者,据说和田城南30余里地有破城名什斯比尔;洛浦北40里地,(大库玛提)有破城名阿克斯比尔,城墙犹存,余决先北行也。

6月12日 下午杨道宪请客,余因须赴大库玛提考查,辞。于下午1点半出发,2点25分至河边,现玉河水大,用船渡,船以皮袋作底,上置竹排,形如扁叶,4人划之行,此水中汽船也。2点50分渡毕,向东行,3点10分至玉龙巴札,转北行,有大路通吉牙,沿河曲行。5点至吉牙,有大渠,沿之行,5点半至吉牙巴札,转北偏东20°行。6点40分转东北行,7点至下吉牙，时风大沙扬，从人请住，明日再出发。闻乡约云，此地出丝、褡裢、被面等项，此南疆市集竟无暇往观也。

  6月13日　上午8点35分出发访阿克斯比尔，由苏牙向东北行，8点50分出村庄，驴驮向北偏东小道行，至可可大坂等候，余同乡约等向东北行。初行草滩，即干河川，9点半入沙碛，沿干河川北行，在沙碛中微有芦草，流沙开处，瓦砾显现。10点向东偏北20°行，沿途均有瓦砾。10点20分转东北行，11点转东偏北，时沙窝渐大，人皆步行，然在沙窝纵横之中，每落平滩，瓦砾满布，皆为古人居住之所。复东偏北行，瓦砾更多，街衢巷陌，渠井尚可辨识。12点20分至一土台，周方约10余丈，上有破房基二三间，土夹木炭系被焚毁者，土深不过半尺，旁有人骨，因走太急，未及细检。时带一引导者，因觅不着阿克斯比尔，逃逸，余等候之不至。当此大沙窝之北面，有一大干河东北流，于昂格尔庄之北，胡桐青草一线以为标识。3点乃转至可可大坂，向北偏东行，3点20分逆干河而行，路旁瓦砾甚多，两旁胡桐成林。4点半接苏牙小路，转东北走，5点20分转东偏北20°走，6点至可可大坂住，时驴驼到此已久矣。

  盖苏牙北东行，有一小路，即为苏牙庄户人入戈壁拉木柴之路，此路即沿吉牙分出之干河而行，绕行于昂格尔库木之东北入沙。库木北之干河，据说亦为吉牙干河之旧道，从前此河东流偏北，以后北流偏东，故东流之干河，亦即吉牙干河。据乡约云，传说此即千年以前和田河东河旧道，后转北东流入沙。证以河旁瓦砾场，其说可信，现在之和田河则已西移数十里矣，沙中干河之变迁如此。此地距昂格尔庄约20里谱，该庄入沙拖柴火，即沿此干河西北行也。

6月14日 昨抵可可大坂后，天尚早，乡约欲先去看洛瓦克，恐明日访不着，汗木多等又至可可大坂之东北拾瓦片数枚。傍晚，乡约等归，云已觅着，乃于今晨7点40分前去查看。初向西偏南20°行，过干河川，8点间有胡桐数株，西行，8点20分入沙碛，转西偏北20°度行，沙窝甚大，皆步行。9点沙窝开处渐有瓦砾，转西行，9点20分抵洛瓦克。

其地为一庙基，有塔，高约10丈谱，上圆下方中空，东西有门可入，为土砖所砌。下17.7米见方。距塔16.5米有墙围之，高出沙平面3尺许。墙北端有泥塑残像块甚多，即为去春德人椿克尔发掘之所，据说，椿克尔掘出破房四五间。现尚见土台一座，上有泥塑佛像，大小不一，均已残毁。塔之东、北两面，均为沙窝所掩，审夺形式，必四周有墙，墙东约10丈许，有破房基一块，据说从前墙上壁画犹完整，均为外人刨去，盖亦庙基也。

余在此照相测量毕，于上午10点40分再往访阿克斯比尔。向南东行，由沙窝中仍行原路，至12点入苏牙拉柴小道，转西南行，沿干河走，时见河中细石子，干河中表为黑沙，马足起处又露灰沙，乃干河之表证。沿河沙窝重叠，时断时续，3点至火什马克，有井一，时驴驼已先至此，稍息，于3点40分仍沿干河向西行。4点20分转南行，间有瓦砾。时余等已离小道，向破城之路。4点50分入沙碛，5点20分折东行，跋涉大沙窝，阿克斯比尔已可望及。"阿克"白也，"斯比尔"言墙，意谓白墙也。6点至墙根，墙为土砖所砌，只存此段，长约30

丈许，高约丈许，余均掩没于沙。在城之西北面瓦砾极多，街衢可辨，时天气热甚，同人到此均渴，略视察一周，于6点半由破城返行沙窝中原路。7点半入草滩沙碛，遇昨日访破城故道，盖破城须由苏牙庄东南行，余昨日误行东地，遂致相左。然余昨日所至之处，距破城亦不过10余里也。8点40分抵乡约家。

据今昨两日所踏查，其破地均在干河两岸，阿克斯比尔及其北之破地特特尔均在干河之东大沙窝中，南北、东西线数十里，均有瓦砾，此为旁河东岸者；洛瓦克则在干河西大沙窝中，其北六十七里地之准博尔亦有土台及瓦砾，此为河西岸者；可可大坂之破地，则在河东北旧道之北岸，由可可大坂至托洼果约一站半，北略信西行，则托洼果南之干河东北行者，必为此干河之下流。据说此干河直至旦当，东北流至沙雅草湖，今以此河沿岸之古迹可证其然，故余疑此干河即古之所谓南河，即南道所从出，此河亦即南道波河之河，亦即法显由焉者西南行至于阗之大道也。

6月15日　昨因前日所至之地未经细检，复派汗木多带二人前去检拾。余于上午8点50分向南东行，9点10分过一干河，即至可可大坂之干河东北行者，过此，沙碛沙窝开处即有瓦片，10点10分至沙衣勒克，言吉牙与库马提庄之间也。再东南行，有小阜隆起，瓦砾亦多，据说为本地人采金之所，四周颓垣满野，城墙之遗迹欤？大水冲积之沙泥圪堵欤？未可辨识。11点至库马提，有干河自所洛洼庄分出，东偏北流于昂格尔庄西，阿克斯比尔东，一直向东北流，此据苏雅乡约所云。又昂格尔庄民说，在亦马米麻札东，准博尔西，有干河北流至特里阿托麻札入沙，此河亦自哈提库马提分出西北流者也。库马提积石如营垒，约10余里，均在干河中，据说为清代本地人掘玉之所，现已无人采掘。11点半又向东南，经行石阜，50分沿干河边行，即库马提之干河，河有泉水，岸高2丈许，两旁沙窝迤逦，岸旁瓦砾遍地，盖亦古河流也。12点入昂格尔至玉龙哈什巴札大道，向西南行，时马行甚急，1点20分抵玉龙河岸，2点即至和田城。

6月16日　今日拟休息一日，补写日记。正午汗木多等归，亦未找到余寻得之处，仅在北一破窑处拾瓦片多件，归又购本地人所拾瓦片多种。

6月17日　上午以省票换喀票，省票作110，本有120行市，后总商至，作价115。下午陈县长在和甫阿吉园中设宴，同席有道宪、马统领，并有歌舞。余照相数张。

6月18日　上午有昂格尔庄人来售古物，据说，距洛瓦克北20里偏西有破房。又亦马马司麻札北20里有破地，城墙、土墩、破房均为土坯所砌；在胡桐邮路西，距洛瓦克南半站路上沙窝中有玉石碑，边有花纹，上有汉字，大如桌面，下有砖台搁置。为玉龙巴札维民爱仔觅出，后复去，竟失所在，此人已死。据说准博尔西有干河北行入沙，此河由大库马提分出西北行者，然则古书称于阗有河西北流入葱岭河，疑即是河矣。所入之水《水经注》谓为葱岭北河，疑非是，当为南河也。

在此一带古时河流交错，人烟稠密，故古迹之多，宽广几及百里。未经检探，埋没沙中者甚多也。一维民云，前在沙碛中觅出一街市，房屋宛然，前日又去寻觅未获。余此次踏查证明彼等所言亦非虚语，盖沙窝中，前所行之路，掉头即失，虽有指南针亦无法辨识，何况维民无之。其所出古物兽头亦甚特别也。

复至道、县二处报告明日行动，傍午又在道署午餐，照相数张，并在署检阅叶城古迹调查表及椿克尔所采古物，大抵泥塑佛像及瓦器柄之类，与余所得者相仿佛，共装陈15箱，约千余件，闻现已一半归公，一半赠送矣。

6月19日　拟早起至姚头冈，由于同乡约去查看瓦缸，耽搁2小时，于上午11点出发向西行，1点40分抵姚头冈。

中有洼地，据说从前为一太平滩，瓦砾甚多，后乡人开渠种地，悉为水淹，现觅古物者均在沟中捞取，但在地上偶掘一二尺深，亦可见瓦片。有一小海子，据说从前在此中掘出人骨甚多，兽头、瓦罐之类亦众，盖古坟院也，在此购瓦罐2个，瓦像头数件归。

闻文武庙首人来催请便餐，道宪县长均去，和甫园亦来催请。即雇车先到关岳庙，县长到，道宪尚未至，稍坐而道宪至，同与祭，余上香资银10两，转至和甫阿吉园，略食数品，归至店中料理一切。

下午9点乘轿车出发，向南偏东行，沿途皆村舍。11时过大渠2，入戈壁，至阿克打喜有白石头一方，11点半入山口，过一大坂，午夜后1点半至库马提，有空房一间，无居民。觅驼驴不见，据说，其南约10里地有人家，也许前去了。复前行，至公爷老家亦不见，仍还至库马提，知彼等住在河边也。时天已明，乃住于空房中，睡至10点方起。

什斯比尔古址

6月20日　上午10点起，饭罢，前去踏查库马提破地。库马提即在玉龙河畔，上下数十里皆同此名。上库马提名强司雅，即炮台所在地，下库马提名喀拉马哈常，即破城所在地。上下约20里，瓦砾遍地，即所谓什斯比尔破城，译言三道城也。城墙已毁，惟见墙基，亦若隐若现，难定其方圆。喀拉马哈常背后有石洞三四，据说此洞东西长约数十里，有一维民由洞口入，西行至哈拉哈什河古洞出。洞道中有拱拜3，人马之属俱备，但不可取出。盖维民之言不尽可信，必为古墓道无疑。曾有外人依洞线掘穴通之，均不见底而罢。

复南至洛瓦克，即土台之意，地面瓦片极多，从人略为检拾。有一石垒，周约100余步，高约2丈余，在垒北西围，所遗石质泥质塑刻之残瓦片甚多，审视为庙中之物，试掘其西面，有被焚木柱多件，循迹掘之，墙上泥皮作蓝色，一块上有民族古文书，与库车、吐鲁番同，则此地为庙无疑。掘2丈长，6尺深，均不见其他遗物，盖此地庙宇已残毁灭迹，其中遗物已为人拾去矣。在垒之南面有高沙阜三四，上布圆石类古坟，然其旁瓦片甚多，在其南掘之，出房墙一面，土多红渣，亦无他物，连掘数地，均不见古物，怅极。

时天已晚，归。本拟今日西行，因请乡约购水桶未归，乃拟明日再走，至晚闻馕完，又请乡约明早去买，余在和田带来100，一日即完。

6月21日　上午复去，继续发掘北面。后余去改掘垒西沙阜，现出墙基，复掘之，至1米深，发现佛像头，计得6颗。大者高2尺余，小者尺余，大小各3。质为红泥，定限，头发卷纠，顶有髻，面圆。其为佛像，与焉耆迥异，小者上有金叶，盖原像皆装金也，然除头外，无其他遗物，复下掘0.8米，皆沙碛，计发掘范围周3米、深1米皆不见其他物件。可怪者佛像只有头，身体肢膀俱无。初疑为前人掘过，留其头部，仍掩土中，然审其土质坚结，非发掘过者，此数头皆依墙壁，以镐掘之方下，后始知此头乃壁上挂头，以为装饰，并非供俸者。例如特特尔格拉所出者，亦只有大头而无躯体，当与此同。又掘其南沙阜，乃砖瓦窑也。时天已晚乃归。

6月22日　早起，即至库马提装理佛头，余复至南边视查一周，有土台即土墩一座，返，于12点40分由库马提出发向西偏北20°行。1点10分过一大坂名可什他什达坂，经行丘陵戈壁，大道亦甚平坦。4点20分下达坂抵六司雅庄，边哈拉哈什河，属和田，西岸为乌札提庄，属墨玉。六司牙南有庄为排子洼提，渡口即在两庄之间，上午水小，午后水大，因山水之来总在午后也，时一管渡口者称此时水大，明早水小可渡，余乃住于渡口旁，乃至排子洼提看对面西岸之古佛洞。洞在岸岩，距平地约三四丈许，不能至，其形同库车、拜城，中塞土，不见壁画，余隔岸照相，乃归。乌札提乡约来，在余处住一夜。

6月23日　早6时即着人运物过河，水之深者不过4尺许，浅者约二三尺，似不觉困难，有充气皮袋船一艘输送过河，余照相数张，约2小时方毕。

于上午11点20分发自河西岸，向西偏北行，经沙阜，行乌札提北面之戈壁。11点10分至八格达提庄，沿庄边行。12点半至英尔麻札，乡约送茶奶来，略憩。于1点20分入大坂，经丘陵戈壁。2点40分下平滩，两山之间，中开平川，似为古之河流。沿平川西行，5点西偏南行，6点离平滩向西南行，过丘陵。6点50分下大坂，转东北行，至博斯堂托乎拉克庄，临喀拉哈什河边，河至此东偏北流，两岸岩壁甚高，极类克孜尔明屋，惜无佛洞耳。

6月24日　上午9点半发自博斯堂托乎拉克，沿河向西行，10点半转西偏南20°行，12点西南行，12点半至普其牙庄。1点有干沟名阿吉克额梗，出河折西沿干河西行，沟中时见泉水。2点向西偏北20°行，5点出干沟，上库木果什大坂，入戈壁，皆下坡行。6点向西偏北20°行，7点转西行，两旁皆山，中显戈壁平川。9点半转入丘陵，时天已黑，又无月光，星夜之中，不辨路径，以一人提灯觅路作导，余亦步行。10点半至分岔处，一路向南至杜洼草湖，一路向西至麻札，沿西路行，时有干河西行，即至麻札之干河，名阿克额梗，即至皮尔漫者也。12点半转西北行，折北行，经杜洼庄边。1点至麻札附近一庄户家住。时天黑风凉，余衣单薄，又一日未曾进食，饥寒交迫，躺于院外床上，后觅一房，即卧，时已鸡鸣数次矣。

皮山、叶城山中古址

6月25日　因昨日到晚，休息一日，饭后至杜洼麻札一视，随转麻札南约5里谱，查得破城居两河之中央。杜洼庄有二小河，一为阿沙河水，自杜洼山来，流于阿沙塔克之西，灌杜洼庄地，南流，至皮尔漫即没；一为阿克额梗，自和田山来，有水时名拉一苏，流于阿沙塔克之东，至皮尔漫入阿沙河，现无水。两河并流于杜洼时，中只隔一线，两河中显平岭，此地名为阿沙打克，破城即在平岭之南端，麻札在其北端，相隔约4里谱。

破城有土墩一，接连一墙基，东西行，抵两河岸。在城南瓦砾甚多，并有破房遗基，据说，外人来至，然此城临小道旁，外人来此多次，不能不知也。此处为和田至印度小道必经之地，又唐玄奘归程，亦由此路至于田，此地恐为唐之守御所。

又西距此一站，亦有破地名巴哈巴，皆在此道路线上，故余疑古时东西大道有三，一为沙碛中正道，即沿南河，由且末直达莎车在北；一为中道，即正路至于田，由于田分支，西北行至莎车，或西南出浦犁，此即现在大道；一为南路，即沿南山坡，有山中小道，直出印度或西藏。现正路闭，惟中小道可行耳，此为余以沿途古迹证之而知其然。余在此略踏一过，摄影数张，即归。

时天大风，本拟今日起身，因天变，又迟一日。傍晚有桑株人来，称皮山县署派人在桑株守候，问到桑株否？

6月26日　由杜洼至叶城，如由山中行，即由杜洼西南行转西行，走沟中，要过大坂四，至博斯哈，从一腰过去30里至桑株为第1站；由桑株循山脚至哈什塔克为第2站；至博拉为第3站；至叶城为第4站。如由杜洼经装桂牙至桑株路平亦可通，闻本地人云，杜洼至桑株，经大坂驼驮不易过，不如绕道装桂牙，又以装桂牙有破城，非检视不可，乃决至装桂牙。

于上午9点10分向西偏北20°行，转北行，沿拉木苏水，沿水居民甚多，10点半至拉一木庄。11点转西北行，离开河道入戈壁，过一大坂，经行丘陵，下陂走，3点入平沙，4点半抵装桂牙庄，旋与大道会，5点20分至巴札。今日风甚大，冷极，人着皮衣。余连日劳顿，今日又遇风，至店后即躺于床上，傍晚方起，已觉不豫，早寝。

6月27日　闻此地有破城，询之本地人，据说距此不远，乃骑马去。出装桂牙西北，距庄约5里地名徒诺克，有破房六七，旁有泥塑佛残件甚多，知为庙基，从前外人在此发掘泥塑之像甚多。再北行，沿途均有瓦砾，约四五里许至麻札（所罗倘不果拉麻札）。附近瓦片更多，房舍遗基犹存，井渠巷陌尚历历可辨。据说从前外国人只到庙前，未至此地。余审视一周，颓垣甚多，似城非城，似墙非墙，有土墩仿佛为房基，周广10

余里，其中瓦片多类阿克斯比尔，而花纹犹特别，确为一大城。按《西域记》称由于田王城西行三百余里至勃伽夷城，疑即此城，庙基即瞿萨旦那国王所建之伽蓝也。

又皮尔漫泽北40里沙碛中亦有破庙，外人掘出泥塑像，头红泥白面，上有字迹，岂鼠壤坟之祠欤。

余在此踏查一周，头目晕眩，即归。身体摇动思吐，仍欲至桑株，从人请在此留一日，俟愈再行，因即着墨玉班人往雇轿车，余遂在床上躺卧整日，从人甚为忧虑。

6月28日　上午8点25分发装桂牙，向西北行，9点半至卜拉克庄转西行，10点又向西偏北行，10点40分入戈壁而西，12点10分至贡格庄。1点由干沟向西偏南20°行，2点10分至木吉巴札，巴札之东约里许闻有破地名伽沙，余绕道往视。有麻札一，微有瓦砾，不见城墙。方转行，而皮山县署来迎之人至，随至木吉，县署派一教练官带兵士两名前来接护，略息。抵木古后余派人至木吉巴札西之破地名徒苟甲衣探视，检拾瓦片数块，在扎西锡衣徒拉麻札亦有瓦片，先是据说破城墙基还存，后知只有瓦片而已。

6月29日　上午9点发自木吉向西偏北20°行，经行石子路，略颠簸，10点半至曲达克庄，有小巴札，在此略息，乡约于此备午尖。下午2点10分复出发向西北行，过干河入沙碛。3点10分入平沙，向西行。4点复行西北，4点半至英尔洛克拉提栏干，有瓦片。4点50分过干沟西北行，干沟名英尔勒克额梗，由可什塔克分出，至哈拉克使庄即没。沿干河而东北，瓦砾甚多，土垣遍地。沟西有墩一，距土墩南200余步有城墙遗址一线。距莫桂雅巴札三四里许，在沟西，为莫桂雅栏干。破地之南为莫桂雅庄，故破地多已开垦为田地。5点40分抵莫桂雅巴札，在店中略息。6点55分复西北行，七点经大干河西行，入固玛村庄，复由干沟行，9点抵皮山城。皮山实无城，住一店中，到店后，据说杜县长到官廨迎迓，候至傍晚不见至，方归，可谓殷勤备至矣。

6月30日　昨晚到达未及到县署，约定今午10点往访，届时至县署谈甚欢。县长甘肃导河人，名昭融，字春和，年50上下，精于医理。为余诊视，并拟一方，内有石膏3钱、大黄2钱。初余颇畏惧，以为用药过重，然亦不妨试之，当晚食一道，亦不觉凉，腹中作响，始放心。然本地药不真实，用地黄而以熟黄当之，非也。

据杜县长云，余病表为风寒，内实积暑，且有积食，故作热症治，即差；若以寒症治，用姜桂则恶矣。

7月1日　早起又服第2道药，稍停，即大便黑而臭，此病根也。连泄2次，均黄色带涎，病已大减。傍午，仍有头眩，不如前甚。后询杜县长云，缓一日即愈，至晚颇觉霍然也。

7月2日　早派汗木多等复至拉提栏干等处检拾瓦片，有一班人导之行，晚归。据云，由大道东行约20里许，在大道南干河中鄂斯满麻札附近瓦片甚多，略拾，复东行10里许，至拉提栏干，复由拉提栏干而西约10里许阿子麻札附近检视。在麻札南有破城基痕一线。周820步，城内外瓦片甚多，井渠巷陌遗迹犹可辨，或即古之皮山国城也。按《新疆图志》以装桂北之破城子为皮山废城。然其中有庙基，当非汉物，故余以装桂北之破城为唐之勃伽夷城，以道理计亦相合，此地当为皮山废城也，其区域宽广亦相等，其为名地无疑。

余拟明日走，上午至县署拜谢，谈至下午方归。并阅《天山报》及《新疆报》，藉知关内消息。

7月3日 上午有本地乡约来谈，据说，距皮山城东北约15里沙碛中有小海子，其水清澈，微有硫磺味，芦草丛生，不增不减，冬夏皆有。又云，此泉眼直通和田河。然余颇疑为叶尔羌河之伏流也。又说，距此南六七站，在玉龙河与哈拉哈什河相会处有一山，山上喷烟，山下有金银矿。

7月4日 早起微雨，至午方霁，南疆雨量极稀，此处下雨，今年为第一次也。随至县署统领衙门辞行，时驼已先走，县署着来轿车一辆护送至叶城。于中午12点30分向西南行，经干沟。12点40分出村庄入戈壁。1点转向西均循山坡，相距约五六里谱。3点至勒加普腰店子，有一小店家。转西偏北20°行，由官厅出发尽行石子戈壁，石大如拳，车行颇摇动。4点20分至色勒克腰店子，即五十里铺，有店一家，树数株，此处距必而勒庄约10里谱，水自后处引来。时轿车马乏甚，乃在此略憩，喂马。6点10分复行，仍为西偏北20°，行平沙戈壁。9点20分抵绰洛克，天已晚。

甫入屋，蓝福来告，一中原人自喀什来，述丁仲良由喀什动身南行，由英吉沙入山至蒲犁，距今已12天，谅已到蒲犁矣。又谈及德人古物事，闻已处分告竣，扣留3箱，多泥塑之件，若木板字画均为外人带走，又石刻模型之类均送与外人，反笑外人要此何用。

7月5日　早起有莎车维民来谈，据说，莎车土墩旁有古洞在一维民家中，一外人调查，洞中可行车，谈许久去。于上午10时由山道向博拉出发，向西南行，尽为戈壁。1点10分入丘陵，山阜波陀，然道甚宽平。2点40分渐入山中向西行，3点40分又西偏北20°行，4点抵博拉村边。4点20分进村，住一维民家中。村旁依山有一土阜，远望神似土墩，饭后往查，知为山势。然本地人云，从前为方形，有步阶可上，今毁。此墩与伙什栏干之土墩遥遥相对，似为一事，而本地人掘之又无其他遗物，其为山势无疑也。

7月6日　早起闻知博拉南20里许果当母有破地，乃骑马往视，7点10分向南行，经村庄。7点40分转西南行。8点过河入戈壁。8点40分抵麻札，据说破地即在麻札附近，审视许久，不见瓦片。余在一平滩上拾瓦片一枚，乃转东行，至一干沟处，在坡上拾一石箭头，由人工作成，文理极明，颇光滑，甚重，确为石质。在其南约里许有一瓦片处，拾数块，此区域颇广，然瓦片不多。行经草湖，有泉水涌出。

于下午2点半复向北走，50分出村庄入戈壁。3点至卡马拉克，戈壁中有瓦片，拾数块，急西北行，皆为戈壁平滩。7点抵叶城附近村庄。7点半入戈壁，石子填途。8点半又进叶城村庄，9点半抵巴札，吴县长派班人来迎，住店中。

7月7日　早起至县署访吴县长，谈及署中所存古物，彼出示铜钱3枚，云出叶城北30里苏唐阿一克庄，农民耕地所得。发现时，一木匣陈之，约数十枚，重2斤许。钱面有民族文字，宽7分，厚2分半。下午3点赴县署，吴县长又出署存铜壶、弓矢、字砖等项相示，云皆出自穆蒙克庄石垒中。铜壶上刻有维文，据维民云，为"大乌提"人名数字，维族用以灌水洗手之物，下类壶，而上类匜。现维民所用洗手之器皿（阿不土把）与此不同，盖数百年前物也。尚有铁甲片1包，格矢角弓各1，字砖1块，皆出是处。字砖在后，盖泳石垒之诗，刻于砖盖，视不甚古。以天晚，未及摄影。

拟明日至乌沙巴什访王者像遗迹，县派一人作导。

7月8日　上午9点20分带马四匹驴六头向南出发，由村庄中行。10点20分南偏东行，沿一河沟。11点40分至色亦栏干。12点半入戈壁，向东南行。5点至俄托拉克其格栏干入宗郎村庄，向南行。5点50分渡河至阿克不拉克麻札，据说麻札附近有石刻"灵泉"二字，经查现已毁灭，附近泉眼甚多，此字也许有过。在此略坐片刻，至于斯巴什家旁住焉。此地有草湖，皮山、叶城牛马均在此喂放，皮山军队五六人在此放马，亦住于彼家中。据云，一梁姓连长，甘肃凉州人，前为杨载福老部下，住伊犁河。去秋移扎至此。

又今日沿河行，河名所可巴什，来自不尔项，灌乌沙巴什、宗郎至叶城东庄地，源流颇长，宽约10余丈，水大时深抵马腹，小时驴驼可过。宗郎庄甚大，山阜中忽开平场，河流其中，地气温和，树木荫绮，蔓草弥绿，亦避暑胜地也。

不尔项石刻

7月9日　上午9点25分发自宗郎庄，向东偏南20°行，经村舍。9点40分入戈壁，10点20分又入喀格尔色村庄直南行。沿途村舍络绎，畎亩连续，渠水交流，飞泉喷布，颇增奇观。12点抵乌沙巴什村边，1点10分至乡约家少憩。2点复南行，2点20分入戈壁沿河东岸行，微有沙碛。3点40分至特司庄，约数十家，住于河滩。4点入山谷，沿河东岸行岩高数十丈，溪水淙淙。4点半望河西岸有石室五六，据说旧日即有。6点40分至不尔项，有放羊人二家，即扎棚帐于河坝住焉。

所传人像均在河西岸，西望岩壁有白色梯级形5，据说此即人像。余即骑马渡河检视一周，壁西有梯级形5，高5米，下宽0.8米。中白色，外以红线围之，顶有红色须如帽缨，疑为佛家供品，并非人像。线中有刮铲痕迹，显然经过人工。其东，又有同样2尊，略大。迤东有石刻残像3：西尊全，头腹部毁，坐像莲座尚完好，花饰亦全；中尊头部损，下身及座全，亦坐像，花饰残；东尊头身俱毁，只馀座台。西台莲座1米，宽0.5米，花高1米，宽0.3米；中尊高1米，宽0.7米；东尊座台高0.4

米，宽0.5米，上有剥离痕迹，及坎土曼铲痕。8点复由河中西行约百余步，两岩壁间距地高10丈许，有红色绘供品6，第4、5像间有红色四方印形，中似有字，已被铲除。像下有小像3，形皆同前，惟不见王者像形，也许已被铲除。乃渡河归帐棚。

7月10日　上午复派汗木多等渡河至南壁，掘视土色，确为居人痕迹。余饭后亦渡河前往拓字、照相。壁为沙石，颇不易拓，许多人帮助方拓数张。惟壁顶距地数十丈绘有红色，似人似鸟，疑为庙壁所绘之飞天，摄影颇难。晚询本地人人像事，因铲像牵连多人，当即退去，未深究。

7月11日　上午9点20分同随从数人寻觅王者像，由不尔项东岸向南行，上下山坡约2里许，9点40分至石洞处。洞在西岸，乃骑马渡河往视。洞甚宽大，可容百人，壁上彩绘现已不存，现为人们放羊之所。摄影1张。于10点25分复沿东岸南行，12点至克子姑什，有放羊人一家在河西岸。略息，于2点40分转由西岸行，4点半返不尔项。复在河西岸岩壁检视一周，渡河归。询知此像为本地人铲除，在此逗留无益，乃预定明日回城。

7月12日　上午复至该处将铲除地点复检视一过。1点半转向乌沙巴什进发，适乡约派工人负坎土曼来，随回至乌沙巴什庄，住乡约家中，乡约代询铲除事，亦无踪迹。

7月13日　上午又询铲像事，据本地人云，今春三四月间尚有见人像在西壁，以后不知被何人铲除。余疑人像必在朱色方印之下，此处本有铲除遗迹，则此像已化归乌有矣。此像，据叶城报告为汉子合国王奇迹。以余审夺，决非汉物，盖此处建庙宇必在唐代。凡绘佛像，下多绘供养人像，即本地贵人，如敦煌壁画皆是。此处上有佛绘供品，则其下之人像必为当时供养之贵族或即修庙之人。上方朱印或即此人像之标识，惜为人铲除，不克辨其为何字耳。余以此事既有头绪，未便穷迫究，乃于上午11点5分由乌沙巴什回叶城。

初去时经宗郎庄，故回时改行大道，经伯什特勒克。11点40分入戈壁北行，转西北行。1点至尤乌斯可庄，1点40分至特特尔栏干，有腰店一家，附近农民二三家。2点又入戈壁。4点20分至伯什特勒克，沿小河沟行，此沟自库库雅尔来，故亦称库库雅鄂斯塘。5点过沟，入戈壁大道，此路亦称库库雅尔大道。6点直北行，7点40分转西北行入戈壁平滩，与前日所行之路会。8点入色亦栏干，又行1点多钟，入庄村时天已晚，抵叶城已11点半矣，即寝。

7月14日　傍午至县署拓字砖（字砖疑不古，非检视地形不能明白）。又铜壶弓矢摄影1张。即在县署谈天竟日。有蒲犁县长之弟某到署，据说丁仲良由英吉沙至蒲，现由蒲犁山中出叶城或皮山云。

7月15日　今日拟往城北出铜钱处检视。上午10点10分由叶城出发，向北偏东20°行。10点半转北偏西30°行，沿途村舍络绎。3点至苏唐阿一克庄，转北偏东行。4点至鄂斯满家，即出铜钱之处。

余检视其处，地在渠家后一沙土墩旁，家中小孩从坎土曼锄地得之。出土时有一白布口袋，口用白线绳系之，一说为麻线布袋，见风即毁。鄂斯满即以此钱送之官厅，权之重10余斤，一说 2 斤，形字均相同。余周视左右，不见有瓦片铜铁诸物，虽有小沙圪堵二三，亦多开垦为地，不见其他遗物。沙阜上多生苇草，疑其地旧为湖泽或沙地。在此地东北 5 里许为夏德让沙碛，中有红瓦片；又东 10 余里名拉格那哈拉，亦有瓦片，是距此不远尚为古时居民区。此物既非散布地面，又无其他遗物，如房舍坟墓之类，而系孤立出现于沙堆之中，疑为行人所遗于沙中者。据说本地人闻知，雇人掘视所有沙阜，亦无所获，亦不见含有遗物之土层，又此处现为通莎车小道，疑古时为通莎车大道，行人往来偶然所遗。检查毕，本地阿訇请至其家稍息，杀羊以进，余酬金一两。于下午 7 点 20 分复行，8 点至夏德让住焉。

拉一普古址

7月16日　上午驴驮由大道至拉一普。余同乡约于8点10分由夏德让出发，向东行。8点半转东偏北20°行，入沙碛，间有红瓦片散布。9点又有人家二三，复入沙碛。10点20分至那格拉哈拉，有麻扎2，在麻扎旁略停，命从人往查，并无瓦片。11点半转西南行，至一干沟。11点50分转东南沿干沟行。12点40分入沙碛南行。1点半过渠至蒋格拉斯克村庄，1点50分抵巴扎附近，有本地阿訇乡约阻道茶尖，稍息数刻。2点40分复南行，3点转西南行。3点半沿渠南偏西20°行，4点半折东南行。自蒋格拉斯克以东，沿途村舍连续，至此分道，西南至城，东南至拉一普。4点40分过小河沟，芦草密茂。5点半至拉一普村旁。时驴已先到数十分钟矣。

破地名拉一普，庄名叶衣克，大地名伯什乙克。破地即在叶衣克庄南，瓦砾遍地，枯骨横陈，旁有拱拜一，为湖南李某收集成塔，以庋之。余疑其中有铜钱，命人寻觅，一维民拾一"天禧通宝"至，乃宋钱也；余大惊，时本村大人小孩观者甚众，乃宣称觅得一钱易10钱，群相争寻，不及10分钟得钱百余枚焉，每铜钱上镌西域文字，疑为宋回鹘字。时乡约扎棚为余茶尖之所，略息，而拾钱之人复源源而来，时天渐晚，询锡衣提牙尚距此10余里在北，同乡约骑马往视。

6点动身东行。6点40分在大道旁又拾有瓦片，地名木加拉。7点转行戈壁中，7点20分至锡衣提牙，瓦砾之多同于拉一普，而区域较广，周约10余里，井渠街巷尚可辨识，然枯骨横陈满目。维民拾"咸平通宝"1枚前来，似此地与拉一普为同时。略检视一周，驰归。拉一普之拾得铜钱者，尚邀余于河上边，抵店，已夜半12点矣。

7月17日　上午，拉一普庄民拾铜钱者群携来卖，余又购数百枚，文字显明的亦数十枚，中有宋钱数枚，"天禧通宝""皇宋通宝""崇宁重宝"（大钱）"元符通宝"。"咸平""天禧"为宋真宗年号，"元符"为宋哲宗年号，"崇宁"为宋徽宗年号，皆为宋钱也。尚有"五铢""政和""开元""元丰"碎钱。知此地为宋地，沿袭汉唐而来。

然此地在宋为何地耶？按《新疆图志》称叶城，在唐宋属于田国。又按于田在宋初供献不绝。《宋史》大中祥符二年，其国黑韩王遣回鹘罗斯温筹献方物；又嘉祐八年遣使罗撒温献方物，宋以其国王为特进国忠保顺砺麟黑韩王，此其王之赐号也。于田谓"金翅鸟"为"砺麟"；"黑韩"盖"可汗"之讹。每来供献，朝廷赐与多过其值，则此铜币为宋朝赐与之一。既曰回鹘某，则此地在当时为回鹘人可知。回鹘称其王为可汗，王乃宋朝封号，则当时民族与酋长皆为回鹘人。此次所发现之铜钱必为当时通行之回鹘钱可知。又以吐鲁番佛洞之文字相较，其壁画上之回鹘文字，与此正多仿佛。然则此城当为何城？据文正《西游录》，大军发于田至可汗城，屠其城。使人诏谕各城，鸦儿堪城王来降，至是始隶版图，以封诸王阿鲁忽。"鸦儿堪"为"叶尔羌"一音之转。叶城至叶尔羌百余里，大军由于田至可汗城诏谕鸦儿堪，则可汗城必在鸦儿堪之东。此地枯骨遍地而有巷渠，似为人民居宅区，而非坟院，其中尸骨可能为此城之被屠戮者，又其中时见火药渣，皆为烧攻之遗。据本地人传说，称此地昔为战场。必蒙古人与回鹘人战争之地。"屠其城者"，必系指屠此城，故余疑此城为回鹘可汗城，疑元太祖征"回回国"者征回鹘也，后人以回回为大食，误甚。

下午复至县署，谈及明日至奇盘转至莎车事，吴县长恐水不易过，乃决定由奇盘至泽普。奇盘乡约称提仔拉普河水甚大，须候多日。后询人，乃知其河并无水。

7月18日　上午8点20分带驼向西南行，沿途村舍络绎，9点向西偏南20°行。10点半过提仔拉普河，河宽里许，水势甚小，可摄衣而过，乡约云须候水者妄也。1点至拉一克腰店，转西南行，又过一小河，渐有石子，由此入戈壁。4点渐有小山阜起伏，4点20分循一干沟，名五牙子沟，由沟中行，此沟直至奇盘。因大道石子太大，故引导者由沟中行，颇宽平。6点半上卡克马卡大坂，又入戈壁，旋上大道。7点转南行，7点半至奇盘庄村舍，庄临奇盘河，村舍均沿河而居。8点20分抵于什巴什家中住。自过腰店后，余等骑马驰驱甚快，每小时以15里计，到后即派人迎驼，而驼至夜半11时方到。

奇盘河发源于阿子安山及柯尔之雪山，至阿子安山北汇学习河水,下灌奇盘地,至准博尔入叶尔羌河。河宽约小半里,水亦不大,沿沟村舍连续,散布于河两岸。奇盘庄甚早,因山名亦为奇盘云。

7月19日　昨睡晚,今起稍迟。于上午9点半同大尔瓜及从人查看佛洞。西南行,12点抵佛洞。洞在奇盘庄南约25里地,西河普庄北里许。奇盘河之西岸,有佛洞8,均在半岩,可踏而上。1、2、3半塞,4空,为居民积薪之所,北宽4.3米,西宽3.8米,南宽4.2米,东宽4米,门宽1.2米,高2.85米,顶为龟麟平形。5洞圮,6、7、8为小洞,壁泥皮均剥离,现只为石壁。掘视土中,渐有残画,可证从前皆有画后剥离耳。在北之洞余审视土颇厚,命人掘之,其底为草粪,盖久已空无一物矣。命汗木多、蓝福带小工四人掘地,余即归,因连夜眠不佳,早寝。

7月20日　上午7点50分带马4匹及引导人至木萌克查访破城。由奇盘向东南行,经沟中。8点50分入沙碛草湖,渐生芦苇。9点20分又行沙碛,9点40分过吴牙子干沟,深10余丈,上下卡坡,甚为峻绝。一马跌地滚下,幸无石,尚未受伤。10点20分又向东南行。12点又过吴牙子干沟,仍行沙碛。1点渐有小山阜,络绎起伏。2点下大坂,委曲下行。2点半转东行,3点抵西河普庄,在乡约家略息。西河普在提仔拉普河东岸,复由乡约派引导一人至木萌克。乃于3点40分向西南沿河东岸行,皆有人家。4点半渐有小山阜,上下大坂约10余。9点10分抵河岸,河水深抵马腹,无船只,均骑驼而过,10点40分渡毕,抵木萌克庄,住于乡约家中。是日行120余里,乏极，早寝。

7月21日　上午8点同乡约前往查看石垒。沿河西岸西南行，9点向南偏西20°行，10点15分抵石垒。

垒依山为垣，傍临提子拉普河，河西南东北流，墙即在西南、南、东三面，余临河。一面无墙，有小垣围之，高10余丈，长275步，宽2.8米，以石砌之。西有炮台一座，盖以防御外人者。溪涧甚深，西里许有庄名库木土块，约50家。城名米仔也甫伯克，相传清中叶（此地人称为太平年间）为其所筑，与叶城东城10余里阿西母土块之可刚为一时所建云。外人亦曾来游历，掘视无物；前叶城邓知事亦曾发掘，深及4尺许，皆山石。此城建以为守御，为时不久，当无古物。惟据叶城古迹古物报告，在垒旁发现字砖，以询之乡约，据云知事来时，渠与同来，不见拾有何物。余巡视此城，既无瓦片，又无砖块，此字砖从何而来？故余疑字砖为伪物，或邓先生自为之以骗人耳。略查一周即回木萌克。

又询问有无径道至奇盘，据说有小道至阿子安沙，乃由之行。于下午4点10分向西北行，过河，4点半至戈壁。5点10分至干沟，沟名苦尔格克，沟中渐有微水，甚宽旷，亦为大路，山中放羊人均由此行。当夏秋之间，河水甚大，往来商贩均由是途，故虽曰小道，亦成大道也。5点40分转西行，沟东沟西行无常轨。沟两旁山势颇开展，山皆斜坡，无陡峻岩壁，上有微草，且可牧羊，时有羊户住于沟中。8点向西偏南20°行，转西南行，时已夜深，月色光明，而高山间之，若透云霓，远望势若相接，近时又成大道。9点半左右见山岩崎立，岩石层迭成文，时有洞六，盖为矿区，必为人采玉之所。后渐行渐高，天气亦较冷，余初为单衣，后加呢衣，仍患冷，披以毯，仍不足，乃向班人索一"卡绊"穿之，方保暖。11点仍由西南行，山势渐窄，曲折而行，草甚茂密，时见放羊人居室，山石亦琳珑可观。12点至柯尔，有数家，空无居民。观前面山上丛树，乃由此下大坂，向北行，大坂路窄而坑深，1点方抵河岸，水声淙淙，仍为柯尔地，河两岸有庄屋10余，均无居民。

此大坂名柯尔大坂，大坂之东水入提仔拉普河，西入奇盘河。大坂所见有树木之山，名柯尔塔克，总名阿格子塔克，终年积雪，盖即所谓雪山也。此处已距阿子安不远，乃由河中东北行，1点半至阿子安庄最南之一家，住于其外院，乏甚，即寝。

7月22日　上午8点发白阿子安沙之南村，沿河西岸行。9点转行河东岸，回首望昨日所过之柯尔塔克山岭积雪，其白如银，摄影一张。知昨日寒冷之所由来矣。阿子安庄两旁之山均名阿子安山，边河，岩壁陡绝，石脉层迭，俱成文理。庄南之山有作红色土及黑灰土石，疑为煤铁矿之显露者。庄北直至塔克额格子两旁皆为铜矿，矿脉保藏之富，较库车拜城犹为过之。据说出玉石与金矿，余未审出。10点至薛旁大坂，为阿子安沙北庄。此大坂直通柯尔格克，干沟亦颇易走，由沟中翻此大坂至阿子安沙，不绕道柯尔，可省40里。10点半至我亦瓦克庄。11点路遇一石，青灰色，文理极细，平滑方整，含有铜质，乃砍一角作样品。两旁岩壁矿脉文理甚清，亦摄影一张。11点20分至特得尔，分为二沟，一沟由西北学习庄来，一沟向东北去。此处有腰店一，学习水、阿子安水至此合流，下为奇盘河。余等东北行,过此后居民甚稀,顺河行,河道曲甚,故行时时东时西。

12点20分至有字处,名塔尔,字在半岩壁间,有黄色椭圆形一石,上有朱色文理,此地人称为黑太字,余以望远镜测之,其曲折本似梵文,然审夺前后,均无庙宇及其他遗迹,何得单有此字,且有字处距地高数十丈,目力不及,辨之不清,余颇疑为石精,必为黄石而带朱色文理,远望成字耳,或为黄玉石亦未可知也。

过此数武东岩壁间有地苦勒额斯提石穴,中有草绳下垂,据说不知何年何人所悬,因此地有草绳,故以名其地。余审此处石有带黄色必为从前矿穴,在此掘玉石,工停而草绳尚垂焉。

又北数步地名八洼衔拉,即传说有人像处,余审寻甚久,不见人像,询之本地人,说在石穴中一像坐着,头缠白巾,身披半绊。余以望远镜测其穴,穴不大,有穴处高约数十丈,以下望上,大约尺许,一麻沙石竖陈其中,上有白色,故类人像。其下还有一麻札。所谓像与字,奇盘阿子安沙之居民几无不知,传说殆遍,抑知其为夜中伏虎之类也。

2点出山口,地名达额格仔,由此而北为大山,岩石屹立,多青石,山势峭峻,土沙殆剥削净尽,由此而南则山势陡平,山阜起伏,类多土沙石,不显露。北称为阿子安山,南称为奇盘山,地图总名为奇盘山误也。过此,村舍络绎,畎亩连续,3点20分至他里斯庄。4点至有佛洞处,后渡河,查视蓝福等所掘之洞,4点40分复由大道驰回奇盘,6点半抵舍。

余三日驰行360里,二夜未眠,至此乏极,略安置事务,即寝。

7月23日 上午9点半发自奇盘,初沿奇盘河东北行,10点10分转北行入戈壁,时见瓦片。11点转西北行于戈壁中,然奇盘河距此不远。2点半抵穹柯尔庄,转北行村中。3点20分至大坂下,略息,因以等驼。4点驼至,复北偏东20°行。5点10分离村庄入戈壁,沿叶尔羌大河行。奇盘河至穹柯尔入叶尔羌河,大河由西南来,东北流,河宽里许,水势浩瀚,中夹泥沙,其色灰白,此地人又称玉河,因河中出玉石,当大水既竭,本地人辄往采玉,玉以淡绿色为多,类大库麻提玉石。在河之东为穹柯尔,属叶城,在河之西为克穹庄,属莎车,至莎车者由此过河,沿河西岸行,至泽普者,沿河东岸行。在穹柯尔庄北之三四里许地名于仔们诺克,有旧坟院,为从前外人掘视之地,余策马往视,有小沙堆十余,类似蒙古坟院,有发掘痕迹,据说亦未见出何物,坟旁瓦砾一无。6点40分至麻札,名牙斯他麻札,采玉之处亦在此,因住于麻札北之牙斯顿庄,时大麦均黄,有已收割,余扎棚帐于荒田中。

7月24日 上午8点20分发牙斯顿,向北偏东20°行,入戈壁,河中胡桐少许。10点至哈拉栏干,自此田舍连续,沟渠交错。10点40分东北行,略有戈壁。11点40分又入村舍,时大河北流,有小支水东偏北流,灌坡斯坎地。1点在渠旁小息,时余等前行,驼在后,水大桥窄,一驼坠水中,等至3点方至。3点15分复前行,向东北经行村舍。4点沿大渠行,6点20分抵泽普。金县长以片来,称病不能来。余因病不见客,亦未往访,连日奔走甚乏,即寝。

7月25日　上午8点50分发泽普，向北偏东20°行，10点抵叶尔河渡口，有义渡以济行人，船只甚大，递渡尚平，费一小时即渡毕，余酬银1两。11点20分又前行至大河岸，此处船只较小，河更大，人亦多。12点方渡毕，由此入莎车境。1点半至吴同俱洛可巴札，略息。2点复行，村舍络绎，4点抵莎车回城，4点20分抵官厅，4点50分抵汉城。今日为莎车汉城巴札，人众拥挤，时泽普班人已来，县署招呼收拾一店，即住焉。店颇宽敞，类和田之新店而稍小，住后稍息，即往访段县长，谈数刻归。

7月26日　上午有黄陂人曾洪胜（万选）来访，彼系随杨赞绪来新，作过哨长。傍午，段县长来谈数刻。2点赴曾宴，归至回城，至杨县长处谈数刻。杨，四川人，颇有谈吐。

7月27日　上午在家写日记。收袁希渊电，称由云顺成拨银700两，询知该掌柜不在家，无款，致未兑。

归，拟电信二通，请拨至喀什交邮汇兑，商家拨款每不可靠，亦由地方官不愿意由商家抵拨也。

7月28日　上午在家写日记，至午方将十余日之积债清理告竣。即往访宋总领、许关税、程统税。随至回城东南四五里地查视土墩。地名把乙，土堆甚大，上有亭，民国三年所建，名为中立亭，摄影1。

转东入城边，城隅有大土墩1，土砖所砌，半削，高数丈，较城垣犹高数尺，上修一亭，以资镇摄。墩周围均为户家，房屋坟墩多被剥削，审视其墩之下灶灰土，深6尺许，地方人挖掘坎塘甚多，渐有瓦片，皆淡红色，亦有大冈瓦片，还有兽骨藏于灰土中,是古时此地为房屋,有居人,后经烧毁,至唐乃建塔于其上。因灰土之上原有红土,约数尺,过此乃为土坯所砌之塔。当地人传说此下还有一城,洞穴通南里许泉眼(阿崖鄂斯塘)。话虽无稽,似不无音。

此地有麻札名和卓木墩,其北有麻札2,为阿不尔阿塔、阿不内省。泉名木仔不拉克,泉距土墩里许,土墩名诺肉子墩(春节玩耍之处)。传说泉水自墩下流出,墩下有城,泉眼为其城门,但现已不知城为何物。又据说其东20里许有古墓。名艾将军、孔将军,还有一土墩,拟明日往视。归后,许局长来,次杨县长来,谈许久去。

莎车古墓

7月29日　上午带从人两名往查艾将军、孔将军旧坟。10时出回城东门，东北行，约5里许，有拱拜4，冢以土垣围之。相传汉人皇帝所建，名艾（日）将军、孔（月）将军之墓。南百余步有2小冢，谅皆同时所建。东二冢周50步，西一冢周45步，以土垣围之；又西一冢亦为45步。别一垣，冢高2丈许，以土坯砌成拱包形。据说，从前粉为白色，今毁。顶平完好，四周柏杨环绕，隐约为墓边城。本地人云，此二人来，语言不与本地人通，死后葬此。

在北200余步有大土阜，一名额斯提和卓，相传为维民皇帝所建。周230步，四方形，西50步，北54步，高20余丈，上生胡桐，土砖所砌，上圆下方，据说，昔日还要高。东面有坎，可步踏而上，土坯崩塌处，有芦草及木料露出，盖为房基，余细审视，乃佛塔，所谓浮屠也，每于墓前后，皆有浮屠以镇之，《西域水道记》所称城东南之古浮图，盖即指此，惟石人、石羊、驼马今皆不见。据说前数十年，幕旁有石类人形，为本地某人所毁，或亦事实。土墩之周围悉为公地，即庙上之上户地，县署所用木材均取材于此，县署有一人管理此事，今已撤去。此地名夏马尔巴克，四周皆庄户田地，大河在东约八里许，从前在土墩上可望及之，摄影数张，归。略息，即至县署谈拨款事，段县长召云顺成来，说定明午交款，至傍晚方归。

7月30日 今日正午12点又去催款，渠应明早定交讫。傍晚闻丁仲良在蒲犁因隔水未能西行，折行大路，出莎车，说二三日即到，然余不能等也。

7月31日 早起收拾出发，适云顺成款亦送来，共喀票212两，合省票700两正，当立收据及函致袁。于正午12时出发，向西北行，沿途田舍不断。2点半至罕可不拉克腰店子，旁渠行，北为沙碛。4点折西，旁沙碛行，时见田舍。5点20分至卡拉克巴扎，六点抵新刘渠，渠为莎车刘县长所开，立木牌坊以记其事。据说，在新渠北约20里地有古址在沙窝中，有瓦片，余未及前往也。复西行，沿途村舍连续，7点半抵八十里栏干，即巴什亮果尔，住巴札店中。傍晚驼至，是日行官道90里，实75里也。

8月1日 上午9点35分向西北行，9点50分出村庄，入戈壁。10点10分转西偏北20°行，仍为戈壁，距山麓约七八里许。12点35分至土弟栏干即和色尔栏干，有店一，为公家所建。询店户及过往人士，知由此循一干沟直至蒲犁，计12站可达，除一站为维民，余尽黑黑仔（布鲁特）。又说克子尔南20里有破地，名可刚；塘克托乎布拉克南30里有破地，在义格子牙云。休息1小时，于1点45分复西北行，仍为戈壁。3点半至一栏干，有小店一家。5点又至一栏干，亦有小店一家。6点

20分抵克子尔村旁，6点50分抵巴札，住一店中。询及破城，知去此不远矣。

克子尔村有庄户百余家，有小渠为泉水，出于山中流灌克子尔庄，由于地多水小，不够用，因此人民多移徙，房舍一空。此处为戈壁，间有水，亦易下漏，现农民方要求开渠，引叶尔羌河水来，然路远工大，费力多而收效少也。

8月2日　上午带工人3名往查可刚塔克，沿渠行，约南行20里至山旁。有破城在河西岸，依山为势，周520步，城墙间可识。在北有破房3间，墙高丈余，均为土砖所砌；中有平顶一块，有房基之迹；北、南、西三面依山，有城基，东边河，城墙已颓。命人在房基中掘视，尘土甚大，底有木炭，又一房底为马粪，均无遗物，掘至傍晚。时克子尔庄上人民以瓜相赠，又邀至房中茶尖，傍晚方归。

8月3日　上午9点20分由克子尔出发，向西偏北20°行。10点20分仍为克子尔庄，中经草滩复西行。11点至库图克庄，转西北行。11点40分道东有拱拜一，道西有一老坝，名阿克柯尔，有瓦片，地名柯计拱伯仔。1点抵托和布拉村，1点25分抵腰店茶尖。

自克子尔以西均为草滩泥滩，均可开为良地，惜无水，故荒芜；自克子尔以东均戈壁石子，难成熟地。下午4点50分带马4匹，往看义格子牙破地。向西南走，经行戈壁。5点40分有户数家，复西南行戈壁。7点半至义格子牙庄，8点抵一于子巴什家住焉。

8月4日　义格子牙为通蒲犁及国外要路，设有卡伦，至蒲犁者，均由此行，由英吉沙至此约60里，大道宽平，晚有卡兵至，询过卡否。到此后，询问破城，据说在玉龙巴什麻札。此地有四麻札，南为哈拉巴什麻札，西为玉龙，故今日拟先至哈拉，后至玉龙。

随带引导一人往南行，约10里地即至山边，为哈拉塔克，上有2麻札相毗连，其南有大山，为铁列克塔克，卡伦即在山脚。克子尔及义格子牙水均出卡伦处，分支流至克子尔，河名托因斯提干西南流至义格子牙，水不甚大，还望天雨滋润，今年春月天雨一次，至今未雨，河水只能灌老坝，不能灌地，故今年禾稼不茂云。复至义格子牙庄，见庄中房屋附近铁渣甚多。据说庄南20里康列勒克山出铁，庄户秋暇至山中采铁矿石在家熔冶，因此火炉甚多，现因外铁输入甚多，中铁落伍，已不采了。又距此2站有松树，庄户即取此山木材熔铁，现松已不多了。

复由大道至玉伦巴什麻札。麻札在英古沙至蒲犁大道旁，有小山阜，阜旁土堆横陈，谅为坟院，有红瓦片甚多，山阜上有土砖所砌墙垣一断，名图杜窝库尔，相传为麻札喂放宝马之处。"图杜尔"译言"宝马"，"窝库尔"译言"放草"，麻札即在山头上。山腰亦有瓦砾，似为房基，或即古之营垒，此必为古今通外夷孔道，故防守之地甚多也。阅毕，回义格子牙。

饭后，于5点半向洋沙尔出发，6点10分至克尔坪庄，为从前驻兵之地，营房已颓。6点半过一麻札，形似土墩，在路北路南有老坝一，形长方，类破城，亦有瓦片，疑年代不甚久云。向西北行入草地，8点20分至苏不宜腰站，复沿河北岸行，路北有小沙阜。9点20分入羊霞村边，11点至巴札，住官店。余先至，驼尚未到，急在坑上休息，夜过半，驼方至，不食即寝。

8月5日　因昨日到晚，睡至晌午方起，饭后，往访吴县长，说明拟由托克士至喀什，彼似有难色。归后，渠派人来劝阻，拟即不去。晚闻距城20里有破城6，并有石碑1方，即拟往拓印。

8月6日　石碑在城西爱格子庄，据说有破城6，乃骑马往探。于9点半向西偏北20°出发，10点20分入戈壁，冈峦陂陀。12点过一小河，12点半抵麻札。麻札即在河畔，河坝树木荫葱，泉水溪溪，田舍交错，额格子庄在山口，沿河南岸麻札六七，尸骨时露外边。迤西河岸半岩壁间，有麻札一，名哈达阿立，相传为最古之麻札，建筑如房舍，石碑即在于其间，碑形如磨盘，中有小孔，四周刻民族文字殆满，本地人云，此碑所刻即叙述此麻札上产地，而石碑即麻札之磨石云，命蓝福锥拓数纸。复游此地泉水，水清澈，周方百步，林木绕其旁，有平台一，稍憩，复至拓字处帮同锥拓，归已夜半矣。

8月7日　又获悉在此碑之西康普尔庄有石碑一，系由水中取出，立于克子尔几麻札旁，麻札在普善河旁，余因病，拟派蓝福等前往拓印，报达县署，吴不允，因与论理。傍午后，丁仲良到，商拟一公函至道署，述此事原由，派毛拉即送至喀什。

8月8日　住一日。

8月9日　上午9点40分由英吉沙出发，向北西20°行，经行村庄，田舍连续。10点半入草地北行。11点半又经行村舍，旋入沙碛。12点树木畎亩相望。1点半旁河行。3点10分至雅卜泉，有小巴札，即住店中。未久毛拉至，随带公文一件，准往拓字，即派蓝福等前往拓字，余仍至喀什。

8月10日　上午9点40分复出发，10点20分过一河川。11点半又经过一巴札，向北偏西20°行，沿途田舍络绎。2点半至喀什汉城，因无店，即过去，沿马路行。3点至回城，许久才觅到一小店，暂住其间。稍息，往访道署，略谈倾刻，知中央政治会议议决，科学考查一律停止。出又至县署及邮局往访，又至陶菊缘处谈数十分钟而归。

8月11日　上午雇车至汉城访潘，旋访鄂师长，复至潘处，即在该处晚餐。在座有陶菊缘，李、吕诸人，至晚方归。

8月12日　毛拉、蓝福等归，知石碑乃维文。又至阿克士，亦系近代物，因出有维文钱也。陶菊缘为余说水龙局可住，明日即迁移也。丁来喀。

8月13日　上午迁水龙局，驼另置一处，此处房甚洁净，计有内外两间，余住东房，西房为学舍，北房供火神。

8月14日　正午即往赴鄂师长宴，招待甚周，中菜西式，约20余人，在座有潘县长。

8月15日　今日赴陶菊缘宴。

8月16日　傍晚赴马宴，有俄人甚多，全西式。

8月17日　傍午同葛到耿公井，井在城东北隅5里许，地势极高，有魁星阁、观音阁、班、耿二公祠。在楼上俯瞰喀什全城，形如扁叶，河流环之，真不愧维民京城也。井在台下，水清澈，方广约百步，以木栅围之，上题"飞泉"二字。外有池为住民洗衣染布之用。余在此摄影两张。归，至葛处，随在该处晚餐，知陶菊缘又长莎车。

8月18日　整理由于至叶之采集品，重装箱。随请陶、丁来参观，后吕同仁、陶镜明亦来。

8月19日　下午同吕至香娘娘庙一观。庙在回城东南10里许，建筑类哈密回王冢，略大，旁有小冢甚多，田园成片，树木参天。在西有大礼拜寺，尚未竣工，雕画极尽工巧，形式颇类绰洛克台官店。门前有匾额数块，入门插红黄旗号甚多。石板条列中有一棺最大，或即此冢之主人，以红缎罩棺，上书有土耳其文。房之四周有砖弄，黑如漆，得灯乃穿过，出，随至大礼拜寺摄影数张。转至看冢人家中，据说此冢名阿巴克，地名阿巴克和卓，此冢并非香娘娘庙，彼名归多汗，香娘娘庙别在一处，不知汉人何以指为此也。

8月20日　决定明日走，故今日在家整理箱物，然葛局长款尚未到，故再等候两日。

8月21日　逸群昨日未归。傍晚接刘春舫函，称彼即将动身去省，问在库存品带去否，余当晚拟一电致刘，请将库、焉、吐之物全带走，驴售出。并函袁，述到省期，拟取道伊犁回省。款亦收到，前收80两，后收400两，喀票合省票共1500两，给予收据，在省兑款。又换天罡100两，加5两5。

8月22日　信电早发出，午至道宪处辞行，又至张处及吕、陶处辞行。晚，潘请至县署，即在署内住一宿。

8月23日　早归，有回城维民来购驼，因价值未妥作罢。下午鄂师长请客，往辞行，并送拓片数张。

8月24日　上午8时50分由汉城出发，汉城维名英尔沁

（新城），回城维名扎勒沁（旧城），向东行，沿途田舍络绎。11点至阿拉洼庄，旋入草湖。12点至杨得马巴札，转东偏北20°行，田舍相望。2点40分至雅满雅尔驿，有小巴札。

8月25日　上午7点40分发雅满雅尔驿，向东行，8点入戈壁湖滩。转东偏北20°行。9点过排子洼提小河，至乔坎雅腰店，略有居民。9点半入戈壁，10点半转东行，至克站柯尔庄，田舍相望。12点至夏卜妥巴札，在此略憩。1点复东行，戈壁与田舍相间。3点十分至牌素洼提，即伽师县，略息，即往访宋县长，随即回访，约明日午餐。

8月26日　今日为本市巴札，略视一周归。午后2时县署来邀请午餐。在座有苏洪卡员，据说，彼处今春一牛生3眼，一眼在额中，与左右两眼相同，均能活动，能视；又一牛生3角，一角在中，主人现畜养在家。

今日一站至英尔瓦特，距此50里。命驼先行，余饭后于4点50分即乘车东北行，转东行，沿途田舍络绎。6点40分至阿西栏干。当地人云，大道南有破城，乃骑马往视，而城中已为瓜园，检无遗物。城墙为土坯所砌，多颓，现存者约3尺许，方形，东北、西南向，周605单步，名托卜沁。据说，其东戈壁中尚有破地，天晚未及往视也。此处距英尔瓦特尚有20里。7点半复前行，仍为村庄，8点班人告余云，黑太克尔即在此处不远，然天已暗，不能检视，只好明天再去。9点至英尔瓦特，住处颇净洁，镂塑甚精。略食，即寝。

8月27日　上午着驼先行，余同毛拉带一引导人，往查黑太克尔。向西南行，全为戈壁，约10余里，在沙碛中微露红瓦片，相传为汉人居住之地。相其地址区域甚广，多半为流沙所掩，致未能全行检定耳。南望七八里许，戈壁中有土墩，骑马往视，在其附近，瓦砾铜钱颇多，土墩高2丈许，土坯所砌，前有小墩，皆为古时烽墩，检视有松炭渣可证。在墩之东有破房遗址，似未经发掘，中有烧砖块，想为古时砖房，观有彩色涂泥皮画，或为庙基。其南亦有同样土阜，疑皆为土墩四周之房屋庙宇。其西有长方形基墙一圈，周约200步，盖为官署所在。其西北仍有一土墩，此处在托卜沁西北约6里许，当然与彼为一地，且中间时露瓦砾，其瓦砾多红色白面，疑为唐代之物。余拾有小铜钱数枚，形同库车所拾，类五铢，而无字，盖唐时本地人之小钱也。按《新唐书·西域传》，疏勒一曰佉沙，王姓裴氏，自号阿摩支，居伽师城。疑即其地。此地横直30余里，皆土阜满野，惜为浮沙所掩，未能详检，然必为大城。

又闻玉代里克东北50里山腰有破城名得格雅格司，即为彼所建。当地人尝于其中得有铜钱，类回鹘文钱。《新疆图志》称此城即唐伽师城。然得格雅洛司似为回教初入东来所建，或非唐迹。一说此城名阿克器沁，译为白水城，余未及往检视，未知果为何时所建。然唐之伽师不外此二处，至于玉尔滚北30里戈壁中之破地名阿吉克梯母，有二墩，地方官指为唐伽师城，则决非是。余在此检视后，即由原道归。

于下午2点发英尔瓦特，向东偏北20°走，仍为戈壁碱滩，6点至达喜腰站。7点半至龙口桥，过乌兰乌苏河，地名为克子尔对雅，译为赤河。乌兰乌苏为蒙语，亦即赤水之义。上建有桥，题有龙口桥数字。河身宽丈许，水亦不大，即哈什噶尔大河。9

点至哈拉玉尔滚官站,又过一小河,亦建有桥,题为"二道桥",故此地亦名二道桥。河名哈拉玉尔滚河,为克子尔河支流,河若大沟然,现已竭。在此东西数十里均为黑红柳,故名云。

8月28日　先闻哈拉玉尔滚附近有维民拾铜钱甚多,乃于上午9点骑马往访,向北行,经戈壁。听说本地人于字巴什知此地,寻觅不在;询之村中人,知拾钱处在巴扎东北约50里许。此处有一土墩,本地乡约曾在此立碑,距此村20里许,乃在村中雇一引导人。此村庄名阿吉克。12点自阿吉克东行,1点即至破地。有土墩2,一土墩上砌一砖坊,高约5尺,宽约2尺许,中有一木版,上书"唐伽师城"四字,为民国十四年知事杨应宽所立,检视周围,间有松渣,知为古之烽墩,又其地之红瓦片亦可证为唐代之物。

盖此一带为北道出大宛、康居之要道,由图木舒克沿山边古迹甚多;如马拉巴什山根、玉代理克山根,及此地之哈拉玉尔滚山根,其古址联成一线,可证此一带为北道之防御线。其南约10里许,有干河东北行,本地人云,此即克子尔河旧道,又其北之碱滩亦或为古河流所经,克子尔河亦称为葱岭北河,即古之赤河。据此,则北道边山波河,可得而知矣。又由北道可直至乌什,据说,乌什有一唐王塞,可容数十万人。乌什又为古时出康居、大宛之道,故古时疏勒国都在今日伽师地域,而今之哈什噶尔尚在其西南,若哈什之破城,疑皆回教东来时所建,因其地之铜钱多为回教东来后之文字也。

至于所拾铜钱之处,据说为一胡桐窝,地面高低不平,维民耘地,以锹除土堆,获一破葫芦,中陈古钱约4斤,形圆无孔，一说上镌有阿不拉仔汗文字。一说上镌者为那一拉亦拉那，即回族圣人之名。其地并无瓦片及建筑遗迹，则此处之铜钱或为偶然之遗失，与叶城之苏唐阿一克同。本地乡约曾往发掘，亦未有发现，可证非古址也，故决定不去，归店。此站水咸。

8月29日　上午8点40分发哈拉玉尔滚，向东北行，经戈壁红柳滩，10点至强司庄略息。10点半转东北行，旁克子尔对雅东行，2点20分至库木克牌腰店，复东偏北行，沿途皆碱地，略生红柳。4点至玉代理克庄，4点40分至巴札。自英尔瓦特至玉代里克，直至巴楚皆为戈壁碱滩。玉代里克以西，多生红柳，渐有沙圪堵；玉代里克以东，多胡桐密丛，沙阜满布，疑为古河流所冲积。现喀什河流行其间，与大道时离时合，至巴楚之八台即竭。哈什河宽丈余，水浅色红，故古名赤河。据《图志》玉代里克东北50里有破城，即在卡拉马克沁之正北30里山边，即唐之伽师城。然据本地人称，此城为得格雅各司所建，渠本为维民名玉六司，后改此名，则此城年代不久，最早亦当以宋为止。又据一天津人曾在此处掘出铜钱及古镜之类，钱币文字不可知，或为回鹘文及土耳其文，铜镜上有龙一条，谅亦非古，天津人说此城名阿克气沁，译谓白水边城，不知天津人及本地人所指之城是一是二，然疑非唐伽师城也。

8月30日　上午9点20分发自玉代里克，向东行，红柳与胡桐相间。12点20分过一腰站，入胡桐窝。3点至卡拉马克沁，在腰站打尖，吃茶食馕，而许多过路人皆至此憩息。门首有锅灶，内煮一羊肚肺，到此憩尖之过路客，人给汤一碗，泡馕以食。又一锅蒸笼高起，内蒸菜包，每枚4文，包中有瓜蒌或羊肉，形同烧麦，食颇可口。平民生活类皆如此。余到此，渠并不在意，而食羊肠羊肺及肉包者则欢迎之甚，盖以彼等经常往来其间，可多招生意也。下午4点40分复行，仍经胡桐窝。7点半又进一腰店。8点20分至屈尔盖，有店数家，均客满，乃别寻一店住焉，湫隘潮湿，坑高尺许，旁围以木，犹曰此佳店也。

8月31日　上午9点20分发屈尔盖东行，11点旁哈什河行，12点20分至塔拉夏尔腰店。旁有桥，被水冲颓，在此修理许久，乃复行。盖此处有一渠，引玉河水，而桥倾已一星期矣，水利知之不问，亦奇也。2点至玛拉巴什庄，河渠水交错，皆玉河水也，房舍田亩连毗，类似叶城。然据本地人云，巴楚近年来玉河水不上来，田亩多被旱，尤以铁华及新地等庄为甚，在城附近稍可观耳。3点20分至巴楚巴札，正值新旧县长交替之时，前任马骏移住官店，故官店不可住，而对面一店较佳，又住了公爷，故余住一小店。略憩，往访陈县长，云南人，号小竹，与丁仲良善，谈许久，复访马前任，归寝。

9月1日　上午往访张统领，随至邮局，得收丁仲良片及刘春舫函。丁片称袁希渊汇来款项600余两，询如何办。余即回一片，如为省票，请再补交省局900两。刘函述古物及驼留库，由余运走。余并此二事函致袁希渊，说请补交款事，并电袁，函中又提及回平事。函未就，张统领回拜，马县长亦来，一天就此过去矣。

9月2日　致袁电函均发出，又接丁函，请余代运阿、拜存物，并说袁回电，渠称中央政治会议并无停止考查之事。午后陈县长请吃饭，在座有马前任、张统领及公爷之副官。据说现蒙、回王公均袭旧爵，公爷仍受省府之命，查阿克苏王公之后裔袭爵者，此系国民政府准蒙古王公之要求而发，据说，倘取消王公制度，彼等即独立，故均荫袭云。余意蒙古王公犹存封号，共尊荣虽不如前，而其地位未倒，至于维回同化已久，王公久已无形消失，今政府复翻前案，重行封建，在政府以此为羁縻之策。不知维民对于王公久已痛恶，因其差役繁多之故，故哈密维民有要求废回王之举，愿归县官管理，现新疆维民大小诸事均问政府，是维民之与汉民已同于齐民，今政府不以齐民待维回，而以藩属处之，维民不愿也。

托和沙赖古址

9月3日 早起陈小竹至，随至县署拜辞。下午1时出发，向东北行，沿途村舍络绎。3点40分抵小柯尔海子，水自玉河小柯尔地方溢出，直至八台，宽2里许，在哈拉塔克之西。据说，山东还有大海子，皆自玉河水流出者，此海子旁有堤垠一道，阻水西隘，堤西为喀什噶尔河末流，大如渠，流灌八台地为止，惟不能至九台。余等行于河海之间，6点抵八台边地，6点10分至八台巴札。八台维名察尔巴克，所云台站，即清时由莎车至巴楚台路，沿玉河南北行，七台为巴尔楚克，即巴楚县治。玛拉巴什庄在北，复由巴楚至齐兰，沿途有驿店。吴孙麻札塔克在此望之若接。南有一小山为麻札塔克，上有一麻札，相传回教祖艾力战争至此，当地人为立麻札，因呼为麻札山。

据传说，艾力为穆罕默德女婿，东西踏伐皆艾力之力。艾力骑宝马，执宝剑，举凡哈什、叶尔羌、巴楚、乌什皆有艾力足迹，所至之处即为之立麻札。故艾力人称天龙，其书亦多，为一异族子所杀，有一白驼负之而逃，故其真尸身葬地，人不能知也。和阗、于阗、阿、库皆艾力之孙所征战之地。据说其人距今 1300 余年，则在唐前，年代是不可确信，但由之可知新疆所传入之回教，为艾力之一派，即什叶派可以证明也。

9月4日　上午9点由八台出发，向东北行，沿行大道。10点20分抵山边，复沿山边东行，至塔克麻札，转北而西，为吴库麻札。此处距唐王城只30里，据说垒勒山有古地，阅斯坦因地图尚有旧时运河古道，由东而西至唐王城。余乃命驼队行大道，余偕翻译从人沿山边踏查古河渠。于上午11点半由吴库麻札沿山边行，尽为红柳碱滩。1点10分离山向北西行，2点20分过一古渠，东西行，宽约丈余，沿渠旁红泥滩上及附近支渠均有瓦片，惟不见古道。然渠旁既有瓦片则当时必有居民，大道年久湮没耳。吴库麻札即在阿拉喜山上，故阿拉喜塔格亦称吴库麻札塔格。西北行约30余里，又有一小山，名为沙山，斯坦因地图，绘贝尔山在两山间。沙窝累累，据说有一古城为沙碛所湮，现山腰尚有一土墩，即其遗址。又说古道由唐王城直西行，经过此山口，直至锡衣提和卓麻札古址，则古时此道由北西行，沿山边至疏勒，或为可信。在阿拉喜山之东有一山脉与之骈行，即为托和沙赖塔克与垒勒塔克，中间为湖滩，宽广约40里，古渠即由唐王城向西偏北20°行，出于两山之中间。据说从前喀什噶尔河从两山中间流入，东南行，即由克格子塔克山口流入。垒勒山西，有一大山脉东西行，名克格子塔克，由柯尔坪至喀什即沿此山边行。又山北有一道，亦可至喀什，约10日行，马程则6日。则此古渠，即引古喀什河水以灌地也。

余此次踏查系横断中间湖滩，复西偏北行抵垒勒塔克，在山旁又见古渠一，大路一，据说，此即托和沙赖之古渠古道，直至托和沙赖，渠旁有松烟块，惟不见瓦片，想此渠在后也。复沿垒勒山及托和沙赖山至唐王城，时已7点，略检视路西古址，即至村舍，时驼已至，余到时已8点矣。

9月5日　上午雇小工4人发掘西庙，余骑马巡视东庙。盖托和沙赖塔克，一在路西，一在路东，中隔草滩约里许，似为古喀什噶尔河流所经过。现有渠流至九台，大道即沿路西小山东偏北20°行，小山东西行，东庙即在山北角，破房巍然，悉在山腰。迤北一山角上有破房一行，南北向，似为大佛殿中台，四周有坎二三层，前有空地，两旁均有破房，必为一座大庙，前后共三进，墙已颓，只余房基，曾遭焚毁之劫者。迤北山阿有拱拜一，已颓圮，或为僧坟。迤南山阿亦有破房在山南角，又有破房一行，亦南北向，最前有一塔，据说从前原为一高土阜，德国游历团奈柯克来此，掘出佛像甚多，显现古塔遗址。在塔后亦有破房遗址二进，面与地平，尚未被掘，此即吾人工作地点。两旁亦有破房10余，皆沿大道边。半山有木牌一，为巴楚县知事段琭所立，上书唐尉头州废城遗址；又小字数行云："按志载尉头州故城遗址在此。惟迤北5里及玉河北百余里东札拉提属地，尚有废城遗址，颓垣败屋，规模宏大，疑尉头州遗址似在于兹，或为汉时尉头国建治之所，亦未可知。"然路东为庙基，路西为破城，相隔5里许，似为一地。在唐王城北50里垒勒山北有一破地，并有城墙一道，似为破城。或"五"下落"十"字也。

东庙阅毕，复检视路西古址，址在山之南阿，均被中外人士掘挖净尽，时掘有人骨出现，则为古之坟地也。山北沿山腰有城墙遗址，直至山脚平地，城有三重，内城约1260步，山脚并有古房遗址，据说一阿克苏人在此掘拾古代字纸一张；外城约1680步，接内城，绕于平地，至山巅接大外城；大外城则由外城绕山头直至山南阿古房，计周2780步，现平地已为田舍，只余城迹，山腰间有砖墙遗址，南北有门。

据毛拉云此城维文书上名为海伯，为木加利所造。据说古时玉河迤东，艾将军、孔将军主之；玉河迤西，木加利主之，距现在千三百余年矣。艾力曾到此战败，故艾力麻札即在此城南山巅上，现当地人名此城为托和沙赖，九间客房之义，以殿宇高敞，类客房者九，故以名城并名地；而汉人则呼之为唐王城，以此城曾发现唐开元钱，故以唐王城呼之。《图志》谓即唐膺州城，无确证也。乌什亦有一破城，名拜伯，默拉古甫尔曾在此立帝。《西域图志》以乌什为古尉头州，然郁头州在赤河北岸，现喀什河即古之赤河，因今喀什河蒙名乌兰乌苏，译为赤水，维名克子尔对雅，译言红河，因泥土浸水变为红色，故有红河之称，与古时名赤河其义一揆。《唐志》称尉头州在赤河北岸，与今托和沙赖方位相合，则以唐王城当尉头州无疑。

蓝福等掘道西破房，不见遗物，乃转至路东破地掘塔后之房基，出佛像头2颗，铜钱1包，上有钱绳串之，至晚方归。决明日加工发掘也。

9月6日 今日带小工8人，分二班发掘，4人掘昨日塔后之井穴，未有发现，改掘北穴之后层，发现泥塑佛像大小6尊。又4人发掘迤北山角，在大庙旁发掘一小房，出白布1匹，长3丈3尺6寸，宽2尺1寸，颜色鲜明如新；又半匹，多乱，审系线所织，极细。随移掘北脚下之拱拜，发现古物甚多，有经纸数块，长尺许，又瓦罐1个，又木盖5，丝线口袋5，内陈佛牙，此外木版瓦片之类甚多，约可装陈两箱。古墓内陈尸骨5具，故有5个木盖，亦即有5瓦罐也。旁有一台，不知何用，有红木版栏之，瓦罐即在其中，内陈已毁尸骨殆满，四周均满布已毁尸骨，盖为僧坟无疑也。

9月7日 上午收拾采集各物，捆为两包，留待至阿装箱。于10点40分由托和沙赖出发，驼由大道行，余同毛拉及引导人检视戈壁中破地，向东北行，时见戈壁中破房，据说亦为古时建筑之遗。11点40分至一破城，周230步，城壁已颓，余城基，中碱，疑为营垒。转北行，12点20分抵一旧渠边，此渠东北西南行，维名柯勒额梗，沿渠均有红瓦砾，沿渠及两旁地均为红泥滩，一望而知为引赤河水灌地者。1点20分有支渠西北来。渠两旁均有瓦砾，渠颇宽大想为总渠，旁支渠歧分，然多为沙阜所掩。1点50分折东行，渠仍向北东去。2点抵一干河岸，自西来往东去，河中有草滩，形成河川，附河岸旁似有古道遗址，亦有红瓦砾，疑此河即古之赤河，沿河边古道行。2点半下河滩，过一干沟。2点40分抵一破城，周260步，城根有一土墩，墙基已灭，现成堆阜，堆阜上时现瓦片，中有碱滩，时有松渣遗汁，或为古时守御之所，古时大道必经之地也。略息，3点半转东偏北20°行，经行沙碛。4点10分过草滩，转东行。5点20分会大道转东偏北20°行，7点至车底库勒，译即十台也。

9月8日 昨晚闻本地人云，东则拉提破城名黑太威，距此约50里，决定今天骑马往视，驼即留在河岸放草。余等于上午9点向东行，沿小沟，9点40分至比甲格胜地庄，转东南行。10点20分入河滩，沿河南行，随折西南行。10点40分至渡口，此河为玉河支流，自若尔加斯提分出，东北流，宽20余丈，深不知，约同渭干河。有渡船一艘，人马可过。

据说此河前4年尚无水，因近年堤溃，玉河水溢流，本地人累在渡口处打坝，旋被冲圮，终不能阻止。九台及新地庄全仗此河水灌地，因堤溃而水北流，故该一带庄地咸被干旱，巴楚县长设法打坝，均归失败。余审此处水流激，且为浮沙，两岸时现崩决，非打坝之地。本地人打坝之法，以红柳一抱垒之，布以一衣袋土，红柳与沙土皆至疏松之物，如何可阻急流之水，所以无成功。然20余丈宽之堤，不难筑起，余意宜在上流或下流河身较宽之地，在冬天水涸时，用土及石填筑，筑一层土垒一层石庶可永久坚固。

余渡河后，于11点40分向南行，12点40分转东偏北20°行，1点旋折东行，入树窝，胡桐满布，有干河东西行于胡桐树林中，田界及沟渠宛然，或为古时屯田之地，间有破房遗址，疑非甚古。转入沙碛，2点40分抵旧台道。4点至黑太威，有破房10余间，墙壁巍然，地多磁片，知非甚古。且墙壁均涂黑泥，房屋形式，皆近代式，疑为同光间攻打张格尔之营垒，再早亦在乾隆时，决非唐代建筑。在此曾有人拾一瓜皮帽，为清代之物也。略检视一过，即由原道归。

及夜，本地乡约至，送来糖果馕之类。余是日行120余里，即寝。

9月9日　上午9点半发自比甲格，向北行，经庄户。10点20分转北偏东20°行，入戈壁红柳滩。11点入树窝，枝干扶疏，中现大道，人行其中，如入非洲野地。1点转北行，过一干河，仍行树窝。2点20分至雅克库图克，过一小河。2点40分至驿店，略息，有至伊犁商人与余周旋，余亦在此打尖。3点40分转向东北行，沿河，旋入戈壁滩。4点40分至库木克帕住次。此地亦名克子尔塔木，言附近有一段红墙也，又因旁有沙窝，故名库木克帕，现本地人仍呼克子尔塔木。附近有破房，命人往视，知为近代之物，传说为安集延所立。

9月10日　上午10点由库木克帕出发，向北偏东20°行，入红柳滩。10点半至喀拉马克威，译言蒙古房，旁有干沟一道，为维民所开，欲引玉河水灌地，卒不果。12点至的洼那麻札，传说此地为清朝与安集延人战争之地，安杀人甚多，遂立为麻札，并指红沙为人血所染。麻札无拱拜及坟墓，在红泥圪堵上立标作记。

仍行红泥滩，1点半至雅衣提腰店巴札，居民约10家，在此略息，水咸苦。2点35分复北行草滩。3点半道旁有破房数间，或为从前驿店。旁有一蒙古包式拱拜，灰土深数尺，余疑为准噶尔遗址。4点有支路东北行，至旧齐兰，现无人家，水味咸苦，现均行新齐兰。余亦北行往新齐兰，入戈壁滩。5点50分至一土墩，高20余丈，周100步，为土砖所砌，据说为从前古道。

按古时北道有三路：一由龟兹经姑墨、撲换至乌孙，即今由温宿过冰岭至伊犁道；一由于祝至康居，即由今阿克苏至柯坪，出乌什，大墩即为北道所遗，据说乌什有唐王城塞，即为北道关口；一为出疏勒大道，即沿北河大道，此道今不用，即由今之塔里木河南岸西行，经阿瓦提至巴楚、九台之托和沙赖，沿山边及克子尔河畔，过伽师至疏附，出爱格斯塘，此为北道正路。在此三道路线均有古迹可证。

6点10分由土墩北行，6点20分至新齐兰镇。此处为新开驿，水常成，属柯坪，距柯坪120里云。

9月11日　上午9点40分发新齐兰向北偏东20°行，入戈壁滩。11点20分旧齐兰破站距大道东5里许，可望及之。12点10分转东北行，仍为红泥滩，尘土甚大。1点40分至旦木腰店，略息。有店六七，水咸苦，用井水，共居民10余家。此为新开之驿店，大车由库木克帕来者不住旧齐兰，直至此。5点转北偏东20°行。5点40分道两旁有破房10余间，并有土墩1，已颓。据说为从前乔里呼土克驿旧址，中间有一房颇敞，类官店，维民仍名此为乔里呼土克云。6点转东北行，6点50分至修理乎土克站住。有店10家，3家闭，现尚有7家。水不大佳，亦为井水。此一带全为红泥滩，土质尚佳，惜无水，致沦为戈壁也。

9月12日　上午9点35分由修理乎土克出发向北行，10点10分望东壁边有破城，余带工人东行，11点至破城处，地名徒弟和旦。城为白土所筑，周270步，高丈余，宽5尺许，东有墙根，有洞3，约3尺宽，4尺高，有居人之迹，门东西开。略视一周，拾红瓦片数块，无铜钱。11点45分转东北行，过一干沟。12点至一土墩处，略视。12点10分又西微北行，路经一小土墩。12点30分至大土墩，周140步，高10丈许，白土所筑，后有破房痕迹，疑为塔，余在其后拾有绸布巾之类。墩东有一干渠西南行，似经行破城西面往北，白泥滩中田界沟渠纵横栉比，疑此一带为古时屯田之所。1点15分东北行，沿行旧河岸。2点20分转北行，在东有大海子，即湖汊，本地人名为阿吉克海子，水自阿吉克麻札来，故名。

据说此麻札在北山上，距汗宫30里，当地相传麻札甚古，距现在已1400余年矣。此麻札主人来时，惟乌什、喀什有居民，余均为荒地，在维文《特司克尔》书上说甚详。麻札不知其名，阿吉克为泉水之名。

2点50分至汗宫村舍，有破城一，周710步，白土筑，墙高丈许，中有破房，由于取土培田，已挖残不堪。此城名艾萨，类维名，或即艾萨所建。本地人携瓜食相饷。四点复北行，田舍相续。5点10分会大道，转东北行。5点半过萨依里克巴札。6点45分至阿音柯尔巴札。此巴札颇大，附近居民约千余户，有麻札，据说距今已900余年矣。

自汗宫以北均为白泥土，其房舍之墙及道路成为白色，知为阿克苏河所经流之处，其水亦为白色，维名白为阿克，水为苏，称为阿克苏可谓名与实合。自喀什而东，直至牙依提，土皆红色，其古迹之色及房舍土砖皆红，知为喀什克尔河之流域，以其色红也。叶尔羌河水黑，故古时有黑水之称。是水名有改易，而水色无改移，以实推名，可知其概。

9月13日　闻知阿音柯尔东有一破城，上午9点45分向东南行，经过村舍，10点半至破城处。城名柯拉玛克沁，译言蒙古城，城已颓，只有根迹，城中已辟为垦地，种植高粱甚茂，城周120步，临于大草滩之南岸，有庄名栏干。草滩自阿克苏旧河南至吴尔勒克栏干，南有大海子，中隔沙岭，海子南至乔克打，北抵大道南之喀哈布衣庄。盖阿克苏河自艾克刹克分为二水，一曰孔勒对雅，经此草滩入阿瓦提之鄂六乔尔入叶尔羌河；一至和田极北英尔对雅会和田河为塔里木河，此河为新河，故名英尔对雅。故余疑阿克苏河旧时东南流，此草滩即河流所经，后始移东流耳，此城即在草滩之旁，临旧河南岸。《元史》称浑八升临浑河。浑八升即浑伯什之转音，浑谓沙，伯什谓头，言为沙窝之头也。自此而东，均为沙碛，接塔克拉玛干大沙漠，为其最西部，故谓沙头，犹称白龙堆西北之城为龙头城同一例。据此，则阿克苏河即为古之浑河，此城即古之浑八升城，当地人名为蒙古城，疑为蒙古时代所建。城为烧砖所砌，现尚有碎砖块。

在此略视一遍，于11点50分出发北行，12点10分转东北行，12点半过孔勒对雅，沿小支河，2点20分至伯什勒克腰店。2点50分沿一干渠，渠旁有一古址，中有破垒，周135步，名图洛柯旦木，四周均有瓦砾，在西北白泥起伏，中无草木，望若雪地，白日返照，境胜兜罗天界。旁渠行，直抵英尔对雅河岸，盖古时引英尔对雅之水以灌地者。4点抵河岸，有大船2只，以渡驼马，河宽2里许，5时方渡毕。6点并由河北岸行，6点50分入村舍，向北偏东20°行，8点至阿克苏汉城，维名汉城为英尔沁，回城为孔勒沁，到此已晚，即以片知照县道两署，未久袁前县长来谈。

9月14日　上午至袁处，复同至道署访朱道署，随访安、马二统领。后安、马二统领回拜，道宪亦来回拜。

9月15日　在家写日记，清理图书。据接袁真电，由德胜祥拨省票800两，已收到，复电袁。

9月16日　余至袁处后，转至文县长处，又至回城访刘县长。

昨晚一驼病不食草，今晨即死。巴楚班人归。

9月17日　今日为中秋节，赴朱处贺节，随至袁处，谈至午方归。

9月18日　接丁仲良函，内述袁希渊欲余早返省同东归。

9月19日　至戏园观戏，至晚方归。

9月20日　今日为公请朱道宪，又观戏一日。发袁、丁函，述东归，参观静州城发掘事。

9月21日　上午去照像，下午观戏，又接丁函，款丁代取。

9月22日　决定明日走，清理一切。复至朱、文处辞行，与朱面商取丁存物，朱意候丁回电再说。

9月23日　上午朱、袁等均来送行，又同张柯廷、朱十照像，至傍晚，6点半方出发。因驼烂背，改用大车，至10点方至。

40里抵栏干住次。丁物品事，复函丁，请电朱派人送库。

阿克苏至拜城

9月24日　致丁函今早托人带去交邮。闻说此处北15里许有破城，乃命驼走大道，余同老汗骑马往视。9点25分出发向北偏东20°行，入红泥滩。10点45分至破地，城名喀拉克沁，周180步。在城墙一段，高8尺许，土筑，地有红瓦片，及铁块，疑为古营垒。城东有房迹2间，其北红泥滩起伏，均有瓦片，尚有一瓦缸，掩土中。东有一麻札名萨格提麻札，其地名亦同。

据说在此城东沙窝中，距回城10里许，有一破地亦名喀拉克沁，余未及去。传说其北山口，有大白石（阿克打喜），上刻有字，乃雇一引导同去。于12点15分由麻札出发，向北偏东20°行，沿阿克垓鄂斯塘，此河自达朗山口来。1点半至石头戈壁，4点20分进山口沿达浪河，红小石阜星布。5点又行石戈壁，6点至阿克打喜。有白石头，形同房屋，高10余丈，周200余丈，崎立戈壁滩上，检视四周均无字迹，然在此石附近有古大道，此路疑为古时北通乌孙小道。据说此处有石城，现在土石堆积为阜，散布山口，若营垒，所谓石城，或即指此。

时天已晚，不及踏查即返，骑行石戈壁中，至夜1点方至大道上之克子尔鄂斯堂。复由大道东行，2点半至札木台巴札，已鸡鸣矣。车户多出发矣，余饮茶一碗即寝，坐立不稳，苦甚。

9月25日　今日不走，派蓝福押运采集品至拜城，候余取山道由阿瓦提至拜，闻山中有2破城，拟往视也。连书数日日记，至晚方告竣，10余日之搁案，今日始理清。

又昨日所至之阿克打喜，即达浪山口，石阜罗织处有一石城，维名喀拉玛克沁，义为蒙古城，后为敌人所毁，今已不见其形，然其中尚有发掘痕迹，岂即班超所破姑墨之石城欤。又据云，木素尔大坂下有一石城，周可种四斗麦，洵为大城，现只有其迹，即塔木和打石驿站。塔木和打石义谓石头，据说该处石上刻有字及印章，今已没灭；亦说该处石上刻字是有的，但系一维民因失马无可寻觅，写其事于石，是新而非旧。未知孰是。姑墨本有大小石城，岂此处即姑墨之大石城欤；然小石城距大石城60里，此则300余里，核计非是。又在阿瓦提北有破地名那格拉哈那，又克子尔布拉克东30里有破城名阿克不弄，又可干亦有破城，均拟往视也。

9月26日　上午9点10分发札木台北行入戈壁，3点40分进山口，即所谓盐山也，山悉红色，盐块出焉，形同冰块，坚硬若石，维民驮盐络绎于道，途中渐有赤沙及红土，盖皆由山上冲洗下来，所谓赤沙山，疑即此山。山口有河名阿瓦提对雅，即《图志》所述之图巴拉特河，此河源出腾格里雪山（哈拉克塔克），东南流至铁干可洛克庄，转南流出山口，转东南流，至哈拉玉尔滚灌地，水势渐小，下流（至牙巴什）30里至戈壁入沙。又进山口往北，行沟中，4点10分至阿瓦提腰站，有官店一，住于草滩中。

9月27日　由阿瓦提腰站过河，入山口，向东北行，经戈壁，至克子尔布拉克，北为赴伊犁驿道。据说由此30里有破城名那格拉哈那，从前为一蒙古王子所居，但在山巅，不得上。余欲往观，乃北行，于9点20分向北偏东20°行河沟中，涉跋细石，终日横沥。12点40分至那格拉哈那。山在河西岸，形如柱，破房即在山巅。释马步行而上，中隔深沟，不得达最高层，复返。据说至西面可上，由铁干可洛克西去亦可，距此约5里地，乃命驼住有人家处；于下午四时又由那格拉哈拉北行，4点20分转西北行，入草滩，远望居民10余家，田亩多辟，即铁干可洛克庄也。5点10分住于哈什巴喜家，复同引导人及一本地人往觅破地。

此地三面山色尽红，名克子尔塔克，南为白色，名阿克塔克。此地土亦红。《新疆图志》以此为赤沙谷，云在阿瓦提北20电即乌孙赤谷。余审非是，乌什赤谷在温宿西北600里，当在今俄属润林阔勒地；且《西域传》称地势莽平，而此地山阜相属，地极窄洼，非都治之所。

9月28日　早让毛拉及房东一人同至那格拉哈那查看，据回复，此山四面皆深沟，中为尖山，并无若何古迹，或传之者妄也。乃于上午12点20分由铁干可洛克出发向西北行，皆为村舍，畎亩相续。1点至可戈额梗。此沟水源出可戈洛克庄(在北30里山口)，泉水下流，注阿瓦提河，折沿此沟向北偏东20°行，两旁石山，一水中流成溪。1点50分道旁大石上刻藏文字，疑准噶尔时所刻,以镇邪者。

据说有一石上刻字甚整齐,并有图章,字体略与此同,为放羊人毁除,因此疑阿克打喜山口之刻字石亦与此为一例。前在蒙古地,每于大道旁亦尝见此字,竖立鄂博,蒙民每至必念诵之。厄鲁特人亦崇敬喇嘛教,故俗与之同。

2点20分由此北行,入胡桐林,沟两岸胡桐密布,大石间之,水激流成小瀑布,其声淙淙,风景绝佳,穿林中,幽雅恬适,诚为一乐。2点半至一麻札,过此至一庄,有居民七八家,名麻札阿拉的,言此庄在麻札之前也。3点10分上哈拉样大坂,义为河旁之大坂。3点半上岭,入平原,稍息。3点50分复前行,村舍棋布于荒原中,树林葱郁如乌云之浮游于太空,骋驰而过。4点50分入戈壁,出荒原转东行。5点半过一小河沟,6点至克子尔布拉驿,住于一阿吉家中。此为赴伊犁大道,由阿瓦提至此为一站,故每店均人满,皆来往于伊犁者也。

9月29日　闻知此北20里山口即可力山庄,维名可干,因有旧营垒,现在此设卡伦。《图志》说此山有小石光莹如玉。乃于10点北行入戈壁,小石山陂陀,11点20分入冈峦戈壁,12点至山口,见可干旧城。城墙均完整,南北开门,跨沟中,内有住卡兵士,以稽行人,凡往来于伊犁者均由城中行,旁有居民四五家种地,此城疑为安集延时代所建,并非甚古。山口石山亦不见光石,乃转北偏东行,有柯尔克孜一家,在此放羊。12点半折东行,沿木札特河前进。

木札特河源出木素尔大坂,译谓冰岭。南流谓木素尔河,出山口谓木札特河,转东南流,经拜城南山,即铜山,故又称铜厂河，折东流至克孜尔，西会克孜尔河，经千佛洞入山峡，出口为渭干河。在上流为唐之拨换河，下流即唐之昆河，为西山突厥要道（据欧阳忞《舆地广证》）。

12点半折东行，循河畔戈壁上大道，即由库赴伊犁之道。2点折东南行，略有冈峦，3点入草滩，至鄂斯塘不一庄北境。有黑黑子一家在此放羊，即雇为引导。旋驼亦至，因下流不得过，亦至此过河，5点方渡毕。由河东岸转东南行，至哈拉巴克古址，滨河有破城一，周550步，地名柯尔塘，破地名克拉马克沁，译言蒙古城。城以石为之，不见城墙，中有大堆阜数，皆石砌，疑即古之石城。出红瓦片，红黑均有，亦有红质白粉面陶片，当为唐物。在城之西北约200余步有平阜一，堆积炭渣，则为古防守之具。又沿河百余步有古坟院，小土堆旁围以石，乃蒙古俗遗制。又大拱拜10余，则为近今之维民坟也。又北10余里河东岸哈拉姑洗，亦土阜陂陀，间有红瓦片，皆古时有居民之证。住哈拉巴克一维民家中，已下午6点矣。

柯尔克孜人亦随至，乃询其俗，据说，彼等于民国六年哈拉河反，因逃避至此。哈拉河在伊包利库里湖西南山中，沿那林河，由别叠里入口至乌什。彼俗亦崇回教，而不与维同。其风俗颇杂蒙古，男子衣服类维族；女人头缠白布，耳垂玛瑙，发辫一股系以钥匙，下身围以裙，类西俗。以游牧为生，故多住蒙古包，亦有房屋。男女婚嫁年在15上下，以币帛为礼，有及数千两者，穷人亦须数百，故女子有年至30不嫁者。其言语有同于维民，亦有异者。

9月30日　中午12点10分发哈拉巴克，向东行，入平岭，步步渐高，田舍相望，林木拱置，行之者如登云梯。12点40分东偏北20°行，行于牙衣列克塔克（草山）。此与小沙山间隔约40里，地平。4点转南东行，4点半至柯洗克阿达麻札。麻札近于小沙山旁，有路出大坂，溪即穿此小山南行，可至黑米子地也。有小河水自北山口来。据说北山喀特克土拉山口有一麻札，旁有一古城，亦名喀拉玛克沁。乃转北行，5点半转东北行，6点入山口，过喀特克土拉河。

6点半至喀拉玛克沁城，城在山口，河之东岸。麻札名鄂力伯克在河西岸。有维民及克尔克孜各一家，南距喀特喀土拉庄，即余等住所约3里许。沟中颇宽平，有道可至雪山，即牧场，约二站地。此城既在山口，必为古时通山北至伊犁之道。城周450步，无墙，北跨小山阜，临河，东西南三面，西面临河，东南为平地。城内掘痕甚多，皆农人取以肥田者，瓦砾小石亦多，亦为大红及粉红瓦片，或为汉唐之遗址，但不见铜钱。略检视，即回村舍。

按自博斯墩而东均为平原。北道迤北山行，至拜城，南道即现大道，由哈拉玉尔滚过大坂迤南山行，中现盆地。而木扎特河斜流其间，虽在喀特克土拉有一东西沙岭绵延，而山之两旁均有居民。北沙岭至强博洛克与喀特克土拉之间，与北大山相接，平原亦尽于此处。此大平原，余疑即古之沙汇州，按宋欧阳忞《舆地广记》称由千佛洞踰岭至突骑施、沙汇州，西至拨换城。以今地较之，由和色尔西北行，只有此一道沙岭，则踰岭者，必踰此岭，此岭之西即为平原，即沙汇州无疑；则哈拉巴克之破城，即为古之拨换城亦无疑。如此说为当，则木扎特河即古之拨换河，《图志》以阿尔巴特河，为古揆换河，然河旁并无旧城，又以沙汇州即沙雅地，则大误，沙雅为龟兹国腹地，焉可相混也。至于喀特克土拉之破城，疑即古时北通突厥之关塞，即元代之讹打剌城。文正《西游录》云，苦盏城西北五百里有讹打剌城。《图志》以"苦盏"为库车之转音，则库车西北至此地之里数均相符，然地无遗物颇难证明也。

　　10月1日　上午9点10分发自喀特克土拉，向东偏北20°行，10点转东行，皆为村舍。11点40分入沙岭。12点半沿干沟转东偏北20°行，屈行岭中。1点40分出口，犹冈峦陂陀，3点冈峦方尽为戈壁。此山口名阿子干布拉克口，出口，4点至阿不萨浪河。河出北山口，经流强博洛克庄村，东南流，经拜城，西南流入木扎特河。时余驼未至，天刮大风，冷甚，乃待驼至取皮衣，6点驼至，乃同行。在戈壁上远望拜城，树林如在目前，实则甚远也。由此入戈壁，初东偏北行，天黑风大，尘沙蔽目，前不见人，一引导中途逃逸。余同毛拉骑马前行，黑夜冥行，不见人家，照路驰驱，至九点至一树林旁，有树五六株，旁有一小渠，大喜已近人家不远矣。而西风甚厉，下马息于树林，马惊跳不止，然余驼尚在何处？值此大风，得无惊逸否？黑夜之中，得无错路否？百忧俱集，乃牵马回头觅驼，未几驼至，大喜，复同行。余所带从人有一是拜城人知路，后有数维民骑马至，彼等乃由强博洛克至寨里木者，与余等同行至拜城庄边。县署亦派人来迎，遂至巴扎店中住次，时已11点20分矣。余行黑路数次，其苦未有过于此次也，而大车到此已3日矣。食鸡子数枚，即寝。

10月2日　昨到晚，今日晌午方起。早陈县长送草料来。饭后访陈县长，谈许久，并出乌垒旧拓见示，系光绪年间所拓，"山狄口贡"一行尚完全，亟借回摄影归还。傍晚陈县长又约明午饭，丁所存4箱采集品亦送来。

10月3日　今早命大车及驼先去，余坐轿车后行。上午陈县长来，并愿将旧拓奉赠，当表谢意。下午2点赴陈宴。于下午6点出发，时天傍晚，躺息轿车中，至夜半12点方至寨里木，是日亦未图写。

10月4日　上午9点35分发寨里木，向东偏北20°度行，11点过20里腰店。12点路遇邮局马差，说有省来电，催速行。邮差系送黎其康君者。12点20分复东行，皆为戈壁，1点向东偏南20°行，抵克子尔庄。1点35分至巴札。因车户喂草，休息2时余，4点复东偏北行。余之邀驴人家住此，拟回家一顾，乃命至克衣巴札取驴子。余复行戈壁，至夜10时过卡，12点至托和拉旦驿，住官店中。余住此店已3次矣。

10月5日　早起有一天津人云，自迪化来，因询知袁、龚、白等工作。

上午9点向东南出发，经行沟中。10点半经土墩三，墩在沟南，建于山巅，依山为之，泂为大道之守御者。检视略有红瓦片，据说和色尔佛洞东亦狭克沟，可直通托和拉旦，岂古时山道即由此至千佛洞欤。1时，沟两旁山势渐弱，沙阜陂陀。12点40分出出山口，至大土墩处。干沟南行，余等东行，1点半至库车北庄，转南行。1点半至巴札，住新店中。

接刘春舫、李达三、丁仲良各片，知悉团中近况。又袁亦来电催速归。未几朱菊人至,谈至傍晚始归。余当以片达县署,约明日午会。晚拟复信刘、李、丁等函。盖余焉、吐之物,刘、李均为余带去也。

10月6日　上午10时至县署访程县长,谈许久,并托顾车2辆。转至电局拍电致袁,请拨银千两至焉者。转至邮局与菊人晤谈,随在渠处晚餐。归。

10月7日　今日复丁仲良函,并请拨款至焉。下午往访继、王诸君,转至巴札购物。复至菊人处商兑款事。晚清理账务,并复刘、李函。

10月8日　今早方雇妥2车,但要过了巴札,即10月12日方能动身。无法,只好静候。山中所放之驴亦邀回。

10月9日　上午收拾什物,并购维文书4部,内容均为传教事。车户拉马来看,尚可。下午赴朱招,未几继亦至,即同晚餐,归即寝。

10月10日　兑款事,经朱菊人介绍,由玉成祥、张伯龙兑省票1000两,今早交来天罡498.5两,按3.35合省票,当交菊人200两换省票。又在家清理箱子,午后过秤,计箱31口,共2480斤。至晚方毕。

今日为国庆纪念,追想去年今日不禁感慨系之。

10月11日　今日为巴札之期,售出驴3头,入银61两,尚余7头,内有丁仲良的1头,交朱菊人代售。又存天罡100两,为购买皮袄,及毡毯之用。午装车1辆,下余1辆尚未修理好,明日再装。

10月12日　上午车来,并言定21天到省,每辆280两,当交省票400两，下余160两。午后至朱菊人处午餐，并同摄影两张。于下午5时出发，菊人送出20里，余上车，至夜12点方到托和乃，已鸡鸣矣。

10月13日　上午8点10分发托和乃向东偏北20°行，8点40分入戈壁。10点20分过一古址，在道北，周170步，名徒格塘木，土砖所砌，高6尺余，有红瓦片，疑为古之营垒。复由此而北，约6里许，近山根有一土墩，亦为砖砌，高5丈许。转东南行，11点40分归大道，折东行。12点半又至一破垒，周300步，城东南隅有高墩，俗呼炮台，亦为土砖所砌，地名乌什塘木，疑皆唐之破垒。12点50分复前行，1点40分至曲拉阿瓦提腰店，俗呼大老巴。略息，3点复入戈壁，4点10分又经一土墩，鞭马直驰，6点半至阿尔巴特。大车在大老巴息肩，至夜12点方到，驼亦在晚10时到。共行140里，盖两站为一站也。

10月14日　上午11点10分向东北行，转东偏北20°行，大车由大道走，余带班人走小路。

12点40分过拉一苏河，1点至破地，有土砌破房2间，西回同武拱包2，疑古时坟院。复东行，过一干沟，2点至梯木沁，有大土墩2，破房3间。在大道南，依西一土墩，上为平台，周60步，四周均有房舍遗迹，周200步。台高5丈许，土筑，红瓦片粉白皮。迤东百余步一土墩，周90步，高丈许，砖砌，四周无房。在北有破房3间，均颓，与道北之破房相为应合，疑为当时屯兵之所。道北均白泥冲积，道南遍生红柳，在大土墩处见磨石，则为古时屯田之处。拉一苏河正在古地之西北，沟口即在正北，由此沟入，可至草湖。

3点由梯木沁动身，4点半至穷巴克庄巴札，驰行村舍，5点至第拉尔河，6点20分至轮台巴札，住一回回店。新房颇洁，招待亦周，大车及驼均夜半至。

轮台至焉耆一带古迹

10月15日 上午访陈县长，谈许久。陈，湖北天门人，为余之近同乡，名本枸，字龙生，出关数十年矣，为人极忠实。下午随来回访，约明日午餐。

余复为探访狭尔克达克之准备。据一维民云，轮台南5里，那巴庄有破城，名那巴城。又哈拉墩南30里有破城，名黑里瓦沁，又南15里有破城，名犁华城，即三角城。又榆什托和拉克庄南有破城，还有一城。据其所说，有四破城，余踏其三，汗木多踏其一。又说策特尔南一站半有大破城，一城在野云沟与策特尔之间，又库尔楚南200余里有几个大破城，名克太太沁，距新平不远，即在新平、轮台之分界处。然策特尔至库尔楚南有破城，言之者众，去寻访者亦多，皆是听说，无人见过也。又库车班人说，在轮台市与羊沙尔中间山口即第纳尔河沟口，东40里土子诺额梗（即盐山口），有破城，形迹同苏巴什破城，沟两岸均有破房遗迹。又有一大土墩，为从前外人所未见。然询之羊沙尔人与轮台人均说不见有此破城。羊沙尔西北之卡尔雅沟口，与轮台北之克子尔沟，其破地均看过，不知是否为班人所说。

　　破城距羊沙尔 50 里，如果有，则为古乌垒国城，或即唐之乌垒州城。余疑古乌垒国即在轮台与策特雅尔之间，北近山边，而轮台北之第纳尔河沟口，东之土子诺额梗沟口，羊沙尔西北之卡尔雅河沟口，策特尔之山口，均有破地。古时乌垒为龟兹分出，据《西域传》"西通龟兹 350 里"。库车至轮台 320 里，轮台至羊沙尔 60 里，是古乌垒国址，非土子诺沟口，即卡尔雅沟口，二者必居其一，尚不及策特尔古地，故《图志》谓在策特雅非是。又轮台与渠犁屯田相续，轮台屯地在布古尔庄南偏东 60 里，渠犁西北，去乌垒 330 里，以地望及里数核之，当在库尔楚东南 200 里左右，与维民所说相合。若以，策特难当乌垒，则以新平当古渠犁，与古东川水流于渠犁国南，龚敦水流于渠犁国西之文不合，故渠犁当在轮头城东南 200 里，库尔楚南百数十里，方为可信。现本地人常在野云沟及库尔楚南觅破城，相传有见者，城郭岿然相续，百物俱全，然为沙碛所掩，颇难寻觅。因此城埋于沙，故又名霞尔克太克，即沙漠城之谓也。此城名声甚大，南疆老幼无人不知，每年冬春去觅此城，亦无虑数十百人，多不见城而还也。

　　10 月 16 日　上午命大车及驼先至羊沙尔，余于傍午至县署，时有一位监收委员樊君在此，谈许久，迟至下午 4 点方入座，未终席，余即辞行，已下午 5 点半矣。

　　急马直驰，8 点至若水河，已行一半，晚 10 点方至羊沙尔，彼时车马骆驼久已到店矣。羊沙尔至轮台，名为 80 里，实只 60 里。有河名卡尔雅河，沟口有破地，余去年过此，曾一往探，河下流入沙。又羊沙尔庄南喀里吉格得庄有麻札,名色勒格阿塔,附近有古址。又东南 30 里谱有古址名阿格拉克,据一维民云,曾在该处掘出尸骨甚多,在策特尔正南约 40 里即阿克沁之南沙窝中。此处城墙及房基已不显,只有高低土阜而已,余疑为古坟地。据说,由羊沙尔南有一小道直至霞尔克达克,约一站半,尽由沙窝中行。一维民曾由小道去觅破城未获,据说由野云沟去转易寻觅,乃决至野云沟,再请本地乡约代觅一人作导前去。

10 月 17 日 上午乡约带一引导人来,此人到霞尔克太克去过 2 次,一次由小道去,未获;一次由策特尔去,由野云沟回,始觅得。据说该处有破房三四间,系木作,故又名喀太克威(木房之义),其南尚有一处,有瓦片及炭渣。

上午 11 点 45 分发洋沙尔向东行,过羊沙尔河,入戈壁滩。1 点至喀拉卡洗庄,有麻札名喀拉卡什麻札,据说此麻札旁有泉,凡患目疾者往洗即愈。旁有一土墩,堆名杂拉格沁,略有红瓦片。复东行,3 点 50 分至阿克沁,一沙土堆,并无一物,在沟西岸沟名黑太额梗,汉人沟也。复返至策特尔,6 点半由策特尔东偏北行,入红柳滩,时天已晚,骑马直驰。8 点 20 分入野云沟庄边,8 点半住巴札官店。店已破坏,住一小房中,野云沟维名依什玛,有庄户数十。大车及驼至夜半方至,盖由羊沙尔至此 100 里。

10 月 18 日 在羊沙尔时,其乡约为余函野云沟乡约,托雇引导 2 人,觅霞尔克太克。上午乡约带 2 人至,据说在南有木房一间。又西南有瓦片及炭渣地。乃雇定,由此循小野云沟而南，以三日为期，命蓝福带大车及班人先至焉耆，余并函知季华嘱其照料。又前在库车时，闻一张姓言，其家有一瓦罐，出自野云沟南古城，至此，访其家，携瓦罐至。红泥高尺许，圆底口小，旁有二耳，类辛店期产物，乃给银4两购归。后问引导者，知此物出在野云沟东20里小野云沟北一古址中，余决先去一视。

余于12点20分发野云沟向东行，过沟边古址，复东行，道南为胡桐，道北为戈壁。3点至阿克墩。有土墩一，高6尺许，中有一枯井，前为土覆，后为维民掘出，其西亦有一井，形同此井，口宽3尺，长4尺半，深若丈许。墩四周为红泥滩，均有红瓦片，掘瓦罐处在其东北3电许，乃一古冢，据说掘出尸骨甚多，有瓦罐数十，均被维民打碎。

据引导者云，北山口名阿克打什，有白石屹立山腰，该处古碑一方，字划甚美，后被名苦望者打碎，用火焚烧，殊为可惜。于4点向东偏南穿行胡桐窝，5时至小野云沟腰店住。此地有井水，过此即为戈壁也。又馕及苞谷均不够，派毛拉至野云沟购办，至晚方归。

10月19日　上午8点40分由小野云沟出发，向东南行，经穿胡桐窝向沟中走。9点半向南偏东20°行，转东南行，仍为碱滩。11点半出胡桐林，入红柳滩，转南行，仍为碱地，驼行甚艰。沟至此已四散分为二岔。3点20分为光碱滩，向东南行。4点半过一东西行干渠，过渠后南行。5点抵破房处，略视一周，即至干河岸住次。即命人至干河掘井，深6尺，不得水，殊为恨事。

破房即在干河北岸，木架结构，已被人所毁，据说亦未掘出何物，其底惟牛马粪及羊角毛之类耳。其旁有黑黝冈瓦片，疑为近代物，或为羊户所居也。洋沙尔引导所说之破房在干渠北，亦失所向，明早再去寻觅也。

10月20日　上午派引导二人去觅破房。余巡视附近地址，在河畔掘现一柴窑，底有烧砖。傍午引导人至，均称未获。一维民拾宋"崇宁通宝"大钱1枚，又在干河与干渠之间拾铜片与铜块1件，又其西南，亦有红瓦片，知此地在古时确有居民。据本地人言，此干河由东北向西南行，系由库尔勒河分出西行，复偏西北转西南，转东流行于沙窝中，仍入库尔勒河。复询一老维民，据说此干河由库尔勒西偏南一站博塔地方分出，西流（现新河由博塔南流河北曲，为曲肱，故名博塔，该处有一草滩，古时由草滩西流。现转南流，即《水道记》所称苇荡也），西经沙窝中，转东南流，至新平之昆其庄，东流二站，至罗布，与英奇克河会；流行至沙窝中何地，不得而知。

余综合各人所说，此干河由博塔西流，至博西入沙窝，复西流于沙窝中，至库尔楚与野云沟之间南流，又转东流。羊沙尔维民所说之喀达克威及有红瓦片处，必在此河东流两岸。因据说由干渠须穿过一沙岭，方至其地，有瓦片处必在西南流处，距此约10里路也。野云沟维民，曾在河岸，即余拾大钱处，拾有铜人及大钱，距余等住处，约5里许。

按《西域水道记》称开都河自哈满沟西行30余里出山，又南流20余里，经库尔勒庄与军台之间，又西南漾为苇荡，凡70里。经喀喇布拉古军台南20余里，又西经库尔楚军台南而西，凡300里。仍曰开都河。乃折而南行300里。又折而东入塔里木河。按《水道记》所述，乃古时开都河流（所述苇荡，即博塔草滩），与今流不合。又《水经注》曰敦薨之水，自西海径尉犁国，国治尉犁城，西去都护治所三百里，北去焉耆百里。其水又西出沙山铁谷关，又西南流，径连城别注，裂以为田。其水又屈而南，径渠犁国西，故史记曰，西有大河，即斯水也。又东南流，径渠犁国，治渠犁城，西北去乌垒三百三十里，汉武帝通西域，屯渠犁，即此处也，又南流，注于河。按尉犁即今库尔勒地，库尔勒至四十里城市100里，至策特尔320里，与《水经注》所述相合。所谓连城西古屯田地，今均变为沙漠，所谓霞尔克太克是也。渠犁在库尔楚之南，今亦没为戈壁沙漠。

本地维民相传，此一带有7个大城，说为7座连营；老维民亦称此地乃汉家屯十万人马之处；有猎户见有房屋街市俱全，若取物，即刮黑风，深夜时闻鸡鸣犬吠，而见之者稀也。故证以古志，按之传闻，在库尔楚、野云沟南，新平北沙碛之中，确为古渠犁屯田地，故墟之多，更不用言矣。

《水道记》称《水经》"渠犁为尉犁之误"，而渠犁西之大河为龟兹川水。实大误。尉犁即库尔勒，渠犁在沙碛中，渠犁西之大河即今海都河，故《水经注》又补证说，西之大河即敦薨水，稍可确信。龟兹东川，《水经注》称"东南径乌垒国南，治乌垒城，又东南注大河"。是龟兹东川，在策特尔南即入大河，不至库尔楚地。野云沟一引导者云，彼曾由策特尔南行，一干河南流转东行，一干河东流，传说南流者为库车河，东流者为库尔勒河，与《水经注》所云符合无间。可证库车河古时在策特雅尔附近即入塔里木河,而现在之库车河即恰阳河,为从前之西川水,新平之英奇克河则为古时敦薨水旧道,即开都河水也。现开都河阻于沙,不西流,南行为孔雀河,而库车河东逝为英奇克河,东川水入湖,不东行矣。故《水经注》述东川经乌垒,而不经渠犁;敦薨水经渠犁而不及乌垒,界域甚为明晰。而《水道记》必谓渠犁西之大河为东川水,实不然也。又《汉书·郑吉传》称吉发渠犁,龟兹诸国五万人迎日逐王,口万二千人,小王将十二人,随吉至河曲。按敦薨水在今库尔楚南,即曲而西南流,余等拾铜钱、铜人、瓦片即在其曲处,则连城亦必在其地。此时郑吉亦不驻乌垒,而移节于渠犁屯田处,故日逐王亦随吉而至河曲也。又古时汉北道由鲁克沁西南行,经尉犁、渠犁、乌垒至龟兹,即由博斯腾淖尔南东出碛道。《水道记》亦说焉耆入中国,初由碛路,隋末闭塞,道由高昌。唐时焉耆王突骑支复开碛道,故高昌恨之,是现时由库尔勒、大墩子、库尔楚、野云沟、策特尔,为唐时所开之道,故沿途皆有土墩,为唐时所筑。自东川、敦薨断流,而渠犁没沙,轮台成碱,汉道遂塞。今之北道及都护道皆不通往来,遂专由山边行矣,此古今之异也。又干河旁之干渠,距干河 200 余步,必引敦薨水灌地者,据说,其北口在柯洛克沙衣,距库尔勒西一站地,其渠旁有古城,盖余所拾铁块及铜片,皆在渠南河北也。

余在干河处查视既毕,于下午 1 时由干河向东偏北 20°行,从人在沙窝中拾铜片及铁块之类。1 点 40 分过干渠入碱滩,3 点进红柳窝,圪堵棋布于碱滩中,若营垒,似土垣。由库尔楚西东南行，似为水冲积层，4点出红柳圪堵，入草滩，亦为碱地，僵质坚硬如石，驼马行之甚艰，有苇草及马连子。5点10分转北行，仍为碱滩。5点半入草滩，有小道数条，均由库尔楚东南行者也。时天已晚，又不见路，6点半入胡桐林，乃住次。

余本带三位引导人，黑夜之中，已逃其二，只剩一人。距库尔楚仍有10余里也。

10月21日　上午8点半向北偏东20°行，经胡桐窝。9点半过大道转东偏北20°行，道北为戈壁，道南为沙碛。10点20分又入胡桐林，11点至羊达乎土克腰站子，在此息肩饮驼马，时驼不饮已3日，驴2日，马1日也。11点40分又东行，2点20分至我瓦腰店（大石岭），空店无人管理。下岭时，驰马前驱，4点20分至大墩子住次。旁有大墩一，因此取名，墩为唐代所筑，四周皆有破房痕迹，及红瓦片。

此市为民国元年所开，有店官一，无人管看。余住一回回店中，有一老汉照管，彼年70余，曾朝汗一次，前随刘爵爷（锦棠）出口，今已40余年矣。言谈颇为有趣，据说，朝汗先拜姥娲古坟，长百余步，称为人母，为人类之始祖。从前天倾西北，地陷东南，姥娲撮土补天，始分天地。姥娲氏生有四乳，亚当为其丈夫，称为人父。此说均出自回经。按女娲氏炼石补天，我国古书亦有是语。

10月22日　上午10点发自大墩子，道南均有庄户。11点半至上户地庄，12点10分至腰站，略息。据说库尔勒西一站托尔其庄有一破城，即在河之东岸，盖开都河自博塔曲而南行，此城即在河东岸处，或即尉犁遗址。12点40分复出发，向东偏南20°行，1点离开大道。走山腰。2点50分转北行，3点半沿山曲而东北行，已进沟口，所谓铁门关，即古之遮留谷也。4点20分至开都河边复沿河北行，5点半住店中。河水碧如镜，传说河中生怪物，能食人，形如鳖，岂即鳄鱼之类耶。晚大风起，屋瓦皆震。一同乡某，来自且末，据说，且末甚寒苦。询且末城事，云有房址形迹，亦无城墙，不见出何古物也。

10月23日　上午8点50分由哈满沟向东北行，初沿河，出沟口后别大道上至明屋小路，冈峦陂陀，转北偏东20°行。时大风扬沙，石子击扑人畜不堪，余帽落者数次。11点半至一大墩处，巡视一周，墩为土加柳条所筑，每尺许即加一层柳条和苇草，高约10余丈。12点40分至明屋，维名为锡可沁，即住于佛洞中，藉避风沙。

下午复至去年工作地巡视，颇堪回味，并觅出一处，尚可工作，归。蛰居帐中，烘火取暖，而外面之风尚浒浒有声也。

10月24日　早起带汗木多等工作大庙旁之土堆，掘出泥塑文件，余归测绘去年工作佛洞图并摄影。因此洞去年曾掘出经纸，未图形，特补写耳。既竣，而汗木多呼声已至，知出了古物。复去，见发现泥塑佛头甚多。转至去年工作地，藏品尤为丰富，在大庙旁四周之小房，均有佛像，外人未曾掘过，未半日，即已古物累累，可陈一箱。若尽量发掘，40箱古物可得也，惜余无暇，奈何奈何。

于下午5点35分出发至四十里城市，向东南行。5点50分至泉水处，转东偏北20°沿山道行。8点20分至四十里村舍，8点40分至镇市。

幸下午风息，夜行尚可辨路，不然，若行于旷漠平原，加以风沙，鲜有不歧途者。略进食即寝。

10月25日 上午10点半发自四十里城市，东北行，经古代遗址，命毛拉往步之，据说周4020步，土筑。复东北行，茂草青葱，皆蒙古人地，若开渠拉户，可成巨镇。1点半入抚回庄，为西宁迁来之回民，现多成富户矣。2点至河边遇卜纳同渡河。3点自河北岸行，3点半至哈拉沙尔，住熟回回店中。前为道署，现道署移至城内新房，故仍开店。略息，即往访道宪，拜汪季华，谈数时归。店中住有那林助手，来购驼者，据说那林、安卜尔现在新地工作，彼等以6个月为期也。

10月26日 上午写数日日记。下午3点道署来催请，即赴宴。惟继子成同余二人而已。汪道台及汪四均病，不能陪客，一科长作陪，食便饭，归。

10月27日 发电致袁希渊，报告行期，戌齐可到省上也。

返回迪化途中

10月28日　上午12点20分发焉耆，向东北行，沿途田舍络绎。3点转北行，3点40分至六十里户，为焉耆附郊之大村庄。时继子成亦到此，略谈数语。3点50分转东北行，入草滩。5点至海边，为博斯腾淖尔西部溢出之水，宽约5里许，芦苇弥蔓，水鸟浮鸣于上。沿淖尔东北行，6点半转东行，穿行草滩，高可隐人，茎粗可用作烩。7点半抵清水河，居民10余家，有官店一，余住一民店。由焉耆至此120里，余骑马7个钟头即到，盖大车每点钟10里，马行20里，官路以大车计也。

清水河土质甚肥，闻蒙王拟开一渠，引海都裕勒都司河水开垦清水河地，如成功亦伟绩也。盖焉耆除山中牧场外，东自清水河，西至紫泥泉皆蒙古人所居，此一带水草甚优，土亦肥沃，若开渠安户，可辟三县。现蒙王拟自斜米开渠至清水河，每日四五百人开工，招集逃亡、迁徙山中蒙民从事工作，其志不在小也。

10月29日　上午12点发清水河向东行，沿途黄草弥蔓，1点半至他加其庄，4点至曲惠，在此略息。飞鸽成群，鸣于树枝，群相观望，乃知避鹰鸟也。有破城在庄北2里，去年过此，曾往掘也。4点20分复前行入戈壁，鞭马驰行，6点40分至乌沙他拉。有一小巴札，附近庄户家百余，回民居十之八九，牧畜耕种均有储蓄，据说此地从前无雨雪，今夏七月间累下大雨，并无损禾麦高粱，反藉此得沾润，因河水不足，藉雨水以补充也。又于本月23日（即九月二十一日）下大雪，深3尺，为从来所未见，现雪尚未消尽，余于24日到明屋见冰，今又见雪也。

10月30日 乌沙他拉东南有一破城，距巴札约20余里。乃雇一引导者，大车由大道行，余带2人于上午11点20分向东南行，踏看破地。沿途皆田舍，12点20分至大老巴庄，此地有土墩痕迹一，似为古之营垒，已碱，检无遗物。复在本庄觅一人作导，于下午1时复向东南行，1点半即至破城。城墙已颓，而墙基犹高丈余，周约1220步，城内有小城，周500余步，内已成碱，四周均胡桐，城门向西，土墩即在其西北隅，约5里许。大道在北，距30里圪堵约20余里，博斯腾淖尔在其西南30里沙山之北，可望及之。据说海边仍有一城，半坠水中，未及往寻也。此地为危须国旧墟，或即古危须国城。

据说由此西北50里，乌沙他拉北30里山口，名龙口，有破洞数间，类佛洞，洞壁画飞鸟树木，前20年有一外国人来此，将洞壁画刨铲而去。彼洞与此城必有相互关系，岂均唐物耶。

余审毕，于下午2时复向北偏东20°行，在红泥滩上时露红灰瓦片。3点至新井子山，即三十里圪堵，言距乌沙巴什30里也。绕沟转东偏北20°行，3点20分行山之背面，3点40分上大道，盖大道行于两山之间，古时大道，据说行于新井子山之南，即淖尔北岸，直达柳中。现道取榆树沟，为清代所开。由沟中行，直至托克逊，较现道为直。然由曲惠入山，经察汗通格，4站至吐鲁番，较此道更捷，不知唐时银山道是否指此。

5点至新井子，有腰站子一家，在此打尖。6点10分复行，皆为戈壁。8点40分略有山阜。9点入沟口，转东北行，渐行渐低，沟亦渐宽，沟中生有榆树，故名榆树沟。10点20分至榆树沟，有官店一，房屋甚狭隘，店即搭于沟中，依山为壁，草料均无。大车及驼夜半方至。

10月31日 下午1点发榆树沟，向东偏北20°行，仍行沟中。3点转东行，山势渐落。3点20分出沟，然路南山脉犹蜿蜒东趋，入于戈壁。余附大车向东偏北20°行，8点山阜起伏，8点20分至库木什。住官店。大小店数家。车马皆满，余先派人觅房，勉强觅得3间。草料甚贵，每把苜蓿5钱，苇草2钱，苞谷无有，较喀什贵几5倍，然不得不买矣。

11月1日 上午12点发库木什向东行，在村旁路北有破城及土墩各一。下马检视，城余墙基，高2尺许，周398步，检无遗物。在城之西南约50步有土墩，疑为营垒，中有牛马粪，及废残布巾鞋履之类甚多。毛拉拾钱半边，一字，不类维文，然此地决不甚古，疑为清代初准噶尔霍集占所筑。因清攻霍集占，正在此一带用兵，至若汉唐则不取道于此。又库木什山上有一麻札，还有一庙，行人下车群往观眺焉。

1点复前行，向东偏北20°，全为干滩戈壁。5点半渐有山阜起伏。6点入山沟，转东北行，沟愈下，而两旁山脉渐高，车行沟中，轰轰有声，余在车中蒙被而卧。12点半至阿和布拉，有官店一，庙一，在沟南，又有小店在沟北，万山崎立，直耸云霄，一小店位于沟中，沟岩有泉水为路人吸饮之所，然设山水暴发，沟中之人皆没于水矣。据说前20余年，有一卸任知县，过阿和不拉，山水暴发，人马溺死。漂流至托克逊。故在夏天行此路者，颇为危险，且此路石子太大，水草俱无，何不另辟一道耶。

11月2日　下午1点半发阿和不拉，向东北行，仍走沟中。4点渐有泉水，溢流成河，6点至苏巴什腰店，略茶尖。6点半复前行，大车由沟中走，余骑马上大坂，转由戈壁上行。9点20分至坎井，有户家数十，转西偏北行，9点40分至托克逊庄，10点至巴札，住官店。大车夜半方至，即寝。

11月3日　因驴驼日行大站，乏极，今日休息一日。清理汗木多账务，彼将归。以小青马给汗木多，大青马70两售之户家。汗木多从余年半，颇有劳绩，临别索余字，余书"工作掘手"四字赠之。

下午继子成至，谈论及新疆财政，因纸币过多，故百物昂贵。余意无现金储备，徒刷纸币以济穷，此自杀政策，今日印百万可够，明日非二百万不成。今年空一千万，明年则空二千万，如此何有底止。治标之改革，亦非无办法，一、统计发行纸币多少，斟量核减；二、多铸铜元，以补现金之不足；三、喀什、和田道属咸缴省票，一律改现金，各地关税一律收现金，集现金于公家；四、禁止现金出口，以杜漏卮；五、招集股本开金银矿，斟提几成归公，作兑换纸币基金，以上为救济金融之法。因金融与财政有连带关系，而影响于物价，故谋财政之充裕，物价之平衡，先理金融，此理财之完法也。再说到财政：一、稽核各县收入，如西四城，每年各县长中饱平均十余万，若加整治，每年多收百万；二、各地荒地森林甚多，收归公有，以裕收入；三、裁兵；四、减员；五、整理田赋，以上为整财政治标之策。苟财政有办法，纸币亦可减少，而金融亦可周转，然此不可与新省诸公道也，诸公缺乏常识，谈何整理。

11月4日　下午2点由托克逊出发，4时至二十里腰店，稍息。至6时上大车睡卧，12点至四十里腰店。据说此地时有大风，如风起时则不能行车，今日幸无风，时腹甚饥，食车夫馕数块。复前行，至小草湖已4时，天将明矣。小草湖在群山之中，托克逊水绕其西，有小草场，色黄，故名小草湖，居民四五家，官店一，草料甚贵。

11月5日　上午放驼，下午1点半向北偏东20°行，2点40分沿托克逊水北偏西走。4点20分有支路向东北去，至吐鲁番。5点转西北走，仍沿托克逊水，河流两山之间，山均为火成岩，红灰泥时外露，或出炭与铁。6点经胡桐树窝，复经行红柳林中，7点至后沟，即住。明日将翻大坂，或由河中行，均须白天，故暂住也。

有店一家，为回回所开，盖自焉耆至省，各站官店、民店，多为回回所开，草料甚为昂贵，可恶也。

11月6日　上午放驼。正午12点发后沟，沿河行，12点半有支路，为翻大坂故，仍由沟中走，渡河5次。3点山势渐低，当出口处有石碑一方，叙述筑路始末。山巅有一破垒，想为安集延所修。5点至草场，当河边有破垒一，即安集延怕夏仰药处，所谓大坂城是也。在草滩中居民甚多，沿山一线。山上冷极，盖已纯为天山北路风景矣。6点至大坂城，时风甚大，即住次。有街市房舍甚洁。风大未曾出门。

11月7日　上午放驼。正午12点发大坂城，向西行。12点半入戈壁，旁鄂门淖尔西行，因风大，余在车中蒙被而卧，下午7点至柴俄堡住次。

11月8日　早起，闻袁希渊在北山工作，即去函告知。余于9点50分发柴俄堡，向西行，仍为戈壁，旁鄂门淖尔。1点40分入山，冈峦起伏。2点20分至芨芨槽，在此稍息，有卖面汤者，各食面一碗，转东北行。3点复北行，仍行于戈壁中，5点20分过一小湖，6点20分至迪化村庄，过南梁，7点抵迪化团部。时刘、李均在，相见欢然，谈至12点方寝。

11月9日　休息一日，未出门。

11月10日　拜金主席及陈署长与道宪。

11月11日　在家休息。今日为星期天，接省府公事，派李厅长接收我团气象台。

11月12日　又有函来，说明日来。

11月13日　上午李厅长至，谈接收事。

11月14日　袁希渊归，又谈至12点方散。

11月15日　连日为行俄道草地议未决。

11月16日　驼户来邀秤，余箱52口，共5140斤；外袁先生21口，已过秤，共约9000余斤。驼户包13800斤，连米面，相差不甚远也。

整理者按：作者自1929年11月17日至1930年2月23日

日记中断。其间，2月18日以前住迪化，2月19日复自迪化东行，至2月24日之前的日程为：

  2月19日　发迪化，至芨芨槽；

  2月20日　至柴俄堡；

  2月21日　至达坂城；

  2月22日　至白杨河；

  2月23日　至头道河子。

雅尔湖发掘

1930年2月24日 上午9点发头道河子，行经冈峦，12时过盐山口，有腰店一，行人在此午尖，山口土石远望如城关。1点复东偏南20°行，3点至硁硁，（根特克）有店一家，车户在此喂马。南山上有土墩一，为清乾隆时攻准噶尔所筑。山沟有庄户数家。4时复前行，7时抵雅尔湖庄，时驼队由汗木多利领带已抵此，住一维民家中。余至时已黑夜，不辨路径，前年虽路过一次，已忘矣，幸余之领队者着人来迎，乃至寓处。据云，前日本考查团住其家，现又新建房一所，尚未竣工，余乃为最初居客也。

2月25日 早晨同汗木多利、小侯查视古城遗址。午归。

下午1时带厨子及毛拉进吐鲁番城，拜访县长，及购买什物，仍住新城，即回城。

吐鲁番有二县城，一曰回城，亦称新城，回名英尔沁，有街市，维民贸易多在此城，实无城墙，仅东西两栅门，夜不关闭。一曰汉城，亦称老城，回名孔纳沁，官署居之，有高小一，及县署游击等官。县长姓徐，河南人，在迪化时即与之熟识，故到此即往拜之，留晚餐后回店。

2月26日　上午有维民哈得尔兄弟来卖维文书，计购20册，又零件少许。下午3时雇车回雅尔湖，时风沙弥漫，归已傍晚。知汗木多等已捉出许多古物。

先是此城在两干沟之中间，败壁犹存，余昨日与汗木多审视一遍，以南部虽可工作，但工程太大，亦不见能掘出什么东西。中部已被地方人及游历人士掘拾殆尽。盖本地人多取城土肥田，故连带古物亦多散失。惟此城之北部地势渐高，车马不能通行，尚保留其原形，外人亦多未工作，故小侯、汗木多利发掘北部庙基，果出现若干古物也。

2月27日　闻知此地有一维民掘土，曾见石碑碑头一方，乃往观焉。碑已残毁，宽3尺许，据说中间有汉篆字，两傍有人像，中有虎像，惜均被铲除，已不能识其原形。然此为碑额，碑身在何处，在此石碑发现地点发掘，亦无所得。

在此碑左近，皆为大殿，或为官衙署，复命人在土台上发掘，有破乱经纸，及红底黑花瓦片，盖在唐以前也，其砖瓦刻画略同，疑为汉魏之遗物。复到北部平滩上，有许多已圮小房，只余痕迹，有时连痕迹亦未有，试掘之，出经纸及木签，皆蒙古字，所以余疑汉唐居住在此城南部，蒙古在此城北部。其建筑形式亦不一致，中部为版筑，约2尺5，或3尺建方，或长方形，均为红泥筑成，其瓦片花纹，多为波浪纹，或压绳纹，以各处所得汉代陶片花纹作例，疑为车师前王庭遗址。其北部则为畏兀儿人所居，小房墙为生砖所砌，显系后筑。据此，则红底黑花之瓦片，或即匈奴遗物，或车师国人之用品亦未可知也。

2月28日 今日加雇小工15人发掘大庙后之破房，及大塔前两旁之圮颓小房。余饭后，同本地人到城中巡视一周，由南而北。据说此为3城，有3个城门，以南者为伊犁河人所筑，中为汉人所筑，北为蒙古人所筑，大庙宇均在中部。

余视此城建筑时代并非同一时期，以庙基建筑论之，北部庙墙为四方土块所砌，约2尺建方。其住宅均有地室，方形，上覆以草，类现时草场羊户居室，其中每每现经纸，以畏兀儿文书为多，此地人说，北部为蒙古时畏兀人住，或为可信。据《新疆图志》称西辽封吐谷浑之裔（此说非是）畏兀儿于交河，其酋日月仙帖木儿亦都护也，居此。中部房址多为土筑，上庙下洞，洞为圆形或方形，上为圆顶，高约五六尺许，满填沙土。其散布之瓦片为粉红白皮，以各地瓦片例之，疑为唐代之物。又人们常在城中拾有"开元""乾元"诸钱，则唐之交河县必在此，盖在平高昌之后也。南部未捡出若何遗物，间有瓦片，红底黑花，其破碎砖块上之花纹类三堡旧城出土之物。疑南部为唐以前高昌国之交河镇。均依岩为室，洞上间有土坯所砌之墙，年代颇近，或为后代所筑，至维民相传为伊犁河维民所住，则准噶尔故地也。

巡视完毕，还至掘地处。知渠等在大庙后破房中发现残经纸甚多，有畏兀儿文书；有一面为唐经，一面为畏兀儿文字，则因当时此地乏纸，畏兀儿人取唐经残纸以代文书纸也。又有字书残纸2块，疑为抄写切韵残卷，惜不多耳。

2月29日 早雇18人发掘大庙后之破房，另派6人发掘沟北古坟院。先是有本地维民在坟院中发现古瓦罐1个，红底黑花，乃购之，随至其处发掘，每坑均有红陶器一二枚，彩陶尚未发现也。

余在家中，有卖书者来，一为《天经》，为5种文字合译而成（札窝、伊兰、阿富汗、印度、阿拉伯），非关经义，可为文字之参考。一为《莫罕默德行传》。又一维民携书来，内容有蒙古王在和阗、喀什入回教之事。又有库山王默让拉之子默拉那甲马立登住克特格沁事。据说，此城在吐鲁番南和阗北，在今新平东沙碛中，本地人说吐鲁番南山中有一古城，名阿拉克沁，拟此城。此说非是，然本地传说克太克沁故事甚多，盖沙碛之中湮没不少古城，亦系事实也。

昨日袁希渊派老赵送信来，中有抄图3幅，大概皆关于敦煌路线。余今日拟复一函，云倘敦煌路不可行，拟走蒙古路东归。付带胶片2打，托洗。

晚渠等归，报告其一日中所掘出之古物。

2月30日　今日老赵回省。余饭后至古坟院掘地处巡视一周，转至大庙后。汗木多等开出一坑，发现大缸1口，复下掘，有小门，中有墓室，无遗物。又派4人在沟西坟院亦开出一坑，发现墓室已倾圮，为土所掩。余试探其隅，有碎瓦片，再详细清理，发现瓦罐3枚，已破。此为余以后在此发现墓砖百余、陶器数百件之第一日也。

此地每一坟院合坟一二十冢，外有石堆线栏之，藉以区分其种姓。每坟上均有石块、堆砌为方形或圆形，故前有石块骈列一线，即墓道之路线，循此路线掘之，即出墓道，按此法工作，百无一误。

墓道宽约1米，深约4米，掘至3.3米即见墓门，墓宽、长约3.3米，高约一二米，墓门均向西南，死者陈置土台上，倾向东北，器物则陈列死者两旁，或头部及足旁，每墓皆如此，不独此冢然也。

先是余派小侯在沟北坟院发掘，亦发现红色陶器甚多，其墓室制度与沟西微异，沟西每冢墓道上均堆有石块，外有石线栏之。此处无墓道，仅视为塌下之井口而掘之，有内外二坑，内坑浅，而外坑较深，死者及陶器多陈列内坑中，即复室也。陶器形式，有盘、碟、杯之类，杯与汉漆杯相同，疑为汉代遗物。又本地人掘出之陶器，亦出在此地，故余疑此一带古冢，为汉代车师国人之故坟地；沟西为高昌有国后、及唐代之坟地，以其出土之陶器为证明，可作如是之判断。

3月1日　早汗木多归，雇小工11人，由小侯带去，仍掘沟西坟院。余饭后即去查视，知已发现墓砖2方，一为重光三年麴庆瑜墓表；一则字迹模糊，后在墓室发现陶器20余件。

归查《纪元编》，无重光年号。高昌国年号，据罗叔言《麴氏年表》起于延昌，然此墓表有"除镇西府省事"字样，据《魏书》麴嘉死，追赠镇西将军凉州刺使，则重光必为麴嘉年号，诸史不载，无由考核，然此砖书壬午岁，以长历推之，壬午岁者，一为高昌延昌二年，一为魏景明三年。麴嘉立位之年，诸史传记之不详，亦且互异，《周书·高昌传》作太和末，《魏书》叙于太和二十一年，是年岁次丁丑、则壬午岁嘉立已6年矣，若中间改元，必不过3年即改元，若以景明元年庚辰为重光元年，则3年适当壬午，故《周书》称嘉立于太和之末之说较是。然镇西将军在嘉死后为魏所追赠，岂高昌原有是官制耶。

又工作昨日所掘之墓道，发现墓表2方。一为延昌二十九年麴怀祭妻王氏之墓；一为延昌三十一年麴怀祭之墓。两人合家也。后又掘C墓为延寿九年麴延昭之墓，并出瓦罐四五。墓表均嵌于墓道墙壁，字向内，故出土时彩色甚新。麴王氏墓表系刻字，中填朱色，字体方整，盖工于书刻者为之也。

至傍晚方归，小工及各人均奖银，共20余两。

3月2日 今日停工，休息一日，因明日为维族斋期，余所雇之工人及从人均欲回家筹备过年。汉人因连日工作劳苦，亦宜休息一日。因让渠等进城游览，余则在家清理数日所得古物，且写日记。

又昨日掘大缸一口，高四尺余，项有绳纹，灰白色，疑系北魏故物，以运输不便，暂存于吐鲁番县署。

有一魏委员今日抵土。魏号允之，名仲恺，甘肃兰州人。从前在甘肃党部工作，此人系中央党部训练班出身，此次入新，传系奉蒋中正之命，实系自愿入新作秘书工作，藉以游说新疆夹攻冯玉祥者。抵新境时，沿途招待极尽优异，然亦监视其行动耳。

3月3日 今日为维民开斋之日，余带从人到城中购办食物，藉瞻维民过年风俗。

是日暂住农林试验场翟君处，本团在吐鲁番农林试验场内设气象台分所，委翟君为测验生，余往来城市，多承其照料，故余今日亦驻此。料理一些事务后，即偕翟君往观维民娱乐。

是日维民停止一切工作，男女均华服游逛，并踩软绳为戏。

其法两端各扎架一，相距20余丈，中系以绳，人履行其上。还有喂郎，讲说等。傍晚方归。

是日徐县长请魏委员吃酒，邀余作陪。以不知余住处，寻觅不着，傍晚，余到县署，方知其事。

3月4日　午后2时，余到侯公馆，见到魏允之。魏年30余，颇爽直，言谈之间，时露有整顿新疆之计划与决心。后渠要余将在新疆考查经过及所得在新疆宣布，并为大家讲演，还说新疆应给予津帖，以资提倡。

余虽慢应之，但明知魏君在路上之情形，到省后将有变异。果然，后闻由迪化来人言，魏君已被软禁，不能行动自由矣。

3月5日　上午魏委员来，稍坐即去。下午渠即到省，余不及往送。

下午回雅尔湖，渠等已开始工作矣，即到掘地巡视，知发现古物甚多。并有赵荣宗夫人韩氏建昌元年之墓砖。建昌为诸史不载，以长历推之，盖即麴宝茂即位改元昌之年号，此可补史文之阙也。

3月6日　今日38人发掘，发现墓砖10余方，有章和、和平、永平、义和诸年号，此又在建昌以前。疑章和为麴坚年号，永平为玄喜年号。盖重光为麴嘉年号，章和乃麴坚年号，均有史事可以证明，惟永平以甲子推之，适在章和之次，和平又在永平之次，魏书、周书《高昌传》西魏大统十四年魏以高昌王世子玄喜为高昌王，按隔年改元之例，则次年即改元永平，与《周书》符，故疑永平为玄喜年号也。惟和平为何人，史书无征，留以俟异日耳。

3月7日　今日本拟去考查古城，未去，到坟地量地绘图。今日又发现一墓砖，上有字甚多，为曹怀明妻索氏墓志，文字甚佳也。

3月8日　带引导工人于中午12点半出发考查，留汗木多、小侯仍在原处发掘。发雅尔湖，沿沟中行，维民均住沟中及岩之东岸，泉水甚多，水声淙淙。沿沟岸向南行，1点至沟口，两旁为山岩，壁立千仞，岩东有拱拜，为维民麻札，出沟口即入戈壁。1点半转向西偏南30°行，50分过野木沁，有庄户数十家，有小巴札。2点10分又转西偏南10°行，3点至大庄子，有庄户10余家，3点20分至锡兰木，住一维民家中。彼愿为引导，往探破城，路遇一阿訇，据说，毕占土拉之南有古时大道，阿克墩10余里有蒙古人坟院，至于古城，远望是城，即之非也，故此城又名阿赤布沁，幻城之意。然余欲考其究竟，故仍拟往观。

3月9日　上午7时同房东发锡兰木向南偏西20°行，8点10分过一小沟，名牙克沟，水出自托克逊，下流灌锡兰木入草湖。转东南行，入草湖。9点转南行，仍为草湖，碱地不可种五谷。10点10分又过一小水，为牙克沟支流，在此等驼。10点40分又南东20°行，11点10分抵托克逊渠，宽约2丈许，两岸泥淖，在冬天结冰可直行，现已冰解，绕向渠边行，然已泥深没马蹄矣。12点方至一小冈峦。先是余等拟直穿行，知不可，路遇一猎户徐引至干处，因雇为前导。远望渠南有土墩，询知为阿萨土拉，转西南行，12点20分至土墩，为土坯所砌，周285步，若小城，盖古时大道旁之营垒，以捍卫屯户者，墙犹高丈余。12点半转南东20°行，有一旧车道，视碱滩遗迹，似有古道东西行者。据本地人言，毕占南，有古时大道，现名北名邮路，为自口内至新疆大道，然此墩与毕占土拉，及卜柯洛克东西形成一线，似为大道旁之守御设施，则墩旁必有大道，或为可信。

又有维民言，鲁克沁西南，该色土拉南亦有古时大道，然彼土拉与此均成一线。古时出西域，其南道，即出阳关，经鄯善、于阗东行；其北道，则由伊吾（今哈密）西北行至高昌，东南行经过博斯腾北岸，再沿塔里木河北岸西行至喀什，唐之玄奘由阳关至伊吾至高昌即此，唐郭孝恪由高昌攻焉善亦行此道，所谓银山道也。因艾丁湖之南，有小山脉，当地人称库鲁克塔格，山石灰白如银，故古名银山，非真出银也。一维民说，此道至苏巴什与大路会，又至阿胡不拉，余在阿胡不拉见一破城及土墩，或与此道有关。现道绕托克逊，盖清初所开也。

1点20分转南行，2点转南偏西20°行，皆行碱滩，盐而刚坚，成泥块状，微有草，盖古时河流之冲积成波浪形，后因碱硝侵灸转变坚硬若石。2点20分至英尔野勒克，有羊户一家，住于草滩中，有井水。

3月10日　据人所说之拉亦卜沁即在山边不远，余见恐非城，乃分两道，一由东觅蒙古坟院，至拉亦卜；一由西至拉亦卜，均会于土墩旁。余从西路，于上午8时15分向南偏西20°行，经行戈壁，拾古瓦片1，12点10分抵库鲁克塔格山麓，石甚细，色若银，故古名银山。现维民犹传此山中有一破城，金银元宝均有，惟不能取出。盖因山名为银，遂讹传如此，然其中或有铅矿。巡视一周。

12点半转东行，沿山麓，3点10分至土墩处，即此地所说之拉亦卜沁也。此地并无旧城，推其讹传之由，盖前面有土石墩3，后面有一道沙梁，弯曲若城基，东南隅有黄沙梁若城中房基，远观若城墙者，谓此。故本地羊户说，远望为城，城门及城中房屋均见，近视则变，故取名曰阿亦鲁，言望之是，即之则非也。然在土梁上，细石甚多，色备五色。红、白、绿、蓝俱极美丽。又引导者在土墩下取化石2方，上有苇草纹。3点40分转南行，4点20分沿沟行，6点至一蒙古坟院。6点20分过一草道，为托克逊至草湖之道，6点半至草滩，6点50分抵帐棚。时天已黑，远望火光，知为住处，循之即至也。

3月11日　上午8点50分发英尔野勒克，向东行，9点过蒙古坟院，转东北20°行，9点40分又过一坟院，自此沿湖畔戈壁上迤逦而东。10点20分至昨日房东所至之处。有古坟院三四冢，均用石垒，有被人发掘者，中有红瓦片，有木料，有布巾，有破毡，疑为蒙古人或畏兀儿人埋葬之所，决非城郭诸种人所有也。10点半转西北行，有大道，为吐鲁番取盐之处。

11点半至布可洛克土拉，在其南有古道，车迹砌然若新，东西行。在墩东旁有古渠绕之，西东行，墩后有塘在渠旁，或为古时积水之所。距墩二三里许，两旁有田地，中显平地一线，为古时至墩旁大道。除此古道外，皆为碱地，形若巨浪，疑古时田地中之土块地交叉，旁有草界，均田界，故余疑此处为古时屯田之所。盖自鲁克沁之阿萨土拉至托克逊之土墩，沿成一线，湖中形式均同，疑古时高昌屯田即在此。又疑七屯城者，即7个屯田之城也，在楼兰，在高昌，在渠犁均有之，并非指楼兰一处，即卡尔克里克而言之。

湖中有一车道，为羊户至吐鲁番之道，沿之行，2点20分抵托克逊水，过河，转北西行，3点50分会大道，至大墩腰站。道有大墩一座，墩西北约5里许有土墩及破房，名哈拉玉尔滚。近视之，乃安集延时代之破城，筑为营垒，以抗官兵者。由小道转东北行，7点50分至野木沁，有小巴札。8点20分入山中小道，8点40分回雅尔湖住处。

知汗木多等在此处工作甚佳，发现古物甚多，余大喜，各奖银20两。至鸡鸣方寝。

3月12日　今日加至27人发掘，余亦在该处绘图。今日又出大花瓦盆一，上有兽像，较前者为大。

3月13日　今日仍发掘，出砖10余方，瓦器数十件，余仍绘图。

3月14日　今日人多，但发掘砖瓦物不多，余仍绘图。

3月15日　停工，减为5人，出砖10余。余仍绘图。

3月16日　仍为5人，工作不佳。余仍绘图。

3月17日　今日掘南坟群索家院，出陶器80余件，砖2块。余下坑审视，其中有尸骨3，里为男身，旁一女身。在土台上，下垫芦蓆，身长1.6米，足骨长0.4米，腿骨长0.45米，腹顶0.75米，可谓修长矣。中隔瓦罐有女身一，长55寸。覆以锦衣，饰衣上绘人像，齐发，大眼，有须。所着黑花红绸，黄绸等衣，拾之则碎。足相交，裹身。头枕灰包，足踏灰包。瓦罐均在头部，大小约40，有大盆3。每人头部有一瓦罐，中有仍盛有食物者，然食物已腐朽矣。

3月18日　今日停工，汗木多等数求开工，余以在此所得已多，再掘亦不过如此。毛拉由城回，据一维民告彼，称二堡东阿亦普沁已被风刮出，可工作，故决定往视。

计余于2月24日到此，26日开工，至今未及一月，所得之物已不在少数，用款亦在一千五六，每日均二三十人，可谓盛矣。然余在此工作之地，不过十之二三耳。今日包裹一日，又派人到巴札购棉花，此次所用棉花及皮纸亦不在少数也。采集品以陶器及墓砖为最多。

一维民为余掘地，每下一坑彼必奋勇争先，并辱鞭尸骨，彼回家即病，每叫呼"牌牌子"出来了，叫呼有七八块"牌牌字"压在身上，于是本地人咸恐惧。所谓"牌牌字"即字碑之意。

3月19日　昨日箱已做来。今日开始登记，装箱。按院分号，井井有条。盖余发掘时，先每院均绘一粗图，分号工作，当即记于古物上，以陶器系之砖，以砖定坟次，以姓定院名。然每院之中，无一杂姓者，院与院自为疆域，彼此无一混杂者，犹有古时昭穆之遗意。又每一冢中，或二人，三四人不等，然皆一夫或一妻一妾不等，而年代先后，或差数年，数十年不等。每人均有一块墓砖，一大瓦罐，或在一墓砖上，附其妻妾之名。真所谓生同室，死同穴也。

3月20日　今日因箱不够，未包，派毛拉去搬箱，余同小侯等补绘前日所未画者。复至索院，补画坟院剖面图，又至三道沟南沟北绘图。由索院北行180单步，抵维民坟院，再450

步抵二道沟与三道沟合流处，又由破城北岩嘴至南岩嘴，2450单步。盖此处有四道沟，头道与二道合流，环于古城东，三道沟环于古城西，四道沟环于坟院西，沿山边东南流，会于山口。四流既合出山口，分为二，一东南流，灌二工地；一西南流，灌头工地。据说头二工均有破城，余拟往查也。

3月21日　今日将未完之物重新装箱，先是作箱18口，以为可装竣，讫时复不够，又装2口，腾余箱以充之，共20口箱。下午送至试验场气象台瞿君处收存。余至雅纳额格子观古迹。

此地距余住处约2里许，在其南河出口处（维名额梗苏），土墩即在山顶上，山名色的项达克在沟东，沟西山名土子诺克达克。半山腰亦有土墩，一名安集延土拉，为安集延人所筑。此处亦为四条沟会流之处，维名雅尔额格子，四沟既合，出口。一、向南流，至工商（汉语头工），距沟口灌地，30里即无；二、东南流至让布工商（汉语二工），距此40里，灌地即灭；三、南偏东流至苏达，距此15里灌地。头工、二工，原为公家屯田之地，头工置150户，二工置120户，因此取名。现公家售与维、回民，故为维、回民所有。据说，头工附近有一破城，地名安将，现有旧城墙一段：在此四周可种地，旁有一巴子名安集占不同洼，疑为安集占人所有也。二工处亦有一破城在雅尔拉克坎尔子，回名卫忙坎尔子，城名阿司克沁，（破城）距草湖三四十里谱。

雅尔湖有四道沟，水流沟中，两岸岩壁屹立，因名雅尔（岩岸之意），人民均住沟中岩下。蒙名水为沟尔，此地名雅尔沟，为回蒙语混合而成。头道沟北行至官大道北即灭。约10里谱，泉水自沟出，南流至麻将额格子，与二沟水会南流，绕破城东，维名二道沟为麻将，沿沟均有庄户家。头、二道沟的发源地，均来自约干特勒克达格（白杨山）沟口，名特浪额格子。三道沟维民称阿子格洼克，自15里来，在大道北即没于平地。三道沟与二道沟之间有干沟，维名库木吉六格，至大道北二三里即成为平地。三道沟东南流，绕破城西。至城之西隅，与二道沟水会。四道沟在大道南，亦为泉水，东南流绕古坟院西土子诺克达克山东边至沟口，与二道水会，合流出口。头、二道沟出山中，每当六月发大水，山水可至三道沟。四道出平地，不自山中来。然则古名交河，是必有两河夹城流也。

又据一维民说，喀尔达克（雪山）有沟口二，一为喀尔额格子，一为阿托拉克额格子，两口相距约45里，南流，相会于三山口，转西偏南行，约五六十里，至约千特勒克与七格勒克水会。西南流，至沙衣，分为二水，一西行，至径径沟尔，一南行，至达翰柯尔，然终不与四道沟、三道沟会，达翰柯尔与三道沟相距约十余里也。

前吐鲁番县长侯某拟开一渠，自约干特勒克至四道沟，在水至四道沟约50里许即入地，侯君在此植树，造房屋，可种20石地，掘坎井水亦不至，疑水田地下东流，或西行耳。然余疑古时此水南行与三道沟接，绕流城之西也。又近掘得刘恭士墓砖，称东则洋洋之水，南及香香遐岸。是古时破城水势甚大，必非泉也。然则此水自何来耶？若谓自二道沟水分出绕城西，然不得名为交河也。姑书此志疑。

3月22日　上午收拾什物，下午2点45分出发向东行。循山北麓，3点40分山尽，4点20分至色提项，有庄户10余家。4点40分转东南行，沿雅尔湖、让布工商渠，行戈壁。5点40分转东行，6点至沙衣坎尔子，有水磨数盘，水自葡萄沟来。7点至项柯，7点40分至让布工商，住一阿吉家中。阿吉年70余，颇娴汉语，然人极奸狡也。询知此地有二破地，尚有一汗土拉，为他人所不至云。

3月23日　上午骑马去看汗土拉。传说有人在土拉中屎尿者必病，若人染微疾，取此城土煎水服即愈。此乃借迷信以传其灵异也。土拉在破城东北约5里谱一戈壁中，余至其处略一审视，知为安集延时代前后之物，当与哈拉玉尔滚同时。因城旁有一房颇高峻，墙中有圭形或长方形空格，与现维民房屋建筑同一式样，皆为土砖所砌，黑泥涂之，乃近代物。城墙高约丈余，周约200步，知为营垒。

据说由此至大墩，均有土墩，或10里、20里不等。余疑必与玉尔滚为一线，或即当时行军大道，立营以为防卫者。转西南行，至破城处，城墙多圮，惟西墙及东墙之一隅尚有其迹。东南城墙中间均有土墩，南北墙均被人取土所毁。因城之南部已开成田，北部有低洼不平土阜数处，本地人名为学堂，间拾花瓦片，与交河城中者同，知为同时之城，或即高昌六城之一也。余掘之，亦未见何物，未能判定其时代。由东城墙至西城墙，直径单步570步，西墙直径约600单步。与此城对角，直西30里又有一旧城，名安集延不同洼盖有安集延人之麻札也。地名伯克不拉克，译为头工，皆取雅尔湖之水以灌地者。城墙均无，因时间不够，未及往查，不知究为何时之物也。又城东10里并有古时大道，东西行，名北京邮路，古时口内之人至西方者，取道于此。下午4点复出发，命小侯等带驮至三堡，余与毛拉至吐鲁番购办东西，傍晚方到，住新城中。

吐鲁番东部访查

3月24日　余早起，略购用物，即至县署访徐县长，借银500两，因即电袁，请拨1000两至县署。转至试验场瞿君处理发，随即至澡堂洗澡，食饭。下午4时复乘车向三堡，至晚8点方到。

3月25日　上午在家购买残字纸甚多，下午到城中，略一周览。据一维民说，汗土拉有一窑洞，发现古物极多，尚未经发掘，但余等掘之，亦未见何物。

3月26日　今日闻说胜金口有碑1方，雇人引导，骑马前去。胜金口在北，距此约30里，石碑在大道东山麓，刻于一岩石上，为民族古文字。往游齐敦尔诸古迹，即返。巡视诸坟院归。彼等昨日掘汗土拉，亦未出何物。

3月27日　闻城西南隅学堂中有石碑1方，小者被人拉去，尚有大者，遗留城中，乃命人掘之，亦未见。

3月28日　复派人掘石碑，余骑马至土峪沟。又派人往城送信，一致丁仲良，一致刘半农。随购粮物。土峪沟在此地东偏北，人住沟中，以种葡萄为业。佛窟夹于沟之两旁，山上、山腰均是，有数处积土太大，未掘。转至麻札上。

传说此麻札距今3000多年，时穆罕默德尚未出世。麻札名阿刹傅尔，来自野满国（在汉城西），同行5人，来觅天意，听说古时此地称皇上为天意，见诸人赌博，有一猫头顶明灯，立于旁，始信为天意。又一日，猫见鼠，弃灯而逸，又知非天意，乃走。中途遇一牧羊者，询其来历，放羊者亦弃羊随之去。狗发言，一同去，至沟口有一洞，钻入，狗在洞口，彼等在此处卧，醒，已309年。腰中带有白银，带来换卖，被阻，复归入洞中，狗已成石，6人终未出。此6人，一、业木乃哈，二、默屈塞米拉，三、克薛根特提，四、永洛思，五、雅玩洛思，六、克拉布木。狗名克梯满尔和家（见阿刹普克达普），此麻札在东方为最早。有钱人朝汗，穷人朝麻札。余参观后，付银10两，即归。知彼等石碑亦未掘出也。

3月29日　上午余在家绘旧城图，复派人至伯什柯阿克发掘土墩。此墩在旧城东，距城约5里谱，有古坟院一处，四周均已开为田地，城旁之拱包为阿恶汗。伯什柯阿克坟院与雅尔湖不同，此地上为大墩，盖为塔或房屋已倾颓者，墓室即在墩下地中，前有古墓道，长10余丈，亦有石块作线，顺石线掘之即出墓道。

昨日5人掘一天，尚未抵墓门，盖探远也。外有一院绕之，为土筑，砌若城门，院中有一冢或二冢不等。南北一线，约10里谱皆如此。据一维民说，在北有人掘出有畏兀儿文字及木偶人，或即畏兀儿人之坟地也。

3月30日　仍掘伯什柯阿克土墩，余在此绘图。掘至深8

米下有墙基，仍不见墓门，其状为已圮之墓室，墓中均为沙土，必系自上贯入者。下午吐鲁番城一人送来电报一份，乃袁希渊所发，称即派老赵来，款已汇出云云。

4月1日　上午余到胜金口，锥拓摩岩石刻。彼等在土峪沟路北发掘古坟院，出砖2方，一为章和七年平远府参军；一为河西王通事舍人。按《魏书》及《北史》只有镇西将军，平西将军，而无平远将军之号。交河故墟有镇西府某某字样，是有平西府，而不得称平远府也。又《宋书》沮渠无讳奉表于宋文帝，拜为西夷校尉，凉州刺史，河西王。高昌有王自此始，是河西王为北凉时事，当魏太平真君初际也，时高昌尚未建号，故无代可纪也。

4月2日　上午9时35分发自二堡，10点10分，过南北行城垣一段，维名伯什柯尔克，五门之意。在段城之东，即古坟院，即前日所掘是也。旋入戈壁，11点过克列拱拜，为新近之物。12点至羊赫，有一麻札，悬旗甚多，名勒力汗麻札，相传与二堡破城之中勒力伯他麻札为兄弟。道两旁皆维民坟院，过村庄，12点10分至羊赫旧巴札。相传太平间在此开巴札。此一带庄户家亦甚多，现多南徙也。维民所传太平年间有二：一为唐初，一为清中叶，此盖指清中叶也，即道光间也。复东偏南行，1点半路旁有石碑一，上书鄯吐交界地址。盖碑东属鄯善。西属吐鲁番。2点转东行，3点10分抵鲁克沁住城中。

城为郡王所居，郡王死，大王子病，二王子袭为公爷，不管事。

4月3日　上午购备什物，为南行准备。后派人查看沟口石碑。下午吐城中一人送信来，乃袁、丁函，知老赵已到吐取箱物。余即拟回覆一函。

又本地猪户络斯普来，欲为余作引导至阿提米西布拉克，彼言8天可至，有5站水苦，2站水甜。彼亦为富翁，有两条坎井，并养骆驼。

又以片达公爷，未几一台吉来，望之不甚了了，旋去。回拜归。购驴一头。覆丁、袁二人函、至半夜方就。

丁函云，北平的铺店要开张，想蒋介石要倒，而马二要出世了，真如戏台啊。

4月4日　上午复派毛拉押运木箱2口，一箱为采集品，一箱为维文书籍及杂物等件。随同送信人运城交老赵，运回迪化，共计22箱。

袁希渊来信说，那林觅出二古城，未经前人发掘。盖此类甚多，多无遗物也。

余复带引导及汗木多往查石碑，碑在鲁克沁东北，使力克普沟口。于上午11点半出发，出东门，行于村中。12点10分入戈壁，转东北行。1点20分至沟口外，有一土墩，甚高峻，四周有佛像遗迹，已毁。塔中有弄，上书红字，有贞元年号，及"僧辩真画"等字。知为唐代之物。由此转北，1点40分入沟口，沟中水声淙淙，为通连木沁径道。2点50分至一石碑处，碑在沟东，上镌字迹花纹，字迹类篆，不成文辞，或为放羊人所为。3点20分又至一刻石处，状与前同，上面有字及佛像，又有"康熙六十年七月初"等字。余各照用一张。转西过沟，山上有破房遗址及碑刻字者三四。有一石上镌"国力年安"。疑即"王国万年"之联写，旁有龙字，下疑为朔字。想为唐代人所书。

时大风起，5点直西南翔行戈壁中。6点15至一古坟院，6点半过一河流，40分至鲁克沁城北门，归寓。

4月5日 上午12点发自鲁克沁，向西南行，村庄络绎。12点40分至伯什塔木庄，皆用坎井水。2点20分至塔洗克里拉克，有回民放驼于此，棚帐鳞比，过河转西行。

4点至阿契克阿剎，有塔3，破房数处。一塔中壁上有画，然决非唐代之物，虽画被烟熏，审其画意不若唐代之秀丽，疑为元以后之物，或即蒙古人所住也。又塔为六方形，塔前有拱拜式之窑房，悉为土砖砌，据说，昔外国人曾经发掘，未出何物。

复由此往西南行，4点40分抵穷阿剎，有城墙，高丈余。有大墩一，原为楼房，墙四周均为窑房，现有一羊户住于其中。据说前外国人亦发掘10余日，尽是泥瓦，中或有残字纸及谷麦之类，亦无他物。

在穷阿剎之北面有古道一，车迹犹存，维名呼为北京邮路，盖从前北京至新疆之道。据说，东至得垓，有土墩一。又东至三间房，过一干沟，至哈密。西至毕占土拉，又西至阿剎土拉，又西至托克逊，并有支路至吐鲁番。疑此为由哈密至迪化之南道。宋王延德使高昌即取道于此。三间房即所谓鬼风口，由三间房至七克腾木即泽田寺，由七克腾木过沙碛之南面至得垓，西北行，入高昌。七克腾木与得垓间之沙碛，玄奘谓之南碛。鲁克沁即所谓白棘城也。

4月6日　上午复至城中绘一形势图，并巡视一周。城后有一围墙垣基址，甚为广大，维名为苦力额塘，疑古为屯田之区。此墙垣包阿七克阿刹亦并在内，可知此二处皆为同时代物。山东之穷阿刹至西阿刹皆为草湖，水草甚优，现已变为碱地，疑古时屯田于此，故大道亦由此行也。

上午10点50分复由此出发，向东偏南30°行，11点转东北行，皆为沙碛。11点半又至阿七克照相。1点40分至玉尔门坎井。引道猎户格斯普住在此处，略息。2点45分复东行，半为碱滩，4点为草滩沙碛，5点至得垓，有大渠。6点15分至猎户尔亦木家中，即余在鲁克沁所雇定，走六十泉之引导也。外人来此，率由彼引，故余亦雇之。

4月7日　今日整理什物，烧镶钉掌，忙了一天。又毛拉昨由吐鲁番城中回，亦到此。随带邮局寄来袁、丁函，盖在老赵之前也。下午至得哈尔土墩，审视一周，土墩在得哈尔沙窝旁，为古道所经，路已失共迹，墩为土砖所砌。与穷阿刹想为同时之物，其砖相同也。

库鲁克塔格山中行

4月8日 上午9点10分由尔亦木猎户家中出发，向南偏东10°行，微有沙碛。9点20分入戈壁，向正南行。11点10分入干沟，此沟直至夏德让，故名夏德让额梗。沟两旁冈峦起伏，此沟西还有一沟，猎户云，至阿提米西者即由此两沟进，西沟较直，无水，此沟较曲，然有苦水柴草，故走此沟，舍此二沟外，再无他沟可走。12点又入戈壁滩，仍南行，2点40分又有山脉东行，过此又为冈峦戈壁。4点过一高脊山脉，5点半至伙什玉工，有沙阜一，上生柽柳，从前外人过此为两站，余一站即至。所过之地皆冈峦重叠，山阜起伏，总名库鲁克塔格，亦称确尔塔格，干山之意。

4月9日 上午7点10分发伙什玉工，向南偏东20°行，沿行干沟。8点50分沟向东南，余等则仍南偏东20°行，山阜开处，时显平地。10点转南行，为平滩戈壁。11点20分循山西麓，转南东30°行，12点过一高岭，稍息，食干馕一枚。1点又过一岭，地名玉工斯提。从此下岭，俯瞰平川，婉蜒如带，岭下山阜起伏，如波浪然，为平原之边障焉。2点过此山阜，2点

40分入平川。3点抵克太玉工，有泉水，咸苦不可饮，附近均为碱滩，河西有红柳，沙阜二三，又入戈壁。4点转南行，山阜起伏，亦为碱地。4点40分入一大碱滩，四周均山阜，想昔时为积水之一小湖泽也。5点渐有沙滩，红柳丛生，5点20分住一沙阜之旁。此地猎户取名为夏德让，有泉水微苦，柴草均优。余引导之猎户，在沙阜旁以柴筑屋，为伺野牲憩息之所，余等因住焉。

4月10日　上午8点10分发夏德让，向南偏西30°行，仍为碱滩。8点40分转南行入戈壁，冈峦重叠，小阜起伏。9点转南偏西20°行，经行山沟，微有沙碛，两旁山阜东西行，惟不甚高峻。10点10分出山沟，冈峦横列。12点至阿克舍利子（白岭），岭之东有山脉东行，西为戈壁，有沟自东北来。12点40分循山西麓，西南行，3点下岭，入大平川，向南西20°行，平川西抵库木什，故名库木什都斯。平川北面之山，亦接库木什山脉。4点有干沟东西行，走吴从不拉克，及库木什者，均由此川行。5点向南西30°行，6点半抵英都尔戈棋山口，时天已黄昏，穿行沟中。7点20分出山沟至平滩，有红柳圪堵及苇草，即英都尔戈棋也。有井水，微咸。

是日共行11小时又20分钟，约行95里，非至此，不能得水草也。若在冬天，则带冰块直南行，春日则不然也。

4月11日　早起检视红柳圪堵附近，见有石箭头，招从人同拾得数十枚，自到新疆南路考查以来，拾石器以此为第一次也。

上午8点40分发英都尔戈棋，向南西20°行，9点至塔尔拉克布拉克，芦草中有井水饮驼马，10点转南偏东10°行，微有驼草，俗名索索。10点40分进沟，东南行，驼草丛生。12点半上沟，西南20°行，1点20分转南偏东20°行，过伙什得尔石岭。此地野驼甚多，猎户竟来猎取。2点20分入平滩，戈壁上石阜隆起处有细石，掘之得水晶，地面亦多六方形锥形石。5点半又入山口，10分钟出口即枪司，原有一井为猎户所发现，因名枪不拉克，后井中水竭，故易名枪司，在余住之西。此地有驼草甚茂。

4月12日　上午8点发枪司，向南行，入冈峦戈壁，转平滩，有驼草。10点半进山口，维名库鲁克托乎拉克额格子，言枯胡桐井口，言由此可至库鲁克托乎拉克也。两旁均有大山，西名布鲁图塔克，有巴鲁图井，东名巴不弄塔克，有巴不隆井。此山及岭口与库鲁克塔克诸山，此为最高地，水由此南北行，岭之南水均南流入罗布干河，岭之北水悉北东流入艾丁湖，故艾丁湖有小罗布之名，盖鄯善、吐鲁番、托克逊、库鲁克塔克之水均归之也。余行库鲁克山中，所有沟皆北流或东北流是其证也。

11点出山口向南行，10点半转南西20°行，亦间有冈峦。12点40分又进山口，水则南流矣。1点转南行，山脉重叠。2点过一山，为库鲁克托乎拉克塔克，过此山即库鲁克托乎拉克也。下岭入平滩，2点40分又过一冈峦戈壁，2点50分即入大沟，此沟即至阿提米什布拉克之沟。据引导者云，此沟自布鲁图山来，水来时颇大，直流入罗布湖。3点10分有湖草，据说此处旧有水，即名库鲁克托乎拉克布拉拉克，现水已竭，试掘之咸为湿土，可证也。即由沟中行，岩壁屹立，石板纵横如门限，为栏栅，隐若为天然之关门焉。4点半出深山峡，4点40分入平滩，沟水间散。5点半又进一山沟，即阿米西山也，亦即库鲁克塔克最南之一条山脉，过此即罗布大沙漠矣。

5点50分转向东行，仍行沟中。7点半至阿提米西布拉克，红柳丛生，亦有湖草。有井二，一水咸苦不可饮食，一水淡，余住于淡水旁。阿提米西意谓六十泉，实只二三泉也。

此地为旅行人之重地，由此南至罗布，东至敦煌，西至库尔勒，均须在此担水。非仅为楼兰旧地也。

4月13日　昨日到晚，且连日路程均大，拟休息一日。又闻此处有驼迹及住处迹，谅是那林等来此看楼兰也。即命引导者随驼迹往觅。藉察干河畔之水草焉。余登高瞭望，于东于南皆平沙无际，寂寞荒凉。余想二千年前，汉与西域交通频繁，烽敦城郭遂比相望，今已成为一片荒沙矣。

毛拉与引导猎户探路回来，说塔里木河水已至此，水势甚大，草亦甚优。一大干河，自铁干里克分出，东至罗布洄泽，即从昔孔雀河旧道，所谓敦薨之水也，洄泽即古之牢兰海，在今罗布淖尔之东北，后孔雀河与塔里木河南流，故成干河洄泽。当地名此干河为库拉克达里雅，去前年水忽东流，不复南行，然未知水所至之处，询吐鲁番、鄯善猎户亦不知其所往，今据探告之已入牢兰旧海，是余刚才所记一片荒沙者，现已成为一片汪洋矣。猎户对余云，水到了这里，我们赶快来种地，发财甚易也。我笑云，好则好矣，惜我之破城不能去也。

罗布泊岸边古墓葬

4月14日 上午8点20分发阿提米西布拉克，向南偏东30°行。初由沟中，旋转入戈壁，冈峦起伏陂陀。8点50分转南偏西20°行，仍为戈壁。戈壁上有新驼迹，疑为那林等所行，但此道边山，有西来西去之迹，而无南行之迹，显然是彼等去阿提米什克访旧城，不获而返也。然戈壁上仿佛有南行旧道，为猎户所行，抑从前外人所过，皆不可知。余则按余地图及指南针向南偏西20°行。

11点50分戈壁渐尽，有一处生红柳及湖草，沙圪堵二三，前面有泉水咸，猎户不知其名，余疑即斯坦因地图上之爱斯太不拉克，因方位及远近形势均相合也。猎户在此拾坎土曼木柄一，不知为何人所遗。

入碱滩，12点40分戈壁渐有土圪堵。1点入冲积之土阜层，鳞次条比在土阜之间，为古代湖岸，泥层坚硬若石，《水经注》所谓"盐而刚坚者也"。驼行甚苦。2点抵水塘，转南偏西20°行，水坑渐多，盖为干河中之溢水。有水处湖草红柳丛生，此为去年之枯草，今年新草尚未长高。2点50分转西行，因南与东皆积水不便驼行也。渐有旧时枯胡桐及红柳,盖从前此河有水时所生长,倒于戈壁上,已数百年或且千年。然现在既有水,将来或有再生之望。3点10分转西南行,渐有沙碛,仍为土阜累次,东畔积水若星宿,大小不一。4点50分止于水旁土滩上,猎户云,昔日本人过此,亦由此往。余住扎处旁有驼粪迹,岂故居者所遗耶。

4月15日 早起派毛拉与引导人查看渡河水口,复派小侯、汗木多西觅古墓。余亦至湖畔审往破城水路,盖破城在余住处之南约20余里,站于土台上可望及之。为一方形城墙,屹立南方,北面城墙似为土筑,有水冲洗之迹,附近有一段似为破墙之遗址,疑此为土墩营垒之属,尚非古城。此遗址在河之南岸,现河水四散,自余住处至城边,均为溢水所浸灌,而冲积之白土垣犹露水面,没入水处,湖草红柳丛生,若田亩之新被水淹者。余方查看,而毛拉等亦至,说东西水势甚大且宽,已盈为湖沼,惟有一处似窄,红柳露于水面,若循红柳湖渐近,似可达彼岸。惟恐对岸仍有大水,则破城终不可至也。余亦以所说之处为然,乃归。拟编方舟以济,余此次带有洋铁筒4,三直一横,以绳绊连结牢,再以木棍纵横架之,类飞机式,以铁铲为捞水之具。作成,适小侯等亦归,乃试于小水处,颇佳,惟行之不速,非系绳使人拉之不可,然决无溺水灭顶之患也。

是日小侯等已觅得古坟一道,在大土墩上。试掘之,出人头骨,头顶上有发,额前有碎乱纸。发作髻,疑为女人头,乱纸者乃其勒也。随有布巾甚多,均为绸绫之类,一块花纹为方块形,蓝黄间之,亦上等织品。又有毛绳布带之类。昔俄人柯兹洛夫在蒙古地发现古坟中之物，亦与此大同小异，断汉家之物也。墓形上盖芦草，下有木架撑之。余未至，由其所说，知与毕占土拉之坟同。观布巾头发之新，似非汉代之遗，亦未可知也。毛拉等于余住处之南，湖之西畔，亦觅得瓦片一处，间有铜片，则古时此地有居民矣。又小侯等又觅得一古址，以木椿载立为方形，类羊圈，故余颇疑此类皆游牧人种也。

4月16日　上午即同诸人带洋铁方舟至渡口处，第一次渡水处水宽5丈许，一人坐于舟上，以桨划之，先至彼岸之人携绳于东岸，西芹之人以绳拉之，彼此递拉递渡。舟上可坐3人，甚平稳。第二次、第三次渡处同此，第四次渡处水甚宽，达20余丈，绳短，乃6绳接为1绳，二人下水带绳赴彼岸，再徐拉之过。既达彼岸，以为从此皆陆地也，登高望之，当土垣之空间，皆为沼泽，且距破城尚有10余里，城旁水势渐大，计难渡之，乃归。没法绕道，即派毛拉同引导猎户东行觅破地及渡水处，再西南行，或可至城垣。

4月17日　早起骑驴带小侯等3人至古坟处，视彼等前日所掘之坟。坟距余住处约七八里谱，在一土阜上，阜高14丈余，宽10余丈，长30余丈。中有一块倾塌成沟，宽丈许，长10丈许，深丈许。坟即在塌处，有木棍遮之，敷以芦草，尸骨尚在土坑中。土阜上层为白泥，厚六七尺或丈许，下均为干沙，凝结甚坚，尸骨即埋于沙土层内。布巾骨络几与沙胶结为一，头部有木碗2，羊骨2，以木板陈之，木板形如巴蕉叶。死者头戴锦冠，衣锦衣，袖亦不大，当地人说是蒙古人，因蒙古人死头均枕一羊，此处亦然。右手第4指戴有铁戒指，衣巾中有铁刀碎片，蒙古人喜戴此。彼等所言，亦必有因，但余颇疑焉。

又此墩之南半里许，戈壁上有木桩一排，长6尺许，有露出地面尺许者。下锐深钉土中，外经风沙水洗，皆至冲斜，似当时圈牛羊之所，疑当时人即住于此附近，而居住之迹不可见耳。在西南约七八里许枯胡桐林中，有瓦片，或当时人住于胡桐中，席毡以居，本无所谓房屋也，今塔里木河畔之羊户犹如此。《汉书》称鄯善半耕半牧，则此地亘古为游牧之地，亦未可知。

4月18日　上午小侯等称土阜上尚有一冢未掘，仍去继续工作。余今日不豫，未出棚。晌午，毛拉等归，携带石器2件，一为玉斧，一为玉刀，均极可贵。又有芨芨草萎2，上为红色。据说坟仍在大土墩上，尸骨完好，可起立，殆成僵质，乃天然之木乃伊也。奖银4两，明日乃往观也。余傍晚同毛拉巡视破地处即归。小侯等亦掘出木碗1件，木盘1件，亦同昨日所出。包裹至夜分乃寝。

4月19日　原预备今日出发，但昨晚风大起，今晨犹不息。风吹沙起，弥漫旷野，十步之内即不见人，难以认识路途，且沙子扑面，不能张目而视，故决定休息一日，候风稍平再行。午，微下雨点，午后风稍平。

据说此地多大风，风从东北向西南吹。余写至此联想一问题，即古白龙堆据诸史所说，在楼兰北。又云，过白龙堆至故楼兰，似又偏西。当在库鲁克塔格山麓南，塔里木河旧道之两岸。今山南皆红泥土岩，并非沙碛，因刮东北风之故，疑沙碛已西南徙，南徙之期当在汉末魏晋之时，因魏时辟西域中道，即循库鲁克山麓河畔往西至龟兹也。北凉沮渠安周并鄯善及高昌以其近也。若卡尔克里克偏南，不当孔道，故不能经达于田。

初塔里木河自铁里克木东流，东北入坳泽。坳泽为《山海经》语山之奥窍，库鲁克山临故海之东北西三面，中为涸泽，今水复故道，水仍东北入故海，昔因沙阻，故行经铁里克木即南流，至婼羌，而海亦南徙，今复东流，故水亦通故地，此皆沙碛变迁之故也。今在海边觅得石器及骨器，则当时水东流入坳泽时，沿河海岸人烟颇繁殖也。

4月20日　今早天晴，然犹冷极，非衣老羊皮不足御寒。上午7点半发自西河岸，向东北行，入来时旧道。9点至大土墩转东行，积水时见。10点20分转东偏南行，11点至河岸，宽者百余步，窄亦六七十步，两岸枯胡桐横陈，皆从前有水时两岸之树林也，水涸而树亦枯矣。循河行，12点水溢出者渐向北，绕之行。先是闻水之对岸有土台，上有古坟，欲往观之，阻于水不得过，乃绕向北转南过沟。

12点50分抵一大土台处，即毛拉等所说有破房之处也，台高五六十步、宽约二三十步不一，破房即在土台之洼处，有芦草以为覆，砌碱块以为室，旁有羊粪及骨角，皆羊户所居也，络绎10余间，多有土块堆积。又毛拉等拾石器处在此土台西一土台上，两岸有深沟，盖古时之人居于土台上，经水冲洗成沟耳。余等即于其南一平陂上土墩旁稍息，烹水食炒面一碗，即同毛拉及引导往查古坟。3点25分出发向东偏北行，土垣直列，中显大沟，计过大沟3，踰岭4，方至其处。

坟即在一土垣上，凿沙为穴，以土掩之，旁有木棍2，一为枯树，系作标识，一为木棍，下锐，或即撑篙。死者足掌暴露于外，除去上面浮土，即见一木槽覆之，外用黑牛皮覆于其上。木槽破为两半，两边斧刨甚光，有穴处另帖一木片，以木钉钉之，此木槽疑为死人所乘之舟也。长约5尺，宽3尺许，其旁之木棍即撑船之篙也，死后即以其所用之具埋之。除去木槽，尸体用一毛毯裹覆之，毯边尚有三道黑线纹。头戴一黄毡帽，高10英寸，帽具红毛索六七股；络下额。头上里层着红巾毛索帽，毡帽外罩之。有草篮2，置于头部，一大一小，旁有小尸骨，疑为一小孩也。又僵尸头发尚存，垂于项肩，下端剪齐，然无椎髻及发辫，决非蒙古人及维民也。额染有红色，横画一条，下为绿色横画一道，连眉及眼，状与今维族女人同。穿耳，有红毛索遗存，系穿耳珠者。头顶至下颚25厘米，额宽10厘米，面宽11厘米。下削，下颚前撮，项有串珠垂及胸前，赤身无衣，两手下垂，肋骨暴露挺起，腰复下落，通高160厘米。足着牛皮靴，毛在里，肤为绛色。皮骨已结为僵质，击之作木声。直立侧转，皆可随意运转，盖已成天然之木乃伊也。审视其状决非维民、蒙古人。

何以尸体至今不腐，推原其故有二。一、新疆气候干燥，终年不雨，且又置高阜土垣上，下无潮湿，上无雨露，故易保存。二、土垣上为土块，下均沙山，山中均碱块，坚硬如石，尸体即置于沙卤之中。沙最能吸收水分，碱最能防腐，经日既久，人体为碱质所浸炙，故亦成僵质，故能历千年而不朽，此乃天然之木乃伊也。不知此人何以不挂一丝，不作穴井，赤身露体，弃之岩穴，其文明之未进者欤。余遂摄一张，完后仍埋故处，保存如旧。本可携归作人类学标本，但药料未带，故仍保存此处。

后小侯等在此南之土垣上亦掘现一坟，其草篮与此同。又有骨器，木器多件，石器2件。坟之状与此同。

4月21日　上午派毛拉同曲六由东北探破城，小侯同汗木多向南探河道。余饭后追记两日日记，随即赴住处西北土台上查看古坟及破房。在土台上每见有赤黑陶片，即面赤而质里为黑者。土台高者30余丈，临深沟，何以有古人居住之迹。余疑此一带南北土垣在古时均为平滩，下临湖边或河流，故当时人民悉依岩而居，后水低落，经山水之冲积，故平滩均裂为土垣，其冲洗崩颓之迹犹可见也。其东一土垣上有古坟一冢，上覆枯胡桐6株。

后小侯等归，从事发掘。约三四尺深，有尸骨4具，头部有木把杯、陶罐、木盘之类，又有残块铜镜1件及玛瑙之类。余由是知此坟时当汉代，同出铜镜为宽边，似天马葡萄镜之残破者。再寻之，虽无其余，就此一点已证明为汉物，则其木碗之类亦皆汉物，而此冢亦汉冢也，距今已2000年矣。又木碗及把杯与雅尔湖古坟中之土碗形式相同，由此亦可证彼件亦为纪元后1世纪之物，或即车师之遗物也。

后毛拉归，亦在此附近拾石镞及铜镞等，铜镞3棱，与居延塞所拾者同，因彼处有汉简，故断为汉物。则此为汉物由铜镞与铜镜之证明，可了然也。又此地每有石器.或以前此地亦有居民，盖石器至汉，人民犹兼用之，例如库车东之大望库木有汉钱，同时有石刀、石镞之类，不过削制极细，磨制极光而已。

又此地古坟，一种为深坑，人著锦衣，上为土垣；一种上覆木板，不著衣，头部置草篮，或骨针、骨锥之类。余以为此乃种族之区别，或贫富之区别，非占近之异。著锦衣，盖土置陶器者为富人或汉人，或非土著；不著衣，上覆木板，头置草萎者，疑为土著。盖本地人以渔猎为生活，裹毡用骨，尚未进入于汉文明也。闻罗布海阿不旦土著犹如旧俗，亦历数千年而少变也。

午后又刮东北风，未能全行采检，然水至此渐东北流，过此六七里谱即北流入海，并不见上墩及破城遗址。准斯坦因地图及此地之遗物，破城当在此不远，岂被水冲洗已失其迹耶。

4月22日 今日天晴，早起即制洋铁方舟如前，余带诸从人在此处渡河。约在余住处里许，旁有高大土台，即古坟，为昨掘处。既渡，东南行，约四五里许，有一大土台，渡小水3次，方至渡口，不见遗物。乃派毛拉、小侯南行转西，汗木多、曲六等西行转南，会于西南之圆土墩旁。余即归，在前日所掘之土墩上巡视，仍有木桩栽入，土台之岭为四方形，皆古时人用以治墓室或居室者。余摄影数张归。

傍晚毛拉等归，带石器甚多，据说均在稍南之土台旁所拾，土台上均有木杆，为古墓，下为石器，有石镞数枚，打制极细，并有铜箭头，一为三稜，一为肩形带钩。曲六等亦在稍西之平滩上拾石枪头及大泉、五铢等件。又在圆台上拾有汉铜镜碎片，皆为墓中物，墓崩，而石器及铜器出焉。有陶片上有绳纹三道，皆汉以前之物，据此在汉以前，皆有居民，沿湖岸而居。盖新石器之人类，多为游牧与渔猎，每于湖底高阜处，相其洼部营为住室，有石处以石为室，此处则以碱块或方土垣累叠成小房，上覆以芦草或方土块，在室旁还有羊粪及灶灰，可证其为居宅也。又在其住宅之附近营其亲人之墓室，或用木杆或用土块累叠。有时阳宅在湖底，余于土台附近沟中，在泥层下见有灶灰土，同时拾有石器，是故此处之新石器人，其住宅或在土台腰，或在湖边，而墓室必在土台上面，其所栽之树杆，即用以撑支土块者。还有石棍，方形，长约3尺许，皆用以支持土块，建筑房屋与墓室者。其状与瑞士干涸之湖相类似。又在土台所见之陶片，外红内黑而薄，皆为新石器时代之物，同时拾有铜箭镞及汉物，皆为汉族文化东渐所致也。

4月23日　昨日因诸人所采得之物皆可珍贵，故今日仍派两班人去探古城，一组为毛拉等3人，向西南行，期以2日归。一组为猎户，向东行，亦期以2日。

出发后至午，大风忽起，尘沙蔽日，如同黑夜，当地人名此为黑风。余棚帐几被摧折，回思诸出发采探之人均未著皮衣，现憩息何所，倘有差误又如何。下午风势更厉，至晚未息，傍晚汗木多归，状甚狼狈。余一夜未眠，闻风声之怒嚎，远虑诸人之辛苦，心中颇闷闷也。

4月24日　上午引导之小孩归，告诸人无恙，现憩于一土墩旁。又引导老汉归，称觅得一破房遗址，并带回铁器1件。未几毛拉、小侯亦归，称阻于水不得进，略拾铜矢镞及石器而归。余大喜，即奖银14两，以慰其劳耳。

傍晚风稍减，此皆隔日一小风，三日一大风，如何可久居也。

4月25日　早起收拾什物，复至小侯等古墓发掘处量尺及照相。下午1点发河畔北岸，向北偏东20°行，过土垣。1点半一土垣巅有古坟。复东北行，入碱地，泥层隆起若小丘，有的上有红土冲积层，有的为光丘。3点转东偏北20°行，又有土垣。3点半土垣之中白沙冲洗，转东偏南20°，3点50分转东南，仍有沙碛白如银，上布黑原沙。4点50分抵河畔有水处，水势甚大，已积为湖泽。7点至破城处，即住于城旁。

据说沙碛在此亦不大，为白沙，岂即白龙堆耶。当地人名此为阿克库木，意谓白沙。此处虽抵海边，然大海当在东南，此不过北部之一小海。然大者周亦已10余里，小者亦五六里，土垣屹立于海之中央若岛屿，若以汉时海水比之，疑现水稍北徙也。何以言之，此城三面环水，又西南5里许有一土墩，须绕水方至楼兰城，尚此城之西南百余里在水中，若古时海水至此，将不能西过故楼兰。证诸史传，称楼兰东有海，北即龙堆，故余疑现水之北部即白龙堆，后龙堆西南徙，今水既返故道，故水亦北徙。以泥层论之，疑最古时水北积库鲁克山阿，故《山海经》名为泑泽，后南移，位于姜赖之西海，在楼兰之东，故名蒲昌，又名楼兰。观现湖边即在今水之南约三四十里谱，皆有石器，疑即古姜赖国民所居，水曾一度北移，姜赖由是沉没于水中，故《凉州异物志》有"覆荡其国"之语，及水退，湖滩上每有红泥冲积层，下层为灶灰土，有石器，疑在姜赖国之后也。汉时湖水新退，土地肥沃，故在此屯田，后海水复西南徙，此处遂成涸泽，则今海水之复故道，乃复姜赖国时之故道，非汉时之故道。又姜赖国，余疑为周以前之国，或当周时。

王静安先生以汉楼兰当姜赖非是。且《水经注》之龙城，亦录之传闻，并无此城。说龙城者，犹今人说沙漠城也，古时焉有晨发东门暮达西门之大城乎。

土垠烽墩与汉简的发现

4月26日 早起,尚未盥洗,汗木多、毛拉等以所拾古物至,称均在城旁所拾,多铜矢镞铜钱,至数十。余饭后略视一周,城不大,惟西墙有墙基可验,余均剥洗,失其痕迹。中有高土台,长方形,土台上大木柱均纵横倒置,尚有木柱仍栽立土中,皆作四方形,下有红柳作覆,上为泥土,似屋顶之既倾者。大柱直坚者有3根,旁有倾塌之柳条房顶,而无柱者亦五六间,惟不见墙基,间有碱块所累之墙,高不过3尺许,而木方柱则高三四丈。人所居乎?陈物乎?成一问题也。城北,东有土墩1,距约百余步,城东北隅有房屋1间,似为官长住宅,现存墙高五六尺许,宽丈余,墙用红泥不成形土块积累而成。墙里为沙土堆积,疑有古物,乃掘之,出汉简,然皆零残也。命汗木多等掘南面一已塌之房,拾木简1枚,上断,现存"等门从事人姓字……"按从事惟都尉方有,岂此处为都尉所治之地耶。

傍晚余东去踏一土墩,距此5里许,有铜钱甚多,当此城之东南,墩上覆苇草,已滨水,旁中满填沙,有铁块甚多,盖古之烽燧地也，附近汉五铢钱满地皆是。阅毕，即沿湖畔归。南望海水，森无边际，惟见土台之为岛屿也。

4月27日　上午命汗木多，小侯掘烽台上一小房，余掘东北之破房。在芦苇草中拾木简数十枚，多断，并有枯兽骨及麻履毛衣之类。麻履有用白毛绳作底，针织甚坚，有用颜色线（红）作者，其形为圆口，与现时同。有为皮底者，甚薄，边缘皮亦与现靴圆口骧边底之礼服呢鞋同。余各取一作标本。又有苇章把，长约3尺许，以草绳束之，盖古时有寇来则燔之，是以为警，《说文》作炬是也。此破墙旁之苇草皆备作炬之用，犹今车站旁之枕木也。又掘出彩色漆杯1个，为古时饮酒之用，即晋时之羽觞。又漆匣1个稍破，由此可以见汉之雕漆也。又有漆木条均极光。又铜饰上花纹缕刻极细。可证汉代工艺亦极优。

又所获木简上有"由西方来土垠，去已生仓"之语。则此地名土垠，盖此地冲积土垣甚多，故名此地为土垠。"已生"二字连写，疑即居庐仓，是居庐仓尚在东南也。又一简上云"左部后曲侯……"，又一简为"右部后曲侯"，疑此地为左部后曲侯所居之地，西面当有破址为长史所居之地，或即赫定先生所觅得之楼兰也，盖北凉时因缘汉地，置长史于此。现闻那林等在楼兰西雅尔但不拉克东南，亦发现一古址，疑即右部后曲侯所居之地。是汉时屯田楼兰长史居海头（本大谷伯），左部后曲侯居土垠。右部后曲侯居何地不知，然大概皆此干河沿岸也。

4月28日　上午派汗木多发掘破房草墙，又得木简10余。烽台北之住址后有一土阜，倾斜处似有草齐，试掘之，出木简。

上为沙土，中夹灰土，下为干沙土。倚土台光壁上，中有灰土层一线，知古时凿台为壁而居。此处除木简外，均无他物。小侯等在烽台上发掘探丈余，均为沙土，不见遗物乃罢。在今日发掘遗物中，有"黄龙元年"及"元延元年"诸年号。黄龙为汉宣帝年号，盖汉武伐大宛之后，西起亭障至盐泽，此亭正在海滨，是皆当时所起也。

傍晚量食料，只剩大米6斤，然8口人。尚有戈壁路数站，余决明日住一天画图照相，后日即归。又诸人掘拾有功，共奖银30两。

4月29日　今日余画此地形势图及工作图。后再量烽竿，竿共5，南北直列，高约3.60米，1至4竿，每竿相距5.2至7.6米，台高4米，意立竿之外，尚有横竿及桔槔之类。举烽之法，取横竿之中央系于竿顶悬以桔槔，无事则下垂，有警则在横竿上系以炬燔之，上举。《汉书·贾谊传》注，"边方备胡寇，作高橹（即烽竿），橹上作桔槔（即横竿）头悬兜零，以薪草置其中，常低之。有寇则火，然举之。"烽竿共5，即《墨子·号令篇》所谓望见寇，举一垂，入境举二垂，狎郭举三垂，入郭举四垂，押城举五垂。垂即桔槔，以陈束芦也。至竿之周围，尚有井穴，上覆柳条，余疑为看守烽竿人憩息之所，且避矢努处。又烽竿上有方眼，疑为穿桔槔之处。又有横木，中为圆眼，又有方木，中凿一槽，均长不及一丈，疑皆作桔槔之用。是烽竿之旁，另有一架，以支撑橹，上具桔槔，类今之取水井架也。又命人在台前灰上处发掘，亦有木简，故台前台后皆为戍卒居住之所，藉以看守烽竿。其东北之破房，则为侯官所居处也，故所出木简及遗物甚多。

古时烽侯，为屯戍要政。每一烽台，均有烽竿5支，每支拟须5人举守，计25人，外曲侯1人，掌理全台事务，令史1人，管写文书，外有迎送过往人员及差卡，当有5人，故每台连曲侯令使共有32人，每50里一站，由敦煌至楼兰1400里，当设28台，共须896人，屯田军卒尚不在内。故当时屯戍西域，以由敦煌至楼兰论之，当有1500人。又渠犁、轮台均有田卒500人，故当时常备兵当有2500—3000左右。而敦煌太守及将军所领，尚不在其数也。

5月1日　上午8点半发海北岸，向北东20°行，经行土垠中间沙碛及土丘，即阿提米西迤东之平滩。引导猎户云，闻此滩东南有破城三四，讫未觅着，此言尚非虚，余所觅得之古址即在平滩南20里，以木简文字推之，当不止此一地也，惜阻于水，且时间不足，不及细探耳。

11点入戈壁，11点35分戈壁上间有土垠，自此后入山埂，冈峦陂陀，所谓冈峦戈壁也。3点40分与一大干沟会，此沟由北而东南流入罗布海，干沟中湖草、红柳绵延不绝，据说从前数年此沟有水甚大，现渐竭。4点10分转北西20行，猎户名此为阿克布拉克额格子，以此为入们阿克布拉之口子也。6点10分至阿克布拉克穷苏，此处水势颇佳，苇草甚茂，即住于沟滩上。水盐，驼能饮，人不能饮。

5月2日　上午8点15分发阿克不拉克，向北东20°行，10点转西北30°行，入八不弄山口，10点40分折北行，11点至八不弄布拉克，有水草，水咸，稍息。11点半转东北20°行，旋东北行入戈壁。1点又进山口，6点半至五村布拉克，有长流水，水咸，草甚茂。怕尔干布拉克在其东南，为东部最远之泉水，此地干沟直达该处，南入罗布海。

5月3日　上午8点10分发五村布拉克，向北行，入冈峦戈壁。10点半渐有小山，12点渡冈岭又入戈壁。3点过玉尔工山岭，转北东30°行。4点15分至玉尔工布拉克，有草无水，掘之3尺水出，微咸，人驼均可饮。有干沟直通杨吉布拉克。

5月4日　上午7点50分发玉尔工布拉克，向北东20°行，仍为冈峦戈壁。9点入泥滩，转北行，地名柯戈沿克特让，又为碱滩。11点进山岭，向北偏西20°行。11点半转北过一高岭，水自此分南北，岭南之水入罗布淖尔，岭北之水入勒丁柯尔草湖。4点10分转北西30°行，下太平川，远望毕尔太如在目前，实甚远也。6点半至毕尔太住。有泉水，咸，草甚茂密。水晶矿即在此泉之东北20里地，从前开采水晶矿工人取柴、水于此也。

5月5日　上午7点25分发毕尔太，向西北20°行。7点40分过沟入山岭，翻过一岭。8点20分入戈壁，8点50分至水晶石处。

此一带周约50里均为红碎石岩，在小山阜处见山岭有白石，具六方者，下即有水晶，渐有掘发痕迹。9点20分发掘之迹渐多，坑旁满布白石水晶及水晶碎块，余略拾一二作标本。种类甚多，有白色，有墨色，有茶色，有水红色，而以墨色为上，红色次之，茶色又次之，白色为下。满清末季在此发掘水晶之人甚多，棚帐云集，在水晶矿旁有大车道两条，皆当时发掘水晶工人运输之路。此地无水草，放牛马于得哈尔，取水于毕尔太，每当秋季农事已毕，咸来掘水晶。初水晶浮布表面，掇拾既净，乃掘地下，因此致富之人不可数计。

石分上、中、下三等，上等极明澈无瑕疵，中等明澈微瑕，下等则瑕瑜兼之。上等每两2两省票，后至5两，以次递减。英都尔哥亦有水晶，惟以此处为佳。

墨水晶之旁多灰色石，余取一矿苗谛视，询为不诬。然此灰色石与石器时代之人作箭头之石料相同，疑古人亦取此石作箭头刀巨等物也。此次在罗布涸泽所觅得之石器及英都尔戈之石器，皆为灰色石，渐有水品器，惟不甚多，可证罗布居民制石器乃取材于此山也。引导云，英都尔戈山顶上有从前人掘石痕迹，据说此地从前石器甚多，刀斧枪头皆有，小孩子来玩者，或取之或碎或弃，现已不多了。石器分布地表，拾之即得，引导曾同余在罗布采石器，故亦知之，言或非谬。

视查一周，于上午10点10分循至得哈尔大道西行，12点至土门塔石布拉克出水晶之处。此处有泉，水盐，草甚茂。12点20分稍停，检拾木柴。12点45分复西北行，3点40分在道左见礼拜寺一座，以小石载地，成方形，宽广约1丈，头向西作凸形，为礼拜时所向之地，门向东，维民称为汗拉克默该提，相传为使迭克布古拉汗礼拜之处（苏丹苏柯布古拉汗之子），现二堡旧城中亦有渠之麻札，相传彼传教者以石布地而作礼拜云。4点10分向西北行，又渡一岭。5点半又渡一岭，经行沟中。6点与一东西沟会，北沟直达得哈尔。6点40分又过一干沟，住于沟西。

此地全为戈壁，草、水、柴均无。明日可至得哈尔。

5月6日　上午6点40分发沟西，向西北行。7点半转西北30°行，入山岭。8点至布谷子柯尔迭，旋行沟中。10点40分有土台，屹立沟之中央，维名为照壁。2点半又沿一大沟行，维名穿额梗。4点抵得哈尔，在引导尔亦木家中稍息。5点复行，经沙碛，沿途田舍络绎。8点50分抵鲁克沁住。余骑马先行，驼半夜始至。

得哈尔之东有大沙窝，从此南至十三间房，东为七克腾木，北至辟展、连木沁。传说山中有一破城，当地人数次寻觅，终未获得。

盖由十三间房至鲁克沁须经得哈尔，现得哈尔沙窝旁有土墩，与阿刹、毕占相联成一线。疑古时至西域大道，如出伊州，即由十三间房、得哈尔经毕占至焉耆、龟兹，唐之银山道疑即此道。由伊州至高昌，则由十三间房经七克腾木、姚头格子、鲁克沁至二堡。据维民说，七克腾木、姚头格子、连木沁、汉墩、木头沟均有土墩子，疑古时由前庭至后庭必取道于汉墩也。

5月7日　住鲁克沁。连日穿行戈壁，驼马甚乏，稍息一日。灌驼。昨晚及今早，均闻吐鲁番数次派人送信来，但均未见到本人而折返，余恐有事，乃决定赴吐。派毛拉先去问讯。傍晚游观鲁克沁城，城为安集延人所筑，原有旧城，现存一段，其大土墩，则为鲁克沁王爷府也。

5月8日　今日天气热甚，未明即起程，上午至二堡略息，下午7点到吐鲁番。接袁、丁函，乃知款已汇来，余无他事。

5月9日　上午与集义城郭掌柜接洽款项事，并电袁询问。

下午郭掌柜送款来，共 800 两。傍晚电报局肖局长、柴校长等至。

5 月 10 日　今日为维民举羊节（即过大年）。

5 月 11 日　今日接袁希渊电云，护照即日可下，望于半月内返迪。

5 月 12 日　清理什物。

5 月 13 日　游葡萄沟。

5 月 14 日　清理帐务，明日出发。

天山行

5月16日　上午收拾行装，11点50分发吐鲁番，西行，12点40分转西北行，沿途树林田舍相续。1点20分戈壁中坎井如织，南土无河水浸灌，专恃坎井，凡庄户家均有坎井二三不等，多者至20余道。坎井愈多，河水愈竭，故雅尔湖、交河现成干河也。坎井之法本可救急，然愈掘愈深，水愈下降，以至干竭，旋复倾纪，终不如河渠灌浸之永久也。然入地之水藉坎井得提出，亦属适应环境之法，惟用水须有规律耳。

1点半入戈壁，2点20分上汽车道，转西行。3点10分又西北行，4点20分至一干沟，由特浪口分出。6点至克七克庄，6点半抵干沟，腰店即在沟西，6点40分住此店。

此处汉名为红柳窝子，店主陶姓，汉人也。此沟南至根特克，北自约干特勒克，泉水下流不远即入沙。走石窑子进约干特勒克口至克城者，亦住于此。余等走大西沟向西北行也。

5月17日　上午8点10分发克七克腰站，向北西20°行，沟西岸戈壁。10点半至一碗泉腰店，有土墩及破基，为安集延所筑，沿天山沟口，均有安集延所筑旧基。由此而东至特浪口亦有安集延旧基及土墩，又东柯可雅沟口亦有大城及土墩。时安集延驻达坂城，官军已平古城子，而柯可雅口、特浪口、约干特勒克均为通古城经道，故均筑垒以防官军南下，藉以捍卫达坂城。及官军由木垒河下吐鲁番，故安集延仰药死达坂城，此亦近代之掌故也。

11点抵大干沟，沟南至根特克，北至约干特勒克，吐鲁番至古城经道即由此沟中行，直至石窑子，沿途均有小店户家。西行，11点15分渡沟向西北行，沟则北行入山。12点40分又入干沟，沟名克太克额格子，即黑山口。1点半出沟入戈壁，转西北行，3点过一小沟，3点50分又入山口，沟北山本地人称为哈利塔克，汉名为黑山。雪山亦称南山，西至达坂城。七个达即在山之西头也。初入构北行，4点转西北行，4点50分又转北行，5点40分又西北行，曲绕山径。6点20分至达坂半山腰，凿石壁恰可通汽车。6点40分折东北出山口，远望雪山巍然屹立。7点转西北行，旋转西行，沿黑山北麓。8点至布拉克，有泉水，有草无柴，复西行，时天已暗，不知约格善距此地之远近，远望西偏北有火光，必有居民，仍由戈壁中望火光而行。

9点50分见树林，知有人家，及至火光处，乃一维族坟院，盖新死一人在此照山者。此处风俗人新死，当其葬日，约10余人守山三日，此为第一日也。按此乃汉俗之遗风，与库车等处风俗不同。此处有回民一家。复西行，约5里许至约格善，10点半住于乃墨提乡约家中。乡约为本地富户，招待颇遇，不食而眠。此道经约格善之南，西行至达坂城与驿道会。

5月18日　上午10点半发约格善，向西北行，经行树林。10点50分转北，11点转北东30°行，经戈壁，微有树林。12点40分有庄户一家，旁有一干沟，据说此沟中雪大，东通光圈子，名牛奶子沟，不可行，大西沟好走。2点乃决走大西沟，顺山麓西行，3点至大西沟，转西北行，沟口有庄户家三四，种地。阿不好乡约亦至，车文乡约亦派一人来指引入沟路，构中杨树成林，故不易行。4点过沟，走沟西岸，有大道甚平。4点20分沟中有种地人一家，旁有庙一座。转正北行，在道两旁古坟甚多，或为方形，或为圆形，均为石垒。方者为蒙古坟，圆者稍古。盖汉之匈奴，北朝之铁勒，唐宋之回鹘，元之畏兀儿，明清之额鲁特，均游牧于天山一带，或均此种人之遗。6点沟畔有岩，上有密洞六七，大约圆径6尺许，高4尺许，底有炭灰，四周均为烟熏黑，东北隅有火炉坑，洞中有布巾，疑为羊户停住之所。6点30分住于沟西平滩上，积雪尚未消尽，人皆衣皮衣若冬天也。

5月19日　上午9点发沟畔，向北构中行。9点20分沟向东北行，一沟水自北来会。9点50分有哈萨三四家，据说达坂有雪不可行，雇带路亦不去。又一处有哈萨五六家，勉强找一人引导，沿东小道行。据说北沟名阿克苏，盖白水沟也，由此沟可至阜康，往西有路可至红庙子。10点20分向北西20°行，渐近达坂，盖博克大山南有草山不甚高峻，徐徐而上。先是走三台及阜康者均沿沟中行，后因沟水甚大，冲下大石块，故另开此道，沿沟畔走，虽不高峻，然亦无大路，步步上升。11点半有山阿若阙，据说翻此达坂可至古城子。

12点10分草山尽，转行博克大山西麓。诸山以此山峰为最高，山巅积雪，山为火成岩，全黑石或青石，峭峻非常，盖博克大山有三大峰，此为西之大峰也。在大西沟中望之，正当其北面，口上两沟绕流于左右，往东北者为黑水沟，偏西北者为白水沟，至山前，即余住处，两沟水会为大西沟，西南流，经达坂城后沟，至托克逊东南，流入艾丁柯尔。乃墨提乡约云，循黑水沟可至三台、济木萨，转白水沟可至紫泥泉子、阜康。余则循白水沟取其返也。因上达坂，驼行甚缓，2点40分又登一高岭，驼乏不行，一驼卧地不起，然此高岭尚未及半，乃转过沟，住于沟西草滩中。而二三驼卧地不起，不食，沟西之驼已一息奄奄欲毙矣。

5月20日 晨著毛拉、小侯往探道。午后归来，据说沟上均为冰雪，陡峻不可行驼。余复同毛拉探道，上游虽有冰，然驴马可行。归。决定余骑马过岭，骆驼由大道走，并再雇一引导人。

5月21日 派毛拉到大西沟雇引导及购米面，余同小侯往探路。9点由住处往北偏西30°行，初偏沟西陂走，9点半前路阻于大石，不可行。石皆由山巅坠下，大小不等。乃由沟中走，沟已填满冰雪，水流于冰底及裂隙中，溪溪作声，马惧，拉之步行。9点40分有沟水自西北来会，地名骆驼振子沟，北有大雪山，正当沟口，在大西沟所望见之照壁山，即此山也。循山南麓向北东30°行，沟中多细沙石，有路好走。10点10分转北东20°行于照壁山之东，沟东有山路，有草滩好走，西顾沟中尽皆冰雪。11点20分抵一小海旁，海周里许，中有高丘，余皆冰雪，即白扬河（大西沟）之尽头处，有一沟水自西北来会，名白水沟。海北即坝，中有沟水南流入渠，坝高约里许，有路可曲行。余在海旁摄影两张，复上坝，坝宽平，三面皆山，中显盆地，中有沟南流至坝，悬流入海。大雪山积雪若银，由此往北至出口处，地面皆雪，向北照相两张乃返。坝形若"冖"字，海子在其下，盖由冰雪削蚀成此形，雪海冰川终年不消，夏日6月虽蚀，但终化之不尽耳。余踏查既毕，仍由旧道归。

5月22日 昨派毛拉往购食物、雇人，未归，想到大西沟去了。今午毛拉带一维民至，知过坝后到了松树头，甚慰。乃命小侯先带驼由大道回省，余带马2匹、驴2头过坝北行。即著维民引小侯等先去山口宿，次晨到大西沟。

5月23日 余早起即带两驴两马北上至海子处。海子维名阿克柯尔，因有阿克苏自西来入海，因以名海。余前日过时尚结冰，驴马可过，今日冰已解，驴马数坠融雪中。复由此直上达坂，颇陡峻，间有大石块，迂折回环，五步一歇，费时2小时始至顶，驮木箱及帐棚之马驴数坠地，乃卸下木箱，由二人负之行。

计余于上午12点到海，5点50分方达坂巅，人畜均困，稍息后打驼北行。前面有大石方整光平，乃摄一影。山口有沟水南流，平陂上冰稍融，泥水沮洳，循东山坡行，6点50分住山冈。

时天已晚，柴、牛马粪亦不可得，因此不火食。后觅出木空盒碎作引火料，得煮茶和炒面而食。天山巅甚冷，4人同挤居一毡帐中。

5月24日　早起不火食，6点即行。过一山梁，雪厚4尺，驴马不能进，余马几陷雪中。然此地距出口处不过六七里许，出口处有大石矗立，达坂陡峻，即令渡过此雪地，而驴马均乏，亦不能攀缘过达坂。且从人均步行，至此亦惧，不欲前，力阻余进，乃折回原道，回到大西沟乡约家时已10点半矣。

5月25日　由乡约派马2匹，工役1人，于中午12点出发，向西行。12点半过沟入冈峦，山阜起伏。1点半进戈壁，向西南20°行，2点半至黑沟，有居民三四户。4点20分至大梁湖，有居民2家，哈萨1家，至此知驼昨日已过。由大梁湖西南行皆为戈壁，西北风甚大，逆风而行，晚更厉。8点半过一深沟，10点半方抵柴俄堡。即寝。而马及毛拉等未归也。

又大西沟内有哈萨数家，其坟以木为架，与口内鸡笼相仿，又以木棍镶作"△"形，上悬木竿，竿上悬木半月形之物，及"▭"形之物，渐有用石，询之哈萨，知为其坟院。哈萨居天山一带，以放牛羊为生，毡帐略同于蒙古包，饮奶食奶皮。

5月26日　上午9点毛拉等方归，余亦乏甚，睡一日。

5月27日　上午6时发柴俄堡，12点抵教教槽，略息。5点抵省垣，见到安博尔，傍晚袁、丁亦归，欢谈至夜分始寝。

5月28日　乏甚，休息一日。理发、洗澡回，睡至夜分。

5月29日　上午10时往见省主席金树人，谈许久，知斯坦因要来。随转往访杜局长阎所长，又至裘处亦谈数刻归。

5月30日　追写数日日记。那林拟往和田，袁拟往阿山，今日公文已报上，允否未可知也。

整理者按：以下均住迪化，未记日记。

迪化至塔城

7月7日　取道塔城转俄境,由西伯利亚东归,本拟昨日首途,下午下雨,因事耽误,致迟一夜,今早动身。

上午8点40分发迪化,袁希渊、安博尔等均送行至公园,略息。赵等及裘送行15里,在渠旁树下小息话别。12点余与丁仲良遂骑马首途。是日,雨后天晴,空气清鲜,树林绿绮,大道宽平,亦觉心旷神怡,满目皆春。

1点过旁一小山,入大平川,1点20分至小的窝铺,有庄户数家,2点至大的窝铺息,各食面1碗。3点大车亦至,3点半复前行,仍为平川,青树荫绮,茂草丛生。5点半过头屯,有土墩,旁有河,名头屯河,自南山北流,宽1里半。6点过河坝,入昌吉境。6点50分旁有一破城垣,高丈许,中已种庄稼,周约9里许。城南有大墩,审视瓦砾,均为红瓦,疑为唐代所筑。转西南行,约2里许入昌吉南关,住店中。有一兵来索片,与之,盖此地曾住一团人也。

7月8日　早7点发昌吉,向西偏北20°行,田舍相望,微雨,风大,余坐车中。9点10分过沟,有古址,过此入戈壁。

坑沟纵横，疑昔为河滩，多芦草故名。12点至榆树构，有庄户数十家，多榆树故名。丁仲良先到，小侯交来城中瓦片，视之均为近代之物，故疑此一带之古迹均为清初所遗，盖清平准葛尔兵，兵士在此屯住，如头屯名芦卓沟，皆当时屯田之所。芦草沟之古址为长条形，约7里许，中宽不及半里，大道从中过，盖田垠也，并非古城。故吾又疑昌吉之破城亦为清初之物，本地人亦说为太平年时之城，所谓太平年间，皆指乾嘉时也。

12点40分骑马发榆树沟，入平滩。1点40分过一庄村，又入平滩。2点40分入呼图壁境，3点20分至呼图壁，为一小城，住城外南关一维店中。昌吉、呼图壁均回、汉杂居处，而汉占十分之五，回占十分之三四，维占十分之一二。均为人耕地，自身无地，回、汉多乾隆时来自甘肃。

又此一带，地土肥沃，自地窝铺以西均为广大平原，南至南山，北尽戈壁。水亦自南山来，山上终年积雪，故呼图壁水势甚大。盖裕尔都斯一带山水入裕尔都斯河，汇为开都河，山水分入呼图壁河、玛乃斯河，昌吉均为旱地，依靠下雨，呼图壁则靠河水灌溉。天山北路地势较高，时降霖雨，不似南路之终年不雨也。种植以麦、高梁为大宗，现春麦已过，秋麦方生，高梁已含苞矣。地势自地窝铺而渐形低下，然甚坦平，不如南路高低之峻。以水土论，南路似优以北路，终以人口甚少，尚未充分开发也。

7月9日 本拟今日早走，因车夫避开，午后方寻得，乃于下午1点50分发呼图壁，热甚，马行甚缓。2点10分入呼图壁河坝，河水分歧为三四支，深抵马腹。3点半出河坝，息于树荫下。5点仍前行，经平滩，骑马直驰。8点40分抵土葫芦住，此处有巴札，店二家。

7月10日　时天气热甚，此地有新修关圣庙，颇凉爽，乃携毡往息。又此地有破垒一，破庙一，初闻为古城，及近视，乃同光间左宗棠征西之旧垒也，附近破房圈甚多，亦彼时所遗留。下午6点10分发土葫芦，向西偏南20°行，6点50分转西偏北行，7点50分至骆驼驿。9点15分至破城，城当道中，然检视城中瓦砾与土葫芦庙中之瓦片相同，知为清末叶所筑，或即旧绥来城。城周约2里许，城东门外有土墩及破房，城西门外又有一小城圈，然城墙均不甚高峻，颇类今之县城，惜黑夜中不能辨其形式。在城旁小息，分食饼干，10点50分复前行，12点20分抵绥来，住东关外，大车次早方到也。

7月11日　闻城外有一古城，饭后骑马往视。城在绥来县东偏北5里许，四周为苇湖，城墙高丈许，已颓，城中为水冲积，已成苇塘。城东北隅有高阜，掘之现塘埂，然地较湿，硝甚多，决不能保存生物，审其中瓦片多水浪花纹，类二堡诸城之物，故疑在唐前。据本地人云，耕地常得瓦缸，其穴大小当类吐鲁番时所掘，亦必在唐前。北魏之末此地本属高车，岂高车之故物耶，城东北有土墩一，城南有古窑，城西隅有高阜，旁平地一块，松渣炭灰甚多，疑为被火焚毁者。城南有旧地亦同，城方形，周约6里，迪化气象学生所掘出之铜件，亦出此城中，或为唐以前人所用之灯盖也。未几雨下，乃归。

下午复游东关一带，有陕西、四川各省会馆，建筑极为宏大，知此地川、陕人多。此地北通阿尔泰，南通南山，为北路要区。城周3里，改省后所筑，商业以东关为盛，汉、回、维三族杂处，而种地户以汉、回为多，有麦、高粱。

玛纳斯河在其西10里许，水自南雪山来北流灌地入海，此一带皆受此河灌溉，且不时有雨，故新疆有兵荒而无年荒之说。水北流入勒认柯尔，城旁有一河为玛乃斯大河分出，均流灌沙塄地。

7月12、13日　今日天气甚热，直到下午6点25分方出发。6点40分出城，7点半抵河边，水流汹涌，绕上流过河，有桥尚未竣工，两端两弄尚可走。石河子有小街市，在西头桥上休息，略食点心，时已午夜12时矣。复前行，纵马直驰，2点车抵乌兰乌苏，住时天已微明，四轮车已动身。

傍晚余与丁坐大车，龚骑马行，由绥来至此90里，由此至安集海亦90里，大车由此出行30里，阻于大水，即在戈壁中住一宿。

7月14日　早动身，10点至三道河子，下午到安集海住次。

7月15日　上午10点余同丁仲良骑马先出安集泪庄，大雨如注，驰行戈壁中。12点至四十里腰站，一名四户井子，有店一家，略食油饼及面，在店中小卧。下午3点40分复西行，4点20分戈壁水流自西而北，5点半至奎屯，有店2家。余等到此甚早，闻看店人忙于田作，傍晚始归，据说其父已105岁，随左宗棠来新疆。马姓，名文华，甘肃平凉人，左宗棠征西时为之赶车，旋升哨官，曾面左两次，立有战功，头顶及胸均有伤痕。据他说左征西时并无战争，白彦虎一闻官军来，即退，官军不过收抚安民而已。又说白彦虎自陕西带来部众不过七八千人，后与安集延联合，其后官军来，白彦虎惧，复反叛安集延，伯故得不战而定新疆，所谓日踏八城者，皆无人抵抗之故也。老汉精神甚好，满口牙齿已脱，有声无音。他说左宗棠宽面大汉，率下亦宽，惟地区观念甚重，常隐瞒外省人功劳。刘锦棠不过20余岁，以资望才能均不过当先锋，而继左为帅，故刘当大帅之后，有不心服者。马已成富户，后欲为渠摄一影，坚不可，彼仍保持军人动作，颇有规距。

7月16日　下午4点发奎屯，西行，树林田舍相望。6点至奎屯河畔，河水甚湍急，由雪山东向西北流，直至车排子。7点半方出河畔入戈壁。观路北10余里青草弥漫，但无庄户，实大可垦殖。8点40分进西湖，余初疑西湖之水来自奎屯，后访知西湖为泉水，然奎屯之水较绥来为大，开渠疏河即可成为大县，而地方官不为也。西湖蒙名哈剌乌苏，汉名西湖，当太平年间在北30里地，后移至此，故此地名新西湖。现设一县，名乌苏，取自蒙名。县官姓贾，又有一连长住此。西湖附近不过300户，有街道，维、回、汉三族杂居，近来维族日渐兴旺，商业亦盛。盖维民到俄国贸办布匹，运输毛织品，均以西湖为过站码头。种地仍以汉、回为多，汉人多两湖人，在此作小买卖，南山中汉人亦多种地者，蒙人为土尔扈特都落。此地出大米甚佳，狐皮亦较塔城阿尔泰为优。

1月17日　住。闻店掌柜云，此地有莲花池，风景甚优，乃邀同往观。出北关，过五道桥（现只存两道），在两岸高陡之间，中显低坑，湾曲如湖沼，芦草青葱茂密，泉水清澈，中有隄，建桥二道，设两岸有树林，藉置亭台，亦大好消夏之所也。闻现贾县长办植树场，果能办到，亦不失为实业振兴之一端。

摄影两张，复前行，约3里许，至莲花池。周约200余步，荷叶浮于水面，间有白莲花，摄影两张归。又据说南山中距此约90里地有温泉，夏天本地人多到该处洗澡。又百余里有石油矿，石油湿地，惜无采者。复在城周巡视一圈，摄影数张回寓。

凡赴塔城车户到此必休息1日，备草料，过此即入戈壁，故余等之大车亦在此停息1日，而余等藉此游览风景。归后即洗印今日照片。

7月18日　早起理发。随后统领衙门派人来索片，乃偕丁、龚往访贾县长。随同马往游莲花池，略停，转西北驰行六七里许至龙王庙。庙为光绪十七年所建，原为关岳庙，后改为龙王庙，其中对联均为祭关公之词。庙之楹前有院，外有土戏台，余等即在院中吃茶，猛见两楹中对联为徐学功所题，只有下联，旋又觅出上联来，因摄一影。与县长谈及徐学功事迹。

据说徐学功为昌吉人，在南山种地。阿古柏匪乱时徐学功团结人民，组织民团，活跃在南山，人称为南山王。数与匪众斗争，匪众不敢进攻，故能在南山种地如故。一日昌吉匪首马四大人招徐学功便宴，藉谋杀之，徐单刀赴宴，洒未及巡，骑马而去。据说徐初本文弱，后被电火烧一次，臂力顿加，加以武艺超群，卒能保境护民。乱平，刘锦棠加以褒扬，但官亦只一参将。然徐学功之声名，在新妇孺皆知也。民国初选国会议员，一人投徐学功票，时徐死已久矣，询其故，此人曰，惟此人才可当国会议员，余不能，此人终以此被杀。就此已可知徐学功之人格为新一般人所佩服也。此庙既有所题之扁额，则建此庙时徐尚未死。余等复与县长在徐对联节中合摄一影。

下午 6 时，余与丁仲良坐车出发。荒原寥阔，远望似有人家，近视亦为荒野。

7月19日　晨住官店，由西湖至官店80里。下午6点骑马发官店，10里头台，30里有一小庄户，过此又为草滩，蚊蚋甚多，急驰行。10点半至车排子，有小街市，店二家，一店为李统领所开，房屋甚多且宽敞。李本为回族，当营长后升任，在此经营土地，颇富。

查街市有一小河，即为奎屯河下流，水势甚大，土地亦沃，惜无人开垦，河上建有桥梁。

7月20日　早大车方至。有俄领事坐汽车2辆至店，略停，复去。

余同丁下午6点发车排子，仍行湖滩，10点至小草湖，仍为70里，有店一家。

7月21日　下午6点40分发小草湖，蚊蚋大且多，马驰行30里至乱房圈，有乱房子数间。地势由渐低下而渐转高，入戈壁时有雨点，在山坡下略息，又驰行。10点40分至寒山台，蒙名鄂伦布拉克，有小店一，外有数乱房圈。山北有旧时金矿，现已停掘。道旁有小庙，为掘金夫所筑。

7月22日　下午5点半登寒山台，车行山道，甚为颠摇。12点遇雨，2点半至沙尔布拉克，有羊户一家。寒山台至此为90里，复前行。8点20分至庙儿沟，维名乌尔图克布拉克，有哈萨5家。自寒山台至此山，皆丘陵，苇草茂密，泉水时见，真天然草场，牧牛羊之佳地。此地有电报、电话直接塔城。这一带均为火成岩，多花冈石、片麻石。

7月23日　由乱房穿入山地，地势渐高，天气转冷，盖棉被，衣夹衣，尚觉其寒。又此地狼甚多，地势不平，夜行多感不便，乃决定改白天继续走。上午6点50分发庙儿沟，向西北20°行，由两山间之草滩走。8点10分山势渐乱。8点40分过大泉，有哈萨克名巴图汗，据说黎都统派来稽巡盗贼，汽车所储之石油亦归彼管理，随即摄影数张，饮奶茶两碗。9点半发大泉，依山坡走，11点半至昆独伦，亦说昆屯岭，有卡1，店1。在此煮鸡蛋午餐后复行，12点50分转北西30°行，2点半有泉水及哈萨4家，水草极优。自昆独伦过小达坂，地势渐低落。3点半至石门子，两旁石山高耸，远望若合，近视又分，当合处若门限，故名石门子。修筑汽车道者曾在此立碑记，并掘出泉来，泉水甚旺，下行成河流，经雅马图西流至大山根灌草地，惜此一带未能开垦种植。循沟行，4点20分至雅马图住，有小店1，卡1，正当山口。后山皆丘陵，无大山，有哈萨数家，代跑邮差。此地草料俱无，台车不站。

7月24日　上午8点10分发雅马图，过雅马图水，北行经丘陵。8点半过岭下行，路甚陡，大车倒行，一马当先，两马拖后，以防奔驰。其旁草场中小羊成群，或立，或卧，或奔驰，或放草，极饶兴味，乃摄影两张。10点仍北行山坡，东西皆有大山脉，西大山脉距此约数十里，中有大平川，东山脉约30里谱，两山脉之尾合中处即老风口，在此地可望及之，然尚有百余里也。依东山坡北行，12点入平川，直北行。

1点20分至托里，有小街市，有店两家，一维，一回。此地庄户家不多，而商业颇大，盖此一带山中哈萨甚多，收买羊皮皆为大商。有小饭馆两家，皆维民与哈萨交易者，维民居其半。有汉商2家，经营杂货及京货。此地无草料，只有大麦、小麦。余住维民店，后大车到，住一回店。在馆中食水面两碗，稍息。下午7点40分复出发，盖自雅马图地势渐低，故托里已甚热，不便昼行，又走夜路。由托里至老风口望之如在目前，实为90里，皆平滩下坡，11点至腰店子，未住。复北行。

12点至老风口。在山之北麓，有卡1，店1，庄户数家，周围亦多哈萨及蒙古。老风口现改名平安驿，常多怪风，起时人马不见，沙石飞腾。盖自雅马图至此，地形渐低，两旁大山屏列，渐次合抱，至此乃合成口，中显低洼，出口乃为下坡平川，因空气升降转换之故，遂成激急湍流。又此地颇擅形胜，设边境有事，亦防守之要地也。

7月25日　早饭后瞻览老风口形势。自托里而北，两旁皆大山，中显平川，宽约80里。东山脉直南北行，将至老风口，转成一横山脉，东西行，至老风口而尽，与西山脉成崎直之势。西山脉南北行，至老风口而尽。店即在西山之麓，与北横山相距约20里，出口即为大平川，径直至塔城。老风口多怪风，因以取名。据说当风起时，东南山上忽起白云，未几即大风作，飞沙走石，如望见白云起，即应邀车急驰出40里，方可避免。现额敏县长于老风口外设避风房多间，每2里一间，直至芨芨湖，可50里，门多西北向，所起者东南风也。民间传说为一哈萨女子成精，在山上作怪。余审视起大风之故，皆因西北西为大平川，地势渐低，托里之风北东趋，阻于东北山，环转而西北趋，一往无阻，故风甚大也。吐鲁番、鲁克沁之大风，亦由于东北大山，西平川，湖底地势既低，冷热不平均，及空气升降转换剧烈而大风作。

老风口店旁有破营垒1，及破庙旁数处，皆清中叶屯兵之所，均已荆棘载途矣。余息于树荫之下，至下午3点半复骑马行，出口至避风房处摄影。房高约6尺，宽广约5尺，可容一人一马，墙壁甚厚，门前有照壁以为屏蔽。沿途查看照相，马行甚缓。又避风房新修者四方形，尚有蒙古包式风房，现已倾圮，或为昔日准葛尔时代所修云。6点至平川，有青草一区，哈萨包六七。过此驰行，7点半至芨芨窝，遍地芨芨草，水亦甚优，哈、蒙古有在此利地者。8点半至二道桥，有巴札，庄户亦甚稠密，惟夜间进此，尚不能看清，在一哈萨店食茶与馕。9点5分发二道桥，北偏东30行。盖由二道沟至塔城从前本有一条径路，现因此路水大，不便行车，乃改绕河市，远90里。故自老风口至二道沟皆北偏西20行，至此又改向东北行。40里至河市，皆为皮皮窝草滩。11点渡河北东行。11点半过桥至庄户。12点抵巴札，住马协台店。

河市，本地人亦称河上，有县政府，称为额敏县。盖此处河名额河，发源北大山，西流经二道桥，又会合各地泉水至额敏县灌溉田地，后复西流出国境。额敏县无城，县官姓师，颇干练，修理桥梁，平治道途，成绩甚优，故此处街道之整洁，不减和田、叶城。闻师君上午治私事，下午办公事，颇勤敏云。

7月26日　闻此地有古城一座，相传为唐城，在街背后即市西滨额敏河之北岸。余往视，城周7里许，与绥来之城相仿佛，城墙已圮，只余墙基，犹高五六尺许，城中央有高台，宽广约200余步，高七八尺，据说从前高出城垣，本地人挖土，渐次削平。台北有龙王庙，附近亦有高地，皆为旧时房舍。城中漫草荒烟，多已开垦种地，其中多红瓦片，类隋唐间所筑。《元史·耶律希亮传》"踰马纳思河，抵叶密里城"，《译文证补》以此城即其遗址，殆可相信。若然，则此城又为元代之故物矣。所云踰马纳斯河，抵叶密里城者，即古时出康国或突厥之故道，现今驿路改而向南。盖古时由马纳斯循河至沙湾唐斩渠，古屯田于其地，转西北行，过青吉墩，至额敏县出口。现闻唐斩渠一带古迹甚多，本地人亦传说此一带为古道，现道改在南云。证以古迹，殆非虚妄。现骆驼夫亦有行此道者，惟大半不能畅行耳。城北门外河滨，高低之处甚多，疑均古时居住之迹也。

下午6时半发河市，余与丁坐大车，龚骑马先行。初向西北，后转西偏北20°走，约在晚间12时过官店。时余在梦中，未及觉察。

7月27日 晨抵塔城边，10点进塔城，住恒太昌店。

自老风口往西皆一片平阳，水草亦优以垦殖论，固为大好屯牧之所。不过此处远在边陲，距俄属苇塘子不过40里，无险可守，一旦有事，外兵直入门庭，亦边防之大虑也。

余到后困极，稍卧片时，傍晚往访局长，局长姓李，直隶人。归，早寝。

7月28日 上午复访都统及县长，为换票事谈许久。旋李局长又来，晚微不适，写日记即寝。午后俄洛尼可夫来。

整理者按：此后日记中断，直至8月21日。

取道西伯利亚回北平

8月21日　昨日查验出境手续完毕。今晨都统来送行，并派汽车一辆由詹连长送至巴克图卡。行李由轮车运走，余等3人及沈工程师等共6人乘汽车，上午8点半动身，10点半抵巴克图卡。有关税稽查1人，排长1人，电话、电报1人，外交稽查1人，过往行人至此，稽查甚严。

俄卡苇塘子相距约5里，可望及之，洋房高楼，形势甚为巍峨，中国边卡则破房数间，年久失修，以彼例此相差太远。

1点行李车至，随来6人亦到北平者，约与俱行。下午3时复前行，过卡，至俄境苇塘子关卡时已4时半矣，已过办公时间，而卡长尚在，乃以护照投之，即命人验行李，箱物明日再验，乃将食料及行李带归店中，箱物仍存卡上。9人同住一店，内外二间，拥挤非常，空气之坏不待言矣。

8月22日　上午9时又同赴关卡验关。下午护照签字完毕。车夫以今天已晚，决定明晨起程。

8月23日　早起送款人来，收到。6点40分发苇塘子，全为戈壁草滩，10点5分至阿土坡得朵腰站，中尖。下午1点半复前行，4点半至木汗其，有庄户数十家，多种地，房屋不甚高峻，有院落以放柴草饲牛马，住房均一连内外二间，房门甚小，高不及5尺，旁有四方窗户一或二，内有地坑，上铺毡毯，外有木柜当床，以布幔遮之，妇人寝息于此。盖由苇塘子以至斜米均属哈萨克，俄国革命后，引导人民耕种定居，故沿途哈萨多为田亩，住蒙古包者稀。因其习于住蒙古包，故所建房至门户均矮小，出入必低头。

8月24日　上午6点15分发木汗其，9点半过腰站，打尖。2点复行，4点至吴甲，此地为斜米省大镇，有官店一家，为俄政府所设，每人2毛。但余等因不知，住了民店，拥挤非常，宽广不过7尺，6人同居，苦甚。

在此地晤汉人2，均山东人，由哈尔滨移来作小买卖，一业照相，一在山中种花。他们说此地百姓还很穷，原禁止私人贸易及种植，每人只准有2匹牛、2匹马，多则没收，所收粮食除留口粮外亦交公。公家虽有买卖，亦不常开门，百姓购物凭证，向公家贸易店购取，现闻已开禁，准人民小资本经营，小菜之类均可自由购买，然收捐颇重，亦不得利也。

8月25日　早5点5分发吴甲，1点25分至腰店，打尖。2点20分又行，4点20分至毕勒干拉提住。由吴甲到阿亦在司，本有新旧二道，新道经行山中，两日可达，沿途均有户家；旧道行草滩里，有哈萨克，须3日可达。新道径而崎岖，旧道平而绕曲，然余等车载均不甚乃决行新道，颠簸甚厉。

8月26日　早5点40分出发，10点15分尖于道旁，微雨，有哈萨甚多，余失茶叶、茶碗、一口袋，未觅着。2点前行，6点住塔什费司卓，为新旧道会合处，无店，住一哈萨家中。此处距阿亦古斯不远矣。

8月27、28日　上午5点25分出发，9点到车站，距阿亦古斯巴札尚有8里地，询之知晚有车，候于车站，拥挤不堪。

夜3点到车，购票上车，车亦拥挤甚，直坐一夜。28日下午6点到斜米巴拉全斯克，住领馆。

8月29、30日　在领馆阅报，知南北尚在竞持中，北大研究所改组，预料停招生。下午7点有车至，由领馆照料上车。30日下午5点到老窝两比司克，亦无车，住于候车室。

8月31日　昨晚在候车室躺卧一宿，窃贼甚多，夜未曾眠。早起询通车时间；云下午8时可至。华侨在此业商及做工者约有四五百人。

晚8时购票上车，为急行公车，每人加银60元也。

9月1—4日　昨晚上车，坐头等，同车各国人均有，每间坐2人，上下铺陈设虽丽，仍觉不适。沿途遍植松树，湖山杂错，风景颇佳。2日晚过贝加尔湖，新月东升，水光交映，岸上苇穗如白烟，湖中小船灯光闪耀若明星，车行1小时余，方不见湖水。4日晨8时至十八里铺，俄卡查验护照，兑换洋元，盖自俄地来持有俄银行票者，过此即不通用。约停半小时，乃开赴满洲里车站。先经中国海关检查讫方住店，店为一山东人所开。

9月5日　此地至天津有两条路，一经哈尔滨转长春，乘日本车至奉天，一由昂昂溪下车，乘洮南铁路，此为中国铁道，同伴中有二位由此去。

黄文弼著作目录及简略年谱

1893年4月23日（清·光绪十九年三月十八日）
出生于湖北汉川县黄龙潭湖畔黄家嘴。

1911年（清·宣统三年） 18岁
辛亥革命。时就读于汉阳府中学堂。

1915年（民国四年） 22岁
考入北京大学哲学门就读。

1918年（民国七年） 25岁
北京大学哲学门毕业，任北京大学研究所国学门助教，其后历任讲师、副教授，直至1930年。

1919年（民国八年） 26岁
五四运动。

1920年（民国九年） 27岁
《二程子哲学方法论》北京大学出版部出版
《孟子政治学说释评》 《唯是》第二册，唯是学报社编
《中国婚制研究》 《唯是》第三册，唯是学报社编

1922年（民国十一年） 29岁

《中国旧籍新分类法纲目》北京大学出版部出版

1924 年（民国十三年） 31 岁

《拟编续四库书目录略说明》北京大学出版部出版

1925 年（民国十四年） 32 岁

参加故宫清点工作。

1926 年（民国十五年） 33 岁

《山西兴化寺壁画名相考》《北京大学研究所国学门月刊》第 1 卷第 1 期（考古学专号）

《关于壁画之讨论》同上

1927 年（民国十六年） 34 岁

参加以斯文·赫定、徐炳昶为团长的中国西北科学考察团，第一次赴内蒙古、新疆考察。

1930 年（民国十九年） 37 岁

结束新疆考察返回北平。

《蒙新旅行之经过及发现》《国学季刊》2 卷 3 期，北京大学国学季刊编辑委员会编

《天山南路大沙漠探险谈》《女师大学术季刊》1 卷 3 期，北平女子师范大学编

《居延海考》同上，1 卷 4 期

《西北科学考察团考古情形报告》同上

《拜城博者克拉格沟摩崖》同上

1931 年（民国二十年） 38 岁

任北平女子师范大学教授。

《新疆古物概容》《东方杂志》28 卷 5 号

《高昌第一分本》西北科学考察团丛刊之二，考古学第 1 辑，西北科学考察团理事会出版

《高昌砖集》（高昌第二分本）西北科学考察团丛刊之一，西北科学考察团理事会出版

《楼兰之位置及其与汉代之关系》《史学年报》1 卷 3 期，北平燕京大学历史学会编辑

1932 年（民国二十一年） 39 岁

《高昌疆域郡城考》《国学季刊》3 卷 1 期

《兽形足盆形象考释》《国学季刊》3 卷 3 期

1933 年（民国二十二年） 40 岁

以教育部考察新疆教育文化专员身份第二次赴新疆考察。

《高昌陶集》西北科学考察团丛刊之一，西北科学考察团理事会印行

1934 年（民国二十三年） 41 岁

从新疆返回北平，任西北科学考察团专任研究员直至 1937 年。

1935 年（民国二十四年） 42 岁

任中央古物保管委员会委员兼西安办事处主任，主持整理西安碑林，1938 年竣工开放。

《释居卢货仓》《国学季刊》5 卷 2 期

《韩城禹门口记游》《禹贡半月刊》4 卷 4 期

《第二次蒙新考察记》《禹贡半月刊》4 卷 5 期

《由考古上所见到的新疆在文化上之地位》同上，4 卷 6 期

1936 年（民国二十五年） 43 岁

《罗布淖尔水道之变迁》《禹贡半月刊》5 卷 2 期

《新疆考古发现与古代西域文化之关系》《蒙藏旬刊》120 期，南京蒙藏旬刊社编

1937 年（民国二十六年） 44 岁

抗战开始。

1938 年（民国二十七年） 45 岁

任国立西北联合大学（北平大学、北京师范大学、北洋大学等校抗战开始后迁西安成立临时大学，复迁陕西城固成立联大）教授。

《两汉通西域路线之变迁》《西北史地季刊》1 卷 1 期，西北史地学会编

《两汉通西域路线之变迁》《西北论衡》6 卷 7 期，西安西北论衡社编

1939 年（民国二十八年） 46 岁

任四川大学历史系教授，开始整理《罗布淖尔考古记》。

1940 年（民国二十九年） 47 岁

《古代于阗国都之研究》《史学季刊》1 卷 1 期，成都史学季刊社编

《古高昌国历史略述》《金陵学报》10 卷 1、2 期，成都金陵大学编

《中国古代大夏位置考》《齐大国学季刊》新 1 卷 1 期，齐鲁大学国学研究所编

1941 年（民国三十年） 48 岁

任教育部边疆教育委员会委员。

《前汉匈奴单于建庭考》《责善半月刊》2 卷 5 期，齐鲁大学国学研究所编

1942 年（民国三十一年） 49 岁

任西北大学（西北联合大学改名）历史、边政两系系主任。

《两汉通西域路线之变迁》甘肃民国日报 1942 年 7 月 30 日

《新疆地形概述》《边政公论》11、12 期合刊，重庆边政公论社编

1943 年（民国三十二年） 50 岁

受西北大学委托随国父实业计划考察团第三次赴新疆考察。

《波斯古史及与中国文化之关系》《说文月刊》3 卷 10 期，重庆说文月刊社编

《论匈奴族之起源》《边政公论》2 卷 3、4、5 合期

《高昌国历史与文化》西北日报 1943 年 12 月 6 日

1944 年（民国三十三年） 51 岁

从甘肃、新疆考察返校。

《史记源流及其体例》《说文月刊》第 4 卷

《汉西域诸国之分布》《边政公论》3 卷 8 期

《西域诸国之种族问题》（未发表稿）1981 年收入《西北史地论丛》

《楼兰土著民族之推测》《边疆研究论丛》，成都金陵大学中国文化研究所编

1945 年（民国三十四年） 52 岁

抗战胜利。

1946 年（民国三十五年） 53 岁

赴武汉检视被战火毁坏之采集品遗存，赴甘肃洮河流域考察。

1947 年（民国三十六年） 54 岁

回北平，就任北平研究院史学研究所专任研究员。

《古楼兰国历史及其在中西交通史上之地位》《史学集刊》5 期，北平研究院史学研究所编

1948 年（民国三十七年） 55 岁

《罗布淖尔考古记》中国西北科学考察团丛刊之一，北平研究院史学研究所、中国西北科学考察团印行

1949 年 56 岁

中华人民共和国成立。

《重论古代大夏之位置与移徙》《史学集刊》，北平研究院史学研究所编

《河西四郡建置年代》（40 年代手稿）收入《西北史地论丛》

1950 年 57 岁

任中国科学院考古研究所研究员。

1951 年 58 岁

《高昌砖集》（增订本）《考古学特刊》二号，中国科学院印行

1954 年 61 岁

《吐鲁番考古记》《考古学特刊》丁种二号，中国科学出版

社出版

1956 年　63 岁

《焉耆博斯腾湖三个古国考》（手稿）收入《西北史地论丛》

1957 年　64 岁

带领中国科学院考古研究所新疆考古队第四次赴新疆考察。

《塔里木盆地考古记序言摘要》《考古通讯》1957 年 3 期，中国科学院考古研究所编

1958 年　65 岁

从新疆返回北京。

《塔里木盆地考古记》《考古学专刊》丁种第三号，科学出版社出版

《吐鲁番考古记》（校订再版）科学出版社出版

1959 年　66 岁

《新疆考古的发现》《考古》1959 年 2 期

1960 年　67 岁

《新疆考古的发现——伊犁的调查》《考古》1960 年 2 期

1962 年　69 岁

《略述龟兹都城问题》《文物》1962 年 7、8 期

1963 年　70 岁

《元阿力麻里古城考》《考古》1963 年 10 期

《谈古代塔里木河及其变迁》（手稿）收入《西北史地论丛》

1964 年　71 岁

《亦都护高昌王世勋碑复原并校记》《文物》1964 年 2 期

1965 年　72 岁

任中国人民政治协商会议全国委员会第四届委员。

1966 年　73 岁

文化大革命发生，于 12 月 18 日逝世。

20 世纪 60 年代之论著：

《河西古地新证》（手稿）收入《西北史地论丛》

《大月氏故地及西徙》收入《西北史地论丛》

著作时期不明之论著：

《张骞使西域路线考》收入《西北史地论丛》

《古西王母国考》收入《西北史地论丛》

《北庭五城释名》收入《西北史地论丛》

1968 年

《罗布淖尔考古记》日本京都·大安影印再版

1981 年

《西北史地论丛》（黄文弼著，黄烈编）上海人民出版社出版

1984 年

《新疆考古发掘报告》（1957—1958）中国田野报告集考古学专刊 25 号，黄文弼著、中国社会科学院考古研究所编，文物出版社出版

1988 年

日译本《黄文弼著作集》第一册《罗布淖尔考古记》田川纯三译，恒文社出版

1989 年

《黄文弼历史考古论集》黄烈编，文物出版社出版

1990 年

日译本《黄文弼著作集》第二册《吐鲁番考古记》土居淑子译，恒文社出版

《黄文弼蒙新考察日记》黄文弼遗稿，黄烈整理，文物出版社出版

其他手稿未刊者，或出版单位不明者如《尔雅崖》等均未收入。

附：黄文弼著作书评

向达《新书介绍，高昌·高昌砖集》《国立北平图书馆馆刊》5 卷 6 号（1931 年）

向达《评黄文弼近著〈高昌〉三种》《国立北平图书馆馆刊》6 卷 5 号（1932 年）

日·水野清一《绍介·高昌陶集》日·《史林》19 卷 2 号（1934 年）

日·藤枝晃《黄文弼·罗布淖尔考古记》日·《游牧民族の社会と文化ユーラシア学会研究报告》，自然史学会（1952 年）

日·石田幹之助《海外东方学会消息·黄文弼の吐鲁番考古记》日·《东方学九辑》（1954 年）

其他有关黄文弼生平和著作的评述，在中国、欧洲、日本的著作中还有不少，如《中国大百科全书·考古卷》、《民族辞典》、《中国现代社会科学家传略》、《中国当代社会科学家》《中国当代社会科学名家》、台湾《民国人物小传》等书中均有黄文弼专条或专章。日本白须净真氏在黄文弼著作目录中作为黄文弼关连文献收录了一部分，但缺者尚多，故本文不加采录。

白须净真氏所著《黄文弼著作目録及ひ〔略年譜〕》作为黄烈著《黄文弼传略》日译本的附录，刊于《龍谷史壇》第 92 号，可供参考。本文采录了白须氏著作的一部分内容，特致谢意。

后 记

在这本书即将付排的时候，我还想说几句话。上个月我看到了《黄文弼历史考古论集》的样书，本书即其姊妹篇，其出版也已指日可期了，在学术著作出版难的今天，文物出版社所作出的努力是多么难能可贵。

去年10月日本开始出版日译本《黄文弼著作集》这本书尚未包括进去，日本朋友很关心这本书的出版，时相询问，国内朋友也多次向我询及，现在总算可以交出答卷了。限于资料和精力，有些有待复核的地方未能一一查对，难免粗疏之责，尚乞达者指正。

本书插入的照片是最近才选定的，承中国社会科学院考古研究所资料室的热心支持，他们找出了昔日西北科学考察团的照片集供我挑选，有一些照片没有找到任何文字说明，现有的说明是我所加的，谬误之处由我负责。本书的地名有一部分曾由李征同志查核过。《黄文弼著作目录及简略年谱》是最近才完成的，附于本书之后，以便读者参考。蔡敏同志为两部书的出版做了大量工作，付出了辛勤的劳动。在此我向关心和帮助这本书出版的朋友们表示衷心的感谢。

黄烈

1989 年 8 月 26 日

1990 年 4 月 16 日校补